DISCOURS
DU SIEGE
DE
BEAUVAIS
PAR CHARLES DUC DE BOURGOGNE,

En l'an 1472.

Sur l'imprimé
A BEAUVAIS,
Par G. VALLET, en la Chaſtellenie, près Saint Barthelemy.

M. DC. XXII.

AUX HABITANS DE LA VILLE DE BEAUVAIS.

SONNET.

Peuple dont les Ayeuls d'un genereux courage
Ont soutenu l'effort de cet ambitieux
Prince des Bourguignons, qui cruel en tous lieux
Respiroit des François le sang & le carnage.

 Quand malgré son effort, malgré toute sa rage,
Après avoir livré cent assauts furieux,
Il laissa de Beauvais les murs victorieux,
Sans trompette, la nuit ayant troussé bagage.

 Ce fut lors que regnoit l'onziéme des LOUYS,
Le treiziéme aujourd'huy tient de France les Lys.

 Peuple pour ton LOUYS il faut que tu devance
Tes ayeuls en courage & guerriere valeur,
Car ce brave LOUYS passe desja le leur
En Justice, en vertu, & sur tout en vaillance.

CLXXXIX.

DISCOURS
VERITABLE

DU SIEGE mis devant la Ville de Beauvais, par CHARLES, Duc de Bourgogne, Prince de la Maison de France, surnommé le Terrible-guerrier, & qui n'a jamais cedé aux grands Roys.
Discours tiré d'un viel manuscrit n'agaire recouvert, où sont remarquées en bref plusieurs choses notables, advenues durant ledit Siege. Puis ont esté adjoustées autres choses remarquables touchant ladite Ville.

L'AN mil quatre cens soixante-douze, le Samedy vingt-sept Juin, environ sept heures du matin, arriverent les Bourguignons devant la Ville de Beauvais, estimans prendre ladite Ville d'assaut; & après que ceux de la Ville eurent refusé de parlementer au Herault par eux envoyé pour les sommer, à un jet d'arbalestre près d'icelle Ville; & soudain y livrerent deux assauts, l'un à la porte de Bresle, & l'autre à la porte de Limaçon (1), qui sont distantes l'une de l'autre de plus d'un jet d'arbalestre : neantmoins les Bourguignons assailloient entre lesdites portes outre & quasi la moitié de la Ville, parce qu'ils estoient en grand nombre, comme de (2) quatre-vingt mil ou plus. Lors n'estoient en ladite Ville aucuns gens d'armes, à cause que les Habitans ne se doutoient d'estre assiegez, ains estre secourus, & avoir garnison du party de France; fors & reservé qu'audit Beauvais s'estoient refugié Louys Gommel, sieur de Balagny, (3) après avoir par luy & autres ses compagnons habandonné ausdits Bourguignons la Ville de Roye, auquel Sieur de Balagny pour cette cause, combien qu'il fut Capitaine de ladite Ville de Beauvais, les Habitans n'avoient pas trop grande confiance.

A huit heures du matin, lesdits Bourguignons (4) sonnerent trompettes, & donnerent plain assaut esdites deux portes. Et parce que lesdits Bourguignons du costé de ladite porte de Limaçon gagnerent audit assaut un Fort, qui faisoit closture des Fauxbourgs (5) nommé le Deloy, qui

---

(1) La Porte du Limaçon est derriere le Palais Episcopal, & se trouve forte, moins par des fortifications que par des eaux vives qui la défendent.

(2) Philippes de Comines a escrit que le Duc de Bourgogne n'eut jamais plus belle armée. L'Auteur étoit encore avec ce Duc.

(3) Il y avoit avec le Sieur de Balagny quelque peu de gens de l'arriere ban.

(4) Assaut à la porte du Limaçon.

(5) Comines appelle celuy qui prit ce Fauxbourg Messire Jacques de Montmartin, Bourguignon très avaricieux, qui avoit cent lances & trois cens Archers de l'ordonnance dudit Duc. C'est aujourd'huy le Fauxbourg St. Quentin.

qui estoient tourelles assises près du Pont de pierre & du costé, où est à present un vivier, ils commencerent à crier ville gagnée.

A l'assaut duquel Deloy, se trouva ledit Balagny, accompagné de quinze ou seize Harquebusiers, habitans de ladite Ville: & pour ce faire, s'estoit transporté par la planche des jardins de Monsieur l'Evesque de Beauvais, par une petite porte, qui depuis a esté bouchée; & combien qu'il fit son devoir de resister, toutesfois ledit Deloy fut rompu, & entrerent les Bourguignons à force, au moyen de quoy, furent contraints ledit Balagny & sa compagnie eux retirer par ladite planche, en quoy faisant ledit Sieur Capitaine de Balagny fut navré à la cuisse d'une sagette ou dard en reculant, ses gens estant demeurez derriere. Et incontinent arriverent les Bourguignons en grand nombre dedans les Fauxbourgs, crians de toutes parts, ville gagnée: mais quand ils apperceurent ladite porte de Limaçon, ils se jetterent & retirerent ès maisons & jardins, entre les arbres qui y estoient, & en l'Eglise S. Hypolite, qui estoit quasi joignant ladite porte de Limaçon, & tantost après vindrent asseoir cinq Guidons & deux Estandars au plus près du tapecul * d'icelle porte, rompirent l'huis dudit tapecul, & vindrent gagner la loge des Portiers: & comme ils estoient à ce faire, furent plusieurs des leurs tuez par ceux de la Ville, entre-autres celuy qui avoit planté le principal desdits Estandarts, d'une arbalestre qui luy fut déchargée. Et combien que ceux de la Ville fissent bonne & aspre resistance, (6) en tirant de leurs arcs, arbalestres, coulevrines, & de grosses pierres que leurs femmes, fils & filles portoient sur la muraille, tellement qu'il y eut plusieurs Bourguignons tuez: neanmoins iceux Bourguignons s'efforcerent d'aborder & approcher de ladite Ville, sous ombre desdites maisons & Eglise de S. Hypolite, lesquelles maisons ils avoient percées, pour venir à couvert de l'un à l'autre, & par dedans icelles; & en traversant, s'en venoient loger en ladite Eglise, & approchant de ladite porte, tirerent en si grande abondance, que c'estoit chose admirable de voir le traict qui couvroit presque la muraille: & par l'un d'eux fut dressé une eschelle à un endroit de la muraille, faisant closture entre le Pont-levis & la Tour, qui estoit lors en ladite porte de Limaçon: mais neantmoins, ils n'oserent oncques advanturer d'y monter, doutans le traict que lesdits habitans jettoient & deschargeoient sur eux de leursdits arcs, arbalestres & coulevrines, dont ils en tuerent plusieurs, tant en ladite loge des Portiers, ladite Eglise de S. Hypolite, que ès environs: & dura ledit assaut depuis huit heures du matin jusques à neuf heures du soir, auquel ne fut tué en icelle porte, sinon un des habitans, qui fut atteint d'une fleche par le col.

(7) Et au regard de l'autre assaut, que durant ce temps les Bourguignons livrerent à ladite porte de Bresle, où ils descendirent à si grand nombre, qu'ils comprenoient par dedans la Ville, depuis ladite porte jusques outre celle de l'Hostel-Dieu, qui est assise entre ladite porte de Bresle & celle de Limaçon; ils se conduisirent tellement, que pareillement

1472.

On y voit aujourd'huy une grosse tour.

* Bascule du Pont-levis.

(6) Particularité de l'assaut de la porte de Limaçon.
(7) Assaut donné à la porte de Bresle, depuis appellée porte bruslée. Le Seigneur des Cordes assaillit ce costé-là, mais ses eschelles se trouverent trop courtes.

DE PHIL. DE COMINES. 207

ment ils gaignerent la loge des Portiers, où aucuns d'eux se jetterent à si grand effort, que soudainement ladite loge en fut toute pleine. Et parce qu'en ce lieu il n'y avoit aucuns Fauxbourgs ny maisons, où ils se peussent mettre à couvert, ils eurent aussi beaucoup à souffrir, car ils ne furent pas de ce costé moins vaillamment recueillis que de l'autre part par lesdits habitans, lesquels à l'ayde de leurs (8) femmes & filles qui leur portoient sur la muraille grosses pierres de toute sorte, avec grande quantité de trousses de flesches & de poudre : & s'y gouvernerent si vaillamment, que par la grace de Dieu, l'honneur & la force leur demeura, tant parce qu'en ce livrant ledit assaut, qui fut beaucoup (9) plus fort & aspre à ladite porte de Bresle, qu'à celle de Limaçon ; l'on y porta le precieux Corps & digne Chasse de la glorieuse Vierge Sainte Angadresme, (10) native de Beauvais, en requerant son ayde & bon secours envers Dieu, à l'encontre desdits Bourguignons.

(11) Et environ l'heure de huit heures du soir, vindrent au secours de ladite Ville Monsieur de la Roche Tesson, & Monsieur de Fontenailles, Lieutenant de Monsieur de Bueil, nobles & vaillans Capitaines, accompagnez de deux cens Lances des gens de l'ordonnance du Roy qu'ils avoient soubs leur charge : & sitost qu'ils furent arrivez dans la Ville, sans prendre logis pour eux & leur chevaux ; mais les habandonnant avec leur bagage & autres bagues, aux femmes & filles de la Ville, combien qu'ils fussent fort foullez & travaillez, parce que ce jour, pour venir secourir la Ville, ils estoient partis de Noyon, où ils estoient en garnison, distant dudit Beauvais de quatorze lieuës, auquel lieu, les estoit allé querir Jean de Rheims, Sieur de Trassereux, près dudit Beauvais, s'enallerent sur la muraille, & particulierement à ladite porte de Bresle, (12) laquelle estoit toute bruslée du feu, tellement qu'il n'y estoit demeuré manteau ny herche, (13) lequel feu fut par leur conseil entretenu plus de huit jours après, du bois des maisons prochaines, pour obvier que les ennemis n'entrassent dedans la Ville, ledit feu cessant.

Et là, lesdits gens de guerre travaillerent si vaillamment à l'ayde desdits habitans, en reboutant & rechassant lesdits Bourguignons, qu'en despit d'eux après le feu cessé, ils fortifierent ladite porte contre eux, tant de gros chesnes, qui n'agaires avoient esté amenez à ladite Ville pour faire boulevers, que d'autre bois charpanté, prest à édifier maisons, que de terrasses, pierres & caillous, qui par lesdits habitans, femmes & filles, furent portez sur la muraille environ ladite porte : & là, n'y furent tuez

---

(8) Femmes & filles de Beauvais vertueuses.

(9) Assaut de la porte de Bresle, plus furieux que celui de Limaçon.

(10) Chasse Sainte Angadresme sur la muraille.

(11) Secours arrivé à la Ville. Ledit Sieur de la Roche mourut bien tost après en la Ville de Noyon. Et pour le grand secours qu'il apporta aux Assiegez, lui fut fait un Service solemnel en l'Eglise de Beauvais.

(12) Ladite porte fut percée de deux canons qui tirerent deux coups seulement, & par le trou qui fut fait très-grand en ladite porte, les gens dudit Sieur des Cordes combattoient main à main : & pendant que le Duc mit avenir qui tenoit la Ville comme prise, quelqu'un de dedans apporta des fagots allumez pour jetter au visage de ceux qui s'efforçoient de rompre la porte.

(13) Au vieil exemplaire il est ainsi, en Picard, mais il faut prononcer herse.

1472.

1472.

tuez ny bleſſez qu'un Archier & trois des habitans de ladite Ville, combien que leſdits Bourguignons tiraſſent ſans ceſſe de leurs fleſches, coulevrines & ſerpentines en ladite Ville.

Et faut noter qu'en ladite Ville de Beauvais, ſont pluſieurs (14) Corps Saints de grand merite, comme les Corps precieux de S. Lucian & ſes compagnons, S. Germer, S. Juſt, S. Evroſt & autres, que ladite Sainte Angadreſme, comme appert par leurs Legendes : neantmoins, iceux habitans ont telle confiance en ladite Vierge Sainte Angadreſme, meſmement au temps de guerre, parce qu'ils diſent que non ſeulement de leur temps, mais auſſibien de leurs predeceſſeurs, icelle glorieuſe Vierge, ſouvent en habit de Religieuſe s'eſt apparuë & montrée ſur la muraille, tant contre les Anglois, anciens ennemis de la Couronne de France, qu'autres adverſaires, & a icelle Ville eſté preſervée d'eſtre prinſe d'aſſaut & de trahiſon; & à la verité, ſi la grace de noſtre Seigneur, de (15) ladite benoiſte Vierge, & des Saints ne fut intervenuë, aydant la bonne querelle & la grande fidelité que leſdits habitans ont touſjours gardé au Roy, ladite Ville eſtoit lors en grand danger d'eſtre perduë.

Et n'eſt à oublier qu'audit aſſaut, pendant que les Bourguignons dreſſoient eſchelles & montoient ſur la muraille, l'une (16) deſdites filles de Beauvais, nommée Jeanne Fourquet, ſans autre baſton ou ayde, print & arracha à l'un deſdits Bourguignons, l'Eſtendart qu'il tenoit, & le porta en l'Egliſe des Jacobins.

Semblablement, Louys Gommel, Sieur de Balagny, Capitaine de (17) ladite Ville, avec Jean le Goix, ſon Lieutenant, ſe monſtrerent fort vaillans pour la deffenſe de la Ville, leſquels continuellement ſe tranſportoient de quartier en quartier au long de la muraille, l'un d'un coſté, l'autre de l'autre, en perſuadant aux habitans de touſjours vaillamment reſiſter, leur remontrant qu'ils ſeroient bien toſt ſecourus, & pour leur bonne reſiſtance les plus honnotez du Royaume, & tellement perſuaderent avec le cœur des bons habitans, qu'ils reſiſterent conſtamment & avec beaucoup de courage auſdits Bourguignons.

Finalement iceux Bourguignons ſurprins de la nuit, furent contraints d'eux retirer, & ſe loger tout au long des foſſez, où ils firent toute la nuit de grandes & profondes tranchées, pour eux preſerver du traict, depuis ladite porte de Breſle, juſques à la porte de l'Hoſtel-Dieu, tant au long deſdits foſſez, qu'en montant à mont dedans les vignes.

Et du coſté de la porte de Limaçon, pareillement ſe logerent en la chauſſée de S. Nicolas, outre la porte dudit Fauxbourg, en l'Abbaye & Parroiſſe de S. Quentin, où il y avoit pluſieurs belles maiſons, & dedans les jardins qui ſont entre ladite porte du Limaçon, & l'Egliſe S. Gilles, qui s'eſtendent au long de la riviere.

Leſquels Jardins furent fort prejudiciables, parcequ'en iceux, on ne pouvoit veoir (pour les arbres) leſdits Bourguignons, & neantmoins ils voyoient

---

(14) Corps Saints à Beauvais.
(15) La Ville de Beauvais preſervée comme par miracle.
(16) Grande proueſſe d'une fille de Beauvais; on conſerve ſon portrait dans la Maiſon de Ville.
(17) Vaillance des Capitaine & Lieutenant de la Ville.

DE PHIL. DE COMINES.

voyoient ceux de dedans sur la muraille ; aussi tiroient ils sans cesse leurs canons, courtaux, coulevrines & autres traicts, sans qu'on les peust appercevoir.

Ils se logerent aussi en l'Abbaye de S. Lucian, & en tout le haut pays d'environ, où depuis ils fortifierent de tranchées, chariots & grand nombre de grosses artilleries, leur parc qui contenoit (18) cinq lieuës du pays ou plus.

Le Dimanche ensuivant, qui fut le vingt-huit dudit mois de Juin, environ deux heures après midy, vint au secours de la Ville, (19) Messire Joachin Rouault, Chevalier, Sieur de Gamaches, Mareschal de France, accompagné de cent Lances d'ordonnance, qu'il avoit sous sa charge, & luy arrivé, visita la muraille, & la fit reparer & fortifier où il estoit besoin, specialement aux portes de Bresle, l'Hostel-Dieu & Limaçon, devant lesquelles, lesdits Bourguignons asseurerent depuis plusieurs bombardes, & gros canons, pour les battre & desmollir.

(20) Le Lundy vingt-neuf dudit mois, & autres jours ensuivans, arriverent les Senechaux de Poitou & Carcassonne, chacun avec cent Lances ; la compagnie de celuy de Thoulouse, Monsieur de Torcy, Conducteur des Nobles de Normandie, Messire Robert de Touteville, Prevost de Paris, Chef & conducteur des Nobles de ladite Prevosté & Vicomté de Paris, Monsieur le Bailly de Senlis, & les Nobles dudit Bailliage soubs la charge de Monsieur le Comte de Dammartin, grand Maistre d'Hostel de France, accompagné de cent Lances, & Salezard, accompagné de six-vingt hommes d'armes, de toutes les Compagnies qui estoient lors en garnison à Amiens : tous lesquels furent grandement & joyeusement recueillis par lesdits habitans, (21) crians Noël à haute voix. Et pour leur montrer la grande affection qu'ils avoient de les festoyer, firent mettre & dresser plusieurs tables chargées de vins & viandes au long des ruës, & effoncer plusieurs muids & tonneaux de vins à si grande largesse, qu'il leur estoit advis, qu'il ne coutast qu'à puiser à la riviere.

Ledit jour de Lundy, Monsieur le Mareschal Rouault, pour pourvoir à la charge de la Ville, entre-autres plusieurs Capitaines, qui lors y estoient, voulut distribuer les quartiers à un chacun, selon qu'il pouvoit faire par son authorité, auroit] pour supporter Monsieur de la Roche, & Monsieur de Fontenailles, qui continuellement tant de nuit que de jour, dès le Samedy precedent qu'ils estoient venus au secours de ladite Ville, avoient gardé le quartier de la porte de Bresle, qu'ils appellerent la porte bruslée [advisé de commettre audit quartier autres Capitaines, les portes & murailles qui estoient tellement battuës de toutes parts, qu'il n'estoit homme qui osast se monstrer sur la muraille. A quoy lesdits Sieurs de la Roche & Fontenailles, qui survindrent pendant qu'on parloit

---

(18) Le parc des Bourguignons contenoit cinq lieues.
(19) Le second jour du Siege arrive autre secours. Ledit Sieur Mareschal dans l'Inventaire des Mareschaux de France, est appellé homme d'extrême vertu & noblesse.
(20) Autre nouveau secours au troisiéme jour.
(21) Grande allegresse des habitans à la reception du secours.

Tome III.   D d

loit de la matiere, firent prier très-instamment que ledit quartier leur fut laissé, autrement qu'ils n'auroient cause d'estre contens : attendu qu'au plus grand besoin & jusques à celle heure ils l'avoient tousjours soigneusement gardé & deffendu : si bien qu'à leur grande Requeste, ils furent commis à ladite garde, qui estoit la plus dangereuse & difficile que toutes les autres.

Le Mardy ensuivant, qui fut le dernier jour dudit mois de Juin, par ordonnance des Capitaines & Chefs de guerre estans en ladite Ville, & par aucuns de leurs gens fut mis le feu (22) en ladite Eglise de S. Hypolite, où s'estoient retirez & fortifiez lesdits Bourguignons en grand nombre, qui pouvoit porter un grand peril pour ladite Ville, attendu la vicinité & proximité de l'Hostel Episcopal, auquel ils eussent peu mettre le feu par les Jardins de l'Evesque.

Et comme lesdits Bourguignons sortoient hastivement à grande foulle de ladite Eglise de S. Hypolite, qui estoit toute en feu : ils furent servis d'un gros canon, que portoient deux fausses braies de l'Hostel dudit Sieur Evesque, regardant vis-à-vis de ladite Eglise, & ce, par cinq ou six coups, & y en eurent plusieurs tuez, tant des pierres dudit canon, que des autres coulevrines qui furent tirez sur eux ; encore en demurerent plusieurs, & des plus (23) grands Seigneurs en ladite Eglise, parce qu'ils ne pouvoient vuider tous ensemble, & entre-autres, en transporterent un couvert d'une cotte d'armes, de la mort duquel, ils firent lors grandes lamentations & cris.

Et ledit jour de Mardy, par ledit feu ou par trahison, fut mis le feu audit Hostel Episcopal, c'est à sçavoir, en la (24) cuisine basse, aux galleries devers les prisons, & en une bucherie estant sous la haute cuisine, où il y avoit plus de cinq cens monceaux de bois sec, mis pour la provision dudit Hostel. Toutesfois, on croit mieux ledit feu y avoir esté mis par trahison qu'autrement, parce que lesdits lieux sont loings l'un de l'autre, & environnans ledit Hostel, & que l'on n'y faisoit longtemps y avoit aucun feu, (25) lesquels feux furent incontinent esteints par la bonne diligence des habitans, excepté celuy dudit bucher, qui dura plus de huit heures, parce qu'il avoit (26) besogné audit bois, longtemps devant qu'on s'en apperceut ; soudain en sortit une si grande fumée, qu'il n'estoit homme qui osast approcher pour l'impetuosité d'iceluy : pour y remedier, on advisa que le meilleur seroit de le boucher à force de fiens & terraux, par les huis & fenestres de ladite bucherie, afin qu'il ne s'estendît aux edifices d'environ : & finalement tant par force d'eau, que de trente tonneaux de vin qui y furent espenchez à grande diligence, pour obvier que le mur de ladite maison, qui servoit lors de muraille à ladite Ville ne fust bruslée, fut par ce moyen empesché l'entrée aux ennemis, par

(22) Le feu mis en l'Eglise S. Hypolite.
(23) Plusieurs Bourguignons tuez & bruslez par le feu mis en l'Eglise S. Hypolite.
(24) Le feu mis à l'Hostel Episcopal.
(25) L'Evesque qui estoit lors dudit siege, s'appelloit Jean de Bar, qui est mort l'an 1407. inhumé dans le chœur de l'Eglise de Beauvais, près le grand Autel.
(26) Au viel exemplaire, y a besogné au lieu de commencé ; mais je crois que ce vieil exemplaire étoit un manuscrit de l'Hôtel de Ville : je ne l'ay jamais vû imprimé.

par cest acte de suffoquer, combien que desja le feu eust espris les poutres & soleaux, qui estoient gros & quarrez, & plus faciles à ardoer (27) que autres bois.

1472.

Pendant ce, les femmes & filles de Beauvais, avec les anciens, valetudinaires & petits enfans, estoient à genous devant la Chasse de ladite glorieuse Vierge Sainte Angadresme, qui fut là portée, & faisoient en plorant & se lamentant leurs devotes supplications, pour la preservation & deffence de la Ville.

Au moyen desquelles, & par l'intercession de ladite Dame, on croit certainement ladite Ville avoir esté preservée, tant dudit feu, que de la fureur desdits Bourguignons, lesquels depuis les premiers assauts, se tindrent en leurs loges, sans faire semblant d'assaillir, jusques au neufviesme jour de Juillet, qui estoit le treiziéme jour dudit Siege, excepté que ceux qui estoient logez aux Fauxbourgs S. Nicolas & S. Quentin, & ès Jardins de S. Gilles, pour les eaues, furent contraints (28) eux retirer dedans leur parc, & environ ladite Abbaye de S. Lucian, qui est assise vers le haut pays, & sortans d'illec, boutoient le feu à tous lesdits Fauxbourgs, chaussées & Eglises de Saint-Quentin, où ils firent un dommage irreparable (29) du clocher qui fut bruslé, lequel estoit le plus somptueux & la plus belle esguille qui fust au pays, & aussi le degast des belles maisons qui estoient quasi toutes neuves, estans ausdits Fauxbourgs.

Toutefois, lesdits Bourguignons pendant ce temps, battoient continuellement la muraille, (30) Eglises & maisons de ladite Ville, de grosses bombardes, mortiers, canons & serpentines, tellement qu'ils en descouvrirent, effondrerent & despescherent plusieurs, & abbatirent la muraille, jusques à rez de terre.

Mais il est maintenant advis à ceux qui ont esté & séjourné en ladite Ville durant ledit Siege, que par singulier privilege, par les Oraisons & intercessions desdits Saints, nostre Seigneur ait benignement preservé le peuple y estant, de ladite artillerie ; car attendu la multitude du peuple, de tant de gens de guerre, habitans, gens de village, qui s'y estoient retraits, que de Marchands suivans l'armée, dont y avoit si grand nombre, qu'à grand peine pouvoit-on passer par les ruës, & aussi la longue continuation du traict que lesdits Bourguignons en un mesme instant & sans intervalle jettoient en ladite Ville, leurs mortiers, & autres bastons à feu, on se donnoit grand, esbayssement qu'ils n'en avoient tué grand nombre & infiny, consideré mesmement, que visiblement & en plusieurs ruës de la Ville, ils pouvoient choisir à l'œil les passans, & toutefois au plus, n'y en eut que vingt-quatre de tuez.

Combien qu'entre ceux de la Ville, dedans les eglises, les maisons, mesmement

(27) Au lieu de brusler, tiré du Latin.
(28) Bourguignons contraints de sortir de leur loge, & pourquoy.
(29) Peu aprés le Siege, Jean de Bourbres, Abbé de S. Quentin, fit rebastir l'Eglise, plus belle qu'elle n'avoit esté auparavant.
(30) Se trouve encore pour perpetuer la memoire, la forme d'un boulet, en une verriere du chœur de l'Eglise de Beauvais, qui tomba dans les grandes chaises, où sont assis les Chanoines, sans qu'il offensast aucuns d'eux. La Chapelle S. Jean à costé du chœur, & proche du grand Autel, fut toute rompuë par les serpentines & bombardes des Bourguignons.

1472.

mesmement dans les estables des chevaux, & autres plusieurs lieux, cheoient très-souvent leurs pierres, les unes, grosses comme le tour d'un fond de caque, autres de la rondeur d'une grande escuelle, autres de fer fondu, pesant vingt ou trente livres; & les autres de plomb & de fer de la grosseur d'un esteuf, ne faisant aucuns griefs ou dommaage, sinon ausdites Eglises & maisons qui en ont esté terriblement battuës, & tellement que par le rapport de tous les gens de bien de guerre qui y estoient, ils ne se trouverent jamais en lieu assiegé, où fut fait telle batterie. (31)

Aussi est-il vray, que par ceux de dedans la Ville, & pareillement de la Tour de Croul, située au milieu des Jardins de mondit Sieur l'Evesque, ils furent diligemment servis de serpentines & gros canons, & si asprement, que souventefois ils ont esté contraints de transporter de lieu en autre leurs tentes, qui estoient percées par-tout pour la pluspart des grosses (32) miches, qui leur estoient envoyées, & tellement que grand nombre d'eux y ont esté tuez, comme appert ès Eglises & cimetieres de l'Abbaye de S. Lucian, Nostre Dame du Til, Marissel, & lieux circonvoisins dudit Beauvais, qui ont esté si fort foüys & hoüez, qu'il semble à veoir, qu'on y ait voulu planter nouveaux seps, & pareillement les vignes d'environ, où l'on ne pouvoit choisir les provins, parce qu'ils avoient esté remplis des corps desdits Bourguignons. (33)

Mais il fait à noter que trois ou quatre jours auparavant ledit Jeudy, neufiesme jour de Juillet, pource que lesdits Bourguignons avoient intention d'assaillir la Ville, ils firent rompre à demy-lieuë de ladite Ville ou environ, trois ou quatre esventelles sur la riviere de Therain, pour luy faire perdre ou divertir son cours, & essuyer l'eauë des fossez de ladite Ville, qui sont tousjours pleins, par le moyen de ladite riviere, laquelle aussi prend son cours au long de la muraille d'une part d'icelle Ville, & par dedans en deux ou trois petits bras qui se partissent en divers lieux en icelle.

Et ce fait, commencerent à faire aucunes mines, qui ne leur (34) profiterent guerre, parce que ladite Ville pour la basse situation d'icelle, ne pouvoit estre prinse par mines, obstant les eauës qui à grande habondance y sourdoient en minant; mais neantmoins pour soy garder des douteuses advantures, on fit dedans la Ville deux ou trois autres contremines, combien qu'il n'en fut besoin.

Firent aussi lesdits Bourguignons, grande provision de fagots, comme aucuns desdits Bourguignons prisonniers ont rapporté, & que le bastard de Bourgongne, avoit dit à son frere le Duc de Bourgongne, qu'il n'estoit ja besoin d'en faire, parce que ceux de dedans empliroient assez leurs fossez de ses gens, s'ils leur livroient l'assaut.

(35) Ledit jour de Jeudy, lesdits Bourguignons livrerent un assaut à la Ville, à l'environ des portes de Bresle & de l'Hostel-Dieu, où ils descendirent en très-grande puissance, en environnant toute la muraille à l'endroit

(31) Au rapport de Comines, jamais Place ne fut mieux battuë que celle-cy.
(32) Miches pour boulets. Villon met *Miches de S. Etienne*, pour dire des pierres.
(33) Le Siege de Beauvais, cimetiere des Bourguignons.
(34) Efforts des Bourguignons inutiles.
(35) Deuxiesme assaut.

DE PHIL. DE COMINES. 213

1472.

droit des deux portes, & au deſſus & deſſous d'icelle, lequel aſſaut dura trois heures ou environ, où ils furent bien vaillamment recueillis par leſdits gens de guerre & habitans de la Ville, qui ne leur donnerent pas le loiſir de jetter leurs fagots ès foſſez. En livrant lequel aſſaut, les femmes & filles (comme elles avoient fait aux autres precedens) portoient auſdits gens de guerre ſur la muraille grande habondance de (36) groſſes pierres de faiz, pots de terre pleins de chaux vives, cercles de queuës, & gros muids, & autres tonneaux croiſez l'un parmy l'autre, avec chauſſetrapes, cendres, huilles & graiſſes toutes chaudes, pour jetter ſur leſdits Bourguignons, afin qu'ils ne peuſſent monter ſur la muraille.

Mais neantmoins aucun d'eux vindrent bien accompagnez planter deux ou trois Eſtandarts au pied de la muraille, qui eſtoit abbatuë, leſquels par ceux dedans, furent incontinent prins & dechirez devant leurs yeux, & lors, firent les habitans en divers lieux au pied de la muraille dreſſer ſur bout, & effoncer pluſieurs queuës & muids de vin, que leſdites femmes & filles avec grands brocs & cruches portoient auſdits gens de guerre, de quartier en quartier, pour les rafraiſchir, en les admoneſtans de toujours avoir bon & entier courage. Autres auſſi leur portoient vivres & viandes à grandes largeſſes, & recueillirent le traict qui avoit eſté tiré par leſdits Bourguignons en ladite Ville, dont ils furent ſi apreſment ſervis avec ceux qu'ils avoient dedans, qu'ils furent contraints eux retirer honteuſement, après une grande occiſion de leurs gens, qui y demeurerent en grand nombre, tant dedans les foſſez, que deſſus les douves d'iceux. Auquel aſſaut comme au premier, fut portée & miſe ſur la muraille la Chaſſe de ladite glorieuſe Dame (37) Sainte Angadreſme, contre laquelle, iceux Bourguignons tirerent pluſieurs fleſches, & encore y en a une ſur la Chaſſe laiſſée pour perpetuelle memoire. (38) Et furent ceux de dedans bien marris & deſplaiſans que ledit aſſaut ne dura plus longuement, car ils ne deſiroient rien plus, que d'avoir à beſongner contre leſdits Bourguignons, & leur eſtoit advis, que de tant plus longuement y euſſent eſté, tant plus y en fuſt demeuré.

Le Vendredy enſuivant, dixieſme jour de Juillet, environ l'heure de trois heures du matin, faillirent hors de la Ville, trois ou quatre mille habitans de toute leur compagnie, entre leſquels eſtoit Salezard, accompagné de quinze ou ſeize hommes de cheval, & Guerin le Groin, Grenetier de Feſcamp, qui fut conducteur des autres à pied, & parce qu'il n'y avoit aucune porte par laquelle, ceux de cheval peuſſent ſortir dehors, ſinon par la porte de Paris, ils faillirent (39) par ladite porte, & (40) tranſverſerent tout cours la riviere, paſſant auprès de ladite porte pour retourner au long de la muraille; afin d'eux joindre jouxte les foſſez, & de-là, ſe tranſporterent pluſieurs d'iceux juſques au parc deſdits Bourguignons, auquel parc, entrerent environ ſoixante ou quatre-vingt, entre leſquels

y

(36) Grande reſiſtance des Aſſiegez, contre le furieux aſſaut de l'ennemy.
(37) La Chaſſe S. Angadreſme derechef ſur la muraille.
(38) S'entend ſur la vieille de bois, & en celle qui ſe voit à preſent de cuivre doré, & qu'on dit que le Roy Louis XI. a fait faire, il y en a la figure en cuivre.
(39) Sortie des aſſiegez contre l'ennemy.
(40) Au lieu de traverſerent.

Dd 3

1472.

y fut ledit Salezard, & fous luy, fut fon cheval bleffé à mort, combien qu'il le rapportaft à la Ville, & par luy & aucuns des deffufdits tant à pied qu'à cheval, en furent tuez & navrez en leurs tentes, jufqu'au nombre de deux cens ou environ. Et parce que la retraicte ne fut pas fi bien conduite que l'iffuë, à caufe qu'aucuns s'en retournerent dedans la Ville, fans attendre les autres, & que ceux de cheval ne pouvoient rentrer que par la porte de Paris, en defcendant au long de la muraille, y demeurerent neuf ou dix de leurs gens, & entre-autres, y demeura mort Monfieur de la Gafteine, homme d'armes foubs Monfieur le grand Maiftre, dont fut pitié & grand dommage, car c'eftoit un vaillant Chevalier, & honnefte. A cette faillie, ainfi qu'ils eftoient encore audit parc, & qu'ils efcarmouchoient lefdits Bourguignons, lefdits habitans en nombre de quinze ou feize, accompagnez de huit hommes d'armes, jetterent ès foffez de ladite Ville deux gros canons (41) l'un de fer, & l'autre de metail, & fur celuy de metail eftoit efcrit, Montlhery, & couperent les gorges aux Canoniers qui les gardoient, & puis furent tirez de nuit, par engins dedans la Ville, fans qu'en ce faifant aucun fuft mortellement navré ou bleffé. Et outre depuis ladite faillie, furent faites fur lefdits Bourguignons plufieurs autres petites faillies par lefdits gens de guerre, s'ils euffent peu trouver le moyen de faillir, & eux retraire fans danger; mais parce qu'il n'y avoit aucune porte ouverte, par laquelle on peuft faillir fur eux, finon ladite porte de Paris, qui eftoit bien loing de leur parc, ne lieu par lequel on les peuft battre, n'euffent peu fi bien befongner comme ils euffent bien voulu.

Et combien que depuis le dernier affaut, les Bourguignons fiffent chacun jour courir le bruit qu'ils affailleroient encore la Ville, neantmoins memoratifs de la bonne refiftance qui leur avoit efté faite, & que plus ils y viendroient, plus ils y perdroient, ils ne s'y oferent oncques depuis advanturer.

Et finalement congnoiffant le Duc de Bourgongne, qu'il perdoit temps de fejourner devant ladite Ville, & qu'il ne pouvoit grever ceux de dedans, combien qu'il euft donné à plufieurs traiftres grande fomme de deniers, qui eftoient habillez en Payfans, les autres en habit de Maron- C'eft-à-niers, & autrement, pour y bouter (42) le feu, dont les uns furent dite, *Mari-* prins en prefens meffaits, les autres par foubçon avec leurs pouldres, qui *viers.* eurent les têtes coupées.

Après que pour foy vanger des grandes pertes & dommages qu'ils y avoient eu & porté, il brufla tous les villages des environs de ladite Ville, comme Mariffel, Bracheux, Vuagicourt, & autres à quatre ou cinq lieuës d'icelle, mefmement du cofté où il tenoit fon parc, car d'autre part il n'y euft ofé paffer. En un Mercredy matin, qui eftoit le vingt-deux Juillet en belle nuit, fans trompette, honteufement & villainement (43) s'enfuit,

(41) Deux canons pris fur les ennemis.
(42) Des traiftres executez dans la Ville.
(43) Le Duc de Bourgogne faifant un jour du Siege veoir aux Ambaffadeurs d'Angleterre la belle artillerie, & en grand nombre qu'il avoit, difant que c'eftoient les clefs des bonnes Villes de France: Le fol dudit Duc fit contenance de chercher par mi cette artillerie, comme s'il avoit perdu quelque chofe: & eftant interrogé par fon

Maiftre,

DE PHIL. DE COMINES.

fuit, & deflogea avec fon oft, clos & fermé dedans fon parc, & tira par la Ville de Poix devers Aumalle, & de-là à S. Vualery, & à Eu en Normandie, & en y allant, brufloit toutes les Places, & les grains eftans parmy les champs, où il commit plufieurs execrables maux, & dommages irreparables.

 En effet, on a trouvé tant par la declaration d'aucuns Religieux, qui pour continuer le Service Divin eftoient demeurez en ladite Abbaye de S. Lucian, comme par autres prifonniers Bourguignons, qu'il eft demeuré de leurs gens devant ladite Ville, durant le Siege, plus de trois mille hommes (44) & entre-autres Seigneurs & gens de fait, y furent tuez Monfieur de Licques, Monfieur de Cleron, Monfieur Vaffault, Meffire Jean de Renty, Maiftre d'Efcurie, le grand Bailly de Henault, Meffire Jacques d'Orfon, Maiftre de l'artillerie du Duc, Meffire Louys de Torfé, Meffire Loys de Montigny, Meffire Gerard de Cloüis, le baftard de Maftelly, Meffire Huë de S. Ammo, Meffire Philippe de Montigny, Meffire Jean de Mabres], Monfieur d'Efpic, (45) Monfieur de Ruilly, Meffire Philippes de S. Mahan, avec le grand Canonnier, & deux Archers de la garde dudit Duc de Bourgongne.

 Ne faut obmettre que plufieurs bonnes Villes de ce Royaume ont fecouru pendant le fiege les habitans de Beauvais, & entre-autres (46) ceux de Paris, qui à toute diligence fi toft qu'ils en furent advertis, envoyerent grand nombre de groffe artillerie, coulevrines, Arbaleftiers, Canonniers & Pionniers, & des vivres à fi grande habondance, que durant ledit Siege, [jaçoit que toutes les portes fuffent fermées, excepté celle de Paris,] on y avoit plus grand marché beaucoup que l'on avoit eu long-temps auparavant ledit Siege.

 Ceux de Roüen y envoyerent grand nombre de Pionniers, Arbaleftriers, Maffons & Charpentiers, payez pour fix femaines, eux offrans liberalement fubvenir à la Ville & habitans d'icelle, en tout ce qu'il leur feroit poffible.

 Pareillement, ceux d'Orleans envoyerent cinquante pippes de vin, qui y furent données & diftribuées par les habitans d'icelle Ville à Monfieur le Conneftable (47) de S. Pol, qui venoit de Creil, & qui eftoit arrivé en ladite Ville depuis la fuite defdits Bourguignons, comme aux autres Capitaines deffus nommez.

Voilà ce qui eft du Siege, tiré de mot à mot du vieil exemplaire.

L'Hiftoire de France en la vie du Roy Louys XI. eft conforme à ce difcours, qui eft plus bref, comme auffi Philippes de Comines, Sr. d'Argenton, qui a efcript la Vie du mefme Roy, & qui eftoit encore lors

---

Maiftre, ce qu'il cherchoit, lui dit tout haut en prefence de ces Ambaffadeurs, qu'il cherchoit les clefs de Beauvais, & ne les pouvoit trouver.

(44) Quel nombre de Bourguignons mourut au Siege.

(45) Comines l'appelle Defpiris, qui fut le plus grand perfonnage qui fut tué en ce Siege.

(46) Ceux qui ont fecouru la Ville.

(47) Ledit Sieur Conneftable arriva deux jours après le Siege levé.

lors dudit Siege au service dudit Duc de Bourgongne, asseure en ses Memoires, que le Duc estoit en telle colere contre le Roy Louys, à cause de la mort de Monsieur Charles, Duc de (48) Guyenne, frere du Roy, dont il disoit parolles villaines & incroyables. Que s'il eust prins la Ville d'assaut, sans doute il l'eust bruslée, mais (ce dit-il,) elle fut preservée par vray miracle, & non autrement. Car si le Duc eust voulu du commencement loger une partie de son armée du costé de la porte de Paris, la Ville n'eust peu eschapper de ses mains, pource que nul y eut peu entrer, mais Dieu voulut qu'il fit doute, là où il n'y en avoit point; car pour un petit ruisseau qui estoit à passer, il fit cette difficulté, & depuis qu'il y eut largement gens d'armes, il le voulut faire, qui eust esté mettre tout son ost en peril, & à grande peine l'en peust-on démouvoir.

Et parce que les habitans de ladite Ville de Beauvais ont esté de tout temps grandement fideles à la Couronne de France, ainsi qu'ils ont fort bien monstré par effet, ayant vertueusement & constamment soustenu le Siege cy-dessus, sans aucunement espargner leur vie & leurs biens, jusques à la mort, ils ont obtenu plusieurs privileges du Roy Louys onzieme, suivant lesquels ils sont exempts de Tailles & de l'Arriere-ban, & s'ils peuvent posseder Fiefs, sans payer aucune finance, ainsi qu'il appert par Lettres Patentes données à la Roche au Duc, au mois de Juillet, mil quatre cens septante-deux. Bien est vray, que long-temps au precedent, & en l'an mil quatre cens dix-sept, Jean, Duc de Bourgongne, (49) ayeul de Charles, qui siegea Beauvais, faisant son Entrée en ladite Ville, entretint les habitans en ceste promesse, qu'ils ne payeroient aucuns subsides, impositions, ny gabelles, & par ce moyen, pratiqua plusieurs Villes qui se mirent en son obéyssance, recevant d'eux le serment, qu'ils seroient bons & loyaux envers le Roy & luy : toutefois, il ne tint rien de ce qu'il avoit promis, car ayant le Roy Charles VI. (qui estoit lors tombé en alteration d'esprit,) & la Reyne à son commandement, faisoit toutes choses à son plaisir, envoya plusieurs mandemens Royaux, pour lever aydes & subsides en l'Evesché dudit Beauvais.

Ces Lettres sont cy-aprés.

Institution de la Procession de l'Assaut.

PAr Ordonnance, & du consentement des habitans de la Ville de Beauvais, a esté ordonné, que Procession generale se feroit le Dimanche, vingt-septiesme jour du mois de Juin, mil quatre cens septantetrois, pour rendre graces à Dieu, & aux benoists Saints, (les Corps desquels reposent en ladite Ville,) pour les avoir preservé l'an passé à pareil jour,

---

(48) On estima la mort du Duc de Guyenne, lui avoir esté advancée par aucuns de ses domestiques, à la suggestion du Roy; ce qui ne fut jamais prouvé. Voyez le tome I. pag. 175. note 10.

(49) Ce Duc de Bourgogne fut le plus cruel Prince qui fut jamais en France, ayant fait massacrer malheureusement en l'an mil quatre cens sept, Monsieur Louys, Duc d'Orleans, frere du Roy Charles VI. aussi fut-il lui-méme tué, l'an mil quatre cens dix-neuf, par les gens de Monsieur le Dauphin Charles, qui fut depuis, Roy VII. du nom.

DE PHIL. DE COMINES. 217

1472.

jour, contre la furie du Duc de Bourgongne, qui vint, luy & toute son armée asseoir leur siege, & livrer assauts aux trois portes, sçavoir, de Limaçon, l'Hostel-Dieu, & de Bresle, à laquelle Procession, furent portez tous les Corps Saints estans en la Ville, sçavoir, les Chasses de Sainte Angadresme, S. Just, S. Evrost, S. Germer, le Corps de S. Lucian en une Chasse, & son chef en une autre. (50) Monsieur l'Evesque de Beauvais assista à ladite Procession, avec tous les Abbez & Religieux de S. Lucian, S. Quentin, & S. Symphorian, les Colleges, Parroisses & Ordres des Mendians, tous revestus en Chappes, & portans Reliquaires des Saints, furent faites Oraisons & Stations à chacune desdites portes, où officioit ledit Sieur Evesque, puis fut chanté le *Te Deum*, & fut fait le Sermon, & ledit Sieur Evesque chanta la Messe en la grande Eglise, lesdits trois Abbez presens ; depuis ce temps par chacun an, à pareil jour, se fait pareille Procession.

Institution de la Procession de la Trinité.

L'AN mil quatre cens trente deux, le Comte d'Arondel, avec deux mille Anglois qui tenoient la Ville & Chasteau de Gerberoy, firent & dresserent embuches auprès de Beauvais, & envoyerent quelques Coureurs ; le Mareschal de Boussac, nommé Pierre de la Brosse, & Ponton de Xaintrailles, Gascon, Bailly de Berry, & qui fut depuis Mareschal de France, qui estoient dans la Ville, sortirent dehors, & poursuivirent lesdits Coureurs bien lieuë & demie, mais les Anglois qui s'estoient cachez dans certains bois, se jetterent sur ledit Ponton, qui fut pris & amené prisonnier, & fut incontinent delivré par eschange du Sieur de Talbot, qui avoit esté pris à Patay, (51) le Mareschal de Boussac se sauva dedans Beauvais.

L'année d'après, qui fut le sept Juin mil quatre cens trente-trois, jour de la Sainte Trinité, lesdits Anglois surprindrent la porte de l'Hostel-Dieu, & tuerent les portiers qui la gardoient : ils tuerent aussi Jacques de Quehengnies, Sieur dudit lieu, Lieutenant du Capitaine de la Ville, qui avoit couppé la corde qui soustient la herse de ladite porte, pour empescher l'entrée desdits ennemis, de sorte que tous ceux qui estoient entrez jusques au pont de S. Laurens, furent tous mis à mort par les habitans, en memoire dequoy, & que la Ville a esté preservée de l'ennemy, fut instituée la Procession, qui se fait le jour de la Sainte Trinité à la porte de l'Hostel-Dieu.

De

---

(50) Ledit Sieur Evesque s'appelloit Jean de Bar, comme a esté dit cy-dessus : l'Abbé de S. Lucian estoit Jean de Villers, qui est mort le dix-sept Juin mil quatre cens nonante-deux, gist en ladite Abbaye à costé droit du chœur, & l'Abbé de Saint-Quentin, nommé Jean de Boubres, dans le chœur de ladite Abbaye, proche du grand Autel à main gauche.

(51) Patay est un village en Beausse, où les François obtindrent une memorable victoire contre les Anglois, au mois de Juin, mil quatre cens vingt-neuf ; par la boucherie qu'ils en firent environ de treize mille, qui demeurerent morts sur la place, & par la prise d'aucuns des plus braves de leurs Capitaines, comme Talbot, & le Seigneur de l'Escalle.

Tome III.

E e

De la Procession pour la reduction de Normandie. (52)

LE douziesme jour du mois d'Aoust, y a Procession solemnelle, & Messe du S. Esprit, pour la conqueste du Duché de Normandie & de Bordeaux, faite par Charles VII. contre le Roy d'Angleterre, l'an mil quatre cens-cinquante.

CXC.

Lettre du Mareschal Joachim Rouhaut, au Comte de Dammartin, sur la Levée du Siege de Beauvais.

MOnsieur le Grand Maistre, je me recommande à vous tant comme je puis; presentement est arrivé en cette Ville un homme, que Monsieur de Monsaret avoit envoyé pour regarder quel chemin les Bourguignons tiendroient, & a trouvé qu'ils sont ès lieux declarez ès Lettres missives à moy envoyées par le Capitaine d'Aumale que je vous envoye; mais ledit homme a parlé à une femme en l'ost desdits Bourguignons, & dit que le Duc de Bourgogne chevauche à petites journées, sans soy fort éloigner de Beauvais en especial son arriere-garde, en laquelle il a la fleur de son ost, esperant que si les gens d'armes le suivent, ou que Beauvais soit defourny de gens d'armes, tourner incontinent audit Beauvais, pour l'emporter d'assaut, s'il peut, & telle est son intention, comme ladite femme a certifié pour vray, & à Dieu soyez. Escrit en haste, au Neuf-Chastel: le Vendredy, vingt-quatriesme jour de Juillet je arrivay au soir en cette Ville, & m'en vois à Dieppe, & pour ce, je vous prie, que me fassiez tousjours sçavoir de vos nouvelles.

Monsieur de Monsures se recommande bien fort à vous. Le tout, vostre, le Mareschal JOACHIM.

CXCI.

Lettres Patentes de Louis XI. qui permet aux Bourgeois de Beauvais de tenir Fiefs nobles, & les exempte de l'Arriere-ban.

LOYS, par la grace de Dieu, Roy de France: Sçavoir faisons à tous presens & à venir: Comme il soit tout notoire, & soyons aussi à plain informez, tant par nos Chefs de guerre à present estant en nostre Ville de Beauvais, que par plusieurs autres dignes de foy venus dudit lieu, & autrement en maintes manieres, comme nos très-chiers & bien-amez, les Maire, Pers, Bourgeois, Manans & Habitans de ladite Ville de Beauvais, voulans garder & monstrer par effet leur très-grand

---

(52) Le Duché de Normandie avoit tenu trente ans pour les Anglois, & le Duché de Guyenne, trois cens ans, depuis que Henry II. Roy d'Angleterre l'eut par mariage de la Duchesse Eleonor, joint à sa Couronne. Elle avoit esté femme du Roy Louys le jeune, & par luy répudiée, pour mauvais déportement.

grand loyauté, qu'ils ont tousjours euë & ont envers nos prédecesseurs, nous & la Couronne de France, en ensuivant la trace de leurs prédecesseurs, qui l'ont tousjours ainsi fait sans varier, à l'encontre des Anglois, nos ennemis anciens, & leurs alliez, nos rébelles & désobéyssans subjets & adversaires de nous & de nostre Royaume, ayent vertueusement & constamment, sans aucunement douter, varier, ne vaciller puis trois semaines ençà, attendu & soustenu la venuë, férocité, armée, assemblée illicite en forme d'ost & de siége, & puissance desordonnée de Charles de Bourgogne & de ses consors, sequaces & complices, nos rebelles & désobéyssans subjets, avec plusieurs très-rudes & puissans assauts par eux faits & donnez à l'encontre de ladite Ville, cuidant la gagner, surprendre & subvertir, ou la réduire à leur damnable entreprise & intention, tant auparavant de la venuë de nosdits Chefs de guerre & Capitaines en ladite Ville, que depuis qu'ils y ont esté arrivez, & iceux Bourguignons & tous leursdits assauts repulsez & resisté vigoureusement de jour & de nuit, & en ce faisant y employer leurs vies & biens, femmes & enfans, sans aucunement eux espargner, resisté jusqu'à la mort ; à l'occasion d'icelles choses iceux Maire, Pers, Bourgeois & Habitans, ont souffert, soustenu & encouru, souffrent encore & soustiennent pour garder leurditte loyauté, grands périls, pertes, dangiers, dépenses, dommages & interests, dont ils sont grandement à loüer, & les en avons en singuliere grace & cordiale dilection ; pour ce est-il que nous voulans & desirans lesdits Maire, Pers, Bourgeois & Habitans aucunement relever & soulager desdites pertes, dépenses & interests, & reconnoistre envers eux lesdits services, à iceux, pour ces causes, & afin qu'ils soient plus enclins de continuer & entretenir leursdits loyautés envers nous & nostre Couronne, & autres à leur exemple, & pour autres grandes considerations à ce nous mouvans, avons de nostre certaine science, propre mouvement, grace especiale, pleine puissance & autorité Royale, par ces presentes, octroyé & octroyons, voulons & nous plaist, que eux & leursdits successeurs en ladite Ville puissent & leur loise tenir & posseder d'oresnavant perpetuellement, tous fiefs nobles par eux acquis & à acquerir, sans ce qu'ils puissent estre contraints d'en vuider leurs mains, ne pour ce payer aucune finance ou indemnité ores, ne pour le tems à venir, à nous ne à nos, successeurs, pour quelque cause ou occasion & en quelque maniere que ce soit, & laquelle finance quelle qu'elle soit, & à quelque somme qu'elle puisse monter, nous leur avons dès maintenant pour lors, pour considerations des choses dessusdites, liberalement donnée & quittée par cesdites presentes signées de nostre main ; & de nostre plus ample grace, mesmement afin que lesdits Maire, Pers, Bourgeois & Habitans soient tousjours plus enclins & astraints en continuant leurditte loyauté de garder ladite Ville en nostredite obéyssance, & de resister aux entreprinses que nosdits ennemis & adversaires par avanture s'efforceroient cy-après faire sur & à l'encontre d'icelle Ville, leur avons & à leursdits successeurs en outre, octroyé & octroyons, comme cy-dessus, que par raison desdits fiefs, ne autrement, en quelque maniere que ce soit, ils ne soient tenus d'aller ou envoyer en nos guerres & armées, qui sont & seront par nous & nosdits successeurs d'oresnavant mises

E 2 &

1472.

& dreſſées en noſtredit Royaume, pour quelconques cauſes ou occaſion que ce ſoit, ainçois qu'ils demourent en ladite Ville, en bon & ſouffiſans habillemens de guerre, pour la garde & deffenſe d'icelle. Et de ce les avons à touſjours exemptez & exemptons, de noſtredite grace, par ces meſmes preſentes, par leſquelles nous donnons en mandement à nos amez & feaux, Gens de nos Comptes & Treſoriers, aux Baillifs de Vermandois, d'Amiens & de Senlis, aux Commiſſaires qui ſont & ſeront députez à faire les monſtres des gens du Ban & Arriere-Ban de noſtredit Royaume, & à tous nos autres Juſticiers & Officiers, ou à leurs Lieutenans preſens & à venir, & à chacun d'eux, ſi comme à luy appartiendra, que leſdits Maire, Pers, Bourgeois & Habitans de Beauvais, & leurſdits ſucceſſeurs en laditte Ville, ils faſſent, ſouffrent & laiſſent jouïr & uſer de nos preſentes grace, voulenté & octroy, plainement & paiſiblement, ſans leur faire, ne ſouffrir eſtre fait, mis, ou donné aucun deſtourbier ou empeſchement au contraire, lequel, ſe fait, mis, ou donné leur eſtoit en aucune maniere, ſi l'oſtent ou faſſent oſter & mettre ſans délay au premier eſtat & deu, car ainſi nous plaiſt-il, & voulons eſtre fait, nonobſtant que la valeur de ladite finance ne ſoit cy-autrement ſpecifiée & déclarée, que leſdits Maire, Pers, Bourgeois & Habitans, ne leurſdits ſucceſſeurs & comparent, ou envoyent eſdites monſtres, qui ſont & ſeront faites deſdits gens du Ban & Arriere-Ban, mandemens, ordonnaces ou deffenſes à ce contraires. Et afin que ce ſoit choſe ferme & eſtable à touſjours, nous avons fait mettre noſtre Scel à ceſdites préſentes, ſauf en autres choſes noſtre droit, & l'autruy en toutes. Donné à la Roche-au-Duc au mois de Juillet, l'an de grace mil quatre cens ſoixante-douze, & de noſtre Regne le onzieſme. *Ainſi Signé*, Loys. Par le Roy, vous, Maiſtre Jean Herbert, General, & autres preſens. FAMENG.

CXCII.

☞ *Lettres Patentes du Roy Louis XI. qui permet aux Habitans de Beauvais de ſe choiſir un Maire & Pairs (c'eſt-à-dire Eſchevins).*

LOYS, &c. Sçavoir faiſons, &c. Comme il ſoit tout notoire & ſoyons auſſi à plain informez, tant par nos Chefs de guerre à preſent eſtant en noſtre Ville de Beauvais, que par pluſieurs autres dignes de foy venus dudit lieu & autrement en maintes manieres, comme nos très-chiers & bien-amez les Maire, Pers, Bourgeois, Manans & Habitans de ladite Ville de Beauvais, voulans garder & monſtrer par effet leur très-grand loyauté qu'ils ont euë touſjours, & ont envers nos prédéceſſeurs, nous & la Couronne de France, en enſuivant la trace de leurs prédeceſſeurs, qui l'ont touſjours ainſi fait ſans varier, à l'encontre des Anglois nos anciens ennemis, & leurs alliez nos rebelles & déſobéyſſans ſubjets & adverſaires de nous & de noſtre Royaume, ayent vertueuſement & conſtamment, ſans aucunement varier, douter, ne vaciller puis trois ſemaines en ça, attendu & ſouſtenu la venuë, ferocité, armée, aſſemblée illicite en forme d'oſt & de ſiége, & puiſſance deſordonnée de Charles de Bourgogne noſtre rebelle & déſobéyſſant

ſubjet,

subjet, & de ses sequaces & complices, avec plusieurs très-rudes & puissans assauts, par eux faits & donnez à l'encontre de ladite Ville, cuidant 1472. la gagner, surprendre & subvertir, ou la réduire à leur très-damnable entreprinse & intention, tant auparavant de la venuë de nosdits Chefs de guerre & Capitaine en ladite Ville, que depuis qu'ils y ont esté armez, & iceux Bourguignons & tous leursdits assauts repulsez, & resisté vigoureusement de jour & de nuit, en ce faisant y employer leurs vies & biens, femmes & enfans, sans aucunement eux épargner jusqu'à la mort, à l'occasion desquelles choses iceux Maire, Pers, Bourgeois & Habitans ont souffert, soustenu, & encore souffrent & soustiennent pour garder ladite loyauté, grands périls, pertes, dangiers, despenses, dommages & interests, dont ils se font grandement à loüer, & les en avons en singuliere grace & cordiale dilection; pour ce est-il que nous desirans lesdits Maire, Pers, Bourgeois & Habitans de Beauvais aucunement remunerer desdits services, & iceux recongnoistre envers eux & iceux, pour ces causes & autres à ce nous mouvans, avons octroyé & consenty, octroyons, permettons & consentons, de grace especiale, plaine puissance & autorité Royale, par ces presentes, que eux & leurs successeurs en ladite Ville, puissent & leur loyse d'oresnavant chacun an eslire & faire Maire & Pers en laditte Ville, de telles personnes souffisans & idoines, soient Clercs, gens de fiefs, ou autres, tels qu'ils adviseront pour le bien de ladite Ville, & que tous lesdits Habitans soient tenus obéyr ausdits Maire & Pers, pour comparoir aux assemblées, qui par eux seront advisés estre faites pour le bien & utilité de ladite Ville, sur peine de dix sols tournois, ou autre amende à la discrétion & arbitrage desdits Maire & Pers, le tout à appliquer au profit de la fortification de ladite Ville & non ailleurs, nonobstant quelques usages, observance & maniere de faire, qui par cy-devant eut esté en ce tenuë & gardée au contraire. Si donnons en mandement par ces mesmes presentes à nos amez & feaux Conseillers, les Gens de nostre Cour de Parlement à Paris, aux Baillifs de Vermandois, d'Amiens & de Senlis, & à tous nos autres Justiciers & Officiers, ou à leurs Lieutenans presens & à venir, & à chacun d'eux, si comme à luy appartiendra, que de nos presentes grace, octroy, permission & consentement, ils fassent, souffrent & laissent lesdits Habitans & leursdits successeurs jouïr & user plainement & paisiblement, sans leur faire ne souffrir estre fait, mis ou donné aucun destourbier ou empeschement au contraire, lequel, se fait, mis ou donné leur estoit en aucune maniere, si l'ostent ou fassent oster &. mettre sans délay au premier estat & deu: Et afin que ce soit chose ferme & estable à tousjours, nous avons fait mettre nostre Scel à cesdites presentes, sauf en autres choses nostre droit, & l'autruy en toutes. Donné à la Roche-au-Duc au mois de Juillet, l'an de grace mil quatre cens soixante-douze, & de nostre Regne le onziesme. *Ainsi Signé*, Par le Roy, vous, Maistre Jean Herbert, General, & autres presens. FAMENG.

PREUVES DES MEMOIRES

CXCII*.

☞ *Lettres Patentes de Louis XI. portant exemptions de droits & impositions pour les Habitans de Beauvais.*

LOYS, par la grace de Dieu, Roy de France : Sçavoir faifons, &c. Comme il foit tant notoire, & foyons auffi à plain informez, tant par nos Chiefs de guerre à prefent eftant en noftre Ville de Beauvais, que par plufieurs autres dignes de foy, venus dudit lieu, & autrement en maintes manieres, comme nos très-chiers & bien-amez, les Maire, Pers, Bourgeois & Habitans de ladite Ville de Beauvais, voulans garder & monftrer par effet leur très-grand loyauté qu'ils ont toufjours euë & ont envers nos prédeceffeurs Roys, nous & la Couronne de France, en enfuivant la trace de leurs prédeceffeurs, qu'ils ont toufjours ainfi fait, fans varier à l'encontre des Anglois nos anciens ennemis, & leurs alliez nos rebelles & défobéyffans fubjets, & adverfaires de nous & de noftre Royaume, ayent vertueufement & conftamment, fans aucunement douter, varier, ne vaciller, puis trois femaines en çà attendu & fouftenu la venuë, ferocité, armée, affemblée illicite en forme d'oft & de fiége, & puiffance defordonnée de Charles de Bourgogne, & de fes fequaces & complices, nos rebelles & défobéyffans fubjets, avec plufieurs très-rudes & puiffans affauts, par eux faits & donnez à l'encontre de ladite Ville, cuidant la gagner, furprendre & fubvertir, ou la réduire à leur très-damnable entreprife & intention, tant auparavant la venuë de nofdits Chefs de guerre & Capitaines en ladite Ville, que depuis qu'ils y ont efté arrivez, & iceux Bourguignons & tous leurfdits affauts repulfez, & refifter vigoureufement de jour & de nuit, & en ce faifant, y employer leurs corps & biens, femmes & enfans, fans aucunement eux épargner jufques à la mort ; à l'occafion defquelles chofes iceux Maire, Pers, Bourgeois & Habitans ont fouffert, fouftenu & encouru, fouffrent encore & fouftiennent pour garder leurdite loyauté, grands périls, pertes, dangiers, defpenfes, dommages & interefts, dont ils font grandement à loüer, & les en avons en finguliere grace & cordiale dilection ; pour ce eft-il que nous voulans & defirans lefdits Maire, Pers, Bourgeois & Habitans aucunement relever & foulager defdites pertes, defpenfes & dommages & interefts, & recongnoiftre envers eux lefdits fervices ; iceux pour ces caufes, & afin qu'ils foient toufjours plus enclins de continuer & entretenir leurdite loyauté envers nous & noftre Couronne, & autres à leur exemple ; & pour autres grandes confiderations à ce nous mouvans, avons de noftre certaine fcience, propre mouvement, grace efpeciale, plaine puiffance & autorité Royale, & leurs fucceffeurs demourans en ladite Ville, affranchis, quittés & exemptés, affranchiffons, quittons & exemptons par ces prefentes, à toufjours perpetuellement de toutes impofitions quelconques, qui font à prefent & pourroient eftre ou temps mifes fus & impofées de par nous & nos fucceffeurs Roys de France en noftredit Royaume, foit pour le fait & entretenement de nos gens de guerre & autrement,

pour

pour quelque cause que ce soit, excepté toutefois des vins, bois & poissons vendus, & qui pareillement se vendront au temps à venir en ladite Ville, en gros, & des bestes à pied fourché, lesquelles nous reservons & entendons y avoir cours, tout ainsi qu'ils ont à present, & de nostre plus ample grace avons remis, commué & moderé, remettons, commuons & moderons par ces mesmes presentes le quatriesme du vin & autres vindaiges vendus ou qui se vendront en détail en ladite Ville au huitiesme, sans que les fermiers ne autres quelconques, qui sont & seront commis à cueillir & recevoir lesdites impositions, puissent prendre ne lever aucunes impositions, sinon celles desdits vin, bois & poissons vendus & à vendre en gros, comme dit est, & dudit pied fourché, tel en la maniere que dessus, pour quelque cause, ne en quelque maniere que ce soit : Et donnons en mandement par ces mesmes presentes à nos amez & feaux, Gens de nos Comptes & Tresoriers, les Generaux, Conseillers par nous ordonnez pour la guerre en l'Election dudit Beauvais, & autres nos Justiciers & Officiers, ou à leurs Lieutenans presens & à venir, & à chacun d'eux, si comme à luy appartiendra, que lesdits Maire, Pers, Bourgeois & Habitans de Beauvais, leursdits successeurs, & chacun d'eux, ils fassent, souffrent & laissent jouïr & user plainement & paisiblement, de nos presentes grace, affranchissement, quittance, exemption & de tout le contenu en cesdites presentes, sans leur faire, ne souffrir estre fait, mis ou donné aucun destourbier ou empeschement au contraire ; car ainsi nous plaist-il, & voulons estre fait, & ausdits Maire, Pers, Bourgeois & Habitans de Beauvais & à leursdits successeurs l'avons octroyé & octroyons de nostredite grace par cesdites presentes, nonobstant que par les Lettres de commission, qui sont & feront données par nous & nosdits successeurs, pour mettre sus lesdites impositions, soit mandé imposer à icelles toutes manieres de gens exempts & non exempts, privilegiez & non privilegiez, en quoy ne voulons ne entendons lesdits Maire, Pers, Bourgeois & Habitans, leursdits successeurs, ne aucuns d'eux estre compris en aucune maniere, & quelconques ordonnance, mandemens ou deffenses à ce contraires : Et afin que ce soit chose ferme & estable à tousjours, nous avons fait mettre nostre Scel à cesdites presentes, sauf en autres choses nostre droit, & l'autruy en toutes. Donné à la Roche-au-Duc au mois de Juillet, l'an de grace mil quatre cens soixante-douze, & de nostre Regne le douziesme. *Ainsi Signé*, Par le Roy, vous, Maistre Jean Herbert, General, & autres presens. FAMENG.

CXCII**.

Procession ordonnée en la Ville de Beauvais en mémoire de la levée du Siége, & permission aux femmes & filles de précéder les hommes en laditte Procession.

LOYS, par la grace de Dieu, Roy de France : Sçavoir faisons à tous presens & à venir, que nous réduisans à mémoire la très-grand, entiere, vraye & parfaite loyauté que ont euë de toute ancienneté, &
inviolablement

1472.

inviolablement conservée & monstrée par effet envers nos prédécesseurs, Roys de France, nous & nostre Couronne, à l'encontre de tous les ennemis & adversaires de nous & de nostredit Royaume, sans varier, les gens d'Eglise, Maire, Pers, Echevins, Bourgeois, Manans & Habitans de nostre bonne Ville & Cité de Beauvais, tellement qu'ils sont & les reputons dignes de tous les droits, privileges & libertez, exemptions & franchises qui par cy-devant, tant par nos predecesseurs, Roys de France, que par nous, n'agueres leur ont esté donnez & octroyez à cette cause, avec louange, mémoire & recommandation à tousjours, & non-seulement les hommes, mais pareillement les femmes & filles de laditte Ville, lesquelles voyans à l'œil l'année derniere passée au-devant d'icelle Ville l'armée illicite & affreuse multitude des Bourguignons nos rebelles & désobéyssans subjets, par forme de siége & hostilité, garnis de grosse artillerie, & les très-outrageux, présomptueux & impetueux assauts & batteries de murailles qu'ils y firent & repeterent par plusieurs fois & journées, cuidant la gagner & soumettre à leur obéyssance, invocation par elle dûement faite du nom de Dieu, nostre benoist Créateur, & des mérites & intercessions de Madame Sainte Angadresme, en l'aide & deffense de laditte Ville, de laquelle à leur intercession le très-glorieux corps & reliquaire y reposant fut lors porté en procession solemnelle par le Clergé d'icelle Ville; se rendirent comme tous aux creneaulx & à la deffense de la muraille de laditte Ville; & illec en très-grande audace, constance & vertu de force largement, outre estimation du sexe feminin mirent la main à la besogne à l'imitation des hommes, nos bons & loyaux subjets d'icelle Ville, & leur furent en aide, tellement que lesdits Bourguignons finablement furent reboutez, & se départirent tous honteusement de audevant de laditte Ville, & qu'elle demoura & fut conservée, & est demourée en nostre obéyssance. Pourquoy nous ces choses considerées, qui sont comme toutes notoires, & desquelles avons esté à plain informez, desirans d'icelles de tout nostre cœur & intention graces & louanges solemnelles à tousjours estre faites & rendues chacun an à Dieu nostre benoist Createur, & à la très-glorieuse Sainte Angadresme, avons voulu, décerné & ordonné; voulons, décernons & ordonnons par ces presentes, que d'oresnavant par chacun an le jour & solemnité de ladite glorieuse Sainte, soient faits & célebrez à perpetuellement & à tousjours aux despens de nostre recepte & domaine de laditte Ville, une Procession, Messe & Sermon solemnels, en laquelle soit déferée & singulierement priée ladite Sainte, & très-dévot Reliquaire d'icelle, à ce qu'elle nous soit tousjours en aide & au bien de nostre Royaume, & par especial préserver laditte Ville de tous nos ennemis & adversaires, & en perpetuelle mémoire de laditte Procession ainsi faite par les femmes de laditte Ville pendant & durant laditte hostilité, & de leur bonne constance, vertu & résistance, avons voulu & ordonné en outre que icelles femmes aillent d'oresnavant à la Procession ainsi par nous ordonnée incontinent après le Clergé, & précedent les hommes iceluy jour, & que ainsi le fassent à l'offrande qui se fera en la Messe par nous ordonnée comme dessus, & en outre que toutes les femmes & filles qui sont à present, & seront cy-après en laditte Ville, le puissent & chacunes d'icelles à tousjours

jours le jour & folemnité de leurs nopces, & toutes autresfois que bon leur femblera, parer, veftir & couvrir de tels veftemens & tous paremens, joyaux & ornemens que bon leur femblera, & dont elles pourront recouvrer, fans ce que pour raifon de ce elles, ne aucunes d'elles en puiffent eftre aucunement notées, reprinfes ou blafmées pour raifon de quelque eftat ou condition qu'elles foient, ne autrement. Si donnons en mandement par ces prefentes au Bailly de Senlis, & à tous nos autres Jufticiers & Officiers, ou à leurs Lieutenans prefentes & à venir, & à chacun d'eux, fi comme à luy appartiendra, que nos prefens voulenté & ordonnance, & tout le contenu en ces prefentes, ils entretiennent & gardent, & faffent entretenir & garder par eux, & ainfi qu'il appartiendra de point en point fans enfraindre, en les faifant crier & publier en laditte Ville ès lieux où l'en a couftume de faire cris & publications, afin que aucun n'en puiffe prétendre caufe d'ignorance. Et afin, &c. fauf, &c. Donné à Amboife au mois de Juin, l'an de grace mil quatre cens foixante & treize, & de noftre Regne le douziefme. Ainfi *Signé*, Par le Roy, le Comte de Dunois, le Vicomte de Narbonne, le Sire de Lunes, Guyot-Pot, Bailly de Vermandois, & autres prefens. FAMENG, *vifa*.

1472.

CXCIII.

☞ *Lettre du Roy au Comte de Dammartin, pour faire la guerre aux pays du Duc de Bourgogne.*

Monfieur le Grand Maiftre, j'ay receu vos Lettres, & ay commandé les mandemens qui vous font néceffaires pour vos procès, je fuis bien aife de ce que un fi fage homme comme vous eftes, eft de mon opinion. Et auffi il me femble, qu'il n'y a meilleur remede de faire partir le Duc de Bourgogne du Pays de Caux, & s'en retourner, que de aller en fes Pays faire bonne guerre, & mettre le feu partout & brufler, tout comme il fait en mes Pays.

Tiré des Recueils de M. l'Abbé Le Grand.

Monfieur le Grand Maiftre, je vous mercie tousjours de la peine que vous prenez, & des fervices que vous me faites. Mais je vous prie que par tous les moyens que vous pourrez, vous effayez de les mettre hors du Pays de Caux; & me faites fçavoir de vos nouvelles. Efcript à Chafteau-Gontier le vingt-cinquiefme jour d'Aouft. *Signé*, LOYS. *Et plus bas*, TILHART. *Et au dos eft efcrit.*

A noftre cher & amé coufin le Comte de Dampmartin, Grand Maiftre d'Hoftel de France.

CXCIII*.

☞ *Extrait d'une Lettre écrite par un fujet du Duc de Bourgogne fur les guerres entre ce Duc & le Roy de France.*

Monfeigneur le Duc a efté logié par aucun temps à demie lieue près de Dieppe, qui eft une très-forte Ville & imprenable, fans y mettre le fiége par mer ou par terre; laquelle chofe pour l'année prefente n'a

Tiré des mêmes Recueils.

Tome III. F f pû

pû estre faite, & pour ce mondit Seigneur se tira au Pays de Caux, auquel il a fait abbattre & démolir plusieurs places & forteresses, & entre autres les Chasteaux de Longueville & de Chalmenil, qui estoient deux Villes, places fortes & bien assises, & a fait mettre en cendre tout le plat-pays dudit Caulx, jusqu'aux portes de la Ville de Rouan, où il a fait son logis par l'espace de quatre jours entiers, au grand regret de la pluspart des compaignons, qui doutoient fort que mondit Seigneur deust passer la riviere de Seine & tirer en Bretagne, qui leur a esté chose griefve, car desja par l'espace de six ou sept jours on n'avoit peu recouvrer pain en l'ost, parce que ceux de Dieppe & d'Arques, voisins l'un de l'autre, tenoient le passage clos, & à son retour d'illec a prins son chemin par un autre quartier, & est venu vers le Neuf-Chastel, où il y avoit Chasteau & bonne petite Ville bien maisonnée, lequel Chastel a fait mettre le feu dedans la Ville, & en tous les Villages qui ont esté trouvés jusqu'à près d'ici : a aussi remis & réduit sous son obéyssance, à sondit retour, la Place de Piquini, & de present a conclud de faire ses revues & payemens à ses gens pour un mois, & employer cette riere-saison à nétoyer les frontieres de ses pays des places qui les peut nuire & grever, qui sont les places du Connestable, comme j'entens, à sçavoir, Ham, Beaurevoir, Guise, Bouchain, & autres ; & veut mondit Seigneur faire la guerre audit Connestable, & sur ses terres & places, pour sçavoir quels termes il tiendra ; car plusieurs sont d'opinion que se mondit Seigneur pouvoir gagner, par force ou par moyen, iceluy Connestable, que le Roy se trouvera fort esbahy. Pendant que nous avons esté aux champs plusieurs Seigneurs, nobles hommes, & autres sont morts par maladies & blessures receues aux escarmouches ou autrement, comme le Sieur de Saint-Prey, le Sieur de Bougeffle, & autres dont je ne suis à present racors des noms ; & semblablement ès garnisons, le Souverain Bailly de Flandres, le Chastelain de Larglez, Messire Thierry de Allerain, le Sgr. de Crequy, & autres, Dieu leur fasse mercy ; & les garnisons d'Amiens & de Saint-Quentin ont fait plusieurs maux ès pays de par-deçà, assavoir, d'avoir bruslé plusieurs gros Bailliages & jusques ès fauxbourgs de Hesdin, & emmenés plusieurs prisonniers, assavoir gens du plat-pays, mais quelque part qu'ils se sont trouvés en présence des gens de guerre ils ont tousjours eu du pire, & ont esté reboutés & rembarrés, & perdus plus largement de leurs gens que n'avoient fait. Par ce moyen les garnisons des ennemis se sont avancées venir devant la Ville de Mondidier bien au nombre de sept ou huit mille combattans, & de fait assaillirent ladite Ville par trois diverses fois en un jour, & tellement que par un bout ils estoient entrés en la Ville, mais à l'aide de Dieu, ils furent tellement & si rudement reboutés dehors, qu'il en demoura de morts trois à quatre cens sur la place, sans les blessiez & navrez, & de ceux de dedans, il n'en y eut pas de dix un, que tous ne fussent navrez, & des morts environ sept ou huit ; & dit-l'on que les femmes de la Ville s'y porterent moult vaillamment, & entre les autres y en eut une qui fit la barbe à plusieurs François. Ledit assault dura bien sept heures, & se partirent en cet estat ; depuis y sont revenus & n'y ont rien fait. Maistre Nicolas Dousseaul est en Bretagne, par lequel

mondit

mondit Seigneur a esté adverty que le Duc est puissant, & a encore vouloir de faire quelque traitié ou tresves avec le Roy, sinon par le sceu & par le congié de mondit Seigneur, combien qu'il ait esté requis de la partie du Roy; encores jusques à ores le Roy & ses gens de guerre avoient fait peu de dommages ès pays dudit Duc, bien y avoient fait de grans inhumanités ès personnes des povres creatures, comme femmes & enfans; le Roy d'Angleterre a envoyé audit Duc deux mille Archers & avec eux le Sieur de Duras, lequel Roy d'Angleterre a de present sur mer dix-sept navires de guerre, à tout trois mille combattans, lesquels descendront à Hulz, & y tiendront garnison, pource qu'ils y pourroient mieux faire la guerre que ailleurs; le Seigneur de Gruteuse est en Angleterre pour asseurer les alliances d'entre le Roy & mondit Seigneur, touchant les offres qui lui ont esté faites de la part d'iceluy Seigneur, qui sont telles que de le servir comme ses povres subjets à la recouvrance de sa querelle; aucuns veuillent dire que le Roy a député homme notable, qui est en chemin pour venir devers mondit Seigneur pour avoir tresves; mais à la verité je n'en sçai rien que par oyr dire d'aucuns tels quels personnages. Escript lez-Faluy à trois lieues (*) de Peronne le 28. Septembre 1572. (*il faut lire* 1472.)

1472.

S'ensuivent les places prinses & rendues sur & par les François, & tenans party contraire à Monseigneur le Duc de Bourgogne, aux & par les Bourguignons, & autres tenans le party de mondit Seigneur le Duc, & par son armée de Bourgogne, depuis le dernier jour de Septembre jusqu'au neuviesme d'Octobre 1472.

Le Bourg & Chastel de Grancey.	Gigny.
Villers-Monnoyer.	Cruoy le Chastel.
Rouvre-sur-Aube.	Ravieres.
Aunoy.	Ancy-le-Servant.
Montigny.	Ancy-le-Franc, bonne Ville.
Poutieres.	Argenteul.
Mussy-l'Evesque, bonne Ville.	Rougemont.
Molesmes.	Roichefort.
Laisne.	Passy.
Baingneul.	Saint-Martin.
Ogey-sur-Seine.	Tonnerre, bonne Ville.
Gurgy la Ville.	Thoiré.
Jussey.	

Et le treiziesme jour dudit mois d'Octobre fust prins Lezines, & depuis encores Monstier-ramé, & autres places, & un peu paravant avoit esté prins Montsaugeon & Unsey & furent arrasés.

Perard Bibliothec. Bohieriana A. 58. P. 256.

(*) [*A trois lieues &c.*] A trois lieues au Sud de Peronne, & une lieue au Nord de Ham, à moitié chemin entre les Duchés de Chaulnes & de Saint-Simon.

CXCIV.

☞ *Treves d'un mois & demi accordées par Louis XI. au Duc de Bretagne.*

Tiré des Recueils de M. l'Abbé Le Grand.

NOUS, Philippe des Essarts, Seigneur de Thieux, Gouverneur de Montfort, & Guillaume de Souplainville, Maistre d'Hostel, & Conseillers & Ambassadeurs de très-haut & très-puissant Prince & nostre très-redouté Seigneur le Duc de Bretagne ; comme en ensuivant la charge & le pouvoir que ledit Duc nous a baillé, nous soyons presentement venus devers le Roy, & par vertu dudit pouvoir, dont la teneur s'ensuit : FRANÇOIS, par la grace de Dieu, Duc de Bretagne, Comte de Montfort, de Richemont, d'Estampes & de Vertus. A tous ceux qui ces presentes Lettres verront, Salut : Sçavoir faisons, que nous à plain confians ès sens, loyauté & discrétion de nos amez & feaux Conseillers Philippe des Essarts, Seigneur de Thieux, Gouverneur de Montfort, & Guillaume de Souplainville, nostre Maistre d'Hostel, à iceux ensemble, & à chacun d'eux avons donné pouvoir & commission de prendre & conclure avec le Roy ou ses Commis, tresve & abstinence de guerre, pour tel temps qu'ils verront estre convenable, pour durant iceluy temps besoigner au plaisir de Dieu à l'appaisement & pacification des differends & questions qui à present sont ; & ce que par nosdits Commis, ou l'un deux, sera touchant ce accordé, estre fait de nostre part, promettons en parole de Prince & sur nostre honneur, tenir & faire entretenir & garder, sans enfraindre, & en bailler nos Lettres de ratification, en mandant, & par ces presentes mandons & commandons à tous nos Lieutenans, Capitaines & Chefs de guerre, garder estat à tout ce que par iceux, ou l'un d'eux, nosdits Commis, apparoistra avoir esté fait & accordé ; car ainsi le voulons, & nous plaist estre fait. Donné à Lestier le second jour d'Octobre, l'an mil quatre cens soixante & douze. *Ainsi Signé*, FRANÇOIS. Par le Duc de son Commandement, R. LE GALLOU. Nous, ayons pris & accordé avec le Roy les treves qui s'ensuivent. Bonne & loyale tresve, en esperance de paix finale, est accordée du jourd'huy quinziesme jour d'Octobre, l'an mil quatre cens soixante-douze, jusques au dernier jour de Novembre prochain venant, pour tout le jour, entre le Roy & le Duc de Bretagne, ses amis & alliez ; sçavoir est, les Ducs de Bourgogne & de Calabre, leurs pays & subjets & serviteurs, si compris y veulent estre. *Item*. Envoyera ledit Seigneur à toute diligence ès lieux & places où sont ses Capitaines & Gens-d'armes pour faire tenir & publier lesdites tresves, & les faire cesser & abstenir de la guerre pendant ledit temps, sans ce qu'il se fasse aucun exploit de guerre d'un costé & d'autre ; & pareillement le fera le Duc de sa part en maniere que pendant ladite tresve ledit Duc, ses gens, subjets & serviteurs de quelque nation qu'ils soient, Anglois ou autres estans en son service, ne feront aucune chose au préjudice de ladite tresve. *Item*. Fera le Roy dès à present vuider & retirer les Gens-d'armes de son armée hors du pays de Bretagne, reservé ceux qui tiennent la place d'Ancenis. *Item*. Et

durant

DE PHIL. DE COMINES. 229

1472.

durant icelle trefve pourront retourner à feureté les fubjets du Duc en leurs maifons & héritages audit pays de Bretagne, & en jouïr tout ainfi qu'ils faifoient paravant les divifions, mefmement en la Seigneurie d'Ancenis, nonobftant que les gens du Roy tiennent ladite place, pourveu que lefdits gens & fubjets du Duc feront ferment de non-faire & pourchaffer aucune chofe préjudiciable au Roy ne à fon party. Et pareillement les fubjets du Roy pourront feurement demeurer & fe tenir en leurs maifons & héritages quelque part qu'ils foient hors Bretagne, & en jouïr, fans que par les gens, fubjets & Officiers du Duc, leur foit fait ou donné aucun empefchement; lefquelles trefves nous avons pour & au nom dudit Duc, & fur le péril & damnation de nos ames, jurées & promifes, jurons & promettons, & que ledit Duc les entretiendra & gardera fans faire aucune chofe au contraire, & qu'il les jurera, ratifiera, & en baillera fes Lettres au Roy, femblables à celles que le Roy nous en a baillées. En tefmoin de ce nous avons figné ces prefentes de nos Signes manuels, le quinziefme jour d'Octobre, l'an mil quatre cens foixante-douze. *Ainfi Signé*, DES ESSARS ET SOUPLAINVILLE, avec paraphe.

CXCV.

☞ *Ratification du Duc de Bretagne, de la Treve du 15 Octobre.*

FRANÇOIS, par la grace de Dieu, Duc de Bretagne, Comte de Montfort, de Richemont, d'Eftampes & de Vertus. A tous ceux qui ces prefentes Lettres verront, Salut: Comme n'agueres nos bien amez & feaux Confeillers Philippe des Effars, Seigneur de Thieux & Gouverneur de noftre Comté de Montfort, & Guillaume de Souplainville, noftre Maiftre d'Hoftel, pour & au nom de nous en vertu du pouvoir à eux par nous fur ce donné, ayent pris & accordé trefve & abftinence de guerre avec Monfeigneur le Roy, en la forme & maniere qui enfuit: Bonne & loyale trefve, en efperance de paix finale, eft accordée du jourd'huy quinziefme jour d'Octobre, l'an mil quatre cens foixante-douze, jufques au dernier jour du mois de Novembre prochainement venant pour tout le jour, entre le Roy & le Duc de Bretagne, fes amis & alliez; fçavoir eft, les Ducs de Bourgogne & de Calabre, leurs pays & fubjets, & ferviteurs fi compris y veulent eftre. *Item*. Envoyera ledit Seigneur à toute diligence ès lieux & places où font fes Capitaines & Gens-d'armes, pour faire tenir & publier lefdites trefves, & les faire ceffer & abftenir de la guerre pendant ledit temps, fans ce qu'il fe faffe aucun exploit de guerre d'un cofté ne d'autre; & pareillement le fera le Duc de fa part, en maniere que pendant ladite trefve, ledit Duc, fes gens & fubjets & ferviteurs de quelque nation qu'ils foient, Anglois ou autres eftans en fon fervice, ne feront aucune chofe au préjudice de ladite trefve. *Item*. Fera le Roy dès à prefent vuider & retirer les Gens-d'armes de fon armée hors du pays de Bretagne, refervez ceux qui tiennent la place d'Ancenis. *Item*. Et durant icelle trefve, pourront retourner à feureté les fubjets du Duc en leurs maifons & héritages

Tiré des Recueils de M. l'Abbé Le Grand.

1472.

audit pays de Bretagne, & en joüir tout ainsi qu'ils faisoient paravant les divisions, mesmement en la Seigneurie d'Ancenis, nonobstant que les gens du Roy tiennent ladite place, pourveu que lesdits gens & subjets du Duc feront serment de non faire ne pourchasser aucune chose préjudiciable au Roy ne à son party; & pareillement les subjets du Roy pourront seurement demeurer & se tenir en leurs maisons & héritages, quelque part qu'ils soient hors Bretagne, & en joüir, sans ce que par les gens, subjets & Officiers du Duc, leur soit fait ou donné aucun empeschement: Sçavoir faisons, que nous ayans ladite tresve bien agréable, avons icelle tresve, ainsi qu'elle est cy-dessus contenue & declarée, & tout ce que par nosdits Conseillers & Maistre d'Hostel a esté fait, traité, accordé, juré & promis, loué, approuvé & confirmé; & d'abondant l'avons aujourd'huy promise & jurée en la présence des Seigneurs du Bouchage & de Lenoncourt, & par ces presentes promettons & jurons en bonne foy & parole de Prince, icelle garder & faire tenir & observer de point en point selon sa forme & teneur; & si aucune chose est faite au contraire par nous, nos Chefs de guerre, & autres nos subjets & serviteurs, après le temps que bonnement ils pourront avoir eu connoissance de ladite tresve, de la faire reparer, & en faire faire telle punition qu'il appartiendra; & pour icelle tresve mieux faire garder & entretenir, & punir les transgresseurs d'icelle, si aucuns en y a, nous avons commis & ordonnez conservateurs d'icelle tresve; c'est à sçavoir, pour la partie de nostre Pays Nantois & Marches d'environ, nostre très-chier & très-amé cousin & feal, le Sire de Rays & de la Suze, nostre Lieutenant audit Pays & Comté de Nantes; & pour les pays de Douloys, Fougeroys, Rennoys & Marches d'environ, nostre très-chier & très-amé cousin & feal, le Sire de la Roche-Bernart, nostre Lieutenant esdites marches, ausquels & à chacun d'eux, ainsi que à luy appartiendra, nous avons donné & donnons par cesdites presentes plain-pouvoir, autorité & mandement especial de punir tous & chacun lesdits transgresseurs desdites tresves, & faire reparer tout ce qui sera trouvé estre fait contre, ne au préjudice d'icelles, & de contraindre tous ceux qu'il appartiendra, d'icelle tresve garder & observer selon sa forme & teneur, reaument & de fait, & nonobstant oppositions ou appellations quelconques; mandons & commandons à tous nos Lieutenans, Mareschal, Admiral, Vice-Admiral, Capitaines & Chiefs de guerre, nos Officiers & subjets, que à nosdits Commis & Deputez, & chacun d'eux, ils obéyssent & entendent diligemment; & pource que on a à besoigner de ces présentes en plusieurs & divers lieux, nous voulons que au *vidimus* d'icelles, fait sous le Scel de l'une de nos Cours, foy soit adjoustée comme à ce present original: En tesmoin de ce nous avons signé ces presentes de nostre main, & à icelles fait mettre nostre Scel. Donné à Lestier, le vingt-sixiesme jour d'Octobre, l'an mil quatre cens soixante-douze. *Signé*, François, avec paraphe. *Et sur le reply*, Par le Duc, le Comte de Laval, nous les Sires de la Roche, de Rays, de Rieux & de Lescun, les Evesques de Rennes & de Leon, & autres presens. *Ainsi Signé*, Milet, avec paraphe.

CXCVI.

Treve de cinq mois entre Louis XI. & le Duc Charles de Bourgogne.

1472.

Tiré des Recueils de M. l'Abbé Le Grand.

Bonne, feure & léale trefve par terre & par mer, & par eaux douces, a efté & eft accordée entre le Roy & Mgr. le Duc de Bourgogne, leurs Pays, Terres & Seigneuries, fubjets, ferviteurs, Officiers & alliez quelconques jufques au premier jour d'Avril prochainement venant, iceluy jour conclu, fans ce que ledit temps durant foient faits aucuns exploits de guerre d'une part ne d'autre, ne auffi prinfes de Villes, Chafteaux ne Fortereffes, par emblée, de leur volonté, ne autrement, ne autres entreprifes fur les Pays, Villes, Chafteaux, Fortereffes, Terres & fubjets eftans en l'obéyffance de l'un ou de l'autre, ne fur les alliez en aucune maniere; mais fe aucune chofe fe faifoit au contraire, fe ne touchera qu'à infracteur ou infracteurs, qui en fera ou feront pugnis par les confervateurs, fans dépoft ny diffimulation, en dedans trois jours après qu'ils en auront la connoiffance, & fera la chofe en dedans ledit temps reparée, reftituée & remife en l'eftat qu'il appartiendra.

La trefve demeurant tousjours bonne & valable, & en deffaut defdits confervateurs, le Roy & mondit Seigneur le Duc le feront faire, & en dedans après la publication de ladite trefve, le Roy declarera fes alliez, lefquels il entend eftre comprins en icelle trefve, fe comprins y veulent eftre, & fe aucuns defdits alliez eftoient obmis de nommer dedans ledit temps de quinze jours, le Roy les pourra faire dedans huit jours prochains après enfuivant iceux quinze jours; & au regard de mondit Seigneur, il déclare dès maintenant fes alliez; à fçavoir, l'Empereur, le Roy d'Angleterre, le Roy d'Ecoffe, le Roy de Portugal, le Roy Frederic de Secile, le Roy d'Arragon, le Roy de Danemarck, le Roy d'Hongrie, le Roy de Poulainne, le Duc de Bretagne, le Duc de Calabre & de Lorraine, Madame de Savoye, le Duc fon fils, le Comte de Romont & Maifon de Savoye, le Duc d'Autriche, les Ducs & Seigneurs de Venife, le Comte Palatin, le Duc de Gueldres, le Duc de Cleves & le Duc de Juliers, les Archevefques de Mayence, de Treves & de Cologne, les Evefques de Liege, d'Utrecht & de Munfter; & neantmoins fe mondit Seigneur le Duc en avoit oublié aucuns de nommer, il les pourra femblablement nommer en dedans le temps de quinze & de huit jours deffufdits; & feront tenus lefdits alliez de declarer en dedans le premier jour de Fevrier prochainement venant, fe comprins veulent eftre en icelles trefves.

Item. Ledit temps de ladite trefve durant, ne pourront les gens du Roy, ne ceux de fon party, de quelque eftat ou condition qu'ils foient, eftre, demourer, logier, ny fourager, paffer ne repaffer ès mettes des pays, limites & Seigneuries des Villes, Chafteaux, Fortereffes & lieux appartenans à mondit Seigneur le Duc, & de celles que luy ou fes Officiers ont conquis, dont il & fes Officiers poffeffent aujourd'huy, néantmoins l'on pourra envitailler les places de guerre d'une part & d'autre, d'autre; & pour ce faire, paſſer & repaſſer par les Terres l'un de l'autre, pourvû que le chemin directement s'y adonne.

Item. Et pource que mondit Seigneur le Duc entend & maintient que les Places de Saint-Valery & de Rambures, prinſes par les gens du Roy ſur les gens de mondit Seigneur le Duc, luy doivent eſtre rendues & reſtituées en l'eſtat qu'elles eſtoient au temps de leurs prinſes, pour les cauſes à plein déclarées par les Ambaſſadeurs de mondit Seigneur le Duc, a eſté accordé & appointé que de, & ſur ce ſera parlé & appointé à la journée qui ſe tiendra pour le fait de la paix, & que pendant & durant leſdites treſves, leſdites Places ne ſeront bruſlées, ne deſmolies, ne auſſi ne ſeront fortifiées, ne reparées autrement qu'elles eſtoient au jour de ladite prinſe faite par leſdits gens du Roy; & ſe le contraire ſe faiſoit, mondit Seigneur le Duc ſommera les infracteurs & leſdites Places de les réparer preſtement, & en leur deffaut, huit jours après il y pourra pourveoir & proceder par voye de fait ſur leſdits infracteurs & ſur leſdites Places, ſans enfraindre leſdites treſves, ne que par ce le Roy ou ſes gens puiſſent dire & prétendre eſtre rompues, ne enfraintes par mondit Seigneur, ne que les Places par le Roy ou ſes gens puiſſent eſtre aidées ne ſecourues au cas deſſuſdit; mais demeurera neanmoins laditte treſve bonne & valable durant ledit temps.

Item. Les conſervateurs deſdites treſves ſeront nommés d'un coſté & d'autre en dedans trois jours après la publication d'icelle treſve.

Item. Et pource que à l'occaſion des limites pourroient ſoudre pluſieurs debats, queſtions & differences, au moyen deſquels ſe pourroient attenter pluſieurs choſes au préjudice de ladite treſve, il a eſté & eſt deviſé, que en dedans quinze jours après la publication d'icelles treſves, leſdits conſervateurs, d'une part & d'autre, en chacune Marche s'aſſembleront pour déterminer deſdites limites, ſe faire le peuvent; & au cas que faire ne le pourront, feront leurs rapports à Meſſieurs les Deputez pour la paix, pour par eux mettre, appointé & ordonné, ainſi qu'ils verront appartenir par raiſon.

Item. Et pource que cette preſente treſve ſe prent d'un coſté & d'autre à intention de parvenir à paix, ſera tenu par les gens du Roy & de mondit Seigneur de Bourgogne, tel qu'il leur plaira, à mettre une journée, & commenceront en la Ville d'Amiens le premier jour de Decembre prochainement venant, en laquelle ſera traité & pourparlé de laditte paix finable, ou autres appointemens de tous les differens quels qu'ils ſoient, & au cas que les gens du Roy ou de mondit Seigneur le Duc ne pourroient à ladite journée & convention pacifier iceux differends, ſera prinſe autre journée & convention à tel jour & lieu qu'ils adviſeront, afin que moyennant l'aide de Dieu paix finable & durable puiſſe eſtre à tousjours fermée & conclue entre le Roy & mondit Seigneur de Bourgogne, leurs pays, Terres & Seigneuries & ſerviteurs.

Item. Se depuis la publication deſdites treſves aucunes Villes, Places, Chaſteaux ou Forteresse eſtoient prinſes d'un coſté ou d'autre, elles ſeront rendues & reſtituées à celuy ſur qui elles ſeroient eſté priſes, ſans difficulté aucune.

Fait, accordé & conclu le trois Novembre 1472. Par Monſeigneur le Comte

DE PHIL. DE COMINES.

Comte de Saint-Pol, Conneſtable de France, pour la part du Roy, par vertu du pouvoir à luy donné par le Roy, & Meſſire Philippe de Croy, Seigneur de Quieſvrain, Meſſire Jehan * de Brimeu, Seigneur d'Humbercourt, & Meſſire Anthoine Rolin, Seigneur d'Eſmeries, pour la part de Monſeigneur de Bourgogne, par vertu du pouvoir à eux donné par mondit Seigneur, auſſi en cette partie; leſquels d'une part & d'autre, ont promis faire ratifier ces preſentes treſves en tous ſes points & articles, par le Roy & mondit Seigneur, & par leurs Lettres patentes, dedans le premier jour de Decembre; laquelle treſve en approbation de tous ſeſdits points & articles, ils ont ſigné de leurs mains, les an & jour deſſuſdits.

1472.

* Il eſt nommé *Guy* ci-deſſus, p. 322. note 8. par M. Godefroy.

Perard Bibliotheq. de Bohier. A. 58. P 252.

CXCVII.

☞ *Lettre de Louis XI. au Vicomte de la Belliere, ſur la Treve avec le Duc de Bretagne.*

MOnſ. le Gouverneur, Giles m'a baillé vos Lettres. Oncques homme n'eut ſi belle paour que eut Philippe des Eſſars, quant il ſceut que vous veniez, & nous pria à moy & à Blancheſort, que nous vous eſcripviſſions pour Dieu que vous attendiſſiez juſques à Lundy qu'il s'en partiroit. Or ſçay-je s'il eſt vray que vous ſoyez malade, & que ce ſoit ce qui vous en a fait retourner, ou que vous avez joué ce tour & fait de la tête de Breton, & que vous en ſoyez retourné par ce que Blancheſſort & moy vous en mandaſmes. Si vous eſtes malade, je vous prie que incontinent que pourrez eſtre guery, vous en veniez envers moy; & ſi vous ne l'eſtes point, je vous prie venez-vous-en dès ceſte heure.

Tiré du MS. 371. de la Bibliotheq. du Roi, parmi ceux de Ganieres, fol. I.

Les choſes que je vous vouloie mander ſi ſont, que Philippes des Eſſars & Soupplainville offrent de faire une Treve juſques à la Touſſaint, & que ſe le Duc de Bourgogne la veult tenir, il la tiendra, & que le Sieur de Leſcun ſe délibererera d'eſtre autant mon ſerviteur, qu'il eſtoit de feu Monſ. de Guyenne, & de ne me pourchaſſer jamais nul mal, mais tout le bien qu'il luy ſera poſſible. Vous entendez aſſez quant ce ſeroit à bon eſcient, que ce ſeroit la rompture de l'armée d'Angleterre pour tout l'Eſté qui vient.

D'autre part, Deſmier qui a eſté à joüer le beau perſonnage de Leſtore, dit que ce n'eſt que une tromperie de tout ce que les Bretons me preſentent, & que ce n'eſt ſinon pour me entretenir juſques au temps nouveau, & au temps nouveau me courir ſus de tous couſtez.

Et d'autre part, Jehan Richer de la Rochelle, qui eſt en Bretagne, a dit à Maiſtre Jehan de Moulins qu'on me veut tromper, & demande une ſeureté pour venir devers moy, & dit qu'il me advertira de tout; je n'y adjouſte pas grant foy, car il n'eſt pas fort ſage. Toutesvoyes je luy envoye une ſeureté pour s'en venir.

Monſ. le Gouverneur, il me ſemble que je ne puis approcher d'eux juſques à Lermenault, & là entour, & que je dois avoir tout mon Conſeil, & beſogner tous les jours, & donner la proviſion de tous les couſtez,

comme

comme si j'estoie bien seur qu'ils me voulsissent tromper. Car s'ils appoinctoient à bon escient, je n'aurai pas perdu ma peine, & s'ils ne veulent appoincter, au moins j'auray pourveu & remedié à tout ce qui me aura esté possible, & me trouveront un petit mieux pourveu que si je ne me donnoye point de garde.

Monf. le Gouverneur je desiroie votre venue pour deux points : le premier pour prendre conclusion en tout cecy, que je voudroie bien que vous y feussiez.

Le second ; Monf. de Lescun me veult faire jurer sur la vraye Croix de Saint-Lo, pour venir devers moy, mais je voudrois bien avant estre asseuré de vous, que vous ne feissiez point faire d'embusche sur le chemin : car je ne vouldrois point estre en danger de ce serment-là, veu l'exemple que j'en ay veu ceste année de Monf. de Guyenne.

Monf. le Gouverneur je vous prie se vous pouvez venir que vous veniez, je tiendray tout mon Conseil à Fontenay près de moy, & se vous ne pouvez venir, mandez-moy ce qu'il vous en semble, & aussi se je fais le serment, se vous le tiendrez.

J'envoye l'artillerie en Gascogne le plus diligemment que je puis.

Je vous envoye une Lettre que j'escrips à Monf. du Plessis pour vous faire vos Lettres des confiscations, que je vous ay données. Escript à Poancé, le treiziesme jour de Novembre. *Signé*, LOYS. *Et plus bas*, TILHART.

Au dos est escrit. A nostre amé & feal Conseiller & Chambellan, le Vicomte de la Belliere, Gouverneur de Roussillon.

CXCVIII.

☞ *Treve d'un an, accordée par Louys XI. au Duc de Bretagne.*

Tiré des Recueils de M. l'Abbé Le Grand.

FRANÇOIS, par la grace de Dieu, Duc de Bretagne, Comte de Montfort, de Richemond, d'Estampes & de Vertus. A tous ceux qui ces presentes Lettres verront, Salut : Comme pour appaiser les questions & differences, qui puis aucun temps ont esté & sont entre mon très-redouté Seigneur Monseigneur le Roy & nous, mondit Seigneur & nous eussions n'agueres pris certaine Treve & abstinence de guerre, qui finirent le dernier jour du mois de Novembre dernierement passé, en intention de faire & traiter durant icelles Treves bon appointement, & pour ce que pendant le temps desdites Treves, qui estoit brief, on ne pouvoit bonnement traiter ne appointer du tout lesdites questions & differences, nous ayons n'agueres envoyé devers mondit Seigneur, nos bien amez & feaux Conseillers, Philippes des Essarts, Seigneur de Thieux, Gouverneur de nostre Comté de Montfort, & Guillaume de Soupplainville, nostre Maistre d'Hostel, lesquels par vertu du pouvoir à eux par nous sur ce donné, ayent fait & pris pour & en nostre nom, entre mondit Seigneur le Roy & nous, une plus longue & nouvelle Treve, & abstinence de guerre, commençant au vingt-troiziesme jour dudit mois de Novembre dernier, jusques à un an entier, qui finira le vingt-deuxiesme jour de Novembre prochain venant, que l'on dira mil quatre cens septantetante-trois, l'un & l'autre defdits jours inclus en la forme & maniere qui s'enfuit : bonne, feure & loyale Treve, par terre & par mer, & eauës douces, a efté, & eft prife & accordée entre le Roy & le Duc de Bretagne, leurs pays, Terres, Seigneuries, fubjets, ferviteurs, Officiers & Alliez quelconques, pour un an entier, commençant du jourd'huy, vingt-troiziefme jour de Novembre, mil quatre cens feptante-deux, & finiffant le vingt-deuxiefme jour de Novembre mil quatre cens feptante-trois prochain venant, l'un & l'autre jour inclus, fans ce que ledit temps durant foient faits aucuns exploits de guerre d'une part ne d'autre, & dès à prefent, le Roy nomme & declare fes Alliez, lefquels il entend eftre compris en icelle Treve, fi compris y veulent eftre. C'eft à fçavoir, les Roys d'Efpagne, de Secile, d'Ecoffe & de Dannemark, la Ducheffe de Savoye & le Duc fon fils, le Duc de Milan, le Comte de Beaugé, Seigneur de Breffe, le Prince de Navarre, Seigneur de Bearn, & les Souyffes, Bernoys & Ligues d'Allemagne, leurs pays, fubjets & ferviteurs, & ledit Duc de Bretagne, nomme auffi de fa part fes Alliez, c'eft à fçavoir les Roys d'Efpagne, d'Angleterre, d'Arragon & d'Ecoffe, les Ducs de Bourgogne & de Calabre, Madame de Savoye, & le Duc fon fils, leurs pays, fubjets & ferviteurs ; le Prince de Navarre, Seigneur de Bearn, en tant que touche les Terres qu'il tient hors du Royaume, & non tenuës du Roy, fi compris y veulent eftre, ainfi & par la maniere qui s'enfuit. Et *premierement*, que dès à prefent, toute guerre ceffera entre le Roy & ledit Duc, leurs fubjets & ferviteurs, pays, Terres & Seigneuries, & feront chacun d'eux retraire leurs gens, fi ils ne le font des pays l'un de l'autre, excepté ceux qui font dedans la Place d'Ancenis de par le Roy. *Item.* Que fi aucune chofe eft faite durant ledit temps fur les pays, fubjets & ferviteurs dudit Duc, par le Roy ou fes fubjets & ferviteurs, au prejudice de ladite Treve, le Roy le fera incontinent reparer, & auffi fi par ledit Duc, fes fubjets & ferviteurs de quelque nation qu'ils foient, Anglois ou autres eftans à fon fervice, pays & obéyffance eft faite aucune chofe au prejudice de ladite Treve, le Duc le fera femblablement reparer, & ne touchera qu'à l'infracteur ou infracteurs, qui en fera ou feront punis par les confervateurs, en dedans trois jours après qu'ils en auront connoiffance ; & fera la chofe en dedans ledit temps reparée, reftituée & remife en eftat comme il appartiendra, la Treve demeurant toujours bonne & valable, & en deffaut defdits confervateurs, le Roy & ledit Duc le feront faire. *Item.* Que tous les fubjets & ferviteurs, tant d'un cofté que d'autre, retourneront & demourront fi bon leur femble, chacun en leurs Terres, heritages & biens, eftant en nature, ainfi qu'ils eftoient avant cette prefente guerre & divifion, & mefmement ledit Duc ès Terres & Seigneuries qu'il a en l'obéyffance du Roy, & qui peuvent eftre empefchées, tant par faute d'hommage, qu'à l'occafion defdites guerres & divifions, & feront contraints ceux qui les tiennent & occupent, de les leur rendre & reftituer, excepté ladite Place d'Ancenis, comme dit eft. *Item.* Que durant lefdites Treves, les fubjets & ferviteurs du Roy & dudit Duc de Bretagne feulement, de quelque eftat qu'ils foient, iront & frequenteront enfemble pour leurs befoins & affaires, ès pays & obéyffances de l'un & de l'autre, & y pourront fejourner, marchander,

Gg 2   paffer

passer & repasser, pour aller tant à Rome qu'ailleurs, & aussi aller marchander sur la mer, où bon leur semblera, & ainsi que en temps de bonne paix, sans ce que par les subjets & serviteurs d'une part & d'autre, soit fait aucun destourbier ou empeschement, & ne feront ne pourchasseront les subjets & serviteurs dudit Duc, aucune chose dommageable au Roy, ne à son Royaume, pays, subjets & serviteurs : toutesfois, les subjets & serviteurs dudit Duc de Bretagne, durant ladite Treve, ne pourront aller ne venir par le Royaume, pour aller ne retourner ès pays & obéyssance desdits Ducs de Bretagne & de Calabre, marchandement ne autrement, sans le congé du Roy, sinon qu'il y ait aussi entrecours de marchandise entre le Roy & lesdits Ducs de Bourgogne & de Calabre, leurs pays, subjets & serviteurs, auquel cas, les subjets & serviteurs dudit de Bretagne y pourront aller comme ceux dudit Royaume, pourveu que les subjets & serviteurs dudit Duc de Bretagne qui iront par terre ès pays desdits Ducs de Bourgogne & de Calabre, feront serment à l'entrée des pays du Roy, si requis en sont, de ne faire aucune chose au préjudice de luy, de sondit Royaume, pays, serviteurs & subjets ; & quant à ceux qui iront par mer, ils ne porteront, ne feront chose qui soit prejudiciable au Roy, à sesdits serviteurs & subjets, ne à ladite Treve. *Item.* Que pendant ladite Treve, le Roy de sa part, ne ledit Duc de la sienne ne porteront ne donneront aucun support ne ayde à nul Prince ne Seigneurs estrangers, Espagnols, Allemans, Anglois, Ecossois ne autres quels qu'ils soient, qui voudroient nuire ou grever à l'un ou à l'autre leurs hommes, pays, serviteurs & subjets. *Item.* Que les subjets & habitans de la Chastellenie & Seigneurie d'Ancenis pourront demeurer & retourner durant ladite Treve, chacun en leurs maisons, Terres & heritages, en faisant serment, si fait ne l'ont, à celuy qui est Capitaine de par le Roy de ladite Place, si requis en sont, de ne faire aucune chose au prejudice du Roy & d'icelle Place, pays, serviteurs & subjets, & prendront & leveront les Seigneur & Dame dudit lieu, ou leurs gens pour eux les fruits & revenus de ladite Terre & Seigneurie, mais ladite Place & Chastel demourra & sera ès mains du Roy, & la fera garder, comme dit est. *Item.* Que tous Arrests, appointemens, Sentences diffinitives & interlocutoires, executions, adjournemens, commissions & autres exploits de Justice, qui ont esté faits & donnez par contumaces, & par faute que les Parties n'ont comparu ou fourni à l'occasion & durant lesdites guerres & divisions, tant par la Cour de Parlement, qu'autres Juges, Officiers & subjets du Roy, qu'aussi par les Gens, Officiers & subjets dudit Duc seront annullez & mis au neant, & pourront lesdites Parties reprendre tant d'un costé que d'autre, la poursuite de leursdites causes & procès, & demourront en l'estat qu'ils estoient paravant cette presente guerre & division. *Item.* Et s'il advenoit que lesdits Ducs de Bourgogne & de Calabre, l'un d'eux, ou autres des Alliez dudit Duc, & semblablement des Alliez du Roy ne veulent estre compris en ladite Treve, ou s'ils la rompent ou enfraignent après qu'ils l'auront acceptée ; que ce nonobstant, le Roy & ledit Duc de Bretagne entretiendront & garderont chacun de leur part l'un avec l'autre icelle Treve, selon le contenu en ces presents articles, sans faire ne souffrir estre fait

par

par leurs subjets & serviteurs aucune chose au contraire, & ordonneront & commettront Conservateurs suffisans & notables, pour faire entretenir & garder lesdites Treves, & reparer tout ce qui seroit fait au contraire. *Item.* Lesdits Alliez tant d'un costé que d'autre, seront tenus de declarer dedans trois mois prochains venans, s'ils veulent estre compris en ladite Treve. Sçavoir faisons, que nous ayant ladite Treve & le contenu ès articles cy-dessus escripts bien agreable, avons en intention, que bon appointement se fasse en brief entre mondit Seigneur le Roy & nous, icelle ainsi qu'elle est cy-dessus escripte, & que lesdits des Essarts & de Soupplainville l'ont promise, accordée & jurée selon le contenu esdits articles cy-dessus inserez, louée, approuvée, ratifiée & confirmée, & par ces presentes, louons, approuvons, ratifions & confirmons, & d'abondant l'avons aujourd'huy en la presence de nostre très-cher & très-amé cousin le Sire du Gaure, de Thierry de Lenoncourt, Seigneur dudit lieu, Conseiller & Chambellan, & de Maistre Jean de Molins, Notaire & Secretaire, Ambassadeurs de mondit Seigneur le Roy, jurée & promise, jurons & promettons en bonne foy & parole de Prince, & sur nostre honneur, ainsi qu'il appert par une cedulle signée de nostre main, laquelle nous avons baillée ausdits Gens & Ambassadeurs de mondit Seigneur le Roy, pareille en substance de celle qu'il nous a envoyée par nosdits Ambassadeurs, & promettons par cesdites presentes, que icelle Treve nous tiendrons & garderons, & ferons tenir, observer & garder de point en point selon sa forme & teneur, & que si aucune chose a esté ou est faite au contraire par nos Chefs de guerre, subjets & serviteurs après le temps que bonnement ils ont pu ou pourront avoir connoissance de ladite Treve, de le faire reparer, & en faire ou faire faire telle punition qu'il appartiendra, & pour mieux faire, tenir, garder & entretenir ladite Treve, & punir les transgresseurs d'icelle, si aucuns en y a ; nous avons commis & ordonné Conservateurs desdites Treves, c'est à sçavoir, en nostre pays & Comté de Nantes, & marches d'environ, nostre très-cher & très-amé cousin & feal le Sire de Rays & de la Suze, nostre Lieutenant audit pays & Comté de Nantes, & pour le pays de Dolloys, Foulgerays, Rennay & marches d'environ nostre très-cher & très-amé cousin & feal le Sire de la Rochebernard, nostre Lieutenant esdites marches, & pour le fait de la mer, nostre bien amé & feal Conseiller & Chambellan, le Vicomte du Fou, nostre Admiral, ausquels & chacun d'eux, ainsi que à luy appartiendra, nous avons donné & donnons par cesdites presentes, plein pouvoir, autorité & mandement especial, de punir ou faire punir tous & chacun lesdits transgresseurs de ladite Treve, & faire reparer tout ce qui sera trouvé estre fait contre, ne au prejudice d'icelle, & de contraindre tous ceux qu'il appartiendra, d'icelle Treve garder & observer selon sa forme & teneur, reaument & de fait, & nonobstant oppositions ou appellations quelconques. Si donnons en mandement par cesdites presentes, à nos Lieutenans, Mareschal, Admiral, Vice-Admiral, Capitaines & Chefs de guerre, & autres nos Justiciers, Officiers & subjets, & à chacun d'eux, que ladite Treve d'entre mondit Seigneur & nous ils observent & gardent de point en point, & obéyssent, & fassent obéyr de tous ceux qu'il appartiendra, à nosdits Conservateurs, ou à leurs

Commis & Deputez, touchant le fait d'icelle Treve, sans faire, attenter ou innover, ne souffrir estre fait, attenté ou innové aucune chose au contraire, & pource que de ces presentes, on pourra avoir à besoigner en plusieurs & divers lieux, nous voulons que au *Vidimus* d'icelles fait sous le scel de l'une de nos Cours, foy soit adjoustée comme à ce present original : En tesmoin de ce, nous avons signé ces presentes de nostre main, & à icelles fait mettre nostre scel. Donné au Boais près Nantes, le huitiesme jour de Decembre, l'an mil quatre cens soixante-douze, *signé* FRANÇOIS, avec paraphe. *Et sur le reply est escript*, par le Duc, de son commandement, vous les Sires de la Roche, de Lestina, & autres presens, ainsi *signé*, NABOCEAU, avec paraphe.

CXCIX.

Instruction de Charles, Duc de Bourgogne, à ceux qu'il devoit envoyer vers le Duc Sigismond d'Autriche.

Sans datte, mais que l'on croit estre de la fin de l'année 1472.

Tiré de l'Edition de M. Godefroy.

INstruction à tels, &c.

Et *premierement*, auront les dessusdites Lettres de par mondit Sr. le Duc, contenant creance, lesquelles ils presenteront à Monseigneur le Duc d'Otherice, & feront les recommandations accoustumées.

Item. Et par leur creance, diront & exposeront à mondit Sr. d'Otherice, comment ses Ambassadeurs notables, lesquels dernierement ont esté devers mondit Sr. le Duc en sa Ville de Bruges, ont amplement declarez les maux & dommages faits sur ses pays & subjets par les Zwitsois & autres de leur alliance, tant du temps de feu le Duc d'Otherice son pere, (1) comme aussi du temps de son grand pere & de ses predecesseurs, & comme lesdits Zwitsois sans cause raisonnable, plusieurs fois sont eslevez contre la Maison d'Otherice, & ont fait guerre & hostilité ès pays de mondit Sr. d'Otherice, & dont partie desdits pays est encore occupée par lesdits Zwitsois.

Item. Que jaçoit ce que plusieurs Traitez ayent esté faits entre mondit Sr. d'Otherice & ses predecesseurs d'une part, & lesdits Zwitsois & leurs alliances d'autre part, toutesfois, iceux Zwitsois n'ont tenu ne entretenu lesdits Traitez.

Item. Et mesmement par Edit Imperial, certaine paix generale pour le terme de cinq ans a esté instituée par l'Empereur, & decretée par nostre Saint Pere le Pape, & deffendu aux Princes & Communauté de l'Empire de faire guerre l'un contre l'autre durant lesdits cinq ans, pour cependant oir, entendre & vacquer à la deffense de la Foy chrestienne, lequel Edit a esté approuvé par nostre S. Pere le Pape, & ont esté indictées peines contre les transgresseurs de foursaire & confisquer corps & biens, & d'estre bannys perpetuellement de l'Empire, & jaçoit ce que ledit Edit

ayt

(1) Federic d'Autriche, oncle de l'Empereur Federic III.

ayt esté publique & intimé ausdits des alliances, neantmoins iceux des Alliances ont meu guerre contre monditSr. d'Otherice, & luy ont bouté feu en ses pays, tué gens, & fait tous les maux que l'on y peut faire.

1472.

Item. Ont lesdits Ambassadeurs d'Otherice, bien à plein declaré les tirannies & cruautez desdits des Alliances, & comment ils se sont soubstraits de force de l'obéyssance de la Maison d'Otherice, & l'intention qu'ils ont monstrée pour la vouloir destruire, & comment ils ont desobey aux deffenses, qui leur ont esté faites de par nostre S. Pere le Pape, & de par l'Empereur, en voulant lever & exiger à la charge de mondit Sr. d'Otherice, & de ses pays & Seigneuries, grandes compositions & exactions qu'ils avoient mises sus, pour l'appaisement de leur derniere guerre, nonobstant ledit Edit Imperial, & la deffense faite par nostredit S. Pere, en encourant lesdites peines, lesquelles ont esté declarées par l'Empereur à l'encontre d'eux, & Lettres executoires baillées à l'encontre d'eux, adressées à mondit Sr. le Duc, & aux autres Princes de l'Empire.

Item. Ont remonstré en outre, comment pour resister à la puissance desdites Alliances, & pour reprimer leur ferocité & leur rigueur, mondit Sr. d'Otherice s'est parforcé de trouver tous moyens pour ce faire, & pource qu'il a consideré la puissance, vaillance & grant prudence estant en la personne de mondit Sr. le Duc, & que ladite Maison d'Otherice a esté alliée à la Maison de Bourgogne, devant tous autres Princes, il s'est adressé à mondit Sr. le Duc, & s'est mis en sa protection & sauvegarde, & a voulu & veut estre de l'Hostel de mondit Sieur le Duc, offrant de le servir, & d'employer corps & chevance, en baillant de ce ses Lettres & scellez, ausquels iceux Ambassadeurs se rapportent, en luy suppliant le vouloir à ce recevoir.

Item. Et pource qu'il a pleu à mondit Sr. le Duc de prendre & recevoir monditSr.d'Otherice, ses pays & subjets en sa protection & sauvegarde, & qu'il luy a accordé qu'il soit d'oresnavant de son Hostel, & comme son serviteur, ainsi que plus à plein il est declaré par Lettres de mondit Sr. le Duc, iceux Ambassadeurs ont dit & remonstré, que jaçoit ce que lesdits Zwitsois soient avertis de ce que dit est, & de ladite sauvegarde, neantmoins, ils n'en ont tenu, ne en tiennent compte, mais ont voulu de fait & de force lever sur un Abbé qui est au pays à la garde de mondit Sr. d'Otherice, une grande somme de deniers, & se disposent de mouvoir nouvelle guerre audit pays d'Otherice, parquoy, & afin d'y donner provision, tant pour reparation des choses passées, comme pour obvier aux entreprinses desdits Zwitsois, lesdits Ambassadeurs ont requis à mondit Sr. que son plaisir soit de prestement se conclure de faire guerre ausdits Zwitsois, & ceux des Alliances, & pour ce mettre une bonne & grosse armée sus, car se ainsi ne le fait, lesdits des Alliances sont deliberez en ceste prouchaine saison d'Eté, de entrer à puissance d'armes audit pays d'Otherice.

Item. Ont lesdits Ambassadeurs parlé particulierement à mondit Sr. du fait du mariage de la fille de mondit Sr. le Duc, & comment l'Empereur avoit la matiere agreable, & qu'il estoit content de prendre journée, &c. & ont requis à mondit Sr. que sur ce il voulsist declarer son intention, pour acertener mondit Sr. d'Otherice, & afin que en ceste

matiere,

1472.

matiere ; il puiſt ſervir mondit Seigneur, ainſi qu'il deſire de faire.

Item. Diront leſdits Ambaſſadeurs de mondit Sr. le Duc, comment mondit Sr. le Duc a eu, & a agreable ladite Ambaſſade, & en remercieront mondit Sr. d'Otherice, & pource que l'effet de ladite Ambaſſade, qui eſt ſur le Traité de deux points, eſt de grant importance, & afin que plus ſeurement & meurement mondit Sr. y puiſt prendre concluſion, mondit Sr. a eſté contraint de prendre delay juſques au premier jour de May prouchain venant, pour y arreſter concluſion, & a accordé d'envoyer ſon ambaſſade par devers mondit Sr. d'Otherice.

Item. Diront & remonſtreront à mondit Sr. d'Otherice, la grande amour & ſinguliere affection que mondit Sr. a envers luy & ſa Maiſon, & comment il eſt conclu & deliberé de faire pour luy tout ce qu'il luy ſera poſſible, en enſuivant les Traitez & alliances, qu'ils ont traité & paſſé enſemble.

Item. Remonſtreront à mondit Sr. d'Otherice, & declareront l'eſtat & diſpoſition des affaires de mondit Sr. le Duc, & comment le Roy de France s'eſt eſmeu à l'encontre du Duc de Bretagne, en declarant & donnant à congnoiſtre, qu'il avoit intention de faire guerre audit Duc, & de fait a fait approcher du pays de Bretagne, grant nombre de gens d'armes, & grant foiſon d'artillerie, & a-ton bien eſté averty, que ſe par ceſte guerre, le Roy pouvoit deſtruire ledit Duc, il avoit & a intention de courir ſus mondit Sr. le Duc.

Item. Remonſtreront comment mondit Seigneur le Duc eſt allié avec ledit Duc de Bretagne, pour le ſervir & ayder contre tous, ainſi que pareillement ledit Duc eſt obligé envers mondit Seigneur le Duc, & pour ceſte cauſe, mondit Sr. a mis ſus une grande armée, laquelle il luy convient entretenir, pour faire ayde & ſecours audit Duc, au cas qu'il en aura beſoin, & dont mondit Sr. ne peut ſçavoir la certaineté, pource que le Roy à grant cautele tient ceſte matiere en ſuſpens, en tenant journées d'amiabilité, & pource mondit Sr. a envoyé ambaſſade devers le Roy, pour ſçavoir de luy, comment il veut faire avec ledit Duc, en luy ſignifiant que mondit Sr. aydera & ſecourera iceluy Duc, au cas que le Roy luy voudra mouvoir guerre, & eſt encore ladite ambaſſade par devers le Roy, & ne ſçait quelle expedition elle aura.

Item. Et d'autre part, remonſtreront les grandes mutations, qui ont eſté & ſont au Royaume d'Angleterre, & comment mondit Sr. par alliances eſt tenu de aider & ſecourir le Roy d'Angleterre ſon frere, le Royaume, ainſi comme le Roy & le Royaume ſont tenus de deffendre mondit Sr. & à ceſte fin auſſi luy a convenu & convient entretenir ſon armée, pour l'employer à l'ayde & ſecours du Roy & de ſondit Royaume, dont il a grant beſoin, car ſes ennemis ſe travaillent journellement de luy faire dommage, & de fait luy ont voulu prendre la Ville de Calais, qui eſt voiſine aux pays de mondit Sr. le Duc, & dont grant dommage fut advenu à mondit Sr.

Item. Diront que pour ces cauſes, mondit Sr. ne peut bonnement ſe conclure & deliberer de ceſte ſaiſon, de partir hors de ſes pays, ne employer ſon armée, ne icelle entretenir, que pour la proviſion des deux cas deſſuſdits.

Item.

Item. Et pource que mondit Sr. d'Otherice remonftre fa neceffité, & comment il luy eft befoin d'avoir ayde & fecours, remonftreront lefdits Ambaffadeurs, que mondit Sr. efpere que par autres convenables moyens, l'on pourra tellement faire avec lefdits des Alliances, qu'ils fe deporteront pour cefte faifon de mouvoir aucune guerre: car auffi ils n'ont occafion ne matiere de la mouvoir, attendu que toutes les fommes de deniers à eux promifes par les Traitez dernierement faits, leur ont efté payées nonobftant les deffenfes Imperiales qui leur ont efté faites, aufquelles ils n'ont pas obey.

Item. Remonftreront auffi, que pour cefte année il n'eft aucun befoin de executer lefdites Lettres Imperiales, car fe par vertu d'icelles, mondit Sr. faifoit prendre & arrefter les particuliers Zwitfois & des Alliances, que l'on trouveroit en fes pays, incontinent à caufe defdits arrefts, fe commenceroit la guerre entre mondit Sr. & eux, & feroit un grant dangier, fe mondit Sr. premier n'eftoit puiffant dedans le pays, pour refifter aufdits Zwitfois.

Item. Et pour ce femble, que pour le plus certain, l'on doit delayer pour cefte faifon de mouvoir ladite guerre, & d'autre part, quand ores mondit Sr. fe concluroit de la mouvoir, fe eft-il vray que par honneur, mondit Sr. ne le pourroit faire, fe premierement & avant tout œuvre, il n'avoit fommé lefdits Zwitfois & autres defdites Alliances, de faire reparation à mondit Sr. d'Otherice, telle qu'elle feroit declarée raifonnablement en leur fignifiant l'alliance qu'il a avec mondit Sr. d'Otherice, & en leur requerant, que s'ils font difficulté au fait de ladite reparation, qu'ils s'en veuillent fubmettre à droit pardevant l'Empereur, qui eft leur Souverain, & qui en doit eftre Juge, ou eux en fubmettre fur noftre faint Pere le Pape, ou fur aucun Prince de l'Empire, ou fur mondit Sr. le Duc,, car il eft vray que avant l'alliance faite entre mondit Sr. le Duc & mondit Sr. d'Otherice, lefdits Zwitfois & defdites Alliances, avoient intelligence avec mondit Sr. le Duc, & dont ont efté fcellez faits ès Lettres expediées.

Item. Eft vray auffi, que par les alliances faites entre mondit Sr. le Duc & mondit Sr. d'Otherice, & par les Lettres de garde qui en font faites, mondit Sr. le Duc a permis de deffendre mondit Sr. d'Otherice & fubjets contre lefdits Zwitfois, s'ils les vouloient envahir, & de luy donner ayde & fecours fi avant que faire le pourroit bonnement, eu regart au temps & à la difpofition de fes affaires, & pour ce veus lefdites affaires & la difpofition du temps, femble que mondit Sr. d'Otherice fe peut bien deporter de fa requefte, attendu mefmement, que lefdits Zwitfois n'ont encore commencé ladite guerre, & qu'ils n'ont procedé à aucune voie de fait depuis lefdites alliances faites entre mondit Sr. le Duc & mondit Sr. d'Otherice; car ce qu'ils ont fait touchant ledit Abbé & les deniers recouvrez, eftoit deja fait & aucun au temps defdites alliances, & tellement que mondit Sr. ne peut dire, ne mettre avant que lefdits Zwitfois ayent encore aucune chofe fait au prejudice defdites Lettres de fauvegarde, ne au contempt defdites alliances.

Item. Et pour entretenir lefdits Zwitfois, & les empefcher de commencer la guerre pour cette prefente faifon, mondit Sr. a intention d'accorder

Tome III.   H h

corder avecques eux une journée amiable, tant pour aucuns differens qui luy touchent, comme pour avoir communication avec eux sur la maniere de vivre qu'ils entendent vouloir tenir avec mondit Sr. d'Otherice, & aussi pour sçavoir leur intention touchant les offres dont dessus est faite mention, & selon que mondit Sieur trouvera les matieres disposées devers eux, il en advertira mondit Sr. d'Otherice.

Item. Diront que mondit Sr. selon qu'il trouvera la matiere disposée & l'opportunité du temps & de ses affaires, il se conclura de faire en ceste matiere tout ce qu'il pourra bonnement faire, au bien & à l'honneur de mondit Sr. d'Otherice; & dès maintenant en tous advenemens * lesdits Ambassadeurs requerreront à mondit Sr. d'Otherice qu'il vueille dire & declarer la forme & maniere, comme il luy semble que l'on pourroit le plus avantageusement envahir & faire guerre ausdits Zwitsois, & de quel nombre de gens il se vouldra faire fort pour ayder à ladite guerre, & de quel nombre d'artillerie, & qu'il declaire aussi les lieux & places esquels les gens de mondit Sr. se pourront retraire, comment on pourra recouvrer vivres des Villes, & de toutes autres choses necessaires à la guerre, & que le tout soit mis & redigié par escript.

Item. Et pour ces causes & raisons contendront lesdits Ambassadeurs, afin que mondit Sr. d'Otherice se veuille contenter de mondit Sr. & de la maniere de faire, laquelle il convient tenir par necessité, & aussi par raison en gardant l'honneur de mondit Sr. veue l'intelligence qu'il a avec lesdits Zwitsois, laquelle intelligence fut consideree & pesée, quant lesdites Lectres de garde furent despechées ; par lesquelles Lectres de garde lesdites sommations se doivent faire ausdits Zwitsois, avant que mondit Sr. se puist douloir d'eulx, ne faire fait à l'encontre d'eux pour mondit Sr. d'Otherice, & neanmoins donront à congnoistre à mondit Sr. d'Otherice la bonne voulenté que mondit Sr. a en cette matiere à son proufit & avantaige.

Item. Et au regard dudit mariage, diront lesdits Ambassadeurs à mondit Sr. d'Otherice, comment depuis son partement de Hesdin aucuns se sont avancez de parler à mondit Sr. dudit mariage de Mademoiselle sa fille & du fils de l'Empereur, & comment, pour contemplation & faveur d'icelui mariage, l'Empereur seroit content de bailler ès mains de mondit Sr. la Couronne & le Gouvernement du Royaume des Romains, en traittant que mondit Sr. parvenu à l'Empire par le bon plaisir de l'Empereur, ou par son trespas, mondit Sr. bailleroit laditte Couronne des Romains à son beau-fils, qui sera tellement que l'Empire se pourroit continuer en la personne du fils de l'Empereur & des descendans de luy.

Item. Luy diront comment autrefois journée a esté tenue entre les Ambassadeurs de l'Empereurs & ceux de mondit Sr. le Duc, pour le fait dudit mariage, à laquelle journée fut parlé de *faire un Royaume d'aucuns pays de mondit Sr.* & de comprendre & joindre audit Royaume un *Vicariat Imperial* de toutes les Terres & Principautez qui sont assises deçà le Rhin.

Item. Et pour ce que en l'an passé mondit Sieur d'Otherice estant lors à Hesdin

---
1472.

* Peut-être faut-il, *évenemens*.

Hefdin (2) fit requerir à mondit Sr. le Duc, que de son plaisir il s'entremit dudit mariage, ce qui luy fut accordé, lesdits Ambassadeurs luy requerront qu'il leur veuille dire & declairer l'intention & voulenté de l'Empereur, touchant ledit mariage ; & en especial dudit premier point touchant ledit Royaume des Romains, duquel mondit Sr. d'Otherice fut deslors adverti de par mondit Sr. le Duc, par la parole de Monsr. le Marquis de Rotelin (3) & autres.

Item. Et se par la responce que fera mondit Sr. d'Otherice, il appert que l'Empereur veuille entendre audit premier point, ils enquerront le plus avant qu'ils porront de la maniere comme l'Empereur le voudroit entendre, & diront à mondit Sr. d'Otherice que mondit Sr. sera content de tenir journée, laquelle mondit Sr. d'Otherice a emprinse pour le fait dudit mariage, & que mondit Sr. d'Otherice pourra prestement, se bon luy semble, signifier à l'Empereur qu'il veuille envoyer sesdits Ambassadeurs devers mondit Sr. d'Otherice, ayans pouvoir & charge touchant ledit premier point & touchant ledit mariage, quelque part que sera mondit Sr. d'Otherice, soit à Brisac, ou autre part où il luy plaira.

Item. Et au cas que mondit Sr. d'Otherice declarera que dudit premier point il n'a peu sçavoir la voulenté de l'Empereur, ou que la chose ne luy est point agréable, en ce cas lesdits Ambassadeurs diront à mondit Sr. d'Otherice, que jaçoit ce que mondit Sr. le Duc ait à grant desir & affection d'avoir une bonne amitié & alliance à l'Empereur, tant au moyen dudit mariage, comme autrement, & que pour le bien de l'Empereur & de la Maison d'Otherice, & aussi pour l'exaltation de mondit Sr. le Duc, ladite ouverture faite du Royaume des Romains, semble estre convenable, combien que mondit Sr. ne la desire point par convoitise ne ambition, mais singulierement pour employer son temps en sa jeunesse au service de Dieu, à la deffense de la foy Chrestienne, & au recouvrement du droit de l'Empire, à quoy il est tenu & obligé ; néantmoins se l'Empereur n'y vouloit entendre, lesdits Ambassadeurs diront que ils n'oseroient prendre ne accepter aucune journée pour le fait dudit mariage, jusques à ce qu'ils en eussent adverty mondit Sr. le Duc, & requerront audit cas à mondit Sr. d'Otherice qu'il leur donne délay pour retourner devers mondit Sr. afin de luy faire rapport de tout ; & se mondit Sr. d'Otherice vouloit & offroit d'envoyer prestement devers l'Empereur pour sçavoir son intention sur ledit point, lesdits Ambassadeurs attendront ladite responce de l'Empereur, & selon qu'elle sera, se regleront en cette partie.

Item. Sera remonstré à mondit Sieur d'Otherice qu'il a bien cause de tenir la main à ce que l'Empereur veuille entrer en communication dudit premier point ; car cedit point & article bien appointé, le fait du mariage

---

(1) Il y étoit en l'année 1469. ce qui pourroit faire juger que cette instruction est de l'an 1470. cependant on croit qu'elle est de la fin de l'année 1471. & que ces mots, *en l'an passé*, marquent seulement que l'année, où la premiere proposition du mariage avoit été faite, étoit expirée. Voyez le Supplément page 355.

(3) Le Marquis de Rothelin a été avec le Duc de Bourgogne le 10. Décembre 1471. Voyez le Supplément pag 365.

riage pourra estre facilement conclu; & pour ce que mondit Sr. entend que dudit article soit parlé avant toute œuvre par iceux Ambassadeurs, sera bien enquis comment l'Empereur y voudra besogner, & quel pouvoir & autorité il entend que mondit Sr. doye avoir à cause dudit Royaume, & aussi sçauront quels proufits & émolumens il devra avoir, en remonstrant que se mondit Sr. n'avoit pour ledit Royaume fors que charge sans proufit, il ne luy seroit aucun besoin de l'entreprendre, consideré la grande occupation qu'il a actuellement pour le gouvernement des grandes Seigneuries qu'il a en l'Empire & au Royaume de France.

Item. Se après la communication eue sur ledit point, & la declaration faite de la part de l'Empereur, les Ambassadeurs d'iceluy Empereur veullent sçavoir par le moyen de mondit Sr. d'Otherice l'intention de mondit Sr. pour le dot de maditte Demoiselle, sera remonstré que sondit dot est assez apparent: car mondit Sr. n'a aucuns enfans autres que maditte Damoiselle; mais se il avoit hoirs masles legitimes & naturels, maditte Damoiselle pour tous droits de succession de feue Madame sa mere, & autres quelconques, aura cent mille florins de Rhin, qui luy seront payez & qu'elle prendra sur la succession de mondit Sr. le Duc après son trespas; & moyennant laquelle somme elle renoncera à toutes successions particulieres, & autres au proufit des hoirs masles de mondit Sr. qui seront procréés de son corps en leal mariage, se aucuns en a, & se il n'a hoir masle de son corps, maditte Damoiselle & ses hoirs procréez en leal mariage, pourront retourner à toutes successions de pere & mere, & à toutes autres, quant aucunes escherront selon les droits & coustumes des pays esquels seront les Pays, Terres & Seigneuries desdites successions.

Item. Sera requis que de la part de l'Empereur il fasse bon son fils d'aucuns pays dont il puist jouïr dès maintenant pour l'entretenement de son estat, & qu'il baille du moins cinquante mille florins de Rhin de rente par an, & que au surplus il l'asseure pour estre son heritier de toutes ses Terres & Seigneuries.

Item. Que sur icelles Terres & Seigneuries maditte Damoiselle soit asseurée de bon & souffisant douaire, qui du moins vaille par an vingt-cinq mille florins de Rhin, pour en joyr se elle survit le fils de l'Empereur.

Item. Que donation soit faite à maditte Damoiselle le jour des nopces, ainsi qu'il est accoustumé ès Allemaignes, & que ledit don soit du moins de dix ou douze mille florins de rente en Seigneurie, & que au surplus elle soit enjoyellée* selon son estat, & que à elle appartient.

*C'est-à-dire, qu'elle ait joyaux.

Item. Au regard des habillemens de sa personne & des autres frais, qui devront estre à la charge de mondit Sr. mondit Sr. est content de faire ce qu'il appartiendra & qu'il sera besoin & de rendre maditte Damoiselle en bon & convenable estat en la Ville de Brisac ès mains de l'Empereur & de sondit fils au temps qui sera conclu, & ainsi & duquel mondit Sr. le Duc sera content, après ce que le mariage sera consommé.

Item.

Item. Sera auſſi requis que l'Empereur conſente que le premier fils qui naiſtra dudit mariage ait les principales Seigneuries d'Otherice, 1472. & leſquelles feront nommées ou traitié, avant tous autres enfans que l'Empereur, ou les enfans de feſdits fils pourront avoir en mariage.

Item. Que ſe maditte Damoiſelle va de vie à treſpas ſans hoir procreé de ſon corps, que ladite ſomme de cent mille florins, ou ce qui en auroit eſté payé, ſera reſtituée à mondit Sr. & à ſes hoirs.

Item. Que à maditte Damoiſelle ſoient reſervez tous les droits d'acqueſts & de meubles ſe elle ſurvit ſondit futur mary, ſelon que l'on trouvera que par les droits & couſtumes du pays faire ſe devra, & qu'elle puiſſe recouvrer ſes meubles, bagues & joyaux ſans charge de debtes.

Item. Que leſdits cent mille florins luy ſoient aſſignez ſur aucunes Terres & Seigneuries deſquelles elle puiſt joyr, valans du moins dix mille florins de rente.

Item. Et pource que à laditte journée tous les points & articles deſſuſdits feront débattus, & ce qui ſera vuidé ſera mis par eſcript avec les difficultez, qui feront ouvertes d'une part & d'autre, pour en faire rapport à l'Empereur & à mondit Sr. Leſdits Ambaſſadeurs entreprendront une autre journée pour conclure toutes les matieres, laquelle mondit Sr. entend eſtre tenue en aucun lieu notable prouchain du Rhin, comme à Baſle, Briſac ou Beſançon, & ſe les Ambaſſadeurs de l'Empereur ne requierent de prendre ou avoir laditte journée, & qu'ils veulent premier faire ledit rapport à l'Empereur, iceux Ambaſſadeurs l'accorderont, & ſe ſemble bon à mondit Sr. d'Otherice, il pourra dire & ordonner que dedans certain jour l'Empereur luy faſſe ſçavoir s'il voudra tenir journée, & le lieu & le temps, en ordonnant auſſi que mondit Sr. faſſe le ſemblable, laquelle ordonnance leſdits Ambaſſadeurs accepteront.

Item. Et pource que l'Empereur ſera, comme il peut eſtre vray-ſemblable, loin du lieu où leſdits Ambaſſadeurs trouverront mondit Sr. d'Otherice, ils requerront auſſi-toſt qu'ils feront arrivez devers mondit Sr d'Otherice, avant qu'ils declarent aucune choſe des points & articles dudit mariage, qu'il veuille envoyer haſtivement devers l'Empereur pour lui ſignifier la venue deſdits Ambaſſadeurs chargez de tenir ladite journée, pour ſemblablement y envoyer incontinent, ſans les faire ſejourner; & en attendant leſdits Ambaſſadeurs de l'Empereur, iceux Ambaſſadeurs au nom de mondit Sr. beſogneront au demourant de leur charge, ainſi que deſſus eſt dit.

Collationné ſur la minutte.

C C.

☞ *Lettres du Roy, par lesquelles il promet & jure de ne faire aucun Traité avec le Duc de Bourgogne, que du consentement du Duc de Bretagne.*

Tiré du Trésor des Chartes, Armoire L. Cassette F. cotte 19.

LOYS, par la grace de Dieu, Roy de France. A tous ceux qui ces presentes Lettres verront : Comme puis n'agueres en esperance de pacifier les divisions & differences meus entre nous & nostre très-cher & très-amé nepveu le Duc de Bretagne, nostredit nepveu ait pris avec nous certaines tresves jusques au vingt-deuxiesme du mois de Novembre prochainement venant ; esquelles tresves il a compris le Duc de Bourgogne, en cas qu'il les voudra tenir & y estre compris, & pour ce que nous desirons singulierement la pacication desdits differens, & reduire nostredit neveu en bonne amour & union, envers [nous], autant & plus que nul autre Prince de nostre Royaume, & afin qu'il n'ait aucune imagination que voulussions faire sans luy aucun Traité & appointement avec ledit Duc de Bourgogne, touchant les divisions & differences qui sont meuës entre nous & luy, nous avons de nostre certaine science & propre mouvement, promis & promettons par ces presentes à iceluy nostre neveu, en parole de Roy, & sur nostre honneur, que nous ne ferons, ne ferons faire aucun Traité ne appointement avec ledit Duc de Bourgogne, pour raison, & à cause desdites divisions & differences, que ce ne soit par le moyen d'iceluy neveu, & de son sceu & consentement. En tesmoin de ce, nous faisons mettre nostre scel à cesdites presentes. Donné à Montagu, le premier jour de Janvier, l'an de grace mil quatre cens soixante-douze, & de nostre Regne, le douziesme. *Et sur le reply est escript*, Par le Roy, ainsi *signé*, B O U R R É, avec paraphe : *Et scellé d'un grand Sceau de la Chancellerie de cire jaune, en double queuë de parchemin, lequel Sceau est un peu rompu.*

C C I.

Plein pouvoir du Duc de Bretagne, à l'Evesque de Leon qu'il envoyoit vers le Duc de Bourgogne, pour faire & prolonger une Treve entre le Roy Louis XI. & le Duc de Bourgogne.

A Nantes, le 29 Janvier 1472.

Tiré de l'Edition de M. Godefroy.

FRANÇOIS par la grace de Dieu, Duc de Bretagne, Comte de Montfort, de Richemont, d'Estampes & de Vertus : Comme ainsi soit que Monseigneur le Roy ait voulu que nous employassions pour parvenir au bien de paix, & du tout appointer & estaindre les differens & questions qui sont entre luy d'une part, & nostre très-chier & très-amé frere le Duc de Bourgogne d'autre, & que à celle cause nous envoyassions de nos gens devers nostredit frere, & pour avoir temps & espace plus convenable de ce faire, nous ait donné pouvoir & faculté de prendre

dre ou faire prendre, ou proroger par nous ou nos Commis entre luy & noftredit frere, telles Treves & abftinence de guerre, & jufques à tel temps convenable que verrons eftre à faire, felon que de tout ce peut plus à plein apparoir, & qu'il eft contenu ès Lettres Patentes de mondit Sr. le Roy : Sçavoir faifons, que nous à plein confians & acertené des fens, difcretion, bonnes prodomie, loyauté & conduite qui font en la perfonne de Reverend Pere en Dieu, noftre bien amé & feal Confeiller, Vincent, Evefque de Leon, iceluy envoyons prefentement à ladite caufe devers noftredit frere, pour luy faire ouverture des chofes qui nous femblent eftre requifes pour le bien des matieres deffufdites au pouvoir que nous avons donné & donnons à noftredit Confeiller, de pour, & au nom de nous, & par vertu du pouvoir de ce nous baillé par mondit Sr. le Roy, proroger ou prendre entre mondit Sr. le Roy & noftredit frere, telle Treve, & abftinence de guerre, & jufques à tel temps qu'il verra eftre à faire, promettans & promettons en bonne foy & parolle de Prince, que nous aurons agreable tout ce que par noftredit Confeiller fera fait & befogné en ladite matiere, & le ratifierons, fe meftier eft. Donné en noftre Ville de Nantes, le vingt-neuviefme jour de Janvier, l'an mil quatre cens foixante-douze, *signé* F R A N Ç O I S, avec paraphe, *Et plus bas*, par le Duc de fon commandement, *signé* R. L E G O U X, avec paraphe, *& scellé d'un sceau en cire rouge, pendant à simple bande de parchemin. Collationné sur l'original.*

1473.

C C I I.

☞ *Treves faites entre le Roy & le Duc de Bourgogne.*

NOus, Guillaume Hugonet, Sieur de Saillant & de Lin, Chevalier & Chancelier, Guy de Brymeu, Sieur de Humbercourt, & Comte de Meghé, Chambellan & Lieutenant general ès pays de Liege & de Loz, & Guillaume de Biches, Sieur de Claray, premier Maiftre d'Hoftel, auffi Chevalier & Chancelier de noftre très-redouté Seigneur Monfeigneur le Duc de Bourgogne & de Bretagne : faifons fçavoir à tous qu'il appartiendra, que pour & au nom de noftredit très-redouté Seigneur, & en ufant du pouvoir par luy & fes Lettres Patentes inferées en la fin de ces prefentes à nous données, nous avons contracté, fermé & accordé, contractons, fermons & accordons avec Reverend Pere en Dieu, Meffire Vincent, par la permiffion Divine, Evefque de Leon, en commande les Abbayes de Begard & de Prieres, Confeiller de trèshaut & puiffant Prince, Monfeigneur le Duc de Bretagne, & par ces Lettres Patentes, lefqueux pouvoir & commiffion font femblablement inferées en ces prefentes bonnes & jointes Treves entre le Roy & noftre très-redouté Seigneur Monfeigneur le Duc de Bourgogne, fans prejudice ou innovation de la Treve encore durant en icelle, neantmoins demourant en fa force & vertu, pour le temps en la forme, felon & foubs les conditions qu'il eft contenu & declaré ès articles qui s'enfuivent pour plus convenablement & aifement parvenir à l'appaifement des guerres, queftions & differents eftans entre le Roy & Monfeigneur le Duc de Bourgogne,

Tiré du Tréfor des Chartes, Armoire D. Caffette F. cotte 64.

1473.

Bourgogne, a esté fait, conclud & accordé entre lesdits Sieurs, bonne, seure & loyalle Treve, sans prejudice de la Treve presentement courant, & qui expirera le premier jour d'Avril prochain venant en la forme & maniere contenuës & declarées ès articles qui s'ensuivent.

Premierement. Bonne, seure & loyale Treve, seur estat & abstinence de guerre, sont prises, concluës, fermées & accordées par terre, par mer, eaues douces, entre le Roy & mondit Seigneur de Bourgogne, leurs pays, Terres, Seigneuries, subjets & serviteurs, icelle Treve, seur estat & abstinence de guere, commençant ce jourd'huy, & finissant le premier jour d'Avril, que l'on dira mil quatrecens soixante-treize, ledit jour includ, pendant lesquelles Treves, seur estat & abstinence de guerre, cesseront d'une part & d'autre toutes guerres, hostilité & voye de fait, & ne seront faits par ceux de l'un party sur l'autre, de quelque estat qu'ils soient, aucuns exploits, prinses & entreprinses des Villes, Citez, Chasteaux, Forteresses ou Places tenues, & estant en la main & obéyssance de l'un & de l'autre quelque part qu'ils soient situez & assis, par assaut, siege, embles, eschelements, composition ou autrement, en quelque forme & maniere que ce soit, supposé que les habitans desdites Villes, Citez, Chasteaux, Places, Forteresses, ceux qui en auroient la garde les voulissent rendre, bailler & delivrer de leur volonté ou autrement, ou eux mettre en party & en obéyssance de ceux de party contraire, auquel cas, s'il avenoit celuy pour lequel, ou l'aveu duquel auroit esté prise la Ville ou Villes, Places, Chasteaux ou Forteresses, les seront tenus faire rendre, & restituer pleinement à celuy sur qui ladite surprise auroit esté faite, sans en delayer la restitution, pour quelque cause ou occasion que ce soit advenu dedans huit jours après la sommation sur ce faite de l'une desdites parties à l'autre; & où cas que faute y auroit celuy à qui ladite prinse aura esté faite, pourra recouvrer lesdites Villes ou Citez, Chasteaux, ou Forteresses, par saisies, assauts, eschelement, embles, composition par voyes & hostilité de guerre ou autrement, ainsi qu'il pourra, sans ce que l'autre y donne resistance ou empeschement oncques à l'occasion de ce, & cette dite presente Treve, seur estat & abstinence de guerre puissent estre dite ne entenduë, rompuë ne enfrainte, mais demeureront ledit temps durant en leur pleine & entiere force & vertu; & si sera tenu celuy qui n'aura fait ladite restitution, rendre & payer tous coûts & dommages qui auront esté ou seront faites, soutenues en general & particulier, par celuy ou ceux, sur qui ladite prise aura esté ainsi faite.

Item. Et par les gens ou autres du parti & alliance de mondit Seigneur de Bourgogne, qui y voudront estre compris, ne seront faites aucune prise de personnes, courses, volleries, pilleries, loyers, appatis, renconnement, prises ou detroussés de prisonniers, de bestes, ou autres biens quelconques sur les Terres, Villes, Places, Seigneuries & autres lieux estant du party & obéyssance du Roy, & pareillement pour les gens de guerre & autres, estant du party & alliance du Roy, qui voudront estre compris sur les Terres, Villes, Places & Seigneuries, & autres lieux estant du party & obéyssance de mondit Seigneur de Bourgogne, ains seront & demeureront tous les subjets & serviteurs d'un costé & d'autre, de quelque estat, qualité, nation ou condition qu'ils soient, chacun en

son

DE PHIL. DE COMINES.

ſon party & obéyſſance, ſeurement, ſauvement & paiſiblement de leurs perſonnes & de tous leurs biens, & y pourront labourer, marchander, faire & pourvoir toutes leurs autres beſognes, marchandiſes, negotiation & affaires, ſans deſtourbier ou empeſchement quelconques, & tout ainſi comme en temps de paix.

Item. Et ſi aucune choſe eſtoit faite ou attentée au contraire de cette preſente Treve, ſur eſtat & abſtinence de guerre ou d'aucuns des points & articles qui y ſont contenus, & ne touchera ou portera prejudice fors & à l'infraction ou infracteurs ſeulement, ladite Treve touſjours demeurant en la force & vertu, ledit temps durant, leſqueux infracteurs en ſeront punis ſi griévement que les cas le requerront, & ſeront les infracteurs, ſi aucunes choſes reparées ou remiſes au premier eſtat par les Conſervateurs cy-après nommez, preſentement ſi la choſe y eſt diſpoſée ou du plus tard commenceront à y beſogner dedans ſix jours après que leſdites infractions ſeront venues à leur connoiſſance, & ne diſpartiront leſdits conſervateurs d'une part ne d'autre d'enſemble, juſqu'à ce qu'ils auront apprins & fait faire leſdites reparations, ainſi qu'il appartiendra, & que les cas les requerront.

Item. Et pour la part du Roy, ſeront Conſervateurs pour la Comté de St. Valery, & les autres Places à l'environ, Monſieur le Mareſchal dé Gamache; pour Amiens, Beauvoiſis & Marches environ, Monſieur le Mareſchal de Loheac; pour Compiegne, Noyon & Marches environ, le Bailly de Vermandois; pour Ham, Jehan Mauchevalier; pour St. Quentin, Bohain & les dependances, & la Comté de Guiſe, Monſieur de Mouy; pour la Tierache & Rethelois, Monſieur de Vilers; pour la Chaſtellenie de la Fere & Laon, le Prevoſt de la Cité de Laon; pour toute la Champagne, Monſieur de Chaſtillon y pourra commettre; pour le pays du Roy environ les Marches de Bourgogne, Monſieur le Comte Dauphin d'Auvergne, y pourra commettre; pour le Bailliage de Lyonnois, le Bailly de Lyon; pour toute la Coſte de la mer de France, Monſieur l'Admiral y pourra commettre.

Item. Pour la part de mondit Seigneur de Bourgogne, ſeront conſervateurs pour les pays de Ponthieu & de Vimeu, Meſſire Philippes de Crevecœur Sieur de Cuerdes; pour Corbie & la Prevoſté de Feuilloy & de Beaucaine, le Sieur de Contay; pour Peronne & la Prevoſté dudit Peronne, le Sieur de la Harcherie; pour Mondidier & Roye, Beaulieu & Neelle, Meſſire Jacques de Montmartin; pour Artois, Cambreſis & Beaumont, Jehan de Longueil, Sr. de Vaux; pour la Comté de Marle, Monſieur de Humbercourt; pour le pays de Hainau, Monſieur Doyvers, grand Bailly de Hainau; pour le pays de Liege & de Namur, Monſieur de Humbercourt, Lieutenant de mondit Sire, eſdits pays; pour le pays de Luxembourg, le Marquis de Rothelin; pour le pays de Bourgogne, Duché & Comté, & les Villes, Places & pays conquis à l'environ, Monſieur de Rouſſy, Gouverneur de Bourgogne, qui y commettra en chacun lieu, particulierement où il ſera beſoin; pour le pays de Maſconnois, & places conquiſes à l'environ, Monſieur du Leſſy, Gouverneur dudit Maſconnois; pour le pays de Charolois, d'Auxerre, & Places conquiſes à l'environ, Meſſire Triſtan de Toulonjon, Gouverneur dudit

Tome III.   I i   Auxerre,

Auxerre, pour la Ville & Chaftellenie de Bar-fur-Seine, & Places conquifes à l'environ ; pour la mer de Flandres, Meffire Joffe de Lalain, Admiral ; pour la mer de Hollande, Zelande, Artois & Boulenois, Monfieur le Comte de Bouchain, Admiral efdits lieux.

Item. Lefquels Confervateurs particuliers, qui auffi feront commis pour la part du Roy, & pour la part de mondit Seigneur de Bourgogne, ou leurs fubrogez ou Commis, s'ils avoient legitime occafion de non vaquer en perfonne ; c'eft à fçavoir, les deux de chacune marche pour les deux coftez, feront tenus de eux affembler chacune femaine, le jour du Mardy, une fois ès limites du Roy, & autre fois ès limites de mondit Seigneur de Bourgogne, en lieux propres & convenables qu'ils aviferont, & communiquer de toutes les plaintes & doleances qui feront furvenues d'un cofté & d'autre, touchant lefdites Treves, & prefentement en appointer, ainfi qu'il appartient, & s'il avenoit que pour aucuns grands matieres, il y euft difficulté entre eux, dont ils ne peuffent appointer, ils feront tenus de fignifier & faire fçavoir incontinent, c'eft à fçavoir, les Confervateurs de la part du Roy, pour les marches de par deçà à Monfieur le Conneftable, & des marches de Bourgogne à Monfieur de Comminge, Marefchal de France, & le Confervateur de la part de Monfeigneur de Bourgogne, ès marches de par deçà à Monfieur le Chancelier & Gens du Confeil de mondit Seigneur de Bourgogne, & aux marches de Bourgogne, à Monfieur de Rouffy Gouverneur, & aux Gens du Confeil eftant à Dijon, la qualité defdites plaintes, & ce qu'ils en auront trouvé ; lefquels feront tenus incontinent & le plus brief que faire fe pourra après ladite fignification, vuider & decider lefdites plaintes & doleances, & en faire Jugement & decifion, telles qu'en leur confcience ils aviferoient eftre à faire.

Item. Et au cas que à caufe defdites difficultés, lefdits Confervateurs renvoyeroient lefdites plaintes, ainfi que dit eft, & s'il y a perfonnes empefchez, lefdits Confervateurs leur pourvoyeront de largiffement, & auffi auront puiffance, & feront tenus de bailler feureté aux plaintifs, pour aller faire leur pourfuite ès lieux où ils feront envoyez, & s'il advenoit que aucun defdits Confervateurs fe vouluft excufer d'entendre efdites reparations maintenant les infractions non eftre aucunes en fes limites, il fera en ce cas tenu le fignifier au Confervateur, ès limites duquel, il maintiendra lefdites infractions eftre avenuës, lefquels Confervateurs, au cas qu'il ne voudra en prendre la charge d'entendre feul à ladite reparation, fera tenu s'affembler avec l'autre Confervateur qui luy aura fait faire ladite fignification, pour enfemble avec le Confervateur ou Confervateurs de l'autre cofté befogner efdites reparations par la maniere deffufdite.

Item. Les Jugemens que feront lefdits Confervateurs d'une part & d'autre executez reaument & de fait, & à ce feront contraints les fubjets d'une part & d'autre, nonobftant opinions ou appellations quelconques, fans ce que les condamnez puiffent avoir ne obtenir aucuns remedes au contraire, en quelque maniere que ce foit.

Item. Et s'il advenoit, que Dieu ne veuille, que la chofe retournaft en guerre, lefdites infractions ne laifferont pas pourtant d'eftre reparées

rées, & les infracteurs defdites Treves, punis & corrigez ; mais feront tenus lefdits Confervateurs de les faire ou faire faire chacun de fa part, ainfi & en la maniere que dit eft. 1473.

Item. En cette prefente Treve, feront compris les Alliez d'une part & d'autre : fçavoir, pour la part du Roy, très-haut & très-puiffant Prince, le Roy des Romains, le Roy de Caftille & de Leon, le Roy d'Ecoffe, le Roy de Dannemark, le Roy de Jerufalem, de Sicile & d'Arragon, le Roy de Hongrie, le Duc de Savoye, le Duc de Milan & de Gennes, l'Evefché de Metz, la Seigneurie & Communauté de Florence, la Seigneurie & Communauté de Berne, & leurs Alliez, ceux de la Langua de la haute Allemagne, & ceux du pays de Liege, qui fe font declarez pour le Roy, fi compris y veulent eftre, & dont ils feront declaration en dedans le premier jour de Juillet prochain venant ; & pour la part de mondit Seigneur de Bourgogne, il y comprend dès maintenant le Roy d'Angleterre & le Duc de Bretagne, lefquels fe font declarez y vouloir eftre compris ; & auffi y feront compris l'Empereur, le Roy d'Ecoffe, le Roy de Portugal, le Roy Ferrand de Secille, le Roy d'Arragon, le Roy de Secille, Prince de Caftille, fils d'iceluy Roy d'Arragon ; le Roy de Dannemarck, le Roy de Hongrie, le Roy de Poulaine, le Duc de Calabre & de Lorraine, Madame de Savoye & le Duc fon fils, le Comte de Romont & Maifons de Savoye, le Duc d'Otriche, les Duc & Seigneur de Venife, le Comte Palatin, le Duc de Cleves & le Duc de Julliers, l'Archevefque de Mayence, de Treves & de Cologne, les Evefques de Liege, d'Utrech & de Munfter, fi compris y veulent eftre, & dont ils feront tenus faire declaration en dedans le premier jour de Juillet prochain venant.

Item. Pour le bien & profit des fubjets d'une part & d'autre, les Manans & Habitans, & tous gens & perfonnes des pays de Bourgogne, Charoloys, Mafconnois, Auxerrois, Bar-fur-Seine, & d'autres Villes & pays eftans en l'obéyffance de mondit Seigneur de Bourgogne par delà, de quelque eftat qu'ils foient, refervé gens de guerre, pourront aller & retourner de l'un d'iceux pays en l'autre defdits pays à pied ou à cheval, par mer, eaues douces à tous leurs chevaux ou autres montures, chariots, charrettes, bœufs, biens, deniers & marchandifes, & autres biens quelconques venir ès pays de Flandres & autres pays de mondit Seigneur de Bourgogne, acheter, mener & recevoir, faire acheter, mener & recevoir par quelque contrat ou autrement, en quelque maniere que ce foit, toutes denrées, marchandifes & autres biens quelconques, & eux en retournez auffi avec tous chariots, charettes, de quelque nation ou contrée les pourront mener, foient chargez ou non defdites denrées, marchandifes ou biens quelconques ; pareillement ceux defdits pays de Flandres, & autres pays de mondit Seigneur de Bourgogne par deçà, pourront aller efdits pays de Bourgogne, Mafconnois, Charollois, Aufferois & autres, eftant en l'obéyffance de mondit Seigneur de Bourgogne par delà, & tous leurs biens, denrées & marchandifes quelconques, pour acheter, commercer & lever à quelque titre que ce foit, vins & toutes autres denrées & marchandifes quelconques, & les mener efdits pays de Flandres, & autres pays de mondit Seigneur de Bourgogne par deçà, sans destourbier ou empeschement, & pour ce faire, passer, repasser & sejourner de jour, de nuit, seurement & sauvement par toutes les Villes, Places & lieux du party & obéyssance du Roy, sans demander aucun congié, & sans detourbier ou empeschement quelconques se naistre [*ne le font*] par leurs propres debats ou delits qui se feroient en passant & sejournant esdits pays, ne qu'il soit besoin à eux d'autre seureté ou sauf-conduit que cette presente Treve.

Item. Et en outre, est accordé que l'on pourra avitailler & pourvoir de toutes choses necessaires aux personnes & gardes de toutes Places de guerre d'une part & d'autre, & pour ce faire, passer & repasser par les terres l'un de l'autre, pourveu que le chemin directement y adonne, & ne pourront nuls autres que les dessus mentionnez ès articles precedents, converser sur les limites l'un de l'autre, sans seureté ou saufconduit de personne, ayant pouvoir à ce.

Item. Et pour finablement appaiser tous lesdits differends, & besogner à la paix finalle en la meilleure, seure & honneste forme que faire se pourra, sera tenu par les Gens du Roy & de mondit Seigneur de Bourgogne, & aussi par les Gens de mondit Seigneur de Bretagne, telle qu'il plaira convenir une journée & convention en la Ville de Clermont en Beauvoisis, le huitiesme jour de Juillet prochain venant, à laquelle sera parlé & pourparlé de la paix finale, ou autres appointements de tous les differends quels qu'ils soient, & ou cas que les Gens & Commis du Roy & de mondit Seigneur de Bourgogne, & de mondit Seigneur de Bretagne ne pourroient à ladite journée & convention pacifier iceux differends, sera prise autre journée & convention à tels jours & lieux qu'ils s'aviseront.

Item. Pour ce que mondit Seigneur le Duc entend & maintient, que les Places de S. Vallery & de Rue prises par les Gens du Roy, sur les Gens de mondit Seigneur le Duc, luy doivent estre renduës & restituées en l'estat qu'elles estoient au temps de leur prises pour les causes à plein declarées par les Ambassadeurs de mondit Seigneur, a esté accordé & appointé en ensuivant ce qui en estoit dit & appointé en la Treve precedente, que de ce & sur ce sera parlé & appointé à la journée qui se tiendra pour le fait de la paix, & que pendant & durant ladite Treve, lesdites Places ne seront bruslées ne demolies, & aussi ne seront fortifiées ne reparées autrement qu'elles estoient au jour de ladite prinse par lesdits Gens du Roy, & si le contraire se faisoit, mondit Seigneur le Duc sommera les fauteurs & lesdites Places de les reparer presentement, & en leur deffaut huit jours après, il y pourra pourvoir & proceder par voyes de fait sur lesdits fauteurs & places, sans enfraindre ladite Treve, ne que par ce, le Roy ou ses Gens la puissent dire ou pretendre estre rompuë ou enfrainte par mondit Seigneur, ne que lesdites Places par le Roy ou ses gens, puissent estre aidées ou secouruës aux cas dessusdits, mais demourra neantmoins ladite Treve bonne & valable durant ledit temps.

Item. Aussi à ladite journée sera parlé & appointé de & sur la restitution des Places & Forteresses qu'à mondit Seigneur le Duc ou ses Gens pretendent avoir esté prises depuis, durant & au préjudice de ladite presente Treve, qui expirera le premier jour d'Avril prochain venant, & aussi sera parlé & appointé d'icelle journée, des Places & Forteresses que

DE PHIL. DE COMINES. 253

le Roy ou ses Gens pretendent avoir esté prises depuis & durant ladite presente Treve, & au prejudice d'icelle.

1473.

Item. Et pour ce que à l'occasion des limites pourroient sourdre plusieurs debats, questions & differences, au moyen desquels se pourroient attenter plusieurs choses au prejudice de ladite Treve, a esté & est avisé que quinze jours après la publication d'icelle Treve, lesdits Conservateurs d'une part & d'autre en chacune marche, s'assembleront, pour determiner desdites limites, si faire le peuvent, & au cas que faire ne le pourroient, feront le rapport de leur differend à Messieurs les Deputez, pour la paix à ladite journée de Clermont, pour par eux en estre fait, appointé & ordonné, ainsi qu'ils verront appartenir par raison, laquelle Treve, & chacun des points & articles contenus & declarez en icelle, avons promis & promettons de bonne foy, & sur nostre loyauté, faire, garder & entretenir inviolablement pour le Roy, & faire publier ès Villes & pays de l'obéyssance du Roy, en dedans la fin de ce mois, ou plutost après que par lesdits Sieurs Commis de mondit Seigneur de Bourgogne requis en feront, & aussi de leur bailler & delivrer au nom de mondit Seigneur de Bourgogne, en dedans trois semaines prochaines venantes, Lettres Patentes du Roy, contenant la ratification de toutes les choses dessusdites. S'ensuit la teneur du pouvoir baillé par le Roy à mondit Seigneur le Duc de Bretagne.

LOYS par la grace de Dieu, Roy de France. A tous ceux qui ces presentes Lettres verront, Salut : Comme par la pacification des divisions & differends, qui par cy-devant ont esté entre nous & nostre très-cher & très-amé neveu le Duc de Bretagne, certaines Treves ayent esté prises entre nous & luy, jusqu'au vingt-deuxiesme jour de Novembre prochain venant, esquelles il a compris le Duc de Bourgogne, ou cas qu'il le voudra tenir & y estre compris, & pour ce que desirons de nostre part toutes choses reduire à bonne paix & tranquilité, & nous mettre en tout devoir d'obvier aux inconveniens qui pourroient venir à cause de la guerre : nous pour ces causes, & pour la singuliere amour que nous avons à nostredit neveu, confians à plein de ces vertus, & de l'affection & desir qu'il a au bien de nous & de nostre Royaume, à iceluy nostre neveu, & à ses Commis & Deputez, avons donné & donnons par ces presentes, pouvoir especial de faire & prendre Treve bonne & loyale, entre nous & le Duc de Bourgogne, & icelle prolonger pour le temps que nostredit neveu avisera, laquelle Treve ou prolongation, nous promettons en parole de Roy & sur nostre honneur, de garder & entretenir, sans la rompre, ne faire ou commencer guerre audit Duc de Bourgogne, tant qu'il entendra & gardera ladite Treve, & les points contenus en icelle. En tesmoin de ce, nous avons fait mettre nostre scel à cesdites presentes. Donné au Pontereau le Chollet, le treiziesme jour de Janvier, l'an de grace mil quatre cens soixante-douze, & de nostre Regne le douziesme. *Ainsi signé*, Par le Roy, R. DUBREUIL. S'ensuit aussi le pouvoir & commission à nous baillée par mondit Seigneur le Duc.

FRANÇOIS par la grace de Dieu, Duc de Bretagne, &c. Comme aussi soit, comme Monseigneur le Roy ait voulu que nous employassions pour pourvoir au bien de paix, & du tout appointer & esteindre les

I i 3   differends

differends & questions qui sont entre luy d'une part, & nostre très-cher & très-amé frere le Duc de Bourgogne d'autre, & que à celle cause, nous envoyassions de nos gens vers nostredit frere, & pour avoir temps & espace plus convenable de ce faire, nous ait donné pouvoir & faculté de prendre ou faire prendre, ou proroger par nous ou nos Commis entre luy & nostredit frere, telle Treve & abstinence de guerre, & jusqu'à tel temps convenable que verrions estre à faire, selon que de tout ce peut plus à plein apparoir , & qu'elle est contenuë ès Lettres Patentes de mondit Sire le Roy : Sçavoir faisons, que nous à plein confians & acertenez des sens, dilection, bonnes mœurs, prudomie, loyauté & conduite qui sont en la personne de Reverend Pere en Dieu , nostre bien amé & feal Conseiller , Vincent , Evesque de Leon , iceluy envoyons presentement en ladite cause devers nostredit frere, pour luy faire avertir des choses qui nous semblent estre requises pour le bien des matieres dessusdites, & pouvoir que nous avons donné & donnons à nostredit Conseiller , de pour & au nom de nous , & par vertu du pouvoir de ce nous baillé par mondit Sire le Roy, proroger ou prendre entre mondit Sire le Roy & nostredit frere , Treve & abstinence de guerre , jusqu'à quel temps qu'il verra estre à faire, promettant & promettons en bonne foy & en parole de Prince, que nous avons agreable tout ce que par nostredit Conseiller sera fait & besogné en ladite matiere,& le ratiferons si mestier est. Donné en nostre Ville de Nantes , le vingt-neufiesme jour de Janvier, l'an mil quatre cens soixante-douze. *Ainsi signé,* FRANÇOIS, Par le Duc , de son commandement.

Semblablement, s'ensuit le pouvoir baillé par mondit Seigneur de Bourgogne, ausdits Sieurs de Saillant ,son Chancelier, & Humbercourt, son Chambellan, & Messire Guillaume de Biche, son premier Maistre d'Hostel. CHARLES, par la grace de Dieu, Duc de Bourgogne, &c. A tous ceux qui ces presentes Lettres verront , Salut : Comme nostre très-cher & très-amé frere le Duc de Bretagne , nous ait fait avertir que le Roy ait voulu qu'il s'employât pour parvenir au bien de paix , & du tout appointer & esteindre les differends & questions estans entre luy & nous , & qu'à telle cause, il envoyast des gens devers nous & pour avoir temps & espace plus convenable de ce faire, ait donné pouvoir & faculté à nostredit frere , de prendre ou faire prendre, proroger par luy & tous Commis entre luy & nous , telles Treves & abstinences de guerre , & jusqu'à tel temps convenable que celuy nostre frere verroit estre à faire, lequel nostre frere, ait à cette fin envoyé Reverend Pere en Dieu , nostre très-cher & bon ami, l'Evesque de Leon , à ce commis en son lieu , selon que de tout se peut plus à plein apparoir , & qu'il est contenu ès Lettres Patentes du Roy, & aux Lettres de commission de nostredit frere, sur ce expediées : Sçavoir faisons, que nous desirans de nostre part , toutes choses reduire à bonne paix & tranquilité , & obvier aux inconveniens qui pourroient venir à cause de la guerre, confians à plein des sens, prudence, loyauté & bonne conduite de nos très-chers & feaux, Messire Guillaume Hugonet, Sr. de Saillant & de Lin , Chevalier , nostre Chancelier; messire Guy de Brimeu, Seigneur de Humbercourt, Comte de Meghe, nostre Chambellan, & Lieutenant general ès pays de Liege & de Loz ; Messire
Guillaume

DE PHIL. DE COMINES.

Guillaume de Biche, Seigneur de Clany, noſtre premier Maiſtre d'Hoſ- 1473.
tel, auſſi Chevalier; iceux avons commis, deputez & ordonnez, commettons, deputons & ordonnons par ces preſentes, pour vaquer, beſogner & entendre avec noſtredit frere de Bretagne, ou ledit Eveſque ſon
Commis, en cette partie, ès choſes & matieres deſſuſdites, leur donnant plein pouvoir par ceſdites preſentes, de pour, & au nom de nous,
avec iceluy noſtre frere ou ſondit Commis, en entretenant le pouvoir ſur
ce à luy baillé par le Roy, comme dit eſt, proroguer ou prendre entre le
Roy & nous, telle Treve & abſtinence de guerre, & juſqu'à tel temps
qu'il ſera trouvé eſtre à faire, laquelle Treve ou prorogation, nous promettons en parole de Prince, & ſur noſtre honneur, garder & entretenir, ſans la rompre, ne faire ou commencer guerre au Roy, tant qu'il
entretiendra & gardera ladite Treve, & les points contenus en icelles.
En teſmoin de ce, nous avons fait mettre noſtre ſcel à ces preſentes. Donné en noſtre Ville de Bruxelles, le vingt-unieſme jour de Mars l'an de
grace, mil quatre cens ſoixante-douze.

CCIII.

Lettre de Nicolas, Duc de Calabre, écrite à Charles, Duc de Bourgogne.

A Nancy, le 4. Juin, 1473.

Mon bon oncle, je me recommande à vous; il vous pleut derniere- Tiré de
ment me faire dire & expoſer de voſtre part, par Maiſtre Guillau- l'Edition
me, Prothonotaire de Clugny, voſtre Conſeiller, que ſi je vouloisbail- de M. Go-
ler mes Lettres de ratification des Alliances pieça adviſées entre vous & defroy.
moy, & les faire publier en ſa preſence, vous feriez le ſemblable faire
en vos pays & Seigneuries, & touchant le mariage d'entre ma couſine
voſtre fille & moy, en feriez tellement, que ſerois content, en me declarant que ce content ſeroit tel, que la me donneriez en mariage, &
depuis, par mon Bailly d'Allemaigne, lequel j'avois envoyé vers vous
pour pluſieurs choſes, & pour avoir encore plus ample declaration de
vous, m'avez mandé & fait dire, que quant j'aurois baillé meſdites Lettres de ratification deſdites Alliances, & les fait publier en mes pays en
preſence de vos gens, leſquels envoyeriez pardeçà, pour ceſte cauſe, que
de voſtre coſté feriez pareillement & au regard dudit mariage, ſi je vous
demandois madite couſine voſtre fille, en feriez par façon, que je ſerois
content, & me la donneriez de fait, & pour ce, mon oncle, que de ma
part, je deſire la conſummation dudit mariage, & me confie de tant de
vous, en enſuivant ce que me diſtes dernierement quant je partis de vous
de Beaurevoir, & que par les deſſuſdits, m'avez mandé qu'il ſortira plein
effet, je ſuis content que quant il vous plaira envoyer des gens pardeçà,
ayans vos Lettres de ratification deſdites Alliances, de les recevoir d'eux,
& d'en bailler les miennes ſemblables, auſſi incontinent les faire publier en leur preſence, par ainſi que comme diſt ledit mariage ſe parface,
ainſi que je l'ay touſjours deſiré & deſire, & que vous ferez pareillement
celles

celles alliances publier, en vos pays & Seigneuries, & vous prie que par cest porteur, me veuilliez sur ce faire sçavoir vostre bon vouloir ensemble d'autres vos bonnes nouvelles, mon oncle, je prie à Dieu qu'il vous doint accomplir vos bons desirs : Escript à Nancy, le quatriesme jour de Juin, mil quatre cens septante-trois : vostre bon neveu, *signé* NICOLAS : la suscription à mon bon oncle, le Duc de Bourgogne, &c.
Collationné sur l'original.

CCIV.

☞ *Procuration de Nicolas, Duc de Lorraine, aux dénommés en icelle, pour traiter le mariage d'entre luy & Mademoiselle Marie de Bourgogne.*

Tiré des Recueils de M. l'Abbé Le Grand.

NICOLAS, fils du Roy de Jerusalem, de Sicile & d'Arragon, & Duc de Calabre & de Lorraine, Marchis, Marquis du Pont, Prince de Geronne & Vicomte de Thouars. A tous ceux qui ces presentes Lettres verront, Salut : Comme pieçà pour le bien & honneur & augmentation de nostre Estat, Pays, Terres & Seigneuries, & singulierement pour la vraye, entiere & parfaite amour qu'avons à nostre très-chere & très-amée cousine Madamoiselle Marie de Bourgogne, ayons desiré de tout nostre cœur, comme encore faisons, l'avoir en nostre leaulle femme & espouse, & à cette occasion ayant courues plusieurs Ambassades entre nostre très-cher & très-amé oncle le Duc de Bourgogne & nous ; parquoy nous desirans ceste matiere estre terminée & menée à bonne fin, confians entierement des grans sens, leaulté, prudence & autres louables vertus que par experience connoissons estre ès personnes de nos très-chers & feaux Conseillers & Chambellan, Jean Wisse, Seigneur de Gerbellier, nostre Bailly d'Allemaigne, & Maistre Hugues Deumont nostre Procureur General, envoyons presentement iceux pardevers nostredit très-cher & très-amé oncle le Duc de Bourgogne, & leur avons donné & par ces presentes donnons plain-pouvoir, autorité & mandement especial, pour & en nostre nom, & pour nous, luy demander & requerir avoir à femme & leaulle espouse madite Damoiselle Marie de Bourgogne, traiter, appointer & conclure avec iceluy nostre oncle de toutes choses requises & necessaires à ce, tant de dot de mariage, comme autrement, faire & prester en outre, pour & en nostre nom, tous & quelconques sermens, promesses, obligations & soumissions, que pour la seureté de cette matiere seront expedientes, & les pareillement requerir, prendre & avoir & recevoir de nosdits oncle & cousine, & autrement en & par tout touchant ledit mariage, & pour la seureté d'iceluy les circonstances & dépendances, faire, passer, conclure & feablement traicter avec nosdits oncle & cousine, tout ainsi & pareillement que nous faire pourrions si à ce personnellement present estions, jaçoit que le cas requist mandement plus especial, promettant par cesdites presentes en parolle de Prince, par les foy & serment de nostre corps, & sous nostre honneur tenir & avoir à tousjours bon, valable, ferme & estable, aussi parfaire & accomplir de nostre part tout ce entierement que par nosdits Conseillers

sera

DE PHIL. DE COMINES.   257

1473.

sera en ce cas & ses circonstances, fait, besongné, promis, passé & conclu, sans y contrevenir à nuls jours, mais en maniere que ce soit ou puisse estre. Ces presentes au regard du pouvoir durant jusques au douziesme jour du mois de Juillet prochainement venant, tant seulement : En tesmoin de ce nous avons à cesdites presentes signées de nostre main fait appendre nostre Scel. Données à Nancy, le vingtiesme jour de Juin mil quatre cens soixante-treize, *Signé*, NICOLAS. *Et sur le reply est escrit* : Par Monseigneur le Duc & les Baillys de Nancy & de Vosges, GILBERT DE GAFFRAY, & autres presens.

CCIV*.

Extrait des Instructions du Duc de Bourgogne à Messire Anthoine de Montjeu, Chambellan dudit Duc, touchant ce qu'il doit négocier avec le Duc de Calabre.

Tiré des Recueils de M. l'Abbé Le Grand.

LE Duc l'envoye vers le Duc de Calabre pour faire responsse à la Lettre qu'il luy escrivit dernierement, & dont il porte la copie pour la lire.
 Comme il semble que le Duc de Calabre ait mal entendu la responsse qu'il fit au Bailly d'Allemagne, il luy repete qu'il veut bien confirmer leurs alliances selon les promesses faites de part & d'autre, & est content de les faire publier; la seconde, que Mr. de Calabre rende ses Lettres & Cedules qu'il a devers luy touchant le mariage, & reprenne celles que mondit Sr. ou Mademoiselle auront de luy. Mondit Sr. entend que mondit Sr. de Calabre en ensuivant les promesses, fasse & accomplisse de sa part ce que dit est, premierement & avant toute œuvre; car autrement ne pourroit mondit Sr. sur son honneur entendre audit mariage, mais ce fait accomply par mondit Sieur de Calabre, s'il fait parler à mondit Sieur le Duc dudit mariage, il déclare en estre content d'y entendre & besogner par les moyens, qui seront lors advisés; & avec ce declare mondit Sr. audit Bailly, que fait ce que dit est, il se démontreroit avoir aussi bon vouloir audit mariage, qu'il avoit au tems de l'audience de mondit Sr. de Calabre à Arras, & pour plus seurement faire ladite responsse, ledit Sr. de Montjeu pourra monstrer à mondit Sr. de Calabre l'effet & contenu dudit article, sans en laisser rien par escrit ; & s'il luy dit qu'il a renvoyé nouvellement ledit Bailly devers mondit Sr. le Duc, ledit Sr. de Montjeu dira comme il fut dépesché de mondit Sr. à son partement pour soy mettre aux champs depuis ledit temps, ledit Bailly pourra estre venu devers mondit Sr. & duquel il pourra estre averty de son vouloir plus à plain.

Tome III.   K k   CCV.

CCV.

Relation de l'entrevue de Charles Duc de Bourgogne, avec l'Empereur Frederic III.

A Treves, en Octobre 1473.

De Congressu Friderici III. Imp. & Caroli Ducis Burgundionum apud Treverim facto, anno M. CCCC. LXXIII. Historiola per-elegans (1).

Antonio Scrofineo, Rodolphus Agricola, S. D.

Tiré de l'Edition de M. Godefroy.

INjunxisti mihi ut litteras illas, quas de congressu Imperatoris Friderici & Caroli Burgundiorum Ducis Gallice perscriptas, legisse me tibi narraveram, in latinum sermonem converterem. Gessi morem voluntati tuæ, non tamen verbum è verbo exprimens, sed latius nonnunquam contractiusve res explicans, ordinem quoque rerum, sicubi commodius visum est, commutavi. Tu si qua parum latina tibi videbuntur, aut nescisse me meliora, aut (ut excusationem aliquam ignorantiæ meæ prætexam) rerum culpam putabis : quarum nonnullas, quod nostro ævo repertæ sunt, difficile crediderim priscis appellare nominibus. Neque enim fieri potuit, vetustati quæ res ignorarentur, ut nota earum essent rerum nomina. Sed utcunque sit, una eademque maxima excusatio mihi tu, qui jussisti. Malui enim audacter suscipiendo obsequi tibi, quam offendere negando prudenter : hæc erat sententia Epistolæ.

Arnoldus de Lalaing.

Præpositus D. Mariæ Brugensis, Paulo Bœust, Rectori Papiensi S. D.

PErspectum mihi fuit, summo te studio, summaque voluptate conventum Imperatoris & Ducis nostri auditurum. Idcirco rem omnem quam potui diligentissime perquisitam exploratamque scripsi. Certior factus est ab Imperatore Dux, velle illum magnis arduisque de rebus coram secum agere, compositis rebus Ducatus Gelrensis, quem bello subegerat, in Lotharingiam advenienti Imperatori est obviam profectus : erat secum ferè dimidia exercitus sui pars, quem dicta expeditione habuerat. Metense oppidum est Lotharingorum clarum iis locis, & natura opereque egregie munitum id cupiebat ingredi Dux, cives reputantes & armato, & potentiori, & inter hostem amicumque dubio credere periculosum, quum non nisi præfinito numero Comitum, & quibus, si vim pararet, pares se crederent illum admissurum, se dicerent respondit, maluisse se quod cogere posset, impetrare. Esse sibi claves portarum in promptu, arma exercitumque significans. Stativa habet in agro Treverensi. Exercitus per villas tectaque vicorum sparsus tres in longitudinem, in latitudinem binas continet leucas. Tertio Calend. Octobris Imperator Treviros

---

(1) Cette Relation est tirée du Livre intitulé : *Germanicarum rerum scriptores*, par *Marquardus Freherus*, Tome II. fol. 155.

ros venit Comitatus filio suo, & Turchi filio Trevirorum civitas ad Mosellam flumen sita, sexaginta supra Mosellæ & Rheni confluentem millibus, & rerum gestarum magnitudine & vetustate urbis (quippe quam circa Troiana conditam tempora ipsi affirmant) præclara. Gallica olim gens & quæ diu ambitiose inter Germanas videri voluerit donec tandem promotis finibus Germani, & occupato quicquid Galliarum ad Rhenum pertinet, Treviros quoque in Imperium nomenque suum adegere: huc cum venisse Imperatorem Dux accepit, ipse proficisci postridie parabat. Quem ubi appetere auditum est, simul ipse Imperator cum omni strepitu fortunæ suæ simul Episcopus Trevirensis, & quicquid nobilitatis dignitatisque tota in civitate fuit, paulo minus leuca obviam processit. Postquam in conspectum utrinque ventum est, Dux venerabundus detecto capite, equo desiliit. Itidem Imperator faciens, procumbentem in genua Ducem amplexus sustulit. Dicta ergo redditaque salute, & à Duce reliquis etiam, quibus hic debebatur honor, salvere jussis; rursus equos inscendunt. Ibant juncto gradu Imperator atque Dux, sequebantur filius Imperatoris & Turchi, post hos, ut cuique nobilitas vel claritudo erat.

Ingens numerus utrique Principi, qui tubis buccinisque præcinerent. Tributa hæc quoque Duci ab Imperatore dignatio, ut Ducis ipsius primi agminis essent, solique canerent. Præcedebant Ducem pro numero gentium quibus imperat (caduceatores nescio an nomenclatores dicam vulgus Gallorum heraldos vocat) genus hominum Galliæ Germanisque, & reliquis ad occidentem nationibus usitatum, Italiæ non perinde cognitum genus, nobilitatem, decus Principum, insigniaque per gentes familiarum nosse ipsorum muneris habetur, quibus majoribus nobilissima quæque domus propagata, quid in quaque honeste, egregie, fæde turpiter factum patratumve, ipsi præcipue vel norunt, vel novisse creduntur. Tuti ac velut sacrosancti, in pace honorati, in bellis quoque quamvis sævis intacti. Libertas ac licentia scelerate facta Principum reprehendendi, minor nunc quidem, olim maxima, ausi adire mensas Regum, & resupinatum (summæ id ignominiæ loco habebatur) panem apponere & linteum quo mensa insternitur, medium perscindere, & alia dedecoris notandi causa facere. Sed hæc quemadmodum pleraque robustior invita posteritas magna ex parte neglexit. Nomen tantum & vetustæ venerationis potius memoria, quam præsens auctoritas remansit. Hi insignia singularum gentium nomenque præferentes, Ducem (ut duximus) præcedebant. Gladium Dux majori (ut par erat) potestati concedens, Imperatori submisit. Erat videre cuncta opulentiæ majestatisque plena. Strepebant tubæ buccinæque & funalia flammantesque obiter cerei noctem incenderant. Jam fremitus & ardor hominum equorumque & omnia ostro atque auro fulgentia & hæc per tranquillitatem, tamquam exposita spectaculo notabiliora, omnium in se aures oculosque converterant. Imperator vestiebatur textili auro, vestis ad pedes profusa & circum collum replicita, perque humeros more Turcorum sparsa, limbo circum pedes manusque, ingentis prætii margaritis picturato, ipse grandis natu, sed virenti adhuc atque solida senecta. Dux autem circiter quadraginta natus annos, in ipso ætatis robore medio rerum gloriæque

cursu

1473.

cursu conspicuus, armis se totum texerat. Fulgebat desuper chlamys unionibus, carbunculis, adamantibus distincta, quam, qui paucissime, ducentorum millium scutatorum æstimaverunt. Tam multorum paupertate constat, ut unus vestiatur, Scias necesse sibi esse velut ex immenso & inexplebili cupiditate haurire, cui tantum libeat in re modica profundere. Filius Imperatoris decimum-octavum agens annum, insigni facie, egregio pro ætate & capacissimo paternæ fortunæ ingenio, indutus sanguineum intertextum argento. Turci filium aiunt captum in bello, quod cum Imperatore Trapezuntio Rex Turcorum gessit: Romæ de hinc ad Pontificem maximum missum esse, mox ab Imperatore dono datum. Amictus patrio more veste aurea figurata erat, crinem in modum collegerat, sicut Sarmatæ solent, torvus aspectu: prorsusque horror, & patria vastitas vultu apparebat. Jam plerique alii Duces, Comites, atque Principes, viri magni memorandique, si soli fuissent, nunc solum tantorum nominum accessio. Præcipui quoque honore aut opibus populi Trevirensis prope sexcenti equites, amicti omnes rubeis vestibus, jactantes Duci officium suum & imminentes forte metus præviis beneficiis occupaturi. Imperator & Dux multo, & (quantum ex vultu conjicere erat) benigno sermone iter emetientes, quum tandem per mediam urbem ad forum ventum est, longis inter se precibus utrinque, longa obsequiorum ostentatione, uter alterum domum comitaretur, contenderunt, concedente vero neutro & ambobus tantum honorem obstinate abnuentibus, vale facientes invicem discedunt. Imperator in ædes amplas atque magnificas in prospectu fori, Dux extra muros urbis ad S. Maximinum (cœnobium id est D. Benedicti) divertit Calend. Octobris. Quum prandissent, Dux jam pridem opperientem se Imperatorem domi suæ convenit. Stabat Imperator in aula aureis sericisque tapetibus instructa, innixus abaco, & cogitabundo similis. Utque advenientem Ducem conspexit, obviam in medium atrium progressus, humanissime salutatum dextera apprehendens, in aulam perduxit. Ibi adhibito uno principali Ducis scriba, diu multumque incertum qua de re colloquuti, ubi satis visum est, circumlatum ex more vinum & bellaria discessumque. Ibi iterum instare Imperator, velle foras comitari Ducem: abnuere vero Dux neque ulla id ratione pati. Tandem victor Dux, cum medias scalas transisset, Imperatorem sequi parantem propere rediens inque mediam reducens aulam, abscessit.

Postridie Dux rursus revisit Imperatorem, abduxitque secum ad S. Maximinum, ubi divertisse ipsum prædiximus. Induebatur Imperaror purpura intertexta auro, Dux præter pileum vestem gestabat ducalem: filius Imperatoris Damascenam viridem vestierat. In reliquo comitatu tantum texti fabrefactique auri, quantum vel his gentibus, vel hoc seculo difficulter, nisi qui vidisset, putaret fuisse non erraverunt forte qui dixerunt, peregrina luxuria patriam gloriam commutasse Germanos; quis credat horum majores sago aut pellibus quas feris detraxerant, vestitos, toties Romana arma exercitusque fudisse & quaqua versum transflumina, maria montesque auxisse fines: ingressi sunt conclave quoddam Imperator, unaque Episcopus Moguntiacus, secretorum suorum intimus arbiter, & Dux cum principali scriba. Cœpit nomine Imperatoris Episcopus

dicere

dicere de re Christiana, quo loco, quamque difficili in statu esset, tum
Duci de majorum suorum splendore, tum præcipuè quoque de sua laude
rebusque gestis subnectere causas, hortarique ut opem ferret. Dignum
prorsus eo vigore eo virium & animi impetu opus, consulere in commune sacro Christiano nomini, & una opera de Deo hominibusque optime
mereri. Pulcherrimum idem tutissimumque inceptum, extra fortunæ incerta, supraque livorem detractionis positum. Quippe in quo adversa
reprehensione, secunda carerent invidia in hanc sententiam cum multa
dixisset Moguntiacus, respondit Dux cupere quo possint à pluribus quæ
pro se dicenda viderentur exaudiri, in locum ampliorem se reciperent.
Concessum in coenaculum quoddam grande, ornatum aulæis, in quibus
exactissimo opere res Alexandri ejus, qui Orientem perdomuit, erant
intextæ, hujus rei præcipua admiratione, qui curas, studiaque sua interius norunt, aiunt ipsum teneri. In medio sella eminentior, gradusque
quibus adibatur, subsellia quoque instrata auro. Consedit Imperator, ad
dexteram erant Episcopi, Moguntiacus, Treverensis, Metensis, filius
Imperatoris, Marchio Balnearum, post Ludovicus & Albertus Duces
Bavariæ, Comites Montis vigilantis, * Wirtenbergensis, filius Thurci, \ \ \ *Montbe-
& clarissimorum virorum magnus, quantum locus capere poterat, nu- \ \ liard.
merus. Ex altero latere Dux Burgundiæ, Episcopi item Leodiensis &
Trajectensis, reliquaque aulicorum nobilitas. Adstabat proximè Ducem,
scriba, amictus purpura villosa, vir (ut apud Gallos) eloquens &
promptior quam faciundior is latine orsus dicere, primum orationem
Moguntiaci recensuit tum de Rege Francorum beneficia Philippi patris
in ipsum, meritaque ex quo exul paternam fugiens iram, hospitio ab eo
exceptus, hinc ut opera sua reductus in Regnum, post hæc coepta compositaque bella, & quæ alia ad hanc rem pertinebant, multis verbis commemorabat, tum de Principe Aquitaniæ subjecit, diligentissime omnia
explicans. Postremo ad postulata respondit: dolere Principem suum communem vicem Christianorum, & recenti memoria acceptas clades se si
quem alium gravissime ferre, quanquam autem ipse id sibi non sumeret,
in ea Regum, Principumque magnitudine & opibus, ut secum esse putaret, qui vel auxilio vires firmare posset aliorum, vel auctoritate commovere mentes deberet? si tamen tuti populi sui salvæ res permittantur,
effecturum se ut nemo in ipso quicquam præter successus felicitatemque
desideret: intelligantque omnes, ad hanc rem nec viro sibi animos nec
Principi opes nec Christiano religionem defuisse facto dicendi fine, Dux
Imperatorem ad ædes suas usque reduxit, Dux Aquitaniæ (de quo supra
mentio) frater Regis erat invisus sibi atque infensus. Hujus causa quod
Rex prope pro exhærede ipsum habebat susceptum inter Ducem Burgundiæ & Regem bellum jactabatur. Postea vero quam Dux victum in acie
Regem, & obsidione Parisiis pressum ad conditiones accipiendas coegit,
majora diversioraque quam pro hoc incepto victoriæ præmia recepit: ut
crederent, qui malignius interpretabantur, cuicunque cupiditati suæ
speciosum hunc titulum circumdedisse. Ipse frater autem proximis annis miseranda peste consumptus mortem obiit. Ægrotabat graviter &
morbi ignoto genere, decidere ungues, capillique defluere, ut suspicionem præberet hausti veneni: & (ut est vulgus ad optima facienda
tardum

tardum, ad dicenda pessima promptissimum, ingensque libido de maximo quoque turpissime æstimandi) autorem necis eum videri voluerunt, cui fuerat dum vixit, invisus, & ad quem mortis præmia redibant.

Paucos post dies oratus à Duce Imperator secum pransus est. Convivium maximo apparatu magnificentiaque instructum erat, ut prope modum nuptiis suis, quarum fere per omnem Galliam, Germaniamque celebratur fama, exæquaretur (hactenus epistola & si qua visum est mihi rerum cognoscendarum adjicere causa. Reliqua ex his qui affuere.) Agebatur ut filio Imperatoris in matrimonium Ducis filia locaretur, nec satis convenit. Hactenus Imperator Procuratorem, seu (ut ipsi dicunt) Vicarium Imperii Ducem, perinde ut ipse poscebat, creare paratus erat ; si modo Dux antea nuptias firmasset. Dux contra procurationem præsumere velut ex tuto volebat, deinde de nuptiis communi se sententia statuturas. Procurationis hujus hoc aiunt esse munus debere, adnisurum Ducem studio viribusque quantum posset, omnia quæ usquam Imperio ablata sunt, ad priscam Romani Principatus Majestatem rursus redigere. Ingens materia & audenti, & prospero, & ad quodvis audax ceptum in speciem abunde multum juris. Præterea alia quædam petisse ab Imperatore dicitur, quorum nihil neque negatum, neque tamen satis pronis auribus auditum. Spectacula quotidie atque ludi equorum, concertatio, hastatorum concursus, simulacra pugnarum, & in certamen opulentia fortunarumque fulgor ostentatus. Major Imperatori clarorum virorum numerus atque nobilitas; apparatu splendoreque rerum Dux effusior. Equidem audivi qui affirmaret æmulatione inter ipsos agi: & utrumque oblitum mensuræ suæ, illum quidem invidere minori, hunc vero contemnere majorem.

CCVI.

Acte d'appel interjetté par le Duc de Bourgogne d'une Bulle d'excommunication de Sixte IV. obtenue par Louys XI. & fulminée à Clery, par l'Evesque de Viterbe, le 13 Octobre 1473.

Tiré des Recueils de M. l'Abbé Le Grand.

IN nomine Domini Amen. Per hoc præsens publicum appellationis sive provocationis instrumentum cunctis pateat evidenter & sit notum, quod anno incarnationis Dominicæ 1473. indictione VII. die vero 8. mensis Februarii, Pontificatus Sanctissimi in Christo Patris & Domini nostri, Domini Sixti Divinâ Providentiâ Papæ IV. anno 3°. coram Reverendissimo in Christo Patre & Domino, Domino Johanne Rolini miseratione Divina tituli Sancti Stephani, in Celio monte sacrosanctæ Romanæ Ecclesiæ Presbytero Cardinali & Episcopo Eduensi, ac Luca subvicenti Episcopo, oratore sedis Apostolicæ personaliter constitutis, illustrissimus & excellentissimus Princeps ac Dominus, Dominus Carolus, Dei gratiâ Dux Burgundiæ, Lotaringiæ, Brabantiæ, Limburgi, Lucemburgi, Gueldriæ, Comes Flandriæ, Artesiæ, Burgundiæ, Palatinus Hannoniæ, Hollandiæ, Zelandiæ, Namurci & Zutphaniæ, Marchio sacri Imperii, Dominus Frisiæ, Salinarum & Mechliniæ, qui quidem illustrissimus Princeps, & Dominus Dominus Carolus, tam per ejus quam eximiæ

miæ & magnæ nobilitatis, ac intelligentiæ sapientissimi, Domini Guillermi Hugonet, Militis Domini de Saillant & d'Eppoisse, ejusdem illustrissimi Principis Cancellarii organum, animo & intentione provocandi & appellandi, Apostolosque petendi & alia faciendi, prout appellavit, provocavit, dixitque, asseruit, publicavit, emisit, interposuit, protestatus fuit, Apostolos, seque, suos & omnia sua Dominia tuitioni, protectioni, defensioni & salvagardiæ præfati Domini nostri Papæ, & sanctæ sedis Apostolicæ supposuit & submisit & alia fecit, prout & quemadmodum in quadam papyri appellationis cedula in pluribus foliis papyri descripta continetur, cujus quidem appellationis cedulæ, tenor de verbo ad verbum sequitur verbis sub istis, & est talis.

1473.

Nuperrimè ad illustrissimi & excellentissimi Principis ac Domini Caroli, Dei gratiâ Ducis Burgundiæ, Lotharingiæ, Brabantiæ &c. notitiam devenit quemdam magistrum Andream de Spiritibus de Viterbio gerentis se quamvis nulliter pro judice & commissario autoritate Apostolica deputato, quasdem sub die 13ª. mensis Octobris nuper decursi apud Cleriacum Averelidio* & advocatis testibus Petro de Oriola, Cancellario Franciæ; Tristando Episcopo Adurensi, Johanne de Ladrisia, Præsidente Computorum; Gulielmo de Cerisey, Graffiario Curiæ Parlamenti Franciæ, fulminasse processus in quibus insertis prius, ut aiunt, brevibus duobus sanctissimi Domini nostri Papæ, ad Regem Franciæ, & ad præfatum illustrissimum Dominum Ducem die 15ª. mensis Januarii, anni retroacti cum bullis quibusdam, altera X. Kal. Februarii, alia de Kal. Februarii, anni illius, narratisque inde nonnullis minus veris, factis verò & omissis verissimis, multis demum in Regem Franciæ, & in ipsum excellentissimum Ducem censura, excommunicationes & anathemata & si verbis æqualibus, longe enim imparibus mediis, & conditionibus, ita ut ipsius Magistri Andreæ existimatione cuncta ipsum serenissimum Ducem solum contingere videantur, seu publicasse, seu promulgasse visus est, ut autem horum assertorum processuum nullitas, apertissima iniquitas, ac certissima ex illis ipsi illustrissimo Domino Duci, & suis illata injuria, parata gravissima jactura, multiplex exquisitumque gravamen beatissimo Domino nostro Papæ, sanctæ sedi Apostolicæ, sacro Cardinalium Collegio, ac universali Ecclesiæ liquidè innotescat, quod memoratus illustrissimus Princeps Dominus Dux Burgundorum eaque in illis brevibus & bullis sanctissimæ sedis sinistrâ infractione narrantur, quæ ab ipso Magistro Andrea de se falso asseruntur, subdolè tacentur ac partialiter & injustissimè concluduntur, seriatim decurrent in his scriptis adherens sub designatione instituit, exorditur in primis piissimus Pontifex in brevibus & bullis, quæ in hujusmodi processibus assertis inferuntur ab illo mœrore, quo ob cœdes, incendia, strages & alias calamitates quæ inter Gallicas intestinas dissentiones proh dolor pullulavit, paternâ pietate affligitur, necnon, ab eo fervore quoad labenti Reipublicæ Christianæ succurrendum, spurcissimoque hosti Turcarum Principi occurrendum concitatur, hæc certè veri, piique Pastoris peculiaria sunt Officia, sed à sanctâ sede Apostolica, pro sua summa Providentiâ ac singulari justitia & æquitate fuit imprimis inquirendum à quo & quomodo arma 1°. sumpta fuere, quod & si beatissimus Papa sedesque

*J'ignore ce que cela signifie.

Apostolica

1473.

Apostolica, tum Litteris, tum Oratoribus ipsius illustrissimi Ducis atque communi omnium voce & fama antea satis intelligere potuit, sed inutile aut superfluum esse repetere. Fuerat enim apud Peronnam, ut cæteri omittantur, pacis contractus qui præcesserant pax perpetua inter Regem Franciæ & ipsum serenissimum Dominum Burgundiæ Ducem anno 1468. solemniter promissa & jurata, tactis sacris & ligno vivicæ crucis in manibus Reverendissimi in Christo Patris Cardinalis Andegavensis, censuræ & pænæ graves adjectæ; illinc paulo post rediens Rex ad propria, cum per Ecclesiam Beatæ Mariæ de Leticia transitum faceret Burgundorum Duce excellentissimo absente solemni voto se servaturum obtestatus est & tandem Litteris suis patentibus in civitate Turonensi pacem ipsam rursum confirmavit, quæ etiam decreto publico Parlamenti sui roborata fuit; ex illa pace in omnibus Principatibus, Dominiis & civitatibus ab eodem illustrissimo Principe Domino Duce antea & tunc possessis integrum Ducem ipsum quietumque manere debere cautum erat, quemadmodum erat jam dictus excellentissimus Dux Burgundorum, quietus anno 1470. cum Rex qui omnes confœderatos & collegatos, ipsius illustrissimi Ducis aut dolis in tempus deprimeret, aut certis mediis tepidos effecerat, arma in eum incautum, sedentemque in pace jurata commovit, & parato exercitu grandi sanctum Quintinum opidum Ambianensemque civitatem, quæ juris illustrissimi Principis prædicti Domini Burgundorum Ducis sunt, ac ab eo possidebantur eisdem armis occupavit, & prius quam exercitum ad defensionem colligere potuisset nonnulla castra subripuit Rex ipse, plurimasque strages & calamitates circa ingressum Dominiorum præfati illustrissimi Ducis intulit, ratus equidem ipse Rex sicuti Litteris publicis intus & extra propalabat, statum præfati excellentissimi Ducis ac ejus inclitam domum funditus evertere posse. Assumpsit tunc illustrissimus Dux Burgundorum arma justissima, quibus capitales inimicos fœdifragos & pacis violatores repelleret, statum Principatus ac Dominia tueretur defendere, cùm eo tempore serenissimus Princeps Edoardus, ejus frater Divinâ bonitate, ad Regnum Angliæ dicti illustrissimi Ducis, atque suorum impensâ restitutus esse & nihilominus quamprimum à Rege, qui pacem inire vellet simulabat, de treugis interpellatus fuit, sub quibus tribus primum post hoc decem mensibus arma quiescerent & inter ea cum plurimæ conventiones pro pace ineunda celebratæ fuerunt, quarum posteriore pacem cum Regis ipsius oratoribus ad eumdem illustrissimum Ducem Burgundorum missis Dux ipse excellentissimus firmasse putaverat; erant enim singulæ pacis conditiones & leges conscriptæ, diesque præstitutus quo publicaretur & exequeretur; sed eo loco delata est miseranda atque nefanda artibus præparata mors illustrissimi Ducis & Principis Domini Caroli Ducis Aquitaniæ Germani sui postquam de pace nullus ultra sermo, maximus antea, in Aquitanos moveret, nondum mortuo suo Duce, necnon in Britannos congressus, ut in præfatum excellentissimum Burgundiæ Ducem post hæc copiæ conferrentur qua necessitate arma reparare oportuit, à quibus tamen de mense Novembri superioris anni 72. per 5. mensium & inde novissimas unius anni treugas cessatum est: Itaque à Rege Franciæ arma manifestè primo mota fuere & ita ut
universum

universum statum prædicti illustrissimi Domini Burgundorum Ducis & sua tolleret & corrueret: Secundo verò ab illustrissimo Burgundorum Duce res gestæ sunt ita, ut se ejus statum & civitates defenderet: cum à Rege arma moverentur, eo tempore pax violabatur, religio contemnebatur, jusjurandum extinguebatur, votum corrumpebatur atque publicum prædictum edictum ludibrio habebatur, opida, civitates & castella ab eodem capiebantur, ruinam status moliebatur; ubi verò arma à Duce ipso sumebantur, comitabatur ipsum veritas, pacis pactorumque conservatorum æquitas, necessitasque ipsum tuendi atque justissima facultas sua recuperandi: non ergo in deponendis armis Rex & ipse pari sorte cententi sunt, qui in illis assumendis dispares longè fuerunt: ipse Rex agressor, violator, transgressor, raptor, occupator; præfatus verò illustrissimus Burgundorum Dux defensor, invasus, spoliatus subvertitur; deinde illis in brevibus & bullis Sanctissimam Sedem Apostolicam sive ipsum supremum Pontificem, ad hujusmodi discordias sedandas bonæ ac insignis memoriæ Reverendissimum Patrem B. * Cardinalem Nicenum, Legatum designasse qui Regem præsentiret, cum autem Ducem excellentissimum per alios exhortatus est ad pacem, & qui postea ex Legatione, laboribus fatigatus decessit, cujus quid profecerit adventus ad eos, non fit opus repetere, cum habitus sit utrique parti suspectus & ita coactus re infecta discedere, animadvertens nihil proficere posse, sicut per Litteras suas, cum jam Italiam repeteret, Sedi Apostolicæ significavit, cujus nos Sedis memoriæ cum venia reducendum est hinc culpam ab Rege adversus Ducem datam; adjungit etenim Reverendissimus ille Pater nunquam per se vel alium ipsum Ducem illustrissimum ad pacem exhortatus est, nunquam à Duce habitus est formaliter suspectus; nam & si Dux ipse non ignorabat ipsum postquam primùm Legatus designatus fuisset, & ob senium suum atque adversam valetudinem Legationi cessisset, tamdem Litteris precibusque Regis commonitum resumpsisse; ex eo in suspicionis credulitatem haurire noluit Dux integerrimus, animadvertens tanti patris sapientiam, integritatem, bonitatem; scripsit post modum ad Ducem ipsum serenissimum antequam Legationis fines attigisset per tabellarium, qui in castris Ducis apud Royam Ducem offenderat, nuncians se proficisci ad Regem, inde ad Ducem venturum, hortatus interim ab armis discedere, responsum accepit à Duce illustrissimo, ubi pro sua sapientia & æquitate Officio Legati Apostolicæ Sedis fungi vellet, Ducem ipsum eum reveriturum atque susceptuirum perjocundè, sed ab armis tunc discedere non convenire conditioni, tempori, Ducisque dignitati, ac Principatuum & Dominiorum suorum tutelæ vel securitati, nullos postea nuncios aut tabellarios suos, neque enim Litteræ ipsius ad Ducem excellentissimum venerunt, quamquam illum non audierit, ejus non obtemperavit monitis, quo Regi habitus sit suspectus? quanquam re infecta coactus discedere fuerit ad culpam illustrissimi Ducis attribui non posse fatendum est, quippe eum re infecta discessisse animadvertens nichil se proficere posse & id supremo Pontifici suis Litteris significasse, quarum exemplum bona gratia summi Pontificis ad Ducem ipsum delatum est; in illis autem cum in crastinum testetur se velle

1473.

* Bessarionem.

1473.

Romam versus discedere, profitetur equidem Ducem ipsum nedum auditum & ob eam rem ad eum transire voluisse, si Rex permisisset, ut illum audiret, & ad pacem commoveret ac media aperiret : detexit præterea petitionem Regis sibi factam, ut illustrissimum Ducem Britannorum, fratrem & consanguineum ipsius Burgundorum Ducis, ac ipsum Burgundorum serenissimum Ducem nisi ab armis discederent excommunicatione feriret ; quam pater ille optimus injustam judicavit ac rebus non accommodatam & ob eam rem à Rege repudiatus est, ita ut Romam repeteret, cum ad Duces ipsos excellentissimos Burgundorum & Britonum fratres accedere sicut pollicebatur non sineretur ; quis horum Burgundorum Duci ad culpam notam ullam impinget, qui neque patrem illum vidit, neque audivit, neque causam præbuit quominus ad eum veniens rem intentatam adhuc non relinqueret. Culpandus sane erat Rex solus cujus injusta petitio, voluntaria indignatio atque notæ & suspicionis origo, extremâ tanti Patris ad Sedem Apostolicam testificatione liquebat. Sequitur in his brevibus & bullis, Sanctissimus Pontifex, ut nihil intentatum relinqueret, Rege postulante, Reverendissimum Patrem G. * Cardinalem Rothomagensem Legatum Niceno suffecisse & eum statim suspectum habitum, adeo ut subjungat summus Pontifex nulli rei pepercisse, nihil intentatum reliquisse atque existimare semet ipsum si venisset suspectum haberi ; sed si hac parte taceret Dux ipse integerrimus, non latet Sedem Apostolicam Regem petentem Reverendissimum Cardinalem Rothomagensem, petitum quoque prudentissimum & ut arbitrandum est optimum, patrem patriæ, parentibus, beneficiisque, quam plurimis Regis Imperio submissum ; priorem tantæ integritatis, qui nihil Regem timere posset, Legatum quod iniquè Regis postulationem non admisisset, repudiatum ; non verò justam, non dubiam, occultamve, quinimo mortalibus cunctis notissimam atque justissimam non dicant suspicionis sed recusationis causam Duci ; nedum rebus ipsis afferre debuerunt ; si enim ita designatus erat Reverendissimus Cardinalis Rothomagensis, ut nec moneret, nec excommunicaret, quæ spes major haberi poterat ut frugi quicquam ageret cum Rege ipso, qui ideo tantæ integritatis remiserat, primum quod contra æquitatem & justitiam duos ipsos Duces excommunicare noluerit, sed hæc usque ad ipsum beatissimum, summumque Pontificem, qui omnium esset communis pater trahenda non erant, nisi quatenus quidam voluntati Regis fautores illis fortè diebus apud summum Pontificem, gratiâ & autoritate valentes, ut eum ad Regis nutum traherent, stimulabant. Duo fuere Legati nunciive omnes quos illis diebus quibus brevia & bullæ emanarant ad has res componendas a Sancta Sede Apostolica migraverant, quorum alter quod justitiæ cultorem se præberet, inverecundè à Rege remissus est, alius autem neque missus, cum neque Rege petente designari debuisset ; sed animadvertet Sedes Apostolica innatâ clementiâ ne propterea nihil intentatum relinquat, ita ut simplex Clericus primariis Cardinalibus suffici deberet, quique sapientissimo doctissimoque, tunc à justitiâ & æquitate devia visa fuerant, exequeretur. Duo enim præstantissimi Cardinales sicut ad pacem Atrebatensem adhibiti fuerant, nedum res has pertractarent, ne dum ii vel alii partes ipsas uti discordiarum causa
omnis.

* Georgium.

omnis veniret advocaverat opinandum quidem sacro institutum esse canone Pontificibus suadendum esse ut dissidentes Catholicos ad pacem magis quam ad judicium coerceant, & in alio canone, ut quicumque odio aut longinqua inter se lite dissenserint & ad pacem revocari diutina obstinatione nequirent, à Sacerdotibus primitus arguantur, & si inimicitias deponere pervicaciâ & contemptione noluerint, ab Ecclesiæ cœtu justissimâ excommunicatione pellantur: sed Ducem ipsum integerrimum videri potest prius ad judicium quam ad pacem attractum. Nemo eum à Sede Apostolica unquam cum bullæ illæ emanarunt ad pacem traxerat, nemo media pacis obtulerat & jam ad judicium quo suis propriis careret, existimationem læderet, statum suum nutui inimicorum committeret, arma defensiva deponeret, coercebatur; dissentiebat ipse cum Rege, non odio suo, aut longinqua fide, sed de Regis in eum capitali odio. Secundo anno post pacem Perronensem invasus propriisque civitatibus spoliatus, arma sumpsit coactus, ut se & reliqua sua tueretur, injuriam propulsaret & ablata recuperaret, quotiens sive ab hoste, sive ab aliis quibuscumque de pace ineunda sermo fuerat habitus, optimus ipse Dux arrexerat aures, oratores suos ad quamplures conventiones, etiam in civitates & oppida hostium miserat, ut sicut neque de commota lite, ita neque de repudiata pace, seu obstinatione posset redargui: antea ergo quam Dux ipse graviter adeo simul cum Rege moneretur, ratio habenda erat quàm religiosissimus pater ille Nicenus habere decreverat, ut scilicet audiretur; dixisset enim quæ illi Magistro Andreæ postea dixit & quæ antea ipsius oratores in conventionibus sæpius dixerunt, ipsi enim ad ablata quibus eisdem armis spoliatus fuit restituto, judicium Sedis Apostolicæ subibat ille lubens. Restat ergo ut ex illis sanctæ Sedis Brevibus & Bullis quatenùs in Ducem ipsum illustrissimum, periniquâ in Regem autoritate ferebantur, filiali lamentatione de sanctissimâ Sede Apostolicâ Dux ipse quereretur, & quòd vice suâ non auditus à quoquam, obstinatus censeri non debuerat, nisi existimaret sanctissimam Sedem arbitratam esse Magistrum Andream de Viterbio assertum Commissarium, verius, sanctius atque justius illis usurum esse: norat in præassertis processibus suis, ut aiunt, illustrissimum ipsum Ducem adiisse, atque amplâ oratione ad pacem & concordiam sectandam, ac arma & bella deponenda hortatum fuisse, Breve sanctissimæ Sedis, & monitiones apostolicas suprà scriptas ipsi Duci exhibuisse, ipsumque sic monitum ut illis pareret & obediret, requisivisse, verbis certè suis salvo honore suo, minimè vera, mixta & alia verissima nonnisi subdolosè tacita sunt, ipsum enim Ducem, ut vera dicantur, apud Noviomagum cum castra metatus esset adiit, quem oblato Brevi Summi Pontificis credentiali dumtaxat, cum honore ac benivolentiâ pro reverentiâ & debito prædictæ Sedis Apostolicæ, Dux ipse recepit, audivitque libens orationem suam, quâ pro desiderio Sedis Apostolicæ ad pacem Ducem ipsum hortatus est, cui illico bono animo, dulcissimis verbis respondit quòd ipse invasus, spoliatus, justissima sumpsisset arma, neque si convenientia pacis media offerrentur, ab illis resiliret: aperuitque post hæc, quanquàm Magister Andreas responsione suâ satisfactus videretur, & obtulit aliud memoratum breve de monitionibus aut Bullis Apostolicis nullam prorsùs

Ll 2   mentionem

mentionem faciens, quas tamen minus verè exhibuisset narratum Ducem sic monitum, ut illis pareret requisivisse, nam nec eum aliud quam breve exhibentem, ceu Ducem ipsum excellentissimum monentem, aut alia quàm pristinâ suâ oratione requirentem audivit, neque etiam qui Duci assistebant intellexerunt, sed tacet quod cùm suæ ad Ducem ipsum ex parte Sedis Apostolicæ legationis munus absolveret, dicit illustrissimus Dux sanctissimam Sedem Apostolicam, aut ipsum supremum Pontificem duarum viarum alteram in his rebus aggredi posse, ut scilicet tanquam Judex de discordiis & litibus ipsis cognosceret, cui Duce ipso, qui notoriè iisdem armis spoliatus erat restituto se subjceret, offerebat; aut ut arbitrator & compositor vices suas interponeret, ad quem ubi Regem & Ducem ipsum vocaret Oratores sui voti instructos mitteret, dum durantibus treugis, quæ tum ultrà octo menses adhuc duraturæ erant, hæc fierent: cum istis Ducis oblationibus à Duce discessus, pollicitus summum Pontificem, sanctamque Sedem Apostolicam de illis facere certiorem atque cum Rege super illis tractare, & demum sanctissimæ Sedis votum, & quid Rex super illis agere curaret rediens ad eum referre: itidem supremo Pontifici Dux ipse litteris quæ extant significavit, postea super his ab eâ nihil accepit, neque hominem vidit aut nuntium vel litteras ejus, donec venit ad Ducem ipsum fama processum illorum quos in Civitatibus Regis locis propinquis Dominiorum suorum eum publicasse, dicunt tanquàm si Dux ipse integerrimus . . aut qui Nuncios vel Oratores Apostolicos aliter quàm cum honore & benivolentiâ tractare solitus esset; decernat nunc Sedes Apostolica & Sacri Collegii Patres conscripti, nonne Dux ipse illustrissimus prætextu Brevis & Bullarum, ut inquiunt Apostolicarum pro maximâ tunc per Magistrum Andream de Viterbio notoriè gravatus injuriâ & affectus, existimatione læsus, scandalisatus atque jacturam Civitatum suarum indefensus tolerare jussus sit, ubi fulminaverit Magister Andreas censuras, excommunicationes, anathemata in Regem Franciæ & in ipsum Ducem Serenissimum in Dominio & domo Regis, quos adhibuit sibi testes; Cancellarium & Consiliarios Regis, & non alios ibi mandat ad publicationem perinde ac si ad personas utriusque Regis & Ducis tutus pateat accessus summam suam afflictionem in locis prædictis exprimens, satis è contra ad Ducem ipsum solum tutum non patere accessum, cum in domo Regis tutus esset; ubi de facto publicantur profecto in Civitatibus Regis & in viciniis Dominiorum ipsius Ducis, quæ omnia ut moris est detegunt ipsum nutui & voluntatis Regis ita affectum, ut homines non aliter existiment quæ censuræ, excommunicationes & anathemata in eum solum quasi obstinatum & contradicentem; mandato Apostolico fulminata, sint publicata, ut inde commilitones Ducis, & cæteri cum propè treugæ expirabunt ad arma assumenda remissiones fiant, Regi ad consuetos dolos suos, exercitu Ducis pulsante ab armis discessum apertum fiat via, ut ablatorum ab ipso Duce Burgundorum restitutionem effugiat, ut Ducem gravissimis sumptibus, quibus ad tutelam suam & suorum, exercitum parare & colligere oporteat: nunc eum pœnâ laxanda instare putetur; ad hæc opinandum est, Magistrum Andream blandiciis, pollicitationibusque Regis fortè illaqueatum

absque

absque sedis Apostolicæ conscientia processisse, & quidem nulliter & iniquissimè; nam & si Pontifex summus possit super armis deferendis decernere, hoc tamen ita de Jure potest, ut aliqua causæ cognitio præcedat, ut innotescat quis sit aggressor, & priùs moneatur aggressor desistere, ne verendum sit quod jussio fiat priùs ab armis desistere, ita enim quod uniformiter aggressor & moneatur desistere & desistat sicut invasus, ut debita servetur æqualitas, & alter cum alterius jacturâ non maneat locupletior: antequàm ergo Dux ipse moneri potuerit cognosci debuit quòd Rex eum notoriè invasit, arma priùs sumpsit, sua occupavit: eo cognito sicut notorium est, priùs ipse moneri debuit, quàm Dux ab armis desistere, quàm aut Dux desisteret aut moneretur: & ita moneri atque desistere debuit, ut ablata Duci per hæc arma pro quibus propulsandis Dux arma sumpsit restituerentur antequàm moneri aut desistere debuerit; alioquin difformiter à Rege monetur & desistere compellitur, ipsequidem cum rapinâ, cum cum lucro, cum spolio; Dux verò cum damno & jacturâ, qui ut vim vi repellat, arma tenet justissima, & ut propria per vim ablata recuperaret jure illis utitur, si Rex violator pacis, aggressor & raptor plenâ manu iniqua deponat arma, id cum commodo, cum gloriâ facere se non diffiteatur, non verò Dux justa arma cum spolio, cum jacturâ lacessitus deponere cogitur, injuriæ, ignominiæque exponitur. Fit Dux ex detentione petitor & ultrà Duci variæ parantur insidiæ; Rex enim postquam processus illi mense Octobri fulminati sunt, cognitos eos habuit, eos autem Dux hactenus illos ignoravit, etiam suspicione; Rex ipse principatus Ducis multis cinxit armigeris, propinquum se illis reddidit, & nunc cùm videt treugarum finem omni genere commilitonum Domini Ducis ad arma paratos, curat ut processus illi Duci & suis innotescant, ut vel depositis vel remissis armis, aliqua etiam alia si possit rapiat, & inde in vim censurarum repetens, Ducem ea prohibeat sicut primitus ablata, totque sibi esse Rex arbitrabitur, si cum censuræ ex domo suâ procedant Ducem ipsum & suos illis illaqueatos esse vulgari opinione promulget, quanquam ipse ab initio harum dissentionum apud Deum merito autor sit habendus, qui nullo ad pacem veram zelo movetur, sicut Cancellarius & primarii sui cum Ducis Consiliariis & Oratoribus paulò ante convocationes publicè testati sunt, cum diceret nullos quos inirent tractatus pacis, si eas sibi graves existimaret servaturum: proptereà ubi arma Dux est depositurus, ablatis non restitutis lata erit via Veneficis & Gladiatoribus, qui quemadmodùm processibus factis, reisque ad hoc viventibus compertum est pro parte Regis in vitam Ducis parati sunt. Nascentur ergo ex Apostolicâ Sede in tantum Ducem injuria, ignominia, jactura & periculum, non quidem ut opinandum est consultò, sed Magistri Andreæ, aut temeritate aut injustitiâ, qui potius ex Regis nutu, quàm justitiâ fulminat, tacet & publicat sicut vult, moneri Rex ipse quam Magister Andreas censeri videtur, & executor Apostolicus, & quanquam processus sui, & omnia quæ sequi potuerunt, proptereaque iniquissimi sint, etiam evidenti nullitati subjaceant, attentis præsertim Ducis oblationibus, quia tamen bonorum jactura est ibi culpam agnoscere ubi culpa non est, cùm primum illorum processuum ipsi illustrissimo Duci mentio facta est ab omnibus

nibus & singulis gravaminibus sibi & suis tam ex Bullis prædictis, tam ex processibus Magistri Andreæ, aliis præcedentibus appellationibus adherendo illatis, & eorum prætextu imposterum inferendis, excellentissimus ille Dux personaliter in præsentia Reverendissimorum ac Reverendorum in Christo Patrum Dominorum Johannis Cardinalis, Episcopi Eduensis, & Ludovici Episcopi Sebixiensis, Oratoris Sedis Apostolicæ, quos ad funera illustrissimæ memoriæ Ducis Domini Philippi & genitoris, nec non Dominæ Genitricis ipsius Ducis ad primæ sepulturæ translationem, & ultimæ sepulturæ exequias rogaverat in his scriptis ad sanctissimum Dominum nostrum Papam, & sanctam Sedem Apostolicam provocavit & appellavit, provocatque & appellat ac Apostolos petiit & petit instanter & instantissimè saltem reverentiales & testimoniales, seque suos & Dominia omnia protectioni appellationis suæ submisit & submittit, & de attentatis & attentandis contra Magistrum Andream & alios quoscumque, necnon de nullitate omnium gestorum & gerendorum solemni protestatus fuit & protestatur, petens & requirens de & super his ombus instrumentum publicum sibi fieri testes invocando astantes. Reliqua est de facta appellatione quæ in Parlamento Divionensi visa, lecta, publicata & registrata die Veneris, immediatè sequente undecimâ Februarii.

CCVII.

Contrat de mariage de Jeanne de France, fille du Roy Louys XI. avec Louis, Duc d'Orleans, fils de Charles & de Marie de Cleves, le 28 Octobre, 1473.

Tiré des Recueils de M. l'Abbé Le Grand.

IN nomine Domini, Amen. Noverint universi præsentes pariter & futuri, quòd cùm matrimonium, sive sponsalia contrahi sperentur & affectarentur inter illustrissimam Dominam Johannam de Franciâ, filiam legitimam & naturalem serenissimi & inclitissimi ac christianissimi Principis nostri, Domini Ludovici Regis Franciæ, & illustrissimum Principem, Dominum Ludovicum, Ducem Aurelianensem, super quo quidem matrimonio, sive sponsalibus contrahendis, nonnullæ conventiones matrimoniales inter eumdem Dominum nostrum Regem, & illustrissimam Dominam Mariam de Cleves, matrem tutricem, sive curatricem ac legitimam Administraticem ipsius Domini Ludovici, Ducis Aurelianensis, conventæ, initæ & concordatæ fuerint, prout ibidem dictum fuit & assertum; tandem constituti personaliter, die & anno infrascriptis in nostrorum Notariorum publicorum, & Testium subscriptorum præsentiâ, præfatus christianissimus Dominus noster, Dominus Ludovicus, Rex Franciæ, & prædicta illustrissima Domina, Maria de Cleves, mater ipsius Domini Ludovici, Ducis Aurelianensis; quæquidem, Domina Maria, ibidem humiliter se inclinans, coram præfato Domino nostro Rege, verbo & ore proprio proposuit, eidem supplicando, quatenus suâ benignissimâ gratiâ dignaretur, dare & copulare in conjugem sive sponsam, præfatam Dominam Johannam ejus filiam, prædicto Domino Ludovico,

Duci

Duci Aurelianensi, filio illustrissimi Principis, Domini Caroli, quondam
Ducis Aurelianensis, & ejusdem Dominæ Mariæ, legitimo & naturali: 1473.
quiquidem Dominus noster Rex, voluntati & supplicationi prædictæ Dominæ Mariæ, acquiescendo se contentum fore & velle dare in conjugem
sive sponsam præfatam, Dominam Johannam ejus filiam, dixit & respondit cum pactis & conditionibus in conventionibus matrimonialibus
contentis & expressatis, ac inter eosdem Dominum nostrum Regem, &
prædictam Dominam memoratam concordatis, prout & quemadmodùm
præfatus Dominus noster Rex, & prædicta Domina Maria, latiùs, in
quibusdam articulis, in papyro scriptis ibidem realiter exhibitis dixerunt
contineri : quorumquidem Articulorum conventiones prædictæ matrimoniales continentium tenor talis est.

MAdame la Duchesse d'Orleans, tant pour elle, que pour & au nom
de Monseigneur le Duc d'Orleans son fils, & soy faisant forte pour luy,
a conclu, juré, promis & accordé le mariage de Madame Jehanne de
France, fille du Roy, avec Monseigneur Louis, Duc d'Orleans, & a
promis audit nom, de faire solemniser & accomplir ledit mariage en face
d'Eglise, toutes & quantesfois que par permission de l'Eglise, faire se
pourra; & que par l'une des parties, l'autre requis en sera. *Item.* Et en
faveur duquel mariage, le Roy a promis & accordé de donner à Madame
Jeanne sa fille par maniere de dot, la somme de cent mille escus d'or,
du coing dudit Seigneur, à present ayant cours, laquelle somme il fera
payer bien & loyaument à trois termes, à chacun la tierce partie, dont
le premier terme & payement se fera à l'année & au jour de la solemni-
sation des Nopces, & les deux autres tierces Parties, ès deux années
prouchaines après ensuivant en chacune année la tierce partie.

Item. Et de ladite somme de cent mille escus, ou de ce qui en aura esté
payé, mondit Seigneur le Duc d'Orleans pourra disposer de la tierce
partie à son plaisir, sans ce qu'icelle tierce partie chée ne vienne en restitution après la dissolution dudit mariage. *Item.* Et les deux parts d'i-
ceux cent mille escus, ou de ce qui en aura esté payé, comme dit est, seront employez & convertis en acquisition de terres, qui sera le propre
heritage paternel de madite Dame; & au cas que madite Dame iroit la
premiere de vie à trepassement, mondit Seigneur d'Orleans jouyra durant
le cours de sa vie desdits acquets qui auroient esté faits, ou des deux
parts de ce qui auroit esté payé de ladite somme de cent mille escus, &
après son trespas, lesdits acquets se faits estoient, ou lesdites deux parts
de ce qui aura esté payé, retournera aux enfans, & autres heritiers de
madite Dame Jehanne. *Item.* Et donnera le Roy à madite Dame Jehanne
sa fille, robes, habillemens & joyaux de nopces, ainsi qu'il appartient à
fille de Roy.

Item. Et au cas qu'après le mariage consommé & accompli, mondit
Seigneur d'Orleans iroit le premier de vie à trespas, madite Dame Jehanne,
fille de Roy, aura & prendra durant le cours de sa vie, par forme de
douaire, la somme de six mille livres tournois de rente, qui luy feront
assises en bons lieux & seurs, avec logis seur, honneste & convenable,
selon son estat, lequel douaire se pourra prendre : c'est à sçavoir, trois mille
livres

1473.

livres tournois sur les Terres de l'appanage, & les autres trois mille livres sur les autres Terres & Seigneuries de mondit Seigneur d'Orleans, qui ne sont point d'appanage. *Item.* Et entend madite Dame d'Orleans, que par ledit Traité soit expressément dit, qu'en rien ne sera prejudicié aux dot, douaire & autres droits qu'elle a par le traité de son mariage & autrement, sur les Terres de feu mondit Seigneur d'Orleans, & qui luy appartenoient au temps de ses épousailles. Ainçois d'iceux droits elle jouyra paisiblement, selon les contrats sur ce faits, & nonobstant ce present Traité.

Quibusquidem conventionum matrimonialium articulis, sicut præmissum est exhibitis, & per Magistrum Anthonium Disome, Notarium publicum infrascriptum, publicè ibidem perlectis, præfatæ partes volentes & affectantes &, qualibet earum pro parte suâ volens & affectans, quantùm eamdem tangit & tangere potest, omnia & singula conventa, contenta & concordata in eisdem de puncto ad punctum tenere & servare eorum gratis, meris & spontaneis voluntatibus, non inducti, nec circumventi aliquo dolo, modo, fraude, seu malâ machinatione alicujus, seu aliquorum tenere & etiam servare, ac complere præfatus Dominus noster Rex pro se, & dicta Domina Johanna ejus filia, & dicta Domina Maria pro se, & dicto Domino Ludovico ejus filio, ac per eumdem ejus filium facere, ratificare promiserunt & convenerunt, ac pro majori firmitate præmissorum habendâ præfatus Dominus noster Rex, & dicta Domina Maria eorum manibus dexteris corporaliter in manu dexterâ mei Raimundi Johannis de Avendis Presbiteri & Notarii infrascripti, præmissa omnia & singula in præincertis conventionalium matrimonialium articulis contenta, tenere, servare, & nullo modo contravenire directè vel indirectè, ullis temporibus in futurum jurarunt, renunciantes super præmissis prædictæ partes, & quælibet earum pro se nobis Notariis publicis infrascriptis, ut communibus & publicis personis stipulantibus solemniter & recipientibus, scienter & consultò, specialitet & expresse exceptioni dictorum articulorum conventionalium matrimonialium, necnon actorum, conventorum & concordatorum, & tenere & servare per easdem partes, & quàmlibet earum non promissorum, & doli mali fori fraudis conditioni indebiti, sive in factum actioni libelli oblationi, copiæ præsentis instrumenti, & omni futuræ provocationi & appellationi interponendi, & prædicta Domina Maria, expresse omni privilegio & auxilio Juris Canonici, & etiam Civilis in favorem mulierum introducto expresse, ac si de verbo ad verbum de eisdem Juribus fuisset certificata, & eidem ibidem fuissent declarata, renunciavit, & omni læsioni & deceptioni, & in integrum seu in partem restitutioni & omni Juri per quod in integrum seu in partem restitutio conceditur, & omni Juris auxilio & beneficio quibuscumque, quibus contra præmissa & præmissorum aliqua possent facere vel venire aliquâ ratione vel causâ ullo modo, ullis temporibus in futurum, renunciantes expresse, tam præfatus Dominus noster Rex, quam dicta Domina Maria, Legibus & Juribus dicentibus generalem renunciationem non valere, nisi expresse renunciatum fuerit illi Juri, cui renunciari intenditur, vel cui erat renunciandum, pro quibus

bus quidem omnibus & singulis præmissis, attendendis, complendis & inviolabiliter observandis præfatus Dominus noster Rex pro se, & suis successoribus universis, & dicta Domina Maria pro se; & suis etiam successoribus universis, se & omnia bona sua, & dictorum suorum successorum mobilia & immobilia præsentia & futura obligarunt & hipotecarunt, & qui sibi & eorum obligavit & hipotecavit, ac obligata hipotecata habere voluerunt, stipulationibus quibus supra repetitis, ad tenendum & complendum omnia & singula præmissa, ac de puncto ad punctum observandum, prout & quemadmodum in prædictis conventionibus matrimonialibus in præsenti publico instrumento insertis continentur, prædictus Dominus noster Rex, & prædicta Domina Maria se & prædicta bona sua, & cujuslibet ipsorum vigoribus & compulsionibus Curiæ Cameræ Apostolicæ Auditorum, & vice Auditorum ejusdem Romæ vel Avenionensis submiserunt, & per eamdem Curiam voluerunt & consenserunt posse & debere cogi, atque compelli, & quilibet eorum voluit & consensit, & hoc per sententiam monitionis, excommunicationis, aggravationis, reaggravationis, usque ad invocationem brachii sæcularis inclusivè, & prout vigor & stilus dictæ Curiæ Cameræ Apostolicæ postulant & requirunt, tanquàm pro re liquidâ, clarâ, manifestâ, & in judicio confessatâ, & quæ jam in rem transiit judicatam, & pro majori omnium & singulorum præmissorum firmitate habendâ, præfatus Dominus noster Rex, pro se & dictâ Mariâ, pro se etiam, & quilibet eorum ad confitendum omnia & singula promissa fuisse & esse per eumdem Dominum nostrum Regem, & dictam Dominam Mariam, & inter eos conventa, concordata, ratificata, promissa & obligata, suumque debuisse, & debere sortire effectum, prout per eos concordata, ratificata, promissa, approbata, obligata fuere in dictâ Curiâ Cameræ Apostolicæ, Auditorum & vice-Auditorum ejusdem Romæ vel Avenionensis, necnon juramenta per eosdem nostrum Regem, & dictam Dominam præstita & licita, & honesta, & in casu licito & honesto præstita, servanda fore & debere servare, citrà revocationem aliorum Procuratorum suorum omnibus melioribus modo, viâ, formâ & jure quibus potuerunt & debuerunt, fecerunt, crearunt, ordinaverunt & constituerunt, & quilibet eorum fecit, constituit, creavit, ordinavit suos veros certos & indubitatos Procuratores speciales, & generales, videlicèt Procuratores fiscales, & Notarios ordinarios dictæ Curiæ Cameræ Apostolicæ Auditorum, aut vice-Auditorum ejusdem Curiæ Romæ, vel Avenionensis residentes, præfatus Dominus noster Rex pro se, & dicta Domina Maria, & jam pro se dictis suis Procuratoribus, & eorum cuilibet in solidum plenam & liberam potestatem, & speciale mandatum, ac generale præmissa omnia & singula in præsenti instrumento contenta, inter eosdem Dominum nostrum Regem, & dictam Dominam Mariam fuisse justè & canonicè promissa, conventa, concordata, hipothecata & approbata coram præfatis Dominis Auditoribus, vel vice-Auditoribus, vice & nomine ipsorum Dominorum constituentium, & cujuslibet ipsorum confidendi, & præceptum, sive injunctionem detinendo, observando, & complendo omnia & singula, sicut promissum, & per eos vel inter eos conventa, concordata, promissa & obligata, ac etiam de solvendo in termino, in prædictis

1473.

dictis conventionibus matrimonialibus contentis & expressatis, seu quascumque fulminationes Sententiarum per dictos Dominos Auditores, sive vice Auditores in personas dictorum suorum Procuratorum promulgandas & ferendas pro eisdem Dominis constituentibus, & nomine ipsorum, & cujuslibet eorum in solidum gratis acceptandi & suscipiendi, ac tenere & servare promittendi, cæteraque alia universa & singula faciendi, dicendi, gerendi, procurandi & exercendi quæ in præmissis & circa ea erunt necessaria & opportuna, & quæ ipsi Domini constituentes facerent & facere possent, si in præmissis, & qualibet eorum præsentes personaliter interessent, promittentes insuper præfati Dominus noster Rex, fide regiâ, & dicta Domina Maria, & quilibet eorum pro parte suâ constituentium nobis Notariis publicis infrascriptis, ut communibus & publicis personis stipulantibus solemniter & recipientibus vice & nomine, ac ad opus omnium & singulorum, quorum interest, intererit aut interesse poterit quomodolibet in futurum, se ratum, gratum, & firmum perpetuo habere solet, quidquid per dictos suos Procuratores superius constitutos, seu eorum alterum actum, dictum, gestum, concessatum, acceptatum, susceptum, seu aliàs quomodolibèt fuerit procuratum in præmissis, & quolibet præmissorum rem ratam habere judicioque sisti & judicatum solvi cum suis clausulis universis, dictosque Procuratores suos ab omni onere satisfandandi penitùs relevare, & hoc sub expressâ hipothecâ & obligatione omnium bonorum suorum, & cujuslibet ipsorum mobilium & immobilium præsentium & futurorum, & sub quarumcumque juris & facti renunciatione ad nos necessaria quâlibet & cautelâ, & simili juramento superius præstito, præfatus Dominus noster Rex, & dicta Domina Maria, & quilibet eorum dictos suos Procuratores superiùs constitutos minimè revocare jurarunt, de quibus omnibus noster & singulis præmissis præfatus Dominus Rex pro se, & dicta Domina Johanna ejus filia, & dicta Domina Maria pro se, & dicto Domino Ludovico ejus filio petierunt, & requisierunt sibi fieri & confici per nos Notarios publicos infrascriptos publica instrumenta duplicata etiam de consilio sapientum ordinandatos quot erunt eisdem, & cuilibet ipsorum necessaria & opportuna. Acta fuerunt hæc in loco de Jargeau Diocœsis Aurelianensis, die vigesimâ-octavâ mensis Octobris, anno ab Incarnatione Domini, millesimo quadringentesimo septuagesimo tertio, indictione sextâ Pontificatûs Sanctissimi in Christo Patris, & Domini nostri Domini Sixti divinâ providentiâ Papæ quarti anno tertio, præsentibus ibidem Petro Doriole, Cancellario Franciæ, Reverendo in Christo Patre Domino Tristando, Episcopo Adurensi, & me Raimundo de Avendis Presbitero Convenarum Diocœsis, indecretis Baccalario, Rectore Ecclesiæ Parochialis de Soupressâ Diocœsis Adurensis, publico Apostolicâ autoritate Notario, qui præmissis omnibus & singulis dum sit ut præmittitur, agerentur, legerentur, dicerentur, & fierent unà cum prænominatis Testibus, & dicto Magistro Antonio Disome, Notario, præsens interfui, eaque sic fieri vidi & audivi, & de eisdem instrumenta duplicata, unà cum dicto Magistro Antonio in notam sumpsi, ex quo hoc præsens publicum instrumentum pro parte dicti Domini nostri Regis, per alium mihi fidelem scribi, & in hanc publicam formam redigi feci, factâ primitùs diligenti collatione cum originali, hic-

que

que me subscripsi, & signo ac nomine meis solitis, quo utor in publicis instrumentis signavi, requisitus in testimonium præmissorum.

1473.

CCVIII.

☞ *Ratification du précedent Traité de Mariage.*

IN nomine Domini, Amen. Noverint universi, quòd anno ab Incarnatione Domini, millesimo quadringentesimo septuagesimo-tertio, die verò vigesimo-nono Octobris, indictione sextâ Pontificatûs Sanctissimi in Christo Patris, & Domini nostri Domini Sixti, divinâ providentiâ Papæ quarti anno tertio, intrà castrum loci de castro novo Aurelianensis Diocœsis constituti personaliter in nostrorum Notariorum & testium subscriptorum præsentiâ, illustrissima Domina Maria de Cleves, relicta quondam illustrissimi Principis Domini Caroli, Ducis Aurelianensis, mater, Tutrix sive Curatrix, & legitima Administratrix, illustrissimi Principis Domini Ludovici, Ducis Aurelianensis, dicti quondam Domini Caroli, & dictæ Dominæ Mariæ filii legitimi & naturalis, & prædictus etiam Dominus Ludovicus, Dux Aurelianensis, quæquidem Domina Maria mater, & dictus Dominus Ludovicus Dux ejus filius, volentes & affectantes, ut dixerunt, tenere & complere omnia & singula contenta & concordata, in quibusdam conventionibus matrimonialibus, inter serenissimum & christianissimum Dominum nostrum Ludovicum, Regem Franciæ, & eandem Dominam Mariam factis & initis ibidem realiter in quibusdam articulis, prædictas conventiones matrimoniales continentibus in papiro scriptas, traditas & per Magistrum Antonium Disome, Notarium publicum, publicè coram præfatâ Dominâ Mariâ, Domino Ludovico Duce, ejus filio, me Notario publico, & Testibus infrascriptis perlectas de verbo ad verbum, quorum articulorum matrimoniales conventiones continentium tenor sequitur sub his verbis. *Madame la Duchesse d'Orleans, &c.*

Quibusquidem articulis sicut præmissum est perlectis, & per eamdem Dominam Mariam matrem, & ipsum Dominum Ludovicum ejus filium, plenè & perfectè, ut ibidem dixerunt, intellectis, ipse idem Dominus Ludovicus Dux Aurelianensis, interrogatus per Reverendum in Christo Patrem Dominum Tristandum, Episcopum Adurensem, præsentibus dictâ Dominâ Mariâ matre, Domino Cancellario Franciæ, nobis Notariis & Testibus infrascriptis, si ipse Dominus Ludovicus volebat accipere in conjugem seu sponsam præfatam Dominam Johannam de Franciâ, filiam ipsius Domini nostri Regis, juxta contenta & concordata in præinsertis articulis; quiquidem Dominus Dux licèt minoris ætatis ut prudens & sagax, supplendo in eodem defectum virtuose respondit, affectare & velle prædictam Dominam Johannam, in uxorem sive sponsam habere & recipere, necnon omnia & singula per dictam Dominam ejus matrem conventa, concordata & promissa tenere, & de puncto ad punctum servare, & certus ut dixit de suo jure, non compulsus, non coactus, nec circumventus aliquo dolo malo, fraude aut malâ machinatione alicujus, seu aliquorum; sed ex ejus merâ & spontaneâ voluntate, omnia & singula in prædictis articulis conventiones matrimoniales continentes contenta, con-

venta,

venta, concordata & promissa per dictam Dominam Mariam ejus matrem, cum prædicto Domino nostro Rege, ratificavit, approbavit & confirmavit, rataque & grata ac approbata, ac si per eumdem Dominum Ludovicum Ducem inita, conventa, concordata & promissa fuissent, habere voluit, necnon omnia & singula in prædictis conventionibus matrimonialibus contenta & expressata, ac per dictam Dominam Mariam ejus matrem concordata & promissa tenere & servare prædictamque Dominam Johannam de Franciâ, filiam legitimam & naturalem prædicti Domini nostri Regis in sponsam suam, sive uxorem, & non aliam quamcumque dicta Domina Johanna existente in humanis, juxta contenta in dictis conventionibus matrimonialibus ducere & recipere promisit & convenit, nobis Notariis publicis infrascriptis ut communibus & publicis personis pro dictâ Dominâ Johannâ, & aliis quorum interest stipulantibus solemniter & recipientibus, prædictaque etiam Domina Maria de Cleves à promissis conventis, concordatis & obligatis per eumdem alias non discedendo, sed ea rata & grata habere volendo prædicta omnia & singula in prædictis conventionibus matrimonialibus conventa & concordata per eamdem, cum prædicto Domino nostro Rege, & per dictum Dominum Ludovicum ejus filium confirmata, ratificata, approbata, & promissa de novo omnibus melioribus modo, viâ, formâ & jure quibus potuit & debuit, ratificavit, approbavit & confirmavit, ac ea omnia & singula tenere & servare, & de puncto ad punctum observare, necnon dictam Dominam Johannam de Franciâ per dictum Dominum Ludovicum ejus filium in sponsam, sive uxorem, & non aliam quamcumque stipulationibus, quibus supra repetitis, ipsa in humanis existente facere, recipere promisit & convenit, & ad tenendum & complendum omnia & singula præmissa in prædictis conventionibus matrimonialibus & præsenti publico instrumento contenta, promissa, concordata & obligata, præfata Domina Maria mater, & prædictus Dominus Ludovicus ejus filius, Dux Aurelianensis, se & omnia bona sua, cujuslibet ipsorum in solidum mobilia & immobilia, præsentia & futura obligarunt & hipotecarunt, & quilibet eorum obligavit, hipotecavit, & obligata & hipotecata, stipulationibus quibus supra repetitis habere expressè voluerunt, & se & quemlibet ipsorum in solidum, ac omnia bona sua ab expresso submiseruntque rigoribus, compulsionibus, cohertionibus & districtis Curiæ Cameræ Apostolicæ Auditorum & vice-Auditorum ejusdem Curiæ Romæ, vel Avenionensis, & per eamdem Curiam voluerunt & concesserunt expressè se & omnia bona sua, & cujuslibet ipsorum ad tenendum & servandum, ac complendum omnia & singula promissa in præinsertis conventionibus matrimonialibus, ac præsenti publico instrumento contenta, promissa, ratificata, approbata, confirmata & obligata posse & debere cogi, & quilibet ipsorum atque compelli per Sententiam monitionis, excommunicationis, aggravationis & reagravationis usque ad invocationem Brachii sæcularis inclusivè, & prout rigor & stilus dictæ Curiæ Cameræ Apostolicæ exigunt, postulant & requirunt tanquam pro re liquidâ, clarâ, manifestâ, & in judicio concessatâ, & quæ jam in rem transivit judicatam, renunciantes præfata Domina Maria mater, & prædictus Dominus Ludovicus Dux filius ejus scienter & consultò, specialiter & expressè exceptioni dictarum conventionum matrimonialium, modis & formis in prædictis articulis descriptis & expressis non factarum, concordatarum & tenere & servare non promissarum & omnium & singulorum præmissorum sic non actorum, & tenere & servare non promissorum & doli mali, fori fraudis, conditioni indebiti, sive in factum actioni, libelli, oblationi copiæ præsentis publici instrumenti, & omni futuræ provocationi & appellationi interponendæ, & præfata Domina Maria ab expresso renunciavit Legi Juliæ de fundo dotali, & Legibus Velleyanis assiduis additionibus autenticis, & omnibus Juribus Canonicis & Civilibus, ac omni auxilio & beneficio Juris in favorem mulierum introducto, per quæ juvari se posset tueri, vel præmissorum aliqua contra venire scienter & expressè etiam, si omnia & singula fuissent eidem Dominæ Mariæ declarata & specificata, renunciavit & præfatus Dominus Ludovicus ejus filius omni beneficio & auxilio Juris ratione minoris ætatis, & in favorem Minorum introducto & concesso, & in integrum restitutioni & omni Juri per quod in integrum restitutio conceditur; renunciantes etiam expresse præfata Domina Maria, & dictus Dominus Ludovicus ejus filius, omnibus Litteris status gratiæ, seu respectus judiciis quinquennalibus majoribus & minoribus, & aliis quibuscumque repentinis, ac privilegiis Nundinarum, feriisque Messorum, Vindemiarum, & privilegio rusticorum, ac omni læsioni & deceptioni, & in integrum, seu in partem restitutioni, & omni Juris auxilio, seu beneficio quibus contra præmissa vel præmissorum aliqua facere vel venire aliqua ratione vel causa ullo modo, ullis temporibus possent in futurum renunciantes expresse Legibus & Juribus dicentibus generalem renunciationem non valere, nisi expresse renunciatum fuerit illi Juri, cui renunciari intenditur, vel cui erat renunciandum. Et pro majori omnium & singulorum præmissorum firmitate habenda, prædicta Domina Maria mater, & prædictus Dominus Ludovicus ejus filius, & quilibet ipsorum ad confidendum omnia & singula præmissa fuisse, & esse per eos, & quemlibet ipsorum promissa, conventa, concordata, approbata, hipotecata & obligata, suumque debuisse & debere sortiri effectum prout promissa, conventa & obligata per eos, & quemlibet eorum fuere in dicta Curia Cameræ Apostolicæ Auditorum, & vice-Auditorum ejusdem Curiæ Romæ, vel Avenionis, necnon juramenta per dictam Dominam Mariam matrem, & dictum Dominum Ludovicum ejus filium inferius præstanda esse & fuisse licita & honesta, & in casu licito & honesto præstita, servanda fore & debere servari citra revocationem aliorum Procuratorum suorum omnibus melioribus modo, via, forma & Jure, quibus potuerunt & debuerunt, fecerunt, creaverunt, ordinaverunt & constituerunt, & quilibet eorum fecit & constituit suos veros certos Procuratores speciales & generales. Ita quod specialitas generalitati non deroget, videlicet Procuratores Fiscales, & Notarios ordinarios dictæ Curiæ Cameræ Apostolicæ Auditorum & vice-Auditorum ejusdem Romæ, vel Avenionensis qui nunc sunt aut pro tempore erunt, & eorum quemlibet in solidum dantes & concedentes præfata Domina Maria, & dictus Dominus Ludovicus constituentes, & quilibet ipsorum in solidum dictis suis Procuratoribus a se & eorum quolibet superius constitutis, & eorum cuilibet in solidum plenam & liberam potestatem, & speciale mandatum ac generale in dicta

Curia

Curiâ Cameræ Apoſtolicæ, & eorum prædictis Dominis Auditoribus, vel vice-Auditoribus, præmiſſa omnia & ſingula, tam in præinſertis conventionibus matrimonialibus, quam præſenti publico inſtrumento, per eamdem Dominam Mariam, & prædictum Dominum Ludovicum ejus filium, & eorum quemlibet promiſſa, conventa, ratificata, approbata & etiam obligata, eaque ſervare, & ad effectum debitum deducere & tenore vice & nomine ipſius Dominæ Mariæ, & dicti Domini Ludovici conſtituentium, & pro eis & eorum quolibet conficendi, & præceptum ſive injunctionem detenendo, complendo, ac etiam obſervando omnia & ſingula promiſſa, conventa, concordata & obligata per dictam Dominam Mariam, & dictum Dominum Ludovicum ejus filium, prout ſuprà in præſenti publico inſtrumento continentur, necnon quarumcumque Sententiarum fulminationes in ſe, nomine prædictæ Dominæ Mariæ, & dicti Domini Ludovici gratis acceptandi & ſuſcipiendi, & tenere & ſervare promittendi, cæteraque omnia alia, univerſa & ſingula faciendi, dicendi, gerendi, procurandi & exercendi quæ in præmiſſis, & circa ea erunt neceſſaria & opportuna; promittentes inſuper præfata Domina Maria mater, & etiam dictus Dominus Ludovicus ejus filius, nobis Notariis publicis infraſcriptis, ut communibus & publicis perſonis ſtipulantibus, ſolemniter & recipientibus, vice & nomine omnium & ſingulorum quorum inter eſt, intererit aut intereſſe poterit, quomodo libet in futurum ſe ratum, gratum & firmum perpetuò habere totum, & quidquid per dictos ſuos Procuratores, ſeu eorum alterum in præmiſſis, & quolibet præmiſſorum actum, dictum, geſtum, confeſſatum, acceptatum, ſuſceptum, ſeu alias quovis modo fuerit procuratum, judicioque ſiſti & judicatum ſolvi cum ſuis clauſulis univerſis, dictoſque Procuratores ſuos ab omni onere ſatisdandi penitùs relevare, & hoc ſub expreſſa hypothecâ & obligatione omnium & ſingulorum, & cujuslibet ipſorum bonorum mobilium & immobilium, præſentium & futurorum, & ſub quâcumque Juris & facti renunciatione ad hæc neceſſaria, quâlibet pariter & cautelâ & pro ſecuriori præmiſſorum firmitate præfata Domina Maria mater, & prædictus Dominus Ludovicus Dux ejus filius præmiſſa omnia & ſingula in præſenti inſtrumento contenta facere, tenere, attendere, complere & de puncto ad punctum inviolabiliter, & contra præmiſſa, vel præmiſſorum aliqua non facere, vel venire aliquâ ratione vel cauſâ, ullo modo, ullis temporibus in futurum, medio juramento eorum & ſingulorum manibus propriis corporaliter in manibus meis Raimundi Johannis de Avendis Presbiteri Notarii infraſcripti, & dictos Procuratores per eos denuntiatos minime revocare, præfatus Dominus Ludovicus Dux, etiam ratione minoris ætatis dicto, ſuo juramento nunc ullo modo, ullis temporibus in futurum contra præmiſſa, aut præmiſſorum aliqua contravenire ab expreſſo juravit. De quibus omnibus & ſingulis præmiſſis, præfatus Dominus Cancellarius nomine ipſius Domini noſtri Regis, & prædictæ Dominæ Johannæ de Franciâ, & prædicta Domina Maria mater, & prædictus Dominus Ludovicus Dux Aurelianenſis, quæſierunt & requiſierunt per nos Notarios publicos infraſcriptos ſibi fieri & confici publica inſtrumenta duplicata, etiam de conſilio Sapientum, dictanda veritatis ſubſtantia minimè mutata, tot quot erunt eiſdem, & cuilibet eorum neceſſaria, ſeu etiam opportuna.

opportuna. Acta fuerunt hæc anno, die mense Pontificatu, & loco quibus suprà præsentibus, ibidem Reverendo in Christo Patre Domino Tristando, Episcopo Adurensi, nobilibus & potentibus viris, Dominis Hardo, de Aubâ-Villâ Domino dicti loci, Giberto de Podio de Vatan militibus, Domino Petro Decisse Archidiacono de Dunois, & Magistris Michaele Gaillard, Guilelmo de Villebresme, ac Johanne Vigeron, Consiliariis & Secretariis ipsius Domini Ducis Testibus ad præmissa vocatis. Et me Raimundo Johanne de Auxensis Presbitero Convennarum Diocesis, in Decretis Baccalario publico, Apostolicâ autoritate Notario, qui præmissis omnibus & singulis &c.

1473.

CCIX.

Extrait des instructions baillées à Helie Bordeille, Archevesque de Tours, Jean de la Grolaye Villiers, Evesque de Lombez, depuis Cardinal ; Jehan de Popaincourt, President au Parlement de Paris ; Bernard Lauret, President au Parlement de Tholose, & Pierre Gruel, President au Parlement de Dauphiné, envoyez par le Roy Louis XI. à François II. Duc de Bretagne, touchant le Procès de Frere Jourdain Faure, dit de Vecours, Abbé de Saint-Jean d'Angeli, & Henry de la Roche, accusez de la mort de Charles de France, Duc de Guienne, frere du Roy.

L'Archevesque de Tours est Commissaire, parce que le procès se doit faire dans sa Metropole.

L'Evesque de Lombez, pour l'Archevesque de Bordeaux, dans la Metropole duquel le crime s'est commis ; le President de Dauphiné, parce que Jourdain en estoit, & y avoit demeuré.

Après les salutations ordinaires au Duc & à Mr. de Lescun, à qui ils donneront Lettres du Roy, ils leur representeront comme chacun a sçu, que lesdits Frere Jourdain Faure, dit *de Vecours*, & Henry de la Roche, sont chargez d'avoir fait & commis malefice en la personne de mondit Seigneur de Guyenne, dont Dieu ait l'ame, à cause de quoy dès son vivant, ils furent pris & arrestez, & par aucuns temps detenus en la Ville de Bordeaux, & depuis son trespas ont esté amenez au pays & Duché de Bretagne, où ils sont à present detenus prisonniers entre les mains du Duc.

Surquoy il demande que perquisition & justice en soient faites, en sorte qu'on sçache qui sont ceux qui ont donné quelque faveur à un si detestable crime, qui en sont adherans & participans.

Declare, que quoique les coupables soient justiciables du Royaume & du Dauphiné, il veut que rien ne soit fait sans les Commissaires du Duc de Bretagne ; que le procès se fasse en Bretagne, & que les prisonniers y demeurent jusqu'à la fin.

Souhaite aussi qu'on y appelle Maistre Roland de Cosic, Docteur en Theologie, Inquisiteur de la foy, Confesseur du Duc de Guyenne, lequel avoit travaillé audit procès du vivant du Duc, & estoit alors en Bretagne.

Enfin,

Enfin, veut & entend qu'on n'obmette rien de ce qui fera neceffaire pour éclaircir le cas. A Mons, le vingt-deuxiefme de Novembre, mil quatre cens feptante-trois.

Lettres de mefme date au Duc de Bretagne, au Chancelier de Bretagne, à Monfieur de Lefcun, Comte de Comminge, à l'Archevefque de Tours, à Maiftre Jehan de Poupaincourt, Prefident en Parlement à Paris, à Maiftre Bernard Lauret, premier Prefident au Parlement de Thoulouse; à Pierre Gruel, Prefident de Dauphiné; à l'Archevefque de Bordeaux, il demande à celuy-cy, qu'il conftitue l'Archevefque de Tours & l'Evefque de Lombez, pour fes Vicaires en cette matiere, attendu que luy-mefme a commencé le procès qui eft en partie Ecclefiaftique; à Jehan de Chaffaigne, Prefident au Parlement de Bordeaux, il le charge de dire verité.

Par d'autres inftructions, il charge les Commiffaires de faire faire un *vidimus* des Lettres qu'il efcrit à l'Archevefque & au Prefident de Bordeaux, & autres par Notaire Apoftolique, pour yaloir & fervir en temps & lieu contre la fauffe & defloyale condamnation que le Duc de Bourgogne par fauffes & defloyales menteries impute contre le Roy, & dont le Roy defire fort que la verité foit bien atteinte.

Defend aux Commiffaires, de rien temoigner de la charge que le Duc de Bourgogne a voulu donner à Sa Majefté.

Leur ordonne de s'informer fi le Roy en fçut jamais rien, & s'il a fait commettre ce crime, & enregiftreront au vray ce qu'ils en diront.

Si on ne les a point pouffé à charger le Roy.

Pour ce, Sa Majefté a intereft que la verité foit connuë, mais il n'en faut ponint faire femblant au Duc de Bretagne. C'eft pourquoy, les Commiffaires meneront fecretement deux Notaires, qui prendront copie des Lettres adreffées au Duc, mais le tout fort fecretement & fidelement, enforte qu'on ne puiffe revoquer en doute la verité; ainfi il feroit bon qu'après avoir copié lefdites Lettres, ils gardaffent les originaux, & ne les rendiffent à Monfieur de Tours, qu'en prefence du Duc, & lorfqu'on les luy donneroit.

Ne parleront les Commiffaires au Duc qu'en plein Confeil, & feront lire s'ils le trouvent à propos les autres Lettres en plein Confeil.

Que les Notaires prendront acte de tout ce que repondra le Duc de Bretagne, & s'il refufe ou differe de juger le procès; on fera la mefme chofe, le Roy ayant un intereft particulier que fon innocence foit reconnue, & que tout fe faffe fans fufpicion. A Mons, le vingt-deuxiefme de Novembre, mil quatre cens feptante-trois.

CCIX*.

CCIX*.

☞ *Instruction à très-Reverend Pere en Dieu Monf. l'Archevefque de Tours ; Reverend Pere en Dieu l'Evefque de Lombés ; Maiftres Jehan de Poupaincourt, Bernard Lauret, & Pierre Gruel, Préfidens ès Cours de Parlement de Paris, de Thoulouse & du Dauphiné, tous Confeillers du Roy noftre Sire, de ce que ledit Seigneur leur a chargé faire & befogner devers Monf. le Duc de Bretagne, & en fon pays touchant le Procès de Frere Jourdain Faure, dit de Vecours, Religieux de Saint Benoiſt, & n'agueres Abbé de Saint Jehan d'Angely, & Henry de la Roche, qui font chargez d'avoir fait, commis & perpetré malefice en la perfonne de feu Monf. le Duc de Guyenne, frere du Roy, dont Dieu ait l'ame.*

1473.

PREMIEREMENT, préfenteront à mondit Seigneur de Bretagne les Lettres que le Roy luy efcripts, en le faluant très-affectueufement de par le Roy, & auſſi prefenteront au Chancelier de Bretagne, & à Monf. de Lefcun, Comte de Comminge, les Lettres du Roy addreffantes à eulx, avecques les falutations accouftumées.

Tiré des Recueils de M. l'Abbé Le Grand.

Item. Et pour l'expofition de leur créance, les deſſufdits diront & expoferont au Duc comment chacun a fceu que lefdits Frere Jourdain Faure, dit de Vecours, & Henry de la Roche, ont efté chargez d'avoir fait & commis maléfice en la perfonne de mondit Seigneur de Guyenne, dont Dieu ait l'ame, à cauſe de quoy dès fon vivant ils furent prins & arreftez, & par aucuns temps détenus en la Ville de Bourdeaulx, & depuis fon trefpas ont efté amenez au Pays & Duché de Bretagne, où ils font à prefent détenus prifonniers entre les mains du Duc.

Item. Et lequel cas eft fi vil, fi déteftable & fi abominable, que tous Princes vertueux & de juftice doivent de tout leur cœur defirer que la verité en foit fceue & attainte, & ne fait point le Roy de doute que le Duc, qui eft Prince fi vertueux & fi prudent, a ce defir & vouloir, comme tout bon Prince de juftice doit avoir.

Item. Et au regard du Roy, il a cefte matiere tant fort à cœur que plus ne pourroit, & la y doit bien avoir, tant pour le fait de feu Monf. fon frere, que pour l'abomination & énormité du crime, & entre toutes les chofes de ce monde il n'eft rien qu'il defire plus que de faire attaindre & venir à lumiere la verité dudit cas, & de tous ceux qui y auront donné quelque faveur, ou qui en auroient efté confentans, participans, adherans ou complices, fans rien en receler ne couvrir, pour quelque perfonne à qui la matiere peut toucher.

Item. Et jaçoit ce que lefdits Frere Jourdain Faure & Henry de la Roche en toute Jurifdiction Ecclefiaftique & Séculiere foient fubjets & jufticiables, tant du Royaume, que du Dauphiné, ayent efté prins en la Duché de Guyenne, & dit-on les cas dont ils font chargez y avoir efté commis ; ce neanmoins afin que chacun congnoiſſe que le Roy veut & defire qu'il y foit procedé juftement, loyaument, & felon la verité & fans fuppofition, il a bien voulu & defiré que avec ceux qui feront à faire

faire ledit procès, il y euſt aucunes gens notables commis par mondit Seigneur de Bretagne pour y eſtre preſens & beſogner, & que rien n'y fut fait ſans leſdits commis du Duc, & avec ce a bien voulu, veut & entend que leſdits priſonniers ſoient & demeurent entre les mains & en la garde du Duc juſques en la fin dudit procès.

Item. Et à ceſte cauſe meſmement, pour ce que l'un deſdits priſonniers eſt perſonne Eccleſiaſtique & Religieux, auſſi que le crime eſt partie Eccleſiaſtique, le Roy qui deſire que la choſe ſoit faite ſolemnellement, & par perſonne de grant & notable eſtimation, envoye preſentement pardevers le Duc mondit Seigneur l'Archeveſque de Tours, qui eſt Métropolitain du lieu où ſont leſdits priſonniers, lequel eſt de ſi louable vie & renommée que chacun ſçait, & avec luy Monſ. l'Eveſque de Lombés, qui auſſi eſt un notable Prelat, leſquels partant que meſtier en ſeroit, ont la puiſſance & Vicariat de Monſ. l'Archeveſque de Bourdeaulx, au Dioceſe duquel leſdits Frere Jourdain Faure & Henry de la Roche ont eſté priſonniers par aucun temps, & leur procès encommencé; & pareillement y envoye Maiſtres Jehan de Poupaincourt, Bernard Lauret, & Pierre Gruel, Preſidens des Cours de Parlement de Paris, de Thoulouſe & du Pays du Dauphiné, duquel Pays ledit Frere Jourdain eſt né, & y a demouré la pluſpart de ſon temps, afin que les deſſuſdits, enſemble ceux que le Duc y commettra avec eux, beſognent en la matiere dudit procès juſtement & loyaument, en termes de Juſtice, ſelon Dieu & leurs conſciences, en mettant peine de attaindre la verité dudit cas, qui eſt ſi énorme & ſi déteſtable, & de tous ceux qui en auroient eſté conſentans, participans ou adherans, ſans rien en receler pour perſonnes quelconques à qui la matiere puiſſe toucher.

Item. Et prieront & requerreront mondit Seigneur le Duc de Bretagne de par le Roy qu'il veuille commettre gens notables de par luy pour beſogner en ceſte matiere avec les deſſuſdits, les y faire vacquer en toute diligence, & tellement que la verité deſdits cas puiſſe eſtre atteinte & manifeſtée, comme il appartient, & punition faite des délinquans ſelon leurs démérites, en maniere que ce ſoit exemple à tous autres.

Item. Diront & remonſtreront au Duc, que en ce faiſant il fera œuvre vertueux & de juſtice, grant ſervice à Dieu, louable par toutes regions, & au Roy fera ſi très-grand plaiſir, que plus ne pourroit faire en pareil cas.

Item. Et pource que ceſte matiere touche aucunement le fait de la Foy, & que Maiſtre Roland de Coſie, qui eſt un notable Maiſtre en Theologie & Inquiſiteur de la Foy, & au vivant de mondit Seigneur de Guyenne eſtoit ſon Confeſſeur, a autrefois beſogné audit procès durant que leſdits priſonniers eſtoient à Bourdeaulx entre les mains de feu mondit Seigneur de Guyenne, le Roy qui de tout ſon pouvoir quiert & deſire la verité dudit cas eſtre ſceue & attainte, entend que ledit Inquiſiteur ſoit appellé & preſent audit procès, ainſi que par raiſon faire ſe doit; car de tant la choſe en ſera plus ſolemnellement & ſeurement faite, tant pource que ledit Inquiſiteur eſt un très-notable homme, & jà informé du procès qui a eſté fait, que auſſi pource qu'il eſt demourant au Pays de Bretagne, & ſur luy ne peut avoir aucune ſuſpicion.

Item.

DE PHIL. DE COMINES. 283

Item. Et pourchafferont les deffufdits envers mondit Seigneur de Bretagne, que l'on befogne en ladite matiere le plus diligemment que faire fe pourra, &, comme dit eft, y procederont juftement & loyaument, felon Dieu, raifon & juftice, & de tout leur pouvoir mettront peine d'attaindre la verité dudit cas, & fe à iceluy faire lefdits Frere Jourdain & Henry de la Roche ont eu aucunes aydes ou moyens, auffi s'il en y avoit aucuns confentans, participans, adherans ou complices, & de tout ce qu'ils trouveront feront bon & loyal procès, fans y diffimuler, ne rien y receler ou couvrir pour perfonnes quelconques à qui la chofe puiffe toucher.

1473.

Fait à Mons, le vingt-deuxiefme de Novembre mil quatre cens foixante-treize. *Ainfi Signé*, LOYS. *Et plus bas*, DISOME.

CCIX**.

☞ *Lettres de Louis XI. fur la procedure à faire contre les Accufez de la mort du Duc de Guyenne, fon frere.*

Copie des Lettres clofes efcriptes par le Roy au Duc de Bretagne.

MOn Neveu, je me recommande à vous tant comme je puis. J'envoye prefentement pardevers vous l'Archevefque de Tours, l'Evefque de Lombés, Maiftre Jehan de Poupaincourt, Prefident au Parlement de Paris, Maiftre Bernard Lauret, Prefident au Parlement de Thouloufe, & Maiftre Pierre Gruel, Prefident au Parlement du Dauphiné, pour befogner au procès du Moine, nommé Frere Jourdain Faure, & de l'autre, nommé Henry de la Roche, qui font chargez d'avoir fait maléfice en mon frere de Guyenne, que Dieu pardoint, dont entre toutes autres chofes du monde je defire que la verité foit attainte, & de tous leurs confentans & adherans, & que punition en foit faite telle qu'il appartient. Si vous prie, mon Neveu, que veuillez croire les deffufdits de ce qu'ils vous diront de par moy, & que pour le bien de juftice veuillez tenir la main à attaindre la verité d'un fi vilain & déteftable cas, & pour plus feurement y befogner commettre notables gens de par vous, pour befogner audit procès avec les deffus nommez, fans lefquels rien ne foit fait en la matiere & que jufques en la fin dudit procès lefdits prifonniers demeurent entre vos mains, & tellement y faire proceder que la verité en foit fceue & attainte, & de tous ceux qui en feroient ou auroient efté confentans, adherans ou complices, en quoy me ferez fi très-grand plaifir que plus ne pourroit eftre fait en pareil cas; car il n'eft chofe en ce monde que plus je defire; & à Dieu mon Neveu, qu'il vous ait en fa garde. Efcript à Mons, le vingt-deuxiefme jour de Novembre. *Ainfi Signé*, LOYS. *Et plus bas*, DISOME. *Et efcript deffus.* A noftre très-chier & très-amé Neveu le Duc de Bretagne.

Tiré des Recueils de M. l'Abbé Le Grand.

Copie des Lettres closes escriptes par le Roy au Chancelier de Bretagne.

Nostre amé & feal, pour ce que en toutes les choses du monde nous desirons que la verité soit sceue & attainte du vil & detestable cas dont Frere Jourdain Faure, dit de Vecours, Religieux de Saint Benoist, & Henry de la Roche, à present prisonniers en Bretagne, sont chargez d'avoir commis malefice en la personne de feu nostre frere Duc de Guyenne, nous escrivons presentement à nostre très-cher & très-amé neveu le Duc de Bretagne, en le priant & requerrant qu'il commette aucuns notables gens de par luy pour besogner audit procès avec ceux qui vont par-de-là pour le faire, & que nous voulons & desirons que lesdits prisonniers demeurent entre ses mains jusques en fin dudit procès, afin que chacun connoisse le desir que nous avons qu'il y soit procedé selon la pure verité, & sans rien y receler ne couvrir, pour quelconque personne à qui la matiere puisse toucher. Et veritablement nous, nostredit neveu, & tous Princes vertueux, & gens de bon courage, devons de tout nostre cœur desirer que un tel & si énorme crime soit attaint, & que punition en soit faite, & partout manifestée à l'exemple de tous autres ; & à ceste cause consideré que l'un desdits prisonniers est Ecclesiastique & Religieux, aussi que partie du crime est Ecclesiastique, nous envoyons presentement par-de-là nos amez & feaux Conseillers l'Archevesque de Tours, Métropolitain du lieu où sont lesdits prisonniers, qui est un tel Prelat, si vertueux, bien renommé & de si sainte vie, que chacun sçait, & avecques luy l'Evesque de Lombés, qui est un notable Prelat, Maistre Jehan de Poupaincourt, Bernard Lauret & Pierre Gruel, Presidens en nos Cours de Parlement de Paris, de Thoulouse & du Dauphiné, pource que en Jurisdiction Ecclesiastique & Seculiere lesdits prisonniers sont subjets & justiciables, tant du Royaume, que du Dauphiné. Et pource que ce touche fait de Justice, dont vous avez la charge pour nostredit Neveu, nous vous avons bien voulu escrire de ceste matiere, en vous priant & requerrant, que envers nostredit Neveu, lequel ainsi que sçavons, comme Prince vertueux & de justice, y a très-bon vouloir, vous veuillez tenir la main qu'il commette gens notables de par luy, pour y besogner avec ledit Archevesque de Tours & autres dessus nommez, & que de tout vostre pouvoir vous employez à ce qu'ils y vacquent & entendent en toute diligence, en y procedent justement & loyaument, selon Dieu & leurs consciences, & en terme de raison & justice, tellement que la verité des cas commis par lesdits prisonniers, & de tous leurs fauteurs, adherans, consentans ou complices, soit clairement sceue, sans rien y dissimuler, receler, ne couvrir pour personne quelconque, à qui la matiere pourroit toucher, en quoy nous ferez si très-grand plaisir, que plus grand ne nous pourroit estre fait en pareil cas. Donné à Mons, le vingt-deuxiesme jour de Novembre. *Ainsi Signé*, Loys. *Et plus bas*, Disome. *Et escript dessus.* A nostre amé & feal Guillaume Chauvin, Chancelier de Bretagne.

Copie

Copie des Lettres closes escriptes par le Roy à Monf. de Lescun. 1473.

MOnsieur de Comminge, j'escris presentement à mon neveu le Duc, touchant le procès du Moine Frere Jourdain Faure, & Henry de la Roche, qui sont prisonniers en Bretagne, pour le cas dont ils sont chargez d'avoir commis maléfice en la personne de feu mon frere Monf. de Guyenne, dont Dieu ait l'ame, & comme sçavez autrefois vous ay dit entre toutes autres choses, que je desire singulierement que la pure verité en soit attainte, & que avecques ceux qui iront par-de-là pour faire ledit procès, y ait gens notables commis par le Duc pour besogner, & sans lesquels rien ne se fasse, & avec ce, que lesdits prisonniers demourent entre les mains du Duc jusques à la fin dudit procès, afin que chacun congnoisse le desir que j'ay d'y faire proceder selon la pure verité, surquoy tousjours vous m'avez dit que vous conseilliez que on y procedast en celle forme, & que mondit neveu desiroit semblablement que ledit procès fust fait; & à la verité luy & moy, & tous Princes & gens de bon courage, doivent bien desirer que un tel & si detestable crime soit attaint, & que punition en soit faite & partout manifestée à l'exemple de tous autres. A ceste cause j'envoye par-de-là l'Archevesque de Tours, qui est un & si bien renommé Prelat, que chacun sçait, & avecques luy l'Evesque de Lombés, qui aussi est un notable Prelat, & pareillement y envoye Maistre Jehan de Poupaincourt, Maistre Bernard Lauret, & Maistre Pierre Gruel, Presidens ès Cours de Parlement de Paris, de Thoulouse & du Dauphiné, pource que en toute Jurisdiction Ecclesiastique & temporelle, lesdits prisonniers sont subjets & justiciables du Royaume & du Dauphiné. Si vous prie, Monf. de Comminge, que me recommandez bien au Duc, & luy dites que je luy prie qu'il commette gens de par luy à besogner audit procès avec les dessus nommez, & que en toutes diligences tous ensemble y vacquent & entendent, & y procedent loyaument selon Dieu & leurs consciences, en termes de raison & justice, & mettent peine d'attaindre la verité desdits cas, & de tous ceux qui en auroient esté consentans, adherans ou complices, sans rien en receler pour quelque personne à qui la matiere puisse toucher; & surtout le plaisir que me desirez faire, vous prie que vous y employez de tout vostre pouvoir. Donné à Mons, le vingt-deuxiesme jour de Novembre. *Ainsi Signé*, LOYS. *Et plus bas*, DISOME. *Et escriptes dessus.* A nostre amé & feal Conseiller & Chambellan le Comte de Comminge, Seigneur de Lescun.

Copie des Lettres closes escriptes par le Roy à l'Archevesque de Tours.

NOstre amé & feal, vous avez bien sceu comme Frere Jourdain de Vecours, autrement dit Faure, Religieux de S. Benoist, & Henry de la Roche, ont de pieçà esté chargez d'avoir fait & commis maléfice en la personne de feu nostre frere le Duc de Guyenne, à l'occasion de quoy, dès son vivant ils furent prins & arrestez en nostre Ville de Bordeaux, & depuis son trespas menez au Duché de Bretagne entre les mains de nostre

très-

très-cher & très-amé neveu le Duc de Bretagne, où ils sont à present détenus prisonniers; & pource que entre toutes autres matieres nous avons ceste-cy & devons avoir très-fort à cœur, tant à cause de nostredit feu frere, que pour la détestation d'un si vil & si énorme crime, & desirons que la verité des cas desdits prisonniers & de tous leurs fauteurs, adherans ou complices, soit sceue & attainte, & punition publique en estre faite selon leurs démerites, en maniere que par toutes nations elle soit congnue & manifestée, & pour mieux y proceder sans aucune suspicion, jaçoit ce que lesdits prisonniers en Jurisdiction Ecclesiastique & temporelle sont subjets & justiciables, tant de nostre Royaume, que du Pays du Dauphiné, ayent esté pris en nostredite Ville de Bourdeaulx, comme dit est, & les cas dont ils sont chargez commis en nostre Pays de Guyenne, nous avons bien voulu & desiré qu'ils demourassent entre les mains de nostredit neveu jusques à la fin dudit procès, & qu'il y eust aucunes gens notables, non suspects, ne favorables commis de par luy, qui fussent à besogner en iceluy procès avecques ceux qui le doivent faire; & à ceste cause, consideré que l'un d'eux est personne Ecclesiastique & Religieux, comme dit est, attendu aussi que vous estes Métropolitain dudit Pays de Bretagne, où lesdits prisonniers sont à present, nous avons deliberé de vous y envoyer, & avec vous nos amez & feaux Conseillers l'Evesque de Lombés, Maistre Jehan de Poupaincourt, Bernard Lauret & Pierre Gruel, Presidens en nos Cours de Parlement de Paris, de Thoulouse & du Dauphiné, pour besogner en la matiere dudit procès, & avec vous les gens qui seront à ce commis de par nostredit neveu, sans lesquels ne voudrions que rien y fust fait, ne besogné, afin que chacun puisse cognoistre que l'on y veut proceder selon la verité sans aucune dissimulation; si vous prions sur tout le service que nous desirez faire, que incontinent vous & nosdits Conseillers dessus nommez, vous transportez audit Pays de Bretagne devers nostredit neveu, auquel nous avons escript bien amplement de ceste matiere, & que vous & ceux qu'il y commettra, vacquez & entendez ensemble à toute diligence à faire le procès desdits prisonniers, & à attaindre purement & clairement la verité desdits cas, & de leurs fauteurs, adherans & complices, quels qu'ils soient, sans rien y receler, ne couvrir pour personnes quelconques à qui la chose puisse toucher, & y faire selon Dieu, selon la verité & justice, ainsi que en vos consciences & loyauté verrez estre à faire, en quoy nous ferez si très-grand service & plaisir que plus ne pourrez faire en pareil cas. Donné à Mons le vingt-deuxiesme jour de Novembre. *Ainsi Signé*, Loys. *Et plus bas*. Disome. *Et escript dessus*. A nostre amé & feal Conseiller l'Archevesque de Tours.

Copie des Lettres escrites par le Roy à Maistre Jehan de Poupaincourt, President en Parlement à Paris.

Nostre amé & feal, pour ce que nous avons très-singulier desir & affection, que en toute diligence soit besogné au procès de Frere Jourdain de Vecours, autrement dit Faure, Religieux de Saint Benoist, & de Henry de la Roche, qui sont chargez d'avoir commis maléfice en la personne de feu nostre frere le Duc de Guyenne, à cause de quoy dès son vivant ils furent prins & arrestez en nostre Ville de Bourdeaulx, & depuis menez au Pays & Duché de Bretagne entre les mains de nostre très-cher & très-amé neveu le Duc, où ils sont à present détenus prisonniers, laquelle chose nous touche très-fort, & entre toute chose l'avons & devons avoir à cœur, tant pour le fait de nostre feu frere, que pour la punition d'un si vil & détestable crime, dont desirons la verité estre sceuë, nous avons deliberé d'envoyer audit Pays de Bretagne devers nostredit neveu, nos amez & feaux Conseillers l'Archevesque de Tours, qui est Métropolitain du lieu & territoire où sont lesdits prisonniers, l'Evesque de Lombés, Maistres Bernard Lauret & Pierre Gruel, Presidens en nos Cours de Parlement, de Thoulouse & du Dauphiné, ausquels nous escrivons presentement, & aussi avons déliberé que vous serez avec eux pour besogner en ladite matiere; & jaçoit ce que lesdits prisonniers en Jurisdiction Ecclesiastique & Seculiere soient subjets & justiciables, tant de nostre Royaume, que du Dauphiné, & que lesdits cas dont ils sont chargez ayent esté commis en nostredit Royaume, & constituez prisonniers en iceluy; ce néantmoins pour oster toute suspicion, & afin que chacun congnoisse que nous voulons la verité des cas d'iceux prisonniers, & de leurs fauteurs, adherans & complices estre sceue & attainte, & punition en estre faite selon leurs démerites, nous avons bien voulu que lesdits prisonniers demourassent entre les mains de nostredit neveu jusques en la fin dudit procés, & qu'il y eut aucun gens notables non suspects, ne favorables commis de par luy, pour estre avec les dessusdits & vous à y besogner, & que rien ne se fasse sans les Commis de nostredit neveu le Duc. Si vous prions & néantmoins mandons, sur tout le service que jamais nous desirez faire, que incontinent vous tirez pardevers nostredit Conseiller l'Archevesque de Tours, & avec luy & autres dessus nommez vous transporterez audit Pays de Bretagne pardevers nostredit neveu, & en toute diligence, avec ceux que nostredit neveu y commettra, besognez en la matiere dudit procés, & par tous les moyens que sçaurez & pourrez, mettez peine que la verité des cas desdits prisonniers, & de tous leurs fauteurs, adherans & complices soit sceue & attainte, sans rien y receler ne dissimuler pour personne quelconque à qui la matiere puisse toucher; & en maniere que par toutes les Nations l'on en puisse avoir claire connoissance; en quoy nous ferez si très-grand service & plaisir que plus ne pourriez faire. Donné à Mons, le vingt-deuxiesme jour de Novembre. *Ainsi Signé*, Loys. *Et plus bas*, Disome. *Et dessus escript*. A nostre amé & feal Conseiller Maistre Jehan de Poupaincourt, President en nostre Cour de Parlement.

Copie

1473. *Copie des Lettres closes par le Roy à Maistre Bernard Lauret, Premier Président de Thoulouse.*

Nostre amé & feal, pource que nous avons très-singulier desir & affection, que en toute diligence soit besogné au procès de Frere Jourdain de Vecours, autrement dit Faure, Religieux de Saint Benoist, & de Henry de la Roche, qui sont chargez d'avoir commis maléfice en la personne de feu nostre frere le Duc de Guyenne, à cause de quoy dès son vivant ils furent prins & arrestez en nostre Ville de Bourdeaulx, & depuis menez au Pays & Duché de Bretagne, entre les mains de nostre très-amé neveu le Duc, où ils sont à present détenus prisonniers; laquelle chose nous touche très-fort, & entre toutes les autres l'avons & devons avoir fort à cœur, tant pour le fait de nostredit feu frere, que pour la punition d'un si vil & détestable crime, dont desirons la verité estre atteinte, nous avons déliberé d'envoyer audit Pays de Bretagne devers nostredit neveu nos amez & feaux Conseillers l'Archevesque de Tours, qui est Métropolitain du lieu & territoire où sont lesdits prisonniers, l'Evesque de Lombés, Maistre Jehan de Poupaincourt & Pierre Gruel, Présidens en nos Cours de Parlement de Paris & du Dauphiné, ausquels nous escrivons presentement, &c. *Comme celles de Poupaincourt dessus transcriptes, & ainsi signées. Et dessus escript.* A nostre amé & feal Conseiller Maistre Bernard Lauret, Premier President en nostre Cour de Parlement de Thoulouse.

Copie des Lettres closes escriptes par le Roy à Maistre Pierre Gruel, President du Dauphiné.

Nostre amé & feal, pource que nous avons très-singulier desir & affection, que en toute diligence soit besogné au procès de Frere Jourdain de Vecours, autrement dit Faure, Religieux de Saint Benoist, & de Henry de la Roche, qui sont chargez d'avoir commis maléfice en la personne de feu nostre frere le Duc de Guyenne, à cause de quoy de son vivant ils furent prins & arrestez en nostre Ville de Bourdeaulx, & depuis menez au Pays & Duché de Bretagne, entre les mains de nostre très-cher & très-amé neveu le Duc, où ils sont à present détenus prisonniers; laquelle chose nous touche très-fort, & entre toutes choses l'avons & devons l'avoir à cœur, tant pour le fait de nostredit feu frere, que pour la punition d'un si vil & détestable crime, dont desirons la verité estre atteinte, nous avons deliberé d'envoyer audit Pays de Bretagne devers nostredit neveu nos amez & feaux Conseillers l'Archevesque de Tours, qui est Métropolitain du lieu & territoire où sont lesdits prisonniers, l'Evesque de Lombés, Maistres Jehan de Poupaincourt & Bernard Lauret, Présidens en nos Cours de Parlement de Paris & de Thoulouse ausquels nous escrivons presentement, &c. *Le surplus comme celles de Poupaincourt & de Lauret dessus transcriptes, & ainsi signées. Et escript dessus.* A nostre amé & feal Conseiller Maistre Pierre Gruel, President en nostre Cour de Parlement du Dauphiné.

Copie

Copie des Lettres closes escriptes par le Roy à l'Archevesque de Bourdeaulx.

1473.

NOstre amé & feal, vous sçavez comme de pieçà un nommé Frere Jourdain Faure dit de Vecours, Religieux de Saint Benoist, & Henry de la Roche ont esté chargés d'avoir commis malefice en la personne de feu nostre frere le Duc de Guyenne, à cause de quoy dès son vivant ils furent prins & détenus en nostre Ville de Bourdeaulx, & illec le procès commencé à faire, & depuis le trespas de nostredit feu frere furent emmenez au Pays & Duché de Bretagne, où ils sont à present détenus prisonniers entre les mains de nostre très-cher & très-amé neveu; & pource que entre toutes choses de ce monde nous desirons la verité du cas desdits prisonniers estre sceue & attainte, & de tous ceux qui en auroient esté consentans, participans, adherans ou complices, sans rien en receler pour personnes quelconques à qui la matiere puisse toucher, afin que chacun cognoisse que nous y voulons faire proceder selon la verité, & sans supposition, ne suspicion, nous avons escript à nostredit neveu qu'il commît aucuns notables gens de sa part, pour besogner avec ceux qui feront ledit procès, & que sans lesdits gens de nostredit neveu n'y fust rien fait ne besogné; & avecques ce avons bien voulu que lesdits prisonniers demourassent entre ses mains jusques à la fin dudit procès; & attendu qu'ils sont à present détenus en la Province de Touraine, dont nostre amé & feal Conseiller l'Archevesque de Tours est Métropolitain, aussi que l'un d'iceux prisonniers est personne Ecclesiastique & Religieux, & que partie dudit crime est Ecclesiastique, nous envoyons presentement par-delà nos amez & feaulx Conseillers ledit Archevesque de Tours, l'Evesque de Lombés, Maistres Jehan de Poupaincourt, Bernard Lauret & Pierre Gruel, Presidens de nos Cours de Parlemens de Paris, de Thoulouse & du Dauphiné, pour besogner audit procès avecques ceux qui feront commis par nostredit neveu, sans lesquels ne voudrions que rien y fust fait; & afin que la matiere soit plus solemnellement expediée, attendu mesmement que vous avez autrefois besogné audit procès, a esté advisé estre necessaire d'avoir sur ce Commission & Vicariat de vous audit Archevesque de Tours & Evesque de Lombés, & à chacun d'eux vostre Vicariat à toute plaine puissance ou telle que vous l'avez touchant ladite matiere; & aussi le double de tout ce que vous avez besogné audit procès, & les advertissez de toutes autres choses que verrez estre à faire, pour attaindre la verité de la matiere, afin qu'ils y puissent justement & loyaument besogner selon Dieu, leurs consciences & en termes de bonne justice, en maniere que la verité des cas desdits prisonniers soit sceue & cogneue, & de tous leurs adherans, sans rien en receler pour personne quelconque à qui la matiere puisse toucher. Et vous prions que en ce n'y veuillez faillir sur tout le service que nous desirez faire. Donné à Mons, le vingt-deuxiesme jour de Novembre. *Ainsi Signé*, LOYS. *Et plus bas*, DISOME. *Et escriptes dessus.* A nostre amé & feal Conseiller l'Archevesque de Bourdeaulx.

1473. *Copie des Lettres closes escriptes par le Roy à Maistre Jehan de Chassaignes, President du Parlement de Bourdeaulx.*

NOstre amé & feal, nous envoyons presentement en Bretagne nos amés & feaux Conseillers l'Archevesque de Tours, l'Evesque de Lombés, Maistres Jehan de Poupaincourt, Bernard Lauret & Pierre Gruel, Presidens en nos Cours de Parlement de Paris, de Thoulouse & du Dauphiné, pour faire besogner au procès de Frere Jourdain Faure, dit de Vecours, Religieux de Saint Benoist, & Henry de la Roche, lesquels sont chargez d'avoir fait maléfice en la personne de feu nostre frere le Duc de Guyenne, à cause de quoy, & dès son vivant, ils furent prins & aucun temps tenus prisonniers en nostre Ville de Bourdeaulx, & après son trespas emmenez en Bretagne, où ils sont à present, qui est en la Province de Touraine, dont ledit Archevesque de Tours est Métropolitain; & afin que chacun cognoisse que nous y voulons faire besogner selon la verité sans aucune suspicion, nous avons bien voulu & desiré que lesdits prisonniers demourassent entre les mains de nostre très-cher & très-amé neveu le Duc de Bretagne, jusques en la fin dudit procès, & que iceluy nostre neveu commist aucunes gens notables de par luy pour besogner en iceluy procès avec ledit Archevesque de Tours & autres dessus nommez, & que lesdits Commis du Duc fussent à tout ce qui s'en feroit, & que sans eux n'y fust rien besogné; sur laquelle matiere luy escrivons presentement par les dessusdits, & avons esperance que comme Prince de justice y entendra très-voulentiers; & pour ce que durant le temps que lesdits prisonniers estoient à Bourdeaulx & ailleurs ès mains de nostredit feu frere de Guyenne, vous avez besogné & esté present à besogner en leurs procès, parquoy povez mieux sçavoir de la matiere que autre: & comme entre toutes autres choses de ce monde nous desirons que la verité de leurdit cas soit attainte, & de tous ceux qui en seroient consentans, participans, adherans ou complices, sans rien en receler, ne couvrir pour quelconques personnes à qui la chose puisse toucher, & que punition en soit faite & manifestée par toutes Nations, ainsi que faire se doit d'un si énorme & détestable crime, nous vous prions, & néantmoins mandons sur tout le service que nous desirez faire, que là où vous serez interrogé de ladite matiere vous en dites & déclarez la pure & plaine verité, selon Dieu & vostre conscience, sans rien en receler, comme dit est; & que au surplus advertissez ceux qui besogneront audit procès de tout ce que sçaurez, qui pourra servir & aydier pour atteindre clairement la verité desdits cas; en quoy nous ferez si très-agréable plaisir que plus ne pourriez faire en pareil cas. Donné à Mons le vingt-deuxiesme jour de Novembre. *Ainsi Signé*, LOYS. *Et plus bas*, DISOME. *Et escript par dessus*. A nostre amé & feal Conseiller Maistre Jehan de Chassaignes, President en nostre Cour de Parlement à Bourdeaulx.

CCIX***.

CCIX***. 1473.

☞ *Instruction particuliere à ceux que le Roy envoye presentement devers le Duc de Bretagne, pour le fait du Procès des prisonniers qui sont chargez d'avoir fait maléfice en la personne de feu Monf. de Guyenne, de ce qu'ils ont à faire pour la conduite de la matiere & pour en attaindre la verité.*

PREMIEREMENT. Le Roy entend qu'ils y procedent juftement & loyalement felon Dieu & leurs confciences, & mettent peine d'attaindre la verité du cas, & de tous ceux qui en auront efté confentans, fauteurs, adherans ou complices, fans rien en receler pour perfonnes quelconques à qui la matiere puiffe toucher, & que pour y befogner y foient ceux que le Duc y commettra, & l'Inquifiteur de la Foy, tout ainfi qu'il eft contenu en la prefente inftruction; & que le tout foit fait en termes de bonne juftice, le plus loyaument & juftement que faire fe pourra.   *Tiré des Recueils de M. l'Abbé Le Grand.*

Item. Et pour plus folemnellement befogner audit procès, que l'on envoye incontinent querir le Vicariat de Monf. de Bourdeaulx, au Diocefe duquel lefdits prifonniers ont efté détenus par aucun temps du vivant de feu Monf. de Guyenne, & l'on a befogné audit procès; pour lequel Vicariat avoir, le Roy efcript à mondit Seigneur de Bourdeaulx, & envoye aux deffufdits les Lettres toutes ouvertes, afin qu'ils les voyent mieux pour entendre la matiere.

Item. Et pareillement le Roy efcript à Maiftre Jehan de Chaffaignes, Prefident du Parlement de Bourdeaulx, qui autresfois a befogné audit procès, afin que s'il eft interrogé fur iceluy, il en dife la pure & plaine verité, & au furplus advertiffe lefdits Commis de tout ce qu'il pourra fçavoir eftre neceffaire & convenable pour attaindre la verité de la matiere; defquelles Lettres auffi le Roy leur envoye ouvertes, afin qu'ils entendent mieux la matiere, & adviferont lefdits Commiffaires s'il fera befoin examiner ledit de Chaffaignes.

Item. Et defdites Lettres que le Roy efcript à Monf. l'Archevefque de Bourdeaulx & audit de Chaffaignes feront faire un *vidimus* ou copie par Notaires Apoftoliques, pour valoir & fervir en temps & lieu contre la fauffe & defloyale condamnation que le Duc de Bourgogne a voulu faire par fauffes & defloyales menteries voulu imputer contre le Roy, dont le Roy defire fort que la verité foit bien atteinte.

Item. Et pareillement feront faire *vidimus* ou copie des Lettres que le Roy efcript à Monf. l'Archevefque de Tours, auffi des autres inftructions que le Roy leur envoye touchant cette matiere.

Item. Et quant lefdits Commis feront devers le Duc de Bretagne, ne parleront en rien de la charge que le Duc de Bourgogne a voulu donner au Roy; mais feulement eux & les gens que le Duc y commettra feront le procès defdits prifonniers juftement & loyaument, & les interrogeront de tous ceux qui ont efté participans ou confentans de leur crime, & mettront peine d'en attaindre la verité fans rien en receler.

Item.

Item. Et en befognant au procès, les interrogeront fe le Roy en fceut jamais, & s'il leur a fait faire, & enregiftreront au vray ce qu'ils en diront.

Item. Les interrogeront s'il y a perfonne qui les ait induits de donner la charge au Roy de cette matiere ; car il y a témoins qui dépofent que on a voulu contraindre lefdits prifonniers de fauffement & à tort donner charge au Roy qu'il fçavoit ledit cas, & le faifoient par fon exhortation, & commandement dont oncques ne fut rien.

Item. Et pour ce a bien le Roy intereft que la verité de cette matiere foit attainte & fceue, mais il n'en faut point faire femblant au découvert en Bretagne.

Item. Et afin que chacun puiffe mieux cognoiftre la loyale innocence & juftice qui eft pour le Roy, lefdits Commiffaires meneront fecrettement avecques eux deux Notaires Apoftoliques, fages, fecrets & bien entendus, aufquels Notaires ils monftreront lefdites Lettres clofes du Roy adreffées à Monf. de Bretagne & à fon Chancellier, & à mondit Sr. de Lefcun, d'icelles Lettres feront prendre la copie par lefdits Notaires; & tellement y feront que lefdits Notaires puiffent clairement cognoiftre à la verité fe lefdites Lettres qu'ils prefenteront au Duc & aux autres deffufdits, font les vrayes Lettres dont iceux Notaires auront prins la copie.

Item. Et pour faire plus feurement, femble que qui bailleroit lefdites Lettres à garder aufdits Notaires, & qu'ils les euffent entre leurs mains depuis qu'ils les auroient copiées jufques à ce qu'elles feroient prefentées au Duc & à fefdits Chancelier & Sr. de Lefcun, & quant il viendroit à les prefenter l'un defdits Notaires les baillaft à mondit Seigneur de Tours pour les bailler au Duc & autres deffufdits, ils en pourroient faire plus certaine certification ; & quand lefdits Notaires les bailleroient ne feroient point femblant d'eftre Notaires, mais comme Clercs ou familiers de mondit Seigneur de Tours.

Item. Et mettront peine par bonne maniere & fans en faire grant femblant, que quand ils parleront au Duc de Bretagne, ce foit en fon Confeil, ou en la plus grande compagnie que faire fe pourra, & s'ils advifent que bien foit, feront lire les autres generales inftructions que le Roy leur a baillées.

Item. Et de toute l'expedition & refponfe qu'ils auront du Duc de Bretagne, prendront & leveront inftrument par lefdits deux Notaires Apoftoliques; mais ils ne feront point femblant qu'ils ayent lefdits Notaires, ne qu'ils en veuillent lever inftrument.

Item. Et puifque le Roy ne tend à autre qu'à la verité, & qu'il a juftice & innocence pour luy, la chofe ne peut au plaifir de Dieu prendre que bonne conclufion, veu mefmement que de tout fon cœur il defire attaindre le crime, & en faire punition pour le bien de juftice.

Item. Et fe le Duc refufe ou délaye de faire befogner audit procès, le Roy entend que on en prenne bon inftrument, mais que ce foit fecrettement.

Item. Et que le Roy defire que lefdits prifonniers demeurent entre les mains du Duc, & qu'il y ait gens commis de par luy à faire leur procès

procès avec ceux que le Roy y envoye ; c'est afin que la chose soit mieux sans suspicion, & chacun en connoisse la verité.

Fait à Mons le vingt-deuxiesme jour de Novembre mil quatre cens soixante-treize. *Ainsi Signé*, LOYS. *Et plus bas*, DISOME.

1473.

CCX.

☞ *Treve entre Louis XI. & le Duc Charles de Bourgogne.*

LOYS par la grace de Dieu, Roy de France: A tous ceux qui ces presentes Lettres verront, Salut. Comme par nos autres Lettres Patentes, & pour les causes contenuës en icelles, nous ayons commis & deputé nos amez & feaux Pierre d'Oriolle, Chevalier Seigneur de l'Hoiré en Aunis, Chancelier de France ; Tristan, Evesque d'Aire ; nos chers & amez cousins Antoine de Chabannes, Comte de Dampmartin, grand Maistre d'Hostel de France ; George de la Tremoille, Seigneur de Craon, nostre premier Chambellan, Chevalier de nostre Ordre ; nos amez & feaux Conseillers, Maistre Guillaume Compain, Archidiacre en l'Eglise d'Orleans, Guillaume de Paris, & Nicolle Bataille, tous nos Conseillers, pour besogner avec les Ambassadeurs, commis & deputez de nostre tres-cher & amé frere & cousin le Duc de Bourgogne, sur la pacification des differends & questions qui sont à present entre nous, en laquelle pacification, conclusion n'a encore pu estre prinse aux journées qui ont esté tenuës durant la Treve qui à present a cours entre nous & nostredit frere & cousin, & qui encore dure jusqu'au prochain jour d'Avril prochainement venant, par quoy, & pour pouvoir parvenir à ladite paix, ait esté advisé estre expedient & necessaire de faire abstinence de guerre, prolonger & continuer ladite Treve dudit premier jour d'Avril, jusqu'au quinziesme jour de May prochainement venant, laquelle abstinence de guerre & continuation de ladite Treve, ait esté faite & accordée & concluë par nosdits Commis & Deputez dessus nommez, avec les Commis & Deputez de nostredit frere & cousin de Bourgogne, ainsi qu'il appert plus à plein sur ce faites & baillées par nosdits Commissaires, desquelles la teneur s'ensuit.

Tiré des Recueils de M. l'Abbé Le Grand.

PIERRE D'ORIOLLE, Chevalier Seigneur de l'Hoiré en Aunis, Chancelier de France ; Tristan, Evesque d'Aire ; Antoine de Chabannes, Comte de Dampmartin, grand Maistre d'Hostel de France, George de la Tremoille, Seigneur de Craon, premier Chambellan du Roy nostre Sire ; Guillaume Compain, Archidiacre en l'Eglise d'Orleans ; Guillaume de Paris, & Nicolle Bataille, tous Conseillers du Roy nostredit Seigneur, de par luy commis & deputez, & ayant pleine & entiere puissance de faire, traiter, passer, conclure & accorder les choses qui s'ensuivent, ainsi qu'il appert plus à plein par les Lettres Patentes dudit Seigneur, lesquelles sont icy dedans incorporées : A tous ceux qui ces presentes Lettres verront, Salut. Comme par le moyen de Monseigneur le Duc de Bretagne, certaines Treves ayent esté par cy-devant traitées, faites & concluës entre le Roy nostredit Seigneur, & Monseigneur le Duc de Bourgogne, leurs pays, Terres, Seigneuries & subjets, durant jusqu'au premier

premier jour d'Avril prochainement venant, iceluy inclus pour pendant icelle avoir, traiter & pratiquer moyens pour pacifier, accorder & mettre à bonne paix & union les questions, divisions & differences estant de present entre le Roy nostredit Seigneur, & mondit Seigneur de Bourgogne, durant laquelle Treve, aucunes journées ayant esté tenues tant en la Ville de Senlis, que dernierement en celle de Compiegne, entre nous & nos autres Commis & Deputez de par le Roy nostredit Seigneur, & Reverend Pere en Dieu, Messire Ferry de Clugny, Evesque de Tournay; Messire Philippe de Croy, Chevalier Comte de Chimay, & Maistre Artur de Bourbon, Prothonotaire du Saint Siege Apostolique, & autres Commis & Deputez de mondit Seigneur de Bourgogne; aussi ayent esté ausdites journées presens Reverend Pere en Dieu, Messire Vincent, Evesque de Leon, Jehan Coetquien, Seigneur dudit lieu, grand Maistre d'Hostel de Bretagne, Eustache de l'Espinan, Seigneur de Turenne, Chambellan, & Maistre Nicolas de Reemeno, Procureur general, commis & deputé de mondit Seigneur le Duc de Bretagne comme médiateur, pour aider à la conclusion desdites matieres, ausquelles journées l'on n'ait encore pu faire prendre conclusion sur la pacification desdites questions & differences, par quoy veu que ladite Tresve qui à present a cours, ne dure jusqu'au premier jour d'Avril prochainement venant dedans lequel temps ne seroit bonnement possible de bien besogner & prendre conclusion sur le fait de ladite paix & pacification desdites differences, soit de besoin de prolonger encore pour aucun temps ladite Tresve, pour pendant icelle plus amplement traiter & pratiquer les moyens de ladite paix & appaisement desdits differends. Sçavoir faisons, que nous par vertu du pouvoir à nous donné par le Roy nostredit Seigneur, avons pour & au nom de luy avec ledit Messire Ferry de Clugny, Evesque de Tournay, Messire Philippe de Croy, Comte de Chimay, & Maistre Artur de Bourbon, Prothonotaire, Ambassadeurs, commis & deputez de mondit Seigneur de Bourgogne, ayans puissance de luy, fait, accepté, prins, conclud & accordé, & par ces presentes, faisons, arrestons, prenons, concluons & accordons, pour & au nom du Roy nostredit Seigneur, abstinence de guerre & continuation de ladite Tresve depuis le premier jour d'Avril prochainement venant, jusques au quinziesme jour de May après ensuivant ledit jour inclus, tout ainsi & par la forme & maniere, & selon les clauses & conditions contenuës, mises & apposées en ladite Tresve qui à present a cours, & dure jusqu'au premier jour d'Avril prochainement venant, & sont dès à present en icelle abstinence de guerre, & continuation de Tresve, qui par nous a esté presentement prolongée jusqu'au dit quinziesme jour de May, comprins tous les Alliez d'une part & d'autre, qui sont commis en ladite Treve, qui presentement a cours, & seront tenus les Conservateurs nommez d'une part & d'autre en ladite Tresve, qui encore a cours, faire proceder & exploiter, & besogner sur les entreprises qui se font faites & feroient au prejudice d'icelle Tresve, tant du temps passé, que dès le temps de cette prolongation, tout ainsi, & par la forme & maniere qu'ils pourroient & peuvent faire par les Lettres de ladite presente Tresve, durant jusqu'au premier jour d'Avril prochainement venant,

nant, laquelle abstinence de guerre, prolongation & continuation de
Tresve, & autres choses dessus declarées, nous avons promis & promettons pour, & au nom du Roy nostredit Seigneur, faire, garder & accomplir inviolablement pour la part d'iceluy Seigneur, &
icelle prolongation de Tresve faire publier par tout où il appartiendra
dedans la fin du mois de Mars prochainement venant, & aussi de bailler
dans le huitiesme jour d'Avril aussi prochainement venant, Lettres Patentes du Roy nostredit Seigneur bonnes & valables de ratification &
confirmation de ladite abstinence de guerre, prolongation de Tresve,
& autres choses dessusdites, en baillant aussi Lettres Patentes de mondit
Seigneur de Bourgogne, de ratification & confirmation des choses dessusdites, en forme düe & valable.

1473.

CCXI.

*Extrait d'un ancien manuscrit, contenant les Guerres du Pays & Comté
de Flandres, depuis 1060, jusques en 1540.*

Guerre de Gueldre.

ADOLF, fils du Duc de Gueldres, en commettant ingratitude
& felonie vers le Duc Ernould son pere, mit main à luy, & le fit
prisonnier au Chastel de Buren, où il le tint par aucun temps, en luy
imposant comme aucuns disent crime de Sodomie, & par ce moyen,
usurpa la Duché de Gueldres & Comté de Zutphen, & s'en porta Seigneur & Maistre.

Tiré de
l'Edition
de M. Go-
defroy.

Pour la delivrance duquel Duc Ernould, Monseigneur le Duc Charles,
fort sollicité par Lettres du Pape Paul, & de l'Empereur Frederic lors
regnans, & aussi de plusieurs grands Princes, parens dudit Seigneur, en
contemplation aussi de ce que iceluy Seigneur Ernould estoit son vassal
& subjet, natif de la Maison d'Egmonde, & que ledit Adolf estoit Chevalier de l'Ordre de la Thoison d'Or, dont il estoit le Chef, & que luy
& ledit Adolf avoient espousé deux sœurs, filles du Duc de Bourbon, fist
des grandes instances devers ledit Adolf, & par succession de temps, besogna tellement, que ledit Adolf fut en l'an mil quatre cens-septante,
persuadé de en sa personne soubs sauf-conduite, amener devers luy à
Hesdin ledit Seigneur Ernould son pere.

Et eux, là estans, & le pere & le fils ouys, ledit Adolf, doubtant que
on luy donneroit le tort pour les manieres que on luy tenoit, mesmement que on ne luy faisoit les honneurs accoustumez, print couver-
tement la fuite soy deuxiesme, & à deux chevaux seulement, & tout
d'une tire, & sans repos, tira vers Namur, & illecq venu, fort foulé &
travaillé, & cuidant passer la riviere, il fut sur la suspicion que son hoste
eust de luy, mis en arrest par la Justice d'illecq, & depuis par l'Ordonnance du Duc envoyé à Vilvorde, d'où il se cuidoit aussi eschaper, mais
il fut ratteint ès fossez d'iceluy lieu, & envoyé au Chastel de Courtray
en bonne garde, où il demoura, tant que le Duc Charles vesquit.

Pendant laquelle prison, le Duc Charles besogna tellement avec ledit
Seigneur

Seigneur Ernould, qu'il luy vendit & transporta ladite Duché de Gueldres, & Comté de Zutphen par certaines conventions, dont ils furent d'accord ensemble, & depuis en Caresme l'an soixante-douze, iceluy Duc Ernould, gisant en son lit mortel, donna & legata les mesmes Duché & Comté par testament audit Duc Charles, en privant son fils Adolf de toute succession, comme indigne à icelle, pour l'ingratitude & felonie dont il avoit usé vers luy.

Et incontinent son trespas advenu, ledit Duc, tant en vertu dudit achapt & testament, que aussi d'un autre achapt que un peu auparavant il avoit fait du droit que avoit en icelle Duché & Comté le Duc de Julliers en vertu d'une Sentence Imperiale de l'Empereur Fredric, par laquelle avoit esté privé ledit Ernould de ses Duché & Comté pour debvoirs non faits, & iceux donné & transporté par don Imperial audit Duc de Julliers, envoya en Gueldres, pour en prendre la possession, mais les Estats de Gueldres ne le vouldrent recevoir.

Parquoy ledit Duc en l'Esté soixante-treize, alla mesme en personne (1) vers là à grande puissance, & après avoir prins plusieurs Villes & Chasteaux, sans resistance, la Ville de Nymweghe se rendit en ses mains par appointement, & il les receut, moyennant la somme de soixante mil florins d'or, qu'ils luy payerent pour la redemption de leurs corps, & encore vingt mille, pour en faire à son plaisir, & brief, après tout le pays se mist en sa subjection, & ce fait, il se party de là, & y commettant pour Gouverneur, le Seigneur de Humbercourt.

Du mesme instant, & tout d'une voye, ledit Duc Charles tira vers Luxembourg, & de là à Treves devers l'Empereur Frederic, auquel lieu il fut par iceluy Empereur investi & infeodé esdits Duché de Gueldres & Comté de Zutphen, & luy en fist feaulté & hommage à si grande pompe & triomphe, que jamais ne s'est veu le semblable, & de là en avant print le nom & le titre de Gueldres & de Zutphen, & en jouit & possessa tant qu'il vesquit.

Après sa mort, Madame Marie sa fille en la maison de laquelle se nourrissoient Charles & Catherine, petits enfans dudit Duc Adolf, advisa de delivrer de prison iceluy Adolf, & le faire venir à Gand, où elle le fit Chef & Capitaine de l'armée de Flandres, en luy recommandant ses affaires, & furent plusieurs d'advis qu'elle le debvoit prendre à mary, mais à la premiere course qu'il fist devant Tournay, il fut desconfit, rattaint & occis.

Et depuis, Madame fort empeschée, tant pour les guerres que luy faisoit le Roy Loys, que pour la commotion de ses peuples, envoya en Gueldres le Duc Jean de Cleves, lequel pensant plus à son singulier que au bien de Madame, se banda avec ceux d'Egmonde, & eux par ensemble mirent tout le pays en merveilleuse division & partialité, chacun tirant à luy ce qu'il pouvoit des meilleures pieces du Duché, Tonlieu & autres.

Assez tost après, l'Empereur Frederic par sa Sentence Imperiale, declara lesdits Duché & Comté estre devolus à luy pour la felonie que avoit
commise

(1) Voyez le Supplement tome 4. de cette Edition.

commife vers luy le Duc Charles, entant que il s'eftoit eflevé allencontre de luy en bataille devant *Nyffe, auffi qu'il eftoit trefpaffé fans hoirs mafles, & donna iceluy droit à Maximilien fon fils, au profit de madite Dame, pour par ce moyen abbattre toutes queftions, & par tout nourrir bon amour.

1473.
* Nuys.

Et depuis en l'an mil quatre cens quatre vingt-un, Madame Marie, giffant en fon lit mortel, & ayant grande affection aux enfans dudit Adolf qu'elle avoit nourris, declara qu'elle faifoit confcience d'avoir tenu & occupé lefdits Duché & Comté, requerant à fon mary qu'il les rendift aufdits enfans.

Neantmoins après fa mort, ledit Maximilien a tousjours tenu à force ledit pays & y a commis divers Gouverneurs; auffi à l'Archiduc Phillippe fon fils, jufques à ce que Charles, fils dudit Adolf, eft devenu grand, & que les Gueldrois en reboutant le Marefchal de Naffau, que Maximilien y avoit mis, receurent iceluy Charles à Seigneur.

Dont depuis font enfuivies diverfes guerres entre le Duc Charles & le feu Archiduc, & encore entre ledit Charles, affifté des François, & le Roy noftre Maiftre, dont divers Traitez ont efté faits & de rien tenus, mais finablement iceluy Roy noftre Maiftre eft au moyen d'iceux fimulez Traitez & trafiques des François, totalement depoffeffé d'iceux Duché & Comté, dont il ne fe fçait contenter.

Et fe tient le Roy noftre Maiftre, bien fondé en cefte querelle. *Primo.* Par les achapts faits par le Duc Charles des droits, tant du Duc Ernould, que du Duc de Julliers. *Secundo.* Par le legat teftamentaire que le Duc Ernould après avoir exheredé fon fils, luy avoit fait en fon lit mortel. *Tertio,* Par le tranfport que l'Empereur Frederic fift audit Duc Charles du droit à luy devolu par Sentence Imperiale, pour debvoirs non faits. *Quarto.* Par l'inveftiture Imperiale fort folemnellement faite à Treves audit Duc Charles. *Quinto.* Par la poffeffion par luy prinfe, & les fermens & fidelitez à luy faits par les trois Eftats defdits pays. *Sexto.* Par les titres, nom & armes qu'il en a prins & portez, & femblablement fes fucceffeurs. *Septimo.* Pour la fucceffion que en eft advenue à Madame Marie fa grand'Mere, & celle fur le Roy Dom Philippe fon Pere. *Octavo.* Par le don que depuis la mort du Duc Charles, l'Empereur Frederic a fait à fon fils, au proufit de Madame, du droit devolu à luy advenu par icelle mort: & *Nono.* Par ce qu'il fe dit fpolié de fa poffeffion, & que felon droit le fpolié doit eftre reftitué avant toute œuvre.

Au contraire, les Gueldrois fe fondent que Adolf fils du Duc Ernould, n'a jamais renoncé aufdits Duché & Comté, que de Adolf iceux Duché & Comté font fuccedez de plein droit à Charles fon fils, ils fe fondent auffi fur la declaration & teftament de Madame la Ducheffe Marie, & fur ce que les Eftats defdits pays le tiennent pour leur Seigneur naturel, & que en celle qualité ils luy ont fait ferment de fidelité & de toute fubjection, & qu'il en jouyt entierement, & fe plaignent de la tirannie & du gouvernement qu'ils ont fupporté, tant du temps du Duc Charles, que depuis.

Et n'y font rien la vendition & le legat teftamentaire fait par le Duc Ernould

Ernould au Duc Charles, car il n'avoit puissance de ce faire, sans le consentement des Estats pour plusieurs raisons.

Primo. Car à sa reception & joyeuse entrée, il promist & jura de non jamais aliener ledit pays au prejudice de ses heritiers.

Aussi selon droit, le vassal ne peut aliener son Fief sans le consentement de son prochain heritier.

Que plus est, en traitant le mariage de la fille de BOURBON, avec ledit Adolf, le Duc Ernould se obligea que le fils qui viendroit de ce mariage succederoit esdits Duché & Comté.

N'y fait rien aussi l'exheredition, car le pere n'avoit cause de la faire, parce que son fils n'estoit en coulpe de son emprisonnement : mais ce avoient fait les Estats du pays, pour ce qu'il estoit tout prodigue, & inutile à gouverner.

Et quand Adolf eust commis ingratitude envers son pere, que non, si n'en peut ledit Charles son fils, qui pour lors n'avoit que trois ou quatre ans, car le fils ne doibt supporter l'iniquité du pere.

Aussi ne vaut rien l'exheredition, car il n'y a point eu de declaration judiciable subsequente.

Et Madame Marie, sçachant toutes ces choses estre veritables, avoit en son lit mortel, & pensant à son salut, dit & confessé publiquement, qu'elle avoit injustement tenu lesdits Duché & Comté, declarant iceux appartenir aux enfans dudit Adolf.

Et que plus est, icelle Dame ordonna par son testament present le Duc Maximilien son mary, & disposa des mesmes Duché & Comté au profit d'iceux enfans, priant à son mary les leur vouloir rendre en prenant les deniers deboursez par le Duc Charles son pere seulement.

Et longuement auparavant, madite Dame faisant sa joyeuse entrée en Brabant, & fort pressée des Estats d'iceluy pays vouloir jurer que jamais elle ne departiroit la Duché de Gueldres de la Duché de Brabant, se ce n'estoit de l'exprès consentement des Estats de Brabant, & des Terres d'Oultremeuse, attendu que iceux Estats avoient sur icelles conditions payé les deniers de l'achapt fait au Duc de Julliers, elle respondit qu'elle estoit contente de ainsi le jurer, moyennant que on y adjousta ceste clause, se ce n'est qu'il soit trouvé de droit que le titre & le droit des enfans de Gueldres soit meilleur que le nostre.

Et elle le pouvoit & debvoit bien ainsi faire, & de tant plus que ledit Adolf avoit eu en prison longue patience sans cause, & finablement estoit mort au service de madite Dame & du pays.

Aux droits devolus à l'Empereur par Sentence Imperiale, & aux transports que en ont esté faits au Duc Charles, semblablement à l'investiture & à la possession prinse par iceluy Duc, & tout ce qui s'en est ensuivy, respondent les Gueldrois par impertinence ; veu que tout a esté fait en absence de partie & durant sa prison, que ne peut valoir aussi à la reception du Duc Charles, & le serment que les Estats luy firent, a esté tiré par force.

A la spoliation dient qu'il n'y a point de spoliation, car il n'y a point de possession vallable ne paisible, & est Charles entré en son patrimoine comme Seigneur naturel ad ce evocqué par ses propres subjets.

A

A ces refponfes, les Gens du Roy repliquent & premiers foutiennent le tranfport & teftament du Duc Ernould eftre de valeur, veu l'exheredition precedente.

Et fi fut rien la promeffe que iceluy Duc avoit faite à fa joyeufe entrée de non aliener, ne femblablement celle qu'il fit en traitant le mariage de fon fils avec la fille de BOURBON, car telles promeffes s'entendent en cas que le fils ne offenfaft fon pere, ou qu'il ne commift cas pour lequel l'on le pourroit priver de fa fucceffion.

Auffy ceux du pays luy firent ferment reciproque de fidelité & d'obedience, qu'ils luy ont mal gardé.

A l'exheredition repliquent, qu'elle eft bien faite, & que le Duc Ernould l'a peu faire, car pour tel crime d'ingratitude & de leze-Majefté, fut Lucifer dejetté du Ciel, Adam du Paradis, Saul du Royaume d'Ifraël, & fon fils Jonatam, privé du diadême Royal, & pour tels crimes fe transferent les Royaumes de gens à gens.

Et n'eftoit befoin de declaration judiciale fubfequente, car le crime eftoit notoire, & crime notoire n'a befoin d'accufateur, & icy eft l'ordre de procès neceffaire, fpecialement en ce que eft de fait, comme eftoit la detemption du pere en prifon fermée, laquelle eftoit notoire à tout le monde, mais a fouffy & fouffift en lieu de declaration, la confirmation du Pape & de l'Empereur fur ce enfuivie.

Et n'eft vray que l'emprifonnement du Duc Ernould fe fift par les Eftats, ne pour le bien du pays, mais fe fift par le fils, affifté de ceux de Nyemeghe feulement.

Et quant ainfi feroit, & que les Eftats euffent eu caufe d'eux plaindre du gouvernement dudit Duc, fi ne devoient-ils proceder allencontre de fi noble perfonne par telle voye de fait, auffi ne devoit avoir fouffert fondit fils, mais devoient tous enfemble avoir fait leurs plaintes à l'Empereur, auquel appartient la correction des fautes de tels grands Princes, & non pas à fon fils, ne au peuple.

Et quant à ce que Charles n'en peut, & que le fils ne doibt porter l'iniquité du pere, repliquent que icelle propofition ne fert icy à propos, mais s'entend, *quoad pœnam æternam*, où le fils & fucceffeurs peuvent bien porter l'iniquité de leur pere, & eftre privez de leurs fucceffions, ainfi que journellement fe pratique mefmement en matieres feodales.

A la confeffion de Madame Marie en fon lit mortel, repliquent les Gens du Roy, que icelle confeffion eftoit erronée, laquelle ne porte prejudice au confeffant ne à fes heritiers mefmement en derniere volonté.

Auffi eftoit icelle confeffion faite extrajudicialement, & en abfence de partie, & partant n'eftoit de valeur, *etiam* quant il y auroit ferment entrevenu.

A l'ordonnance & teftament de Madame, repliquent que icelle Dame ne pouvoit donner ne difpofer de fon Fief par teftament, ne en renoncer ailleurs que en la prefence du Seigneur feodal.

Auffi eft-il notoire que le vaffal ne peut aliener fon Fief par teftament ne autrement, *etiam* du confentement du Seigneur feodal, s'il n'a auffi le confentement du plus prochain heritier, auquel le Fief pourroit fucceder.

1473.

Et ny fait rien que à faire ledit testament fut present le Duc Maximilien son mary, qui fut fils de l'Empereur, duquel le Fief estoit mouvant, car selon disposition de droit, renonciation de Fief faite en la main du fils du Seigneur feodal ne souffist, s'elle n'est après ratifiée par le Seigneur feodal, ce qu'elle n'est point advenuë au cas present.

Encore faut-il moins l'adjoustě que les Gueldrois dient estre fait au serment de Madame à sa joyeuse entrée en Brabant, car par la Sentence Imperiale depuis renduë, a esté declaré expressement que les enfans n'y avoient nuls droits, dont l'execution fut commise au Duc de Saxe.

Finablement les Gens du Roy persistent, que la spoliation doibt estre reparée avant toute œuvre, disant que le Roy treuve que le Duc Charles, Madame Marie, & le Roy son pere ont esté en paisible possession desdits Duchié & Comté, & qu'ils en ont eu l'entiere administration & gouvernement, porté le titre & les armes, & fait & exercé tout ce que à Duc de Gueldres & Comté de Zutphen appartient, & que le Roy ne s'est jamais departy d'icelle possession, mais l'a tousjours continué, *saltem animo*, & partant, & qu'il en est indeuement debouté, il en doit estre preablablement reintegré.

Et se ce fait, ledit Charles y veut prétendre aucun droit, faire le pourra là & ainsi qu'il appartiendra.

Dient en outre les Gens du Roy, que quant olres Charles auroit aucun droit esdits Duchié & Comté, si l'a t'il perdu, parce qu'il n'a prins l'investiture de l'Empereur, ne fait feaulté & hommage en dedans l'an après le trespas de Frederic, ne seulement à l'Empereur present, ne que plus est requis le faire par Ambassadeur ne autrement.

Aussi à parler la verité, ledit Charles n'est plus digne d'avoir, ne possesser tel Fief Imperial, veu qu'il est parjure, & par consequent infame en tant qu'il avoit promis & juré au feu Roy (2) sur le Saint Sacrement & le *Corpus Domini*, d'aller avec luy en Espaigne, toute excusation cessant, & toutesfois il n'y alla point, nonobstant que le Roy luy fournist la vaisselle & autres accoustremens pour y aller, aussi est-il contrevenu à toutes paix & à tout Traité que le feu Roy, & le Roy à present ont diversement fait avec luy, & si s'est allié avec le Roy François, pour tousjours tenir le quartier de Hollande & de Frize en guerre & tribulation, à l'appetit d'iceluy Roy François.

CCXI*.

☞ *Promesse de mariage pour Charles Dauphin de France, avec Marie de Bourgogne.*

Tiré des Recueils de M. l'Abbé Le Grand.

LOYS, &c. A tous, &c. Comme puis n'agueres, pour tousjours de plus en plus nourrir & accroistre l'amour, union & prouchaineté de nous & de nostre très-cher & très-amé frere & cousin le Duc de Bourgogne, ait esté fait ouverture du mariage de nostre très-cher & très-amé aisné fils Charles, Dauphin de Viennois, & de nostre très-chere & très-amée

(2) Philippe I. Roy de Castille, mort en 1506.

DE PHIL. DE COMINES.

amée cousine Marie, fille de nostredit frere & cousin de Bourgogne: Sçavoir faisons, que pour le singulier desir & affection que avons à nostredit frere & cousin, & à sa Maison de Bourgogne, avons de nostre certaine science, & par grande & meure deliberation de plusieurs des Seigneurs de nostre Sang & lignage, & autres de nostre Grand Conseil, fait, traité, accordé, conclu, promis & juré; & par la teneur de ces presentes, tant en nostre nom, comme pour & au nom de nostredit fils, & nous establissans & faisans fort pour luy, faisons, traitons, accordons, concluons, jurons & promettons ledit mariage d'iceluy nostre aisné fils & de nostredite cousine de Bourgogne; lequel mariage nostredit frere & cousin le Duc de Bourgogne, & aussi nostredite cousine sa fille ont promis & juré de leur part faire & accomplir, & en faveur & contemplation d'iceluy nous avons donné & octroyé par forme de douaire à nostredite cousine, au cas que après ledit mariage consommé & accomply elle survivroit nostredit fils, jusques à la somme de cent mille escus d'or de rente & revenu par chascun an sa vie durant, ou au dessous à icelle somme asseoir, assigner, parfournir & continuer en nos Pays & Comté de Champagne, & autres Pays adjacens & contigus, jusques au parfournissement de ladite somme; & pour plus grande seureté dudit traité de mariage, nous avons donné & donnons par cesdites presentes plein-pouvoir, autorité, commission & mandement especial à nostre cher & feal cousin, Conseiller & Premier Chambellan Georges de la Tremoille, Seigneur de Craon, de Rochefort & de l'Isle-Bouchard, de conclure par paroles de present ledit mariage, & de fiancer & espouser en face de Sainte Eglise, pour & au nom de nostredit fils icelle nostredite cousine de Bourgogne, ou en prendre & bailler telle obligation & seureté qu'il verra estre à faire, promettans de bonne foy, en parole de Roy & sur nostre honneur, & sur l'hypoteque & obligation de tous nos biens, de tenir de nostre part, & faire tenir & accomplir par nostredit fils tout l'effet & contenu de cesdites presentes, & le luy faire ratifier & avoir agréable; & au surplus accomplir & consommer ledit mariage sitost qu'il sera venu en âge suffisant pour ce faire. Et quant à ce nous soumettons aux censures Ecclesiastiques, &c. & de n'en pouvoir estre absous sans le consentement de nostredit frere & d'icelle nostre cousine, &c.

1473.

CCXI**.

☞ *Extrait de la conduite tenue par les Gens du Roy en la prise de Lectoure, & la mort du Comte d'Armagnac.*

Ils luy promettent seureté, quelques Places à sa femme pour la retirer, & jurent sur le Corps de Jesus-Christ.

Le Vendredy il délivre la Ville de Lectoure, le jour mesme il va voir le Cardinal d'Alby & le Sieur de Beaujeu, ils l'asseurent que le Roy le traiteroit bien, l'obligent à désarmer; Madame d'Armagnac receut plusieurs visites. Le lendemain 6. le Comte envoye l'Evesque de Lombés & son Chancelier, on les retient prisonniers. Balsar, le Seneschal d'Agenois

Tiré du Vol. 8440. de la Bibliotheque du Roi, parmi ceux de Bethune.

genois, crie tue, tue; Guillaume Montfaucon, Lieutenant du Seneschal de Baucaire, dit à Pierre le Gorgias, Franc-Archer, qu'il s'avançast & frappast hardiment. Ils chassent la Dame d'Armagnac hors de sa chambre, tuent le Comte tenant sa seureté en sa main; il n'y eut Franc-Archer qui ne luy donnast quelque coup après la mort; la Dame d'Armagnac fut pillée, on voulut attenter à sa personne & à celle de ses Demoiselles, on la conduisit au Chasteau; elle fut menée à Gaston du Lion; quelques mois après Castelnaud, Bretonnier & Grenadon luy firent prendre des breuvages, dont elle avorta.

Le Cardinal contraignit le Secretaire de luy donner les seuretés que le Roy avoit données au Comte, le traité que luy & Beaujeu venoient de faire avec luy, & les blancs signés du Comte.

Jean Bon a avoué depuis qu'il avoit esté corrompu: Charles d'Armagnac cependant, frere du défunt, fut mené à la Bastille, où il demeura jusqu'au Regne de Charles VIII.

Le Procureur Général répond que le Comte a abusé de sa sœur, qu'il n'a voulu souffrir le jeune Levys jouir de l'Archevesché d'Auch; qu'il a resisté à Bourbon, Comte de Clermont, qui avoit ordre de le prendre; qu'en LXVIII. il promit quinze cens combatans au Roy d'Angleterre; en LXI. & LXVI. il eut abolition du Roy, ensuite il conspira contre l'Etat, n'obéyt aux ordres de Justice, fortifia ses Places, refuse de rendre Lectoure après l'avoir promis; Jean Bon est trouvé chargé de sa réponse au Roy d'Angleterre, Jean Bon est marié près Mantes.

CCXII.

Ratification du Roy Louys XI. de la prolongation faite pour six semaines de la Treve qu'il avoit fait conclure avec Charles, Duc de Bourgogne.

A Senlis, le premier Mars 1473.

Tiré de l'Edition de M. Godefroy.

LOYS, par la grace de Dieu, Roy de France. A tous ceux qui ces presentes Lettres verront, Salut: Comme par nos autres Lettres patentes & pour les causes contenues en icelles nous ayons commis & deputez nos amez & feaulx Pierre Doriolle, Chevalier, Seigneur de Loiré en Aulnis, Chancellier de Aire; Tristan, Evesque d'Aire, nos chers & amez cousins Anthoine de Chabanes, Comte de Dampmartin, Grand Maistre d'Hostel de France, George de la Tremoille, Seigneur de Craon, nostre premier Chambellan, Chevaliers de nostre Ordre, nos amez & feaux Conseillers Maistre Guillaume Compaing, Archidiacre en l'Eglise d'Orleans, Guillaume de Paris & Nicolas Bataille, tous nos Conseillers, pour besogner avecques les Ambassadeurs, Commis & Deputez de nostre très-chier & très-amé frere & cousin le Duc de Bourgogne, sur la pacification des differences & questions qui à present sont entre nous; en laquelle pacification, conclusion n'a encore peu estre prinse aux journées qui ont esté tenues durant la tresve qui à present à cours entre nous & nostredit frere & cousin, & qui encores dure jusques

au

au premier jour d'Avril prochain venant ; parquoy & pour povoir parvenir à ladite paix ait esté advisé estre expedient & necessaire de faire abstinence de guerre, prolonger & continuer ladite tresve dudit premier jour d'Avril jusques au quinziesme jour de May prochain venant, laquelle abstinence de guerre & continuation de ladite tresve ait esté faite, accordée & conclute par nosdits Commis & Deputez dessus nommez, avecques les Commis & Deputez de nostredit frere & cousin de Bourgogne, ainsi qu'il appert plus à plain par les Lettres sur ce faites & baillées par nosdits Commis, desquelles la teneur s'ensuit : Pierre Doriole, Chevalier, Seigneur de Loiré en Aulnis, Chancelier de France, Tristan, Evesque d'Aire, Anthoine de Chabanes, Comte de Dampmartin, Grand Maistre d'Hostel de France, George de la Tremoille, Seigneur de Craon, premier Chambellan du Roy nostre Sire, Guillaume Compaing, Archidiacre en l'Eglise d'Orleans, Guillaume de Paris & Nicole Bataille, tous Conseillers du Roy nostredit Sire, de par luy commis & deputez, & ayans plaine & entiere puissance de faire, traiter, passer, conclure & accorder les choses qui s'ensuivent, ainsi qu'il appert plus à plain par les Lettres patentes dudit Seigneur, lesquelles sont cy-dedans incorporées. A tous ceux qui ces presentes Lettres verront, Salut : Comme par le moyen de Monseigneur le Duc de Bretagne certaines tresves ayent esté par cy-devant traitées, faites & conclutes entre le Roy nostredit Sire & Monsf. le Duc de Bourgogne, leurs Pays, Terres, Seigneuries & subjets durant jusques au premier jour d'Avril prochain venant, iceluy inclus, pour pendant icelles ouvrir, traiter & pratiquer moyens pour pacifier, accorder & mettre à bonne paix & union les questions, divisions & differences estans à present entre le Roy nostredit Seigneur & mondit Seigneur de Bourgogne ; durant laquelle tresve aucunes journées ayent esté tenues, tant en la Ville de Senlis, que dernierement en celle de Compiegne, entre nous & autres Commis & Deputez de par le Roy nostredit Seigneur, & Reverend Pere en Dieu Messire Ferry de Clugny, Evesque de Tournay, Messire Philippes de Croy, Chevalier, Comte de Chimay, & Maistre Artus de Bourbon, Prothonotaire du Saint Siege Apostolique, & autres Commis & Deputez de mondit Seigneur de Bourgogne, aussi ayent ausdites journées esté presens Reverend Pere en Dieu Messire Vincent, Evesque de Leon, Jean de Coetquien, Sieur dudit lieu, Grand Maistre d'Hostel de Bretagne, Eustache de Lespinay, Ecuyer Sr. de Trient, Chambellans, & Maistre Nicolas de Kermeno, Procureur General, Commis & Deputez de mondit Seigneur le Duc de Bretagne, comme Mediateurs pour ayder à la conclusion desdites matieres, ausquelles journées l'on n'ait encores peu faire, ne prendre conclusion sur la pacification desdites questions & differences ; parquoy veu que ladite treve qui à present a cours, ne dure que jusques audit premier jour d'Avril prochainement venant, dedans lequel temps ne seroit bonnement possible de bien besogner & prendre conclusion sur le fait de ladite paix & pacification desdits differens, soit besoin de prolonger encore par aucun temps ladite tresve, pour pendant icelle pouvoir plus amplement traiter & pratiquer les moyens de ladite paix & appaisement desdites differences : Sçavoir faisons, que nous par vertu du pouvoir à nous donné

par

par le Roy nostredit Seigneur, avons pour & au nom de luy avecques lesdits Messire Ferry de Clugny, Evesque de Tournay, Messire Philippes de Croy, Comte de Chimay, & Maistre Artus de Bourbon, Prothonotaire, Ambassadeurs, Commis & Deputez de mondit Seigneur de Bourgogne ayans puissance de luy, fait, accepté, prins, conclu & accordé, & par ces presentes faisons, acceptons, prenons, concluons & accordons pour & au nom du Roy nostredit Seigneur, abstinence de guerre & continuation de ladite tresve depuis ledit premier jour d'Avril prochain venant, jusques au quinziesme jour de May après ensuivant, ledit jour inclus, tout ainsi & par la forme & maniere, & selon les clauses & conditions contenues, mises & apposées en ladite tresve, qui à present a cours & dure jusques audit premier jour d'Avril prochain venant, & sont dès à present en icelle abstinence de guerre & continuation de tresve, qui presentement a esté par nous prolongée jusques audit quinziesme jour de May, compris tous les alliez d'une part & d'autre qui sont comprins en ladite tresve; qui presentement a cours; & seront tenus les conservateurs nommez d'une part & d'autre en ladite tresve qui encores a cours, à faire proceder, exploiter & besogner sur les entreprinses qui se sont faites & feroient au préjudice d'icelle tresve, tant du temps passé, que durant le temps de ceste presente prolongation, tout ainsi & par la forme & maniere qu'ils povoient & peuvent faire par lesdites Lettres de ladite presente tresve, durant jusques au premier jour d'Avril prochain venant; laquelle abstinence de guerre, prolongation & continuation de tresve, & autres choses dessus déclarées, nous avons promis & promettons pour & au nom du Roy nostredit Seigneur, faire, garder, accomplir & entretenir inviolablement pour la part d'iceluy Seigneur, & icelle prolongation de tresve faire publier par tout où il appartiendra dedans la fin du mois de Mars prochain venant, & aussi de bailler dedans le huitiesme jour d'Avril aussi prochainement venant Lettres patentes du Roy nostredit Seigneur, bonnes & valables de ratification & confirmation de ladite abstinence de guerre, prolongation de tresve, & autres choses dessusdites, en baillant aussi Lettres patentes de mondit Seigneur de Bourgogne, de ratification & confirmation des choses dessusdites, en forme deue & valable. S'ensuit la teneur des Lettres du pouvoir à nous donné par le Roy nostredit Seigneur : Loys, par la grace de Dieu, Roy de France. A tous ceux qui ces presentes Lettres verront, Salut : Comme par le moyen de nostre très-chier & très-amé nepveu & cousin le Duc de Bretagne, certaine tresve ait par cy-devant esté prinse entre nous & nostre très-chier & très-amé frere & cousin le Duc de Bourgogne, laquelle dure encores jusques au premier jour d'Avril prochainement venant, pour pendant icelle pouvoir traiter & pratiquer la pacification des questions & differences estans entre nous. Durant laquelle tresve ayent esté tenues certaines journées, tant en nostre Ville de Senlis, que dernierement en nostre Ville de Compiegne, & à icelles journées ayons envoyé nos Commis & Deputez ; c'est à sçavoir, nos amez & feaulx Pierre Doriolle, Chevalier, Seigneur de Loiré en Aulnis, Chancelier de France, Tristan, Evesque d'Aire, nos chiers & amez cousins Anthoine de Chabanes, Comte de Dampmartin, Grand

Maistre

DE PHIL. DE COMINES. 305

1474.

Maiſtre d'Hoſtel de France, George de la Tremoille, Sieur de Craon, noſtre premier Chambellan, & nos amez & feaulx Maiſtre Guillaume Compaing, Archidiacre en l'Egliſe d'Orleans, Guillaume de Paris & Nicole Bataille, tous nos Conſeillers, & auſſi y ait noſtredit frere & couſin de Bourgogne envoyé Maiſtre Ferry de Clugny, Eveſque de Tournay, Philippes de Croy, Chevalier, Comte de Chimay, ſon Chambellan, & Maiſtre Artus de Bourbon, Prothonotaire du Saint Siege Apoſtolique, ſes Conſeillers par luy Commis & Deputez; & ſemblablement noſtredit neveu & couſin de Bretagne y ait envoyé de par luy l'Eveſque de Leon, Jean, Sire de Coetquien, ſon Grand Maiſtre d'Hoſtel, Euſtache de l'Eſpinay, Sieur de Trient, & Maiſtre Nicolas de Kermeno, Procureur General de Bretagne, ſes Conſeillers, Commis & Deputez, pour ayder comme Mediateur au fait de ladite pacification ; ſurquoy auſdites journées n'a peu & ne pourroit encores bonnement eſtre prinſe concluſion dedans ledit premier jour d'Avril prochain venant, auquel fault & expire ladite treſve, qui à preſent a cours, & à ceſte cauſe ait eſté expedient de faire abſtinence de guerre, continuer & prolonger ladite treſve juſques à quelque temps, pour pendant iceluy pouvoir plus amplement traiter & pratiquer les moyens de venir à bonne paix & union ſur leſdites queſtions & differences, laquelle abſtinence de guerre, continuation & prolongation de treſve ne ſe pourroit faire ſans y commettre gens notables & de grant auctorité, ſeurs & feables à nous, pour icelle accepter, prendre & conclure avecques les Commis & Deputez de noſtredit frere & couſin de Bourgogne : Sçavoir faiſons, que nous, pour honneur & reverence de Dieu noſtre Createur, pour éviter l'effuſion de ſang humain & autres maux, inconveniens & dommages, qui à cauſe de la guerre peut avenir, deſirans de tout noſtre cœur la pacification deſdites differences deuement acertenez & confians entierement des ſens, prudence, loyauté, preudhommie, experience & bonne conduite & diligence des deſſuſdits Pierre Doriole, noſtre Chancelier, Triſtan, Eveſque d'Aire, Anthoine de Chabanes, Comte de Dampmartin, George de la Tremoille, Sieur de Craon, Maiſtre Guillaume Compaing, Guillaume de Paris & Nicole Bataille, iceux avons commis & deputez, commettons & deputons, & par ces preſentes leur avons donné plain pouvoir, auctorité, mandement & commiſſion eſpeciale de accorder, accepter, prendre & conclure avecques leſdits Maiſtre Ferry de Clugny, Philippe de Croy, Comte de Chimay, & Maiſtre Artus de Bourbon, Commis & Deputez de noſtredit frere & couſin, abſtinence de guerre & prolongation de ladite treſve, ou autre treſve, traiter & faire de nouvel entre nous & noſtredit frere & couſin de Bourgogne, ainſi, pour tel temps, & par la forme & maniere qu'ils verront eſtre à faire, & de bailler leurs Lettres patentes des choſes, qui entre eux ſeront accordées & concluës, & generalement de faire tout ce que faire pourrions ſe y eſtions preſens en noſtre perſonne ; leſquelles Lettres & tout ce que par noſdits Commis ſera fait, accordé & conclu, nous promettons de bonne foy, en parole de Roy & ſur noſtre honneur, tenir, garder & accomplir de point en point, ſans jamais faire ne venir au contraire, directement ou indirectement, en maniere que ce ſoit, & en bailler

Tome III. Qq nos

1474.

nos Lettres patentes de confirmation, ratification & approbation en forme bonne, deue & valable en dedans le temps qui sera par nosdits Commis & Deputez, consenty & accordé : En tesmoin de ce nous avons fait mettre nostre Scel à ces presentes. Donné à Senlis le vingt-sixiesme jour de Fevrier, l'an de grace mil quatre cens soixante-treize, & de nostre Regne le treiziesme. *Ainsi Signé*, Par le Roy, Pechot. En tesmoin de ce, nous Commis & Deputez de par le Roy nostredit Seigneur dessusnommé, avons signé ces presentes de nos mains, & fait sceller des Sceaux de nous Chancelier, Evesque d'Aire, Comte de Dampmartin & Sieur de Craon dessusnommez. Donné à Senlis, le dernier jour de Fevrier, l'an mil quatre cens soixante & treize. *Ainsi Signé*, P. Doriole, T. Evesque d'Aire, A. de Chabanes, Craon, G. Compaing, G. de Paris, N. Bataille. Sçavoir faisons, que nous pour honneur & reverence de Dieu nostre Createur, pour eschever l'effusion de sang humain, & autres maux & dommages, qui par la guerre peuvent avenir, desirans de tout nostre cœur la pacification desdites differences, ladite abstinence de guerre, continuation & prolongation de tresve accordée, faite, acceptée, prinse & conclue par nosdits Commis jusques audit quinziesme jour de May prochainement venant, ledit jour inclus, & lesdites Lettres dessusdites transcriptes par eux sur ce baillées avec tout l'effet & contenu d'icelles avons eu & avons agréables, & icelles avons loué, ratifié, confirmé & approuvé, & par la teneur de ces presentes louons, ratifions, confirmons & approuvons, promettans en bonne foy, sur nostre honneur & en parole de Roy, de garder, tenir, faire, accomplir & observer de point en point le contenu esdites Lettres selon leur forme & teneur, sans faire, ne venir encontre ; & pour ce que de ces presentes l'on pourra avoir à faire en plusieurs & divers lieux, nous voulons que au *vidimus* d'icelles, fait sous le Scel Royal, foy soit adjoustée comme à ce present original. En tesmoin de ce nous avons signé cesdites presentes de nostre main, & à icelles fait mettre nostre Scel. Donné à Senlis, le premier jour de Mars, l'an de grace mil quatre cens soixante-treize, & de nostre Regne le treiziesme. *Signé*, Loys. *Et sur le reply*. Par le Roy, Pechot.

CCXIII.

☞ *Treves entre le Roy Louis XI. & Charles, Duc de Bourgogne, prorogeant la précedente Treve jusqu'au quinziesme jour de May 1474.*

Tiré des Recueils de M. l'Abbé Le Grand.

Quelques differences entre cette piece & la précedente, nous obligent de la repeter ici.

LOYS, par la grace de Dieu, Roy de France. A tous ceux qui ces presentes Lettres verront, Salut : Comme par nos autres Lettres patentes, & pour les causes contenues en icelles, nous ayons commis & deputez nos amez & feaux Pierre Doriolle, Chevalier, Seigneur de Loiré en Aulnis, Chancelier de France, Tristan, Evesque d'Aire, nos chers & amez cousins Antoine de Chabanes, Comte de Dampmartin, Grand Maistre d'Hostel de France ; George de la Tremoille, Seigneur de Craon, nostre premier Chambellan, Chevaliers de nostre Ordre ; nos amez & feaux Conseillers Maistre Guillaume Compaing, Archidiacre en

l'Eglise

DE PHIL. DE COMINES. 307

l'Eglise d'Orleans, Guillaume de Paris & Nicole Bataille, tous nos Conseillers, pour besogner avec les Ambassadeurs, Commis & Deputez de nostre très-chier & très-amé frere & cousin le Duc de Bourgogne, sur la pacification des differens & questions qui sont à present entre nous & nostredit frere & cousin, & qui encore durent jusques au prochain jour d'Avril prochain venant; parquoy & pour pouvoir parvenir à ladite paix, ait esté advisé estre expedient & necessaire de faire abstinence de guerre & continuation de ladite tresve dudit premier jour d'Avril jusqu'au quinziesme jour de May prochainement venant; laquelle abstinence de guerre & continuation de ladite treve ait esté faite, accordée & conclue par nosdits Commis & Deputez dessus nommez, avec les Commis & Deputez de nostredit frere & cousin le Duc de Bourgogne, ainsi qu'il appert plus à plain par les Lettres sur ce faites & baillées par nostredit Commis, desquelles la teneur s'ensuit: Pierre Doriole, Chevalier, Seigneur de Loiré en Aulnis, Chancelier de France, Tristan, Evesque d'Aire, Antoine de Chabanes, Comte de Dampmartin, Grand Maistre d'Hostel de France, George de la Tremoille, Seigneur de Craon, premier Chambellan du Roy nostre Sire, Guillaume Compaing, Archidiacre en l'Eglise d'Orleans, Guillaume de Paris & Nicole Bataille, tous Conseillers du Roy nostredit Seigneur, de par luy Commis & Deputez, & ayans pleiniere & entiere puissance de faire, traiter, passer, conclure & accorder les choses qui s'ensuivent, ainsi qu'il appert plus à plain par les Lettres patentes dudit Seigneur, lesquelles sont icy dedans incorporées.

A tous ceux qui ces presentes Lettres verront, Salut: Comme par le moyen de Monsieur le Duc de Bretagne, certaines tresves ayent esté par cy-devant traitées, faites & conclues entre le Roy nostredit Seigneur & Monseigneur le Duc de Bourgogne, leurs Pays, Terres & Seigneuries & subjets, durant jusques au premier jour d'Avril prochainement venant, & iceluy inclus, pour pendant icelles ouvrer, traiter & pratiquer moyens pour pacifier, accorder & mettre à bonne paix & union les questions, divisions & differences estant à present entre le Roy nostredit Seigneur & mondit Seigneur de Bourgogne, durant laquelle tresve aucunes journées ayent esté tenues, tant en la Ville de Senlis, que dernierement en celle de Compiegne, entre nous & autres Commis & Deputez de par le Roy nostredit Seigneur, & Reverend Pere en Dieu Messire Ferry de Clugny, Evesque de Tournay, Messire Philippe de Croy, Chevalier, Comte de Chimay, & Maistre Artus de Bourbon, Prothonotaire du Saint Siege Apostolique, & autres Commis & Deputez de mondit Seigneur de Bourgogne; aussi ayent esté presens ausdites journées Reverend Pere en Dieu Messire Vincent, Evesque de Leon, Jehan de Coetquien, Seigneur dudit lieu, Grand Maistre d'Hostel de Bretagne, Eustache de l'Espinay, Escuyer, Seigneur de Trient, Chambellan, & Maistre Nicolas de Kermeno, Procureur General, Commis & Deputez de mondit Seigneur de Bretagne, comme Mediateur, pour ayder à la conclusion desdites matieres; ausquelles journées l'on n'ait encore pû faire, ne prendre conclusions sur la pacification desdites questions & differences; parquoy veu que ladite tresve, qui à present à cours, ne dure que

que jusques au premier jour d'Avril prochainement venant, dedans lequel temps ne seroit bonnement possible de bien besogner & prendre conclusion sur le fait de ladite paix & pacification desdits differens, & soit besoin de prolonger encore par aucun temps ladite tresve, pour pendant icelle pouvoir plus à plain traiter & pratiquer les moyens de ladite paix & appaisement desdits differens : Sçavoir faisons, que nous par vertu du pouvoir à nous donné par le Roy nostredit Seigneur, avons pour & au nom de luy avec lesdits Messire Ferry de Clugny, Evesque de Tournay, Messire Philippe de Croy, Comte de Chimay, & Maistre Arthus de Bourbon, Prothonotaire, Ambassadeurs, Commis & Deputez de mondit Seigneur de Bourgogne, ayant puissance de luy, fait, accepté, pris, conclu & accordé, & par ces presentes faisons, acceptons, prenons, concluons & accordons pour & au nom du Roy nostredit Seigneur, abstinence de guerre & continuation de ladite tresve depuis ledit premier jour d'Avril prochain venant jusques au quinziesme jour de May après ensuivant, ledit jour inclus, tout ainsi & par la forme & maniere, & selon les clauses & conditions contenues, mises & apposées en ladite tresve, qui à present a cours, & dure jusques audit premier d'Avril prochainement venant, & sont dès à present en icelle abstinence de guerre & continuation de tresve, que presentement a esté par nous prolongée jusques audit quinziesme jour de May, compris tous les alliez d'une part & d'autre, qui sont compris en ladite tresve, qui presentement a cours; & seront tenus les conservateurs nommez d'une part & d'autre en ladite tresve, qui encores a cours, faire, proceder, exploiter & besogner sur les entreprises qui se sont faites & se feroient au préjudice d'icelle tresve, tant du temps passé, comme durant le temps de cetteditte prolongation, tout ainsi & par la forme & maniere qu'ils pouvoient & peuvent faire par les Lettres de ladite presente tresve, durant jusques au premier jour d'Avril prochainement venant; laquelle abstinence de guerre, prolongation & continuation de tresve, & autres choses dessus declarées, nous avons promis & promettons pour & au nom du Roy nostredit Seigneur, faire, garder & accomplir inviolablement pour la part d'iceluy Seigneur, & icelle prolongation de tresve faire publier par tout où il appartiendra dedans la fin du mois de Mars prochainement venant, & aussi de bailler dedans le huitiesme jour d'Avril aussi prochainement venant, Lettres patentes du Roy nostredit Seigneur, bonnes & valables de ratification & confirmation de ladite abstinence de guerre, prolongation de tresves & autres choses dessusdites, en baillant aussi Lettres Patentes de mondit Seigneur de Bourgogne de ratification & confirmation des choses dessusdites en forme deue & valable.

S'ensuit la teneur des Lettres du pouvoir à nous donné par le Roy nostredit Seigneur.

LOYS, par la grace de Dieu, Roy de France. A tous ceux qui ces presentes Lettres verront, Salut : Comme par le moyen de nostre très-chier & bien amé neveu & cousin le Duc de Bretagne, certaine tresve ait par cy-devant esté prise entre nous & nostre très-chier & très amé frere & cousin le Duc de Bourgogne, laquelle dure encore jusques au premier jour d'Avril prochainement venant, pour pendant icelle pouvoir

traiter

traiter & pratiquer la pacification des queſtions & differences eſtans entre nous, durant laquelle treſve ayent eſté tenues certaines journées, tant en noſtre Ville de Senlis, que dernierement en noſtre Ville de Compiegne, & à icelle journée ayons envoyé nos Commis & Deputez; c'eſt à ſçavoir nos amez & feaux Pierre Doriolle, Chevalier, Seigneur de Loiré en Aulnis, Chancelier de France, Triſtan, Eveſque d'Aire, nos Chevaliers & bien amez couſins Anthoine de Chabanes, Comte de Dampmartin, Grand Maiſtre d'Hoſtel de France, George de la Tremoille, Seigneur de Craon, noſtre premier Chambellan, & nos amez & feaux Maiſtre Guillaume Compaing, Archidiacre en l'Egliſe d'Orleans, Guillaume de Paris & Nicole Bataille, tous nos Conſeillers, & auſſi y ait noſtredit frere & couſin de Bourgogne envoyé Meſſire Ferry de Clugny, Eveſque de Tournay, Philippe de Croy, Comte de Chimay ſon Chambellan, & Maiſtre Artus de Bourbon, Prothonotaire du Saint Siege Apoſtolique, ſes Conſeillers par luy commis & deputez; & ſemblablement noſtredit neveu & couſin de Bretagne y ait envoyé de par luy l'Eveſque de Leon, Jean, Seigneur de Coerquien, ſon Grand Maiſtre d'Hoſtel, Euſtache de l'Eſpinay, Seigneur de Trient, & Maiſtre Nicolas de Kermeno, Procureur General de Bretagne, ſes Conſeillers, Commis & Deputez, pour aider comme Mediateurs au fait de ladite pacification, ſurquoy auſdites journées n'a pû & ne pourroit avoir bonnement eſté priſe concluſion dedans le premier jour d'Avril prochainement venant, auquel fault & expire ladite treſve qui à preſent a cours; & à cette cauſe ait eſté expedient de faire abſtinence de guerre, continuer & proroger ladite treſve juſques à quelque temps, pour pendant icelle pouvoir plus amplement traiter & pratiquer les moyens de venir à bonne paix & union ſur leſdites queſtions & differences, laquelle abſtinence de guerre, continuation & prorogation de treſve ne ſe pourroit faire ſans y commettre gens notables & de grande autorité, ſeurs & feables à nous, pour icelle accepter, prendre & conclure avec les Deputez & Commis de noſtredit frere & couſin de Bourgogne : Sçavoir faiſons, que nous pour honneur & reverence de Dieu noſtre Createur, pour eſchever l'effuſion de ſang humain & autres maux, inconveniens, dommages, qui à cauſe de la guerre peuvent advenir, deſirans de tout noſtre cœur la pacification deſdits differens, & deuement acertené, & confiant entierement ès ſens, prudence, loyauté, prudhommie, experience, bonne conduite & diligence des ſuſdits Pierre Doriolle, noſtre Chancelier, Triſtan, Eveſque d'Aire, Antoine de Chabanes, Comte de Dampmartin, George de la Tremoille, Seigneur de Craon, Meſſire Guillaume Compaing, Guillaume de Paris & Nicole Bataille, iceux avons commis & deputez, commettons & deputons par ces preſentés, leur avons donné plain pouvoir & autorité, mandement & commiſſion eſpeciale de accorder, accepter, prendre & conclure avec leſdits Meſſire Ferry de Clugny, Philippe de Croy, Comte de Chimay, & Maiſtre Artus de Bourbon, Commis & Deputez de noſtredit frere & couſin, abſtinence de guerre & prolongation de ladite treſve, ou autre treſve, & traité faire de nouvel entre nous & noſtredit frere & couſin de Bourgogne, ainſi, pour tel temps, & par la forme & maniere qu'ils verront

eſtre

estre à faire, leur bailler Lettres patentes des choses que entre eux seront accordées & concluës ; & generalement de faire tout ce que faire pourrions si y estions presens en nostre personne ; lesquelles Lettres & tout ce que par nosdits Commis sera fait, accordé & conclu, nous promettons de bonne foy, en parole de Roy & sur nostre honneur, leur garder & accomplir de point en point, sans jamais faire, ne venir au contraire, directement ou indirectement, en maniere que ce soit ; en bailler nos Lettres patentes de ratification & approbation en forme bonne, deuë & valable, en dedans le temps qui sera par nosdits Commis & Deputez consenti & accordé : Et en tesmoin de ce nous avons fait mettre nostre Scel à ces presentes. Donné à Senlis le vingt-troisiesme jour de Fevrier, l'an de grace mil quatre cens soixante-treize, & de nostre Regne le treiziesme. *Ainsi Signé*, Par le Roy, PECHOT. En tesmoin de ce nous Commis & Deputez de par le Roy nostredit Seigneur, dessus nommez, avons signé ces presentes de nos mains, & fait sceller de nos Sceaux de nous Chancelier, Evesque d'Aire, Comte de Dampmartin, Seigneur Craon, dessus nommez. Donné à Senlis, le dernier jour de Fevrier, l'an mil quatre cens soixante-treize. *Ainsi Signé*, P. DORIOLLE, T. Evesque d'Aire, A. DE CHABANES, CRAON, G. COMPAING, G. DE PARIS, N. BATAILLE.

Sçavoir faisons, que nous pour honneur & reverence de Dieu nostre Createur, pour eschever l'effusion du sang humain, & autres maux & dommages, qui par la guerre peuvent advenir, desirans de tout nostre cœur la pacification desdits differens, ladite abstinence de guerre, continuation & prolongation de tresve accordée, faite & acceptée, prise & concluë par nosdits Commis jusques audit jour quinziesme de May prochainement venant inclus, & lesdites Lettres cy-dessus transcriptes, par eux sur ce baillées, & pour l'effet & contenu d'icelles, avons eu & avons pour agréable, & icelle avons loué & ratifié, confirmé & approuvé, par la teneur de ces presentes, louons, ratifions, confirmons & approuvons ; promettans en bonne foy & sur nostre honneur, & en parole de Roy, garder, tenir, faire, accomplir & observer de point en point le contenu esdites Lettres selon leur forme & teneur, sans faire, ne venir encontre : Et pource que de ces presentes l'on pourroit avoir affaire en plusieurs & divers lieux, nous voulons que au *vidimus* d'icelles, fait sous Scel Royal, foy soit adjoustée comme à ce present original. En tesmoin de ce nous avons fait signer cesdites presentes, & les avons signées de nostre main, & à icelles fait mettre nostre Scel. Donné à Senlis, le premier jour de Mars, l'an de grace mil quatre cens soixante-treize, & de nostre Regne le treiziesme. *Ainsi Signé de la main du Roy*, LOYS. *Et plus bas, d'un Secretaire pour le Roy*, PECHOT.

Adresse de la susdite Tresve de la part du Parlement de Bourgogne au Bailly de Dijon, ou son Lieutenant.

TRès-chier & especial amy, nous avons ce jourd'huy receu Lettres closes de nostre très-redouté & souverain Seigneur Monseigneur le Duc de Bourgogne, ensemble le double de la tresve prise entre luy & le Roy,
lequel

DE PHIL. DE COMINES. 311

1474.

lequel double nous vous envoyons enclos en ces presentes; desquelles Lettres closes la teneur s'ensuit :

De par le Duc de Bourgogne, de Limbourg, de Luxembourg & de Gueldres, Comte de Flandres, d'Artois, de Bourgogne, de Haynault, de Hollande, de Zellande, de Namur & de Zutphen ; très-cher & bien amé, il est vray que la presente tresve qui encore dure jusques au premier jour d'Avril prochain, a esté & est nouvellement prorogée & rallongée jusques au quinziesme jour de May prochain, & sur ce ont esté expediées les Lettres Patentes du Roy, lesquelles nos Gens & Ambassadeurs, qui ont esté à la journée de Compiegne, nous ont envoyés, & nous leur avons envoyé en semblable forme pour les faire delivrer aux Ambassadeurs du Roy, qui ont esté à ladite journée; & afin que soyez adverty du contenu esdites Lettres de ralongement & prorogation de ladite tresve, nous vous envoyons avec cestes le double de celles du Roy à nous envoyées, comme dit est, & voulons & vous mandons que quand il vous apperra que le Roy aura fait publier de sa part ladite prolongation de tresves ès Villes prochaines de nos Pays de par-delà, vous la faites semblablement publier de par nous en nosdits Pays de par-deçà, & icelle entretenir & faites entretenir, sans le souffrir enfraindre en aucune maniere; & à cette fin envoyez à chacun de nos Baillifs, ou autres nos Officiers qu'il appartiendra, un double desdites Lettres du Roy, pour faire ladite publication; très-chier & bien amé, nostre Seigneur soit garde de vous. Escript en nostre Ville de Vesoul, le vingt-deuxiesme jour de Mars, l'an mil quatre cens soixante-treize. *Ainsi Signé en la soubscription*, CHARLES, *& du Secretaire* J. GROS. *Et à la superscription d'icelles.* A nostre amé & feal Conseiller & President de nos Parlemens de Bourgogne Messire Jean Joard.

Pour obvier & obtemperer au contenu desquelles Lettres, vous mandons & commandons de par nostredit Seigneur, quand il vous apperra que ledit Roy aura fait publier de sa part la prolongation de ladite tresve, semblablement de par nostredit Seigneur, ès termes & limites de vostredit Office, & par tous les lieux & places où il appartiendra, & accoustumé à faire cris & publications, & jusques au jour mentionné audit double de ladite tresve, icelle entretenez & faites entretenir, le tout selon le contenu esdites Lettres de nostredit Seigneur, & qu'il veut & mande estre fait par icelles, gardées qu'en ceci n'ait faute sur tant que doubtez encourir son indignation. Très-chier & especial amy, le Saint Esprit soit garde de vous. Escrit à Dole, le vingt-troisiesme jour de Mars mil quatre cens soixante-treize. *Signé & soubscrit par* JEAN JOARD, Seigneur de Channay, Chief du Conseil & President des Parlemens de Bourgogne. G. DE FRAZANS.

CCXIV.

CCXIV.

Traité fait par l'entremise du Roy Louis XI. entre le Duc Sigismond d'Autriche & les Suisses, (1).

A Senlis, le 11. Juin 1474.

Tiré de l'Edition de M. Godefroy.

LOYS, par la grace de Dieu, Roy de France : Faisons sçavoir à tous & declarons par la presente, comme le sereniffime Prince & Seigneur Sigismond, Duc d'Autriche, Stirie, Carinthie & Carniole, Comte de Tirol, &c. nostre cher oncle d'un costé, & les honorables Communes confederées des Villes & Cantons de Zurich, Lucern, Bern, Ury, Switz, Underwalden, Zug & son Bailliâge, & Glaris, avec leurs alliez & confederez, nos particulierement bons amis, de l'autre costé, & les adherans des deux costez, ont esté depuis plusieurs années entre eux en guerre, dissention & dispute, après bien des choses qui se sont passées pendant ce temps-là, on s'est enfin un jour amiablement assemblé à Constance, & on y a projetté une convention par laquelle ces disputes pourroient cesser & finir entierement.

Et puisque par l'affection que nous portons à l'une & l'autre des parties, nous estions bien aise de voir ces differens videz, nous avons envoyé vers eux nos Conseillers, le noble nostre feal Comte Jean d'Eberstein, & le venerable Josse de Sillinen, Prevost de Munster en Ergau, avec ordre de traiter avec eux & de leur consigner ladite convention faite à Constance, à effet que estant ainsi conclue & establie entre les deux parties, elles s'en tiennent & l'executent, comme avant nostre mediation elles nous l'ont envoyée, avec cette distinction que le susdit Duc Sigismond, nostre oncle, a promis sous son honneur & dignité de Prince, & les susdits confederez, sous le serment qu'ils ont juré à leurs Villes & Cantons, d'en observer & maintenir le contenu fermement, constamment & sincerement, sans y contrevenir en rien, tout comme les Lettres qu'ils se sont là-dessus reciproquement escrites le declarent.

La susdite convention nous estant ainsi delivrée, & l'ayant bien & attentivement ouïe, nous mettons cet accord entre les deux parties, tel qu'il est de point en point cy-après escrit, & tel qu'il est & doit estre à l'avenir, de sorte que les deux parties & ceux qui leur appartiennent peuvent désormais dans leurs Villes & Pays avec seureté, tant pour leur vie, que pour leurs biens, acheter & vendre entre eux, & exercer honnestement & de bonne foy tout autre commerce licite, partout & comme il faut, sans qu'il leur soit donné aucun empeschement de l'un ou de l'autre costé.

Et en cas que ceux qui dépendent dudit nostre oncle le Duc Sigismond d'Autriche, eussent quelque pretention ou autre interest contre les Cantons confederez, & ceux qui leur appartiennent, ou que ceux qui appartiennent

---

(1) Ce Traité a été fait en Allemand, il est imprimé dans le *Codex Diplomaticus de Leibnitz*, Tome II. Partie II. & ce n'en est ici que la traduction.

appartiennent aux Cantons confederez en euſſent contre ledit Duc, & ceux qui de luy dépendent, & que les parties ne puſſent pas convenir à l'amiable, le demandeur doit appeller la contrepartie en jugement & à l'arbitrage devant l'Eveſque ou la Ville de Conſtance, ou bien devant l'Eveſque ou la Ville de Baſle, & la partie provoquée doit rendre raiſon au demandeur ſur ſes prétentions dans le terme de trois mois, de ſorte que la demande & reſponſe, replique & duplique, & la ſentence meſme doivent eſtre appointées pendant ce temps-là ſans delay ulterieur, & ſi la partie oppoſante fut en deffaut, elle y doit eſtre contrainte ſous peine de corps & de biens.

En cas auſſi que l'action litigieuſe regardaſt des heritages, biens immeubles & ſemblables cauſes, ces prétentions doivent eſtre jugées dans les Juriſdictions ſous leſquelles les biens ſont ſituez, ou les debiteurs domiciliez, & l'une & l'autre partie ſe doivent tenir à la ſentence qui y ſera portée, ſans autre délay, exception & appel; mais ſi quelqu'une des parties croit luy eſtre fait une injuſtice, elle peut dans un mois après cette ſentence pourſuivre ſon droit devant un des Juges ſuſmentionnez, de la maniere qu'il a eſté dit cy-devant.

Or ſi audit noſtre oncle le Duc Sigiſmond d'Autriche, ſurvient déſormais quelque démeſlé ou differend avec leſdites Villes & Cantons, en general ou en particulier, il les appellera en Juſtice devant un des quatre Juges, de la maniere qu'il a eſté dit cy-devant, & l'affaire y ſera decidée ſelon le droit; pareillement, ſi les Cantons confederez en general ou quelque Canton en particulier, ou quelqu'un de leurs alliez euſſent quelque pretention contre ledit Duc Sigiſmond, elle ſera traitée & examinée en juſtice de la meſme façon pour y eſtre decidée & terminée entierement.

Et afin que ces Juges choiſis pour la déciſion finale, en ſe chargeant de ces actions litigieuſes, puiſſent plus librement prononcer & exercer leur miniſtere, les parties oppoſées doivent au commencement du procès s'obliger par eſcrit envers ces Juges choiſis, de ne vouloir à cauſe de la ſentence, les traiter en ennemis, ny rien leur imputer.

S'il arrivoit encore que noſtre oncle le Duc Sigiſmond d'Autriche dans ſes propres intereſts eut beſoin de l'aſſiſtance des Cantons confederez, ils la luy donneront autant qu'ils pourront faire honneſtement, à ſes frais & moyennant la meſme ſolde que les Cantons payent dans leurs propres affaires, de bonne foy & ſans ſupercherie; reciproquement, ſi les Cantons confederez euſſent beſoin de l'aſſiſtance de noſtre oncle le Duc Sigiſmond, il la leur donnera auſſi, pourveu qu'il le puiſſe faire avec honneur, à leurs deſpens, pour tant & moyennant la ſolde qu'il paye luy-meſme dans ſes propres affaires, & cela de bonne foy & ſans ſupercherie.

Leſdits Cantons conſigneront au Duc Sigiſmond toutes les Lettres, Documens, Livres, Regiſtres & Ecritures qu'ils ont entre leurs mains & qui appartiennent à la domination d'Autriche, & s'ils en euſſent donné à quelqu'un autre, ils le luy declareront de bonne foy & ſans ſupercherie, excepté les Lettres, Actes & Ecrits qui regardent les Pays, Villes & Chaſteaux poſſedez par les ſuſdits Cantons.

Tome III.   R r   Toutes

Toutes les deux parties garderont les Pays, Chasteaux, Villes, Villages & Bourgs qu'ils ont par le passé occupé & reduit en leur pouvoir, sans qu'elles puissent en estre desormais recherchées ou inquietées.

Aucune des deux parties, ny ses gens & adherans ne doivent plus faire la guerre à l'autre & ses adherans, ny l'offenser, ny attaquer, ny endommager leurs vies & leurs biens, soit par ses Villes, Chasteaux & Pays, soit en maniere quelconque.

Aucune des parties ne recevra au détriment de l'autre pour alliez ceux de ses gens qui luy seront rebelles, ny leur accordera le droit de Bourgeoisie, ou de Province, ny sa protection, clientele & advocatie, à moins que quelqu'un ne voulût tout à fait transferer son domicile dans le Pays de l'autre, & que cela se pût faire sans préjudice de la Jurisdiction de laquelle, par rapport à sa demeure, il a esté de long-temps dépendant.

Si quelqu'une des parties, ou les siens estoient attaquez & endommagez par les Villes & Pays de l'autre, la partie où cela sera fait arrestera à l'heure mesme les transgresseurs, en donnera d'abord part au Juge, & se fera rendre partie selon le droit.

Une partie ne doit pas entretenir à dessein les ennemis & aggresseurs de l'autre, en leur fournissant logis, alimens, secours & autres supports, ny permettre qu'on le fasse en aucune façon tout de bonne foy & sans supercherie.

Le Duc Sigismond executera la convention faite à Waldshut concernant ceux de Schaffhusen, de Villach, de Bilgery & de Handorff, & si les Cantons confederez le peuvent en cela ayder & assister, ils le feront de bonne foy.

Aucune des parties, ny les siens ne chargeront de nouveaux peages, ou d'autres imposts la contre-partie ou les siens, mais ils laisseront ces droits entre eux sur le pied qu'ils ont esté payez & receus de toute ancienneté.

A l'égard des fiefs on est convenu que nostre oncle le Duc Sigismond d'Autriche retiendra son droit seigneurial, excepté sur les fiefs des Pays conquis & des Terres dont les hypoteques ont esté dégagées & purgées, & ledit Duc fera publier cette convention de dix ans en dix ans aux Magistrats, & à qui appartient, afin qu'ils la sçachent & l'executent, comme aussi les Cantons confederez feront de leur costé de dix en dix ans.

De plus les hommes dans les Villes de Rhinfelden, Seckingen, Lauffenburg & Waldshut, avec ceux de la Forest-Noire & des dépendances de Reinfelden jureront à Dieu & ses Saints, qu'eux & leurs descendans observeront fidelement cette convention, & repeteront le serment dix ans après si l'on le leur demande.

Les Cantons confederez auront desormais passage libre par ces quatre Villes & Chasteaux toutes les fois qu'ils en auront besoin.

Et quand mesme cette convention amiable ne seroit pas observée par nostre oncle le Duc Sigismond, on ne commencera point pour cela la guerre & les hostilitez, mais on citera la partie contrevenante pour estre jugée devant les arbitres, suivant ce qui en a esté dit cy-dessus, & cette
partie

partie satisfera à la décision qui en resultera, en vertu des promesses jurées & signées dans cette convention.

Mais s'il arrivoit qu'il fut contrevenu à cette convention par quelqu'un des Conseillers, Ministres & autres du Duc Sigismond, pour lesquelles il doit respondre, ou reciproquement par une Ville, Pays, Canton, ou particulier allié des Cantons confederez & ceux qui contreviennent, ne voulussent comparoître devant les susdits arbitres, ny satisfaire à leur décision, les désobéyssans y seront contraints à l'instance de la partie qui n'a pû obtenir son droit.

Après cecy tout ce qui par droit de guerre & autrement s'est passé entre ledit Duc Sigismond d'Autriche nostre oncle, ou ses predecesseurs & les Cantons confederez, leurs fauteurs, adherans & appartenans, doit estre après l'échange de cet escrit appaisé, accordé & accommodé, & les deux parties, leurs subjets & leurs alliez executeront d'abord & sans reserve ce que cette convention porte sous la parole d'honneur de nostre oncle le Duc Sigismond d'Autriche, & sous le serment que les Cantons confederez ont juré à leurs Villes & Provinces.

Et afin que cette convention subsiste tousjours à la gloire du Tout-Puissant, & en témoignage seur & durable à jamais, que les deux parties & leurs gens veulent observer ce qui est cy-devant marqué; nous le Roy susmentionné, avons fait mettre nostre sçeau Royal à deux de ces presentes semblables l'une à l'autre, & en avons fait consigner à chaque partie un double.

Nous le susdit Sigismond, Duc d'Autriche, de Stirie, &c. & les susdits Cantons confederez, Villes & pays de Zurich, Bern, Lucern, Ury, Switz, Underwalden, Zug & Glaris, avouons & affirmons la precedente convention & tout ce qui se trouve cy-devant de nous escrit, & nous le susdit Duc Sigismond pour nous, nos heritiers, nos sujets & nos Alliez, voulons nous en tenir exactement & suivre le contenu, nous le Duc Sigismond, sur nostre honneur & dignité de Prince, & nous les Cantons confederez sous les sermens que nous avons prestez à nos Villes & Terres, comme cela se trouve aussi cy-devant escrit en vray & bon temoignage, nous le Duc Sigismond, & nous lesdits Cantons confederez, avons fait apposer solemnellement nos sçeaux & cachets à ces deux Lettres, l'une conforme à l'autre. Fait & donné dans nostre Ville de Senlis, le onze Juin mil quatre cens septante-quatre.

CCXV.

Treve entre le Roy & Monsieur le Duc de Bourgogne, depuis le 15 May 1474, jusques au premier de May, 1475.

LOYS par la grace de Dieu, Roy de France: A tous ceux qui ces presentes Lettres verront, Salut. Comme pour trouver moyen de de parvenir à la pacification des differences & divisions que par cy-devant ont esté & encore sont entre nous & nostre très-chier & très-amé frere & cousin le Duc de Bourgogne, & obvier aux inconveniens qui par le moyen de la guerre pourroient advenir, plusieurs & diverses Tresves

Tiré des Recueils de M. l'Abbé Le Grand.

ves ayent esté faites & prises entre nous, & mesmement puis aucun temps nostre très-cher & très-amé cousin & neveu le Duc de Bretagne, comme mediateur en cette partie, & ayant sur ce pouvoir & commission de nous, eust commis & deputé nostre amé & feal Vincent, Evesque de Leon, lequel dès le vingt-deuxiesme jour de Mars mil quatre cens septante-deux, par vertu du pouvoir à luy donné, traita, sist, accepta, conclud & accorda certaines Tresves, seur estat & abstinence de guerre, entre nous & nostredit frere & cousin de Bourgogne, nos pays & Terres, Seigneuries & subjets, durant icelles Tresves, jusques au premier jour d'Avril dernier passé, que l'on disoit mil quatre cens septante-trois avant Pasques, & desdites Tresves & de la forme, qualité & condition d'icelles furent dès lors baillées Lettres par ledit Evesque de Leon, comme commis & deputé pour nostre part, par la maniere dessusdite, & pour la part de nostredit frere & cousin de Bourgogne, par Guillaume Hugonet, Seigneur de Saillant, Chevalier, son Chancelier; Guy de Brimeus, Seigneur d'Humbercourt, & Comte de Mehu, Chambellan; & Guillaume de Biche, Seigneur de Clary, Maistre d'Hostel, Chevaliers & tous Conseillers commis & deputez en cette partie par luy; lesquelles Lettres, nous de nostre part, & aussi nostredit frere & cousin de la sienne, ayons depuis par nos Lettres Patentes confirmées, ratifiées & approuvées, & durant icelles Tresves, plusieurs journées ayent esté tenues, tant en nostre Ville de Senlis, que depuis en nostre Ville de Compiegne, entre aucuns Commis & Deputez de par nous, & autres Commis & Deputez par nostredit frere & cousin de Bourgogne, pour traiter & pacifier les moyens de la pacification desdites differences, & à ce ayent tousjours esté presens ledit Evesque de Leon, nos amez & feaux Jean de Cotquien, grand Maistre d'Hostel, & Maistre Nicolas de Kermeno, Procureur general de nostredit neveu & cousin, ses Commis & Deputez, mediateurs comme dit est, & pour mieux & plus convenablement traiter sur lesdites matieres, ayent lesdites Tresves esté prolongées; premierement jusques au quinziesme jour, après jusques au dernier jour de May, & depuis, jusques au quinziesme jour de ce present mois de Juin, pendant lesquelles Tresves & prolongation n'a pu estre prise encore conclusion sur la pacification desdites differences; parquoy, tant par lesdits Commis & Deputez de nostredit neveu & cousin de Bretagne comme mediateur, & par plusieurs nobles gens, d'une part & d'autre, a esté advisé estre necessaire de en ce cas prolonger lesdites Tresves à certain temps, pendant lequel l'on pust plus convenablement traiter & pratiquer, & conclure sur lesdites questions & differences, & sur ce ayt nostredit frere & cousin de Bourgogne envoyé pouvoir à Maistre Artus de Bourbon, Prothonotaire du saint Siege Apostolique, & Charles Soillot son Procureur, pour faire & conclure ladite Tresve: Sçavoir faisons, que nous pour honneur & reverence de Dieu nostre Createur, pour eschever l'effusion du sang humain, la desolation, oppression & autres inconveniens du peuple, qui par la guerre peut advenir, desirans de nostre part de nous mettre en nostre debvoir, pour venir au bien inestimable de paix & paix finale, ladite Tresve, seur estat & abstinence de guerre, faite par ledit Evesque de Leon, durant jusques audit premier jour d'Avril passé, & que depuis

a

DE PHIL. DE COMINES. 317

1474.

a esté continué jusques au quinziesme jour de ce present mois, ainsi & par la maniere que dit est : nous avons encore derechef prolongé, continué, prolongeons, continuons avec lesdits Maistre Artus de Bourbon, & Charles Soillot, Commis & Deputez de nostredit frere & cousin le Duc de Bourgogne, ayant sur ce plein pouvoir & especiale commission de luy, comme dit est; à durer icelle prolongation de Tresves, seur estat & abstinence de guerre, jusqu'au premier jour de May prochainement venant, que l'on dira mil quatre cens septante-cinq, ledit jour inclus, le tout ainsi & par la maniere & forme, & selon les clauses & conditions contenuës & mises, & apposées en ladite Tresve qui fut faite par ledit Evesque de Leon, durant jusques au premier jour d'Avril dernier passé, & que depuis a esté continué jusques au quinziesme jour de cedit mois de Juin, & en cette prolongation & continuation sont declarez d'une part & d'autre les Alliez qui lors y furent nommez, & qui cy-après seront declarez, si compris y veulent estre, c'est à sçavoir pour nostre part, tres-hauts & tres-puissants Princes nos tres-chiers & tres-amez freres & cousins le Roy des Romains, le Roy de Castille & de Leon, le Roy d'Escoce, le Roy de Dannemarck, le Roy de Jerusalem, de Cecille, d'Arragon; le Roy d'Hongrie, le Duc de Savoye, le Duc de Milan & de Gennes, le Duc de Lorraine, l'Evesque de Metz; la Seigneurie & Communauté de Florence, la Seigneurie & Communauté de Berne, & leurs Alliez de la Ligue de la haute Allemagne, & ceux du pays de Liege qui se sont declarez pour nous; & pour la part de nostredit frere & cousin de Bourgogne, le Roy d'Angleterre; le Duc de Bretagne qui dès à present par sesdits Ambassadeurs s'est declaré y vouloir estre compris; le Roy des Romains, le Roy de Portugal, le Roy Fernand de Cecille, le Roy d'Arragon, le Roy de Cecille, Prince de Castille, fils dudit Roy d'Arragon; le Roy de Dannemarck, le Roy d'Hongrie, le Roy de Poulaine, le Duc de Lorraine dès à present; la Duchesse de Savoye, le Duc d'Autriche, les Ducs & Seigneuries de Venise; le Comte Palatin du Rhin, le Duc de Cleves & le Duc de Juilliers; les Archevesques de Mayence, Treves & de Cologne; les Evesques de Liege, d'Utreck & de Mastrick; & au regard de ceux des Alliez dessus nommez de nostre part, par ladite Tresve de l'an mil quatre cens septante-deux, pouvoient mettre & comprendre avec eux leurs Alliez, est dit & declaré expressément par cettedite prolongation de Tresve, que ce sera & est entendu des Alliez, qu'ils avoient au temps que ladite Tresve fust faite, & concluë, & non d'autres, lesquels Alliez tant d'un costé que d'autre, se compris veulent estre en cettedite prolongation, le devront declarer en dedans trois mois, à compter du jour & date de ces presentes, sans ce que pendant iceux trois mois rien se fasse ne entreprenne contr'eux d'une part ne d'autre, ne que les Messagers & autres Officiers d'armes, qui seront envoyez pour declarer icelle prolongation en faisant le voyage, venant, sejournant & retournant, puissent estre detenus, arrestez ou empeschez, mais soit celuy qui ce fera, dit, reputé, & puni comme infracteur des Tresves, toutesfois lesdits Messagers de la part de nostredit frere & cousin de Bourgogne seront tenus venir notifier la cause de leur venue en nos Villes de Lyon ou de Compiegne, & semblablement les nostres ès Villes de Peronne &

Il n'y avoit point alors d'Evêque à Mastrick.

d'Auxerre

1474.

d'Auxerre, aux Officiers d'une part & d'autre, lesquels Officiers seront tenus leur donner congié d'aller parfaire leurs messages pour la prorogation de ladite Tresve, & le leur bailler par escript dedans un jour, sans plus longuement les detenir, sur peine d'en estre punis comme infracteurs des Tresves, & leur pourront bailler conduite se faire le veulent, afin qu'ils ne puissent pratiquer aucune chose prejudiciable au party par lequel ils passeront ; & en outre est accordé que si aucuns des Alliez de nostredit frere & cousin de Bourgogne, soit qu'ils veulent estre compris ou non, faisoient guerre pendant cetteditte prorogation de Tresve, nous leur pourrons semblablement faire guerre sans infraction de ladite Tresve, & ne leur pourra nostredit frere & cousin, faire ou donner faveur, ayde ne assistance, & s'il le fait, ce sera enfraindre ladite Tresve, & semblablement se aucuns de nos Alliez faisoient guerre à nostredit frere & cousin de Bourgogne pendant icelle prorogation de Tresve, il leur pourra semblablement faire guerre sans infraction de ladite Tresve, & nous pourrons en ce cas faire ou bailler ayde, faveur ne assistance, & si le faisions, ce seroit enfraindre ladite Tresve, & au surplus, seront les Conservateurs nommez d'une part & d'autre en ladite Tresve de l'an mil quatre cens septante-deux tenus de faire proceder, exploiter & besogner sur les entreprises faites ou à faire au prejudice de cette dite prorogation & continuation de Tresve, tout ainsi & par la forme & maniere qu'ils pouvoient & devoient faire par lesdites Tresves dudit an mil quatre cens septante-deux, & avec ce, a esté accordé & conclud que une autre journée sera tenuë en nostre Ville de Compiegne, commençant le premier jour d'Octobre prochainement venant, laquelle journée nous de nostre part, & aussi nostredit frere & cousin de Bourgogne de la sienne seront tenus de envoyer nos Commis & Deputez, avec pouvoir suffisant pour traiter, pratiquer & besogner de paix finale, & à la pacification desdites questions & differences, & à icelle journée, nostredit neveu & cousin de Bretagne envoyra ses Commis & Deputez mediateurs en cette paix, comme il a tousjours fait par cy-devant, lesquelles abstinences de guerre, prolongation & continuation de Tresves, Declaration d'Alliez, conclusion de journée, & autres choses dessusdites, nous avons promis & juré, promettons & jurons de bonne foy en parole de Roy, & sur nostre honneur, faire, garder & accomplir de nostre part, sans faire ne souffrir faire aucune chose au contraire en quelque maniere que ce soit ; en tesmoin de ce, nous avons signé cesdites presentes de nostre main, & à icelles fait mettre nostre scel, Donné à la Croix Saint-Ouen près Compiegne, le treiziesme jour de Juin, l'an de grace mil quatre cens septante-quatre, & de nostre Regne le treiziesme, *ainsi signé*, LOYS, & du Secretaire, Par le Roy, de Cerisay.

Copie collationnée, GODE FRAZANTS.

Adresse

DE PHIL. DE COMINES. 319

1474.

Adresse de la susdite Tresve, au Bailly de Dijon, de la part de A. de Luxembourg, Comte de Roussi, & Charny, Mareschal de Bourgogne.

TRès chier & especial amy, nous vous envoyons enclos en ces presentes, le double des Tresves prises entre le Roy & nostre très-redouté & souverain Seigneur Monseigneur le Duc, jusques au premier jour de Mars prochainement venant, lesquelles nous ont esté envoyées par les Commis & Deputez par nostredit Seigneur sur le fait de la paix : Si vous mandons de par iceluy Seigneur, que incontinent cestes veues, vous faites crier & publier ès termes de vostre Office ès lieux & places où l'on a accoustumé de faire crys & publications le contenu en icelles, afin qu'ils n'ayent cause de les ignorer, & gardez qu'à ce n'aye faute, très-chier & especial amy ; nostre Seigneur soit garde de vous. Escrit à Dijon, le vingt-huitiesme jour de Juin, mil quatre cens septante-quatre, & *signé*, A. DE LUXEMBOURG, Comte de Roussi & de Charny, Mareschal de Bourgogne. G. DE FRAZANS.

Nota, que depuis ladite Tresve expirée ledit premier jour de May mil quatre cens septante-cinq, jusques au mois d'Octobre suivant que la Tresve dont cy-après est faite mention fut publiée, furent faites plusieurs entreprises & exploits de guerre d'une part & d'autre, & en ce temps furent pris & destruits Champlit, Bar-sur-Seine, Chastillon, & autres Places ès pays de Bourgogne.

Extrait sommaire de toutes les Tresves & ruptures entre le Roy Louis XI. & le Duc Charles de Bourgogne, pour l'éclaircissement des precedents Traitez.

Nota, que le Traité de paix fait entre le Roy de France & Monseigneur de Bourgogne au lieu de Peronne, fut passé le quatorziesme jour d'Octobre, en l'an mil quatre cens soixante-huit, & par iceluy entre autres choses, fut accordé que le Traité d'Arras & celuy de Conflans, en tant qu'il touchoit mondit Seigneur de Bourgogne, debvoient estre entretenus ; & y sont les peines, à quoy chacun se soumettoit à plein declarées.

Nota, des Lettres de mondit Seigneur de Bourgogne, dattées du douziesme jour de Juin mil quatre cens septante, par lesquelles il appert de l'hostilité que commencerent le Duc de Clarence & le Comte de Warwick, contre mondit Seigneur de Bourgogne, & comme ils se retrayerent au pays du Roy, & des sommations que mondit Seigneur fist au Roy & à sa Cour de Parlement pour l'entretenement dudit Traité de Peronne, à quoy ne luy fust faite aucune provision par le Roy, ne par sa Cour.

Nota, de la response faite par mondit Seigneur de Bourgogne à Guiot Perrot, & Messire Jacques Fournier, Ambassadeurs du Roy, & des doleances faites par mondit Seigneur de Bourgogne, le quinziesme jour de

Juillet

Juillet, audit an mil quatre cens septante, & de ce que le Roy contrevenoit audit Traité de Peronne.

Nota, des Lettres du Roy, dattées du huitiesme jour d'Octobre audit an mil quatre cens-septante, par lesquelles il fist sa declaration manifeste de son hostilité contre mondit Seigneur de Bourgogne, & qu'il deffendit la communication de toutes marchandises entre ses subjets & ceux de mondit Seigneur, & aussi des Lettres dudit Roy, & alliance faite avec le Prince de Galles & ses Alliez, pour faire guerre à mondit Seigneur de Bourgogne, datées du vingt-huitiesme jour de Novembre, l'an mil quatre cens septante.

Et est à sçavoir que dès lors, furent grandes guerres & mutations entre lesdits pays & subjets du Roy, & de mondit Seigneur de Bourgogne; & au mois de Mars suivant audit an, fut la bataille de Buxi, où les Gens du Roy furent victorieux, & firent de très-grands dommages en la Comté de Charolois & pays environ.

Nota, que depuis furent prises Tresves, seur estat & abstinence de guerre entre ledit Roy & mondit Seigneur de Bourgogne leurs pays & subjets, pour trois mois, commençans le Jeudy quatriesme jour d'Avril avant Pasques, audit an mil quatre cens septante, & finissant au quatriesme jour de Juillet mil quatre cens septante-un inclus, sans communication.

Nota, que depuis fut prise autre Tresve seur estat & abstinence de guerre entre les dessusdits, leursdits pays & subjets, commençant ledit jour quatriesme de Juillet audit an mil quatre cens septante-un, & durant jusqu'au premier jour de May, l'an mil quatre cens septante-deux inclus sans communication.

Et audit an mil quatre cens septante-deux, le dix-septiesme jour de Novembre, mondit Seigneur de Bourgogne donna ses Lettres Patentes à Saint-Omer, qui furent publiées à Dijon le vingt-cinquiesme jour de Janvier audit an, par lesquelles il se tint & declara pour luy & tous ses pays & subjets estre exempts de la Couronne, & ressort de la Cour de Parlement de France, par l'infraction faite par le Roy, contre le Traité de Peronne.

Nota, que depuis par les Lettres du Roy & de mondit Seigneur de Bourgogne, celles du Roy datées du vingt-deux, & celles de mondit Seigneur de Bourgogne, du vingt-sixiesme jour d'Avril mil quatre cens septante-deux : icelle Tresve dont devant est faite mention qui devoit expirer audit premier jour de May audit an mil quatre cens septante-deux, furent prolongées jusques au quinziesme jour de Juin mil quatre cens septante-deux, ensuivant en cette mesme année.

Et pource que cependant ne fut rien appointé ni traité de paix, ou autre prorogation de Tresve furent faites plusieurs entrefaites de guerre, tant d'une part que d'autre, au grand dommage du pauvre peuple, & en cet an, mondit Seigneur le Duc fut en Normandie, où il porta de grands dommages, & aussi audit an, Monsieur le Mareschal de l'armée de Bourgogne destruisit Montsaugeon, Bourg, & plusieurs autres Places au Royaume.

Nota, que depuis le troisiesme jour de Novembre, audit an mil quatre

tre cens septante-deux, fut prise autre Tresve seur estat & abstinence de guerre, que l'on peut dire la quatriesme Tresve, où estoit Monsieur le le Connestable pour la part du Roy, & Monsieur de Humbercourt, & Monsieur Desmeries pour la part de mondit Seigneur de Bourgogne, à commencer dès ledit jour, jusqu'au premier jour d'Avril suivant audit an mil quatre cens septante-deux, iceluy jour inclus.

1474.

Et depuis, furent par le moyen des Commissaires de Mr. de Bretagne prises autres, & les cinquiesmes Tresves, à commencer audit premier jour d'Avril mil quatre cens septante-trois, aussi avant Pasques, iceluy jour inclus entre lesdits Roy & mondit Sieur le Duc de Bourgogne, leurs pays & subjets.

Et après, fust prolongée par le Roy & par ses Lettres Patentes, jusques au quinziesme jour de May mil quatre cens septante-trois ledit jour inclus, & depuis jusques au dernier jour dudit mois, & après, jusques au quinziesme jour de Juin ensuivant.

Et depuis, par autres Lettres Royaux, dattées du treiziesme Juin mil quatre cens septante-quatre, furent prises les septiesmes Tresves entre le Roy & mondit Seigneur, jusques au premier jour de May mil quatre cens septante-cinq, ledit jour inclus.

Et ledit jour passé sans renouveller d'autres Tresves, furent faites plusieurs entrefaites de guerre entre ledit Roy & Monseigneur de Bourgogne, leursdits pays & subjets, & furent pris & destruits Bar-sur-Seine, Chastillon, Champlettes, & plusieurs autres Places, & dura jusqu'au mois d'Octobre suivant.

Combien que dès le treiziesme jour de Septembre audit an mil quatre cens septante cinq, furent prises & concluës Tresves marchandes & communicatives entre lesdits Princes, leurs pays, subjets & Alliez à neuf ans qui finiront en l'an que l'on dira mil quatre cens quatre-vingt-trois, qui furent publiées à Langres, le dix-neuviesme jour d'Octobre, & à Dijon, le vingt-septiesme jour dudit mois, l'an dessusdit mil quatre cens septante-cinq. Dieu après nous donne bonne paix.

CCXVI.

Observation de Monsieur Godefroy sur la mort de Louis, Duc d'Orleans, tué à Paris en 1407. (1)

L'Histoire du meurtre de Louis Duc d'Orleans, tué à Paris le vingt-deux Novembre mil quatre cens sept, n'est rapportée dans Comines que comme une preuve des malheurs qui arrivent par la partialité qui se met entre les Grands, & on ne se seroit pas avisé de faire une remarque à ce sujet, s'il n'estoit à propos d'examiner si la seule jalousie du Gouvernement a pu porter le Duc de Bourgogne à faire commettre ce meurtre,

Tiré de l'Edition de M. Godefroy.

ou

---

(1) Cette observation de M. Godefroy a été faite sur ce que dit Philippe de Comines, livre IV. chapitre 9. que partialité apporte oujours dommage, & il en apporte un exemple remarquable dans la mort du Duc d'Orleans.

ou s'il en a eu d'autres raisons secrettes plus sensibles encore que l'envie de dominer.

Il y a quelques Auteurs qui n'ont escrit que pour raconter des avantures enjouées & souvent scandaleuses, qui peuvent faire l'amusement de la jeunesse ; la lecture de ces sortes d'ouvrages est d'autant plus dangereuse, qu'elle gaste l'esprit, & donne souvent des preventions, dont on a peine à revenir, parce qu'en y ajoutant foy, on les regarde comme des faits anecdotes, pour lesquels on a ordinairement plus d'attention que pour des histoires plus connuës.

Brantome s'est fort distingué dans ce genre d'écrire ; ses Memoires sur les vies des Dames illustres de France, & des hommes illustres François & estrangers sont une compilation de quantité d'historiettes plus agreables que solides, mais rien n'approche de ses Memoires sur les vies des Dames galantes de son temps.

Il faut qu'il en ait connu de bien des sortes, & de bien derangées, pour en rapporter toutes les galanteries dont il les accuse; on pourroit faire de longs commentaires à ce sujet, si la matiere en valoit la peine : pour ne pas s'ecarter de ce qui a donné lieu à faire cette remarque, on se bornera à ce qu'il dit dans son discours septiesme de la Duchesse de Bourgogne, c'est ainsi qu'il en parle dans son second Tome des Dames Galantes, pages 439 & 440. de l'edition de Leyde de 1666. & page 372. de l'edition de l'an 1740.

Le Roy Louis XII. fut fort respectueux aux Dames, car, comme j'ay dit ailleurs, il pardonnoit aux Comediens de son Royaume, comme escoliers & Clers de Palais en leurs basoches, de quiconque ils parleroient fors de la Reyne sa femme & de ses Dames & Demoiselles, encore qu'il fut bon compagnon en son temps, & qu'il aimât bien les Dames autant qu'un autre, tenant en cela, mais non de la mauvaise langue, ny de la grande presomption ny vanterie de Louis Duc d'Orleans son ayeul; aussi cela luy couta la vie : car s'estant une fois vanté tout haut en un banquet où estoit le Duc Jean de Bourgogne son cousin, qu'il avoit en son cabinet le portrait des plus belles Dames dont il avoit jouy : par cas fortuit, un jour le Duc Jean entrant dans ce cabinet, la premiere Dame qu'il vit pourtraitte & se presenta du premier aspect, fut sa noble Dame & espouse, qu'on tenoit de ce temps très-belle, elle s'appelloit Marguerite, fille d'Albert de Baviere, Comte de Hainaut, Hollande & Zelande : qui fut esbahy, ce fut le bon espoux. Pensez que tout de bon il dit, ah j'en ay ! & ne faisant cas de la puce qui le piquoit autrement dissimula tout; & en couvant la vengeance, le querella pour la Regence & administration du Royaume, & colorant son mal sur ce sujet & non sur sa femme, le fit assassiner à la porte Baudet à Paris ; sa femme étant morte auparavant, pensez de poison, & après la vache morte, il épousa en secondes nopces la fille de Louis III. Duc de Bourbon, possible qu'il n'empira le marché, car à tels gens sujets aux cornes, ils ont beau changer de chambres & de repaires, ils y en trouvent tousjours.

Marguerite Duchesse de Bourgogne, ne paroist pas trop bien traitée dans ce recit, & encore moins le Duc son epoux, qui croyant que sa femme luy avoit esté infidelle, se vange d'elle, comme s'imagine Brantome

tome, & du Duc d'Orleans son pretendu favory, en faisant premierement assassiner ce Prince, & mourir ensuite son epouse par le poison.

 Brantome ne se contente pas de borner le deshonneur du Duc de Bourgogne à sa premiere femme, il fait encore douter si la seconde femme qu'il s'avise de luy donner, ne luy a pas esté aussi infidelle que la premiere.

 Un Auteur Flaman, (c'est Mejerus,) a dit que le Duc d'Orleans avoit tâché d'obtenir par force des faveurs de la Duchesse de Bourgogne, & qu'il en fut receu de maniere, qu'il n'en rapporta que des coups; c'est peut-estre à l'occasion de cette avanture, que Marguerite de Valois, Reine de Navarre a deguisé sous des noms & des circonstances empruntées, la quatriesme Nouvelle de la premiere journée de son Heptameron; mais sans vouloir approfondir cette avanture, il est certain qu'il n'y a rien de vray dans l'empoisonnement de Marguerite de Bavierre, femme de Jean, Duc de Bourgogne, ny dans le pretendu second mariage de ce Duc, & encore moins dans le soupçon des infidelitez de sa seconde femme; ce Duc n'en ayant jamais eu qu'une qui a esté Marguerite de Bavierre, laquelle luy a survescu de quatre années, d'où on doit juger qu'il ne l'a point fait empoisonner, & que le second mariage de ce Duc n'est pas moins imaginaire que l'empoisonnement.

 La seconde femme que Brantome donne au Duc de Bourgogne estoit, à ce qu'il dit, fille de Louis III. Duc de Bourbon, & on doit convenir avec tous nos Historiens, qu'il n'y a point eu de Louis III. Duc de Bourbon, que Louis II. Duc de Bourbon qui vivoit du temps de Jean de Bourgogne, n'a eu que deux filles, l'une nommée Catherine, & l'autre Isabelle, toutes deux mortes en jeunesse, de sorte que le Duc de Bourgogne n'en a pu épouser aucune, estant d'ailleurs certain que la Princesse Marguerite de Baviere a survescu le Duc Jean de Bourgogne son mary, d'où on voit avec quelle injustice l'on a voulu le convaincre d'infidelité par sa mort avancée par le poison que l'on pretend que le Duc son mary luy a fait donner. On sera convaincu de ces veritez par la Lettre suivante escrite à la Duchesse de Bourbon par cette Duchesse de Bourgogne, le vingt-deux May mil quatre cens vingt-deux, près de trois ans après la mort de Jean Duc de Bourgogne son mary, tué à Montereau faut-Yonne le dix Septembre, mil quatre cens dix-neuf.

CCXVII.

Lettre de Marguerite de Bavierre, Duchesse Douairie de Bourgogne, à la Duchesse de Bourbon.

A Dijon, le 22. May 1422.

A Haulte & puissante Princesse, nostre très-chiere & très amée cousine la Duchesse de Bourbon (1) & d'Auvergne, Comtesse de Cleremont, de Forests, de Lille, & Dame de Beaujeu ; Marguerite, Duchesse

Tiré de l'Edition de M. Godefroy.

(1) Marie de Berry, femme de Jean I. Duc de Bourbon.

chesse de Bourgogne, Comtesse de Flandres, d'Artois & de Bourgogne, Palatine, Dame de Salins & de Malines, & Philippe Duc, Comte & Seigneur des pays & lieux dessusdits, fils de nous ladite Duchesse de Bourgogne, très-singuliere amour & dilection : haute & puissante Princesse, & très-chiere & très-amée cousine, il est venu à nostre congnoissance, que jà pieça feu nostre très-redoubté Seigneur & mary de nous ladite Marguerite, & pere de nous Philippes, Jehan jadis Duc de Bourgogne, cuy Dieu pardoint, & nostre très-chier & très-amé cousin; Jehan Duc de Bourbon (2) & d'Auvergne, vostre Seigneur & mary, par grant avis & deliberation, pourparlerent & traiterent certaines convenances de mariage de Charles de Bourbon, aisné fils de vostredit Seigneur, & mary, & de vous nostre cousin, & de Agnès de Bourgogne, fille dudit feu Jehan Duc de Bourgogne, & de nous Marguerite, & sœur de nous Philippes à present Duc de Bourgogne sur certaines peines, à quoy ils se submirent & obligerent, & pour ce, haute & puissante Princesse, & très-chiere & très-amée cousine, que depuis ledit mariage n'a point esté celebré & consummé (3) & que nous desirons que ladite Agnès de Bourgogne soit colloquée honorablement selon l'estat de nous & d'elle, afin qu'elle puist avoir generation & lignée (4) nous envoyons par devers vous ces presentes Lettres, par lesquelles vous requerons & sommons cestes fois, pour toutes que dedans la feste de Saint-Remy prouchain venant, qui est temps assez long & convenable, vous faites vostre devoir & acquist d'entretenir & accomplir de vostre part les convenances du devant dit mariage, en nous signifiant par le porteur de cestes, & par vos Lettres Patentes vostre responce, voulenté & intention sur ce, ou autrement ledit terme de Saint-Remy passé, nous nous tenrons pour quittes & deschargez desdites peines. En tesmoins desquelles choses, nous avons fait mettre nos sceaux à ces presentes Lettres. Donné à Dijon, le vingt-deuxiesme jour de May, l'an de grace mil quatre cens vingt-deux.

CCXVIII.

Testament du Roy René de Sicile, Comte de Provence, l'an 1474. le vingt-deuxiesme Juillet.

Tiré de l'Edition de M. Godefroy.

CE sont en bref les clauses du Testament de très-excellent & très-puissant Prince, René par la grace de Dieu, Roy de Jerusalem, d'Arragon, des deux Siciles, de Valence, Majorque, Sardaigne & Corse, d'Anjou & de Bar, Comte de Barcelone, Provence, Forcalquier, & Piedmont.

Premierement. Recommande son ame au jour de son trespas de ce monde à Dieu le Createur, à la glorieuse Vierge Marie, & à toute la Cour celeste.

(1) Il étoit alors en Angleterre, où il est mort en 1433. après 19. ans de prison.
(3) Ce mariage ne s'est accomply que le 17. Septembre 1425.
(4) Elle en a eu une grande, ayant laissé onze enfans.

Item.

RENE.
Roy de Naples et de Sicile.
Né a Angers le 16. Janvier 1408.
Mort a Aix en Provence le 10. Juillet 1480.

Paris chez Odieuvre, M.d d'Estampes rue Danjou Dauphine la derniere P. Cochere.

Item. Ledit Roy Teſtateur, veut que en quelconque lieu qu'il treſpaſſera, ſelon la volonté de Dieu, ſon corps ſoit porté en l'Egliſe d'An- 1474.
gers, pour eſtre en icelle ſevely & inhumé au lieu qu'il a ja eſleu & pre-
paré pour ſa ſepulture, & auquel eſt ja ſevely le corps de la feuë Reyne
Iſabel (1) de très-noble memoire, en ſon vivant ſon eſpouſe.

Item. Ledit Roy Teſtateur veut & ordonne que à tousjours-mais chacun jour perpetuellement ſoit dite & celebrée une Meſſe baſſe pour ſon
intention à l'Autel, qu'il a fait edifier & eriger devant ſadite ſepulture en
ladite Egliſe d'Angers.

Item. Ledit Seigneur veut & ordonne que chacun an à tousjours-mais,
ſoient dites & celebrées deux Meſſes ſolemnelles à noſtredit Autel, l'une
pour ſon intention, & à tel jour qu'il treſpaſſera de ce monde, l'autre à
tel jour que treſpaſſa ladite feuë Reyne Iſabeau, pour le remede & intention de leurs ames, & de leurs parens & amis treſpaſſez, & les Vi-
gilles ſolemnelles des Treſpaſſez, le jour devant à Veſpres.

Item. Ledit Sieur veut & ordonne que chacun an à tousjours-mais le ſecond jour de Novembre, qui eſt le jour de la Commemoration des Morts
ſoit faite ſolemnelle Commemoration & Oraiſon des Treſpaſſez devant
leſdites ſepultures, & auſſi devant les ſepultures de feu le Roy Louis ſecond, ſon pere, de très-digne memoire, & de la feuë Reyne Yoland (2)
ſa mere, & de la Reyne Marie (3) ſon ayeule, & que devant chacunes
deſdites ſepultures, ſoit chanté un Reſpons des Morts, enſemble les Ver-
ſet & Collecte accouſtumez : c'eſt-à-ſçavoir, *Inclina* & *Fidelium*, & pour
les Services deſſuſdits, ledit Sieur laiſſe, ordonne, & baille à ladite Egliſe
d'Angers, la ſomme de cinquante livres tournois de rente annuelle &
perpetuelle, pour laquelle avoir & acheter, ledit Sieur veut & ordonne
eſtre baillé aux Doyen & Chapitre de ladite Egliſe, pour une fois la ſomme de mille cinq cens livres.

Item. Ledit Sieur donne & laiſſe à ladite Egliſe la belle Croix d'or,
dont le pied eſt d'argent doré, qui a accouſtumé de ſervir au grand
Autel de ſa Chapelle aux bonnes Feſtes, en laquelle a une grande piece
de la vraye Croix.

Item. Donne & laiſſe à icelle Egliſe ſa belle tapiſſerie, en laquelle ſont
contenues toutes les figures & viſions de l'Apocalypſe.

Item. Ledit Sieur veut & ordonne, que ſon cœur ſoit porté le lendemain de ſon obit en l'Egliſe des Freres Mineurs dudit lieu d'Angers,
pour eſtre inhumé & ſepulturé en la Chapelle de ſaint Bernardin, qu'il a
fait eriger, edifier, parer & fournir, contiguë à l'Egliſe deſdits Freres
Mineurs.

Item. Ledit Sieur veut & ordonne, que en ladite Chapelle de ſaint
Bernardin, ſoit dite & celebrée chacun jour de l'an à tousjours-mais perpetuellement une baſſe-Meſſe, & à chacun an à tel jour qu'il treſpaſſera
une Meſſe à notte, & le jour devant Vigiles des Treſpaſſez ſolemnelles,
pour le remede & le ſalut de ſon ame, & de ſes predeceſſeurs, parens
& amis treſpaſſez, & pour leſdits Services eſtre faits & continuez, de-
laiſſe

(1) Iſabelle, Ducheſſe & heritiere de Lorraine.
(2) Yolande d'Arragon, morte en 1431.
(3) Marie de Bretagne.

laisse & donne ausdits Freres Mineurs en ausmone perpetuelle, chacun an à tousjours-mais le nombre & quantité de trente septiers de fourment, & pour le luminaire desdites Messes, aussi chacun an à tousjours la somme de dix livres tournois, lesquelles quantité de trente septiers de fourment, & sommes de dix livres, ledit Sieur assiet & assigne sur les rentes & revenus de la Menistre.

Item. Veut & ordonne ledit Sieur, que le jour de l'inhumation de son corps, cinquante pauvres soient vestus de noir à ses despens, lesquels porteront chacun une torche du poids de trois livres, & veut en outre, que les luminaires de cierges, torches & flambeaux, soient mis par dedans l'Eglise tout à l'environ, comme est accoustumé à faire pour les Roys, tant le jour de l'inhumation du corps, comme le jour du service, & que la Chapelle ardente qui sera dessus le corps, soit fournie de luminaire & de paremens, comme en tel cas pour les Roys est accoustumé, & aussi que par dedans l'Eglise tout à l'environ, soit une lite de bougran, ornée & semée des Armes dudit Sieur, avec les paremens semblables à ceux qui furent mis en ladite Eglise à la sepulture ou inhumation de ladite feuë Reyne Isabel, & que le grand pulpite de l'Eglise soit aussi couvert de semblable bougran noir.

Item. Ledit Sieur Roy testateur, veut & ordonne que tous Chapelains qui voudront comparoir & assister à ladite inhumation de son corps, & illec celebrer Messes ils soient receus, & que pour les Messes, par eux celebrées, ils soient payez sans delay, en la maniere en tel cas accoustumée.

Item. Ledit Sieur veut & ordonne, que tous les Religieux des Monasteres & Convents, & aussi tous les Colléges de ladite Ville & fauxbourgs d'Angers soient à conduire son corps jusques à ladite Eglise d'Angers, & que chacun desdits Colleges, Monasteres & Convents facent une commemoration sur le corps, laquelle faite, ils retournent en leurs Eglises, pour dire & celebrer le service accoustumé en tel cas pour les Trespassez ; & pour lesdits services & procession, ledit Sieur laisse & donne à chacun desdits Colleges & Monasteres la somme de dix livres tournois, & à chacun desdits Convents Mandians la somme de cent sols.

Item. Ledit Sieur testateur laisse & donne à l'Eglise d'Angers pour la procession & conduite de son cœur jusques à l'Eglise desdits Freres Mineurs, la somme de quinze livres tournois, & à chacun desdits Colléges & Monasteres la somme de soixante sols tournois, & à chacun desdits Convents Mandians la somme de quarante sols tournois ; veut aussi & ordonne tous semblables services, processions & luminaires estre faits à l'inhumation du cœur, comme à la sepulture du corps, & que toutes lesdites choses soient faites le lendemain de la sepulture de sondit corps.

Item. Veut & ordonne ledit Sieur Roy testateur, que les services de procession, station, luminaire, chapeaux, administration de pain & vin par luy instituez, & ja accoustumez de faire à l'Eglise d'Angers, à cause de l'une des hydries (5) esquelles Nostre Seigneur fit miracle en conversion

―――――――――
(5) Mot tiré du latin de l'Ecriture Sainte, pour dire *Cruches*.

DE PHIL. DE COMINES. 327

1474.

verſion d'eauë en vin ès nopces d'Architriclin, & laquelle hydrie il a donné à ladite Egliſe, & fait icelle colloquer en lieu honorable près du grand Autel d'icelle Egliſe, ſoient entretenus & continuez à tousjours-mais perpetuellement en la forme par luy inſtituée & compoſée, & pour la fondation deſdites choſes, il laiſſe & donne à ladite Egliſe d'Angers trente livres de rente annuelle & perpetuelle, pour laquelle avoir & acheter, ledit Sieur veut eſtre payé aux Doyen & Chapitre pour une fois la ſomme de mille livres tournois.

Item. Ledit Sieur laiſſe & donne à ladite Egliſe la ſomme de cent livres tournois de rente annuelle & perpetuelle, pour dire & celebrer à jamais, perpetuellement une Meſſe baſſe à l'Autel de Monſieur ſaint Maurice dernierement conſtruit & edifié en la croiſée de ladite Egliſe à main dextre, & pour fournir de luminaire, veſtemens & ſonnerie à l'heure qu'elle a accouſtumé eſtre ſonnée, & dite, & appellée la Meſſe de l'Ordre du Croiſſant, pour laquelle rente eſtre achetée par les Doyen & Chapitre, ledit Sieur veut & ordonne leur eſtre payé pour une fois la ſomme de trois mille livres.

Item. Veut & ordonne ledit Sieur, qu'en lieu de la charité ou aumoſne accouſtumée de donner aux pauvres ès jours des funerailles & ſervices des Roys, Princes & grands Seigneurs, afin qu'oppreſſion, bleſſure, ou mort de gens ne s'enſuive, comme autresfois on a veu advenir, aumoſnes ſoient diſtribuées à l'équipolent, & diviſées en quatre parties, c'eſt à ſçavoir, à pauvres filles à marier, pauvres malades ou indigens, demeurans aux champs, à pauvres ladres, & hoſpitaux mal garnis de lits, linceuils, & autres choſes neceſſaires; pourveu que les pecunes ne ſoient point baillées ès Maiſtres deſdits hoſpitaux, mais ſeront achetées leſdites choſes plus neceſſaires par les mains de ſes Executeurs qui ſeront cy-après nommez : & pour leſdites charité & aumoſne accomplir, il donne & laiſſe la ſomme de mille livres tournois, à payer pour une fois, & pour eſtre diviſées en quatre parties eſgalles, pour fournir à ce que dit eſt; & laquelle ſomme il veut eſtre priſe ſur les plus clairs deniers venans à la Treſorerie & main du Treſorier d'Anjou.

Item. Ledit Sieur donne & laiſſe à ſa très-chere & très-amée fille Marguerite, Reyne d'Angleterre, pour ſon droit d'inſtitution, la ſomme de mille eſcus d'or à payer pour une fois : en laquelle ſomme de mille eſcus il inſtituë & nomme ſadite fille heritiere : Et ſe il advient que ladite Marguerite Reyne, laquelle eſt à preſent veſve par la mort du feu Roy Henry d'Angleterre jadis ſon eſpoux, ſe tranſporte ès parties de France, ledit Sieur veut & ordonne, que tant que ladite Dame Marguerite demourra en veuvage, elle ait & prenne chacun an deux mille livres tournois ſur les rentes & revenus de ſon Duché de Bar, en laiſſant en outre à ladite Dame ſa fille, ſon habitation & demeure au Chaſteau de Koevres : & ou cas qu'elle voudroit lever les fruits & emoluments dudit Chaſteuu, ledit Sieur veut que leſdits fruits par icelle levez, ſoient comptez en deduction de ladite ſomme de deux mille livres tournois ; & commande ledit Sieur qu'icelle Dame ſa fille ſoit contente des choſes deſſuſdites, & qu'elle ne puiſſe autre choſe demander.

Item.

1474.

Item. Donne & laisse ledit Sieur à sa très-chere & très-amée fille Madame Yoland (6) à present Duchesse de Lorraine, pour son droit d'institution, la somme de mille escus d'or; & en icelle somme de mille escus, avec le doüaire à elle constitué, il institué & nomme ladite Dame heritiere, commandant que de ce soit contente, & que autre chose ne puisse demander.

Item. Ledit Sieur Roy Testateur par son present Testament, de sa certaine science & propos deliberé, confirme, loüe, ratifie & approuve les dons, & toutes & chacunes les donations par luy autresfois faites, & qu'il fera au temps advenir avant son deceds à très-excellente Dame Jeanne (7) la Reyne son espouse, pour toute sa vie durant; & desquels dons & donations, il peut & pourra apparoir tant par les Lettres de son mariage, que par autres plusieurs Lettres depuis & constant ledit mariage faites & passées, & tant ès parties d'Anjou & de Barrois, que de Provence, selon les teneurs desdites Lettres, soit qu'icelles donations soient entre-vifs, & par transport fait à ladite Dame ou autrement, en quelques manieres qu'elles ayent esté faites, desquelles donations, la declaration s'ensuit mot à mot.

Premierement. Au Duché d'Anjou, le Comté de Beaufort, ensemble toutes ses appartenances, le Chastel, Ville & Chastellenie de Mirebeau, avec toutes & chacunes ses appartenances, l'imposition foraine, les sayens de la riviere de Mayne, les lieux de Chauze & de la Rive, les lieux de Lannois & du Palais, l'Isle-bonet, les Prez de Loyau, & les Bois de Lespau, ensemble toutes les appartenances en la Comté de Provence, les Terres, Chasteau & Domaine de Saint-Remy; ensemble toutes les appartenances, droits, jurisdictions, tenemens, rentes, emolumens, dons, aydes faits & à faire par les sujets du lieu, tant en vassaux, hommes, sujets, comme en possessions de terres cultivées, non cultivées, prez, champs, pastures, bois & eaües en offices, & autres choses quelconques, la Ville, Terre & Domaine de Perthuis, avec la Capitainerie dudit lieu, la Seigneurie, haute & basse Jurisdiction, ensemble tous les dons & aydes qui seront faits par les sujets dudit lieu, & toutes autres choses appartenantes illec à la Seigneurie dudit Seigneur, les Chasteaux des Vaux, de Castillon, de Moreres & de Vaguieres, situez audit pays de Provence, & toute la Baronnie des Vaux, ensemble la Vicairie & Capitainerie desdits Chasteaux, avec les dons & subsides que feront les sujets desdites Terres.

Item. Les Terres, Chasteaux & Ville d'Albaigne, avec tous les droits & appartenances: & aussi le Chasteau de Castelet, ensemble tous les dons & aydes desdits lieux.

Item. La grande traite de sel des Villes de Yeres & de Toulon, & generalement de tous les pays de Provence, & tout le droit qui peut venir audit Seigneur, à cause de ladite traite.

* Peage.

Item. Le *payage de Tarascon, ensemble ses dependances & appartenances.

Item.

(6) Elle étoit lors veuve de Federic, Comte de Guise & de Vaudemont.

(7) Jeanne de Laval sa seconde femme, morte en 1498.

DE PHIL. DE COMINES.

Item. Les Villes, Terre & Domaine de Brignoles, enſemble toute les appartenances & vaſſaux, hommes, ſubjets, poſſeſſions, terres cultivées & non cultivées, vignes, prez, champs, bois, eaües, offices & autres choſes quelconques. 1474.

Item. Les quartons des Salines de Vervette, de la Ville de Notre-Dame de la Mer, enſemble tous les droits, rentes & emolumens appartenans auſdits quartons, tant de droit que de couſtume.

Item. Plus, donne ledit Teſtateur dès à preſent pour en jouyr après ſon decès, à ladite Dame ſon eſpouſe, ſi elle le ſurvit, la Ville & revenus de Saint-Canat, avec toutes ſes appartenances, & les baſtides d'Aix & de Matz, ainſi qu'ils ſe comportent, enſemble tous les meubles eſtans eſdits lieux, pour en jouyr ſa vie durant ſeulement.

Item. Ou Duché de Bar, les Villes, Chaſteaux, Terres & Seigneuries d'Eſtain & de Bouconville; enſemble tous les droits, aydes, emolumens & appartenances deſdits lieux, & auſſi le Chaſteau & Domaine de Morlay, avec la Capitainerie, dons & aydes dudit lieu: veut auſſi ledit Sieur, que toutes les donations deſſuſdites ſortiſſent leur plein & deu effet, nonbſtant rigueur de droit, uſages de pays, couſtumes, conſtitutions, meſme la couſtume d'Anjou, par laquelle une femme mariée, après le decès de ſon mary, ne peut avoir enſemble doüaire & donation, & toutes autres couſtumes & uſages à ce contraires: Et pource que ledit Sieur a touſjours aimé & aimera parfaitement ladite Dame juſques à la mort, tant en faveur de mariage, comme pour les grandes vertus & bonté d'elle, comme auſſi pour les agreables ſervices & bons termes qu'elle luy a touſjours tenu, il veut, ordonne & commande à ſes heritiers cy-après eſcripts, qu'ils honorent & reverent ladite Dame, & la laiſſent aller, venir, reſider & demeurer par toutes & chacunes les Places, Seigneuries & Domaines que ledit Seigneur tient à preſent, & qu'il pourra tenir au jour de ſon decès.

Item. Veut & ordonne ledit Seigneur, que ladite Dame Reyne ſon eſpouſe ait tous les biens meubles qu'elle a à preſent avec elle, & qu'elle aura en ſes offices & maiſons, au temps qu'il decedera de ce ſiecle.

Item. Plus, ledit Seigneur laiſſe à ladite Dame ſon eſpouſe, & donne les joyaux qui s'enſuivent, c'eſt-à-ſçavoir; le grand balay, le diamant à la ceſſe*, le grand collier, un autre moyen balay, le petit collier à diamant, les taſſes & drageoüer d'or, les grandes taſſes d'argent, les baſſins d'or, la coupe & eſguiere d'or garnie de pierres, une croix de diamans. *Leſſe.

Item. Ledit Teſtateur donne & laiſſe après ſon deceds, & de ſadite eſpouſe, à Jean ſon fils naturel, les Villes de Saint-Remy & Saint-Canat, avec toutes & chacunes leurs appartenances & dependances, pour en jouyr luy & les ſiens deſcendans de ſon corps en leal mariage à touſjours-mais: & s'il alloit de vie à treſpas, ou ſans enfans, ou ſans hoirs legitimes deſcendans d'eux, leſdites choſes retourneroient au Comté de Provence.

Item. Donne & laiſſe à ſondit fils (6) le Marquiſat du Pont, ſitué & aſſis

(6) Jean d'Anjou baſtard, d'où ſont venus les Sieurs de Souliers, S. Remy & S. Canat.

Tome III. T t

1474.

assis en son Duché de Bar, avec toutes & chacunes ses appartenances quelconques, pour en jouyr, luy & les siens descendans de son corps en mariage à tousjours, & s'il arrivoit que luy & les siens allassent de vie à trespas sans hoirs legitimes descendans d'eux, ledit Marquisat retourneroit au Duc de Bar.

Item. Ledit Seigneur veut & ordonne que en ladite Eglise de Saint-Antoine de Pont-à-Mousson, en laquelle est inhumé & sevely le corps de feu Monseigneur Louys, jadis Marquis du Pont son fils, soit faite une sepulture honneste, selon la condescence de son estat, & pour ce faire, seront pris les deniers sur les rentes du Marquisat du Pont.

Item. Veut & ordonne que en ladite Eglise de Saint-Antoine, soit dite & celebrée une Messe chacun jour de l'an à tousjours perpetuellement, pour le remede & salut de l'ame dudit feu Sieur Marquis: Et pour la fondation de ladite Messe, ledit Seigneur Testateur laisse & donne à ladite Eglise de Saint-Antoine, la somme de cinq cens florins du Rhin à payer pour une fois, laquelle somme sera convertie à achepter rentes à la discretion des Commandeurs, Religieux & Gouverneurs de ladite Eglise, lesquels en recevant ladite somme, s'obligeront à celebrer ladite Messe à tousjours, comme dit est, & seront pris lesdits deniers sur les rentes & revenus dudit Marquisat du Pont.

Item. Ledit Sieur laisse & donne à l'Eglise de la benoiste Magdelaine au lieux de Saint-Maximin, la somme de six mille six cens florins de Provence, à payer par égale portion chacun an dedans dix ans, qui est en chacun desdits ans cinq cens soixante florins, laquelle somme il veut & ordonne estre convertie à la continuation & accomplissement de l'ouvrage de ladite Eglise, par les mains des Syndics de ladite Ville, & du Prieur de l'Eglise dudit lieu de Saint-Maximin, lesquels seront tenus ensemble & conjointement faire serment solemnel, que ladite somme ne sera pas en autre chose convertie que à l'ouvrage de ladite Eglise, comme dit est; & veut & ordonne ledit Seigneur, que lesdits deniers pour ce faire, soient pris & levez sur les gabelles de Rosne, nonobstant toutes autres assignations faites & à faire sur lesdites gabelles, esquelles ledit Seigneur prefere, & veut estre preferé cette presente donation ou legs, en faveur d'icelle glorieuse Sainte, & de sadite Eglise.

Item. Ledit Sieur donne & laisse à la grande Eglise de Strasbourg la somme de cent florins du Rhin une fois payée, lesquels il veut estre pris & levez sur les plus clairs deniers de son pays de Barrois, & estre portez à ladite Eglise, & offerts à une Chapelle estant en ladite Eglise, fondée en l'honneur de sainte Croix, en laquelle a grande quantité de vœux.

* ou *Liesse.* *Item.* Ledit Sieur donne & laisse à l'Eglise de Nostre-Dame de * Lience un marc d'or, lequel il veut estre pris & levé sur les deniers plus clairs des rentes & revenus de sondit pays de Barrois.

Item. Il veut & ordonne que les heritiers cy-après escrits, entretiennent à leur pouvoir son Ordre de Saint Maurice, selon la maniere & forme contenuë ès statuts & ordonnances dudit Ordre.

Item. Veut & ordonne ledit Seigneur, qu'en cas que la sainte & religieuse fraternité de paix ne seroit entierement erigée & publiée au temps de son deceds, ses heritiers doivent solliciter & procurer la publication d'icelle,

DE PHIL. DE COMINES.

d'icelle, tant en Cour de Rome que autre part, tellement qu'elle puisse sortir effet selon l'intention dudit Seigneur, qui en a esté premier commenceur & promoteur, & selon la teneur des Bulles, par le Saint Siege Apostolique, sur ce octroyées & passées, & en ce eux employer.

1474.

Item. Veut & ordonne ledit Seigneur, que en cas que le vœu du voyage par luy promis au saint Sepulchre ne soit accompli avant son deceds, ses heritiers & executeurs soient tenus incontinent après sondit deceds, envoyer homme propre & exprès audit saint Sepulchre, pour ledit vœu bien & duëment accomplir : & pour ce faire, ledit Sieur laisse & donne la somme de trois mille Ducats, pour estre convertie tant au voyage de celuy qui ira, comme pour les oblations & bienfaits qui se feront audit lieu, pourveu que les despens de celuy qui fera le voyage seront taxez à l'arbitre & jugement desdits executeurs, pris sur lesdits trois mille Ducats, & le residu de toute ladite somme de trois mille Ducats ledit Voyageur sera tenu de porter & offrir loyaument au nom dudit Sgr. & de ce rapporter ausdits heritiers & executeurs suffisante certification.

Item. Veut & ordonne ledit Roy Testateur, commande & enjoint à ses heritiers, qu'ils ayent pour recommandez tous & chacuns ses serteurs, en maintenant & conservant ceux qui sont pourveus en leurs estats, pensions, offices & autres provisions, sans aucunement les leur lever & oster pour quelconque cause que ce soit. Et ceux qui ne sont pourveus, leur donner pension ou provision pour leur entretenement, jusques à ce qu'ils soient pourveus d'offices condescens à leur estat, ou autrement, ausquels offices ledit Seigneur veut iceux ses serviteurs estre recommandez & preferez à tous autres, & ainsi le commande à sesdits heritiers.

Item. Veut, ordonne & commande ledit Sieur Roy, que toutes & chacunes ses vrayes debtes soient entierement payées par les mains de ses executeurs, & ses forfaits amendez à toutes personnes & crediteurs qui de ce feront apparoir suffisamment, & veut en outre ledit Seigneur, que au ferment de chacun crediteur, soit creu, & adjousté foy jusques à la somme de vingt livres, pourveu que lesdits executeurs auront regard à la qualité des demandans, & aux causes des debtes, & que pour ce faire, soyent pris des plus clairs deniers des rentes & revenus ordinaires de ses pays, esquelles lesdites debtes seront deuës à la discretion, advis & ordonnances de ses executeurs cy-après nommez.

Item. Veut, & ordonne ledit Seigneur, que les testaments & dernieres volontés des feus très-excellens Princes le Roy Louis second, son pere & du Roy Louis tiers son frere, & aussi de très-noble Dame Jeanne, Reine tierce, soient accomplis, en tant que se pourra faire des biens du Roy de Sicile, quand il sera ès mains dudit Seigneur, ou de ses heritiers & successeurs.

Ou Jeanne seconde.

Item. Veut & ordonne ledit Seigneur, que les testamens & dernieres volontés de feu très-reverend Pere en Dieu Monsieur le Cardinal de Bar, & de Madame Marguerite de Baviere, en son vivant Duchesse de Lorraine, soient accomplis, c'est à sçavoir, dudit Cardinal sur les biens du Duché de Bar, & de ladite Duchesse sur les biens du Duché de Lorraine.

Item. Veut & ordonne ledit Seigneur, que toutes & chacunes les fondations

1474.

dations faites par lesdits Seigneurs Roys ses predecesseurs, & principalement par ses ayeul & ayeule de très-digne memoire, desquelles sont faites assignations sur la recepte ordinaire de son pays d'Anjou, & autres de ses pays, soient entierement accomplies selon la volonté desdits Seigneurs, ou que ses heritiers qui tiendront les Terres & Seigneuries, sur lesquelles ont esté faites telles assignations, payent une somme d'argent pour une fois à la raison de ce que peuvent monter icelles fondations par l'ordonnance & advis desdits executeurs.

Item. Veut & ordonne ledit Seigneur, que toutes les fondations par luy faites & ordonnées en quelque lieu que ce soit, soient parfaites & entretenuës de poinct en poinct sans aucune mutation par sesdits heritiers.

Item. Veut & ordonne ledit Seigneur, que au cas que tous & chacuns les ouvrages, edifices, peintures & autres choses par luy commencées, ou commandées à commencer en aucune Eglise, comme à Saint-Pierre de Saumur, à la Chapelle de Saint-Bernardin d'Angers, à sa sepulture erigée à Saint-Maurice d'Angers & autre part, n'estoient accomplies & parfaites au temps de son deceds, ses heritiers qui tiendront les Terres & Seigneuries desdits lieux soient tenus de les accomplir & parfaire en la maniere qu'elles sont commencées, & selon son intention.

Item. Ledit Sieur Roy Testateur, en tous ses Royaumes, Duchez, Comtez, Vicomtez, Baronnies, Dignitez & Seigneuries, actions, raisons, &c. Il instituë & nomme de sa propre bouche ses heritiers par parties, & respectivement ceux qui s'ensuivent; c'est à sçavoir, très-noble & puissant Seigneur Monseigneur, Charles d'Anjou, (9) Duc de Calabre, Comte du Maine son nepveu, portant le nom & les armes d'Anjou, comme, son premier, principal & universel heritier en toutes les choses dessusdites, & tant de successions, comme d'acquests faits par ses predecesseurs & luy, excepté de ceux dont il auroit disposé & disposeroit jusques à son deceds, excepté ce qui s'ensuit : c'est à sçavoir, le Duché de Bar, auquel & en toutes ses appartenances & dependances, sans y comprendre le Marquisat du Pont, lequel il a donné à Jean son fils naturel, il nomme & instituë son heritier particulier Monseigneur René, (10) à present Duc de Lorraine, son nepveu, fils de Madame Yoland, Duchesse de Lorraine sa fille, voulant, ordonnant, & commandant par ce present testament, que ledit Monseigneur René, soit tenu & obligé accomplir toutes & chacunes les choses par luy leguées, ordonnées, laissées & disposées ès Duchez de Bar & de Lorraine : ensemble toutes les fondations, dotations, augmentations des Eglises, Chapelainies, & autres lieux pieux & Ecclesiastiques, & aussi entretenir & faire payer les pensions & provisions par luy faites à ses gens & serviteurs, & autres personnes quelconques audit pays de Bar & Lorraine, & garder aussi & maintenir ceux qui seront constituez en Offices, ou qui auront Terre, Seigneurie, ou autre provision ausdits pays, & porter toutes les charges

qui

(9) Charles d'Anjou dernier Comte du Maine, neveu & principal heritier dudit René.

(10) René Duc de Lorraine, fils de sa fille, heritier du Duché de Bar. De luï descent toute la Maison de Lorraine.

DE PHIL. DE COMINES. 533

1474.

qui feront à porter par raifon & droit aufdits pays, & felon la teneur de ce prefent teftament toutes autres chofes contenuës & defignéesen ce prefent teftament fera tenu accomplir ledit Monfeigneur Charles, premier & principal heritier, & generalement faire obferver, garder, entretenir & accomplir tout ce que bon heritier & fucceffeur doit eftre tenu & obligé. Et entend ledit Seigneur cette prefente inftitution & nomination de heritier avoir lieu reellement & par effet, en cas qu'il n'aura enfans legitimes procreez de fon corps en loyal (11) mariage : car en tel cas il veut les enfans legitimes eftre preferez à tous autres, comme de raifon eft; & pour toutes les chofes deffufdites bien, loyaument & diligemment accomplir, ledit Seigneur Roy Teftateur a efleu, deputé, nommé & ordonné les executeurs de fon prefent teftament, ceux qui fuivent.

Premierement, très-noble & très-excellente Dame la Reyne Jeanne (12) fon efpoufe qu'il a de prefent, Monfeigneur Charles, Comte du Mayne fon premier & principal heritier, Monfeigneur René Duc de Lorraine, fon fecond heritier, Meffire Guillaume de Harcourt, Comte de Tancarville, Meffieurs Guy de Laval, Chevalier Seigneur de Loüé, Senechal d'Anjou; Maiftre Jean de la Vignole, Doyen d'Angers, Prefident des Grands-jours & des Comptes d'Anjou ; Maiftre Jean Perrot, Docteur en Theologie fon Confeffeur; Maiftre Pierre le Roy, dit *Benjamin*, Vis-Chancelier dudit Seigneur, & Efleu d'Angers; Meffire Jean * Vinel, Docteur en Loix & Juge d'Anjou, & Maiftre Guillaume * Tourneville, Archipreftre d'Angers, & Maiftre des Comptes : Et ou cas que ledit Seigneur trefpafferoit en fon pays de Provence, il conftitué & ordonne, avec le fufdits fes executeurs, très-reverend Pere en Dieu, Monfeigneur l'Archevefque d'Aix, & noble Seigneur Monfeigneur le grand Senefchal de Provence, qui font à prefent, ou qui pour lors feront, donnant & octroyant ledit Seigneur Teftateur à fefdits executeurs, & chacun d'iceux licence, pleniere puiffance & faculté d'executer pleinement & franchement toutes & chacunes les chofes deffufdites, ainfi difpofées & ordonnées comme dit eft : & s'il advient que aucun, ou aucuns defdits executeurs meurent avant l'execution & accompliffement de ce prefent teftament, & de toutes les chofes devant dites, les furvivans, un ou plufieurs auront, & aura puiffance pleniere d'executer tout le refidu dudit fien teftament; & fera licite aufdits executeurs, & à chacun d'eux agir en Jugement, & dehors pour ladite execution, & conftituer Procureurs ou Acteurs pour toutes les chofes deffufdites, executer & accomplir.

* Ou *Birel*.
* Ou *Burneville*.

Item. Veut & ordonne ledit Seigneur, que au cas que tous les executeurs deffufdits nommez, decederoient avant l'accompliffement & totale execution de ce prefent teftament, que lefdits heritiers foient tenus toutes & chacunes les chofes ainfi difpofées, leguées & ordonnées, loyaument

(11) De fon mariage avec Jeanne de Laval, qu'il avoit époufée l'an 1455. & qui luy a furvefcu 18. ans, eftant decedée l'an 1498. Subftitution au prejudice de laquelle on a voulu pretendre que Charles inftitué heritier, n'a pû difpofer au profit de Louys XI. & de fes fucceffeurs à la Couronne; comme il a fait par fon teftament de l'an 1481. mais cette pretention eft ridicule, eftant icy parlé feulement des enfans de René, & non de ceux de fondit neveu.

(12) Executeurs de ce Teftament.

Tt 3

ment & diligemment executer & accomplir, & pour toutes les choses dessusdites parfaire, accomplir & exécuter ; ledit Seigneur oblige & hypoteque par la teneur de ce present testament, tous & chacuns ses biens, meubles & immeubles, en quelque lieu qu'ils soient, mesme tous les fruits, rentes, revenus & emolumens quelconques, ordinaires & extraordinaires de tous les pays, Terres & Seigneuries qu'il tient à present, & qu'il tiendra au jour de son deceds : & specialement ledit Seigneur veut & ordonne, que dès à present toutes les rentes, revenus & emolumens de ses Prevoftez & Receptes de Dun-le-Chaftel, la Chauffée avec l'eftang dudit lieu, fituez en fon Duché de Bar, tant ordinaires comme extraordinaires, tous les emolumens du grenier à sel de Freins, en son pays de Provence, & mille frans au pays d'Anjou, pris de ses deniers premiers & plus clairs du trespas, demeurent chacun an tant qu'il vivra, & après son deceds, soient dès à present mis ès mains de ses executeurs, pour estre appliquées au payement de ses debtes, & à l'accomplissement de sondit present testament : tellement que les deniers qui seront receus chacun an des rentes & revenus dessusdites, ne pourront jamais estre appliqués à autre chose, ne venir au profit desdits héritiers, jusques à ce que sondit testament soit entierement parfait & accomply.

Extraits du Testament de Charles d'Anjou, Roy de Sicile, & Comte de Provence, l'an 1481. le 10. Decembre, tiré des Archives du Roy en Provence, dans un Registre des Testamens des Roys de Sicile, & Comtes de Provence.

ET quia hæredis inftitutio eft caput & fundamentum cujuflibet teftamenti ultimæ voluntatis & difpofitionis finalis, dictus Setenissimus Dominus nofter Rex teftator, ob id & ex certis aliis caufis moventibus, justè & rationaliter mentem ejus his melioribus modo, viâ & formâ, quibus de jure, more, ritu, ftylo vel confuetudine facere poteft, & debet in omnibus, univerfis & fingulis Regnis, Comitatibus, Vicecomitatibus, Baroniis, Terris, Domaniis, Rebus, Bonis, actionibus, juribus, rationibus, fortunis & facultatibus fuis mobilibus & immobilibus, ac per fe moventibus ac nominibus debitorum ad eumdem fereniffimum Dominum noftrum Regem teftatorem de jure, more, ritu, ftylo & confuetudine, & *Item*, quavis ratione, occafione five caufâ pertinentibus, competentibus & fpectantibus, feu pertinere & fpectare potentibus, & debentibus nunc vel in futurum, videlicet præfentibus & futuris quæcumque, qualiacumque, & quantaque fint, & in quibufcumque locis, terris, patriis & regionibus, & penes quafcumque perfonas exiftant, & quocumque nomine feu vocabulo nuncupentur, fecit, inftituit & ordinavit, ac ore fuo proprio nominavit fibi hæredem fuum univerfalem, & in folidum Chriftianiffimum, ac excellentiffimum Principem & Dominum Dominum Ludovicum, Dei gratiâ Francorum Regem, ejus confobrinum & Dominum clariffimum atque reverendiffimum, & poft eum illuftriffimum & clariffimum Principem Dominum Carolum Delphinum, ejufdem excellentiffimi Domini Francorum Regis primognitum,

primogenitum, & consequenter omnes quoscumque successores suos descendentes à Coronâ Franciæ : Per quem si quidem Christianissimum & præclarissimum Dominum Francorum Regem tanquam suum universalem & in solidum, idem Serenissimus Dominus noster Rex testator exsolvi, exequi, compleri & adimpleri voluit, & ordinavit omnia per eum, ut supra legata, relicta, disposita & ordinata post ipsius Domini nostri Regis felices dies. Post hæc autem præfatus Serenissimus Dominus noster Rex testator, de ejus certâ scientiâ, ac proprii motus instinctu, patriam suam Provinciæ ac terras illi adjacentes ipsi Christianissimo Domino Francorum Regi hæredi suo, jam dicto, mente & animo commendavit. Eundemque Christianissimum Dominum Regem studiosè rogavit, & humiliter deprecatus est, rogatumque facit atque deprecatur per hoc suum ultimum testamentum, ut pro Deo & amore quem ipse Dominus noster Rex testator habet, & visceratim gerit erga ipsum & dictum clarissimum Dominum Delphinum, patriam & terras ipsas adjacentes non solum intuitu precum suarum, quasi iterum, & iterum preces precibus accumulando infundit, suscipiat amabiliter commendatissimas, & brachiis suæ humanitatis & mansuetudinis amplectatur, verum etiam in suis pactionibus, conventionibus, privilegiis, libertatibus, franchesiis, statutis, capitulis, exemptionibus & prærogativis. *Item*. & in usibus, ritibus, moribus, stylis & laudabilibus consuetudinibus quas, quæ, & quos acceptare, ratificare, approbare & confirmare dignetur & velit, quemadmodum idem Dominus noster Rex testator post felices dies æternæ recordationis Domini Regis Renati ejus immediatè prædecessoris & patrui recolendissimi in Concilio trium Statuum dictæ patriæ, Provinciæ ratificavit, acceptavit, approbavit ac confirmavit, & observare, tenere & adimplere, tenerique, observari, mandare, & cum effectu facere, pollicitus est, & jurejurando promisit, suscipiat, habeat, manu teneat & defendat, easdemque patriam & terras adjacentes etiam, amplioribus privilegiis, gratiis & beneficiis prosequatur, &c. Hoc autem est & esse voluit dictus Serenissimus Dominus noster Rex testator, de certâ ejus scientiâ suum ultimum testamentum, & suam ultimam voluntatem sive dispositionem finalem omnium Regnorum, Comitatuum, Vicecomitatuum, &c. Cæterorumque bonorum suorum, præsentium & futurorum, &c. Acta fuerunt hæc omnia, recitata & publicata Massiliæ, in domo jam dicti Domini nostri Regis, videlicet in Camerâ, in quâ Rex Dominus noster ægrotus jacebat. Præsentibus, &c.

Extrait d'un Codicile, en date de l'an mil quatre cens quatre-vingt-un, le onziéme Decembre, où la clause que dessus est repetée.

PROPTEREA supranominatum Christianissimum Dominum Francorum Regem hæredem suum universalem, & in solidum affectum & validè devotum ipsi sanctæ Mariæ Magdalenæ, & ejus Ecclesiæ, &c.

Item. Voluit & ordinavit jam dictus Dominus noster Rex, quod supradictus Christianissimus ac excellentissimus Dominus Francorum Rex, tanquam ejus hæres universalis, & in solidum teneatur & debeat dare & solvere, &c.

Item. Pariter memoratus Sereniſſimus Dominus noſter Rex, quamquam in prædicto suo ultimo jam facto teſtamento rogaverit, & fuerit humiliter deprecatus supranominatum excellentiſſimum & Chriſtianiſſimum Dominum Francorum Regem hæredem ſuum univerſalem & inſolidum, &c.

Cætera verò omnia & ſingula in ſupradicto teſtamento, per jam excellentiſſimum Dominum Regem ligata, diſpoſita & ordinata, & ſignanter inſtitutionem hæredis factum de ſupradicto Chriſtianiſſimo Domino Francorum Rege ac illuſtriſſimo Principe Domino Delphino ipſius Chriſtianiſſimi Domini Francorum Regis primogenito, & ſuis ſucceſſoribus deſcendentibus à Coronâ Franciæ. Idem memoratus Dominus noſter Rex per ſe præſentes ſuos Codicillos approbavit, acceptavit, ratificavit & confirmavit, &c.

De quibus omnibus univerſis & ſingulis præmiſſis, & quolibet præmiſſorum memoratus Dominus noſter Rex voluit, ac expreſſè mandavit tam dicto Chriſtianiſſimo Francorum Regi hæredi ſuo univerſali, quàm aliis, &c.

Autre Extrait d'un ſecond Codicile dudit Teſtateur, le meſme jour & an que deſſus.

CÆtera verò omnia & ſingula, in ſupradicto teſtamento per jam dictum excellentiſſimum Dominum noſtrum Regem legata, diſpoſita & ordinata, & ſignanter inſtitutionem hæredis factam de ſupradicto Chriſtianiſſimo Domino Francorum Rege, ac illuſtriſimo Principe Domino Delphino ipſius Chriſtianiſſimi Domini Francorum Regis primogenito, & ſuis ſucceſſoribus deſcendentibus à Coronâ Franciæ : & item pariter alios codicillos, paulò ante præcedenter factos. Idem memoratus Dominus noſter Rex, ipſos præſentes ſuos codicillos approbavit, ratificavit & confirmavit. Hos autem ſuos ultimos codicillos ideò præfatus Dominus noſter Rex voluit in perpetuâ firmitate manere, &c.

Volens tamen & ordinans omnia per eum, ut ſupra, diſpoſita, legata, relicta & ordinata per jam dictum Chriſtianiſſimum Dominum Francorum Regem, tanquam hæredem ſuum univerſalem & in ſolidum exſolvi, fieri, adimpleri, & cum effectu obſervari, ac ſi in eodem dicto ſuo teſtamento legata, ordinata, relicta & omnino diſpoſita forent. De quibus omnibus univerſis & ſingulis præmiſſis, & quolibet præmiſſorum, memoratus Dominus noſter Rex voluit, & expreſſè mandavit tam dicto Chriſtianiſſimo Domino Francorum Regi hæredi ſuo univerſali, quàm aliis, &c.

Note de de Mr. Godefroy.

» *Nota.* Qu'il y eut depuis des Lettres Patentes du Roy Charles VIII. » données à Cmopiegne au mois d'Octobre mil quatre cens quatre-vingt » & ſix, le quatrieſme du Regne dudit Charles, par leſquelles il unit à la » Couronne de France les Comtez de Provence & de Forcalquier.

» *Item.* Autres Lettres du Roy Louys XII. à la poſtulation des Eſtats » du pays, portant clauſes, de ne pouvoir eſtre alienez ny deſunis. Don- » nées à Senlis, au mois de Juin mil quatre cens nonante-huit, homolo- » guées & enregiſtrées en la Cour de la Seneſchauſſée de Provence.

Tenor

DE PHIL. DE COMINES. 337

1474.

Tenor testificationis Jacobi Gaufridi.

ANno Domini millesimo quadringentesimo nonagesimo-septimo, die vigesimo-septimo mensis Octobris, dico, testificor & depono ego Jabus Gaufridus fuisse rogatum pro receptione testamenti quondam beatæ memoriæ Regis Caroli de Andegaviâ, &c. in Camera Massiliensi, ubi ipse Dominus Rex in lecto ægrotus jacebat, & dixit quod ipse condere volebat suum testamentum, & dum fuit in institutione hæredis nominavit sibi hæredes Regem Ludovicum, cui ego loquens dixi, quem Ludovicum instituis hæredem ? & ipse Rex respondit : *Le Roy* Loys *de France, & après luy Monsieur le Dauphin :* Et post modici temporis intervallum dixit, *& la Couronne*, hoc verbum bis reiterando, &c. *Tiré du Registre Griffonis*. fol. 37. verso.

CCXIX.

☞ *Pouvoir donné par le Roy à Maistre Gatien Faure, President de Thoulouse, Loys de Saint-Priet, Chevalier, & Antoine de Mouet, pour faire confederation & alliance avec ceux de la Cité de Berne, & de la grande & petite Ligue d'Allemagne ; ledit pouvoir commandé au Plessis du Parc lez-Tours, le deuxiesme jour d'Aoust 1474.*

LOYS, par la grace de Dieu, Roy de France. A tous ceux qui ces presentes Lettres verront, Salut : Comme par cy-devant & de long-temps y ait eu & ait encore aucunes confederations & alliances entre nous & très-grands & puissans Seigneurs & très-chers amis de nous, ceux de la Ligue & Cité de Berne, & de la grande & petite Ligue d'Allemagne. Et soit ainsi que nous desirant de tout nostre cœur avoir plus grandes & amples confederations & alliances avec lesdites Ligues, ayons deliberé & conclu d'envoyer pardevers eux aucuns nos Ambassadeurs, pour faire ouverture de cette matiere, & y besogner s'ils y veulent entendre de leur part ; parquoy soit besoin & expedient pour mettre à execution nostredite Deliberation, de commettre, ordonner & deputer aucuns notables personnages experts & connoissans en telles matieres, & à nous seurs & feables. Sçavoir faisons, que nous ces choses considerées, & la grande, singuliere & entiere confiance que nous avons des personnes de nos amez & feaux Conseillers, Maistres Gatien Faure, President de nostre Cour de Parlement de Thoulouse ; Loys, Seigneur de Saint-Priet, Chevalier, & Antoine de Mohet, nostre Bailly de Montferrant, nos Chambellans, & de leurs sens, vaillance, loyauté, preud'homie & bonne diligence ; iceux pour ces causes avons commis, ordonné & deputé, commettons, ordonnons & deputons par ces presentes, pour aller & eux transporter devers ceux desdites Ligues, & leur avons donné & donnons par ces mesmes presentes plein pouvoir, autorité, commission & mandement special de faire ouverture, & entrer en paroles avec eux de la matiere dessusdite, & de faire prendre, accorder & conclure telles & si amples confederations & alliances qu'il verront estre à faire,

Tiré des Recueils de M. l'Abbé Le Grand.

Tome III.   V u   c'est

1474.

c'est à sçavoir d'estre amis d'amis, & ennemis d'ennemis, ou d'aider, secourir & revancher l'un l'autre en toutes querelles ; ensemble toutes les autres alliances & confederations que ceux desdites Ligues voudront, Il ne manque rien ici. & qui seront advisées entre eux . . . . de jurer pour & au nom de nous lesdites confederations & alliances, & tout ce que par eux sera fait, accordé, besogné & conclu ; de promettre & assurer de l'entretenir & faire entretenir, observer & garder de point en point, sans enfraindre ou corrompre en aucune maniere, & d'en bailler telles Lettres que au cas appartiendra, pourveu que ainsi le fassent de leur part; & generalement de faire, besogner, accorder & conclure touchant ladite matiere & les dependances avecques ceux desdites Ligues, tout ainsi & par la forme & maniere que nous mesmes ferions & pourrions faire se presens y estions en personne, si est ores qu'il y eust chose qui requist mandement plus special : promettons en bonne foy & parole de Roy, & sur nostre honneur avoir agreable, & tenir ferme & estable à toujours tout ce que par nosdits Conseillers & Ambassadeurs sera fait, besogné, accordé & conclu touchant cette matiere & les dépendances, & de le jurer, assurer, ratifier & approuver toutes & quantes fois que requis en serons : En tesmoin de ce nous avons signé ces presentes de nostre main, & à icelles fait mettre & apposer nostre Scel. Donné au Plessis du Parc lez-Tours, le second jour d'Aoust, l'an de grace mil quatre cens soixante & quatorze, & de nostre Regne le quatorziesme. *Ainsi signé sous le repli*, Loys. *Et dessus le repli*, Par le Roy, Monsieur de Beaujeu, le Sire d'Argenton & autres presens. Tilhart.

CCXX.

☞ *Alliance des Suisses avec le Roy Louys XI. qui leur promet vingt-mille livres de pension, reglant la solde des Suisses qui serviront la France, &c.*

Tiré des Recueils de M. l'Abbé Le Grand.

NOS Burgi Magister, Sculteti, Ammani, Consules & Communitates Oppidorum & Provinciarum Zurich. Bern. Luthzem. Vre. Swythz; Undrivald; Zug; & Glarus, Magnæ Ligæ Alamaniæ Superioris & Sculteti, & Consulatus Communitatum Friburgi & Solodori, universis præsentes Litteras, inspecturis pacifacimus. Quia inter Christianissimum, Serenissimumque Dominum, Dominum Ludovicum Regem Franciæ, horum nobis præ cæteris longe gratiosiorem & nos in hunc usque diem fida charitas & dilectio ipsius, & perennes intelligentiæ extiterunt & existunt, animo ponderamus & conclusimus easdem intelligentias, amicitiasque mutuas roborari & extensius producere, eâ spe ut ex hoc, ceu fundamento nostrarum omnium partium status & commoditas firmitatem nanciscatur non mediocrem. Horum itaque occasione cum præfato Domino Rege, hanc sinceram & intemeratam fidei intelligentiam unionemque amplexi sumus, & modo qui sequitur : imprimisque Rex ipse nos in omnibus & singulis guerris nostris, specialiter contra Ducem Burgundiæ, omnesque cæteros suis in expensis fidele auxilium, juvamen & defensionem impartiri debet. Præterea quoad vi-

xerit

xerit singulis annis, pro caritatis suæ comprobatione, nobis in civitate
sua Lugdunensi expedire & solvi disponet viginti millia Francorum
qualibet quatuor anni partium quinque millia æqualiter inter nos præfa-
tas partes distribuendorum, & si Rex ipse suis in agibilibus & guerris
auxilio nostro egeret, nosque super hoc requireret, eo tunc debemus
illud numero virorum armatorum, prout nobis honestum & possibile
fuerit sibi impendere; si & in quantum nos propriis guerris non fuerimus occupati, suis tamen inexpensis. Rex autem cuilibet armatorum
pro mensis spatio annum duodecim mensibus computando tribuere debet, quatuor florenorum & medium. Et cum hujusmodi auxilia requirere duxerit, debebit Rex ipse salarium cuilibet, ex eis pro spatio
unius mensis competens ad unum ex Oppidis Zurich. Bern. vel Lutzen.
transmittere; & pro duobus alteris mensibus, salaria in civitate Gebennensi, vel alio in loco nobis, apto & grato enumerari facere, & quamprimum nostrates domos suas ingressi fuerint, incipiet cursus temporis
trimestris, ipsisque reservatæ sunt omnes & singulæ immunitates &
privilegia, quibus cœteri Soldati Regii gaudent & potiuntur; & si nos
ullis in temporibus, nostris guerris contra & adversus Ducem Burgundiæ, Regem ipsum nobis ut auxilium impenderet requireremus, & ipse
alias propter guerras suas nobis succurrere non posset, eo tunc quo magis, nos ipse tales guerras continuare possimus, Rex ipse nobis quamdiu easdem manu efficaci prosequimur, qualibet quatuor anni partium
in civitate sua Lugdunensi, numerari faciet viginti mille florenos
Rheni. Et nichilominus summam Francorum supra nominatam, &
cùm nos cum Duce Burgundiæ, vel alio Regis, vel nostro inimico pacem, vel treugas facere voluerimus, quod etiam possumus, debemus
& tenemur nos Regem ipsum specifice & singulariter reservare, & sicut
nos providere, vice versâ Rex ipse in omnibus guerris suis, cum Duce
Burgundiæ & cœteris; si & in quantum pacem, vel treugas facere voluerit,
quod etiam potest, debet & tenetur nos sicut se specifice & singulariter providere & reservare, & in his omnibus partem nostram excipimus Dominum
nostrum summum Pontificem, sacro-sanctum Romanum Imperium, & omnes & singulos, cum quibus nos fœdera, uniones, intelligentias, aut
alligationes litteris & sigillis munitas, in hunc usque diem contraximus; pariformiter ex parte Regis itidem, semoto Duce Burgundiæ, versùs quem Rex ipse & nos idem efficiemus, quod supra cautum
est, & si juxta dispositionem rerum ipsarum cum Duce Burgundiæ, in
præsentiarum guerris involuti fuerimus eò tunc incontinenti debet Rex
ipse erga eumdem Ducem guerras, cum potentia & manu efficaci movere eisdem juncti realiter operari, quod pro consuetudine guerrarum
solita, & sibi & nobis perspicua commodosaque existunt omnium dolo
& fraude exclusis. Et quia hæc amica unio, per dies quibus Rex vitam
colit quos Deus ipse clementia sua in longum deducat, bonâ fide, firma, illibataque servari & eidem satisfieri debebit; ea propter Regi ipsi
has Litteras sigillis Oppidorum & Provinciarum quibus utimur munitas
assignari fecimus, nam pares à Majestate suâ sigillo ejusdem roboratas
accepimus. Nos verò præfatæ communitates Oppidorum Friburgi & Solodorensis, & omnia & singula fatemur grataque & accepta ferimus &

V u 2   habemus

1474.

habemus. In quorum evidentiam sigilla nostra præsentibus etiam appendi fecimus. Datum vigesimâ sexta mensis Octobris, anno à Nativitate Domini millesimo quadringintesimo septuagesimo quarto.

CCXXI.

☞ *Lettres escrites au Roy Louys XI. par ceux de Berne, touchant la prise de quelques marchandises.*

Tiré des Recueils de M. l'Abbé Le Grand.

EXhumiliter se se recommendant, Christianissime, serenissime & inclitissime Rex, heros longè omnium gratiosior, venere ad nos Jodocus Humpis cœterique societatis Oppidi Ravenspurgensis participes, non tenui querela differentes, quod eum pridem in Fontarabia & Bristhgadia mercantias suas, videlicet Lyni aliorumque panni generum conduci fecerint in Sarragossam deferendas, vectoresque ipsi citra semileucæ spatium Castello Sanperæ applicuerint, illicque easdem mercantias in barcas reponi fecerint, venerit inopino agressu Dominus ejus loci Sanperæ, qui se se Regiæ Majestatis vestræ Capitaneum appellat, manu & vi mercantias suas, quas inimicas voluerat rapiendo, distrahendo & suis usibus applicando, nonobstante quod uberes factæ fuerint informationes, mercatores ipsos quorum bona tractabantur nulla in parte inimicos, immò Regiæ Majestatis vestræ salvo conductu egregie munitos, hanc rem, quæ præfatis mercatoribus ruinam accommodat non mediocrem, non possumus, non compatientibus animis commemorari, & eò plus, quò magis ipsi nobiscum hac tempestate in Ducis Burgundiæ extaminium aspirent. Qua de re cogimur partes suas favorabiliter Regiæ Majestati vestræ efficere commendatas, eamdem summo studio exhortantes quatenùs nos contemplando quibus præfati mercatores ipsorumque Magistri Oppidi Ravenspurg, hoc momento unis guerris in Burgundos annectuntur, prædictum Regiæ Majestatis Capitaneum Dominum Sanperæ inducat, compellatque ut præfatis mercatoribus, mercantias suas nulla in parte comminutas restituat: erit id Regiæ Majestatis vestræ decus non mediocre, maximè habito ad salvum conductum respectu, nobis autem beneficium gratissimum, quod pro facultatibus nostris uberrimè conabimur obsequiosissimo affectu compensare, favente Altissimo, qui Regiam Majestatem vestram fœlicia ad vota perducat. Datum ex urbe nostra Bernensi, decimâ Novembris, anno septuagesimo quarto. *Et scellé.*

Vestræ Regiæ Majestatis obsequentissimi famuli Scultetus & Consules urbis Bernensis.

CCXXII.

CCXXII.

Lettres Patentes, par lesquelles le Roy Louys XI. annoblit Olivier le Dain, & luy change le nom qu'il portoit de Mauvais, en luy baillant celuy de Dain, & luy donne des Armoiries.

En Octobre 1474.

LOYS, par la grace de Dieu, Roy de France: Sçavoir faisons à tous presens & à venir, que nous recordans, comme puis aucun temps par nos autres Lettres patentes en forme de Charte, & pour les causes dedans contenues, nous avons ennobly nostre cher & bien amé Valet de Chambre Maistre Olivier le Mauvais, & sa posterité née & à naistre en loyal mariage, sans ce que luy ayons donné ne ordonné aucunes armes pour enseigne, ce qui luy est necessaire d'avoir, pour porter en signe & demonstrance dudit estat de Noblesse perpetuel, à luy & aux siens descendans de luy en loyal mariage, considerans aussi les bons, grands, continuels & recommandables services qu'il nous a par cy-devant & dès long-temps, à l'entour de nostre personne & autrement, en plusieurs & maintes manieres, fait & continué de jour en jour, & esperons que encore plus fasse, voulans aucunement les recognoistre, exaucer & décorer luy & les siens en honneurs & prérogatives, à icelny Maistre Olivier, pour ces causes & considerations, & autres ce nous mouvans, avons octroyé & octroyons de nostre propre mouvement, grace especiale, plaine puissance, certaine science & autorité Royale par ces presentes, voulons & nous plaist que luy & sadite posterité & lignée née & à naistre en loyal mariage, puissent comme Nobles porter les Armes cy-peintes, figurées & armoyées, &c. en tous lieux & en toutes contrées & regions, d'oresnavant, perpetuellement & à tousjours, tant en nostre Royaume, que dehors, & tant en temps de guerre, comme de paix, & qu'ils en jouyssent & usent, leur vaillent & servent à la décoration d'eux, tout ainsi, & par la forme & maniere que si elles leur estoient ordonnées & escheues de droit estre & ligne; & avec ce voulons & nous plaist, que luy & sadite posterité & lignée soient d'oresnavant surnommez le Dain en tous lieux, & tant en jugement, que dehors, & en leurs actes & affaires; & lesquelles armes & surnom nous avons donnez, octroyez & transmuez, donnons, octroyons & transmuons audit Maistre Olivier & sadite posterité & lignée, sans ce qu'il soit loisible à aucun de plus les surnommer dudit surnom de Mauvais; lequel nom leur avons osté & aboly, ostons & abolissons par cesdites presentes, par lesquelles nous donnons en mandement à nos amez & feaux Conseillers, les Gens de nostre Cour de Parlement, au Prevost de Paris, & à tous nos autres Justiciers & Officiers, ou à leurs Lieutenans ou Commis presens & à venir, & chacun d'eux, si comme à luy appartiendra, que de nos presentes grace, don, transmutation & octroy, & de tout le contenu en cesdites presentes fassent, souffrent & laissent ledit Maistre Olivier le Dain, ensemble sadite posterité & lignée, jouïr & user pleinement

Tiré de l'Edition de M. Godefroy.

1474.

ment & paisiblement, sans leur faire, ne souffrir estre fait, ores ne pour le temps à venir, aucun destourbier ou empeschement au contraire, ainçois, se fait, mis ou donné leur estoit, l'ostent, reparent & mettent ou fassent oster, reparer & mettre incontinent & sans délay au premier estat & deu. Et afin que du contenu en cesdites presentes aucuns ne puissent prétendre causes d'ignorance, nous voulons & leur mandons qu'ils fassent icelles lire & publier par tous les lieux de leur Jurisdictions qu'il appartiendra, & dont ils seront requis ; car ainsi nous plaist-il estre fait : Et afin que ce soit chose ferme & stable à tousjours, nous avons fait mettre nostre Scel à ces presentes, sauf en autres choses nostre droit, & l'autruy en toutes. Donné à Chartres au mois d'Octobre, l'an de grace mil quatre cens soixante & quatorze, & de nostre Regne le quatorziesme. *Sic signatum supra plicam*, Par le Roy, TILHART. *visa. Et est scriptum ; Lecta, publicata & registrata Parisius in Parlamento, penultima die Januarii, anno millesimo quadringentesimo septuagesimo quarto, Sic signatum*, BRIMAT. *Collatio facta est cum originali.*

CCXXII*.

Observations de M. Godefroy sur Olivier le Daim.

Tiré de la même Edition.

* Vigneul de Marville.

L'Autheur * des Mélanges d'Histoire & de Litterature imprimées à Paris chez Claude Prudhomme, y fait une remarque sur la datte des Lettres precedentes, disant qu'ayant esté données en Octobre 1474. il ne se peut pas qu'elles ayent esté enregistrées au mois de Janvier de la mesme année, mais il n'a pas fait attention qu'alors on ne commençoit l'année qu'à Pasques & non au mois de Janvier comme elle commence à present.

Olivier le Diable, le Mauvais, ou le Dain, comme le Roy Louys XI. ordonne de l'appeller dans ces Lettres, pour avoir changé de nom n'en estoit pas devenu meilleur.

Philippes de Comines se recrie avec raison contre le choix que le Roy fit d'un homme de ce caractere pour l'envoyer en Ambassade vers la Princesse de Bourgogne.

Maistre Olivier (c'est ainsi qu'on l'appelloit aux Pays-Bas, comme l'on y appelle encore à present les Maistres de quelque mestier par leurs noms seuls) estoit de la petite Ville de Thielt dépendante de la Chastellenie de Courtray en Flandres.

Il passa en France, où il devint Barbier du Roy, & par ses intrigues gagna la confiance de son Maistre.

Parvenu à de grandes richesses, l'envie de paroistre avec éclat dans le pays de sa naissance, & la présomption ordinaire aux gens élevez de la lie du peuple à une haute fortune, l'aveuglerent si fort qu'il accepta une Ambassade, qu'il auroit dû refuser s'il n'avoit pas esté aussi orgueilleux qu'il le parut en cette occasion.

La magnificence de son équipage ne servit qu'à le faire mépriser de ses compatriotes, on reconnut le Barbier sous des habits de Prince ; les Gantois, gens mal souffrans, luy auroient fait mal passer son temps, s'il n'avoit

voit évité par sa retraite précipitée un traitement qu'il avoit bien merité, & qu'il n'a pû eschapper depuis.

1474.

C'estoit un des plus mauvais garnemens & des plus grands debauchez qu'il y eut alors au monde. Voicy comme un Auteur François, nommé Boitel, rapporte la fin de sa vie, ainsi que l'on peut voir page 321. des Intentions Morales, Civiles & Militaires d'Antoine le Pipre, imprimées à Anvers en 1625.

Or, il faut entendre que Louys onziesme du nom, Roy de France, coiffé de l'amitié qu'il portoit à Olivier le Dain (qui de son premier mestier estoit Barbier) luy avoit donné la Capitainerie du Chasteau de Loches, qui estoit, & est encore à present, un bel estat, & le Gouvernement de Saint-Quentin en Picardie, & de Gentilhomme de sa Chambre, & avoit acquis de belles Seigneuries, & de tant qu'il avoit de beaux gages & revenus, & estoit à son aise, il se plongeoit en toutes voluptez, aussi-bien après la mort de son Roy, que pendant qu'il vivoit. Il advint un jour qu'un jeune Gentilhomme commit quelque crime, & le Prevost de l'Hostel du Roy le prit prisonnier; la femme d'iceluy cognoissant qu'il y alloit de la vie, se mit à solliciter les uns & les autres, qu'elle pensoit avoir crédit & faveur envers le Roy Charles VIII. de ce nom: Or elle pensoit qu'Olivier le Daim fust en mesme crédit que quand Louys vivoit, pource qu'il estoit bien suivy, richement habillé, & entroit en la chambre du Roy quand il vouloit, parquoy elle s'addressa à luy & le pria pour la délivrance de son mary: Ledit Olivier voyant que cette solliciteresse estoit belle, jeune & de bonne grace, luy promit qu'il feroit sortir son mary hors de prison, pourveu qu'elle luy prestast son corps, ce que la Damoiselle luy accorda, mais avec beaucoup de difficultez. Et pour satisfaire sa promesse, il s'addressa au Prevost, le priant qu'il justifiast le Gentilhomme, ce qu'il ne voulut jamais faire. Et derechef le pria qu'il luy fit ouverture des prisons, & qu'on tiendroit cela pour une fuite; encore moins peut-il obtenir cet article. Enfin Maistre Olivier se voyant esconduit, commença à reprocher au Prevost son ingratitude; car il l'avoit mis en cet estat, & fait donner au feu Roy Louys beaucoup de dons; & qu'une fois le Roy estant irrité contre luy d'avoir mal administré son estat, qu'il l'avoit appaisé. Enfin les paroles piquantes eurent telle efficace envers le Prevost, qu'il luy dist qu'il advisast le moyen de le faire évader, pourveu qu'il ne fut point en peine de representer ledit prisonnier, ayant affaire à forte partie. Lors Maistre Olivier dit, que le meilleur seroit, & la voye plus asseurée d'estrangler le prisonnier en la Geole & le jetter en la riviere, & que par ce moyen la partie seroit vengée & satisfaite, & la femme du mort bien aise pour n'avoir encouru note d'infamie, & que les choses se passant ainsi, toutes parties seroient contentes. Ces choses ainsi arrestées entre eux, il sollicita la Damoiselle de le venir trouver la nuit prochaine en son logis pour satisfaire à son plaisir, ce qu'elle feist, s'asseurant que le lendemain elle verroit son mary en liberté; mais fut deceuë, car cependant que Maistre Olivier la caressoit dans le lit, son Valet de chambre, nommé Daniel, & un nommé Oyac vont estrangler dans les prisons du Prevost le miserable Gentilhomme, puis le traisnerent dans la Riviere de Seine, le corps duquel

flottoit

flottoit sur l'eau, ne l'ayant sceu faire enfoncer au fonds de ladite Riviere. Il fut tiré par les Bateliers à la rive, où tout le long du jour il fut visité de grande multitude de peuple & fut recogneu pour tel qu'il estoit. La femme qui s'estoit levée de grand matin, pensant avoir recouvert son mary, entendist d'aucuns que son mary estoit mort, & qu'il estoit sur la rive de l'eau, elle y estant allée trouva que c'estoit luy. Alors cette infortunée Damoiselle se jetta sur le corps faisant de très-lamentables complaintes, & fondant toute en larmes, maudissoit Olivier le Daim qui l'avoit deceuë, luy ayant ravy son honneur, avec promesse de luy rendre son mary. Les lamentations de cette Damoiselle esplorée esmeurent tellement le peuple à commiseration, qu'il advertit la Justice de ce forfait, dont Maistre Olivier fut saisi & condamné à la gehenne, qui sans beaucoup estre tourmenté, confessa le fait, estimant qu'on ne l'oseroit condamner, se fiant à la faveur du Roy. Mais ce fut tout le contraire, car estant hay à cause qu'il avoit abusé de l'autorité du Roy Louys, fut condamné à estre pendu & estranglé, son Daniel luy tint compagnie, condamné en beaucoup d'amendes envers la veuve; & quant à Oyac (que je cuide estre cestuy, que Sessel appelle l'Admiral de Louys) il ne fut pendu, parce qu'il estoit verifié qu'il n'avoit voulu assister à l'estranglement du Gentilhomme prisonnier, si avoit-il bien aidé à le jetter dans la Riviere, il eut les oreilles coupées, la langue percée, & banny du Royaume. En voilà l'épitaphe couché par Monsieur Jean Bouchet de Poictiers, tant en ses Epitaphes, qu'Annales d'Acquitaine.

EPITAPHE D'OLIVIER, BARBIER DU ROY LOUYS XI. qui fut pendu à Montfaulcon à Paris.

Je Olivier, qui fus Barbier du Roy
Loys onziesme, & de luy tousjours proche,
Par mon orgueil fut mis en desarroy
A ce gibet tout remply de reproche;
En hault parler, en estat & approche,
Je me faisois aux grands Princes pareil;
Mais de malheur on m'a rompu la broche
Par ce piteux & horrible appareil.

Jean Molinet, dans sa Recollection des merveilles qu'il a veuës, rapporte ce fait dans les vers suivans:

J'ay veu oyseau ramage,
Nommé Maistre Olivier,
Volant par son plumage
Haut comme un Eprevier,
Fort bien sçavoit complaire
Au Roy, mais je vis qu'on
Le fit, pour son salaire,
Percher au Montfaulcon.

Maistre

DE PHIL. DE COMINES. 345

Maiftre Olivier ne fut plaint de perfonne : on pourroit juftifier par une infinité d'exemples, qu'une mort honteufe ou malheureufe eft le fort ordinaire de ceux qui mettent toute leur confiance dans la faveur des Grands de la Terre abufent de leur authorité, & ne fe fervent de leurs richeffes que pour commettre les plus grands crimes, Dieu fe laffe à la fin de leurs iniquitez & commence dès ce monde à les punir de leurs forfaits.

1474.

CCXXIII.

Traité de mariage d'Anne de France, fille du Roy Louys XI. avec Pierre de Bourbon, Seigneur de Beaujeu, depuis fecond du nom Duc de Bourbon, le troifiefme jour de Novembre 1473.

PIERRE DE BOURBON, Seigneur de Beaujeu. A tous ceux qui ces prefentes Lettres verront, Salut : Comme puis n'agueres nous avons très-humblement fait fupplier & requerrir à mon très-redouté & Souverain Seigneur Monfeigneur le Roy, que fon plaifir fuft nous faire l'honneur de nous bailler par mariage ma très-redoutée Dame Madame Anne de France fa fille aifnée : Surquoy iceluy mon très-redouté & Souverain Seigneur reduifant à memoire l'ancienne confanguinité & affinité que noftre très-redouté Seigneur & frere * Monfeigneur le Duc de Bourbonnois & d'Auvergne, nous & nos predeceffeurs de la Maifon de Bourbon, qui eft extraite & defcendue de la Maifon de France, ont toufjours eu, & qu'avons à mondit Seigneur le Roy & à fes prédeceffeurs, & les fervices à eux faits par nofdits prédeceffeurs : Ayans auffi regard à ce que feu mon très-redouté & Souverain Seigneur Monfeigneur le Roy, que Dieu abfolve, durant fa vie bailla par mariage ma très-redoutée Dame & fœur Madame Jeanne de France (1), fa fille, à noftredit Seigneur & frere Monfeigneur le Duc de Bourbon, perfeverant en femblable vouloir & affeétion pour confideration de la finguliere amour, que de fa grace il a à nous & à ladite Maifon de Bourbon, voulant icelle approcher de luy & traiter en plus grande faveur, eu fur ce advis & deliberation avec plufieurs des Seigneurs de fon fang & lignage, & Gens de fon Grand Confeil, pour les caufes & confiderations deffufdites, & plufieurs autres à ce le mouvans, ait aujourd'huy voulu, confenty, oétroyé & accordé ledit mariage, & icelle promife à nous bailler à femme & efpoufe. SÇAVOIR FAISONS, que nous recognoiffans lefdites chofes, & le grand honneur que mondit Seigneur le Roy nous fait en ce faifant; defirans de tout noftre pouvoir la perfection & accompliffement dudit mariage, & en toutes chofes accomplir fon vouloir & plaifir, avons audit jourd'huy de noftre part voulu, confenty & accordé, voulons, confentons & accordons par ces prefentes ledit mariage, & icelle Madame Anne de France avons promis & promettons de prendre à femme & efpoufe, & en faire & folemnifer les nopces & efpoufailles en face de fainte Eglife, toutesfois que fera le bon plaifir de mondit Seigneur le Roy, & avons agréable

Tiré de l'Edition de M. Godefroy.

*Jean II. Duc de Bourbon.

---

(1) Jeanne de France, fille du Roi Charles VII. & de la Reine Marie d'Anjou fon époufe.

ble le dot que mondit Seigneur le Roy luy a conſtitué & ordonné de cent mille eſcus d'or pour une fois, à iceux payer à trois termes, à chacun terme la tierce partie, dont le premier terme ſera dedans l'an de la ſolemnité des nopces, & les autres deux termes ſe payeront ès deux années prochaines enſuivans, en chacune année le tiers deſdits cent mille eſcus, de laquelle ſomme de cent mille eſcus nous demeurera, & aux noſtres la tierce partie qui n'eſcherra point en reſtitution, & les deux autres tiers ſeront le propre heritage paternel de madite Damè Anne, & le pourront elle ou ſes enfans & heritiers recouvrer ſur tous nos biens au *pro rata* de ce qui en aura eſté payé, au cas que leſdits deux tiers n'auroient eſté employez en acquiſition de terres ou heritages, & s'ils y avoient eſté employez, il ſera au choix de madite Dame Anne & des ſiens, de prendre leſdites terres qui en auroient eſté acquiſes, ou ladite reſtitution deſdits deux tiers d'iceux cent mille eſcus, comme dit eſt; & auſſi aura & prendra, au cas que nous irons le premier de vie à treſpas, la ſomme de ſix mille livres de rente pour ſon douaire, durant le cours de ſa vie, ſelon la couſtume des pays où l'aſſiete ſera faite, leſquelles luy ſeront aſſiſes de prochain en prochain ès meilleures & plus claires Terres, Seigneuries, revenus & biens immeubles, que nous avons & qui nous peuvent à preſent compcter & appartenir, & auſſi ſur celles qui par le temps à venir nous appartiendront, competeront & pourront obvenir par ſucceſſion, appanage, acqueſt, ou autrement, en quelque maniere que ce ſoit ; & ſeront icelles ſix mille livres de rente logées & hebergées des Places, Chaſteaux, Villes, Forterreſſes & Maiſons qui appartiendront eſdites Terres & Seigneuries de ladite aſſiete ; leſquelles Places, Villes, Chaſteaux, Forterreſſes & Maiſons de ladite aſſiete demeureront ès mains de madite Dame Anne durant le cours de ſa vie. Et par ce preſent Traité en tant qui nous peut toucher, & pourra pour le temps advenir : Avons voulu & conſenty, voulons & conſentons expreſſément, que toutes les Duchez, Comtez, Terres & Seigneuries qui ſont à preſent en la Maiſon de Bourbon, qui, tant par l'ancien appanage de France, que par les traitez des mariages de madite Dame & ſœur Madame Jeanne de France, avec noſtredit Seigneur & frere, & de feue noſtre très-redoutée Dame & ayeule Madame Marie (2), fille de feu noſtre très-redouté Seigneur & oncle Monſeigneur le Duc Jean de Berry, avec feu noſtre très-redouté Seigneur & ayeul paternel Monſeigneur le Duc Jean de Bourbon, & par autres Traitez quelconques, ont eſté miſes comme tenues en appanage, & qui par leſdits traitez doivent retourner à la Couronne, retourneront à mondit Seigneur le Roy, & à ſes ſucceſſeurs Roys de France, au cas que nous irons de vie à treſpas ſans hoirs maſles deſcendans de noſtre corps en droite lignée en loyal mariage, & auſſi mondit Seigneur le Roy a voulu & conſenty que au cas que noſtredit Seigneur & frere iroit de vie à treſpas, ſans hoirs maſles, deſcendans de ſa chair en droite lignée, en loyal mariage, que nous & noſdits hoirs maſles, deſcendans de

(2) Clauſe bien notable dont l'effet échût depuis, leſdits Contractans n'ayant laiſſé qu'une fille, nommée *Suſanne*, mariée à Charles II. Duc de Bourbon, & Conneſtable de France, qui depuis ſe retira chez l'Empereur charles Quint.

de nostre chair en loyal mariage, succedions & puissions succeder en toutes & chacunes lesdites Duchez, Comtez, Terres & Seigneuries dessusdites, sans toutesfois en rien prejudicier ne deroger au douaire de Madame & sœur Jeanne de France, Duchesse de Bourbon, ne en la seureté des choses traitées en sondit mariage, tant pour elle, que pour les hoirs qui d'elle descendront, si aucuns en avoit ; & aussi voulons, consentons & accordons expressément, que les hoirs qui descendront de madite Dame Anne de France & de nous, ayent tous tels, semblables & pareils advantages en tous nos biens, meubles & immeubles, Terres & Seigneuries quelconques de nostre succession, que par le traité & contrat dudit mariage de nostredit Seigneur & frere, & de madite Dame & sœur Madame Jeanne de France sa femme, a esté accordé pour les hoirs descendans de leurdit mariage, & que cestuy nostre present consentement soit de telle valeur, comme s'il estoit icy expressément recité & declaré : Nous avons consenty, accordé, promis & juré, consentons, accordons, promettons & jurons par la foy & serment de nostre corps, pour nous, nos hoirs, successeurs & ayans cause, tenir, garder & accomplir, sans jamais faire, ne venir au contraire, sous l'hypotheque & obligation de tous nosdits biens, meubles & immeubles, presens & à venir quelconques, lesquels nous avons obligez & hypothequez, obligeons & hypothequons expressément pour l'entretenement & accomplissement de toutes les choses dessusdites, & chacunes d'icelles, & avons renoncé & renonçons à toutes & chacunes les choses qui nous pourroient aider à faire, ou venir contre la teneur de cesdites presentes, lesquelles nous avons voulu & voulons sortir leur plein & entier effet. En tesmoin de ce, nous avons fait sceller ces presentes de nostre Scel, lesquelles nous avons signées de nostre main. Donné à Jargeau le troisiesme jour de Novembre, l'an de grace mil quatre cens soixante-treize. *Et sur le reply*, Par Monseigneur de Beaujeu en son Conseil. *Signé*, G. COURTIN. *Et scellé.*

CCXXIV.

Négociation des Envoyez du Duc de Bourgogne vers les Suisses.

Ce que Messire Henry de Collombier & Jehan Alard diront aux Srs. des Alliances de la part de mon très-redouté Sr. Monsf. le Duc de Bourgogne & de Brabant, & aussi de la part de mon très-redouté S. Monsf. le Comte de Romont, en après la presentation de leurs Lettres diront :

COmment mondit Sr. le Duc a rescript & mandé à mondit Sr. de Romont de envoyer aucun de par luy pardevers vous, pour vous dire & declarer le bon & grand vouloir que mondit Sr. le Duc vous a & porte, & pour ce que mondit Sr. de Romont sçait & connoist la confidence, amour & bienveillance que de tout temps a esté entre la Maison de Savoye, dont il est l'un des enfans, & vous autres cognoissans le bon vouloir de mondit Sr. le Duc, & que de tout son cœur voudroit l'entretennement & continuation d'amitié d'entre mondit Sr. le Duc & vous,

Tiré de l'Edition. de M. Godefroy.

que

que de tout temps a esté comme vostre voisin & amy, a voulentiers pris ceste charge, & nous a chargié vous dire les choses cy-après contenues.

1474.

Premierement, nous a chargé nostre très-redouté Sr. le Comte de Romont vous dire de la part de nostre très-redouté Sr. Monf. le Duc de Bourgogne, les grans & anciennes amitiez & bons voisinemens que de tout temps ont esté entre la Maison & les Pays de Bourgogne & vous autres Mrs. les Alliez, & que oncques les prédecesseurs de mondit Sr. ne luy, ne vous firent, ne procurerent faire chose qu'il ait peu ou puisse porter grief ou dommage, ains avez esté doucement & benignement receus ès pays de mondit Sr. le Duc, & iceux favorablement traictez comme ses subjets propres, & aussi ont esté les subjets de mondit Sr. en vosdits Pays, & tellement que Mr. & vous n'avez eu cause vous mescontenter l'un de l'autre.

Item. Que ce neanmoins mondit Sr. le Duc est adverty que par le moyen & pratique d'aucuns & eux efforçans de mettre discord entre mondit Sr. le Duc & vous, sement langages autres que veritables à la charge de mondit Sr. & entre les autres, que mondit Sr. en faisant le traité d'entre luy & le Duc d'Austeriche, il ne vous a point excepté, & que mondit Sr. à l'encontre de vous a prins mondit Sr. d'Austeriche en sa garde, & a acquis les Pays de Ferrete & d'Aussoys contre vous.

Diront & remonstreront de par mondit Sr. le Duc, que quant à ce que par luy a esté besogné avec ledit Duc d'Austeriche, ce n'a point esté à son pourchas, ne requeste, ains vint ledit Duc d'Austeriche devers luy en personne ès Pays de par-de-là *, & luy requist & pria qu'il voulsist appointer avec luy touchant lesdits Pays d'Aussoys & de Ferrete, lesquels il luy a transportez en gagiere, & que mondit Sr. accorda & luy feust force de ce faire, car il estoit certainement adverty que quand il ne les eust pris, que ledit Duc d'Austeriche les eust baillé autre part qu'il luy eust peu porter grand interest, prejudice & dommage, & non pas tant seulement à mondit Sr. mais à vous mesmes & à autres, & n'entendist oncques mondit Sr. avoir fait en ceste partie chose qui soit ou qui puisse estre à vostre prejudice, mais à vostre grand fortification & seureté, & quant à la garde à laquelle mondit Sr. a prins ledit Duc d'Austeriche, mondit Sr. comme vous sçavez en a tellement usé, que vous pouvez cognoistre que mondit Sr. n'entend pas l'avoir fait contre vous, ne pour vous porter interest, mais pour le bien & appaisement du differend qu'il peust estre entre ledit Duc d'Austeriche & vous, pour lequel appaisement faire mondit Sr. a envoyé souventesfois par devers vous, & vous a fait faire certaines ouvertures, par lesquelles vous avez peu veoir & cognoistre que mondit Sr. desiroit vous faire plaisir, comme encores fait & offre de soy employer, quant vous voudrez, à bon & seur appoinctement & appaisement de vous.

*Il y étoit en Avril 1469.

Item. A ce que l'on mette advant des faits & paroles de Messire Pierre de Arquembarch (1), diront que mondit Sr. n'a point sceu que ledit de

Arquembarch

(1) Pierre de Hagenbach, c'est ainsi qu'il écrivoit son nom, a été décapité à Brisack en 1474.

DE PHIL. DE COMINES.

Arquembarch aye aucune chose entreprinse sur vous, ne grevé aucuns de vos gens, & quant il en seroit adverty, ne le voudroit souffrir, mais le corriger à faire reparer son mesus, comme il appartiendroit, & mesmement a ordonné gens pour ouïr & recevoir toutes les plaintes que l'on en voudra faire, & s'il trouve que luy ne autre de ses Officiers en ayent mesusé en aucune maniere, il y pourvoira & fera pugnir & corriger lesdits Officiers, de quelque estat qu'ils soient qui auront delinqué ou mesusé sous couleur de leur estat & office, ou autrement, sans dissimulation quelconque, en telle façon & maniere que vous appercevrez luy estre Prince de justice, & qu'il veut rendre à un chacun sa raison, ce qu'est un des grans & singuliers desirs qu'il ait.

Item. Comment mondit Sr. a entendu que quelque rapport ou langage qu'on vous fasse, depuis que lesdits Pays d'Aussoys & de Ferrete ont esté ès mains de mondit Sr. vous y avez esté en plus grand paix, repos & seureté que ne fustes onques, ce que par advant estoit tout du contraire, & vous falloit passer par lesdits pays par sauf-conduit, seureté & encore à grands dangers, & maintenant sont ouverts à vous & à un chacun pour aller querir bled, vin, vivres & toutes autres marchandises à vostre grand proufit, & le pays seur & sauf à tous passans, comme sont les autres pays de nostredit très-redouté Sr.

Et certifieront lesdits Messire Henry & Jehan Alard à tous lesdits Alliez comment mondit Sr. le Duc entend, qu'il veut vivre en toute douceur, amour & bon voisinement avec eux, tant & si longuement qu'ils voudront pareillement faire envers luy, & ne le trouveront point autrement, quelconque langage ou paroles controuvées que on leur ait fait ou fasse entendre. *Signé*, JACQUES DE SAVOYE. *Et plus bas le surplus suppliera la discretion des Ambassadeurs. Signé*, BARRA, *avec paraphe.*

S'ensuivent les réponses que les Alliances ont fait à Messire Henry de Collombier, Chevalier, & à Jehan Alard, sur les instructions que mon très-redoubté Sr. Monsf. le Duc de Bourgogne a envoyées à Monsf. le President & au Conseil de Dijon, pour envoyer à mon redouté Sr. Monsf. le Comte de Romont, pour extraire desdites instructions ce que seroit de necessité, & qu'il leur sembleroit esdits Alliez estre à remonstrer, en ensuivant le contenu d'icelles instructions de mondit Sr. le Duc, lesquelles instructions de mondit Sr. de Romont on presentera à mondit Sr. ou la copie d'icelles signée de sa main.

ET premierement furent lesdits Messire Henry de Collombier, Chevalier, & Jehan Alard envoyés par mondit Sr. le Comte de Romont ès lieux cy-après déclarez, pour remonstrer à ceux desdits lieux, selon lesdites instructions, le bon vouloir que mondit Sr. le Duc porte envers eux, surquoy firent responses belles & honnestes, monstrant semblant qu'ils avions à très-grand plaisir lesdites remonstrances, comme cy-après est déclaré.

La response de Fribourg.

Item. Estans lesdits Ambassadeurs arrivez en la Ville de Fribourg furent receus

1474.

receus très-honnorablement & leur tinrent compagnie les plus grans de la Ville, tandis qu'ils furent dedans ladite Ville, & leur donnerent de leur vin, & assemblerent le matin tous les plus notables de leur Conseil, & leur dist Messire Roul de Vulpens, Advoyer dudit lieu, en la presence dudit Conseil : Messieurs, vous soyez les très-bien venus, vous priant de remercier très-humblement les graces de nostre très-redouté Sr. Monf. le Duc de Bourgogne, & aussi de nostre redouté Sr. Monf. le Comte de Romont, de l'honneur & advertissance, declaration de bienveillance que nous ont esté par vous faites de la part de nostredit très-redouté Sr. de bonne memoire, nos Srs. les prédecesseurs de nostre très-redouté Sr. le Duc de Bourgogne, ne nous vint oncques dommage par eux, ne par leurs pays, mais que tout proufit & honneur, & toujours nous ont esté leurs pays ouverts à toutes nos necessités, guerres & autres affaires, nous sont venus vivres & autres denrées, comme sel, fers, vins, bleds & tous autres biens, & avons communiqué & marchandé, allé & venus en toutes les manieres que bon nous a semblé par iceux leur pays, sans avoir aucun dommage ou destourbier, & fust du temps de nostre très-redouté Sr. Monf. le Duc Philippe dernier mort, que Dieu absolve, un de nos Bourgeois, appellé Vuilly Preez, pris prisonnier par feu Messire Jehan Loys, ès pays de nostredit très-redouté Sr. & mené à Montjoye & à Hardemon, tellement que fusmes par devers la grace de nostredit feu très-redouté Sr. nous en complaindre, veu qu'il estoit pris en ses pays, & sans faire grant responses nostredit trouva maniere de tirer nostredit Bourgeois hors des mains dudit Messire Jehan Loys, & nous fust renvoyé sans ranchon, ne autre despense, & considerans la bienveillance & biens qu'ils nous ont toujours fait, sommes deliberez de luy faire tous les biens & plaisir que nous pourrons, comme tenus y sommes, & aussi considerans l'intelligence qu'avons avecques nostredit très-redouté Sr. que au plaisir de Dieu entretiendrons de tout nostre pouvoir avecques luy, & au regard de les Comtez de Ferrete & d'Aussoys, ne nous est advenu aucun dommage, ne interest, mais y allons sauvement & seurement, sans seureté & sauf-conduit, ce que n'osions faire paradvant qu'elles fussent ès mains de nostredit très-redouté Sr. & au regard de Messire Pierre de Harquembarch & des Officiers, nous ne nous en sçavons rien plaindre fors que en tout bien, en vous priant dereschief que tousjours nous entretenez en la bonne grace de nostredit très-redouté Sr. & aussi de nostre redouté Sr. Monf. le Comte de Romont.

La response des Bernois.

Item. Vinrent lesdits Ambassadeurs audit Berne en après la présentation des Lettres de créance de par Monf. de Romont faites en leurs personnes, furent devant le Conseil & exposerent leur creance, & après requierent ausdits Advoyer & Conseil de leur assembler les Bourgeois pour leur exposer aussi ladite créance selon lesdites instructions, lesquels le lendemain au son de la grosse cloche les assemblerent, & furent lesdits Ambassadeurs devant eux, & les oyrent bien à plain, & sembloit par évidence que lesdits Bourgeois les oyssent très-volentiers, & après avoir

oy

oy le tout, les firent retraire & retourner en leurs logis, & les accompagnerent allant & venant, & firent grant honneur, en donnant de leurs vins, & dirent qu'ils leur ferions responſe à leur logis. Combien que leſdits Ambaſſadeurs euſſent mieux aimé qu'ils leur euſſent fait devant leſdits Bourgeois, & leur fuſt dit que aucun du Conſeil cuida changer aucunement leurs langages, mais les Bourgeois dirent que leſdits Ambaſſadeurs l'avions rapporté au vray, & failliſt qu'on convocaſſe Kiſſiler qu'il feuſt par advant Advoyer, qu'il tenoit le Baſton & Siege de l'Advoyer preſent pour ſon abſence, & Franqueliſt, le Bourſier de la Ville, & autres gens notables, avecques les Bourgeois, leſquels furent d'accord dudit rapport avecques les Bourgeois, & ſe trouva que leſdits Ambaſſadeurs avions eſté par celuy-là chargez ſans cauſe. *Item.* Aprés au logis deſdits Ambaſſadeurs furent envoyez Meſſire Andrian de Buemberg, Hartemant de la Pierre, Kaſſepert de Chanetal, le Bourſier & autres gens notables, pour leur faire reſponſe, leſquels aprés remercians, prierent auſdits Ambaſſadeurs de les recommander ès bonnes graces de noſtre très-redouté Sr. le Duc, & auſſi de Monſ. de Romont, de l'honneur, plaiſir & advertiſſance qu'il leur a pleu de faire, & que s'ils povoient rien faire pour la domination très-haute de noſtredit très-redouté Sr. qu'ils le ferions de très-bon cœur, & qu'ils ont bonne cognoiſſance & memoire que les predeceſſeurs de noſtredit très-redouté Sr. luy auſſi, ne leur pays ne leur firent oncques dommage, ne deſplaiſir, fors que tout honneur, toute amitié & bon voiſinage au pays, & que toujours en tous leurs affaires & pour leurs guerres ont eu vivres, ſel & toute autre denrée en leur grant neceſſitez, priant à noſtredit très-redouté Sr. que auſſi le veuille faire, & de leur coſté l'entretiendront de tout le pouvoir, & en outre que par mondit très-redouté Sr. ne meſdits Srs. ſes predeceſſeurs ne leur vint oncques dommage, mais que tout bien & honneur, & feu mon très-redouté Sr. dernier, que Dieu abſolve, les a touſjours bien & honnorablement traictez & les a touſjours eu pour recommandé & fait plaiſir, & veuillent entretenir l'intelligence que eux & les autres bonnes Villes ont avecques luy, & faire deffenſes à tous les leurs qu'ils ne portent dommage à mondit Sr. ne pareillement au Roy, veu les intelligences & amitiez qu'ils ont d'un coſté & d'autre, & quant ils pourront point faire deſplaiſir à mondit Sr. qu'ils le feront volentiers.

Item. Au regard de les Comtés de Ferrete & d'Auſſoys, ils cognoiſſent que depuis qu'elles ont eſté ès mains de mondit Sr. que c'eſt pays ouvert & ſeur à eux & à tous par là paſſans, & toute marchandiſe il paſſe ſeurement & ſauvement, ce que par advant ne ſe faiſoit, & ne ſçavent point que depuis la tenue de mondit Sr. aucuns d'eux y ait eu dommage, fors que tant ſeulement qu'ils ſe plaignent de la fierté & mal gracieuſes paroles de Meſſire Pierre de Harquembarch, ſur aucunes extorſions qu'il fait, & meſmement aux ſubjets de mondit Sr. & à ceux de Balle & Dextrabourg * & autres Villes voiſines, combien que à eux il ne faſſe point de dommage, fors que de paroles deshonneſtes, & quant il vient devant eux s'en deſdit, en diſant que quant ils ſe trouvent enſemble ès journées qu'ils prengnent, quant ceux de Balle ou Dextrabourg,

1474.

* Straſbourg.

1474.

ou autre Ville voisine, viennent pour moyenner & accompagner esdites journées, disant, *ha ha, estes-vous ici à l'encontre de Monf. de Bourgogne, par la char Dieu vileins vous passerez par-là*; & qu'il s'est vanté d'estre Baillif des Alliances, & Sr. des meilleures maisons que les Bernois ayent, & qu'ils seront encore à Monf. de Bourgogne, & quant on l'en a repris, il dist qu'il ne le dist qu'en esbatement, & qu'il voudroit bien faire honneur & profit à son Maistre, c'est que tout fust sien, & ainsi dient que se sur ces paroles & menaces aucun dommage il advient, il sera fait, & au regard de leurs alliez de Melenouse (2) ledit Messire Pierre leur fait tous les desplaisirs & violences qu'il peut leur faire, à deffendre les vivres & oster leurs foires & marchez, les arreste ès villes de mondit Sr. pour les debtes qu'ils doivent ès bonnes Villes & autre part, à quoy ils sont obligez, & n'osent aller, ne tresgier hors de leur ville, requerrant à la grace de mondit Sr. de leur remettre les foires & marchez, & les laisser tresgier & converser par le pays, & de leur faire donner terme competent par les creanciers, parquoy ils se puissent tirer hors de danger, & payer leurs debtes, & au plaisir de Dieu, ils feront tant qu'on se tiendra content, en priant lesdits Ambassadeurs que tousjours les vueillent recommander à la bonne grace de nostredit très-redouté Sr. Surquoy fust respondu par lesdits Ambassadeurs, & mesmement sur le fait de Melenouse, que advant ce que le pays fust ès mains de mondit Sr. qu'ils estoient plus maltraictez beaucoup, & qu'ils n'osoient aller, ne venir, ne saillir hors de leur ville, & les foires & marchez leur estions jà deffendus, & au regard de ce qu'on les arreste, ce ne se fait pas à l'instigation de mondit Sr. ne de ses Officiers, mais à l'instigation & clame des crediteurs esquels ils se sont endebtez & obligez, tant de ceux du pays de mondit Sr. que d'estrangers esquels ils doivent, & là où ils les trouvent les font arrester, & vous sçavez que Mr. & Mrs. ses prédecesseurs ont esté & est Prince de justice, & veut faire justice à un chacun, parquoy est force que là où les clames & demandes se font, que la justice s'y administre. Mais se lesdits de Melenouse faisient à leurs crediteurs, tant estrangers, que du pays, que terme leur fust donné ou qu'ils leur quittassent, tellement que plaintes ne s'en fist, que mondit Sr. & ses Officiers en seront bien contens, & croyez bien que au regard de ce que pourra toucher le fait de mondit Sr. se aucune requeste lesdits de Berne en font, que mondit Sr. fera quelque chose pour eux.

*La responsse de ceux de Lucherre**.

* C'est Lucerne.

Après la presentation des Lettres de creances, comme dit est dessus, à eux faites par mondit Sr. de Romont, lesdits de Lucherre assemblerent le Conseil à lendemain, nonobstant que aucuns de leurs Srs. & compagnons fussent dehors en Ambassade, & après l'exposition de la creance, selon le contenu de leurs instructions, fust faite responsse par l'Advoyer dudit lieu, priant ausdits Ambassadeurs qu'ils prissent en gré de ce qu'ils n'y estions pas trestous, en remerciant très-humblement mon très-redouté

(2) C'est Mulhouse ou Mulhausen en Alsace, Ville alliée des Suisses.

DE PHIL. DE COMINES.

redouté Sr. le Duc de Bourgogne, de l'honneur & plaisir qu'il leur faisoit de les advertir de son bon vouloir, cognoissant que tout honneur & bien leur est venu de Mrs. les Ducs de Bourgogne, & mesmement de Mr. qui est à present, & que oncques dommage ne desplaisir ne leur vint de par eux, mais que tout bien, & sont allez & venus par les pays de Mr. sans avoir aucun dommage, & depuis qu'il a le pays d'Aussoys & de Ferrete leur en sont eslargis les vivres, & vont & viennent à leur bon plaisir, & leur en vient bled, vin & autres denrées, ce que par advant ne se faisoit, & leur tient-on bonne justice, & en vendent mieux leurs denrées depuis que iceluy pays est ès mains de mondit Sr. & remectrons les paroles & remonstrances esdits Amdassadeurs par devant leurs Srs. & Compaignons, & aussi pardevant le commun pour leur remonstrer l'honneur & bienveillance de mondit Sr. pour rapporter par leurs Ambassadeurs à une journée où toutes les alliances se doivent trouver, pour faire response par lesdits alliez en general, se mestier est, & envoyer à mondit Sr. de Romont, pour le signifier à mondit Sr. le Duc, en priant de les recommander, &c.

La response de la Vallée de Oudewal & Oudrewal.

Item. Vinrent lesdits Ambassadeurs premierement à Oudewal, & assemblerent un Dimanche matin la quantité de trois à quatre cens hommes, & firent à sçavoir à ceux d'Oudrewal qu'ils se assemblassent pour les oyr, & pour les expedier le plustost qu'ils pourroient, les accompagnerent & donnerent de leur vin, & leur firent grand honneur, les escouterent très-volontiers en se recommandant très-humblement à la grace de mon très-redoubté Sr. & remerciant des bonnes remonstrances & souvenance de si povres simples gens, comment ils sont de les advertirde la bien-vueillance qu'il a envers eux, & que oncques ils n'oyrent dire que dommage leur adveinst par Mrs. de Bourgogne, ne par leur pays, mais que tout bien & tout honneur, & depuis qu'il a les Comtés de Ferrete & d'Aussoys jamais ne eurent dommage ne desplaisir par lesdits pays, mais que secours, ayde & confort, & que leurs denrées, bœufs, & autres bestes & fruictages se vendent mieux & à leur profit, que par advant, & que bled, vin & tous autres vivres leur viennent en grant abondance, & en vivent mieux & à meilleur marché, & qu'ils ne se sçaventplaindre de Mr. ne de ses Officiers, mais quant les leurs viennent ès pays de Mr. ses Officiers leur presentent tout bien & honneur, & par advant n'osoient aller sans sauf-conduit, & ne leur en tenoit-on point, & maintenant il ne leur en faut point, & ne se sçaurions plaindre, & leur baillerent un de leur Conseil pour les amener & accompagner vers leur autre Conseil de Oudrewal, & leur firent lesdits d'Oudrewal la semblable response, & leur baillerent lesdits d'Oudrewal un de leur Conseil pour les accompagner jusques à Ourrich, & leur firent avoir basteaux & gens pour les amener par les lacs & rivieres, & presenterent lesdits Ambassadeurs esdits d'Ourrich en estant toujours avec eux.

Tome III.   Y y   *La*

La reſponſe de Ourrich*.

1475.
C'eſt Ury.

Item. Ouyrent leſdits de Ourrich, leſquels n'y furent pas tous, pour l'abſence d'aucuns, diſant qu'ils aurions grant peine d'aſſembler leur Commun, pour cauſe qu'ils eſtoient en ſauvage ès divers lieux, & que la pluſpart de leur Conſeil eſtoient en Ambaſſade, & qu'ils les aſſembleroient le Dimanche après que leurs gens feroient revenus, & refferirent audit Commun les honneur, bien-vueillance & advertiſſances que Mr. leur faiſoit, & en ſe recommandant & remerciant, & faiſant comme ceux d'Oudrewal en leur faiſant grant honneur & donnant de leur vin, & diſant aucuns du Commun, quant leſdits Ambaſſadeurs ſe vouloient deſpartir, qu'ils fuſſent les bien-venus, & que tels gens on devoit volentiers veoir, qu'ils preſentoient bien & honneur & paix, & qu'on les devoit bien recevoir.

La reſponſe de Swichz & de Choug*.

C'eſt Zug.

Item. Ouyrent ceux de Swichz & de Choug les remonſtrances que leſdits Ambaſſadeurs leur firent, & leur firent grant honneur, & donnerent de leur vin & accompagnerent, cognoiſſans les grans honneur & bien que par Mrs. de Bourgogne leur eſt toujours venu, & que jamais par eux, ne par les leurs, ne eurent dommage, en faiſant reſponſe, en effet que ceux d'Oudrewal leur avoient fait comme deſſus, & qu'ils ne ſe ſçaurions plaindre de Mr. ne de ſes Officiers, ne de ſes pays, & priant qu'ils les voulſiſſent recommander à la bonne grace de mon très-redoubté Sr.

Item. Prierent leſdits Ambaſſadeurs auſdits de Swichz de prendre les Lettres de creance de Monſ. de Romont de ceux de Glaris, en leur expoſant la creance deſdits Ambaſſadeurs, & ce qu'on leur avoit diſt en remonſtrant le bon vouloir de mondit très-redouté Sr. leſquels le firent très-volentiers & de bon cœur, en leur offrant que ce qu'ils pourrions faire pour mondit Sr. qu'ils le ferions de très-bon cœur, & qu'ils leur diroient & feroient aſſavoir ladite remonſtrance, & que une chacune Vallée le Dimanche après devoit faire aſſemblée particuliere pour autres affaires, & pour leur faire aucune remonſtrance, & qu'ils leur diront & remonſtreront le bon vouloir & honneur, les biens & proufits que leur vient de mon très-redouté Sr. & de ſes pays, & ordonneront à leurs Ambaſſadeurs, qu'ils envoyeront à la journée là où toutes les Alliances feront, pour remonſtrer eſdites Alliances, & faire faire reſponſe par eux, ſe meſtier fait, & envoyer à Monſ. de Romont pour le ſignifier à mondit très-redouté Sr. en priant des recommandations, &c.

La reſponſe de ceux de Churich.

C'eſt Zug.

Item. Après preſentation des Lettres de creance de mondit Sr. de Romont au Maiſtre Bourgeois, fiſt aſſembler le Conſeil très-honnorable en grand nombre & gens anciens, en laquelle convocation y euſt trois Chevaliers,

&

& toutes gens notables venirent querir lefdits Ambaffadeurs en leur logis & remenerent, comment par tout leur fuft fait, & donnerent de leurs vins, & avoir leur creance bien ouye, remerciant très-humblement mondit très-redouté Sr. des grandes & louables advertiffances, amour & bien-vueillances que de par luy leur firent, difirent qu'ils eftoient bien advertis des grands biens, proufits & honneurs que tousjours leur font venus de par les Princes de Bourgogne, pays & fubjets d'iceux, & qu'ils eftoient bien joyeux de ce qu'il plaifoit à mondit Sr. de enfuivir Mrs. fes predeceffeurs, & que au regard de ceux de la Comté de Ferrete & d'Auffoys, & des Officiers d'iceux, ne fe fçauroient plaindre, & fçavent bien, car Mr. eux & plufieurs autres bonnes Villes ont intelligence enfemble, lefquelles ils vueillent entretenir de tout leur pouvoir. Et en effet la refponfe femblable à ceux de Fribourg & des Vallées, en foy tousjours recommandant à fa très-bonne grace.

1475.

La refponfe de ceux de Salorre*. * Soleure.

Finablement. Après prefentation des Lettres à l'Advoyer dudit lieu, fuft affemblé à lendemain le Confeil, & oyrent leur creance bien au long, en remerciant, comme les autres & de grant courage, en tout honneur & humilité, cognoiffant comme quafi les plus prochains des pays de mondit Sr. que à eux, ne ès leurs ne fuft oncques fait que tout honneur, bien & proufit, & ont tousjours voifiné & communiqué ès pays de mondit Sr. & en toutes leurs neceffités & affaires, tant par guerre, que par paix, leur a tousjours efté pays ouvert & abandonné en marchandife, vivres & victuailles, auquel pays fe font affortis, tant de bled, vin, fel, que autres vivres, & toujours ont trouvé les predeceffeurs de mondit Sr. & luy femblablement, bons Srs. & voifins, en remerciant très-humblement de ce qu'il luy plaift leur fignifier, qu'ainfi il le veut faire, en luy fuppliant qu'il luy plaife de tousjours demourer en celuy bon vouloir, & au regard de la Comté de Ferrete & d'Auffoys, ne furent jamais fi appaifez que depuis qu'elles font ès mains de mondit Sr. & que tout bien leur en vient, en enfuivant les refponfes de Churich & des Vallées, & au regard de la confederation qu'ils ont avecques Mr. en tant qu'il leur touche, ils la veulent entretenir de tout leur pouvoir, & luy faire tout le plaifir que poffible leur fera, & fur la remonftrance que leur a efté faite, que aucuns fe parforçoient de mettre les Alliances en difcord avecques mondit Sr. ont prié efdits Ambaffadeurs que s'il fembloit, ou à ceux de fon Confeil, qu'ils euffent fufpicion fur aucun de leur, qu'il leur pleuft de leur dire pour s'excufer envers mondit Sr. ou fes Officiers, par maniere qu'on cognoiftra qu'ils ne le voudroient faire, priant à part à Jehan Alard, comme à l'un de leurs amis, que s'il fçavoit ou oyoit dire chofe à l'encontre d'eux qu'il pouvift tourner à la defplaifance de mondit Sr. leur faire à fçavoir, & prier à mondit Sr. & à fon Confeil de par eux leur faire à fçavoir, tant par Lettre, que par bouche, en tout honneur, en priant de les recommander à la bonne grace de Mr. & de tout fon Confeil.

Et au furplus ont remonftré & prié aufdits Ambaffadeurs de prier à mon

mon très-redoubté Sr. d'ordonner & commander à Messire Pierre de Harquembarch de vivre & communiquer plus gracieusement avecques ceux de Mellenouse *, que sont alliez avecques ceux de Berne & eux pour un certain temps, qu'il n'a accoustumé, car il leur fait de grans violences & rudesses, comme d'oster les vivres, foires & marchez, les rebouter dedans leur Ville, battre & tuer, & a esté repris le mot de tuer par lesdits Ambassadeurs par deux fois, pour mieux les adviser, afin qu'ils ne parlassent plus avant qu'ils ne deussent, & en outre de remonstrer audit Messire Pierre de non proceder à la prolacion de telles paroles, lesquelles pourroient estre cause par gens interposés, ou autrement de faire quelque grant insulte dont il leur desplairoit, consideré que ils ont beaucoup de gens de petit entendement.

1475.
* Mulhausen.

Item. Au regard de la remonstrance que a esté faite à toutes les Alliances dessus nommées, n'ont fait aucune mention ne response sur la garde de Mr. d'Austriche.

Item. Au despartir de Lucherre lesdits Ambassadeurs allerent vers l'Advoyer, luy priant pource qu'ils les avoient trouvé en mendre nombre, qu'il voulsisse remonstrer au demourant de leur Conseil & de leurs gens le bon vouloir & honneur que Mr. leur faisoit & presentoit, lequel respondit que très-volentiers le feroit, mais ledit Advoyer dit que grans paroles furent entre les Alliances, d'aucunes Lettres & paroles qu'avoient esté ouvertes, comment Mr. notifia avoir le Duc de Austriche en sa garde, & que se ceux qui se nomment Suichoiz entreprenoient rien sur Mr. d'Austriche, qu'il le deffendroit de cors & de biens, neantmoins qu'il esperoit que tout seroit bien, & qu'il feroit son devoir.

Item. Leur fust respondu qu'ils advisassent les Lettres que mondit Sr. avoit envoyées, & qu'elles ne contenoient point en celle matiere, & qu'il ne l'avoit pris en sa garde, sinon en tant que son honneur le pouvoit porter, non corrompant les confederations faites avecques les Alliez, & n'entend point Mr. que l'intelligence qu'il a avecques les Alliez, qu'il ne la vueille entretenir avecques eux, & qu'ils ne doivent croire chose que on leur rapporte à l'encontre de mondit Sr. & plusieurs autres langages faisans à la matiere.

Et par le rapport des Ambassadeurs dessus nommez, *Signé*, JACQUES DE SAVOYE. *Et plus bas estoit signé*, BARRA, avec paraphe.
Collationné sur l'original.

CCXXV.

Traité de Ligue entre le Duc de Bourgogne & le Duc de Milan.

A Moucalier, le 30. Janvier 1475.

Tiré de l'Edition de M. Godefroy.

IN nomine Domini, Amen. Anno nativitatis ejusdem millesimo quadringentesimo septuagesimo quinto, Indictione octavâ die Lunæ trigesimo mensis Januarii, cùm maximè dignos Principes deceat, in omnibusque occurrant sibi ante oculos ponere majorum suorum gesta, eorumque

que vestigia imitari, & eam ipsam quoque naturam & conditionem sapiant illustrissimi Principes, & excellentissimi Domini Karolus Dux Burgundiæ, & Galeas Maria Sforcia Vice-Comes Dux Mediolani, memoriè siquidem retinentes quòd strictissimo amicitiæ benivolentiæ & necessitudinis vinculo conjunctæ semper fuerint illustrissimæ Burgundiæ & Vice-Comitum familiæ, & præcipuè non immemores quod fraternè & intrinsecè invicem vixerint, dum in humanis agerent illustrissimi & excellentissimi Principes Domini Philippus, Dux Burgundiæ, & Philippus Maria Angelus, ac Franciscus Sforcia, Duces Mediolani, patres & avus ipsorum Ducum Karoli & Galeas Mariæ, opere pretium esse censuerunt iidem Duces Burgundiæ & Mediolani, si quod per majores suos incohatum tam sincero animo & voluntate fuerat illud non minore benivolentiâ & animorum conjunctione prosequentur & augeant; idcircò decreverunt utrique pro quiete, securitate, defensione & stabilimento statuum eorum se invicem confœderare & colligare, & ita tenore præsentis instrumenti ex certâ scientia animo maturè deliberato, & omni meliore modo & formâ quibus validiùs & efficaciùs fieri potest, devenerunt & deveniunt ad infrascriptam Ligam & intelligentiam, medio magnificorum Dominorum Guillermi de Rupeforti (1) Juris utriusque Doctoris ipsius illustrissimi Domini Karoli Ducis Burgundiæ Oratoris, & Orphei de Ricano, Johannis Angeli de Florencia, Juris utriusque Doctoris, Consiliariorum, & Antonii de Applano, Aulici prælibati illustrissimi Domini Galeas Mariæ Ducis Mediolani Oratorum, qui omnes à Dominis suis principalibus opportuna & sufficientia ad hæc mandata habent per nos infrascriptos Cancellarios & Notarios visa & lecta, quorum quidem mandatorum tenor sequetur infra & ad hoc & prædicti omnes Oratores & Mandatarii devenerunt & deveniunt, accedente ad hæc opera & interpositione illustrissimæ Dominæ Yolant de Francia Ducissæ Sabaudiæ, quæ quidem illustrissima Domina Ducissa mediatrix ut supra ad majorem declarationem, & ex habundanti intendit continuare & perseverare in Ligis & intelligentiis quas hæc pro se & pro illustrissimo Domino Philiberto Duce Sabaudiæ filio suo necnon pro aliis filiis suis & statu suo cum præfatis illustrissimis Dominis Duce Burgundiæ, & Duce Mediolani ac intendit, quod per præsens instrumentum, nec per aliqua in eo contenta non fiat prædictis Ligis & intelligentiis, de quibus supra directè nec per indirectum præjudicium aliquod, & ita prædicti omnes Oratores & Mandatarii nominibus, quibus supra, prædictam declarationem, perseverationem & continuationem; cùm omnibus in eis contentis, acceptarunt & acceptant. Imprimis itaque præfati magnifici Domini Guillermus Orator mandatarius ac nomine prælibati illustrissimi Domini Karoli Ducis Burgundiæ ex unâ, & Orpheus de Ricano, Johannes Angelus de Florencia, & Antonius de Applano Oratores mandatarii, & aliis omnibus meliore modo & formâ, ut supra nomine prælibati illustrissimi Domini Galeas Mariæ Sforciæ Ducis Mediolani ex altera partibus fecerunt, firmarunt, inierunt & contraxerunt, ac faciunt, firmant, ineunt & contrahunt, bonam, puram & meram intelligentiam, ligam, unionem & confœderationem, & quicquid meliùs dici & esse possit perpetuò duraturam

___

(1) Ce Guillaume de Rochefort, a été depuis Chancelier de France.

duraturam & irrevocabilem pro sese eorumque illustrissimorum Ducum Burgundiæ & Mediolani liberis, hæredibus & successoribus, eorumque statibus & Dominiis, & promiserunt & promittunt prædicti omnes Oratores & Mandatarii sibi invicem & vicissim nominibus quibus supra quod dicti illustrissimi Domini principales sui nullas auxiliares copias, nullam subsidiariam pecuniam, nullum denique consilium vel favorem præstabunt directè vel per indirectum, palam aut clam, aut alio quovis quæsito colore hostibus præsentibus & futuris, alterius ipsorum principalium seu quibusvis Principibus aut communitatibus & personis turbantibus, molestantibus, inquietantibus, vel turbare, molestare, atque inquietare volentibus præfatos illustrissimos Dominos principales, aut alterum eorum statusque & Dominia eorum, seu alterius eorum singula singulis, congruè & debitè referendo, quos status & quæ dominia prædicti Domini principales tenent & possident de præsenti, quinimò prædicti omnes Oratores & Mandatarii nominibus, quibus supra promiserunt & promittunt, sibi invicem & vicissim quod Domini principales sui tutabunt & defendent, & adjuvabunt invicem & vicissim sese, liberos, hæredes & successores suos, statusque eorum & dominia quæ habent & possident de præsenti, ut supra de armigeris quatuor centum tantùm, cum equis sex pro quolibet armigero sumptibus partis mittentis durante guerrâ apertâ tantùm, ut infra benè paratis, & in ordine secundùm consuetudinem & morem prædictorum Dominorum principalium, sive de ducatis sexaginta millibus auri tantùm singulo anno durante guerrâ apertâ, ut infra prout meliùs elegerit pars quæ obligata fuerit mittere, quæ pars possit mittere, sive armigeros prædictos, sive dictos sexaginta mille ducatos prout maluerit, & hoc toties quoties parti requirenti expediet, ut infra declarabitur contra omnes & singulos non provocatos aut lacessitos, cujuscumque gradûs, conditionis & dignitatis esse dicantur neminem excipiendo, etiam si tales forent, qui nominatim venirent excipiendi, & de quibus habenda esset mentio specialis & expressa.

Item. Quia in capitulo præcedenti continetur quod pars possit mittere in auxilium partis offensæ, sive dictos quatuor centum armigeros, sive dictos sexaginta mille ducatos auri prout maluerit : voluerunt, ordinaverunt & convenerunt, ac volunt, ordinant & conveniunt prædicti omnes Oratores & Mandatarii nominibus quibus supra, quod casu quo illustrissimo Domino Duci Mediolani contigerit hujusmodi auxilium mittere illustrissimo Domino Duci Burgundiæ, & ejus excellentia elegerit mittere prædictos quatuor centum armigeros, tunc & eo casu ipse illustrissimus Dominus Dux Burgundiæ teneatur & obligatus sit dare, seu cum effectu dari facere liberum, securum & expeditum transitum dictis quatuor centum armigeris, quo conducere se possint à partibus status dicti Domini Ducis Mediolani ad partes status ipsius Domini Ducis Burgundiæ, & illos insuper obligatus sit tractare & tractari facere, citra solutionem benè & commodè, quemadmodum & prout tractantur reliquæ gentes armigeræ Italicæ quæ sunt in servitiis prælibati illustrissimi Domini Ducis Burgundiæ, casu verò quo Præfatus illustrissimus Dominus Dux Mediolani elegerit dare dictos ducatos sexaginta mille auri, tunc ejus excellentia teneatur & obligata sit exbursare, sive exbursari facere hujusmodi ducatos sexaginta mille auri in Civitate Mediolani, cuicumque legitimo nuntio

& mandatario prælibati illustrissimi Domini Ducis Burgundiæ, sive in loco Brugiæ per Litteras cambii, prout maluerit ipse Dominus Dux Burgundiæ, è contra verò si contigerit Domino Duci Burgundiæ mittere prædictum auxilium Domino Duci Mediolani, & ejus excellentia elegerit mittere quatuor centum armigeros, eo casu illustrissimus Dominus Dux Mediolani teneatur & obligatus sit in dando, sive dari faciendo liberum transitum prædictis armigeris citra tamen solutionem, ut supra & in tractando illos prout & quemadmodum tenetur Præfatus Dominus Dux Burgundiæ, virtute præsentis capituli singula singulis congruè referendo, si verò dictus Dominus Dux Burgundiæ elegerit dare dictos ducatos sexaginta mille auri, tunc ejus excellentia teneatur & obligata sit exbursare, sive exbursari facere hujusmodi ducatos sexaginta mille auri in terris dicti Domini Ducis Burgundiæ, cuicumque legitimo nuntio & mandatario Præfati Domini Ducis Mediolani, sive in Civitate Mediolani, prout maluerit Dominus Dux Mediolani per Litteras Cambii.

Item. Quia in prædictis capitulis dictum est de defendendo se invicem & vicissim dictos principales toties quoties parti requirenti expediret ad tollendam omnem difficultatem quæ in futurum suboriri posset, declararunt & declarant, ac convenerunt & conveniunt dicti omnes Oratores & Mandatarii nominibus, quibus supra quod deffensio & subsidium, quod invicem & vicissim dicti Domini principales sui sibi invicem præstare tenentur de armigeris quatuor centum sive de ducatis sexaginta mille auri, ut supra, tunc & eo casu teneantur & obligati sunt, sive invicem & vicissim præstare & defendere, & subvenire dicti eorum principales durante guerrâ apertâ tantùm, non autem in Treguâ, vel ullo alio tempore.

Item. Quia fortè accidere posset quod illa pars quæ mitteret dictos armigeros, de quibus supra in subsidium alterius partis non esset sufficiens ad dandum, sive dari faciendum, transitum liberum & expeditum ipsis armigeris, declararunt & declarant, ac convenerunt & conveniunt, & obligarunt & obligant dicti omnes Oratores & Mandatarii nominibus quibus supra quod tunc & eo casu ambo dicti Domini principales invicem facient pro posse quod dicti armigeri, qui mitterentur ab altero eorum alteri liberè transibunt & expeditè.

Item. Prædicti omnes Oratores & Mandatarii nominibus quibus supra promiserunt & promittunt sibi invicem quod Domini principales sui in quâcumque Treugâ, pace, appunctuamento, ligâ, intelligentiâ & confœderatione, cujuscumque naturæ & materiei sit, quæ fieri contigerit in futurum cum quâcumque potentiâ, statu, personâ, Collegio, Universitate ac Principe, cujuscumque conditionis existat etiam si tales essent de quibus quâcumque ratione vel causâ fiendâ esset specialis & expressa mentio se invicem & vicissim includent nominabunt pro colligatis & confœderatis.

Item. Convenerunt dictis nominibus, ut supra quod præsens liga & confœderatio solemniter publicetur die ex post declarandâ per præfatam illustrissimam Dominam Ducissam Sabaudiæ, cum solemnitatibus consuetis, prout dominationi suæ videbitur.

Quæ omnia & singula facta mediata, praticata & conclusa, interveniente semper autoritate & consilio illustrissimæ Dominæ Yoland de Franciâ

ciâ Duciſſæ Sabaudiæ, prout ex formâ mandati illuſtriſſimi Domini Karoli Ducis Burgundiæ, requiritur, prædicti omnes Oratores & Mandatarii nominibus, quibus ſuprà maturâ ſtipulatione interveniente, promiſerunt & promittunt nobis Notariis infraſcriptis ut publicis perſonis ſtipulantibus & recipientibus nomine & vice prælibatorum Dominorum Ducum Burgundiæ & Mediolani, necnon illuſtriſſimæ Dominæ Bonæ (2) Duciſſæ, conſortis ipſius Domini Ducis Mediolani, ac illuſtriſſimi Domini Johannis Galeas, Comitis Papiæ, eorum jugalium primogeniti, & earum partium hæredum & ſucceſſorum, necnon omnium aliorum quorum intereſt vel intereſſe poſſet, quomodolibet in futurum quod illuſtriſſimi Domini principales ſui attendent & obſervabunt, & in nullo contrà facient directè nec per indirectum, nec alio quovis colore quæſito & pro obſervatione præmiſſorum prædicti Oratores & Mandatarii jurarunt manibus tactis corporaliter Scripturis ſuper animam principalium Dominorum ſuorum conſtituentium, renunciantes ſibi invicem & viciſſim prædictæ partes nominibus, quibus ſuprà in prædictis omnibus & ſingulis exceptioni non factæ dictæ Ligæ, unionis, colligationis, intelligentiæ & & confoederationis, & non ſit factarum, promiſſionum, obligationum, ſuperſcriptarum & prædictorum omnium non ſic geſtorum, & non ſic celebrati contractus & omni exceptioni & conditioni, ſine cauſâ vel ex injuſtâ cauſâ, privilegio fori, doli, mali, metûs, & in factum novæ vel novarum conſtitutionum beneficio Epiſtolæ Divi Adriani & de fidejuſſoribus & pluribus reis debendi & omni alii Legum Jurium & conſtitutionum auxilio & Legi dicenti generalem renunciationem non valere, necnon omni privilegio Litteris & abſolutionibus impetratis & impetrandis, quibus contra prædicta vel aliquod prædictorum poſſent ſe tueri, dicere, facere vel venire, mandando, volendo & rogando, & ita mandaverunt, rogaverunt & voluerunt prædicti omnes Oratores & Mandatarii nominibus, ut ſupra per nos infraſcriptos Notarios unum & plura inſtrumenta confici debere ejuſdem tenoris & continentiæ actum in arce Montiſcallerii Diœceſis Taurinenſis, videlicet in Camerâ ſuperiore Cubiculari illuſtriſſimæ Dominæ Yoland Duciſſæ Sabaudiæ, coram ejus excellentiâ, præſentibus Reverendo Domino Urbano Bonnardi Epiſcopo Vercellenſi, magnificis Dominis Petro de Sancto Michaële magno Cancellario, & Antonio ex Comitibus Plozafchi Præſidente Sabaudiæ, teſtibus, notis, vocatis & rogatis, tenor mandatorum ſequitur.

KAROLUS, Dei gratiâ, Dux Burgundiæ, Lotharingiæ, Brabantiæ, Limburgiæ, Lucemburgiæ & Ghelriæ; Comes Flandriæ, Artheſii, Burgundiæ Palatinus, Hanoniæ, Hollandiæ, Zeellandiæ, Namurci & Zuytphaniæ, Sacrique Imperii Marchio, ac Dominus Friſiæ, Salinarum & Mechliniæ. Univerſis & ſingulis præſentes Litteras inſpecturis, Salutem: Cùm illuſtriſſima Domina Yoland de Franciâ Duciſſa Sabaudiæ, Domina & conſanguinea noſtra cariſſima, pro ſuâ, erga nos ſingulari affectione & benivolentiâ perſuaſerit vehementer non modò nobis, ſed etiam illuſtriſſimo Duci Mediolani, Galeatio conſanguineo noſtro cariſſimo, ut Ligam & confœderationem ad invicem

(2) Bonne, fille de Louis, sœur d'Amédée, & tante de Philibert Duc de Savoye.

cem iniremus ; notum facimus quod nos de fide , legalitate & prudentiâ dilecti Confiliarii & Oratoris noftri Domini Guillelmi de Ruperforti Domini de Pluvoft, ad plenum confidentes eidem tenore præfentium commifimus ac dedimus in mandatis, damufque ac committimus, ut interveniente femper auctoritate & confilio Præfatæ Dominæ Duciffæ praticare, tractare, concludere & firmare, nomine noftro valeat cum prælibato Duce Mediolani, ac fuis ad hoc deputandis quafcumque confœderationes & ligas, etiam fi eæ tales effent, quæ mandatum fpecialius exigerent , dantes & concedentes prædicto Domino Guillielmo circa hæc & eorum dependentiam omnimodam & pleniffimam poteftatem promittentes, habere ratum & gratum, quicquid per ipfum actum , geftum , factum conclufumve fuerit in hac parte , in cujus rei teftimonium præfentes figillo noftro juffimus muniendas. Datum in Caftris noftris contra Nuffiam , die decimâ quintâ menfis Decembris , anno Domini milleſimo quadringentefimo feptuagefimo quarto , per Dominum Ducem, S. De le Kerrest.

Galeas Maria Sforcia Vicecomes , Dux Mediolani, &c. Papiæ, Angleriæque Comes , ac Januæ & Cremonæ Dominus , cùm femper confueverimus nobis ante oculos ponere illuftriffimorum Prædeceſſorum noftrorum res geftas , ut illorum memoriâ admoniti rectiùs & maturiùs res noftras difponamus, non nifi optimè ftatui noftro confultum putamus, fi amicitiam , animorum conjunctionem & neceffitudinem , quam illuftriſfimi Principes & Domini Philippus Maria avus, & Francifcus Sforcia, Duces Mediolani genitor noftri obfervandam cum illuftriffimo Principe & Domino Philippo Duce Burgundiæ, & cum univerfa ejus illuftriſſimâ familiâ contraxerant & inierant, fervaverimus & continuaverimus , quare prælibatorum Dominorum avi & genitoris noftrorum exemplo allecti , qui non nifi maturè & confultè omnia agebant, decrevimus cum illuftriffimo & excellentiffimo Principe Domino Karolo Duce Burgundiæ, in eâdem amicitiâ & conjunctione vivere & majore etiam & ftrictiore vinculo corroborare & augere , idcircò tenore præfentium ex certâ fcientiâ ac animo maturè deliberato , ac aliis omnibus modis jure, viâ , caufâ & formâ, quibus meliùs , validiùs & efficaciùs , fieri & effe poffit , facimus, conftituimus, defignamus & deputamus, fpectabiles & egregios Viros Orpheum de Ricano & D. Johannem Angelum de Florenciâ, Juris utriufque Doctorem præfentes Confiliarios , necnon Antonium de Applano abfentem , tamquam præfentem Aulicum noftros cariffimos & quemlibet eorum in folidum, ita quòd quidquid unus inceperit alius mediare & finire poffit, noftros, veros, certos & indubitatos Oratores, Procuratores, Mandatarios, Nuncios & Miffos fpeciales ad pro nobis & nomine noftro, & pro illuftriffimâ Dominâ bona Duciffâ conforte noftrâ , & illuftriffimo Johanne Galeas , Comite Papiæ, primogenito , & aliis hæredibus & fucceforibus noftris, ineundam, formandam & contrahendam , puram, meram & irrevocabilem, perpetuò duraturam, vel ad tempus amicitiam , intelligentiam , ligam, unionem & confœderationem , feu quodcumque genus fœderis vel conventionis cum illuftriffimo & excellentiffimo Principe Domino Karolo Duce Burgundiæ, five cum magnifico & præftanti Doctore, Domino Guillelmo de Ruperforti, ipfius illuftriffimi Principis Domini Karoli Ducis Burgundiæ, Oratore & legitimo

timo Mandatario, five cum aliis quibufcumque ab ejus excellentiâ legitimè deputatis, five deputandis fub illis modis, formis, capitulis, conditionibus, obligationibus, clausulis & juramentis, prout & quemadmodum prædictis Mandatariis noftris, meliùs visum fuerit & placuerit, dantes & tribuentes prædictis Oratoribus & Mandatariis noftris, & cuilibet eorum in solidum, plenum, liberum, largum, generale & speciale mandatum, cum plenâ, liberâ, largâ, generali & speciali adminiftratione in prædictis, circa prædicta, & quolibet prædictorum concedentes, insuper ipsis & cuilibet ipsorum in præmissis totaliter & omnimodè vices noftras, itaque agere, mediare, praticare & concludere possunt, quicquid voluerint, & quicquid nos ipsi facere possemus, promittentes in verbo Principis, legalis ac sub obligatione omnium bonorum noftrorum mobilium & immobilium, præsentium & futurorum, nos rata, grata & firma, habere & tenere, attendere & obfervare ea omnia quæ per prædictos Oratores & Mandatarios noftros, & quemlibet eorum acta, facta, gesta & conclusa fuerint, & in nullo contra facere vel venire, directè vel per indirectum, aut alio quovis quæsito colore supplentes omni defectui, & quibuscumque solemnitatibus quæ in præmissis intervenire debuissent præsentibus menses duos proximè futuros valituris, quas in fidem præmissorum manu nostrâ subscriptas fieri jussimus, & registrari noftrique sigilli munimine roborari. Datum Mediolani, die decimo octavo mensis Januarii, millesimo quadringentesimo septuagesimo quinto, GALEAS MARIA SFORCIA, manu propriâ, Sb. CICHUS.

Ces deux Princes ne vefcurent pas longtemps après ce Traité, le Duc de Milan ayant efté poignardé peu à près dans la Capitale de son Duché, & le Duc de Bourgogne ayant efté tué, comme on verra cy-après.

CCXXVI.

☞ *Traité d'alliance entre le Roy Louis XI. & les Rois d'Espagne, Ferdinand & Isabelle, avec promesse de marier Charles, Dauphin de France, avec l'Infante de Castille.*

Tiré des Recueils de M. l'Abbé Le Grand.

LUDOVICUS, Dei gratiâ Francorum Rex, univerfis præsentes Litteras inspecturis, Salutem. Dudum recolentes inclitæ memoriæ christianissimi Progenitores noftri, necnon serenissimi Principes Castellæ & Legionis Reges, quantùm pro securitate & tutelâ Regnorum, principatuum ac Dominiorum suorum una pacis & amicitiæ percuti, iniique fœdera conveniens, opportunum & necesse foret, & quantùm hæc Regum & Regnorum prædictorum, suorumque vassallorum & subditorum incolumitati, quieti, privatæ, publicæque utilitati essent in dies profutura, fraternitates, amicitias & confœderationes nullo unquam tempore delendas, neque obliterandas inter se summâ cum maturitate firmarunt, ad quas jugiter & inviolabiliter observandas non sese tantùm, sed etiam eorum posteros, hæredes & successores universos devinctos esse statuerunt, eâ Lege, câque conditione & pacto ut in singulos amborum Regum amicitiæ, inimicitiæque simili paritate concurrerent,

rent, & alterum alterius oneribus incumbere nullâ quærelâ vel informatione, vel disquisitione præhabitâ mox deferet; quantum verò gloriæ, laudis, honoris & exaltationis utrisque Regnis, Principatibus & Dominiis, & ad eorum, suorumque vassallorum & subditorum pacem, tranquillitatem, quietem, utilitatem & salutem, amicitiæ, fraternitates & confœderationes ipsæ retulerint omnes effecit experientia certiores. Ad præmissa quidem & pariter ad Regnorum finitimitatem mediis aliquibus nusquam oppositam nonnulli Principes, Magnates, Proceres, Nobiles, optimates, aliique viri prudentes & notabiles utriusque Regnorum, Principatuum & Dominiorum prædictorum potissimum respectum habentes, & considerantes matrimonium superioribus annis tractatum, solemnisatum & consummatum extitisse inter serenissimum Principem, carissimum & dilectissimum consanguineum, fratrem & confœderatum nostrum Ferdinandum, Dei gratiâ, Castellæ, Legionis & Siciliæ Regem, serenissimi Principis, carissimique, & dilectissimi consanguinei nostri Joannis, Arragonum Regis primogenitum, ac in suis Regnis, Principatibus & Dominis verum, legitimum & indubitatum hæredem & successorem, ac serenissimam Principissam, carissimamque & dilectissimam consanguineam sororem, & confœderatam nostram Isabellem dictorum Regnorum Castellæ, Legionis & Siciliæ Reginam, ac Præfati serenissimi Regis Ferdinandi conjugem partibus ex aliâ. Nobis aperuerunt, adduxeruntque medium pro firmâ & perpetuâ stabilitate fraternitatum, amicitiarum & confœderationum hujusmodi, tam pro supradictis Castellæ & Legionis Regis, quàm etiam pro Regno Arragonum, cæterisque Regnis, Principatibus & Dominiis, Præfati serenissimi Principis Johannis Arragonum Regis de matrimonio inter carissimum & dilectissimum filium nostrum primogenitum Carolum Delphinum Viennensem nostrum, ac Regni nostri Francorum, cæterorumque Principatuum, & Dominiorum nostrorum futurum hæredem, & universalem successorem, & serenissimam Infantissam, carissimamque & dilectissimam consanguineam nostram, dictorum serenissimorum, illustrissimorum Ferdinandi Regis, & Reginæ conjugum filiam, Principissamque Castellæ, si Deus annuerit feliciter contrahendo, quo nihil aptius, nihil utique convenientius esse pro tutandis, proque conservandis Regnis omnibus, Principatibus & Dominiis supradictis, Principes, Magnates, Proceres, Nobiles, aliique viri prudentes & notabiles ipsi decreverunt. Nos igitur, qui super omnia pacem in Christo Salvatore nostro pacis authore, præcipuâ veneratione colimus attendentes, sed & verò dignoscentes quòd pace, mutuâque Regum & Principum amicitiâ, Regna, Principatus & Imperia tantò stabiliora sunt majorisque temporis curriculo in pace & otio duraturâ, quantò Regum, potentiorumque Principum jurantur auxiliis, quodque nullum stabilius amoris perpetui vinculum ad hanc rem attinet, quam conjugium supradictum; cujus interventu non tantùm Regnis, Principatibus & Dominiis omnibus supradictis, sed etiam toti Christianæ Religioni pax, salus & utilitas præparatur. Nostros pro ipsius conjugii tractatu & conclusione pro parte nostrâ, Præfatique Delphini filii nostri solemnes Ambassiatores & Procuratores nobis fidos, magno apud nos gravium gestorum pondere comprobatos, ad Præfatos serenissimos Joannem

1475.

Zz 2 Arragonum,

1475.

Arragonum, & Ferdinandum ejus primogenitum Castellæ, Legionis & Siciliæ Reges, ac Reginam cum plenâ & liberâ potestate statuimus demandare. Notum igitur facimus, quòd nos confidentes ad plenum de fidelitate, prudentiâ, providentiâ ac factorum experientiâ, ingentibusque virtutibus apud nos præcognitis dilectorum & fidelium Consiliariorum nostrorum Ludovici Albiensis, Joannis Lombariensis, Ecclesiarum Episcoporum Magistri, Joannis de Ambasiâ Sanctæ Sedis Apostolicæ Prothonotarii, ac Hospicii nostri Requæstarum Magistri ordinarii, Rogerii de Acrimonte Scutiferi Cambellani nostri, & Magistri Petri de Sacierges, Judicis majoris Patriæ nostræ Caturcensis, Notariique & Secretarii nostri, ipsos & quatuor, tres aut duos ex eis, aliis absentibus, nostros ad matrimonium supradictum, ac omnia alia & singula infrascripta tractanda, firmanda & concludenda pro nobis & dicto Delphino filio nostro, cujus pater & legitimus Administrator existimus, fecimus, constituimus, creavimus, deputavimus, commisimus & solemniter ordinavimus, ac per præsentes facimus, constituimus, creamus, nominamus, deputamus, committimus & solemniter ordinamus veros, certos, legitimos & indubitatos Procuratores & Ambassiatores, actores, factores & negotiorum nostrorum infrascriptorum, & dicti Delphini filii nostri gestores, ita tamen quod specialitas generalitati non deroget, nec è contra. Dantes & concedentes præfatis Procuratoribus & Ambassiatoribus nostris & quatuor, tribus aut duobus eorumdem in aliorum absentiâ specialiter & expressè plenissimam, liberamque potestatem, ac tam speciale, quàm generale mandatum cum liberâ dictum & præmentionatum matrimonium inter dictum Delphinum filium nostrum ex unâ, & præfatam serenissimam Principissam, dictorum illustrissimorum Ferdinandi Regis, & Reginæ Castellæ, Legionis & Siciliæ conjugum, filiam, Principissam Castellæ partibus ex aliâ, pro nobis & nomine nostro, ac etiam pro dicto Delphino filio nostro, pro quo nos fortes facimus in hac parte, sub promissionibus, obligationibus infrascriptis, cum Præfatis illustrissimis Joanne Rege Arragonum, & Ferdinando Rege, dictâque Isabelle Reginâ Castellæ, Legionis & Siciliæ, seu cum dictis Rege & Reginâ Castellæ, Legionis & Siciliæ, ac prædictâ Principissâ eorum filiâ, etiam præfato serenissimo Arragonum Rege absente tractandi & concordandi, arras propterea dandi, firmandi & concedendi de dote eidem Principissæ per dictos serenissimos Reges & Reginam danda, constituenda & assignanda, ac de terminis & modis solutionis ejusdem similiter tractandi, conveniendi & concordandi, quascumque donationes propter nuptias, seu dotis augmentum nomine nostro, & pro nobis, ac prædicto Delphino filio nostro eidem serenissimæ Principissæ dicti Delphini filii nostri, sponsæ futuræ faciendi, ac pro ipsius Principissæ, statûsque sui condecentiâ & supportatione talem summam quæ prædictis nostris Procuratoribus, aut quatuor, tribus vel duobus ex ipsis in absentiâ aliorum visa fuerit, ipsi serenissimæ Principissæ singulis annis exsolvendam constituendi, assignandi & assecurandi, dictumque matrimonium etiam firmandi & concludendi, ac ipsam serenissimam Principissam per dictum Dominum de Acrimonte, personam cujus & operam nos quoad hoc signanter delegimus pro dicto Delphino filio nostro, ac ejus nomine solemniter per verba ba de præsenti desponsandi, omnesque promissiones, securitates, submissiones, obligationes, stipulationes & juramenta quæcumque pro dicti matrimonii arrarum, firmationis, constitutionis & assignationis, dotis, donationis propter nuptias, augmenti dotis, ac aliorum præmissorum & dependentium ex eis tractatu, diffinitione ac securâ conclusione necessarias & opportunas, necessariaque & opportuna de quibus eisdem Procuratoribus & Ambassiatoribus nostris, & quatuor, tribus aut duobus ex eis in aliorum absentiâ visum erit, tam pro parte nostrâ, dictique Delphini filii nostri, quàm etiam pro parte dictorum serenissimorum Joannis Arragonum Regis, & Ferdinandi, Siciliæ, Castellæ & Legionis Regis, dictæque Isabellis Regnorum prædictorum Siciliæ; Castellæ & Legionis Reginæ, ac supradictæ Principissæ Castellæ tam conjunctim, quàm divisim, eisque melioribus viâ, modo, jure & formâ, quibus meliùs, tutiùs & efficaciùs ad opus & utilitatem utriusque partis fieri poterit faciendi, firmandi, præstandi & subeundi, & generaliter omnia alia & singula faciendi, dicendi, gerendi, procurandi & exercendi quæ pro dicti matrimonii conclusione, ac aliis præmissis & circa ea necessaria fuerint, seu etiam opportuna, & quæ nosipsi faceremus, & facere possemus, si præsentes & personaliter interessemus, etiam si talia forent, quæ mandatum exigerent magis speciale, ac de & super his quæ fecerint & concluserint in præmissis Litteras eorum authenticas unam aut plures conficiendi, dandi & tradendi, & consimiles Litteras pro parte nostrâ recipiendi, promittentes bonâ fide nostrâ, & in verbo Regio sub nostræ fidei Sacramento, ac sub omnium & singulorum nostrorum hypotecâ & obligatione bonorum. Nos ratum, gratum, stabile ac firmum habere & perpetuò habituros totum id, & quicquid per dictos Procuratores & Ambassiatores nostros & quatuor, tres aut duos ex eis in aliorum absentiâ, actum, dictum, gestumve fuerit in præmissis quomodolibet procuratum, & nunquam contra facere, dicere vel venire, nec contra facienti, dicenti vel venienti in aliquo consentire, quinimò dictum matrimonium, ac omnia & singula infrascripta per dictum Delphinum filium nostrum de puncto ad punctum inviolabiliter teneri, compleri & observari facere quotiens requiremur, cum omni inde juris & facti renunciatione ad hæc necessaria, utili, debita pariter & cautela; nosque insuper pollicemur nostras Patentes & authenticas confirmationis & approbationis Litteras horum, quæ in præmissis per dictos Procuratores & Ambassiatores nostros & quatuor, tres aut duos ex eisdem acta, gesta, procurata & conclusa erunt plenè concessuros quàmprimum fuerimus requisiti. Quòd ut indubiam perpetui roboris obtineat firmitatem, has præsentes manu nostrâ subsignavimus, & sigilli nostri magni jussimus appensione communiri. Datum in Urbe nostrâ Parisiensi, die penultimâ mensis Januarii, anno Domini millesimo quadringentesimo septuagesimo quarto, & Regni nostri quarto decimo. *Ainsi signé*, L O Y S. *Et sur le reply est escript*, Per Regem in suo Consilio, *signé* A Y O N E, avec paraphe.

CCXXVII.

Premiere Alliance des Suisses avec la France, sous Charles VII.
l'an 1453.

<small>Tiré de l'Edition de M. Godefroy.</small>

CHARLES, par la grace de Dieu, Roy de France. A tous ceux qui ces presentes Lettres verront, Salut : Comme ainsi soit que l'estat de la condition humaine soit muable selon les divers mouvemens des affaires du monde, & n'y ait cy-bas qu'une chose qui nous represente l'image de la vie bienheureuse & celeste, à sçavoir la dilection, laquelle ne s'altere point par les evenemens fortuits, ny bien souvent ne se divise par les mesmes evenemens, qui sont assistez de la raison, qui ne peut s'éloigner, ny estre corrompue par le long cours des années ; certainement nous estimons estre fort raisonnable & bienseant à nostre humanité, clemence & benignité pour conserver la bienveillance, paix & tranquillité d'un chacun, de nous munir de cette dilection, ce que nous voulons de bon cœur, voire encore le desirons ; Partant, comme ainsi soit que les Bourguemaistres, Advoyers, Ammans, Conseils, Citoyens, Communautez, & Patriotes des Citez, Villes & Terres cy-après nommées, & Cantons de la vieille Ligue de la haute Allemagne : sçavoir de Zurich, Berne, Soleurre, Lucerne, Ury, Swits, Underwald dessus & dessous le bois, Zoug & Glaris, bruslans de cette dilection & desirans fort de s'allier au Sceptre des Lys & converser en nostre Royaume ; nous ayans n'agueres requis de les recevoir dans les bras de nostre amitié & bienveillance, & qu'il nous pleust entrer en bonne intelligence avec eux : Nous, à ces causes desirans universellement la conservation d'un chacun, & principalement de ceux qui s'efforcent de vivre en bonne paix & tranquillité, après avoir meurement consideré la sincere volonté & entiere affection qu'ont envers nous les Bourguemaistres & autres susnommez, touchant le Traité d'Amitié qu'ils desirent contracter avec nous & nos subjets, afin d'oster les perturbateurs de la paix, & qui haïssent le repos des hommes : Avons traité & consenty, traitons & consentons avec les susdits Bourguemaistres, Advoyers, Ammans, Conseils, Citoyens, Communautez & Patriotes des Citez, Villes, Terres & Cantons de la vieille Ligue de la haute Allemagne ; sçavoir de Zurich, Berne, Soleurre, Lucerne, Ury, Swits, Underwald dessus & dessous le bois, Zoug & Glaris, l'amitié, intelligence & conventions suivantes. En premier lieu, nous avons promis & promettons par ces presentes, pour nous & nos successeurs, un accord & convention durable à tous-jours, de n'estre jamais contraires par nous ny les subjets de nostre Royaume, ny aller à l'encontre desdits Bourguemaistres, Advoyers, Ammans, Conseils, Citoyens, Communautez & Patriotes des susdites Citez, Villes, Terres & Cantons de la vieille Ligue de la haute Allemagne, ny contre leurs successeurs, ny donner ayde, secours ny faveur à aucune personne qui veuille entreprendre contre eux, ny recevoir ou consentir estre receu par nostre Royaume ou autre lieu de nostre domination, aucun qui veuille attenter à l'encontre d'eux.

Item.

Item. Que les fufdits Habitans defdites Citez, Villes, Terres & Cantons de la vieille Ligue de la haute Allemagne, Ambaffadeurs, Gentilshommes, Marchands, Paffagers & autres quelsconques du pays, de quelque condition, degré, eftat, ou dignité qu'ils foient, puiffent paffer & retourner avec tous leurs biens & efquipages, armez & non armez, à pied & à cheval, par noftre Royaume & Terres de noftre domination, fans recevoir aucun trouble ny fafcherie réelle ou verbale, pourveu qu'à l'occafion de cette permiffion il ne foit apporté aucun dommage, préjudice, grief, ou incommodité à nous ou à nos fubjets, aux Princes de noftre Sang, à nos confederez, ny à nos Alliances : Lefquelles chofes, afin qu'elles foient plus fermes & ftables à l'advenir, nous avons en foy & parole de Roy, confirmé & corroboré, confirmons & corroborons de noftre Sceau ces prefentes. Donné la quatriefme Ferie d'après la fefte de Pafques, l'an de noftre Seigneur mil quatre cens cinquante-trois, & de noftre Regne le, &c.

CCXXVII*.

Ratification du Traité d'Alliance de Charles VII. avec les Suiffes, par le Roi Louis XI. l'an 1463.

LOYS, par la grace de Dieu, Roy de France. A tous ceux qui ces prefentes Lettres verront, Salut : Comme ainfi foit que vivant d'heureufe memoire, noftre Pere & Seigneur (à l'ame duquel Dieu faffe mercy) ayent efté entre luy, d'une part, & nos très-chers & bien-aimez les Confeils, Citoyens, Communautés & Patriotes des Citez, Villes, Terres & Cantons de la vieille Ligue de la haute Allemagne cy-deffus nommez; fçavoir, de Zurich, Berne, Soleurre, Lucerne, Ury, Swits, Underwald deffous le bois, Zoug & Glaris, d'autre, faites, traitées & arreftées certaines ligues, paches*, conventions, amitiez & intelligences, ce requerrans lefdits Confeils, Citoyens & Communautez : Surquoy iceluy noftre Seigneur & Pere auroit lors fait fes Lettres, contenans ce qui s'enfuit : CHARLES, par la grace de Dieu, Roy de France. A tous ceux qui ces prefentes Lettres verront, Salut : Comme ainfi foit que l'eftat de la condition humaine foit muable, &c. maintenant les fufdits Confeils, Citoyens & Communautez des Villes, Terres & Cantons de la vieille Ligue de la haute Allemagne nous ont envoyé leurs Ambaffadeurs, nous exhortans par très-inftantes fupplications de confirmer, ratifier & continuer les fufdites ligues, amitiez, paches, conventions & intelligences, à quoy leurs vertus ce requerrans, & confideré le zele de fincere dilection & reverence, qu'ils ont eu jufques icy envers nous & noftre fufdit Seigneur & Pere, nous avons efté meritoirement inclinez : Nous doncques qui defirons de toute noftre affection amplifier la paix & l'amour entre les peuples Chreftiens : Sçavoir faifons, que pour les caufes fufdites, & autres à ce nous mouvans, louons, approuvons & ratifions; & après la ratification avons loué & approuvé, & eu agréable, comme nous avons par ces prefentes lefdites intelligences, amitiez, paches, conventions, & toutes autres chofes fufdites, voulons & confentons les

tenir

Tiré de l'Edition de M. Godefroy.

* Pacts.

tenir & observer fermement à jamais par nous, nos subjets, amis & confederez, tout ainsi qu'elles estoient tenues & observées par nostre susdit Seigneur & Pere, comme il est contenu & exprimé ès Lettres cy-dessus escrites : En tesmoin de quoy nous avons fait mettre nostre Scel à ces presentes. Données à Abbeville le vingt-septiesme Novembre mil quatre cens soixante-trois, & de nostre Regne le troisiesme.

CCXXVII**.

Accord entre le Roy Louis XI. & les Suisses, contre le Duc de Bourgogne, l'an 1470.

Tiré de l'Edition de M. Godefroy.

LOYS, par la grace de Dieu, Roy de France, & nous les Bourgue-maistres, Advoyer, Ammans, Conseils, Citoyens, Communautez & Habitans des Citez, Seigneuries, Provinces & Cantons de la grande Ligue de la haute Allemagne cy-après nommez ; sçavoir, de Zurich, Berne, Lucerne, Ury, Swits & Underwald, d'autre part : Sçavoir faisons par ces presentes à tous presens & à venir ; que nous de part & d'autre, pour la conservation de nostre sincere & ancienne amitié, laquelle s'est jusques icy notoirement maintenuë entre nos Seigneurs predecesseurs & majeurs, & nous, & pour continuer une bonne intelligence & union, nous nous sommes accordez en la forme & maniere qui s'ensuit :

Sçavoir faisons, que nous Roy de France susdit, en nul temps à jamais ne donnerons par nous ou les nostres, conjointement ou divisement, directement ou indirectement au Duc de Bourgogne aucun secours, ayde, assistance, ny faveur contre nos susdits très-chers amis de la Ligue, au moyen de quoy, ou les leurs en general ou special, puissent recevoir quelque détriment en leurs corps ou biens, ou en quelque autre façon qui puisse arriver : Nous semblablement susdits Confederez de la Ligue, promettons de ne jamais donner directement ou indirectement aucun secours, faveur, ou assistance au susdit Duc de Bourgogne contre le susnommé le Serenissime Seigneur, le Très-Chrestien Roy de France, au moyen de quoy puisse arriver à luy ou aux siens, en general, ou special, aucun détriment de corps & de biens, ou de quelconque autre chose, le tout sans dol, fraude, ou fausse machination : Sauf toutesfois les intelligences faites dès long-temps entre les susdit Roy & nous de la Ligue, à ce qu'en tous leurs points & articles elles demeurent sauves, & en leur perpetuelle force & vigueur : Pour asseurance de quoy, nous avons à ces presentes fait mettre nostre Scel. Donné chez le Roy en la Ville de Tours, le vingtiesme Septembre, mil quatre cens septante, & de nostre Regne le dixiesme.

DE PHIL. DE COMINES.

CCXXVII***.

Alliance plus étroite entre le susdit Roy Louis XI. & lesdits Cantons Suisses, l'an 1474.

NOus Bourguemaistres, Advoyers, Ammans, Conseils & Communautez des Villes & Provinces de Zurich, Berne, Lucerne, Ury, Swits, Underwald, Zoug & Glaris, de la grande Ligue de la haute Allemagne; ensemble les Advoyers & Conseils des Communautez de Fribourg & Soleurre. A tous ceux qui ces presentes Lettres verront: Sçavoir faisons, que pource qu'à ce jourd'huy il y a eu, & y a encore une feable charité & dilection, voire perdurables intelligences entre Très-Chrestien & Serenissime Seigneur & Maistre, à nous très-gracieux par dessus tous autres, nous avons pesé & conclu en nous-mesmes d'affermir & accroistre ces mesmes intelligences & amitiez mutuelles, esperant que de ce fondement l'estat & commodité des deux parties en acquerra une grande & durable solidité, à l'occasion de quoy nous avons traité & accordé avec ledit Seigneur Roy cette intelligence & union, de sincere & inviolable foy, en la maniere qui s'ensuit :

Tiré de l'Edition de M. Godefroy.

En premier lieu, qu'iceluy Seigneur Roy, en toutes & chacunes nos guerres, & specialement contre le Duc de Bourgogne & tous autres, il nous doit fidellement donner ayde, secours & deffense à ses despens.

Outre plus, tant qu'il vivra, il nous fera tenir & payer tous les ans en sa Ville de Lyon, en tesmoignage de sa charité envers nous, la somme de vingt mille francs; sçavoir, cinq mille à chaque quartier d'année, pour estre distribuez esgalement entre nous parties susdites. Et si ledit Seigneur Roy, en ses guerres & armées avoit besoin de nostre secours, & d'iceluy nous requerroit, dès-lors nous serons tenus luy fournir à ses despens tel nombre de soldats armez qu'il nous semblera honneste, & que le pourrons faire ; c'est à sçavoir, au cas que ne fussions point occupez en nos propres guerres : & sera la paye de chaque soldat de quatre florins & demi de Rhin par mois, comprenant douze mois en l'an.

Quand ledit Seigneur Roy voudra nous demander tel secours, il fera tenir dans l'une des Villes de Zurich, Berne ou Lucerne, la paye d'un mois pour chaque soldat de la levée qui luy sera accordée, & pour les autres deux mois suivans, en la Cité de Geneve, ou autre lieu qui nous sera commode, à nostre choix & volonté.

Du jour que les nostres seront sortis de leurs maisons commencera la paye desdits trois mois, ils jouyront de toutes les franchises, immunitez & privileges desquels les subjets du Roy jouissent. Et si en quelque temps que ce soit nous requerrions ledit Seigneur Roy de nous prester secours en nos guerres contre le Duc de Bourgogne, & que pour autres siennes guerres il ne peut nous secourir, dès-lors afin de pouvoir soustenir nosdites guerres, ledit Seigneur Roy nous fera delivrer en sa Ville de Lyon, tant & si longuement que nous les continuerons à main armée

Tome III. Aaa la

la somme de vingt mille florins de Rhin par quartier, sans préjudice de la somme cy-dessus mentionnée.

Et quand nous voudrons faire paix ou tresves avec le Duc de Bourgogne ou autre ennemy du Roy, ou de nous, ce qu'il nous sera loisible de faire, nous devons & sommes tenus de reserver specifiquement iceluy Roy; & luy semblablement, comme nous, doit en toutes ses guerres avec le Duc de Bourgogne & autres, pourvoir que faisant paix ou tresves (ce qui luy sera aussi loisible) nous soyons specifiquement & singulierement reservez comme luy.

En toutes ces choses nous reservons de nostre part nostre Saint Pere le Pape, le Saint Empire Romain, & tous ceux avec lesquels nous avons jusques aujourd'huy contracté alliance, union, intelligences ou obligation par Lettres scellées. Le mesme sera de la part du Roy, horsmis le Duc de Bourgogne, à l'endroit duquel l'un & l'autre nous nous comporterons, ainsi que dit a esté.

Et si, selon que les choses se trouvent disposées, il arrive que nous soyons maintenant enveloppez de guerres avec le Duc de Bourgogne, dès-lors & à l'instant iceluy Roy doit mouvoir puissamment & serieusement la guerre contre ledit Duc, & faire les choses accoustumées en guerre, qui soient à luy & à nous commodes & profitables, le tout sans dol & fraude aucune.

Et pour autant que cette amiable union doit estre de bonne foy gardée, ferme & inviolable, & à icelle satisfait durant la vie d'iceluy Roy (laquelle Dieu par sa bonté luy doint longue & heureuse) à cette cause nous avons à iceluy Roy fait delivrer ces presentes scellées des Sceaux, desquels nous usons dans nos Villes & Pays, ayans receus de Sa Majesté les semblables scellées & confirmées de son Sceau.

Et de nostre part, nous susdites Communautez de Fribourg & Soleurre confessons & advouons tout ce que dessus, & le recevons & avons pour agreable. En tesmoignage de quoy nous avons fait attacher nos Sceaux à ces presentes. Donné le dixiesme jour du mois de Janvier l'an mil quatre cens soixante-quatorze.

CCXXVII****.

Declaration plus ample du contenu aux precedens Articles & Alliances, faite par le Canton de Berne, la mesme année 1474.

Tiré de l'Edition de M. Godefroy.

Nous Advoyer & Conseil de la Ville de Berne. A tous ceux qui ces presentes Lettres verront: Sçavoir faisons, que comme ainsi soit que cy-devant ait esté fait un Traité de Ligue & confederation amiable entre le Très-Chrestien & Serenissime Roy & Seigneur Loys, Roy de France nostre très-redouté Seigneur, & les Magnifiques Seigneurs de la vieille Ligue de la haute Allemagne, & certains articles ayent esté escrits & arrestez sur ledit Traité entre les Ambassadeurs Royaux & ceux desdits Seigneurs de la Ligue, contenans la forme de ladite confederation, lesquels ont esté portez & monstrez audit Seigneur Roy, toutes-fois pour ce que lesdits articles, à cause de leur generalité, se trouvent ambigus,

ce

ce qui pourroit à l'advenir apporter de la discorde entre ledit Seigneur Roy Très-Chrestien & lesdits Seigneurs de la Ligue. Pour cette cause, pour la singuliere affection qu'iceluy Roy porte ausdits Seigneurs de la Ligue, & pour couper chemin à toute question à l'advenir, devant que du tout terminer ledit Traité & Alliance, Sa Majesté a voulu pour plus ample declaration du contenu ausdits articles, estre esclaircy de la volonté & intention desdits Seigneurs de la Ligue : Pour ce est-il que nous Advoyers & Conseils recognoissans ledit Traité de Ligue & confederation amiable, utile audit Seigneur Roy & ausdits Seigneurs de la Ligue, afin qu'il ne soit interrompu, mais conclu par une bonne fin, pour oster toute occasion de scrupule & doute, après avoir esté bien & deuement informez de l'intention & volonté desdits Seigneurs de la Ligue, en declarant les choses susdites qui estoient revoquées en doute, nous asseurons, interpretons & declarons que ledit Seigneur Roy ne se doit aucunement mettre en peine pour le secours de la Ligue, sinon au cas qu'il en soit par eux requis : & encore en ce cas, ne leur doit donner secours contre leurs ennemis, sinon en tant qu'ils eussent si grande puissance que lesdits Seigneurs de la Ligue pressez & en urgente necessité, eussent besoin necessairement d'estre secourus, & ne pussent autrement resister à leur ennemy : Et si à l'advenir lesdits Seigneurs de la Ligue demandoient secours au Roy contre le Duc de Bourgogne, & ledit Seigneur Roy occupé en ses guerres propres ne pouvoit les secourir d'hommes, en ce cas il leur fera tenir & delivrer dans la Ville de Lyon vingt mille florins de Rhin par chacun quartier d'année, tant que la guerre effectuellement durera : Et de nostre part nous promettons, soubs nostre foy & honneur, que toutes & quantes fois que ledit Roy demandera secours ausdits Seigneurs de la Ligue, nous aurons le soin, & ferons effectuellement qu'ils le escouteront & ayderont de six mille hommes en ses guerres & expeditions, suivant la teneur de la derniere union & alliance faite entre eux, toutesfois en payant : Et de ce nous rendons responsables vers ledit Seigneur Roy. Pour plus grande asseurance de laquelle declaration, nous avons fait mettre le Sceau de nostre Ville à ces presentes, données le second jour du mois d'Octobre, mil quatre cens septante-quatre.

CCXXVIII.

☞ *Lettres ou pouvoirs de Louis XI. pour traiter d'alliance avec l'Empereur Frederic III. contre Charles, Duc de Lorraine.*

LOYS, &c. A tous, &c. Salut : Comme puis n'agueres, plusieurs ouvertures ayent esté faites de traiter & faire entre les anciennes alliances plus amples & plus expresses confederations, amitiez & intelligences entre très-haut & très-puissant Prince, nostre très-cher & très-amé frere, cousin & allié le Roy des Romains, & nous especialement, contre Charles de Bourgogne, nostre rebel & desobéyssant subjet, pour lesquelles traiter, accorder & conclure, ayons envoyé devers nostredit frere, cousin & allié le Roy des Romains, nos amez & feaux, Jehan Thiercelin Escuyer ; Sieur de Brosse, nostre Conseiller & Chambellan, &

Tiré des Recueils de M. l'Abbé Le Grand.

Maistre

Maiftre Jehan de Paris, noftre Conſeiller en noftre Cour de Parlement, lefquels font prefentement devers luy, &pour ce que le pouvoir que leur avons donné pourroit eftre limité, parquoy fe pourroient trouver ou furvenir aucunes petites difficultez qui pourroient retarder ou delayer la perfection & conclufion defdites alliances, amitiez & intelligences., ayons par l'advis & deliberation de plufieurs Princes & Seigneurs de noftre Sang & lignage, & Gens de noftre grand Confeil, conclud & deliberé envoyer à nofdits Ambaffadeurs tout ample pouvoir de faire & conclure ce que dit eft, fans aucune limitation, & tout ainfi qu'ils verront eftre à faire. Sçavoir faifons, que nous defirans tousjours entretenir & continuer les alliances anciennes d'entre noftredit frere & coufin & allié le Roy des Romains & nous, & icelles amplifier de plus en plus, & adjoufter & augmenter toutes les claufes & conditions, qui feront & pourront eftre advifées pour le bien de luy & de nous ; confians à plein des grands fens, fouffifances, loyauté, diligence, conduite & experience defdits Jehan Triercelin, & Maiftre Jehan de Paris, nos Ambaffadeurs deffus nommez, & iceux avons commis, eftablis & ordonnez, & par la teneur de ces prefentes, commettons, eftabliffons & ordonnons, & leur avons donné & donnons plein pouvoir, autorité, mandement & commiffion efpecial de faire, traiter, accorder & conclure pour & au nom de nous, avec noftre frere, coufin & allié le Roy des Romains, les Eflecteurs & autres Princes, Seigneurs & Communautez du faint Empire, qui feront advifez devoir eftre comprins de icelles, fi amples amitiez, intelligences, confederations & alliances qu'ils verront eftre à faire pour le mieux, tant à l'encontre dudit Charles de Bourgogne, & de tous fes adherans & Alliez quelconques, que autres adverfaires de luy, du faint Empire & de nous, avec toutes & telles claufes, feuretez, promeffes & convenances qui feront advifées pour le bien, entretenement & continuation defdites alliances. Promettans en bonne foy & en parole de Roy, avoir & tenir ferme, eftable & agreable tout ce que par nofdits Ambaffadeurs ou l'un d'eux en l'abfence de l'autre, fera fait, conclud, octroyé, promis & accordé touchant ce que dit eft, & les dependances, & en bailleront nos Lettres Patentes de ratification, confirmation & approbation en forme valable & authentique, firoft & dès lors que advertis & requis en feront. En tefmoin de ce, nous avons figné cefdites prefentes de noftre main, & à icelles fait mettre noftre Scel. Donné à Paris, le treiziefme jour de Mars, l'an de grace mil quatre cens feptante-quatre, & de noftre Regne, le quatorziefme.

CCXXIX.

☞ *Inftruction à Monfieur du Bouchage, de ce qu'il a à faire de par le Roy, touchant le voyage qu'il fait prefentement en Rouffillon*

Tiré du Volume 8436 de la Bibliotheque du Roy, parmy ceux de Bethune, fol. 1.

ET *Premierement*, en envoyera le plus haftivement qu'il pourra, Meffire *Yvon du Fou*, & Monfieur *du Lude*.

Item. Si *Bouffille* n'eft des fiens, pareillement l'en envoyer, & s'il eft des fiens, s'en aider.

Item.

DE PHIL. DE COMINES. 373

Item. De retenir tous les Gens-d'armes ; & quand les deſſuſdits ſeront partis de gangner tous les Lieutenans des deſſuſdits ; & s'il ne peut gagner les Lieutenans, qu'il gagne les Gens-d'armes.

1475.

Item. De chaſſer tant de gens dehors de la Ville de Parpignen, que cent Lances en ſoient les Maiſtres, & ne leur laiſſera une ſeule piece de harnois.

Item. Dès ce qu'il ſe verra aſſez fort pour ce faire, la premiere choſe qu'il doit faire, c'eſt de ſaiſir les portaulx.

Item. De faire une Citadelle.

Item. Se Bouffille eſt des noſtres, l'en faire Capitaine general ; auſſi s'il n'en eſt, y mettre le Poullailler.

Item. Faire abbatre toutes les Fortereſſes, reſervé Parpignen, Saulces, Eaulnes, Copheure *, Bellegarde & la Rocque. Le Poullailler tiendra Eaulnes & Copheure ; Faucault de Bonneval tiendra la Rocque, & celuy que ledit du Bouchage adviſera, Bellegarde ; Charlot, le Chaſteau de Parpignen, & Regnault du Cheſnay, Saulces & Locate.

* C'eſt Collioure.

Item. Mettra tous les Nobles qui ſe ſont armez contre le Roy dehors, & donnera leurs heritages, quelque appointement qui ait eſté fait.

Item. Donnera les Terres deſdits Nobles au Poullailler, à Bouffille, à ſon Lieutenant, à Regnault du Cheſnay & à tous les autres, qu'il verra qui ſeront bien aigres pour garder que les Gentilshommes ne retournent plus au pays.

Item. Leur donnera tous les cenſalz de ceux qui ſeront deſſous le Roy d'Arragon.

Item. Fera venir la femme de Philippes Auſbert & ſa fille, pour pourchaſſer ſa delivrance ; & ſi le Poullailler la veut avoir en mariage, il l'aura, ſinon, Regnault du Cheſnay l'aura : & s'il avoit eſté promis par ledit appointement de rendre ledit Philippes Albert, dira à ſa femme, que le Roy ſe veult aſſeurer de ſon mari & d'elle, & que pour ceſte cauſe, il faut que elle & ſa fille viennent devers le Roy.

Item. Deſſera tous les Offices de la Ville, reſervé un Lieutenant pour la Juſtice, & oſtera tout le pouvoir à ceux de la Ville, & clefs & tout, & n'auront plus nuls Offices.

Item. Pour les reparations de la Ville, commettra un Clerc des pays du Roy, qui prendra ce qu'il pourra en la Ville pour ce faire, & ce qu'il ne pourra, le Treſorier le fournira.

Item. Contentera le Comte & le Caſtelain s'ils ſont encore là, & les laiſſera aller quand ils vouldront, & eſſayera d'avoir quelque Treſve, afin de mettre la Ville en ſeureté pour le Roy, devant que la guerre y vienne, & la plus longue qu'il pourra, afin que les guerres feuſſent faillies avant que l'autre commençât.

Item. En cas que ledit Comte & Caſtelan feuſſent partis, envoyer Guiot du Cheſnay devers eux, pour prendre une Treſve la plus longue qu'il pourra ; & ſentira d'eux, s'ils ont voulenté de tenir au Roy ce qu'ils ont promis & tenu, bailler toutes les belles paroles qu'on pourra.

Item. Dira à Monſieur d'Albi en l'entretenant, qu'il preigne hardiment toutes les bonnes Egliſes qui y vacqueront, & puis qu'il en advertiſſe le Roy, lequel y tiendra la main pour luy envers tous & contre tous.

Aaa 3 *Item.*

Item. Pourvoyera à tous les Benefices de Rouſſillon, & peuplera les Monaſteres de François.

Item Mettra tous les Officiers nouveaux pour gouverner l'Eveſché, tant en temporel que en eſpirituel.

Item. Baillera le Gouvernement de tous les Benefices, tant en temporel que en eſpirituel, & en portera le Mandement patent audit d'Albi.

Item. Dira à Monſieur d'Albi, qu'il preigne l'Eveſché d'Eaulne * en commande, & s'il a quelque mauvais benefice par deçà qu'il le promette, & puis qu'il n'en tienne rien, & qu'il en laiſſe faire le Roy, lequel y remediera bien.

Item. Si la Treſve n'eſtoit faite, & il y failloit trois cens Lances, il y laiſſera ceux de Bouſſille, de Gouzolles & de Monſieur du Lude. Et s'il y failloit quatre cens Lances, il y laiſſera ceux du Gouverneur de Rouſſillon, & en renvoyera Jean Chenu.

Item. S'il peut à ceſte heure repeupler la Ville de neuf, il le fera, & auſſi s'il ne peut, il en laiſſera la charge à Monſieur d'Albi, & en prendra obligation de luy de le faire, & apportera au Roy ſon obligation ſignée de ſa main.

Item. Fera bailler les dix mille eſcus au Comte & au Caſtellan, & prendra s'il peut la Treſve avec eulx.

Pour Puiſſardan.

Huet d'Amboiſe aura le Gouvernement de Puiſſardan.

Item. Après ce que ledit Huet aura eu ledit Gouvernement, Monſieur d'Albi luy fera promettre qu'il mettra hors toute la bande contraire de Mercadier & de ſon neveu, & baillera toutes les Offices audit Mercadier & à ſon neveu, & à toute cette bande.

Item. Dira à mondit Sieur d'Albi, qu'il eſſaye par toutes leſfaçons qu'il pourra d'avoir (1) Lyvie que tient Meſſire Caillat, ſoit par promeſſes d'argent ou autre choſe; & après qu'il l'aura, qu'il la baille à ſon frere Huet; & après que ledit Huet l'aura, qu'il tiegne des promeſſes ce qu'il verra eſtre à faire. Car ledit Caillat, quelque promeſſe qu'il ait faite au Roy, il l'a touſjours trahi & trompé.

Item. Que ledit Huet traite bien Mercadier & ſa bande.

Item. Qu'il ſe aide de Machicot & de ſes gens, juſques à ce qu'il voye qu'il s'en puiſſe paſſer, & quand il s'en pourra bien paſſer, qu'il l'envoye devers le Roy, & qu'il preigne ou de ſes gens ou d'autres, tant qu'il en faudra pour ledit pays, & que le Roy les fera payer, & qu'il ne ſouffre homme en Puiſſardan qu'il ne ſoit nuëment à luy, & qu'il ne ſe gouverne par luy; car le Roy veut qu'il ſoit ſeul Capitaine & Gouverneur dudit pays, car le Roy n'a fiance en autre.

Item. Entre autres choſes, incontinent que le pays ſera en ſeureté pour le Roy, & que le dangier en ſera dehors, s'en revenir à toute diligence, & ly laiſſer Monſieur d'Albi pour donner ordre par tout, & le General & le Treſorier.

Fait

(1) *Livia* dans la Cerdagne Françoiſe.

1475.

* Elne, c'eſt le titre de l'Eveſché de Perpignan.

Fait à Paris, le vingt-troiziesme jour de Mars, l'an mil quatre cens soixante & quatorze, (*c'est à dire, mil cinq cens septante-quatre, selon le nouveau stile.*) *Signé* LOYS, *Et plus bas*, TILHART.

1475.

CCXXX.

☞ *Lettres du Canton de Bern, en interpretation du Traité de 1474.*

NOS Scultetus & Consules Urbis Bernensis, universis & singulis præsentes inspecturis notificamus. Quia cùm tractatus præcesserit & habitus fuerit de amicabili Ligâ & confœderatione ineundis & fiendis inter christianissimum, serenissimumque Herum Dominum Ludovicum Regem Franciæ, Dominum nostrum metuendissimum & cæteris omnibus longè præcolendum, magnificos Dominos viros veteris Ligæ Alamaniæ superioris, certique articuli formam dictæ confœderationis continentes inter Oratores Regios ad dictos Dominos de Liga per Suam Majestatem destinatos, ipsosque Dominos de Ligâ super ea concepti, & eidem christianissimo Domino Regi reportati exiterunt, quia tamen, ambiguitatem non modicam continent in se, quorum pretextu futuris temporibus discordiæ materia inter dictum christianissimum Regem Dominum, Dominosque de Ligâ oriri posset; idcircò illo singulari affectu, quo Rex ipse Dominos de Ligâ prosequitur ad præcludendamque viam omnium futuræ quæstioni, priusquàm idem tractatus Ligæ & fœderis fide perstringatur, voluit Sua Majestas ad majorem expressionem contentorum in jam dictis articulis de voluntate & proposito dictorum Dominorum certior fieri, & quæ verbis ambiguis & generalibus scripta fuerant, expressiùs declarari & postulari. Eapropter nos Scultetus & Consules prædicti animadvertentes dictam confœderationem, Ligæque amicabilis tractatum dicto chritianissimo Domino Regi, Dominique de Ligâ & nobis utilem fore, cum nihil magis hominibus conveniens sit quàm amicitia, quæ res secundas splendidiores facit, adversas autem sic commutat & ducit ac dividit, ut leniùs lædent, ne dictus tractatus interrumpatur, sed bonâ fide concludatur ad tollendum omne dubitationis scrupulum priùs de mente & proposito dictorum Dominorum de Ligâ debitè informati declarandorum, promissasque in dubium revocabantur asserimus, interpretamur & declaramus prælatum christianissimum Dominum Regem, non aliter in Dominorum de Ligâ auxilium debere commoveri, nisi priùs per eos fuerit requisitus; sed & tunc eis fidele auxilium & deffensionem cum gentibus suis contra hostes eorum impartiri tenebitur, si illi qui eis guerrarum velle bellum induent, talem haberent potestatem ut ipsi Domini de Ligâ concussi urgenti necessitate Regis auxilio necessariè egerent, & aliter commodè suâ defensione satisfacere non possint. Et si adversùs Ducem Burgundiæ futuris temporibus idem Domini de Ligâ auxilium Regium postularent, & Dominus Rex propter alias guerras suas eis cum gentibus suis succurrere non posset quàm solvendo præfatis Dominis de Ligâ summam vigenti millium florenorum Rheni apud Lugdunum per singulas quatuor anni partes, per quas Dominis de Ligâ illas guerras manu efficaci, prosequenturque ad aliud auxilium cum militaribus hominibus eis impendendum minimè teneatur,

Tiré des Recueils de M. l'Abbé Le Grand.

1475.

neatur, & insuper pollicemur sub fide & honore nostris quotiescumque Rex ipse auxilium dictorum Dominorum de Ligâ implorabit, nos curaturos & facturos effectualiterque ei auxiliabitur, & succurrent in agibilibus & guerris suis juxtà tenorem unionis novissimè factae cum sex millibus hominum, solvendo tamen eis stupendia, modò eâ formâ contentis in jam dictae unionis tractatu salvo quòd si dicti Domini de Ligâ dicta stipendia ultrà limites Regni ad loca de Bernensi & Zurichsensi, Luzernensi, aut alia absportari petierint, quòd portentur eorum periculo & fortuna, & si forsan dicti Domini de Ligâ per Regem requisiti dictum numerum sex millium hominum in suum auxilium non mitterent, nos convenimus & promittimus eumdem numerum realiter complere, & versùs Regem de hoc nos constituimus responsales, etiamsi in dictis articulis & Litteris dicti tractatûs aliquis certus hominum numerus expressus non fuerit, salvis tamen reservationibus parte Dominorum de Ligâ per eos & nos factis & in Litteris principaliter, quarum datum est vigesimo sexto Octobris, anno Domini millesimo quadringentesimo septuagesimo quarto expressis. Cujusquidem declarationis majorem in firmitatem has Litteras desuper factas sigillo nostrae Urbis fecimus muniri. Datum sextâ mensis Aprilis, anno Domini millesimo quadringentesimo septuagesimo quinto.

CCXXXI.

☞ *Lettres du Roy confirmatives du Traité de 1474. avec les Suisses.*

Tiré des Recueils de M. l'Abbé Le Grand.

LUDOVICUS, Dei gratiâ Francorum Rex, universis praesentes inspecturis patefacimus, quia inter nos & spectabiles multaeque providentiae viros Burgi Magistrum Scultetos, Ammanos, Consules & Communitates Oppidorum & Provinciarum Zurichzensis, Bernensis, Luzernensis, Vri, & Switzensis, Undervaldensis, Zugzensis, & Glarus magnae Ligae Alemaniae Superioris, in huncusque diem fida charitas & dilectio, imò & perennes intelligentiae extiterunt & existunt, animo ponderavimus & conclusimus easdem intelligentias, amicitiasque mutuas roborare & extensiùs producere, eâ spe, ut ex hoc ceu fundamento nostrarum omnium partium status & commoditas firmitatem nanciscatur non mediocrem. Horum itaque occasione cum praefatis amicis nostris adjunctis spectabilibus communitatibusque Oppidorum Friburgi & Solodorensis, hanc sincerae & intemeratae fidei intelligentiam, unionemque amplexi sumus eo modo qui sequitur. Imprimis quòd nos praefatus Rex jam nominatis amicis, in omnibus & singulis ipsorum guerris specialiter contra Ducem Burgundiae, omnesque caeteros nostris in expensis fidele auxilium, juvamen & defensionem impartiri debemus; praetereà volumus quoad vixerimus singulis annis pro charitatis nostrae comprobatione eisdem Dominis de Ligâ, adjunctis Communitatibusque Oppidorum Friburgensis & Solodorensis expediri, & in Civitate nostâ Lugdunensi solvi, disponere viginti millia Francorum quâlibet anni parte quinque millia aequaliter cuilibet partium praefatarum distribuendorum, & si nos nostris in agibilibus & guerris auxilio praelatorum amicorum nostrorum egerimus, ipsosque super eo requireremus, eò tunc debent ipsi illud numero

mero virorum armatorum prout ipsis honestum & possibile fuerit impendere, si & in quantum ipsi propriis guerris non fuerint occupati nostris tamen inexpensis. Nos autem cuilibet armatorum pro mensis spatio annum duodecim mensibus computando tribuere debemus quatuor florenos auri & medium. Et cum hujusmodi auxilia requirenda duxerimus, volumus semper salarium cuilibet, & ex eis pro spatio unius mensis competens ad Oppidum Zurich. Bern. vel Lutzen. transmittere; & pro duobus alteris mensibus salaria in Civitate Gebennensi, vel alio in loco ipsis apto & grato enumerari faciemus, & quamprimùm domos suas egressi fuerint, incipiet cursus temporis trimestris, reservemusque eisdem armatis, omnes & singulas immunitates, privilegiaque quibus cæteri à nobis stipendiati gaudent & potiuntur; & si prænominati amici nostri ullis temporibus ipsorum in guerris contra & adversùs Ducem Burgundiæ, nos ut auxilium impenderemus requirerent; & nos propter alias guerras nostras ipsis succurrere non possemus, eò tunc quò magis tales guerras continuare possint, ipsis quamdiu easdem manu efficaci prosequentur, qualibet quatuor anni partium in Civitate nostrâ Lugdunensi numerari faciemus viginti mille florenos Rheni. Et nihilominùs summam Francorum supranominatam, & cùm præfati amici cum Duce Burgundiæ, vel alio alterius partis inimico pacem vel treugas facere voluerint, quòd etiam facere poterunt, debent & tenentur ipsi nos specificè & singulariter reservare; & sicut seipsos providere universa, nos in omnibus guerris nostris cum Duce Burgundiæ & cæteris, si & in quantum pacem vel treugas facere voluerimus, quòd etiam facere possumus, debemus & tenemur præfatos amicos nostros singulariter & specificè, sicut nos ipsos providere & reservare. Et in his omnibus parte prædictorum Dominorum de Ligâ excipiuntur Dominus summus Pontifex, sacro-sanctum Romanum Imperium, & omnes & singuli cum quibus ipsi fœdera, uniones, intelligentias aut obligationes Litteris & sigillis munitas in hunc usque diem contraxerint, pariformiter nostrâ ex parte itidem servato Duce Burgundiæ, versùs quem nos omnes & singulæ partes id efficiemus quod supra cautum est; & si juxtà dispositionem rerum ipsarum præfati amici nostri cum Duce ipso Burgundiæ in præsentiarum guerris se involverint, eò tunc incontinenti debemus & volumus erga eumdem Ducem guerras cum potentiâ & manu efficaci movere, eisdemque invitis, & hæc operari quæ pro consuetudine guerrarum solita, & nobis prosint, commodioraque existunt, omni dolo & fraude exclusis. Et quia hæc amica unio per dies quos vivimus bonâ fide, firmâ, illibatâque securari, & eidem satisfieri debebit; ea propter præfatis amicis nostris has Litteras sigillo nostræ Majestatis munitas assignari fecimus, nam pares ab eisdem sigillis suis omnium & singulorum roboratas accepimus. Datas, &c.

CCXXXI*.

Lettre du Roy en forme de Commiſſion du grand Sceau, au General Briçonnet, pour faire payer annuellement la ſomme de 20000 livres par forme de penſion aux Ligues Suiſſes.

1475.

Tiré des Recueils de M. l'Abbé Le Grand.

LOYS par la grace de Dieu Roy de France · A tous ceux qui ces preſentes Lettres verront, Salut. Sçavoir faiſons, que nous conſiderans les grandes alliances & confederations puis n'agueres prinſes & accordées entre nous & les Villes & pays de l'ancienne Ligue de la haute-Allemagne, & que pour icelles entretenir, & enſuivant les points & articles contenus eſdites alliances & confederations, conviendra faire pluſieurs grands frais, miſes & depens à aucunes des bonnes Villes des hautes Allemagnes, & autres particuliers deſdits pays, pour eux entretenir en noſtre ſervice ou faits de nos guerres & autrement, à icelles bonnes Villes & autres particuliers des hautes Allemagnes : pour ces cauſes & conſiderations, & autres à ce nous mouvans, & meſmement pour leur ayder à ſupporter les grands frais, miſes & deſpens que à ces cauſes faire, ſouſtenir & porter leur conviendra pour noſtredit ſervice, avons donné & ordonné, donnons & ordonnons par ces preſentes, la ſomme de vingt mille livres tournois, à icelle avoir & prendre d'oreſnavant par chacun an par forme de penſion, tant qu'ils s'entretiendront en noſtredit ſervice, des deniers de nos Finances, par les deſcharges du Receveur general de noſdites Finances, en enſuivant l'ordre d'icelles, pour icelle eſtre diſtribuée & deſpartie auſdites bonnes Villes & gens particuliers deſdites hautes Allemagnes, ainſi que par noſtre amé, & feal Conſeiller & Chambellan, Nicolas Diesbach, Chevalier Advoyé de Bern, & nos Ambaſſadeurs, que preſentement envoyons ès Marches de par de-là, ſera adviſé & ordonné, & pour jouyr d'icelle penſion, & la prendre & avoir par chacun an d'oreſnavant en la maniere devant dite, tant qu'ils s'entrediendront en noſtre ſervice, en enſuivant le contenu eſdites confederations, alliances & amitiés. Si donnons en mandement par ceſdites preſentes, à nos amez & feaux les Generaux Conſeillers par nous ordonnez ſur le fait & gouvernement de toutes nos Finances, tant en Languedoc, que par noſtre amé & feal Conſeiller, & Receveur general de noſdites finances, Jehan Briçonnet, ou autre qui le ſera le temps à venir, ils faſſent d'oreſnavant par chacun an payer & appointer leſdites Villes deſdites hautes Allemagnes, & autres particuliers de ladite ſomme de vingt milleli v. tournois pour les cauſes, & ſoubs les conditions, & en la maniere devant dite, ſans y faire aucune rupture ou diſcontinuation ; car tel eſt noſtre plaiſir. Donné à Paris, le ſecond jour de Janvier, l'an de grace mil quatre cens ſeptante-quatre, & de noſtre Regne, le quatorzieſme. *Ainſi ſigné*, Par le Roy. Le Gouz.

CCXXXI**.

CCXXXI **.

1475.

☞ *Rôlle arresté à Bern, par Gervais Faur, Commissaire du Roy, & Nicolas Diesbach, Advoyer de Bern, de la distribution de vingt-mille liv. de pension accordez par le Roy aux Ligues Suisses, outre vingt-mille florins du Rhin, portez par le Traité de 1474.* Tiré des Recueils de M. l'Abbé Le Grand.

S'Ensuit le département de vingt-mille livres ordonnées par le Roy aux bonnes Villes, & autres particuliers de l'ancienne Ligue de la haute-Allemaigne, outre & par-dessus autres vingt-mille livres tournois contenues ès Lettres d'Alliance faite entre lesdits Seigneurs & eux, desquels vingt mille francs, n'est besoin faire aucune publication, mais le tenir secret.

Pour Messieurs de Bern.	6000 liv.
Pour Messieurs de Luzerne.	3000 liv.
Pour Messieurs de Zurich.	2000 liv.

Reste 9000. liv. pour les Particuliers, pour les delivrer ainsi qu'il s'ensuit.

Pour les PARTICULIERS DE BERN.

Premierement. A Messire Nicolas de Diesbach.	1000 liv.
A Messire Guillaume de Diesbach, son cousin.	1000 liv.
A Messire Nicolas Descarnachal.	400 liv.
A Messire Adrien de Bourbenbech.	360 liv.
A Thurin de Ring-golting hen.	250 liv.
A Peternad de Wralren.	360 liv.
Au Docteur Thurin, Chancelier.	150 liv.
A Henry Mater.	150 liv.
A Pierre Trischer.	100 liv.
Au Tresorier de Bern, Jehan Frenetlin.	100 liv.
A Urban de Murleron.	50 liv.
A Benedit Chastelian.	50 liv.
A Louis Bruggler, Anthoine Archid; Jehan Huiler; Jehan Achalin; Pierre Bourgarter, Baudoyer de Beurre, & à chacun d'eux à 40 liv. tous ensemble.	260 liv.
A Pierrre Simon.	30 liv.
Jehan Blanchet.	30 liv.
A Jehan Henry de Valmes.	20 liv.
A Pierre Schoppfer.	20 liv.
A Jehan Schitz.	20 liv.
A Rudolf de Erlach.	20 liv.
A Benedit Vilrum.	20 liv.
A Counrard Riettuel.	20 liv.
A Henry Zimerman.	20 liv.

1475.
A Berthelom. Hurbert.	20 liv.
A Pierre Joremien.	20 liv.
A Henry Littinger.	20 liv.
A Jehan de la Fosse.	100 liv.
A George Friburgar.	25 liv.

Pour ceux qui en l'absence des autres seront commis & ordonnez au Conseil, cy. . . . . 100 liv.

A Pierre Scartel.	20 liv.
A Henry Couried.	20 liv.

SOMME. . . . . 4645 liv.

Pour les Particuliers du Conseil de Luzerne.

A Monsieur le Domprost.	1000 liv.
A Albin de Silmon, son frere.	400 liv.
A Gaspar de Hertesten.	300 liv.
A Henry Haffutto.	200 liv.
A Jehan Ter.	100 liv.
Au Chancelier de Lucerne.	50 liv.
A Pierre Taurmam.	50 liv.
A Jehan Stluffinan.	50 liv.
A Jehan Haff.	50 liv.
A Loys Scyler.	50 liv.
A Lireppsinger.	40 liv.

SOMME. . . . . . . 2290 liv.

Pour les Particuliers du Conseil de Zurich.

Premierement à Henry Rouste, Bourguemestre.	200 liv.
A Henry Gouldelis.	200 liv.
Au Chancelier.	100 liv.

SOMME. . . . . 500 liv.

Au Chancelier de Soullore.	100 liv.
A Aman Foresset, & à Aman Indergasson de Ury, & à chacun d'eux cent livres, ensemble	200 liv.
A Diectrich Inder-Halten, & à Counrad Lruffer Schundamans de Fintz, & à chacun 100 liv. ensemble.	200 liv.
A Aman Heuczly de Wndeal-Walden.	100 liv.
A Aman Schel de Zug.	100 liv.
Pour la Ville & Communauté de Brinne.	300 liv.

Item. Pour ceux qui seront commis à poursuivre les descharges par chacun

chacun an, & faire porter l'argent au pays, tant pour les frais, que pour les gaiges. . . . . 400 liv. 1475.

Somme. . . . . 1400 liv.

Et en tesmoin dudit Parlement, je Gervais Faur, commis par le Roy à ce faire, avec les autres soubs escripts, ay signé ce present rôle à Bern, le cinquiesme jour d'Avril, l'an mil quatre cens septante-cinq. *Ainsi signé* GERVAIS FAUR, COURCELLES & NICOLAS DIESBACH.

Somme totale départie ausdits Particuliers. . . . 19935. liv.
Reste. . . . . 65 liv.

CCXXXII.

Lettre de Louis XI. à Monsieur du Bouchage, sur les affaires de Roussillon.

Monsieur du Bouchage, mon ami, j'ay receu vos Lettres. Vous ne vous devez point esmerveiller si je fus bien courroucé quand je receus les Lettres de ce traître Messire Yvon, toutesfois vous n'y avez rien trouvé que je ne vous eusse bien dit avant la main, & quelque chose qu'ils m'ayent mandé par Ressou que les Gend'armes ne bougeroient, vous véez bien qu'il ne leur a pas souffit de faire la grant trayson de la Ville, s'ils n'ont accomply toutes les petites branches qui en dependoient, afin que je n'y peusse remedier. Messire Yvon est un des malycieux traîtres de ce Royaume, & considerez que vous allez pour me servir, & qu'il vous faut estre plus malycieux que luy, si vous me voulez bien servir en cecy, & vaincre par sur luy.

Monsieur du Bouchage, mon amy, c'est un des grands services que vous me pouvez faire en ce monde, & si vous pouvez mettre tant de gens dehors que Bouffille & sa compagnie, & Gouzolles & sa compagnie soient les Maistres: Faites-le tost.

Aussi s'il ne vous est possible, & que tous les Gensd'armes que vous pourrez recouvrer ne soient pas assez forts pour ce faire, & que vous veyssiez qu'il n'y eust remede, ce que je suis seur, s'il en y a point que vous le trouverez, endormez-les de paroles le mieux que vous pourrez, & y faites tous les appointemens que vous pourrez, vaille que vaille, pour les amuser d'icy à l'hyver: & si j'ay quelque Tresve, & que je y puisse aller & Dieu me soustient & Madame & Monsieur saint Martin, je iray en personne mettre le remede. Toutesfois si vous le pouvez faire dès maintenant, oncques homme ne me fist si grant service.

Je vous prie Monsieur du Bouchage, mon amy, escrivez-moy souvent, & si le Tresorier ne vous obeist, ou le General ou Officiers qui soient par de-là, n'en envoyez point devers moy, & les desappointez vous-mesme, & le plus grant service que vous me puissiez faire, c'est que vous ne craigniez point à me servir pour eux, & je le dis pour le Tresorier, que Mes-

Tiré du Volume 8434. des MSS. de Bethune, dans la Bibliotheque du Roi, folio 1.

1475.

fire Yvon m'a recommandé. On m'a dit que Ortafa & Viviers font retournez; par cela pouvez-vous mieux encore congnoiftre la trahyfon, & pour ce, fi vous m'en pouvez venger, vengez-m'en, fi-non, faires-les en defloger, & un Notaire qui s'appelle Maure. Effayez auffi de les faire les plus maifgres de vivres que vous pourrez, afin qu'il y demeure moins de gens; & effayez de raffembler les Gensd'armes en la plus grant diligence que vous pourrez. Je vous renvoye Regnault du Chefnay, & un autre pour vous en ayder en ce que vous pourrez.

Monfieur du Bouchage, mon amy, (1) faites efcrire en un beau papier tous ceux qui ont efté & feront deformais traiftres dedans la Ville, & comme ils font à mais dedans le papier rouge, & les laiffez à Bouffille, au Poullailler, ou à celuy que laifferez Gouverneur par de-là, afin que (fi) d'icy à vingt ans il y en retourne nuls, qu'ils leur faffent trancher les têtes, & ne vous fiez point en François Caftillon, ny ne laiffez point ou Pays, & l'entretenez de paroles au mieux que vous pourrez, & en maniere qu'il ne puiffe nuire par delà. Et adieu; efcrit à Paris, le feptiefme jour d'Avril. *figné* LOYS, *& plus bas* JESME.

CCXXXII*.

☞ *Mandement en forme de commiffion aux Generaux de toutes les Finances au profit de Conrart Hannequys, & Pierre Scheffer, Imprimeurs de Mayence, pour toucher la fomme de huit cens livres par an, jufques à parfait payement de la fomme de 2425. efcus d'or, à quoy fe monte le prix de Livres vendus au profit du Roy, par droit d'aubeine, trouvez après le deceds de Stateren leur Commiffionaire en la Ville de Paris.*

Tiré des Recueils de Mr. l'Abbé Le Grand.

LOYS par la grace de Dieu, Roy de France. A tous nos amez & feaux les generaux Confeillers par nous ordonnez fur le fait & gouvernement de toutes nos Finances, Salut & dilection: de la partie de nos chers & bien amez Conrart Hannequys, & Pierre Scheffer, Marchands, Bourgeois de la Cité de Mayence en Alemaigne, nous a efté expofé qu'ils ont occupé grand pattie à induftrier Art & ufage de l'Impreffion d'efcriture, de laquelle par leur cure & diligence, ils ont fait faire plufieurs beaux livres finguliers & exquis, tant d'hiftoires que de diverfes fcienees, dont ils ont envoyé en plufieurs & divers lieux, & mefmement en noftre Ville & Cité de Paris, tant à caufe de la notable Univerfité qui y eft, que auffi pour ce que c'eft la capitale Ville de noftre Royaume, & ont commis plufieurs gens pour iceux livres vendre & diftribuer, & entr'autres depuis certains temps en çà, conftituerent & ordonnereut pour eux un nommé Herman de Stateren, natif du Diocefe de Munfter en Alemaigne, auquel ils baillerent ou envoyerent certaine quanrité de livres pour

---

(1) C'eft ce qu'a exécuté Mr. du Bouchage, car à la fuite de cette Lettre, fe trouvent trois liftes contenant les noms de plus de deux cens perfonnes avec les qualifications de leurs trahifons & de leurs mesfaits Cette lifte quoique de peu de conféquence aujourd'huy, eft curieufe, & fait voir dans quel détail Louis XI. vouloit que l'on entrât, pour l'informer de tout ce qui fe paffoit.

pour iceux vendre là où il trouveroit au profit defdits Conrart Hannequys, & Pierre Scheffer, aufquels ledit Stateren a vendu plufieurs defdits Livres, dont à l'heure de fon trefpas il avoit les deniers par devers luy, & pareillement avoit par devers luy plufieurs Livres & autres qu'il avoit mis en garde, tant en noftredite Ville de Paris, que à Angiers & ailleurs en divers lieux de noftre Royaume, & eft ledit Stateren allé de vie à trefpas en noftredite Ville de Paris ; & pour ce que par la Loy generale de noftre Royaume, toutes fois que aucun Eftrangier & non natif d'iceluy noftre Royaume, va de vie à trefpaffement fans Lettres de naturalité & habitation & puiffance de nous de tefter tous les biens qu'il a en noftredit Royaume à l'heure de fondit trefpas, nous competent & appartiennent par droit d'aubeinaige, & que ledit Stateren eftoit de la qualité fufdite, & n'avoit aucune Lettre de naturalité, ne puiffance de tefter ; noftre Procureur ou autres nos Officiers ou Commiffionnaires firent prendre, faifir & arrefter tous les Livres & autres biens qu'il avoit avec luy & ailleurs en noftredit Royaume, à l'heure de fondit trefpas, & depuis & avant que perfonne fe foit venu comparoir pour les demander iceux Livres & biens, ou la plufpart ont efté vendus & adverez *, & les deniers qui en font venus diftribuez, après lefquelles chofes, lefdits Conrart Hannequys, & Pierre Scheffer fe font tirez par devers nous, & les Gens de noftredit Confeil ont fait remonftrer, que combien que lefdits Livres feuffent en la poffeffion dudit feu Stateren à l'heure de fondit trefpas, toutesfois ils ne luy appartenoient pas, mais veritablement appartenoient & appartiennent aufdits expofans, & pour ce montrer ont exhibé le teftament dudit Stateren aveques certaines cedules & obligations, & produit aucuns tefmoins & autres chofes faifans de cela mention, en nous requerant les faire reftituer defdits livres & autres biens, ou de la valeur & eftimation d'iceux, lefquels ils ont eftimé la fomme de deux mille quatre cens vingt-cinq efcus d'or & trois fols tournois. Pourquoy, nous les chofes deffufdites confiderées, & mefmement pour confideration de ce que très-haut & très-puiffant Prince, noftre très-chier & très-amé frere, coufin & allié le Roy des Romains nous a efcript de cette matiere. Auffi que lefdits Hannequys & Scheffer font fubjets, & des pays de noftre très-chier & très-amé coufin l'Archevefque de Mayence, qui eft noftre parent, amy, confederé & allié, qui pareillement fur ce nous a efcript & requis, & pour la bonne amour & affection que avons à luy, defirans traiter & faire traiter favorablement tous fes fubjets, ayant auffi confideration à la peine & labeur que lefdits expofans ont prins pour ledit Art & induftrie de Impreffion, & au profit & utilité qui en vient & peut venir à toute la chofe publique, tant pour l'augmentation de la fcience que autrement, & combien que la valeur & eftimation defdits Livres & autres biens qui font venus à noftre cognoiffance ne monte pas de grand chofe, ladite fomme de deux mille quatre cens efcus d'or & trois fols tournois, à quoy lefdits expofants les ont eftimés, neantmoins pour les confiderations deffufdites & autres à ce nous mouvans, nous fommes liberalement condefcendus de faire reftituer aufdits Conrart Hannequys, & Pierre Scheffer ladite fomme de deux mille quatre cens vingt-cinq efcus d'or trois fols tournois, & leur avons accordé & octroyé, accordons & octroyons par

1475.

*Adverez, il faut lire Adirez c'eft à dire, diffipez.

ces

ces presentes, que sur les deniers de nos Finances, ils ayent & prennent la somme de huit cens livres par chacun an, à commencer la premiere année au premier jour d'Octobre prochain venant, & continuer delà en avant, jusques à ce qu'ils soient entierement payez de ladite somme de deux mille quatre cens vingt-cinq escus d'or trois sols tournois ; si vous mandons & enjoignons expressement, que par nostre amé & feal Conseiller Jehan Briçonnet, Receveur general de nos Finances, ou autres, qui pour le temps advenir sera, vous sur icelles nos Finances, faites payer ausdits Conrart Hannequys & Pierre Scheffer, ou à leur Procureur souffisamment fondé par eux, la somme de huit cens livres tournois par chacun an, à commencer la premiere année ledit premier jour d'Octobre prochain venant, & continuer d'an en an, jusques à ce qu'ils soient entierement payez de ladite somme de deux mille quatre cens escus & trois sols tournois, & par vous rapportant ces presentes signées de nostre main, ou *vidimus* d'icelles fait sous scel Royal, avec quittance & recognoissance suffisant desdits Conrart Hannequys, & Pierre Scheffer, nous voulons ladite somme de huit cens livres tournois par chacun an en ça qui en aura esté payé, estre alloué ès comptes & rabatu de la recepte dudit Jean Briçonnet, ou d'autre qui sera nostre Receveur general ou temps advenir, par nos amez & feaux Gens de nos Comptes, auxquieulx nous mandons ainsi le faire sans difficulté. Et en outre, voulons & decernons que le *vidimus* de cesdites presentes fait sous scel Royal, vaille estat & roolle audit Briçonnet, ou autre nostre Receveur general present & avenir pour les sommes dessusdites qui auront esté payées à la cause dessusdite, sans ce que besoin leur soit d'en avoir de nous autre roole ou acquit, pourveu que par chacun an il soit tenu escrire ou faire escrire au dos de cesdites presentes les payemens qui auront esté sur ce faits, & que au dernier payement & parfournissement de ladite somme, lesdits Conrart Hanneqyus & Pierre Scheffer, ou leursdits Procureurs ou Commis seront tenus de rendre & bailler à nostredit Receveur general ce present original, pour le rendre & rapporter sur son compte, ou nostredite Chambre des Comptes, car ainsi nous plaist-il estre fait, nonobstant que lesdites sommes ne soient enrotulées * chacun an ès rooles de nostredit Receveur general. Donné à Paris, le vingt-uniesme jour d'Avril, l'an de grace mil quatre cens septante-cinq, & de nostre Regne le quatorziesme.

Ainsi signé, L O Y S. Par le Roy, vous l'Evesque d'Evreux, & plusieurs autres presents. L E G O U Z.

CCXXXIII.

* *Enrotulées*, vieux mot, qui veut dire *enrôlées*, c'est-à-dire, mises sur le rôle des Finances du Roy.

DE PHIL. DE COMINES.

CCXXXIII.

☞ *Prétentions du Roy Louis XI. sur le Comté de Provence, & autres Terres possedées par le Roy de Sicile.*

Des Terres d'appanage.

1475.

LOYS par la grace de Dieu, Roy de France : A tous nos Justiciers & Officiers, ou à leurs Lieutenans, Salut. Sçavoir faisons, que pour certaines causes à ce nous mouvans, nous avons octroyé & octroyons à Salhadin d'Anglure.

Et à chacun d'eux separement ou ensemble, & jusques à vingt chevaux en leur Compagnie bonne & loyale seureté durant de cy à deux mois prochains venans, pour venir en nos Villes de Languedoc, pour aucunes leurs besongnes & affaires, & eux en retourner seurement, sans ce que pour quelque procès qui ait esté meu ne intenté contre eux en nostre Cour de Parlement ne ailleurs, ne pour quelque autre cause que ce soit, soit pour debte, obligation, crime ou autre chose leur soit fait ou donné aucun empeschement, & se fait, mis ou donné leur estoit, qu'il soit remis ou delivré, car ainsi nous plaist-il, & voulons estre fait. Donné à Paris le vingt-troisiesme jour d'Avril, l'an de grace mil quatre cens septante-cinq, & de nostre Regne, le quatorziesme, *ainsi signé* Par le Roy, DISOME,

Tiré des Recueils de M. l'Abbé Le Grand.

CCXXXIV.

☞ *Memoire des choses à faire sur les ouvertures faites au Roy par Monsieur de Prully.*

PREMIEREMENT. Quant à ce que mondit Sieur de Prully a dit au Roy que Salhadin a très-grand desir de gaigner la bonne grace du Roy, & se offre de s'employer envers le Roy de Sicile, & mettre peine de toute sa puissance à le conduire à faire tout ce qu'il plaira au Roy, nonobstant quelque chose qu'il ayt faite avec Monsieur du Mayne, ou ailleurs.

Tiré des Recueils de M. l'Abbé Le Grand.

Ledit Monsieur de Prully dira audit Salhadin, que le Roy est très-content de l'offre qu'il fait & l'en remercie, & quand il le voudra ainsi faire & que la chose sortisse effet, les choses faites & passées en bonne & seure forme, le Roy prendra & recueillera le Sieur Salhadin en son service, soit maintenant ou une autre fois quand il voudra, dès à present luy donnera pension, Terres & autres biens, tant & si avant qu'il en sera content, & l'asseurera de le porter, soustenir & favoriser envers & contre tous, sans jamais le abandonner, & le recongnoistra envers iceluy Salhadin, tout ainsi que ledit Sieur de Prully appointera avec luy, sans qu'il y ait quelque faute, & si ledit Salhadin sert bien le Roy, il luy fera encore mieux, & seront mis au neant, & oubliez tous procès & autres choses faites contre ledit Salhadin, sans que jamais il en soit question.

1475.

Item. Et touchant Banjamin, dont aussi ledit Sieur de Prully a parlé au Roy en cette matiere, le Roy luy donnera de ses biens, & tant en pension que autrement, le reconnoistra envers luy, tout ainsi que ledit Sieur de Prully appointera ; en outre, le Roy se servira de luy, soit maintenant ou une autre fois, toutesfois qu'il luy plaira, le soutiendra, portera, & favorisera envers & contre tous, sans jamais le abandonner, dès à present luy fera restituer son office, ses biens & tout ce qui a esté prins de luy, & le traitera si bien, qu'il aura cause d'estre bien content.

Item. Semblablement, tous ceux qui s'employeront à servir le Roy en ces matieres, le Roy les recueillera, leur fera des biens, & tant par pensions que autrement, le reconnoistra envers eux, tout ainsi que ledit Sieur de Prully appointera, & en maniere qu'ils auront bien cause d'en estre contents.

Item. Afin qu'ils puissent mieux venir pratiquer les matieres, le Roy a baillé à mondit Sieur de Prully seureté pour ledit Salhadin & Banjamin, pour venir jusques à vingt-cinq ou trente lieuës dedans le Royaume, d'icy à deux mois prochains venans.

Item. Et pour parvenir à la matiere & au service que le Roy desire que ledit Sieur Salhadin ou autres, luy fassent, leur laisse chacun les biens, que la Reine Marie, que Dieu absoille, mere du Roy de Sicile, leur a donnés, parquoy selon droit & raison, elle doit avoir sa part & portion naturelle en la succession du feu Roy Louis, leur pere; & pour ce, le Roy demande & entend, que le Roy de Sicile par Lettres & instruments autentiques, congnoisse & confesse, que le Roy nostredit Sgr. comme heritier de ladite feue Dame sa mere, a juste cause de demander sa part & portion qui à icelle Dame appartenoit en toutes les Terres & Seigneuries qui furent audit feu Roy de Sicile & à la Reine Marie, & dudit Roy de Sicile, & à la Reine Yoland, pere & mere de ladite Dame Reine Marie, & dudit Roy de Sicile, & aussi dudit feu Roy Louis, leur frere.

Item. Et laquelle part & portion monte la moitié entierement de toutes les Terres que lesdits Roy de Sicile, Louis & Reine Yoland leur pere & mere tenoient hors les Terres de l'appanage.

Item. Et se l'on vouloit dire qu'il y a eu trois heritiers; c'est à sçavoir, ladite feue Dame Reine Marie, mere du Roy, ledit Roy de Sicile, & feu Monsieur du Maine, sera respondu que par le partage baillé à mondit Sieur du Maine, il a renoncé à tout le demeurant de la succession de ses pere & mere ; ainsi ladite succession est demourée à departir en deux, c'est à sçavoir, la moitié au Roy de Sicile, & l'autre moitié à ladite Dame, mere du Roy.

Item. Et de laquelle partie de succession, les fruits & levées montent par chacun an à plus de soixante mille à soixante-dix mille escus, à cause de quoy, le Roy peut justement & licitement demander plus de deux millions & cent mille escus, & sur ce, demande le Roy & entend, que le Roy de Sicile recongnoisse la somme qui est deuë au Roy, à cause des fruits & levées de ladite succession, & que à ladite somme, la Comté de Provence, & les autres Terres dudit Roy de Sicile, soient hipotequées & obligées.

Item. Pareillement entend & demande le Roy, que le Roy de Sicile congnoisse

DE PHIL. DE COMINES.

conghoiſſe & confeſſe luy devoir la ſomme de deux cens mille eſcus qu'il a baillée comptant pour le mariage de Madame Anne ſa fille, avec Monſieur Nicolas, dernier Duc de Calabre.

Item. Les fruits & levées de quarante mille livres de rente ou revenu que mondit Sieur de Calabre a receu par ſept années entieres, qui montent à deux cens quatre-vingt mille livres.

Item. Entend le Roy, que par Traité & tranſaction ſolemnellement faite, le Roy de Sicile congnoiſſe & confeſſe, que la moitié dudit Comté de Provence, du Duché de Bar, & de toutes les autres Terres & Seigneuries qui competerent & appartiendrent audit feu Roy Louis, & à la Reine Yoland ſa femme, pere & mere de ladite Reine Marie, mere du Roy, & audit Roy de Sicile, competoient & appartenoient à icelle Dame, mere du Roy, & à preſent au Roy, comme ſon heritier, & que ledit Roy de Sicile n'euſt oncques droit, pouvoir ne puiſſance d'en diſpoſer par teſtament, par donation entrevifs ne autrement, & que auſſi iceluy Roy de Sicile, n'entendit oncques que par quelque don, ceſſion ou tranſport qu'il en auroit fait à Monſieur du Maine, ou à autre, il en puiſſe avoir tranſporté plus que la moitié, & que pour acquitter & deſcharger ſa conſcience, ledit Roy de Sicile le die & declare devant Notaires, & par leſdites Lettres de tranſaction, en revoquant, caſſant & annullant tout ce qu'il avoit fait au contraire.

Item. Et au regard de l'autre moitié que ledit Roy de Sicile dit & declare par leſdites Lettres de tranſaction, que icelle moitié eſt ſubjette, hypotequée & obligée au payement & reſtitution des ſommes deſſus declarées, & pour deſcharger ſa conſcience en tant que meſtier eſt, les y ſoubmet, oblige & hypoteque.

Item. Et que des choſes deſſuſdites ſoient faites & paſſées Lettres ſolemnelles & autentiques en la meilleure & plus ſeure forme & maniere qu'on pourra & ſçaura adviſer.

Item. Et pour conſideration de l'ancien âge du Roy de Sicile, pour la proximité du lignage dont il luy attient, le Roy ſera content de ne demander au Roy de Sicile durant ſa vie aucune choſe deſdites ſommes, ſauve toutesfois de pouvoir aprés le treſpas dudit Sieur Roy de Sicile, demander leſdites ſommes, leſquelles ſeront reconnuës & confeſſées, ainſi & par la maniere que dit eſt.

Item. Et au regard des Terres de l'appanage, que le Roy de Sicile congnoiſſe & confeſſe que la jouyſſance qu'il a eu du Duché d'Anjou & Comté du Maine, a eſté par tollerance, & qu'il n'en peut & ne doit diſpoſer, ne faire tort au Roy, & n'a pas intention de le faire, & ſe quelque choſe le avoit induit à faire au contraire, le declarera nul, & par tant que meſtier eſt, le revoque, caſſe & annulle.

Item. Et pour conſideration de la proximité de lignage dont le Roy de Sicile luy actient, des grands & louables ſervices qu'il a faits, & pour la ſinguliere amour que le Roy a envers luy, le Roy luy donnera par chacun an la ſomme de ſoixante mille francs de penſion, compris les Aydes, Traites, Greniers & autres choſes qu'il a accouſtumé de prendre, & l'en appointera & aſſeurera, tellement qu'il en ſera bien aſſeuré.

1475.

Item. Et au regard de Raimond de Faulcon, le Roy luy donnera très-volentiers une bonne pension, telle que par ledit Sieur de Prully sera appointée.

CCXXXV.

☞ *Instruction à Messire Bernart Lamet, premier Président au Parlement de Thoulouse ; Messire Geoffroy Tanneau, Ecuyer, Sieur du Bouschet en Brenne, Chambellan, & Maistre Jean Sanat, Advocat du Roy nostre Sire, en sondit Parlement de Thoulouse, tous Conseillers d'iceluy Seigneur, de ce que ledit Seigneur les a chargé faire & besongner devers le Roy de Sicile, son oncle.*

Tiré des Recueils de M. l'Abbé Le Grand.

PREMIEREMENT. Les dessusdits se rendront en la Ville de Lyon ; illecques avant partir, communiqueront ensemble de la matiere cy-après declarée, & de la forme de la conduite d'icelle.

Item. Après s'en iront devers ledit Seigneur Roy de Sicile, luy presenteront les Lettres de creance que le Roy luy escrit, avec les salutations accoustumées.

Item. Diront au Roy de Sicile, comme le Roy nostredit Seigneur a receu les Lettres qu'il luy a escrites par Monsieur l'Evesque de Perigueux, le Protonotaire de Villacte, & autres ses Ambassadeurs que dernierement il a envoyé devers luy, aussi a ouï leur rapport, le tout portant en effet & substance, que ledit Seigneur Roy de Sicile envoyeroit Monsieur son neveu, Mr. de Calabre, Comte du Mayne, devers le Roy, pour clairement luy parler de toutes choses, avec pleine puissance de besongner en toutes les matieres dont le Roy estoit bien joyeux & content, pensant que toutes lesdites matieres seroient à la venuë de mondit Sieur du Mayne bien debatuës & esclaircies pour les entendre, & pour bonnes, raisonnables & douces conclusions, ainsi que le Roy le a tousjours desiré & desire de sa part.

Item. Depuis, mondit Sieur du Mayne est venu, lequel le Roy a bien & honnestement recueilly comme son neveu & prochain parent, & singulierement pour l'honneur dudit Seigneur Roy de Sicile, duquel par les mains de mondit Sieur du Mayne, il a receu, & bien voulentiers vû les Lettres, & au long ouy ce qu'il luy a voulu dire par la creance d'icelles.

Item. Et pour ce que mondit Sieur du Mayne quand il parla au Roy, n'entra gueres ès matieres, le Roy dist & fist dire, qu'il amenast telles Gens de Conseil ou autres avec luy, qu'il luy plairoit, pour bien au long declarer ce qu'il vouloit ou avoit charge de dire au Roy, & que le Roy les oyroit très-voulentiers & luy aussi offert le Roy, de commettre gens avec eux, pour declarer tout de son costé.

Item. Et en outre, le Roy a fait declarer à mondit Seigneur du Mayne & à ses gens, toutes les demandes & questions qu'il demandoit & avoit cause de demander, & sur ce, a le Roy offert à mondit Seigneur du Mayne, de deux voyes l'une. La premiere, de mettre le tout en Justice, pour congnoistre & entendre ce qui en doit estre par raison. La seconde, qu'il y eust aucuns amis commis d'un costé & d'autre, pour appointer la matiere, & que après lesdites matieres éclaircies le Roy en useroit en telle liberalité, que le Roy de Sicile son oncle, congnoistroit l'amour & affection qu'il a à luy.

Item. Et toutes fois, mondit Seigneur du Mayne de son costé, n'a voulu entrer en aucunes desdites ouvertures, & n'a ouvert, dit, ne fait dire, ne ouvrir de sa part quelque chose, & s'en est allé delaissant icelles matieres toutes descousuës, tant sur le fait du Roy de Sicile que de ses Gens, dont le Roy a aucunement esté esmerveillé.

Item. Et à cette cause, le Roy a bien voulu derechef à present renvoyer sesdits Ambassadeurs dessus nommez devers ledit Roy de Sicile, pour luy faire sçavoir ce que dit est, aussi pour luy faire declarer plus amplement les droits du Roy, & la grand raison & justice qu'il a de sa part, & les offres qu'il a faits à mondit Sieur du Mayne, qui sont si raisonnables que plus ne pourroient, afin que tout le bien entendu, les matieres puissent prendre bonnes & amiables conclusions, & que le Roy ayt cause de plus en plus, tousjours aimer ledit Roy de Sicile, comme son oncle, & traiter en toutes faveurs ses gens & serviteurs pour honneur de luy.

Item. Et pour declarer en abregé les droits du Roy, & les actions & demandes qu'il a droit de faire audit Seigneur Roy de Sicile, ils consistent principalement en trois choses.

La premiere, si est, que feuë de bonne & louable memoire la Reyne Marie que Dieu absoille, mere du Roy nostredit Seigneur, estoit sœur aisnée dudit Seigneur Roy de Sicile, & tous deux enfans & heritiers du feu Roy de Sicile Louis, & de la Reyne Yoland, leur pere & mere.

Item. Et lesquieux Roy Louis, & Reyne Yoland eust euë quatre enfans, c'est à sçavoir, un qui fut Louis, leur fils aisné, & fut Roy de Sicile, & tint l'appanage de France apres le Roy Louis son pere, la Reyne Marie, le Roy de Sicile René, qui à present est, & feu Monsieur du Mayne, dernier trespassé.

Item. Et lequel Roy Louis, frere aisné, depuis alla de vie à trespassement sans enfans procreés de sa chair; ainsi toute la succession de toutes les Terres qui furent desdits feus Roys Louis le pere & le fils, revient audit Roy de Sicile René, qui à present est, & à ladite Reyne Marie, excepté des Terres de l'appanage, qui ne cheoient point en cette forme de succession.

Item. Et se l'on vouloit dire qu'il y avoit trois heritiers, car avec ladite Reyne Marie & le Roy de Sicile, aussi y estoit Monsieur du Mayne, sera respondu, que par le partage qui depuis fut baillé à mondit Sieur du Mayne, il renonça à tout ce qu'il pourroit jamais demander en ladite succession, ainsi demeura toute icelle succession audit Roy de Sicile, & à la feuë Reyne Marie, chacun par moitié.

Item. Et par ce, demande le Roy audit Roy de Sicile, qu'il luy baille la partie & portion que par droit de nature luy compette & appartient en ladite succession desdits feus Roys Louis & Reyne Yoland, à cause de ladite Reyne Marie sa mere, dont il est seul fils & legitime heritier, & les fruits & levées d'icelle succession, laquelle demande est si raisonnable, si bien fondée selon tout droit divin & humain, que mieux ne pourroit.

Item. De laquelle partie de succession appartenant à ladite Reyne Marie, les fruits & levées montent par chacun an à plus de soixante ou soixante

soixante & dix mille escus, à cause de quoy est deu au Roy, qu'il peut licitement demander plus de deux millions & cent mille escus d'or.

La seconde demande que fait le Roy, si est de la restitution du Domaine qu'il donna pour le mariage de Madame Anne sa fille, avec feu Monsieur Nicolas, dernier Duc de Calabre, pour lequel doüaire, le Roy a baillé & payé la somme de deux cens mille escus contens, laquelle demande est si juste & raisonnable, que plus ne pourroit estre, car il n'est rien si favorable que le doüaire des femmes & la restitution d'iceluy, & les ont les droits reputez si favorables, *quòd si etiam non pateat quod mulier stipulata fuerit dotem, ob restitutionem dotis, præsumitur tamen stipulasse præsumptione Juris & de Jure, contra quam non admittitur probatio.*

Item. Aussi demande le Roy, les fruits & levées de quarante mille livres de rente, que mesdits Seigneurs le Duc Jean, & le Duc Nicolas son fils, ont pris & levé à cause dudit mariage, par sept années entieres, qui montent deux cens quatre-vingt mille livres.

Item. Et se l'on vouloit alleguer que le Roy de Sicile n'a pas fait ledit mariage, mais a esté le feu Duc Jehan son fils, sera respondu que l'argent dudit doüaire a esté converty au profit & ès negoces dudit Roy de Sicile, tant à la conqueste du Royaume de Sicile, que de ses autres Terres & Seigneuries que feu Monsieur le Duc Jehan, pere dudit Monsieur Nicolas faisoit, pour, & ou nom & au profit dudit Roy de Sicile, & aussi en la Chambre des Comptes, se treuvent plusieurs quittances, que ledit Seigneur Roy de Sicile, ou ses Tresoriers, en ont baillé.

Item. Et aussi pourra-t-on dire, se l'on voit qu'il soit besoin, comme par le mariage que fit ledit Roy de Sicile, de Monsieur le Duc Jehan son fils, pere dudit Monsieur Nicolas, ledit Roy de Sicile luy transporta dès lors la proprieté de plusieurs Terres & Seigneuries, lesquelles le Roy de Sicile tient à present, ou qui que soit en a disposé : pareillement depuis la mort dudit Duc Jehan, a iceluy Roy de Sicile receu & appliqué à son profit, partie desdites quarante mille livres de rente, & par ce & autrement à fait fonction d'heritier ; par quoy il est tenu de payer ledit doüaire, tant à cause dudit Monsieur le Duc Jehan, que à cause dudit Monsieur Nicolas, son fils & heritier.

La tierce chose que le Roy demande, si est touchant les Terres de l'appanage, afin que les droits du Roy & de la Couronne y demeurent sains & entiers, & si le Roy de Sicile avoit esté induit à faire quelque chose au contraire, partant que mestier seroit, qu'il le revoque, casse & annulle.

Item. Et pour mieux & plus clairement entendre ces matieres, lesdits Ambassadeurs du Roy dessus nommez, verront les instructions & memoires qui autres fois ont esté faits sur lesdites matieres, desquels l'on leur envoye le double.

Item. Et lesquelles choses ou partie d'icelles, ainsi qu'ils adviseront pour le bien des matieres, lesdits Ambassadeurs proposeront devant ledit Seigneur Roy de Sicile, par tous les meilleurs & plus convenables termes qu'ils pourront, pour conduire & disposer les matieres aux fins & intentions du Roy, ainsi que cy-après est declaré.

Item. Et pour ce qu'il a esté fait ouverture au Roy, qu'on pratiquera
&

& conduira par aucuns moyens envers ledit Roy de Sicile, à le faire venir & condescendre à faire raison au Roy, touchant les matieres, & luy en passer tels contracts & seuretez, que le Roy en sera content, affinque lesdits Ambassadeurs soient de tout mieux avertis; l'intention du Roy est, se l'on vient à faire traitez sur lesdites matieres, qu'on les fasse en la forme & maniere qui s'ensuit.

Premierement. Que le Roy de Sicile par Lettres & instrumens autentiques, congnoisse & confesse que le Roy nostredit Seigneur, comme heritier de ladite Reine Marie sa mere, a juste titre de demander sa part & portion qui à icelle Dame appartenoit en toutes les Terres & Seigneuries qui furent & appartindrent audit feu Roy de Sicile Louis, & à ladite Reine Yoland, pere & mere de ladite feuë Reine Marie, & du Roy de Sicile, qui à present est, & aussi du feu Roy Louis, leur frere.

Item. Qu'il sera declaré, & que ledit Roy de Sicile congnoisse & confesse que ladite part & portion est de la moitié de toutes lesdites Terres, hors celles de l'appanage, & se l'on fait difficulté de recongnoistre que la moitié de ladite succession, que au moins l'on declare la tierce partie, car moins ne luy en peut appartenir, & qu'on tienne tous les termes qu'on pourra pour venir à ladite moitié, ou à toute la plus grande partie qu'on pourra.

Item. Avecques ce, que ledit Sieur Roy de Sicile congnoisse & confesse que les fruits & levées de ladite partie & portion ont monté par chacun an à plus de soixante ou septante mille escus, & que le Roy en peut justement & licitement demander plus de deux millions & cent mille escus · congnoisse aussi ladite somme estre deuë au Roy pour lesdits fruits & levées, & que la Comté de Provence & tous les autres pays, Terres & Seigneuries de ladite succession appartenant audit Roy de Sicile, sont affectez, hypotequez & obligez au payement de ladite somme.

Item. Et que pareillement ledit Sieur Roy de Sicile congnoisse & confesse devoir ladite somme de deux cens mille escus, pour le mariage & douaire de madite Dame Anne, fille du Roy, avecques mondit Sieur Nicolas, dernier Duc de Calabre, & la somme de deux cens quatrevingt mille livres tournois, pour les levées de sept années desdits quarante milles livres de rente.

Item. Comme par traité & transaction solemnellement faite, & en la meilleure forme qu'on pourra adviser, ledit Roy de Sicile declare & confesse, que ladite moitié, ou la plus grande part qu'on pourra traiter du Comté de Provence, & de toutes lesdites autres Terres & Seigneuries demeurées du decès desdits feus Roys de Sicile Louis, pere & fils, & de ladite Reine Yoland, dès leur trespas, hors les Terres de l'appanage, competerent & appartindrent à ladite feue Reine Marie, & à present competent & appartiennent au Roy, comme son fils & heritier, & que ledit Roy de Sicile n'eust oncques droit, pouvoir ne puissance d'en disposer par testament, donations faites entrevifs, ne autrement, & n'entendit oncques iceluy Roy de Sicile, que par quelque don, cession ou transport qu'il en avoit fait à Monsieur du Mayne ou à autre, il en puisse avoir transporté plus que la moitié, & que pour acquitter sa conscience, ledit Roy de Sicile le dit & declare devant lesdits Notaires, & par lesdites

Lettres

Lettres, en revoquant, cassant & annullant tout ce qu'il avoit fait au contraire.

Item. Et au regard de l'autre moitié, ou autres partie & portion desdites Terres & Seigneuries appartenant audit Roy de Sicile, qu'il dit & declare par lesdites Lettres de transaction, qu'elle est sujette, obligée, affectée & hypotequée au Roy pour le payement & restitution des sommes des deniers dessus declarées, tant pour lesdits fruits & levées que autrement, & pour descharger & acquitter sa conscience, en tant que mestier est, iceluy Roy de Sicile les y soumet & oblige, & hypoteque.

Item. Et que des choses dessusdites, soient faites & passées Lettres solemnelles & authentiques par forme de transaction, avec tous les sermens, renonciations & autres clauses necessaires & requises, & tout en la meilleure, plus seure forme & maniere qu'on pourra adviser.

Item. Et pour consideration de l'ancien aage dudit Seigneur Roy de Sicile, de la proximité de lignage, dont il actient au Roy de grands & louables services qu'il luy a faits, & en la chose publique du Royaume, le Roy sera content de ne demander rien desdites sommes audit Roy de Sicile, durant le cours de sa vie, & aussi de luy laisser prendre & lever les fruits & revenus desdites Terres, dont deduction sera faite audit contract, sans prejudice toutes fois des droits du Roy, lequel dès à present en sera constitué possesseur, & sauve au Roy de pouvoir incontinent après le trespas dudit Roy de Sicile recouvrer, prendre & apprehender sa partye desdites Terres & Seigneuries, & sur l'autre partye, exiger, & demander sur lesdites Terres, les sommes dessus declarées.

Item. Et soit advisé s'il sera mieux que ladite clause de n'en demander rien audit Roy de Sicile, durant sa vie, soit fait par une Lettre à part, disant que le Roy de Sicile l'a requis au Roy, & que pour les causes dessusdites, le Roy les a octroyé, ou s'il sera mieux le mettre esdites Lettres principales de transaction, & y soit fait ainsi que lesdits Ambassadeurs adviseront pour le mieux, & pour la plus grande seureté pour le Roy.

Item. Et au regard des Terres de l'appanage, qu'il n'en soit rien meslé ne couché avec lesdites Lettres de transaction qui se feront sur les choses dessusdites ; mais que le Roy de Sicile par Lettre à part, congnoisse & confesse, que la jouyssance qu'il a euë du Duché d'Anjou & Comté du Mayne, a esté par tolerance, & qu'il n'en peut ne doit disposer, ne faire tort au Roy, & n'a pas intention de le faire, & que se par quelque maniere il avoit esté induit à faire au contraire, qu'il le declare nul, & partant que mestier est, le revoque, casse & annulle.

Item. Et pour la grande & singuliere amour que le Roy a audit Seigneur Roy de Sicile son oncle, pour la prochaineté de lignage dont il luy attient, & pour les grands & recommandables services qu'il luy a faits, & autres causes dessusdites, & telles qu'on pourra adviser, le Roy donnera audit Seigneur Roy de Sicile par chacun an durant le cours de sa vie, la somme de soixante mille francs de pension, en ce compris les Aydes, Traites, Greniers, Impositions foraines & autres choses que ledit Seigneur Roy de Sicile a accoustumé avoir & prendre du Roy, & de ce, luy bailler bonnes Lettres, & l'en appointera sur tout le plus clair de toutes ses Finances, tellement qu'il en sera bien asseuré.

CCXXXVI.

CCXXXVI.

☞ *Pouvoir donné par le Roy à Messire Bernard Louvet, Premier President du Parlement de Thoulouse, Geoffroy Fauveau, Ecuyer, Sieur du Bouchet en Brenne, & Maistre Jean Sanat, Avocat du Roy audit Parlement de Thoulouse, aux deux d'iceux, dont ledit Messire Bernard Louvet soit tousjours l'un, pour transiger, pacifier & accorder avec le Roy de Sicile René, tant sur la partie appartenante à la Reine Marie, mere du Roy, de la succession du Roy de Sicile Louis, & de la Reine Yoland, pere & mere de ladite Reine Marie & dudit Roy de Sicile René, & des fruits & levées d'icelle partie. Que sur les deux cens mille escus baillez par le Roy pour le mariage & douaire de Madame Anne sa fille avec feu Monsieur Nicolas, dernier Duc de Calabre, & des levées de sept années de quarante mille livres de rente baillées par ledit mariage, & generalement de toutes choses, excepté du fait de l'appanage de France.*

Tiré des Recueils de M. l'Abbé Le Grand.

LOYS, par la grace de Dieu, Roy de France. A tous ceux qui ces presentes Lettres verront, Salut : Comme par cy-devant nous ayons fait demander & requerir à nostre très-cher & très-amé oncle le Roy de Sicile René, qui à present est, qu'il nous voulsist bailler & delivrer la partie & portion qui nous compette & appartient, à cause & comme seul heritier de feuë nostre très-chiere Dame & mere, que Dieu absolve, en la succession de feu le Roy Loys de Sicile & Yoland, Reine de Sicile, sa femme, pere & mere de nostredite Dame & mere, & de nostre oncle, desquieulx Roy & Yoland nostredite Dame & mere estoit heritiere, & leur devoit succeder en partie de toutes leurs Terres & Seigneuries, hors celles de l'appanage de France, & aussi nous payer & satisfaire des fruits & levées qu'il a eus & perceus, appartenans à icelle nostre Dame & mere, avec ce de nous restituer la somme de deux mille escus d'or, que avons payez, baillez & delivrez pour le douaire & mariage de nostre très-chiere & très-amée fille Anne avec feu nostre cousin Nicolas, dernier Duc de Calabre, fils de feu nostre cousin Jehan, fils de son vivant Duc de Calabre, fils de nostredit oncle le Roy de Sicile, & pareillement nous payer les levées de quarante mille livres de rente ou revenu par chacun an, qu'ils ont prins, eus & receus de nous, par sept années entieres à cause dudit mariage, lesquelles sept années montent deux cens quatre-vingt mille livres tournois ; luy avons aussi fait demander tous les interests & dommages que avions eus & soustenus à cause des choses dessusdites ; & pour ces matieres ayons envoyé plusieurs Ambassadeurs par devers nostredit oncle, & à present nous ait esté dit & remonstré que nostredit oncle viendroit voulentiers à la raison sur les choses dessusdites, & nous ayant esté faites certaines ouvertures & moyens d'appointement, auquel appointement l'on ne pourroit bonnement besogner s'il n'y avoit aucunes gens notables à nous seurs & feables, commis de par nous pour ce faire : Sçavoir faisons, que nous pour consideration de la proximité de lignage dont nostredit oncle nous attient, & de la singuliere amour que tousjours avons eu & avons à luy, aussi de tous les grans, bons & recommandables services

1475.

services qu'il a fait à nous & à la chose publique du Royaume, pour ce & pour autres causes à ce nous mouvans, desirans les matieres devers nostredit oncle estre traitées en terme de toute douceur & amitié, confians à plain des grans loyauté, sens, prudence, experience de nos & feaux Conseillers Maistre Bernard Louvet, Premier President en nostre Cour de Parlement de Thoulouse, Geoffroy Fauveau, Escuyer, Sieur du Bouchet en Brenne, & Maistre Jehan Sanat, nostre Advocat audit Parlement de Thoulouse, iceux & les deux d'entre eux, dont ledit Maistre Bernard Louvet seroit tousjours l'un, avons commis & deputez, commettons & deputons par ces presentes, de nostre certaine science, propre mouvement & liberale voulenté, les avons fait, constitué, ordonné & establi, faisons, constituons, ordonnons & establissons nos Procureurs & Messagers, tant generaux, que especiaux, & leur avons donné & donnons, & aux deux d'iceux, dont ledit Maistre Bernard Louvet seroit l'un, plain-pouvoir, mandement & commission, tant generale, que especiale, de traiter, appointer, transiger, pacifier, accorder & conclure avec nostredit oncle le Roy de Sicile, de & sur tout le droit qui nous compette & appartient, peut & doit competer & appartenir, & de toutes les autres actions, petitions & demandes que nous avons contre nostredit oncle, tant comme heritier de nostredite feue Dame & mere, que autrement en quelque maniere que ce soit, pour raison de toute la succession & de toutes les Terres & Seigneuries qui furent & appartindrent audit feu Roy Loys de Sicile, la Royne Yoland, sa femme, pere & mere de nostredite Dame & de nostredit oncle René, Roy de Sicile, qui à present est, ensemble des fruits & levées que pouvons demander de la succession, aussi de ladite somme de deux cens mille escus par nous, comme dit est, baillée & payée pour le mariage & douaire de nostredite fille Anne, & des levées desdits quarante mille livres de rente & revenu, & de toutes autres choses quelconques, dont question pourroit estre entre nous, hors le fait des Terres de l'appanage de France, & generalement de faire, conclure & appointer pour nous & au nom de nous, sur les choses dessusdites, tout ce que nous mesmes ferions, & faire pourrions se nous y estions en nostre propre personne ; & de ce qu'ils feront, concluront & appointeront, bailler leurs Lettres authentiques en forme deue, bonne & valable, promettant par la foy & serment de nostre corps, en parole de Roy & sous l'obligation de tous nos biens, de accomplir, observer & garder, entretenir & faire de point en point tout ce que par nosdits Commis & Procureur dessus nommez, & les deux d'iceux, pourveu que ledit Messire Bernard Louvet soit tousjours l'un, sera fait, conclu, transigé, pacifié & accordé, & d'en bailler nos Lettres Patentes de approbation & ratification des leurs en forme deuë, authentique & valable, toutes-fois que en serons requis : En tesmoin de ce nous avons fait mettre nostre Scel à cesdites presentes. Donné à Paris le vingt-quatriesme jour d'Avril, l'an de grace mil quatre cens soixante-quinze, & de nostre Regne le quatorziesme. *Ainsi signé*, Par le Roy. DISOME.

CCXXXVII.

Quittance du Comte de Campobasse, de trois mois de paye des gens de guerre Italiens, qu'il conduisoit au service du Duc de Bourgogne.

17 Juin 1475.

NOus Nicolas de Montfort, Comte de Campobasse, conducteur de gens de guerre Italiens, estans au service de nostre très-redoubté Seigneur Monsf. le Duc de Bourgogne, confessons avoir receu de Hue de Dompierre, dit Baudin, Conseiller & Tresorier des guerres de nostredit Seigneur, la somme de treize mille sept cens quatre-vingt neuf escus demy, du prix de quarante-huit gros monnoye de Flandres, piece que par l'ordonnance & commandement d'iceluy Seigneur il nous a baillée & delivrée comptant pour le payement de nostre Estat des gages & soldée de deux cens trente-sept hommes d'armes, six-vingt-douze Arbalestriers à cheval, huit-vingt-quatre Provisionats, vingt-sept Couleuvriniers Allemans, un Fourrier, un Medecin, deux Chapelains, sept Trompettes, deux Chanceliers, deux Secretaires, & vingt-huit Mulets campanez servans à porter bagage, passés sous nous à reveue le huitiesme jour de Juin, mil quatre cens soixante-quinze, & ce pour trois mois entiers commençans le premier jour de Fevrier mil quatre cens soixante-quatorze, & finissant le derrain jour d'Avril audit an (1) mil quatre cens soixante-quinze ensuivant inclus au prix; à sçavoir, à nous pour nostre estat deux cens escus dudit prix par mois, est pour lesdits trois mois six cens escus ditte monnoye. *Item.* A chacun desdits Hommes d'Armes, au prix de douze escus dudit prix par mois, est à chacun d'eux pour lesdits trois mois trente-six escus, & pour eux ensemble huit mille cinq cens trente-six escus dite monnoye. *Item.* A chacun desdits Arbalestriers à cheval, au prix de cinq escus dudit prix par mois, est pour lesdits trois quinze escus chacun, & pour eux ensemble dix-neuf cens quatre-vingt escus. *Item.* A chacun desdits Provisionats, au prix de quatre escus, monnoye dite par mois, est à chacun d'eux pour lesdits trois mois douze escus, & pour eux ensemble dix-neuf cens soixante-huit escus. *Item.* A chacun desdits Couleuvriniers Allemans, au prix de soixante sols de deux gros dite monnoye le sol, par mois est à chacun d'eux pour lesdits trois mois sept escus demy, & pour eux ensemble deux cens deux escus demy. *Item.* Ausdits Fourrier, Medecin, & à chacun desdits Chapelains & Trompettes, au prix de cinq escus dite monnoye, est pour lesdits trois mois quinze escus chacun, & pour eux ensemble huit-vingt-cinq escus dudit prix. *Item.* A chacun desdits Chanceliers, au prix de neuf escus par mois, est à chacun vingt-sept escus pour lesdits trois mois, & pour eux deux cinquante-quatre escus dite monnoye. *Item.* A chacun desdits

Titré de l'Edition de M. Godefroy.

Secretaires

---

(1) L'année commençoit lors à Pâques, ainsi le mois de Fevrier étoit 1474. & le mois d'Avril 1475. quoique tous deux dans la même année, suivant notre maniere de compter aujourd'huy les années.

1475.

Secretaires, au prix de six escus par mois, est pour lesdits trois mois dix-huit escus chascun, & pour eux deux trente-six escus. Et pour chacun desdits Mulets servans à porter bagage, trois escus dudit prix par mois, est pour eux ensemble & pour lesdits trois mois deux cens trois escus dite monnoye, reviennent lesdites parties ensemble à ladite somme de treize mille sept cens quatre-vingt-neuf escus demy, desdits prix & monnoye, de laquelle somme, du prix & pour la cause que dessus, nous sommes contens, & en quittons & promettons faire tenir quitte nostredit Seigneur, sondit Tresorier des guerres, par lesdits gens de guerre & tous autres; certifions en outre & affermons en nostre conscience nous & lesdits gens de guerre, audit nombre avoir continuellement esté au service d'iceluy Seigneur durant lesdits trois mois, sans en estre partis : Tesmoin nos scel & sein manuel cy-mis le dix-septiesme jour du mois de Juin audit an mil quatre cens soixante-quinze. *Signé*, le Comte de CAMPOBASSE, *manu propria scripsit. Et scellé d'un Scel en cire vermeille pendant à simple queue de parchemin.*

Tiré de l'original, étant en la Chambre des Comptes de Lille.

CCXXXVIII.

☞ *Acte de depost des Titres d'Orange à la Chambre des Comptes.*

Copié sur l'original étant au V. 8432. des MSS. de Bethune, dans la Biblioth. du Roi, folio 115.

LE Mercredy XXVIII. jour de Juing MCCCCLXXV. Monf. le Chancelier apporta en la Chambre de ceans les pieces qui ensuivent :

PREMIEREMENT. Une Lettre signée de la main de Messire Guill. de Chalon, Prince d'Orenge, Seigneur d'Arlay, & scellée de son Scel le sixiesme jour dudit mois, par laquelle il confesse devoir au Roy la somme de quarante mille escus d'or, à cause de sa rançon, & des despens & droits d'icelle, au dos de laquelle est la certification du dixiesme jour dudit mois, par laquelle appert qu'il a payé au Roy lesdits quarante mille escus en la vendition & transport de l'hommage & dernier ressort en Souveraineté sur la Principauté d'Orange, & toutes les appartenances d'icelle, laquelle Lettre sera enregistrée ceans, ou Livre des Memoriaux, & le *vidimus* d'icelle baillé au Tresorier des Chartes, pour le mettre ou Tresor desdites Chartes, & l'original envoyé en laditte Chambre des Comptes du Dauphiné.

Item. A apporté deux instrumens originaux receus & signez par Notaires Apostoliques & Imperiaux, faisant mention de la constitution, vendition, cession & transport que ledit Prince d'Orenge a fait au Roy, comme Dauphin de Viennois, du droit de fief, hommage, lige, Jurisdiction en Souveraineté & dernier ressort, au Parlement de Dauphiné, sur la Seigneurie & Principauté d'Orange, & sur toutes les Villes, Places, Terres, hommes, vassaux & subjets, appartenances & dependances d'icelle, desquels deux instrumens, l'un sera envoyé en la Chambre des Comptes dudit Dauphiné, & l'autre sera enregistré ceans oudit Livre des Memoriaux, & ce fait baillé audit Tresorier des Chartes.

Item. Deux instrumens passez par Notaires Apostoliques de la forme de l'ommage fait au Roy par ledit Prince d'Orenge, dont l'un sera envoyé

voyé en laditte Chambre des Comptes du Dauphiné, & l'autre enregiſtré ceans oudit Livre des Memoriaux, & baillé audit Treſorier des Chartes.

Item. Une Lettre en forme commune ſcellée en cire rouge du Scel du Roy Dauphin, de la reception faite dudit hommage par le Roy, laquelle ſera enregiſtrée ceans oudit Livre des Memoriaux, & en ſera fait un *vidimus*, qui demourra oudit Treſor des Chartes, & l'original envoyé en laditte Chambre des Comptes du Dauphiné.

Item. Une quittance ſignée par Notaires Apoſtoliques & Imperiaux, par laquelle le Roy confeſſe eſtre payé deſdits quarante mille eſcus : laquelle ſera enregiſtrée ceans oudit Livre des Memoriaux, & le *vidimus* d'icelle baillé oudit Treſorier des Chartes, & l'original envoyé en laditte Chambre des Comptes du Dauphiné.

Item. Une Lettre ſcellée du Roy Dauphin en lacs de ſoye & cire verte contenant pluſieurs graces, conceſſions, actions & privileges pour ledit Prince d'Orenge & ſaditte Principauté, & les vaſſaux & ſubjets d'icelle; laquelle ſera enregiſtrée ceans oudit Livre des Memoriaux, & en ſera fait un *vidimus* pour bailler oudit Treſorier des Chartes, & l'original envoyé en laditte Chambre des Comptes du Dauphiné.

Fait en la Chambre des Comptes du Roy noſtre Sire, à Paris ledit XXVIII. jour de Juing, l'an mil quatre cens ſoixante-quinze. *Signé*, BADOUILLER.

Au dos eſt eſcrit.

Certification fait par la Chambre des Comptes comme je y ay baillé les Lettres touchant l'hommage de la Principauté d'Orenge, & autres dependances de la matiere. *C'eſt le Chancelier qui parle ici.*

CCXXXIX.

☞ *Traité de Treſve pour ſept années entre Edowart, Roy d'Angleterre, & ſes Alliez, d'une part, & Louis XI. Roy de France, & ſes Alliez, d'autre.*

Nota. Que le Roy Edoward, qui ſe qualifie dans cet Acte Roy de France & d'Angleterre, parlant de Louis XI. ne le qualifie pas Roy des François, ni même Roy, mais ſeulement Louis de France.

EDWARDUS, Dei gratiâ, Rex Franciæ & Angliæ, & Dominus Hyberniæ. Omnibus ad quos præſentes Litteræ noſtræ pervenerint, Salutem : Cum durus Chriſtianorum ſtatus crudeli perfidorum furore enormiter, miſerabiliterque in præſentiarum afflictus ad veterem proſperitatis felicitatem, glorioſamque famam ſanctiùs & maturiùs reduci neque ac quàm Orthodoxæ Religionis Principis potentatum ſaltem majores vires ſuas vivant treugarum, pacis, amicitiæque fœdera componant & caritatis vinculo ſe invicem copulent, cumque innumerabiles bellorum calamitates, ineſtimabileſque Principibus atque eorum

Tiré des Recueils de M. l'Abbé Le Grand.

Dominiis &, subditis pacis & amicitiæ fœlices sunt eventus. Notum facimus, quod cum illustrissimo Principe Ludovico Franciæ, consanguineo nostro carissimo innuimus, contraximus, perfecimus, convenimus, conclusimus & appunctavimus, & per præsentes inimus, contrahimus, perficimus, convenimus, concludimus & appunctamus bonas, sinceras, veras, firmas & perfectas treugas guerrarum, abstinentias, ligas, intelligentias & confœderationes inter nos, regnum nostrum Angliæ, patrias & dominia nostra, hæredes, successores, vassallos, subditos præsentes & futuros, alligatos & confidentes nostros quoscumque, qui in ipsis treugis velint comprehendi, & præfatum serenissimum Principem Ludovicum Franciæ, consanguineum nostrum carissimum, patrias & dominia sua, hæredes, successores, vassallos, subditos præsentes & futuros, alligatos & fœderatos suos quoscumque, qui in eis etiam treugis velint comprehendi per septem annos à data præsentium proximò futuros duraturos, modo & forma in articulis seu capitulis sequentibus contentis, quorum tenor sequitur & talis est :

In primis quod bonæ, sinceræ, veræ, firmæ & perfectæ sint & inviolabiliter habentur treugæ guerrarum abstinentiæ, ligæ, intelligentiæ & confœderationes inter dictos potentissimos Angliæ & Franciæ Principes, patrias & dominia sua quæcumque, hæredes, successores, vassallos, subditos præsentes & futuros, alligatos & confæderatos utriusque eorum, qui in ipsis treugis, ut præmittitur, comprehendi voluerint, necnon inter inclitissima Franciæ & Angliæ Regna, per terram, mare, portus maris & aquæ dulces, & quæ dictæ treugæ, guerrarum abstinentiæ, ligæ & confœderationes incipiant, quod ad Principes antè dictos & eorum patrias, dominia, subditos & vassallos ab hac die, & quo ad dictorum Principum & alterius eorum alligatos & confœderatos à tempore quò se declaraverint in dictis treugis comprehendi velle, & ipsa declaratis, ante dictis Principibus notificata fuerint, sic tamen, quod ipsi alligati qui in ipsis treugis velint comprehendi taliter se declarent Principi cum quo confœderantur, ut ipse Princeps cui sic declaratur alteri Principi suis Litteris patefaciat intra tres menses post datam præsentiarum proximò sequentes, & qui adhuc eodem die durent usque ad finem septem annorum sequentium inclusivè, sicque finiant in vicesimonono die mensis Augusti post solis occasum ejusdem, diei qui erit in anno Domini millesimo quadringentesimo octogesimo secundo.

Item. Quod durante dicto septenario & treugis prædictis bella, guerræ & hostilitates quæcumque inter præfatos Angliæ & Franciæ Principes utriusque eorum hæredes, successores, vassallos, subditos & confœderatos quoscumque, qui in ipsis treugis, ut præmittitur, velint comprehendi, necnon inter dicta inclitissima Angliæ & Franciæ regna, patrias & dominia sua quæcumque ubique locorum per terram, mare & aquas dulces omnino cessabunt.

Item. Omnes & singuli utriusque dictorum Principum atque eorum alligatorum in his treugis comprehensorum vassalli & subditi, sive sint Principes, Archiepiscopi, Episcopi, Duces, Comites, Barones, Mercatores, aut cujusvis status conditionisve existant durantibus treugis, antè dictis ubivis locorum sese mutuis officiis prosequantur & honesta

affectione

DE PHIL. DE COMINES.

1475.

affectione pertractent, possintque liberè, tutè & securè absque alterius cujuslibet subditorum offensa, seu impedimento ubique perlustrare terram, per mare navigare hinc indeque, ad portus dominia & districtus quoscumque utriusque ipsorum Principum citra & ultra mare, dum tamen armati ultra numerum armatorum centum, simul non excedant, accedere in eisque quandiu velint morari, mercari merces, mercimonia, arma, jocalia quæcumque emere, vendere, & ut eis placet ab illine ad partes proprias, vel alibi libere quotiens duxerint abeundum, abire cum suis aut conductis, vel commodatis navigiis, plaustris, vehiculis, equis, armaturis, mercimoniis, bonis & rebus suis quibuscumque absque ullo impedimento offensa, arrestatione, ratione, marce contra marce repræsaliarum, aut alia restitutione quacumque tam in terra, quam in mare & aquis dulcibus quemadmodum patriis in propriis hæc omnia facerent, aut eis ea facere liceret, ita quod nullo alio salvo conductu generali, aut speciali indigeant.

Item. Quod omnia munera sive onera ab aliquo dictorum Principum, in cujusvis eorum patriarum sive dominorum partibus à duodecim annis citra imposita mercatoribus & subditis alterius Principis notiva pœnitus extincta sint & rejecta, & quia talia & consimilia durantibus his treugis à modo non imponantur, salvis tamen semper quo ad alia omnibus regionum, urbium & locorum aliis legibus & consuetudinibus quibus nichil, quo ad eorum jura per præmissa censetur derogatum.

Item. Quod si infra dictos septem annos durantibus, ipsis treugis aliquid contra vires & effectus earumdem treugarum & abstinentiarum guerrarum, per terram, mare, aut aquas dulces, per aliquem ipsorum Principum, hæredes, successores, subditos, vassallos, aut alligatos utriusque eorum in his treugis comprehendi se velle, ut prædicitur, declarantes fuerit attemptatum, actum aut gestum, quæ omnia sic attemptata per conservatores ipsarum treugarum, ab ipsis Principibus seu saltem à Principe eorum, sic damnificantium nominatos infra mensem post requisitionem, super inde eis factam, una cum expensis sic dampnificati, aut dampnificatorum restaurentur, reficiantur & reparentur, sicque propter nulla durante harum treugarum termino in contrarium attemptata, hæc treugæ rumpantur nec terminentur, sed in suis viribus usque ad finem dictorum septem annorum permaneant, & pro ipsis attemptatis solum modo puniantur ipsi attemptantes & dampnificantes, & non alii.

Item. Pro natura & inviolabili harum treugarum, abstinentiarum, guerrarum, ligarum & confœderationum observantia & conservatione electi & nominati sunt, ex parte serenissimi Principis Angliæ Regis conservatores carissimi fratres sui Dux Clarenciæ & Dux Glocest. Cancellarius Angliæ, custos privati sigilli, & custos quinque portum in Angliâ & præfatus, sive locumtenentes dicti Regis Calesii pro tempore existentes; & ex parte dicti illustrissimi Franciæ Principis carissimus vir frater & consanguineus sive carissimus Comes de Bellojoco, & Johannes Bastardus de Borbonio, Admiraldus Franciæ.

Quiquidem conservatores dictorum Principum ac utriusq. eorum & duo, aut unus eorum ex parte saltem Principis subditorum dampnificantium si

qui

qui sint sic nominati, nominatusve auctoritatem & potestatem habeant & habeat ipsos dampnificantes pugniendi attemptata & dampna, contra vires illarum treugarum, illata una cum expensis dampnificatorum retinendi & reparandi; & si contingat ipsos conservatores, per ipsos Principes, ut præmittitur, nominatos super reformatione aliquorum, dictorum, attemptatorum fore discordes & inter eos super inde concordare non valentes, quæ eo tunc causa illa referatur consilio Principis subditorum, sic dampnificantium, aut si opus sit, utriusque Principis, dum tamen causa illa summariè & de plano coram eis examinetur & felici fine terminetur.

Item. Quod in præsentibus treugis, abstinentiis guerrarum, ligis & confœderationibus comprehendantur alligati & confœderati, hinc inde postea nominati, si in eis comprehendi velint, videlicet ex parte serenissimi Principis Angliæ Regis, serenissimus Princeps semper Augustus, Rex Romanorum, Rex Castellæ & Legionis, Rex Scotiæ, Rex Portugaliæ, Rex Jerusalem & Siciliæ, citra farum, Rex Arragoniæ, Rex Siciliæ, ultra farum, Rex Daciæ, Rex Hungariæ, potentissimique Duces Burgundiæ & Britanniæ, necnon Communitas & Societas de Hansa Teutonica, & ex parte dicti illustrissimi Principis Franciæ Romanorum Imperator, sacri Imperii Electores, Reges Castellæ, Legionis, Scotiæ, Daciæ, Jerusalem & Siciliæ, & Hungariæ, Duces Sabaudiæ, Mediolani, Januæ, & Lotharingiæ, Episcopus Metensis, Domini & Communitas Florentiæ, Domini & Communitas de Bernæ, & eorum confœderati.

Item. Illi de Liga altæ Alamaniæ, & illi de patria Leodiensi qui se declaraverunt. Qui quidem alligati utriusque dictorum Principum teneantur declarare Principi, cum quo confœderantur se in his treugis velle comprehendi, si in eis comprehendi velint, & idem Princeps teneatur alteri referre Principi, ut præmittitur, infra tres menses proximò, post datam præsentium sequentes. Quas quidem treugas Principes antedicti, & eorum uterque promiserunt & promisit in verbo Principis & bona fide juxta vires manutenere, & inviolabiter observare observarique facere. In quorum omnium & singulorum, promissorumque fidem & testimonium, his præsentibus Litteris nostris patentibus manu propria subscriptis, magnum sigillum nostrum apponi fecimus. Datum in Campo nostro prope civitatem Ambianensem vicesimâ-nonâ die mensis Augusti, anno Domini millesimo quadringentesimo septuagesimo quinto, & regni nostri decimo quinto. *Sic signatum* EDWARD. Per ipsum Regem,

DE PHIL. DE COMINES. 401

CCXL.
1475.

☞ *Obligation du Roy Louis XI. de payer cinquante mille escus d'or par an au Roy d'Angleterre.*

LUDOVICUS, Dei gratiâ, Francorum Rex : Universis præsentes Litteras inspecturis, salutem : Notum facimus quod concessimus, promisimus & obligavimus nos, & per præsentes concedimus, promittimus & obligamus nos solvere & realiter, & cum effectu deliberare in civitate Londoniarum in Angliâ, illustrissimo Principi Edwardo, eadem gratiâ Angliæ Regi, consanguineo nostro carissimo, singulis annis vita utriusque nostrum durante quinquaginta millia scutorum, sub modo & formâ quæ sequitur : videlicet solvemus & deliberavimus solvere, & deliberari faciemus eidem consanguineo nostro Regi Angliæ, in civitate Londoniarum viginti quinque millia scutorum auri valoris & estimationis prædicti in festo [Paschæ, & viginti quinque alia millia scutorum] ejusdem estimationis & valoris, in loco prædicto in festo sancti Michaelis Archangeli, ex tunc proximo sequenti & sic de anno in annum solvemus & deliberabimus solvere, & deliberari faciemus dicto consanguineo nostro loco & terminis præfatis, vita utriusque nostrum durante, quinquaginta millia scutorum auri valoris antedicti ad dictos duos Paschæ & sancti Michaelis singulorum annorum terminos, per æquales ut præmittitur portiones. Ad quam quidem solutionem fideliter & firmiter singulis annis, per nos ut præfertur, vita utriusque nostrûm durante continuò faciendam promittimus, astringimus & obligamus nos bona fide & in verbo Regis, tactis superinde sacro-sanctis Evangeliis, hæredes, executores & successores nostros, Regnum, Provincias, Dominia & bona nostra præsentia & futura, singulos subditos nostros, atque eorum bona ubicumque fuerint repertæ. Et ad omnium & singulorum præmissorum securiorem observantiam obligabimus nos, sub pœnis Cameræ Apostolicæ, & per obligationem de nisi, ac insuper per præsentes promittimus & obligamus nos, quod procurabimus & faciemus societatem & socios banci de Medicis, pro antedictis quinquaginta millibus scutorum eidem consanguineo nostro Regi Angliæ, modo & formâ prædictis inviolabiliter annuatim solvendis, debitè & legitimè obligari, eorumque cautionem, in scriptis ritè superinde confectam eidem consanguineo nostro, præstari sigillo plumbeo munitum sumptu & ore nostro impetrari & obtinere, ipsique serenissimo Regi Angliæ, circa festum Purificationis Beatæ Mariæ Virginis proximè futurum in Angliâ deliberare, deliberarive realiter facere. Quæ omnia & singula præmissa Sedis Apostolicæ auctoritate confirmentur, appositis pœnis interdicti in Regnum, Provincias & Dominia nostra antedicta atque excommunicationis in personam nostram, si omnia & singula promissa, ut præfatur, minimè servaverimus & per impleverimus. In quorum omnium & singulorum, præmissorum fidem & testimonium his præsentibus nostris patentibus manu propria subscriptis magnum sigillum nostrum apponi fecimus. Datum in civitate nostra Ambianensi, vigesimâ-nonâ mensis Augusti,

Tiré des Recueils de M. l'Abbé Le Grand.

Ce qui est ici entre deux crochets manque dans la copie par la faute du Copiste.

Tome III. Eee anno

anno Domini millesimo quadringentesimo septuagesimo-quinto, & regni nostri decimo quinto. LOYS.

Et sur le reply est escrit : Per Regem, Domino Duce de Borbonio, Episcopo Ebroicensi, Admiraldo Franciæ, Dominus du Lude, Gubernatore Delphinali, de Sancto Petro, de Argentonio, de Boschagio, & aliis præsentibus. DE CHAUMONT.

Scellé du grand Sceau de cire jaune sur double queue de parchemin.

CCXLI.

☞ *Traité de confederation entre Louis XI. & Edoward Roi d'Angleterre.*

Promettent, 1°. Que si l'un d'eux étoit chassé de son Royaume, il sera reçû dans les Etats de l'autre, & secouru pour le recouvrer.

2°. De nommer des Commissaires sur le fait des monnoyes, qui doivent avoir cours respectivement dans leursdits Etats.

3°. Que le Prince Charles, fils de Louis XI. épousera une fille d'Edoward.

Tiré des Recueils de M. l'Abbé Le Grand.

EDWARDUS, Dei gratiâ, Rex Franciæ & Angliæ, & Dominus Hiberniæ: Universis præsentes Litteras nostras inspecturis, Salutem: Cum res inter secundas nihil præciosius, nihil dignius, aut pace laudabilius existimatur, quâ cives vigent, Principes honorantur & sublimiantur, jacturis atque calamitatibus pressi eriguntur, innumeraque bona à pace proficiantur; notum facimus quod imminentia instantis temporis totius Christianitatis perfidorum rabie, Turchorum pericula & discrimina maturè contemplantes cum serenissimo Principe Ludovico Franciæ, consanguineo nostro carissimo amicitiam, ligam, intelligentias, atque confœderationem inivimus, contraximus, perfecimus, conclusimus & contraximus, & per præsentes inimus modo & formâ qui in articulis sequuntur contentis, quorum tenor sequitur & est talis:

In primis. Quod inter illustrissimum Principem Angliæ Regem & serenissimum Principem Ludovicum Franciæ, consanguineum suum carissimum, vera, sincera & perfecta sit amicitia, à datâ præsentium vitâ utriusque eorum manente duratura, sicque quandiu vixerint guerræ, bella & hostilitates, inter eos omnino cessabunt, imò & benivolentiâ, & amore se & sua mutuo pertractabunt.

Item. Quod præfatus illustrissimus Princeps Ludovicus Franciæ in & adversus subditos Regis Angliæ, qui eum armis invadent & in Regno suo Angliæ Patriis & Dominiis suis rebellionem facient, eum succurret & juvabit, & pariformiter serenissimus Rex Angliæ, in & adversus dicti consanguinei sui Franciæ, qui eum armis invadent, & in Patriis & Dominiis suis rebellionem facient eum succuret & juvabit.

Item. Quod neuter dictorum Angliæ & Franciæ Principum auxilium & juvamen eorum alterius subditis ad eorum Principem armis invadendum & guerram apertam in suis Patriis & Dominiis adversus eum faciendum nullotenus impendet & præstabit, nec tales subditos sic invadentes in alterius Principis prejudicium in ejus Patriis & Dominiis receptabit & sustinebit.

Item.

Item. Si contingat aliquem dictorum Principum dolo, calliditate & inobedientiâ subditi subditorumve alicujus eorum à Patriis & Dominiis suis, quod Deus avertat, expelli, alteriusque eorumdem Principum partes propter, ejus succursum petere, & de ejus ope atque auxilio ipsum requirere interpellareque, eo tunc ipse sit requisitus & interpellatus ipsum Principem sic expulsum omni cum humanitate recipiet & eum atque suos juxta vires suis facultatibus sustinebit seque & sua, ut in statum proprium & pristinum reponatur & restituatur, guerram apertam faciendo in omni diligentiâ & affectione exponet.

Item. Quod neuter dictorum Principum aliquas ligas seu intelligentias à modo, cum aliquo alterius eorum confœderato & alligato contrahet & faciet nisi priùs ipso Principe, cum quo sic confœderatur super inde consulto & hoc consentiente.

Item. Quod infra annum à datam præsentium per antedictos Principes nova statuetur dieta, in qua eorum legati & deputati talem pecuniæ & monetæ utriusque Regni Angliæ & Franciæ æstimationem & valorem apponant & statuant, quo ipsa regna dictorumque Principum subditi exinde magis habundare, & ad omne eorum bonum utilius prosperari valeant.

Item. Casu quod aliquid in hac amicitia in præsentiarum contentum infringi à modo contingat, quod ea propter præfata amicitia inter dictos Principes ut præmittitur contra dictam amicitiam, sic attemptata maturiori modo quo fieri poterit reparentur, & in statum debitum reducantur, ipsâ amicitiâ in suo robore & affectu semper permanente.

Item. Ad inviolabilem dictæ amicitiæ observantiam inter Principes antedictos promissum, conventum, concordatum & conclusum matrimonium contrahetur inter illustrissimum Principem Karolum dicti potentissimi Principis Franciæ filium, & serenissimam Dominam Elisabeth dicti invictissimi Regis Angliæ filiam, cum ad annos nubiles pervenerint, & quod idem illustrissimus Princeps Dominus Ludovicus Franciæ, ipsam Dominam Elisabeth, à Regno Angliæ pro solempnisatione ejusdem matrimonii in partes Franciæ sumptibus & expensis ejusdem Principis Franciæ honorificè conducet conducive faciet, ipsamque ad sexaginta millia librarum reditus annui in assieta secundum consuetudinem Regni Franciæ annuatim dotabit. Et quod illa dos assignetur & detur eidem Dominæ quamprimum ipsa ad annos nubiles pervenerit; & si contingat ipsam Dominam Elisabeth ante contractum ut præmittitur matrimonium antedictum, quod Deus avertat, decedere, quod tunc inter ipsum Principem Karolum & serenissimam Dominam Mariam, aliam supradicti Regis Angliæ filiam, matrimonium contrahetur, ipsamque à Regno Angliæ, inter partes Franciæ sumptibus ipsius Principis Franciæ, Principes in verbo Principis & fide præstitam promiserunt & uterque eorum promisit omnibus suis viribus suas apponere manus adjunctas & cum effectu suos ad hoc continuò impendere labores. In quorum omnium & singulorum præmissorum fidem & testimonium his nostris præsentibus Litteris patentibus, manu propria subscriptis, magnum sigillum nostrum apponi fecimus. Datum in campo nostro prope civitatem Ambianensem, vigesimâ-nonâ die mensis Augusti, anno Domini millefimo quadringentesimo septuagesimo-quinto, & regni nostri decimoquinto. *Sic signatum*, EDOWARD. Per ipsum Regem, MORTON.

CCXLII.

☞ *Traité en forme de compromis entre les Roys de France & d'Angleterre, par lequel ils établissent pour Arbitres de tous leurs differens le Cardinal de Cantorbery, oncle, & le Duc de Clarence, frere d'Edowart, Roy d'Angleterre, d'une part, & l'Archevesque de Lyon & Jehan, Comte de Dunois, d'autre part, pour Louys XI. qualifié dans l'Acte, Prince de France, pour terminer dans trois ans lesdits differens, & s'en tenir à leur décision sous peine de trois mille escus, & sera payé au Roy d'Angleterre une somme de soixante-quinze mille escus, moyennant laquelle il retirera son armée en Angleterre, & donnera ostages qui sont nommez.*

Il est dit que cette Charte & les deux précedentes ont été apportées en la Chambre des Comptes, pour y être enregistrées & remises au Trésor des Chartes.

Tiré des Recueils de M. l'Abbé Le Grand.

EDWARDUS, Dei gratiâ, Rex Franciæ & Angliæ, Rex & Dominus Hiberniæ: Universis & singulis ad quorum notitiam præsentes Litteræ nostræ pervenerint, Salutem: Cum inter potentissimos Francorum, Anglorumque Principes calamitosa retroactis temporibus, bella, cedes, innumeraque discrimina ad dampna subditorum eorum immensa enormeque universæ religionis Christianæ dispendium, hactenus acta fuere, quæ & maturius & sanctius nequeunt terminari, quam ut eorum lites debitè cedantur, atque sua cuique jura ritè examinata tribuantur. Hinc est igitur quod nos Christicolarum sanguinis effusionem vitare omni ope anhelantes, juraque nostra potius aliorum laudo & arbitrio, quam cruentæ ensis formidine obtinere cupientes, cum illustrissimo Principe Ludovico Franciæ, consanguineo nostro, perfecimus, convenimus, conclusimus & appunctavimus, & per præsentes perficimus, convenimus, concludimus & appunctamus ea omnia & singula, quæ & prout in articulis & capitulis sequentibus continentur.

In primis, consentimus, volumus, convenimus & appunctamus, quod omnes lites, questiones, querelæ & demandæ, pendentes in præsentiarum . . . . inter nos & eundem consanguineum nostrum Franciæ antedictum, in reverendissimum Patrem Thomam, Archiepiscopum Cantuariensem, Cardinalem avunculum, & carissimum fratrem nostrum Georgium, Ducem Clarenciæ, per nos, & ex parte nostrâ & reverendissimum Patrem Karolum, Archiepiscopum Lugdunensem, & Johannem, Comitem de Dunesio, perdictum consanguineum nostrum, ex parte sua arbitros, seu amicabiles compositores in hac parte nominatos & electos supponantur & compromittantur, sic quod si contingat aliquem, vel aliquos dictorum arbitrorum decedere, aut adversâ laborare valetudine, quo minus dictarum litium examinationi commode vacare, valeat aut valeant, alius seu alii in ejus eorumve locum per nos, si de nostris, aut prædictum consanguineum nostrum si de suis sint, deputentur

deputentur & subrogentur. Dantes & concedentes eisdem arbitris potestatem & auctoritatem ipsas lites & questiones, à datâ præsentium usque ad tres annos proximos futuros inclusivè, componendi, decidendi & terminandi, promittentes & obligantes nos stare laudo, arbitrio & determinationi eorum arbitrorum, super præmissis, sub pœna trium millium scutorum, ab eo qui dicto eorum laudo, non steterit obstemperanti in fine dictorum trium annorum solvendorum, & quod iidem arbitri, aut loco eorum, ut præmittitur, deputati & subrogati primo coram nobis in Angliâ, pro ipsarum decisione litium citra festum Paschæ proximò futurum, & depost coram dicto consanguineo nostro in Franciam citra festum sancti Michaelis Archangeli, extunc proximò futurum conveniant, atque nostra ipsiusque jura debitè examinent & felici tramite terminent.

Item. Volumus, promittimus, convenimus & concludimus quod postquam receperimus à præfato consanguineo nostro Franciæ, septuaginta quinque millia scutorum, auri uno quoque eorum triginta tres magnos albos valente, aut prædictam summam in alia legali & bona moneta tanti valoris, quod ex tunc omni convenienti maturitate, & cum effectu exercitum & armatam nostram, quam hic nunc nobiscum habemus absque fraude in Angliâ retrahemus à guerra contra dictum consanguineum nostrum, & ejus subditos omnino cessantes, nullam civitatem, villam aut castrum regni Franciæ, in nostro dicto regressu modo hostili capiendo, & ad opus nostrum retinendo : dedimusque, proinde in obsides Dominum de Hobland, & Johannem Chery nostros armigeros pro tempore nostros, qui apud dictum consanguineum manebunt, donec & quo usque, nos cum dicta majori parte nostræ armatæ in Angliâ fuerimus, ex tunc ipsi obsides exinde acquitentur & deliberentur adeo, vt partes suas proprias, aut alibi liberè aggredi poterint & valeant. In quorum omnium & singulorum præmissorum fidem & testimonium, &c. Datum in campo nostro prope civitatem Ambianensem vigesimânonâ die mensis Augusti, anno Domini millesimo quadringentesimo septuagesimo-quinto, & regni nostri decimo-quinto. *Signatum,* EDOWARD. Per Regem, MORTON.

CCXLIII.

☞ *Traité de Treves renouvellé avec le Roy & Couronne d'Arragon, jusqu'au premier Juillet 1476.*

LOYS, par la grace de Dieu, Roy de France. A tous ceux qui ces presentes Lettres verront, Salut : Comme depuis la derniere reduction en nostre obéyssance de nostre Ville de Perpignan, Comtés & Pays de Roussillon & de Cerdagne, certaines tresves ayent esté prinses tant par terre, que par mer & eauës douces, entre nous d'une part, & très-haut & puissant Prince nostre très-cher & très-amé cousin le Roy d'Arragon, nos Royaumes, Pays, Terres, Seigneuries & subjets, pour pendant icelles tresves traiter des moyens de venir à paix finale, laquelle chose ne s'est peu faire durant icelles tresves, & ait esté remonstré à nous

Tiré des Recueils de M. l'Abbé Le Grand.

1475.

nous & à noſtredit couſin, que pour parvenir à ſi grand bien, ſoit beſoin icelles treſves encore proroger pour aucun temps : Sçavoir faiſons, que nous deſirans de noſtre part entendre à tous moyens licites, honneſtes & raiſonnables pour parvenir audit bien de paix, & faire vivre nos ſubjets en repos & tranquillité, pour honneur de Dieu noſtre Createur, obvier à l'effuſion du ſang humain, & aux autres maux & inconveniens qui peuvent advenir à cauſe de la guerre, en eſperant que cependant ladite paix ſe puiſſe traicter & accorder, avons leſdites treſves prinſes, faites, concluës & accordées, prenons, faiſons, concluons & accordons de nouvel entre nous & noſtredit couſin le Roy d'Arragon, nos Royaumes, Pays, Terres & Subjets, tant par terre, que par mer & eauës doulces, du jourd'huy juſqu'au premier jour de Juillet prochain venant, que l'on dira mil quatre cens ſoixante-ſeize, tout en la forme & ſelon les clauſes & conditions, ſelon la qualité de la treſve contenuë, miſe & rapportée ès Lettres deſdites autres treſves derrainement faites & prinſes entre nous depuis la derniere reduction en noſtre puiſſance & obéyſſance de noſdites Villes de Perpignan, Pays & Comtez de Rouſſillon & Cerdagne, ſans, par cette preſente nouvelle treſve que nous faiſons à preſent, derroguer à l'autre treſve qui encore dure, mais icelle demourant en ſa force & vertu juſqu'au jour qu'elle expirera, & d'illec en avant, ceſte preſente treſve commençant & durant entre nous & noſtredit couſin le Roy d'Arragon, juſqu'au premier jour de Juillet prochain venant, & pour faire garder & entretenir leſdites preſentes treſves, auſſi pour pugnir & arguer tous les tranſgreſſeurs & delinquans, qui quelques choſes feroient & attempteroient au contraire, ſont convenus & ordonnez d'une part & d'autre les Conſervateurs nommez ès Lettres deſdites dernieres treſves, avec tous & pareille puiſſance qu'ils ont & avoient par la teneur d'icelles Lettres ; & avons promis & promettons en bonne foy & parole de Roy ceſdites preſentes treſves obſerver de point en point par tout noſtre Royaume, Pays, Seigneuries & Subjets, ſans faire ne ſouffrir eſtre fait quelque choſe au contraire, & s'il y avoit quelque choſe au contraire fait, attempté ou innové contre la teneur deſdites Lettres, de le faire reparer & mettre au premier eſtat & deu : Si donnons en mandement, &c. Donné en l'Abbaye de Noſtre-Dame de la Victoire près Senlis, le quatrieſme jour du mois de Septembre, l'an de grace 1475. & de noſtre Regne le quinzieſme. *Ainſi ſigné*, Par le Roy, Disome.

CCXLIV.

☞ *Traité de Ligue offenſive avec Alfonſe, Roy de Caſtille, contre les Roys d'Arragon & de Sicile.*

Tiré des Recueils de M. l'Abbé Le Grand.

LUDOVICUS, Dei gratiâ, Rex Francorum : Univerſis præſentes Litteras inſpecturis, Salutem. Notum facimus quod nos divino favente auxilio confirmavimus, approbavimus, ratificavimus & juravimus, antiquas ligas, confœderationes & amicitias olim inter Chriſtianiſſimos progenitores noſtros Reges Francorum, & excellentiſſimos Reges Caſtellæ & Legionis, dictaque regna initas cum ſereniſſimo ac potentiſſimo Principe, conſanguineo fratre, & confœderato noſtro cariſſimo fimo Alfonfo * Rege Caftellæ, Legionis & Portugaliæ moderno, ac fuo primogenito nafcituro, feu primo Regnorum fuorum Caftellæ & Legionis hæredi in perpetuum obfervare, præfentibus fpectabilibus & egregiis viris Domino Alvaro de Athende, confanguineo ipfius fratris noftri, & Johanne Delvas, Licentiato ejus Fifcali Advocato, Confiliariis, Oratoribus & Procuratoribus prædicti fratris noftri cariffimi, prout in ipfis Litteris noftris, dictarum ligarum approbatoriis, manu noftrâ fignatis, & magno noftro figillo communitis plenius continetur. Verum, quia, quæ Litteris commendantur falvis & melius ad memoriam reducuntur, fuit inter nos ex parte noftrâ & præfatos oratores, ex parte dicti fratris noftri concordatum, quod quam primum divinâ fuffragante clementiâ, præfatus frater nofter, noftro favore, auxilio & fubfidio quod contra Ferrandum, Regem Siciliæ ei præftare promifimus, pacaverit, donaverit, ac pacata & donata prædicta fua Regna Caftellæ & Legionis habuerit, quod nos ambo, aut per alterum noftrum, aut per noftros belli Duces, Capitaneos, gentes noftras conquiremus, debellabimus, & guerram indicemus contra Regnum Arragoniæ & Valenciæ, & contra omnem Principatum Cataloniæ & Comitatum Roffilionis & Sardiniæ, & eft & fuit inter nos conventum & unanimiter concordatum quod caftra, civitates, villas, oppida, fortalicia, terras, feu quævis loca, quæ & quas nos præfatus Rex Francorum, aut filius nofter primogenitus natus, aut nafciturus feu primus regni noftri heres, feu belli Duces, Capitanei & gentes noftræ in Regno Arragoniæ & Valenciæ acquifierimus, feu occupaverimus per mare, vel per terram prædicto fratri noftro Regi Alfonfo ejufque filio primogenito nafcituro, aut primo dictorum Regnorum hæredi, five certo fuo nuncio aut mandato tenebimur, ac etiam tenebuntur, libere dare & reftituere, bona tamen mobilia & femoventia, capta & occupata, efficientur capientis & occupantis, & eidem concedentur fecundum morem & confuetudinem Regnorum Franciæ, Caftellæ & Legionis prædictorum, & caftra, civitates, villas, oppida, fortalicia, terras, feu quævis loca, quæ & quas præfatus frater nofter Rex Caftellæ & Legionis, feu fui belli Duces, Capitanei & gentes fuæ in prædictis Principatu Cataloniæ & Comitatu Roffilionis & Sardiniæ acquifierint, feu occupaverint, tam per mare, quam per terram nobis prædicto Regi Francorum, aut filio noftro primogenito nato, aut nafcituro, feu primo Regni noftri hæredi, five certo noftro nomine, aut mandato reftituere tenebitur, aut tenebuntur, prout de Regno Arragoniæ & Valenciæ, fupradictum eft. Quantum verò ad Regna Siciliæ & Infulas de Majorca & Minorca, Eveca & Sardinia, quovis modo capta & acquifita fuerint, erunt noftra & filii noftri primogeniti, & quia omnia fupradicta nobis, & dictis oratoribus placita fuerunt & concordata, has juffimus confici Litteras manu noftra fignatas, figilloque noftro communitas. Datum apud Victoriam Sylvanectenfem prope, die octavâ menfis Septembris, anno Domini millefimo quadringentefimo feptuagefimo-quinto, & Regni noftri decimo-quinto. *Sic fignatum.* LOYS. *Et fupra.* Per Regem, DISOME.

* C'eft Alphonfe V. Roi de Portugal, competiteur de l'Infante Ifabelle de Caftille, après la mort de Henri IV. Roi de Caftille, arrivée en 1474.

1475.

CCXLIV*.

☞ *Lettre d'Alphonse, Roy de Portugal, au Roy Louis XI. touchant la succession du Royaume de Castille, du 8 Janvier 1475.*

Tiré des MSS. de M. Dupuy; Volume 760.

CHRISTIANISSIMO atque potentissimo Principi, Ludovico Dei gratiâ Franciæ Regi, consanguineoque suo carissimo, Alfonsus eâdem gratiâ Rex Portugaliæ, & Algarbiarum citra & ultra mare in Africâ plurimum jampridem est Rex potentissime, Henricum quartum Castellæ Regem, fratrem, consanguineum meum, inclitæ recordationis vita migrasse, cujus obitum mœsto animo tulimus non minore, quàm summa necessitudo nostra, & amor tuus suadent; sumus præterea facti certiores à nonnullis Castellæ Magnatibus, qui funesto casui aderant, quos Rex ipse in extremis agens ad se adiverat, quibus coram, nec non aliis locupletissimis viris, item Tabellariis & publicis Notariis non paucæ autoritatis, Henricum Regem, suâ dilucidâ voce, magnâ animi constantiâ, summâ fide & integritate primoribus commendasse filiam suam unigenitam. Illa paternâ pietate quæ cum fors tenet & immemor non sinit esse sui, quam natam publicè protestatus est, & indubitatum hæredem, & legitimè succedentem in Castellæ Regna, & talem illum haud dubiè asserens, & declaran, quas ob res dicti proceres instantissimè orant, uti dignemur huic consobrinæ nostræ dotatæ prædictis Regnis matrimonii fœdere jungi, sicuti defunctus pater, dum in humanis versaretur, nobiscum sæpenumerò egit, pollicentes nobis adesse & inservire, neque nunquam primum nos in suum Regem admittere & profiteri, & quoniam perspeximus illam defuncti Regis filiam, consobrinam nostram carissimam Regnorum Castellæ de Jure indubitatam hæredem, & legitimam Reginam existere, & jure sanguinis illi de legitimo matrimonio procreatæ hæreditaria & paterna Regna merito obvenisse, quæ Regia Domina jamdudum in teneræ ætate per nobiles & præclaros, & Potentatus Castellæ unanimes, vera Henrici filia, & hæres legitima est habita, voce unâ approbata, & ut decuit jurata deliberavimus Oratorem nostrum fidissimum mittere ad Magnates Castellæ prædictos, qui in præsentiarum apud eos vice nostrâ agit, ut si ipsi erga nos eo animo & opere quos nobiles fideles, & tam graves viros esse decet : erit profecto nobis res grata, quæ jam sedet in animo acceptare quæ offerunt, & Reginam ante dictam in uxorem ducere, & rem ipsam aggredi, necnon pro jure nostro ingredi forti manu in dicta Regna : verùm quia non sumus immemores eximii amoris & fœris prisci, quæ inter Francorum Reges simul & Castellæ fuere per tempora, quæ res conducit, suadet, & obligat vestram Regiam celsitudinem favere, & opem ferre huic Reginæ meæ consobrinæ, & illius grandis Justitiæ non violandæ. Accedat ad cumulum summa dilectio non contemnenda, quâ vestra Majestas nos prosequitur, quo in amore Deum testamur, non fallitur illustrissima dominatio vestra, neque incassum amat quas ob res, instituimus hæc omnia sublimitati vestræ exponere, ac nota facere, credentes indubiè rem fore gratissimam Majestati vestræ, quæ res aliquando posset efficere, acquisitis per nos Regnis Castellæ tranquillam pacem,

pacem, ac indissolubile fœdus vobiscum salvâ fide nostrâ Regiâ veritate inire possemus, quæ non parum mutuâ vice optamus ad invicem, quibus rebus pacatis, major securitas vobis & vestræ dignitati parabitur in dies ; reperieritis profectò nos verum & satis fidum amicum : quibus ut appetimus bene compositis, essent proculdubio alia æquo animo contemnenda, & ut dehinc habendæ pro nihilo Ligæ quæ contra Majestatem vestram, & statum Regni per Siciliæ Regem, & nonnullos Principes, & aliquos Castellæ Proceres parantur, moliuntur & fiunt ; tandem rogamus enixè Majestatem vestram attentis juribus Sanguinis, &c. & causâ nimiæ conjunctionis, quâ afficimur huic Reginæ, & majore quæ procuratur, & Deo actore speratur, & crescet in dies, deinde si animo versatis, quantum propugnaculum, tuitio, atque præsidium Regnis vestris, hinc pene paratur, quæ omnia uberius & singulatim magis celsitudo vestra considerabit. Placeat eidem Celsitudini vestræ, rogamus nos iterum & iterum ex animo plurimum uti pro vestrâ virili parte velitis obicem indissolubilem ponere rebus adversis, atque efficere, ut spes bona non incassum eat, & non desit unquam vester inconcussus, fortis, & nobilis animus, & potentissima opera imò adsit, faveat, & operam ferat huic Reginæ consobrinæ meæ, perquam dilectæ, & illis qui partem ipsius sequentur, quòd tanto opere existimabimus, atque cari pendimus, quantum rei magnitudo, monet atque requirit. Reliquum est, potentissime Rex, ut placeat Majestati vestræ, nos per Litteras vestras prope diem certiores reddere, quod hac in re deliberatis efficere. Valeat Christianissime Rex, Celtudo vestra in longos faustos, atque felicissimos & plurimos annos ex Oppido nostro d'Estremos, octavâ Januarii, anno Domini millesimo quadringentesimo septuagesimo quinto. Cœterum dignetur Celsitudo vestra præsentium latori fidem indubiam exhibere in his quæ præter in Litteris contenta eidem Celsitudini ex parte nostra exposuerit, mense die ut supra, sic signatum, REX, & *in superscriptione*, Christianissimo, atque potentissimo Principi, Ludovico, Dei gratiâ, Franciæ Regi, fratri, consanguineoque nostro carissimo.

CCXLV.

Traité ou Tresves marchandes faites pour neuf ans, entre le Roy Louis XI. & Charles, dernier Duc de Bourgogne.

A Soleutre, (1) le treiziesme Septembre, 1475.

CHARLES par la grace de Dieu, Duc de Bourgogne, de Lothier, de Brabant, &c. Comte de Flandres, &c. A tous ceux qui ces presentes Lettres verront, Salut : Comme par cy-devant plusieurs journées ayent esté tenuës en divers lieux entre les gens à ce commis & deputez de par le Roy & nous, pour trouver moyen à reduire & mettre en bonne paix & union les questions, divisions & differends estans entre nous, & sur icelle trouver, recevoir & accepter une paix finale : laquelle chose jusques

Tiré de l'Edition de M. Godefroy.

(1) Château au pays de Luxembourg, où étoit alors le Duc de Bourgogne.

1475.

jufques icy n'a peu prendre concluſion ; conſiderant qu'à l'honneur & louange des Princes Chreſtiens, rien n'eſt plus convenable, que de deſirer & aimer paix ; de laquelle, le bien & le fruit des choſes terriennes eſt ſi grand, que plus ne pourroit : Nous, deſirans envers Dieu noſtre Createur nous monſtrer par effet vertueux & obéyſſant en toutes nos operations, afin que l'Egliſe en vaccant au Service Divin, puiſſe prendre vigueur, & demeurer en ſeure & vraye franchiſe & liberté, les nobles & courages des hommes abonder en repos & tranquillité, ſans ſervitudes d'armes ; & que l'entretenement de nos pays & Seigneuries, tant au fait de la marchandiſe ou autrement, puiſſe eſtre permanent & en l'eſtat d'un chacun, demeurer en ſon entier, & conſequemment le pauvre & menu peuple, enſemble tous nos ſubjets, puiſſent labourer & vaquer chacun endroit ſoy, à leur induſtrie & artifice, ſans quelconque violence ou oppreſſion ; & le temps advenir, moyennant la grace de Dieu, entr'eux vraye & perpetuelle paix, & Juſtice neceſſaire à toute la Terre chreſtienne garder, entretenir & conſerver, & en icelle vivre & mourir inviolablement, ayons par advis & deliberation de pluſieurs Sieurs de noſtre grand Conſeil fait, conclud & accordé entre le Roy & nous, pour nous, nos hoirs & ſucceſſeurs, & pour tous les ports, Terres & Seigneuries d'une part & d'autre, Treſves generales en la forme & maniere qui s'enſuit.

Ce ſont les articles faits & accordez entre le Roy & Monſieur le Duc de Bourgogne, touchant les Traitez & Treſves faites entr'eux.

Premierement. Bonne, ſeure & loyale Treſve, ſeur eſtat & abſtinences de guerre ſont priſes & acceptées, fermées, concluës & accordées, par terre, par mer & par eauës douces entre le Roy & mondit Sieur Duc de Bourgogne, leurs hoirs & ſucceſſeurs, pays, Terres, Seigneuries, ſujets & ſerviteurs ; icelle Treſve, ſeur eſtat & abſtinence de guerre, commençans ce jourd'huy treiziefme jour de Septembre, durant le temps & terme de neuf années, & finiſſant à ſemblable treizieſme Septembre, leſdits neuf ans revolus, que l'on dira l'an mil quatre cens quatre-vingt-quatre. Pendant leſquelles Treſves, ſeur eſtat & abſtinence de guerre, ceſſeront d'une part & d'autre toutes guerres, hoſtilitez & voyes de fait ; & ne feront faits par ceux de l'un party ſur l'autre de quelque eſtat qu'ils ſoient, aucuns exploits de guerre, priſes ou entrepriſes des Villes, Citez, Chaſteaux, Foretereſſes, ou Places tenuës ou eſtans ès mains ou obéyſſance de l'un ou de l'autre, quelque part qu'elles ſoient ſituées & aſſiſes, par aſſaut, ſieges, amblées, eſchellemens, compoſitions, pour occaſion, ne ſous couleur de marque, contre-marque, repreſaille ſous couleur de debtes, obligations, titres ne autrement, en quelque forme ou maniere que ce ſoit, ou puiſſe eſtre, ſuppoſé ores que les Seigneurs ou les habitans deſdites Villes, Citez, Chaſteaux, Places ou Fortereſſes, ou ceux qui en auront la garde, les vouluſſent rendre, bailler & delivrer de leur volonté, ou autrement, à ceux du party & obéyſſance contraire : auquel cas, s'il advenoit, celuy pour lequel, ou à l'adveu duque auroit eſté priſe la Ville, ou Villes, Places, Chaſteaux ou Fortereſſes,

les

les feront tenus faire rendre & reſtituer pleinement à celuy, ſur qui ladite priſe auroit eſté faite, ſans en delayer la reſtitution pour quelque cauſe, occaſion, ou maniere que ce ſoit advenu en dedans huit jours après la ſommation ſur ce faite de l'une deſdites parties à l'autre : & en cas que defaut y auroit de ladite reſtitution, celuy ſur le party duquel ladite priſe auroit eſté faite, pourra recouvrer ladite Ville, ou Villes, Citez, Chaſteaux, Places & Forterſſes, par ſieges, aſſauts, eſchellemens, amblées, compoſitions, par voye & hoſtilité de guerre, ou autrement, ainſi qu'il pourra, ſans que l'autre y donne réſiſtance ou empeſchement ; ou que à l'occaſion de ce, leſdites Treſves, ſeur eſtat & abſtinence de guerre, puiſſent eſtre dites ne entenduës, rompuës ne enfraintes, mais demeureront ledit temps durant en leur pleine & entiere force & vertu ; & ſi ſera tenu celuy qui n'aura pas fait ladite reſtitution, rendre & payer tous couſts & dommages qui auront eſté, ou feront faits ou ſouſtenus en general & particulier, par celuy, ou ceux ſur qui ladite priſe auroit ainſi eſté faite.

Item. Et par les gens de guerre, ou autre du party ou alliance de mondit Sr. de Bourgogne, qui voudront eſtre compris, ne feront faites aucunes priſes de perſonnes, courſes, roberies, pilleries, logis, appatis, ranſonnemens, priſes ou deſtrouſſes de perſonnes, de beſtes, ou d'autres biens quelconques ſur les Terres, Villes, Places, Seigneuries & autres lieux eſtans du party & obéyſſance du Roy, & pareillement par les gens de guerre & autres, eſtans du party ou alliance du Roy, qui voudront eſtre compris ſur les Terres, Villes, Places, Seigneuries, & autres lieux eſtans du party & obéyſſance de mondit Sieur de Bourgogne ; ains feront & demeureront tous les ſubjets & ſerviteurs d'un coſté & d'autre, de quelque eſtat, qualité, condition ou nation qu'ils ſoient, chacun en ſon party & obéyſſance ſeurement, ſauvement & paiſiblement de leurs perſonnes, & de tous leurs biens, y pourront labourer, marchander, faire & pourvoir à toutes leurs autres beſongnes, marchandiſes, negociations & affaires, ſans deſtourbier ou empeſchement quelconque, & tout ainſi que en temps de paix.

Item. Pendant & durant leſdites Treſves, ſeur eſtat & abſtinence de guerre, les ſubjets, Officiers & ſerviteurs d'une part & d'autre, ſoient Prelats, gens d'Egliſe, Princes, Barons, Nobles, Marchands, Bourgeois, Laboureurs & autres, de quelque eſtat, qualité ou condition qu'ils ſoient, pourront aller, venir, ſejourner, converſer marchandement, & autrement en tel habillement que bon leur ſemblera, pour quelconques leurs negoces & affaires les uns avec les autres, & les uns ès pays, Seigneuries & obéyſſance de l'autre ſans ſauf-conduit, & tout ainſi que l'on pourroit communiquer, aller, & marchander en temps de paix, & ſans aucuns deſtourbier, arreſt ou empeſchement, ſi ce n'eſt par voye de Juſtice, & pour leurs debtes, ou pour leurs delits, abus & excès qu'ils y auroient d'icy en avant perpetrez & commis, ſauf auſſi que gens de guerre en armes & à puiſſance ne pourront entrer de l'un party en l'autre, en plus haut nombre que de quatre-vingt à cent chevaux, & au deſſous, & ne feront dits ne proferez à ceux qui iront & converſeront d'une part & d'autre aucunes injures & opprobres à cauſe du party ; & ſi aucuns font le contraire, feront punis comme infracteurs de Trefves.

1475.
 Item. Tous Prelats, gens d'Eglife, Nobles, Bourgeois, Marchands & autres fubjets, Officiers & ferviteurs d'un party & d'autre, de quelque eftat & condition qu'ils foient durant lefdites Trefve, feur eftat & abftinence de guerre, auront, & retourneront en la jouyffance & poffeffion de leurs benefices, Places, Terres, Seigneuries & autres biens immeubles en l'eftat qu'ils les trouveront, & y feront receus fans empefchement, contredit ou difficulté, & fans en obtenir autres Lettres de mainlevée, ne eftre contraints en faire nouvelle feauté ou hommage, en faifant ferment en leurs perfonnes, ou par leurs Procureurs en la main du Baillif, ou Lieutenant, foubs qui feront lefdits Benefices, Places, Terres, Seigneuries & biens immeubles, de non traiter ou pourchaffer d'iceux quelconques, chofes prejudiciables au party où ils feront, & les Seigneurs d'un party aufquels appartiennent les Places eftans ès frontieres de l'autre party, en recevant la delivrance d'icelle, promettront, jureront & bailleront leurs fcellez de non en faire guerre au party où elles font, & que cette Trefve expirée, les delaifferont en la pleine obéyffance dudit party où elles font à préfent : toutesfois pour aucunes caufes

* Rambures.
& confiderations, le Roy eft content que la Place de Rambures * foit entierement baillée & delivrée au Seigneur d'icelle, fans y mettre aucun Capitaine ou garde, pourveu qu'il fera ferment, & auffi baillera fon fcellé en la main de celuy qui luy fera ladite reftitution, que durant cette prefente Trefve, ne après icelle finie il ne fera ne pourchaffera chofe prejudiciable au Roy, ne à fes pays & Seigneuries, ne auffi à mondit Sieur de Bourgogne, fes pays & Seigneuries, & ne mettra garnifon en icelle Place, qui porte ou faffe dommage à l'une ou à l'autre des parties.

* Beaulieu. Vervin.
* Saint-Queutin.
 Et quant aux Places & Foreterefses de Beaulieu & Vervin,* mondit Sieur de Bourgogne confent qu'en luy faifant la delivrance réelle des Villes & Bailliages de Saint-Quentin *, & des places dont Traité eft fait entre le Roy & luy, les Fortereffes defdits lieux foient abbatuës, le revenu & Seigneurie demeurant entierement aux Seigneurs d'icelles.

 Et auffi eft traité & accordé pour plus ample declaration, que les Terres & Seigneuries de la Fere & Chafteller, Vendeul & Saint-Lambert, (2) dependantes de la Comté de Marle, demeurent au Roy en obéyffance, pour y prendre tailles, aydes & tous autres droits, comme ès autres Terres de fon obéyffance, la Seigneurie & revenu d'icelles demeurans à Mr. le Comte de Marle.

 Et pareillement les Chafteaux, Villes, Terres, Chaftellenies & Seigneuries de Marle, Jarffy, Moncornet, Saint-Goubain & Affy (3) demeureront à mondit Sieur de Bourgogne en obéyffance, pour y prendre tailles, aydes & tous autres droits deffufdits, la Seigneurie & revenu demeurans au Comte de Marle, felon le contenu de l'article precedent.

 Et auffi efdites prefentes Trefves & abftinence de guerre en tant qu'il touche lefdits articles de communication, hantife, retour & jouyffance des biens ne feront compris, Mr. Baudouin, foy difant baftard de Bourgogne,

---

(2) La Ferre, Chafteller, Vandeul. St. Lambert.

(3) Marle, Jarffy, Moncornet, Saint Goubain, Affy.

DE PHIL. DE COMINES.

gogne, le Seigneur de Renty, * Messire Jean de Chassa, & Messire (4) Philippe de Comines, ains en seront & demeureront de tout forclos & exceptez.

Item. Et se aucune chose estoit faite ou attentée au contraire de cette presente Tresve, seur estat & abstinence de guerre, ou d'aucuns points & articles qui y sont contenus, ce ne tournera, ne portera prejudice, fors à l'infracteur ou infracteurs seulement, ladite presente Tresve tousjours demeurant en sa force & vertu ledit temps durant, lesquels infracteur ou infracteurs en seront punis si griefvement que les cas le requerront, & seront les infractions, se aucunes sont, reparées & remises au premier estat, & deu par les conservateurs cy-apres nommez, promptement, si la chose y est disposée, ou plus tard commenceront à y besongner dedans six jours après que lesdites infractions seront venuës à leur cognoissance, & ne departiront lesdits conservateurs d'une part, & d'autre d'ensemble jusques à ce qu'ils auront appointé & fait faire lesdites reparations, ainsi qu'il appartiendra, & que les cas le requerront.

Item. Et pour la part du Roy, seront conservateurs pour la Comté de Eu, de Saint-Vallery, & des autres Places à l'environ, Monsieur le Mareschal de Gamaches: pour Amiens, Beauvoisis, & marches à l'environ, Monsieur de Torcy; pour Compiegne, Noyon, & marches à l'environ, le Bailly de Vermandois: pour le Comté de Guyse, la Tierache & Rethelois, le Sieur de Villers: pour la Chastellenie de la Fere & Laon, le Prevost de la Cité de Laon: pour toute la Champagne, Monsieur le Gouverneur de Champagne illec y pourra commettre: pour les pays du Roy environ les marches de Bourgogne, Monsieur de Beaujeu y pourra commettre: pour le Bailliage de Lyonnois, le Bailly de Lion, pour toute la coste de la mer de France, Monsieur l'Admiral y pourra commettre.

Item. Pour la part de mondit Seigneur de Bourgogne, seront conservateurs pour le pays de Ponthieu & de Vimeu, Messire Philippe de Crevecœur, Seigneur des * Cordes: pour Corbie & la Prevosté de Fouilloy & Beauquesne, le Seigneur de Contes: pour Peronne & la Prevosté de Peronne, le Seigneur de Clary, & en son absence, le Seigneur de la Hargerie, & pareillement pour les Prevostez & Villes de Montdidier, & Roye, & pays à l'environ: pour Artois, Cambresis & Beaurevoir, Jean de Longueval, Seigneur de Vaux: pour la Comté de Marle, Monseigneur de Humbercourt: pour le pays de Hainaut, Monsieur Daymeries, grand Bailly de Hainaut: pour le pays de Liege & de Namur, mondit Sieur de Humbercourt, Lieutenant de mondit Sieur le Duc esdits pays: pour le pays de Luxembourg, le Gouverneur dudit pays de Luxembourg, Marquis de Rothelin: pour le pays de Bourgogne, Duché & Comté, Villes & Places à l'environ, estans en obéyssance de Monseigneur, Monsieur le Mareschal de Bourgogne, qui commettra en chacun lieu, particulierement où il sera besoin: pour le pays de Masconnois, & Places à l'environ, Monsieur de Clessy, Gouverneur dudit Masconnois: pour le pays & Comté d'Auxerre, & Places à l'environ, Messire Tristan de

1475.

* Philippe de Croy.

* al. Desquerdes.

---

(4) De Comines Auteur de ces Memoires, demeure entr'autres exclus de cette Tréve. Dans le Tresor des Chartes, Bourgogne VIII. n. 34.

de Thoulonjon, Gouverneur dudit Auxerre : pour la Ville & Chastellenie de Bar-sur-Seine, & Places à l'environ le Sieur d'Eschauez : pour la mer de Flandres, Messire Josse de Lalaing, Admiral : pour la mer de Hollande, Zelande, Artois & Boulonnois, Monsieur le Comte de Boukam, Admiral esdits lieux.

Item. Et s'il advenoit que pendant & durant le temps de ladite Tresve, aucuns des conservateurs nommez d'une part & d'autre allassent de vie à Trespas, en ce cas le Roy de sa part, & mondit Sieur de Bourgogne de la sienne, seront tenus de nommer, commettre & establir autres conservateurs, qui auront tel semblable pouvoir comme les precedens, & le signifier aux conservateurs prochains, afin qu'aucun n'en puisse pretendre ignorance.

Item. Lesquels conservateurs particuliers qui ainsi seront commis pour la part du Roy, & pour la part de mondit Sieur de Bourgogne, ou leurs subrogez ou commis, s'ils avoient legitime excusation de non y vaquer en personne, c'est à sçavoir, les deux de chacune marche pour les deux costez, seront tenus de eux assembler chacune semaine le jour du Mardy une fois ès limites du Roy, & autresfois ès limites de mondit Sr. de Bourgogne ès lieux propices & convenables qu'ils adviseront, pour communiquer illec de toutes les plaintes & doleances qui seront survenuës d'un côté & d'autre touchant lesdites Tresves, & prestement en appointer & faire reparation ainsi qu'il appartiendra, & s'il advenoit pour aucune grande matiere il y eust difficulté entr'eux dont ils ne se peussent appointer, ils seront tenus de les signifier & faire sçavoir incontinent ; c'est à sçavoir, les conservateurs de la part du Roy, pour les marches de par-deçà à N . . . & des marches de Bourgogne à N . . . & les conservateurs de la part de mondit Seigneur de Bourgogne ès marches de pardeçà, à Monseigneur le Chancelier, & Gens du Conseil de Monseigneur de Bourgogne, & ès marches de Bourgogne à mondit Seigneur le Mareschal, & aux gens du Conseil estans à Dijon, la qualité desdites plaintes, & ce qu'ils en auront trouvé, lesquels seront tenus de incontinent, & le plus brief que faire se pourra après ladite signification, vuider & decider lesdites plaintes & doleances, & en faire jugement & decision, tel que en leurs consciences ils adviseront estre à faire.

Item. Et au cas qu'à cause desdites difficultez lesdits conservateurs renvoyassent lesdites plaintes, ainsi que dit est, & s'il y a personne empeschée, lesdits conservateurs leur pourvoiront d'eslargissement, & s'il advenoit qu'aucuns desdits conservateurs se voulussent excuser d'entendre esdites reparations, maintenans & pretendans lesdites infractions non estre advenuës en leurs limites, ils seront en ce cas tenus le signifier aux conservateurs ès limites duquel ils maintiendront lesdites infractions estre advenuës, lequel conservateur, au cas qu'il ne voudra entreprendre la charge d'entendre seul à ladite reparation, sera tenu de soy assembler avec l'autre conservateur qui luy aura fait ou fait faire ladite signification, pour ensemble avec le conservateur ou conservateurs de l'autre costé, besongner esdites reparations par la maniere dessusdite.

Item. Et seront les Jugemens que feront lesdits conservateurs d'une part & d'autre, executez reaulment & de fait à ce seront contraints les sujets

sujets d'une part & d'autre, nonobstant oppositions ou appellations quelconques, & sans que les condamnez puissent avoir ne obtenir aucuns remedes au contraire en quelque maniere que ce soit.

Item. En cette presente Tresve sont compris les Alliez d'une part & d'autre, cy-aprés nommez, si compris y veulent estre, c'est à sçavoir, pour la part du Roy, très-haut & très-puissant Prince le Roy de Castille & de Leon, le Roy d'Escosse, le Roy de Dannemarck, le Roy de Jerusalem & de Sicile, le Roy de Hongrie, le Duc de Savoye, le Duc de Lorraine, l'Evesque de Metz, la Seigneurie & Communauté de Florence, la Seigneurie & Communauté de Berne, & leurs Alliez qui furent compris en la Tresve precedente, faite en l'an mil quatre cens septante-deux, & non autres : ceux de la Ligue de la haute Allemagne, & ceux du pays de Liege qui se sont declarez pour le Roy, & retirez en son obéyssance, lesquels Alliez seront tenus de faire leur declaration, s'ils voudront estre compris en ladite Tresve, & icelle signifier à mondit Seigneur de Bourgogne, en dedans le premier jour de Janvier prochain venant, & pour la part de mondit Seigneur de Bourgogne, y seront compris, si compris y veulent estre, très-haut & très-puissant Prince le Roy d'Angleterre, le Roy d'Escosse, le Roy de Portugal, le Roy Fernande de Jerusalem & de Sicile, le Roy d'Arragon, le Roy de Castille & de Sicile son fils, le Roy de Dannemark, le Roy d'Hongrie, le Roy de Pologne, le Duc de Bretagne, Madame de Savoye, le Duc son fils, le Duc de Milan & de Genes, le Comte de Romont & Maison de Savoye, le Duc & Seigneurie de Venise, le Comte Palatin, le Duc de Cleves, & le Duc de Juilliers, les Archevesques de Cologne, Evesques de Liege, & d'Utrecht & de Metz, lesquels seront tenus de faire declaration, s'ils veulent estre compris en ladite Tresve, & le signifier au Roy dedans ledit premier jour de Janvier, prochainement venant : Ce toutesfois entendu, que silesdits Alliez compris de la part du Roy, ou aucuns d'eux à leur propre querelle, ou en faveur & ayde d'autruy, mouvoient ou faisoient guerre à mondit Seigneur de Bourgogne, il se pourra contr'eux deffendre, & à cette fin les offendre, faire & exercer la guerre, ou autrement y resister & obvier de toute sa puissance, les contraindre & reduire par armes & hostilitez ou autrement, sans que le Roy leur en puisse donner, ou faire donner secours, ayde, faveur, ne assistance à l'encontre de mondit Seigneur le Duc, ne que ladite Tresve soit par ce enfrainte ; & pareillement si lesdits Alliez compris de la part de mondit Sr. de Bourgogne, ou aucuns d'eux à leur propre querelle, ou en faveur & ayde d'autruy, mouvoient ou faisoient guerre au Roy, il se pourra contre eux deffendre, & à cette fin les offendre, faire & exercer la guerre, ou autrement y resister & obvier de toute sa puissance, les contraindre & reduire par armes & hostilitez, & autrement, sans ce que mondit Sieur de Bourgogne leur puisse donner ou faire donner secours, aide, faveur ne assistance à l'encontre du Roy, ne que ladite Tresve soit par ce enfrainte.

Item. (5) Pour oster toute matiere & occasion de guerre & debat pendant

---

(5) Louys XI. promet se declarer pour le Duc de Bourgogne contre l'Empereur des Romains.

1475.

dant ladite Trefve, le Roy se declarera pour mondit Seigneur de Bourgogne à l'encontre de l'Empereur des Romains; ceux de la Cité de Cologne, & tous ceux qui leur feront cy-après ayde & service à l'encontre de mondit Seigneur de Bourgogne, & promettra ledit Roy de non leur faire ayde, secours, ne assistance quelconque à l'encontre de mondit Seigneur de Bourgogne, ses pays, Seigneuries & subjets en maniere que ce soit, ou puisse estre.

Item. Pour consideration de ce que ce present Traité fut dès pieça mesmement au mois de May, l'an quatre cens septante-quatre pourparlé & conclud entre les Gens du Roy & mondit Sieur de Bourgogne, le Roy consent & accorde, que toutes les Places, Villes & Terres, qui depuis les pourparlemens de cedit present Traité, ont esté prises & occupées sur mondit Sieur de Bourgogne, ses subjets ou serviteurs, en quelque pays que ce soit, par les gens du Roy, ou autres, qui de sa part ont & voudront estre compris en cette presente Tresve, soient rendues & restituées à mondit Sieur de Bourgogne, & à sesdits sujets & serviteurs: & ainsi le fera faire par effet le Roy de toutes celles qui sont en son obéyssance, & les autres qui sont de sa part compris en cette Tresve, seront tenus de le faire quant à celles qui sont en leur obéyssance, avant qu'ils puissent jouyr de l'effet d'icelles, ne estre reputez y compris.

Item. Pour meilleur entretenement de cettedite Tresve, est accordé que les Places de Harcy & Gerondelles seront abbatuës, si desja ne le sont, & les Terres demeureront de telles Seigneuries qu'elles sont.

Item. Pour consideration de laquelle Tresve, & mieux preparer & disposer toutes choses au bien de paix perpetuelle, le Roy sera tenu de bailler & delivrer par effect, baillera & delivrera à mondit Seigneur de Bourgogne la Ville de Saint-Quentin, & le Bailliage dudit Saint-Quentin, pour le tenir en tel droit qu'il faisoit avant le commencement des presentes guerres & divisions: & dedans quatre jours après la delivrance de toutes les Lettres accordées, le Roy en baillera ou fera bailler l'entrée & pleine ouverture, delivrance & obéyssance à mondit Seigneur de Bourgogne, ou à son Commis à ce, en telle puissance, & en tel nombre de gens qu'il plaira à mondit Sieur de Bourgogne, en retirant seulement par le Roy de ladite Ville de Saint-Quentin son artillerie, telle qu'il y a fait mettre & amener, depuis qu'icelle Ville s'estoit mise en son obéyssance, sans toucher à l'artillerie appartenant au corps de ladite Ville, ne à autre y estant avant que ladite Ville fut mise hors de l'obéyssance de mondit Seigneur de Bourgogne, ou appartenante à autre qu'au Roy ou ses Capitaines: & à cette fin, pourra mondit Sieur de Bourgogne avoir aucuns de ses gens, pour voir charger & emmener ladite artillerie appartenante au Roy, & pour faire recueillir & garder celle qui appartient à ladite Ville, ou à autre qu'au Roy ou à sesdits Capitaines, & en recevant ladite ouverture, obéyssance & delivrance de ladite Ville de Saint-Quentin par mondit Seigneur de Bourgogne ou ses Commis, iceluy Sieur baillera ou delivrera, ou par son Commis fera bailler & delivrer ès mains des gens & Commis du Roy à faire icelle delivrance, ses Lettres pour les manans & habitans dudit S. Quentin, de les garder & entretenir en leurs droits, biens & privileges, & de non les travailler ou molester pour les

choses

choses passées, & aussi main-levée de leurs biens immeubles, & de leurs meubles estans en nature & debtes non receuës ou acquittées, estans ès pays de mondit Sieur de Bourgogne, & de les traiter ainsi que un bon Seigneur doit faire ses bons sujets.

Item. Quant à toutes Villes, Places & autres choses quelconques, dont cy-dessus n'est faite expresse mention ne declaration, & sur lesquelles n'est autrement disposé & ordonné, elles demeureront en tel estat, party, & obéyssance durant & pendant ladite Tresve, qu'elles sont de present.

Et icelle Tresve, abstinence de guerre, & autres articles cy-dessus declarez, le Roy & mondit Seigneur de Bourgogne pour eux, leurs hoirs & successeurs, promettront en bonne foy & parole de Roy & de Prince, par leurs sermens donnez sur les saints Evangiles, sur leur honneur, & sous l'obligation de tous leurs biens & Seigneuries, avoir & tenir fermes & stables, & icelles garder, entretenir & accomplir inviolablement, durant le temps & par les manieres cy-dessus specifiées & declarées, sans aller, faire aucune chose, ou souffrir qu'autre fasse aucune chose au contraire, directement ou indirectement, sous quelque cause, couleur ou occasion que ce soit, ou puisse estre : & en seront faites & depeschées Lettres d'une part & d'autre, en telle forme qu'il appartiendra.

Et sera ladite Tresve publiée dedans le. . . . jour de. . . . d'une part & d'autre, sauf toutes voyes, reservé, que s'il advenoit (que Dieu ne veuille) que de la part du Roy, lesdites Ville & Bailliage de Saint-Quentin ne fut baillée & delivrée à mondit Seigneur de Bourgogne dedans le temps dessus declaré, & les choses contenuës ès articles de ce faisans mentions, & dont Lettres seront faites & depeschées ne fussent accomplies, mondit Seigneur de Bourgogne nonobstant ladite publication ne sera tenu, s'il ne luy plaist, de tenir, garder ne observer ladite Tresve de neuf ans, & les articles contenus en icelle, plus avant que jusques au premier jour de May prochainement venant, que l'on dira l'an mil quatre cens septante-six, jusques auquel premier jour de May, ladite Tresve neantmoins demeurera en sa force & vertu. Sçavoir faisons, que pour consideration des choses dessusdites, singulierement en l'honneur de Dieu nostre Createur, autheur & Seigneur de paix, lequel seul peut donner victoire aux Princes Chrestiens, telle qu'il luy plaist, & pour envers luy nous humilier, afin de fuir & éviter plus grande effusion de sang humain, & que par les inconveniens procedans de la guerre, ne soyons abdiquez & ostez de la Maison de Dieu le Pere, & exheredez de la succession du Fils, & perpetuellement alienez & privez de la grace du benoist Saint Esprit, desirans la seureté, repos & sublevement du pauvre peuple, & iceluy relever de la grande desolation, charge & oppression qu'il a soustenu & soustient de jour en jour, à cause de la guerre, en esperance de parvenir à paix finale, comme dit est, nous lesdites Tresves, seur estat & abstinence de guerre, avons faites, acceptées, prises, fermées, promises, concluës & accordées : Et par la teneur de ces presentes, par l'advis & deliberation que dessus, faisons, acceptons, prenons, fermons, concluons, promettons & accordons pour nous, nosdits hoirs & successeurs: Tout selon le contenu & en la forme & maniere cy-dessus escripts & inserez, & iceux articles avons loués, aggréés, consentis, ratifiés, confir-

Tome III. G gg més

més & approuvés, louons, aggréons, consentons, ratifions, confirmons & approuvons ; & avons promis & juré, promettons & jurons en parole de Prince, par la foy & serment de nostre corps, sur la foy & la Loy que nous tenons de Dieu nostre Createur, & que nous avons receu au saint Sacrement de Baptesme, & aussi par le saint Canon de la Messe, sur les saints Evangiles de nostre Seigneur, sur le fust de la vraye & precieuse Croix de nostre Sauveur Jesus-Christ : lesquels Canon, Evangiles & vraye Croix nous avons manuelement touchez pour cette cause, de icelles Tresves, & toutes les choses contenuës esdits articles, & chacunes d'icelles particulierement, & specialement les choses que nous devons faire de nostre part, ainsi qu'elles sont contenuës esdits articles, garder, tenir & observer, entretenir & accomplir, & faire garder, tenir & observer de point en point, bien & loyaument tout selon la forme & teneur desdits articles sans en rien laisser, ne jamais faire ne venir au contraire, ne querir quelque moyen, couleur ou excusation pour y venir, ne pour en rien pervertir, ne faire quelque immutation d'aucunes des choses susdites : Et si aucune chose estoit faite, attentée ou innovée au contraire par nos Chefs de guerre, ou autres nos subjets & serviteurs, de le faire reparer ; & des transgresseurs & infracteurs faire telle punition que le cas le requerra, en maniere que ce sera exemple à tous autres : & à toutes les choses dessusdites nous sommes soubmis & obligez, soubmettons & obligeons par l'hypoteque, obligation de tous & chacun nos biens presens & à venir quelconques, sur nostre honneur & sur peine d'estre perpetuellement deshonorez, reprochez & vilipendez en tous lieux : Et avec ce, avons promis & juré, promettons & jurons par tous les sermens dessusdits, de jamais avoir ne pourchasser de nostre saint Pere le Pape, de Concile, Legat, Penitencier, Archevesque, Evesque, ne autre Prelat, ou personne quelconque, dispensation, absolution, ne relievement de toutes les choses dessusdites, ne d'aucunes d'icelles : & quelque dispensation qui en seroit donnée & obtenuë par nous, ou par d'autres, soubs quelque cause, couleur & excusation que ce soit, nous y renonçons dès à present, pour lors, & voulons qu'elle soit nulle, & de nulle valeur & effet, & qu'elle ne nous soit ou puisse estre valable ne profitable, & que jamais nous ne nous en puissions ayder en quelque maniere que ce soit ou puisse estre. Et pour ce que de ces presentes l'on pourra avoir besoin en divers lieux, nous voulons qu'au *vidimus* d'icelles, faits & signez par l'un des Notaires & Secretaires, du Roy, ou de l'un de nos Secretaires, ou sous Sceaux Royaux, nostres, ou autres authentiques, foy soit adjoustée comme à ce present original. Et afin que ce soit chose ferme & stable, nous avons signé ces presentes de nostre main, & icelles fait sceller de nostre Scel. Donné au Chastel de Solleure, le treiziesme jour de Septembre, l'an de grace mil quatre cens soixante & quinze. *Ainsi signé,* CHARLES, & du Secretaire, par Monseigneur le Duc, LE GROS.

Le Roy & le Duc de Bourgogne en faisant cette Tresve de neuf ans estoient en mesme temps convenus qu'ils pourroient chacun reciproquement exercer & maintenir leurs droits sur la Sardaigne, le Roussillon & le Comté de Ferrete, & qu'ils pourroient aussi poursuivre ceux des Alliez nommez dans ce Traité qui n'auroient pas observé cette Tresve ; mais n'ayans pas jugé
à

à propos d'en faire mention dans le Traité general, il en fut fait deux articles separez, & le Roy donna outre cela des Lettres posterieures, par lesquelles il consentit que le Duc fit punir ceux de Nancy, en cas qu'il parût qu'ils avoient assisté ceux de Ferrete contre luy. C'est ce que l'on pourra voir dans les Lettres suivantes.

CCXLVI.

Article séparé de la tresve faite pour neuf ans entre le Roy Louis XI. & Charles, Duc de Bourgogne, touchant la Sardaigne, le Roussillon & le Comté de Ferrette (1).

A Soissons, le 13. Septembre 1475.

LOYS, par la grace de Dieu, Roy de France. A tous ceux qui ces presentes Lettres verront, Salut. Comme en traitant, concluant & accordant entre nous & nostre très-chier & très-amé frere & cousin le Duc de Bourgogne tresves & abstinences de guerre, ayent entre autres articles esté conceus, traitez & accordez les points & articles dont la teneur s'ensuit : *Item.* Est dit & accordé que pour la presente tresve le Roy ne laissera point à garder, deffendre & mettre en sa main les Comtez & Seigneuries de Roussillon & Sardaigne, ainsi qu'il les a tenuës depuis douze ou treize ans, & lesdites villes & pays reduire & remettre en son obéyssance plaine & entiere par puissance d'armes ou autrement, ainsi que bon luy semblera, ne par ce ne sera point rompue ladite tresve, toutes-fois mondit Sr. de Bourgogne, nonobstant les choses avant dites, demourra avec le Roy d'Arragon pour tout le ramenement de ses Seigneuries entier en ses alliances, & semblablement demourra entier en toutes ses autres alliances, & avec ses alliez dessus nommez ; & pour signifier ce que dit est au Roy d'Arragon mondit Seigneur de Bourgogne pourra envoyer devers luy message tel qu'il luy plaira, lequel le Roy fera conduire seurement & sauvement par son Royaume jusques il sera mis en seureté ès pays dudit Roy d'Arragon, sans empeschement quelconque, sur paine d'infraction de ladite tresve, & ne pourra le Roy proceder à aucune emprinse sur lesdits pays de Roussillon & Sardaigne, & ville d'iceux jusques à ce que mondit Sr. de Bourgogne aura la jouyssance & possession réelle dudit Saint-Quentin, & des places de Hem & Bohain, & aussi mondit Sr. de Bourgogne pour la presente tresve ne laissera point à garder & deffendre & mettre en sa main ses Comtez & pays de Ferrette & d'Aussoys, & autres villes & places à l'environ, qu'il a tenuës depuis six ans en çà, & reduire & remettre par puissance d'armes ou autrement, ainsi que bon luy semblera, en son obéyssance plaine & entiere les villes & places qui, en tout ou en partie, s'en sont nouvellement soustraites ou s'en soustrairont cy-après, ne par ce ne sera point

Tiré de l'Edition de M. Godefroy.

---

(1) Ce Traité a déjà été imprimé dans le grand Recueil des Traitez de Paix, mais c'étoit une nécessité de le joindre ici, & il y a pareilles Lettres expediées le même jour au nom du Duc Charles de Bourgogne.

point rompuë ladite trefve ; & au cas que ceux de la Communauté de Berne & leurs alliez feront aufdits de Ferrette & d'Auffoys, leurs aydans, alliez & adherans, aucune ayde, affiftance ou faveur, foit en y envoyant ou y fouffrant & permettant aller & demourer aucuns de leurs gens & fubjects, leur baillant & adminiftrant artillerie ou vivres, retraite & communication en leurs villes & pays, ou en autre façon & maniere quelconque, mondit Seigneur de Bourgogne pourra contre lefdits de Berne & leurs alliez proceder par armes, hoftilité ou autrement, comme il luy plaira, & ne leur donnera ou fera donner le Roy aucune ayde ou fecours, ne par ce fera ladite trefve enfrainte. *Item*. Et pourra mondit Sr. de Bourgogne mener, conduire, paffer, repaffer, ou par fes Capitaines faire mener, conduire, paffer & repaffer fes gens de guerre en armes, de fes pays de Bourgogne, ès marches de fes pays, de par-deçà, & de fefdits pays de par-deçà ès marches de fefdits pays de Bourgogne par les lieux & chemins à eux plus propices & convenables, pour après s'en aider ainfi que bon luy femblera, & toutes les fois qu'il luy plaira en payant raifonnablement, fans y fejourner, faire guerre, pillerie, ne autre grief ou oppreffion au peuple, & fans ce que pour ledit paffage ladite trefve puiffe eftre dite, ne tenuë eftre enfrainte, & ne pourront entrer en villes clofes que par compagnie, qui ne feront plus fortes que ceux defdites villes : Sçavoir faifons, que jaçoit que pour certaines caufes ait efté dit, confenty & accordé de non inferer iceux articles deffus transcrits ès principales Lettres de ladite trefve, & d'en faire Lettres à part, nous avons neantmoins promis & promettons par ces prefentes, en parole de Roy, fur noftre honneur & par noftre ferment pour ce corporellement fait en la forme & maniere contenue efdites Lettres principales de ladite trefve, & fur les mefmes fubmiffions, obligations, peines & adftrictions declarées en icelles Lettres, de tenir, garder & accomplir de noftre part tout le contenu efdits articles deffus transcripts, tout ainfi que s'ils eftoient incorporez & efcripts efdites principales Lettres, & que fe lefdites obligations, peines & adftrictions eftoient au long & particulierement declarées en ces prefentes, fans ce que, pour quelque caufe, couleur ou occafion que ce foit ou puift dire, ne alleguer les articles deffus incorporez, non eftre des membres & articles de ladite trefve : En tefmoing de ce nous avons fait mettre noftre Scel à cefdites prefentes. Donné à Soiffons, le treiziefme jour de Septembre, l'an de grace mil quatre cens foixante-quinze, & de noftre Regne le quinziefme. *Ainfi figné*, LOYS. *Et fur le remploy defdites Lettres*, Par le Roy, l'Admiral, les Sires du Bouchage & de St. Pierre, Maiftres François Hale, Guillaume de Cerifay, & autres prefens, & du Secretaire AVRILLOT (2).

CCXLVII.

(2.) Il eft mis Turillot dans l'Edition anterieure, mais c'eft une faute à corriger.

CCXLVII.

Autre article separé de la tresve faite pour neuf ans entre le Roy Loys XI. & Charles, Duc de Bourgogne, touchant les Alliez nommez dans ce Traité.

A Soleure, le 13. Septembre 1475.

1475.

CHARLES, par la grace de Dieu, Duc de Bourgogne, de Lothier, de Brabant, de Limbourg, de Luxembourg & de Gueldres, Comte de Flandres, d'Artois, de Bourgogne, Palatin de Haynault, de Hollande, de Zellande, de Namur & de Zutphen, Marquis du Saint Empire, Seigneur de Frise, de Salins & de Malines. A tous ceux qui ces presentes Lettres verront, Salut: Comme en faisant, traittant & concluant la tresve de neuf ans entre le Roy & nous, soit esté conceu, traité & accordé certain article dont la teneur s'ensuit : Pour l'interpretation & declaration de l'article general de ladite tresve qui touche les alliez, seront faites Lettres communes d'une part & d'autre, contenant que combien qu'il soit dit par ladite tresve, que lesdits alliez d'une part & d'autre pourront faire leur declaration s'ils veullent estre compris en ladite tresve ou non en dedans le premier jour de Janvier prochainement venant, si est-il à entendre que pendant ledit temps ils ne pourront faire hostilité, ne porter dommage au Roy, ne à mondit Seigneur de Bourgogne, leurs Royaume, pays, subjets ne alliez, mais seront tenus d'entretenir ladite tresve, & s'il advenoit qu'ils l'eussent fait ou fissent depuis le temps que ladite tresve pourroit raisonnablement estre venuë à leur cognoissance, feust parce que icelle tresve auroit esté publiée ès marches voisines ou autrement, sans le vouloir dissimuler par crasse ignorance, ils ne se pourront dès-lors en avant comprendre en ladite tresve, se n'est en reparant le dommage, en maniere que le Roy ou mondit Seigneur de Bourgogne & leursdits alliez offensez s'en tiennent satisfaits, & soient contens qu'ils se comprennent en ladite tresve, sans qu'ils puissent contraindre l'un l'autre, ne lesdits alliez offensez par voye de fait à eux contenter dudit dommage, ne à consentir que les transgresseurs entrent en ladite tresve, se n'est par poursuite amiable : Sçavoir faisons, que nous de nostre certaine science, pour nous, nos hoirs & successeurs, avons promis & promettons en parole de Prince & sous les mesmes sermens, promesses, peines & adstrictions qui sont contenuës & declarées ès Lettres contenans les articles generaux de ladite tresve, ledit article & tout le contenu en iceluy garder, observer, interiner & accomplir de point en point selon sa forme & teneur, tout ainsi que se iceluy article estoit expressément inseré, contenu & declaré avec & entre lesdits articles generaux de ladite tresve, & sans ce que l'on puist dire, pretendre ou alleguer qu'il ne soit des mesmes articles d'icelle tresve : En tesmoing de ce nous avons scellé cestes de nostre Scel & signées de nostre main. Donné au Chastel de Soleure *, le treiziesme jour de Septembre, l'an de grace 1475. *Sur le reply.* Par Monseigneur le Duc. *Signé*, DELEKERREST, avec paraphe. *Et scellé d'un grand Sceau en cire rouge.*

Collationné sur l'original.

Tiré de l'Edition de M. Godefroy.

* Petite Ville entre Luxembourg & Montmedy. *Voyez* le Supplément, Tome IV.

CCXLVIII

Lettres par lesquelles Charles, Duc de Bourgogne, declare Louys de Luxembourg, Conneſtable de France, ſon ennemi & n'entend qu'il ſoit compris dans la treſve qu'il a faite avec le Roy.

1475.

Tiré des MSS. de M. Dupuy, Volume 646.

CHARLES, pat la grace de Dieu, Duc de Bourgogne, de Lothier, de Brabant, de Lembourg, de Luxembourg & de Gueldres, Comte de Flandres, d'Artois, de Bourgogne, Palatin de Haynault, de Hollande, de Zellande, de Namur & de Zutphen, Marquis du Saint Empire, Seigneur de Friſe, de Salins & de Malines. A tous ceux qui ces preſentes Lettres verront, Salut: Comme ſous eſperance & intention de parvenir au bien de paix finale, certaine treſve ait eſté traitée, faite, conclute & accordée entre le Roy & nous, les Pays, Terres, Seigneuries & Subjets d'un chacun de nous, pour le temps & eſpace de neuf ans, ainſi que plus à plain peut apparoir par les Lettres d'icelle treſve, en faiſant laquelle treſve, pour ce que le Roy & nous avons eſté & ſommes deuement & à plain informés que Meſſire Loys de Luxembourg, à preſent Conneſtable de France a par faintiſe ſoubtile & caute, leure, moyens traité ait pourchaſſé de mettre ſus & ſuſciter les guerres & diviſions, qui ont eſté entre le Roy & nous, & autres Seigneurs, Princes du Royaume, empeſché que paix, union & concorde ne s'y trouvaſt, & pour venir à ſes intentions ait tenu paroles, pratiques & moyens couverts à chacun des partis contraires l'un à l'autre, conſeillé & adverty les uns contre les autres, & de tout ſon pouvoir mis peine de touſjours accroiſtre & entretenir leſdites diviſions, & en autres manieres fait pluſieurs conſpirations, rebellions, déſobéyſſances & tenu tels termes, tant envers le Roy, qu'envers nous, que raiſonnablement il doit eſtre tenu & reputé pour traiſtre, rebelle & deſobéyſſant, comme ennemy de la choſe publique, perturbateur de l'Eſtat, ſeureté, paix & tranquillité d'icelle; conſiderans les choſes deſſuſdites eſtre telles qu'elles ne doivent ne peuvent raiſonnablement eſtre paſſées par diſſimulation, ainçois tous bons & juſtes Princes, quelque diviſion qui fuſt entre eux, ſoient tenus de vouloir & deſirer extirper tels auteurs de ſeditions, & de leur cas telle punition eſtre faite, que ce ſoit exemple à tous autres, pour touſjours oſter & eſtaindre les choſes qui ſeroient ou pourroient eſtre cauſe d'empeſcher les moyens de bonne paix & amour entre nous, & à ce que plus aiſément elle ſe puiſſe faire & traiter, le Roy & nous en faiſant ladite treſve ayant à part accordé, conclu & traité, appointé, promis & juré que quelques treſves ou appointemens qui ſoient faites, ou pour le temps à venir ſe feront entre nous, ledit Meſſire Loys de Luxembourg, à preſent Conneſtable de France, n'y & ne ſera en rien compris, ainçois en eſt & ſera debouté, & du tout excepté & forclos d'une part & d'autre, & que le Roy & nous de tout noſtre pouvoir procederons contre luy ſans aucune diſſimulation, ainſi qu'il a eſté adviſé, dit, conclu & accordé entre nous, & comme declaré ſera cy-après, & que de ce nous baillerons nos Scellés & Lettres patentes l'un à l'autre en la plus ſeure forme & maniere qu'on pourra adviſer: Sçavoir faiſons, que nous voulans de

noſtre

DE PHIL. DE COMINES. 423

noſtre part obſerver, entretenir & garder ſans enfraindre les choſes conclutes & appointées entre le Roy & nous, pour les cauſes deſſuſdites & autres raiſonnables à ce nous mouvans, avons declaré & declarons par ces preſentes ledit Meſſire Loys de Luxembourg noſtre ennemi, & qu'il n'eſt ny ne ſera aucunement comprins en ladite treſve à preſent faite entre le Roy & nous, d'un coſté ne d'autre, ains l'en avons expreſſément excepté, forclos & deboutons, & avec ce avons promis & juré, promettons & jurons de jamais ne recevoir ledit Meſſire Loys de Luxembourg à quelque grace, pardon, traité ou appointement, par quelque maniere & ſous quelque couleur ou occaſion que ce ſoit ou puiſſe eſtre, & que jamais nous ne le recueillerons, ne luy donnerons & ne ſouffrirons eſtre donné par quelque de nos ſubjets, ne en aucuns de nos Pays, Terres & Seigneuries, retraite, refuge, faveur, ſecours, ſouſtenement ou ayde, & ne luy pourchaſſerons eſtre donné ſecretement ne apertement, directement ou indirectement ne autrement, en quelque maniere que ce ſoit; & quand il y auroit aucuns de noſdits ſubjets, qui après la dénonciation ou publication duëment faite de non le receler, luy donneroient ou voudroient donner retraite, ſecours, faveur, ſouſtenement ou ayde, ou qui le voudroient receler, nous les punirons & ferons punir chacun en droit ſoy, ſelon l'exigence des cas, & ſe aucuns de nos alliez, ou autres quels qu'ils fuſſent vouloient donner retraite, refuge, ſecours ou ayde audit Meſſire Loys de Luxembourg, nous l'empeſcherons & ferons empeſcher de tout noſtre pouvoir, avec ce avons promis & juré, promettons & jurons que de noſtre part nous ferons tout noſtre leal pouvoir par puiſſance d'armes & autrement, par toutes les manieres que nous pourrons, de prendre ou faire prendre & apprehender la perſonne dudit Meſſire Loys de Luxembourg, quelque part qu'on le pourra trouver, & d'en faire juſtice & punition, & ſi dedans huit jours après que l'aurons entre nos mains ou en noſtre puiſſance nous n'avons faite punition ou execution de ſon corps, telle que faire ſe doibt de criminels de crime de leze-Majeſté, nous dedans quatre jours après leſdits huit jours paſſez le renderons & baillerons entre les mains du Roy ou de ſes gens & commis de par luy, pour en faire la punition telle qu'il appartiendra; & pour plus grande ſeureté nous avons promis & juré, promettons & jurons en parole de Prince, par la foy & ferment de noſtre corps, par Dieu noſtre Createur, & ſur la foy & la loy que nous tenons de luy, & que nous avons apportée du Saint Baptefme, & outre l'avons juré ſur le Saint Canon de la Meſſe, & ſur les Saints Evangiles, auſſi ſur le fuſt de la vraye precieuſe Croix de noſtre Sauveur Jeſus-Chriſt, leſquels Canon, Evangile & vraye Croix, nous avons manuellement touchez pour cette cauſe, de toutes les choſes deſſuſdites, & chacune d'icelles particulierement tenir, garder, obſerver, accomplir, entretenir, & faire bien & loyaument, ſans rien en laiſſer, ne jamais faire ou venir au contraire, ne querir, quelque moyen, couleur ou excuſation pour y venir, ne pour pervertir ou faire aucune immutation d'aucune deſdites choſes deſſuſdites; & à ce nous ſommes ſubmis & obligés, ſubmettons & obligeons par l'hypotheque & obligation de tous & chacuns nos biens, ſur noſtre honneur, & ſur

peine

1475.

peine d'eftre perpetuellement deshonnorez, vilipendés & reprouchés en tous lieux; & avec ce avons promis & juré, promettons & jurons par tous les fermens deffufdits, de jamais n'avoir ne pourchaffer de noftre S. Pere le Pape, de Concile, Legat, Penitencier, Archevefque, Evefque, ne autre Prelat, ou perfonne quelconque, difpenfation, abfolution ne relafchement de toutes les chofes deffufdites, ne d'aucunes d'icelles fans l'exprès confentement du Roy, & quelque difpenfation qui en feroit donnée ou obtenue par nous ou par autres, fous quelque caufe ou couleur que ce foit, nous y renonçons dès à prefent pour lors, & voulons qu'elle foit nulle & de nulle valeur & effet, & qu'elle ne nous foit ou puiffe eftre valable, ne proufitable, & que jamais nous ne nous en puiffions ayder en quelque maniere que ce foit; & afin que ce foit chofe ferme & ftable, & qu'au cas de contravention l'on fe puiffe partout ayder contre nous de l'effet & teneur de ces prefentes, nous icelles avons fignées de noftre main, & fait fceller du Scel de nos armes. Donné au Chaftel de Soleure, le treiziefme jour de Septembre, l'an de grace mil quatre cens foixante-quinze. *Ainfi figné*, CHARLES. *Et deffus le reply*. Par Monfeigneur. C. BARAPOT.

CCXLIX.

☞ *Le Conneftable de S. Pol eft exclu des Tréves concluës entre Louis XI. & le Duc de Bourgogne.*

Tiré des Recueils de M. l'Abbé Le Grand.

CHARLES, par la grace de Dieu, Duc de Bourgogne, de Lothier, de Brabant, de Limbourg, de Luxembourg & de Gueldres, Comte de Flandres, d'Artois, de Bourgogne, Palatin de Haynault, de Hollande, de Zelande, de Namur & de Zutphen, Marquis du Saint Empire, Seigneur de Frife, de Salins & de Malines. A tous ceux qui ces prefentes Lettres verront, Salut : Comme en traitant, concluant & accordant entre le Roy & nous trefve & abftinence de guerre, foient entre autres articles, dont la teneur enfuit·

Item. Eft auffi dit & accordé que Meffire Loys de Luxembourg, Conneftable de France, ne fera aucunement compris en ladite trefve, ains en demeurera du tout forclos & excepté, & promettront le Roy & mondit Seigneur de Bourgogne de non le recevoir, recueillir, porter, ayder, favorifer, ne recepter en leurs pays, & auffi de non faire avec luy traité & appointement quel qu'il foit, ains ferons chacun d'eux fon léal pouvoir de faire prendre & apprehender la perfonne dudit Conneftable, pour en faire punition telle que faire fe doibt en dedans huit jours après qu'il fera apprehendé, fans le recevoir à pardon, grace ou mercy, & auffi Meffire Pierre de Luxembourg, Comte de Brienne, fon fils, ne fera quant aufdites hantifes & comorations, retour & jouiffance des biens qu'il a ès pays de mondit Seigneur de Bourgogne, ne quant au droit qu'il peut & pourroit avoir en la Seigneurie de Ham, aucunement compris en ladite trefve; duquel droit de Ham le Roy fera tranfport à mondit Seigneur; & avec ce le Roy, outre & par-deffus les Places & Terres, que desjà mondit Seigneur de Bourgogne tient en fa main,

en

en ſes pays & ailleurs, deſquelles auſſi le Roy ſera dès-maintenant tranſ-
port à mondit Seigneur de Bourgogne, en tant que beſoin ſeroit; fera
auſſi tranſport à mondit Seigneur de Bourgogne des Places, Terres, Châ-
teaux, Villes & Seigneuries de Hem, Bohain & Beaurevoir, & non au-
tres que celles que deſja il tient, comme dit eſt, & tous les biens meu-
bles & autres choſes qui ſeront & pourront eſtre trouvées eſdites Places,
Chaſteaux & Villes, & ailleurs en quelque lieu que ce ſoit, ſans y rien
reſerver; & à cette fin, pourra mondit Seigneur de Bourgogne prendre
& apprehender leſdites Villes, Places & Chaſteaux, les envahir & aſſie-
ger, ou faire aſſieger par ſes gens, & pour ce faire, luy baillera le Roy
de ſes gens de guerre en bon nombre, leſquels ayderont & aſſiſteront à
mondit Seigneur de Bourgogne, ſans eux departir ſans ſon vouloir, juſ-
ques à ce que leſdites Places & Villes ſoient en l'obéÿſſance & ès mains
de mondit Seigneur de Bourgogne, & ne ſouffriront que par aucuns du
Royaume ſoit faite ou portée faveur auſdites Villes & Places en ma-
niere quelconque, & au cas que mondit Seigneur de Bourgogne ſera
plus content que leſdites Villes & Places ſoient priſes par les Gens du
Roy que par les ſiens, il pourra neantmoins avoir avec leſdites Gens du
Roy, aucuns de ſes gens, tels qu'il luy plaira, leſquels incontinent que
leſdites Places & Villes ſeront renduës, y entreront pour faire invento-
rier, prendre & mettre en la main de mondit Seigneur de Bourgogne,
tous les biens, meubles & autres choſes y eſtans, enſemble leſdites Pla-
ces & Villes, leſquelles le Roy luy fera en ce cas bailler & delivrer in-
continent qu'elles ſeront renduës en quelque maniere ou par quelque
appointement que ce ſoit, & tout au plus tard dedans la fin du mois
de Mars prochainement venant, pour par luy, ſes hoirs, ſucceſſeurs
& ayans-cauſe, jouyr & uſer perpetuellement, & à touſjours deſdites
Villes, Places, Chaſteaux, Terres & Seigneuries de Hem, Bohain
& Beaurevoir, & autre que mondit Seigneur de Bourgogne deſja tient
en ſa main, en ſes pays & ailleurs, & des biens meubles deſſuſdits,
toutes fois audit cas que mondit Seigneur de Bourgogne voudroit ladite
priſe deſdites Villes & Places eſtre faite par les Gens du Roy, le Roy ne
ſeroit en rien tenu pour le pillage que ces gens feroient des biens meu-
bles eſtans en icelles, mais par tout où mondit Seigneur de Bourgogne
ou ſes gens trouveront aucuns biens meubles appartenans audit Coneſta-
ble en ſon Royaume, il les fera delivrer & bailler à mondit Seigneur de
Bourgogne, ou à ſon Commis.

Item. Quant à toutes Villes, Places, & autres choſes quelconques,
dont en ladite Treſve n'eſt faite expreſſe declaration, & ſur leſquelles
n'eſt autrement diſpoſé & ordonné, elles demoureront en tel eſtat, part
& obéÿſſance, durant & pendant ladite Treſve, qu'elles ſont de
preſent.

Sçavoir faiſons, que jaçoit que pour certaines cauſes ſoit eſté dit,
conſenti & accordé de non inſerer iceux articles deſſus tranſcripts ès
principales Lettres de ladite Treſve, & d'en faire Lettre à part, nous
avons neantmoins promis & promettons par ces preſentes en parole de
Prince, ſur noſtre honneur, & par noſtre ſerment pour ce corporelle-
ment fait en la forme & maniere contenuë eſdites Lettres principales de

Tome III.   H h h   ladite

ladite Tresve, & sur les mesmes submissions, obligations, peines & astrinctions declarées en icelles, de tenir, garder & accomplir de nostre part tout le contenu esdits articles cy-dessus transcripts, tout ainsi que s'il estoit incorporé & escript esdites principales Lettres, & que lesdites obligations, peines & astrinctions estoient au long, & particulierement declarées en cettes. En tesmoin de ce, nous avons signé ces presentes de nostre main, & fait sceller de nostre scel. Donné au Chastel de Soleure, le treiziesme jour de Septembre, l'an de grace mil quatre cens soixante-quinze. CHARLES. *Et signées*, Par Monseigneur le Duc. BARRADOT.

CCL.

☞ *Confirmation de Charles, Duc de Bourgogne, des Treves concluës entre le Roy & luy.*

Tiré des Recueils de M. l'Abbé Le Grand.

CHARLES par la grace de Dieu, Duc de Bourgogne, de Lothier, de Brabant, de Lembourg, de Luxembourg & de Gueldres, Comte de Flandres, d'Artois, de Bourgogne, Palatin de Hainaut, de Hollande, de Zelande, de Namur & de Zutphen, Marquis du saint Empire, Seigneur de Frize, de Salins & de Malines.

A tous ceux qui ces presentes Lettres verront, Salut : Comme en traitant, concluant & accordant entre le Roy & nous, les Tresves, seur estat & abstinence de guerre pour neuf ans entiers, commençant le treiziesme jour de ce present mois de Septembre, ait esté entre autres choses conclu, traité & accordé un article contenu, inseré & exprimé en certaines Lettres à part, qui a esté faite, concluë & expediée entre le Roy & nous, duquel article la teneur s'ensuit.

Item. Et pourra mondit Seigneur de Bourgogne, mener, conduire, passer, repasser, ou par ses Capitaines faire mener, conduire, passer & repasser ses gens de guerre en armes de ses pays de Bourgogne, ès marches de ses pays de par de-çà, & de sesdits pays de par de-çà, ès marches de cesdits pays de Bourgogne, par les lieux & chemins à eux plus propices & convenables, pour après s'en aider, ainsi que bon luy semblera, & toutes les fois qu'il luy plaira, en payant raisonnablement, sans y sejourner, faire guerre, pillerie ne autre grief ou oppression au peuple, & sans ce que pour ledit passage, ladite Tresve puisse estre dite ne tenuë estre enfrainte, & ne pourront entrer en Villes closes que par Compagnies, qui ne seront plus fortes que ceux desdites Villes ; & il soit ainsi que en faisant, concluant & accordant ledit article dessus incorporé pour la part du Roy, ait esté dit, promis & accordé de nostre part, que nonobstant ledit contenu audit article, nous ne menerons, conduirons, passerons, repasserons, ne par nos Capitaines ou Chefs de guerre ne ferons mener & conduire, passer ne repasser nos gens de guerre des pays & marches de Bourgogne, en nos pays & marches de par de-çà, ne de nosdits pays ès marches de par de-çà en iceux nos pays de Bourgogne, par les pays & Seigneuries du Roy ; ains les feront conduire, mener, passer & repasser par autres pays à nous plus propices & convenables, que par les pays du Roy.

Sçavoir:

Sçavoir faisons, que nous voulans entretenir, & entierement accomplir ce que a esté promis & accordé de nostre part, avons ladite modification, restrinction & declaration dessus escripte &. exprimée, loué, aggréé, ratifié, confirmé & approuvé, & par la teneur de ces presentes, louons, aggreons, confirmons & approuvons, & promis & promettons en parole de Prince, sur nostre honneur, & par nostre serment pour ce corporellement fait en la forme & maniere contenuë & declarée esdites Lettres principales de ladite Tresve, & sur les mesmes submissions, obligations, peines & astrictions declarées en icelles Lettres, de tenir, garder & accomplir de nostre part lesdites modifications, restrinctions & declarations dessus escriptes, toutes ainsi que si elles estoient contenuës & declarées ès Lettres originales de ladite Tresve, & que si lesdites obligations, peines & astriction estoient au long, & particulierement declarées en ces presentes, sans ce que pour quelque cause, couleur ou occasion que ce soit, on puisse dire ne alleguer lesdites modifications, non estres demembrées ès articles de ladite Tresve. En tesmoin de ce, nous avons fait mettre nostre scel à ces presentes. Donné à Vervin, le vingt-sixiesme jour de Septembre, l'an de grace mil quatre cens soixante-quinze. *Et signées*, Par Monseigneur le Duc, à vostre relation. J. G R O S.

1475.

CCLI.

☞ *Interpretation des Tresves concluës entre Louis XI. & le Duc de Bourgogne.*

CHARLES par la grace de Dieu, Duc de Bourgogne, de Lothier, de Brabant, de Lembourg, de Luxembourg & de Gueldres, Comte de Flandres, d'Artois, de Bourgogne, Palatin de Hainaut, de Hollande, de Zelande, de Namur & de Zutphen, Marquis du saint Empire, Seigneur de Frize, de Salins & de Malines. A tous ceux qui ces presentes Lettres verront, Salut. Comme après ce que entre le Roy & nous, a esté consenti, conclud & accordé de faire certaine Tresve de neuf ans en la forme & maniere contenuë en certains articles que ja pieça furent pourparlé & convenus entre les Gens du Roy & les nostres, nous ayons sur iceux articles despeschez nos Lettres Patentes de ladite Tresve, signées de nostre main, & icelles de nostre grand scel, en datte du treiziesme jour de ce present mois de Septembre, en intention de les faire bailler & delivrer au Roy, en recouvrant les siennes en pareille forme, & il soit, qu'en faisant ladite delivrance desdites Lettres, aucunes difficultez ayent esté mises avant de la part du Roy, & sur aucuns articles contenus en icelles Lettres, sur lesquelles difficultez soient esté advisées & accordées entre le Roy & nostre très-cher & feal Chevalier & Chancelier, le Seigneur de Saillant & de Poisse, pour & au nom de nous, les declarations, moderations & ampliations qui s'ensuivent : c'est à sçavoir, sur les quatriesmes desdits articles, auquel est contenu, que les Places estans en frontiere de l'une des parties appartenans à aucuns de l'autre party, celuy au party duquel lesdites Places seront, y pourra commettre & ordonner Capitaine

Tiré des Recueils de M. l'Abbé Le Grand.

1475.

Capitaine aux gages raisonnables de la revenuë, a esté advisé & moderé pour plus grande commodité des subjets d'une part & d'autre, que lesdites Places estans en frontiere, demourront plainement en la main des Seigneurs ausquels elles appartiennent, sans ce que autres que ceux à cause dudit party y mettent Capitaine, ou garde, en faisant par iceux Seigneurs desdites Places serment, & baillent leur scellé de non en faire guerre, & la Tresve expirée, les delaisser en la pleine obéyssance du Party où elles sont à present.

Item. Sur le septiesme article, a esté aussi consenti & accordé, que l'execution d'iceluy article touchant les droits, obéyssance, Aydes & Tailles des Places & Villes de Marle, aussi Saint-Gobain, Jary & Moncornet, contenus audit article, sera & demourra en estat & surseance, jusques à certaine journée qui sera tenuë entre les Gens du Roy & les nostres, sur certaines matieres touchées en une cedule conceuë à part entre le Roy & nous, sans toutesfois que le Comte de Marle soit empesché ou retardé en la jouyssance desdites Terres, à laquelle journée sera besogné entre autres matieres, de & sur ce qui se devra faire de l'exécution dudit article.

Item. Sur le dix-septiesme article, faisant mention de la restitution des Places prises sur nous, nos serviteurs & subjets par les gens du Roy, ou autres que de sa part sont nommez, & voudront estre compris en ladite Tresve depuis le pourparlement desdits articles de Bovines, qui fust dit au mois de May mil quatre cens septante-quatre, a esté & est amplié, conclu & accordé que pareil article sera fait, gardé & accomply de nostre part, pour les Places & Terres prises sur le Roy, ses subjets & serviteurs, depuis le temps dessusdit par nos gens de guerre ou autres, qui de nostre part, sont & voudront estre compris en ladite Tresve, en telle & pareille forme de paroles que le dix-septiesme article est couché en nosdites Lettres de ladite Tresve.

Item. Sur le dernier article, a esté pareillement consenti & accordé, que après la delivrance réelle à nous faite de la Ville de Saint-Quentin, & des Places dont mention est faite ès vingt-quatre & vingt-cinquiesme articles, dont Lettres sont faites à part, iceluy article sera tenu pour accomply, & ladite Tresve pour ferme & asseurée, pour ledit terme de neuf ans, selon le contenu ès articles d'icelle Tresve, sans ce que à l'occasion des choses contenuës en iceluy article, nous nous puissions departir de ladite Tresve avant ledit terme de neuf ans, mais seront tenus icelle Tresve garder & entretenir selon les articles de ce faisans mention, lesquels articles, soubs les declarations, moderations & ampliations dessusdites, sont & demeurent entierement en leur force & vertu.

Sçavoir faisons, que nous ayans agreable ce qui par nostredit Chancelier a esté, & est fait, besongné & conclu en cette partie, avons icelle declaration, moderation & ampliation, & tout le contenu en cesdites presentes, loué, consenty & aggreé, louons, consentons & aggreons par ces presentes, & les avons promis & promettons par cesdites presentes en parole de Prince, par nostre serment fait en la forme & maniere contenuë en nosdites Lettres Patentes, de ladite Tresve tenir, garder
&

DE PHIL. DE COMINES. 429

& accomplir de noſtre part de point en point ſelon leur forme & teneur, ſur les obligations, peines & aſtrictions contenuës en icelles nos Lettres, tout ainſi que ſi leſdites declarations, moderations & ampliations eſtoient nommement & expreſſement eſcriptes, incorporées & declarées en noſdites Lettres d'icelle Treſve. En teſmoin de ce, nous avons fait mettre noſtre ſcel à ces preſentes. Donné en la Ville de Vervin, le vingt-ſixieſme jour de Septembre, l'an de grace mil quatre cens ſoixante-quinze. *Et ſigné*, Par Monſeigneut le Duc, à voſtre relation. J. G R o s.

1475.

CCLII.

Ratification des Treſves faites entre Louis XI. & le Duc de Bourgogne.

Nous Loys, par la grace de Dieu Roy de France : certifions à tous, que comme en traitant, faiſant & concluant, entre nous & noſtre très-cher & très-amé frere & couſin, le Duc de Bourgogne, les Treſves, ſeur eſtat & abſtinence de guerre pour neuf ans entiers, commençans le treizieſme jour de ce preſent mois de Septembre, & finiſſant leſdits ans revolus & accomplis à ſemblable jour que l'on dira mil quatre cens quatre-vingt-quatre, & autres choſes promiſes, faites & accordées entre nous, noſtredit frere & couſin, ait fait faire pluſieurs remontrances de diverſes matieres, ſur leſquelles n'a encore pu eſtre donné fin & concluſion par nos gens, commis & deputez, & les ſiens, & pour ce que deſirons de tout noſtre cœur les affaires de noſtredit frere & couſin, eſtre traitées en toute faveur & douceur, à ce que la bonne amitié d'entre nous & luy, puiſſe touſjours accroiſtre & augmenter, avons conſenti & accordé, & par ces preſentes conſentons & accordons, que dlle & ſur leſdites remontrances & autres choſes, dont nous & noſtredit frere & couſin voudrons faire parler & traiter, ſoit tenuë une journée entre nos gens & ceux de noſtredit frere & couſin en la Ville de Noyon, au vingt-deuxieſme jour du mois d'Octobre prochain venant, en laquelle journée, on parlera, traitera & concluera des autres matieres, qui en faiſant la concluſion deſdites Treſves & autres choſes promiſes, concluës & accordées entre nous & noſtredit frere & couſin, y ont eſté remiſes & reſervées. Eſcrit à Lieſſe, le dernier jour de Septembre, mil quatre cens ſeptante-cinq. L o u y s, Et par le Roy meſme.

Tiré des Recueils de M. l'Abbé Le Grand.

CCLIII.

☞ *Traité de Paix entre le Roy Louys XI. & le Duc de Bretagne.*

Tiré des Recueils de M. l'Abbé Le Grand.

1475.

LOYS par la grace de Dieu, Roy de France : A tous ceux qui ces presentes Lettres verront, Salut. Comme depuis le trespas de feu nostre très-cher Seigneur & pere, que Dieu absoille, plusieurs guerres, divisions & differences ayent esté menées & suscitées entre nous & nostre très-cher & très-amé nepveu & cousin le Duc de Bretagne, dont innumerables maux & inconveniens s'en sont ensuis. Nous desirans de tout nostre cœur appaiser & esteindre lesdites divisions & differences, pour relever le pauvre peuple de misere, le garder d'oppression, & éviter la cruelle effusion de sang humain, considerant que à l'honneur & louange des Princes Chrestiens, rien n'est plus convenable que de desirer & aimer paix, de laquelle le bien & le fruit de la chose terrienne & mortelle est si grand, que plus ne pourroit, en ayant regard singulier à la bonne & loyale amour que le temps passé a esté entre nos predecesseurs de nostredit nepveu, Ducs de Bretagne, après plusieurs ouvertures & pourparlez, sur ce eus entre nous & nostredit nepveu & cousin, ou les Gens de son Conseil à ce commis par l'advis & deliberation de plusieurs Gens de nostre sang, de nostre grand Conseil & autres, avons traité & accordé avec nostredit nepveu & cousin, en la forme & maniere contenuë & declarée ès articles, dont la teneur s'ensuit.

Ce sont les articles accordez entre le Roy & le Duc de Bretagne.

Et premierement. Ont fait, prins & contracté, font, prennent & contractent ensemble paix perpetuelle, amitié, alliance, confederation, bonne & vraye union, & reçoit le Roy ledit Duc, comme son bon parent & neveu en sa bonne grace & amour, & promet de luy secourir, & ayder & deffendre envers tous & contre tous ceux qui peuvent vivre & mourir, sans nuls excepter, & n'entreprendra, ne souffrera entreprendre, faire ne pourchasser à sa personne, ne à ses pays & Seigneuries, mal, ennuy, dommage ne inconvenient, par quelque moyen, ne pour quelque cause que ce puisse estre, & quitte, esteint & met hors de son courage tous desplaisirs, inimitiez, guerres, malveillances, haynes, discords, & toutes choses aucunes au temps passé, & les met au neant, tout ainsi que si oncques mais n'eussent esté ou fussent avenus, sans ce que jamais luy, ses hoirs successeurs en puissent faire ne mouvoir aucune question ou demande en maniere quelconque, de quelque qualité que soient ou puissent estre lesdites choses, voulant & octroyant, veut & octroye le Roy, que cette presente quittance generale vaille, & soit de tel & si grand effet, comme si les deplaisirs, guerres, malveillances & choses devant touchées, leurs qualitez, & tout ce qui s'en est ensuivi estoit expressement specifié & declaré en ces presentes. Et pareillement, le Duc aydera & servira le Roy en la deffense de luy & de son Royaume, envers

tous

tous & contre tous ceux qui peuvent vivre & mourir fans nul excepter, & n'entreprendra ne fouffrera entreprendre, faire ne pourchaffer en fa perfonne, fon Royaume, ne à fes pays, mal, ennuy, dommage ne inconvenient, par quelque moyen que fe puiffe eftre.

1475.

Item. Et pour ce que à l'occafion des divifions, queftions & differences qui par cy-devant ont efté entre le Roy & le Duc, iceluy Duc a efté meu & contraint de faire & contracter par efcript, par ferment, promeffe, ou en autre façon quelconque, aucunes alliances, fraternitez, confederation, obligation quelconques à l'encontre du Roy, que le Duc par cette prefente peut avoir paix, amour & alliance, les abolift & s'en depart de tout, fans jamais en ufer, ores ne pour le temps advenir allencontre du Roy & fon Royaume.

Item. Et demeurera le Duc en fon Duché tenu envers le Roy, & luy obéyra en la maniere comme il faifoit au temps du feu Roy Charles feptiefme de bonne mémoire, fon pere.

Item. Et le Roy de fa part gardera & maintiendra le Duc en toutes les franchifes & libertez de fa perfonne, ainfi que luy & fes predeceffeurs on efté ès temps paffez, & laiffera ledit Duc pour fon pays & Duché de Bretagne, jouyr & ufer paifiblement & franchement des droits, Nobleffes, preéminences, franchifes, libertez & prerogatives d'iceluy Duché qui y appartiennent, & defquelles luy & fes predeceffeurs ont ufé, fans luy faire ne donner, ne fouffrir eftre fait ou donné aucun trouble, empefchement, queftions ou moleftation quelconques, refervez les droits accouftumez deus au Roy, ainfi qu'en ufoit le Roy Charles feptiefme de bonne memoire.

Item. Et fe aucun ou aucuns fouffroient ou s'avançoient de faire aucune entreprife allencontre de la perfonne dudit Duc, fefdits pays & Seigneuries, le Roy fera tenu fecourir & ayder ledit Duc, & le garder & deffendre envers tous ceux qui le voudront grever, fans aucun excepter, & en ce employer fes gens de guerre, tant de fon ordonnance que de fon arriere-ban, & toute fa puiffance, tant par mer que par terre, & incontinent qu'il aura cognoiffance de laditte entreprife, en fera advertir ledit Duc, & de foi-mefme y refiftera de tout fon pouvoir, en y donnant toutes les provifions à luy poffibles, tout ainfi qu'il feroit pour fa propre perfonne & pour fon Royaume, nonobftant toutes autres alliances faites par le Roy avec autres Princes, & aufquelles fera derogé par ces prefentes, en tant que touche & peut toucher les faits & interefts du Duc, fes pays, Seigneuries & fubjets, icelles alliances neantmoins demeureront en leur force & vertu en autres chofes, & le Duc auffi de fon cofté, fe le cas advenoit d'aucunes entreprifes fur le Roy, fon Royaume, pays & Seigneuries, ledit Duc fera tenu ayder & fervir le Roy, & le garder & deffendre envers tous ceux qui le voudront grever fans aucun excepter, & y employer fes gens de guerre, tant d'ordonnance, ban & arriere-ban, & toute fa puiffance, tant par mer que par terre, & incontinent qu'il en aura cognoiffance, en fera advertir le Roy, nonobftant toutes autres alliances faites; & de foy-mefme y refiftera de tout fon pouvoir, en y faifant donner toutes les provifions à luy poffibles, tout ainfi qu'il feroit pour fa propre perfonne, & pour fes pays & Seigneuries.

Item.

1475.

Item. Et en tant que touche les subjets du Duc, & aussi ses Seigneuries de quelque pays, estat ou condition qu'ils soient, le Roy dès à present rejette, quitte & entierement delaisse tous desplaisirs, inimitiez & malveillances, & generalement toutes les choses qui pour occasion des mesiances, divisions, differends touchez cy-dessus, ont esté & sont advenus, les met du tout au neant, & les tient & repute le Roy pour non faits & non advenus, sans ce que ores ne pour le temps advenir, leur en soit ou puisse estre fait aucun ennui, dommage ou desplaisir, & les a receu & reçoit le Roy en sa bonne grace, & retournant, les restitue le Roy à tous leurs biens, Terres & Seigneuries, & possessions immeubles, nonobstant toutes saisines, main-mises, & tous dons & transports que le Roy en pourroit avoir fait, & pour quelque chose passée, le Roy ne leur fera, ne souffrira estre fait ennuy, desplaisir ou dommage en corps ne en biens en aucune maniere declarez ès Lettres particulieres sur ce faites, & pareillement au regard de Poncet de Riviere, & de Pierre d'Urfé, le Roy leur octroye Lettre d'abolition selon les cas differents, en la forme & maniere declarée ès Lettres particulieres, & pareillement au regard des Gens, serviteurs du Roy, & autres, de quelque pays, estat ou condition qu'ils soient, ils retourneront, & les restitue ledit Duc à tous leurs biens, Terres, Seigneuries, possessions & biens & immeubles estans audit Duché, nonobstant quelconques saisines, main-mises, dons, transports, alienations & autres empeschemens quelconques que ledit Duc en pourroit avoir fait, ou autres de par luy, & pour quelque chose passée, le Duc ne leur fera, ne souffrira estre fait ennuy, desplaisir ou dommage, en corps ne en biens, en aucune maniere que ce soit.

Item. Que le Roy fera restituer & remettre ledit Duc en la possession & saisine réelle de toutes les Terres & Seigneuries, qui à l'occasion des questions & differends dessusdits avoient esté prinses & saisies en sa main, en revoquant, cassant & annullant, & mettant du tout au neant lesdites saisines & main-mises, ensemble tous dons, contrats & allienations, & transports qui par le Roy ou autres ayans pouvoir, commission ou droits de luy, auroient esté faits à quelconques personnes, & par quelques titres que ce soit, sans faire ne souffrir aucun trouble ne empeschement luy estre mis ou donné en la possession & jouyssance desdites Terres & Seigneuries.

Item. S'il advenoit qu'aucuns sinistres rapports fussent faits au Roy de la personne dudit Duc ou autrement, contre l'effort & substance de cette presente paix & union, le Roy en fera advertir le Duc le plustost que possible luy sera, afin que le Duc en puisse advertir le Roy, & informer de la verité, & aussi se aucuns rapports estoient faits audit Duc de la personne du Roy en quelque maniere que ce soit, ledit Duc sera tenu d'en advertir le Roy en toute diligence, le plustost qu'il pourra.

Item. Que le Roy & ledit Duc ont juré & promis & accordé en parole de Prince, sur leur honneur, & sur les foi & serment de leurs corps, & sur la vraye Crox de Saint-Lo, les Reliques de Monsieur Saint-Herme, & de Saint-Gildas, & sur l'execution de tous leurs biens, meubles & immeubles presents & advenir, de tenir, observer & garder inviolablement, & sans enfraindre toutes les choses dessusdites, & chacunes d'icelles,

celles, sans jamais aller ne venir allencontre en aucune maniere, pour quelque cause & occasion que ce soit, & de ce bailleront leurs Lettres en forme authentique, & des sermens qu'ils feront sur lesdites Reliques feront baillées Lettres de part & d'autre. Sçavoir faisons, que pour consideration des choses dessusdites, & singulierement en l'honneur & reverence de Dieu, nostre Createur, ladite paix, amour, union & alliance d'entre nous & nostredit nepveu & cousin, ensemble toutes & chacunes les choses dessusdites contenuës & declarées esdits articles cy-dessus inserez, & chacun d'iceux, avons juré, promis & accordé, & par ces presentes, jurons, promettons & accordons, promettans en parole de Roy, sur nostre honneur, & par la foy & serment de nostre corps, sur les saints Evangiles de Dieu, pour ce manuellement touchez, & sur l'obligation de tous & chacuns nos biens les tenir, entretenir, garder, observer, faire & accomplir de point en point selon leur forme & teneur, sans jamais aller, faire ne venir au contraire, par nous ne par autres, en quelque forme & maniere que ce soit. En tesmoin, &c. Donné à Nostre-Dame des Victoires près Senlis, le neuviesme jour d'Octobre, l'an de grace mil quatre cens septante-cinq, & de nostre Regne, le quinziesme. *Ainsi signé*, L O Y S. *Et dessus le reply*, Par le Roy, l'Evesque d'Evreux, les Sires de Torcy, de Gyé, d'Argenton, d'Achon, Maistre Raoul Pichon, & plusieurs autres presents. S. P E T I T.

1475.

CCLIV.

☞ *Confirmation du Traité de paix entre Louis XI. & le Duc de Bretagne.*

LOYS par la grace de Dieu, Roy de France. A tous ceux qui ces presentes Lettres verront, Salut : Comme pour le bien, seureté, tuition & deffense de nous, nostre Royaume, pays, Terres, Seigneuries & subjets, preserver & garder le pauvre peuple d'oppressions, molestations & travaux, & le relever de misere, considerans les grands maux, inconveniens & dangiers qui eussent pû advenir à cause des guerres, divisions & differences, si elles eussent esté continuées en nostre Royaume, ainsi que par cy-devant elles y ont eu cours & esté encommencées, & pour obvier à la cruelle effusion de sang humain, ayons prins, fait & contracté avec nostre très-chier & très-amé nepveu & cousin le Duc de Bretagne, paix, perpetuelle amitié, alliance & confederation, bonne & vraye union, & l'ayons receu comme nostre bon parent & nepveu, en nostre bonne grace & amour, & promis le secourir, aider, supporter envers & contre tous, ainsi que plus à plein est contenu & declaré ès articles accordez entre nous & nostredit nepveu, ou les Gens de son Conseil à ce commis de par luy, inserés ès Lettres de ladite paix & union sur ce faites & passées, & semblablement nostredit nepveu de sa part, nous ait promis aider & secourir envers & contre tous. Sçavoir faisons, que nous desirant de tout nostre cœur entretenir, garder & accomplir inviolablement ladite paix, amour & union, & appaiser & esteindre lesdites divisions & differences, promettons en parole de Roy, sur nostre honneur, & par la foy & serment

Tiré du Tresor des Chartes, Armoire N Cassette D. cotte iij.

Tome III. Iii

ment par nous fait sur la vraye Croix, & les Reliques de Monsieur saint Hervé & saint Gildas, & sur les saints Evangiles de Dieu & le saint Canon de la Messe, pour ce par nous manuellement touchez, tenir & entretenir ladite paix, amitié, union, alliance & confederation d'entre nous & nostredit nepveu inviolablement, sans jamais aller, faire ne venir allencontre, & quant à ce tenir & garder, nous soubmettons & obligeons par ces presentes aux censures du saint Siege Apostolique, & en outre, pour plus grande seureté de la personne de nostredit nepveu, nous promettons que dedans la feste de Noel prochainement venant, nous baillerons & ferons bailler les Scellez des Seigneurs de nostre Sang, & autres Seigneurs de nostre Royaume, qui alors seront nommez & declarez dedans Pasques prochainement venant, baillerons & ferons bailler les Lettres confirmatoires de ladite paix, par les gens d'Eglise, les Nobles, & autres Estats de nostredit Royaume, pourveu aussi que dedans lesdits termes, nostredit nepveu & cousin sera semblablement tenu bailler & fournir de sa part semblables Lettres. En tesmoin de ce, nous avons signé ces presentes de nostre main, & à icelles fait mettre nostre Scel. Donné à la Victoire lez-Senlis, le seiziesme jour d'Octobre, l'an de grace mil quatre cens soixante-quinze, de nostre Regne le quinziesme, *ainsi signé*, LOYS, *Et sur le reply est escript*, Par le Roy, l'Archevesque de Lyon, les Sieurs de Curton, de Gyé, du Lude, d'Achon, de Grammont, de Lisle, & autres presens. *Ainsi signé*, T. PETIT. *Et scellé d'un Sceau de cire jaune, à demi rompu.*

CCLV.

Explication & confirmation du susdit Traité.

Tiré du Tresor des Chartes, Armoire I. Cassette D. cotte 29.

LOYS par la grace de Dieu, Roy de France. A tous ceux qui ces presentes Lettres verront, Salut: Sçavoir faisons, que par le Traité & appointement de la paix finale, union & amitié presentement pris, faits, conclus & accordez entre nous & nostre très-cher & très-amé neveu & cousin, le Duc de Bretagne, nous avons voulu, octroyé, accordé & promis, & par ces presentes voulons, accordons, octroyons & promettons en parole de Roy à nostredit neveu, tenir & garder sa personne en toute franchise & liberté, sans le contraindre à aller ne partir sa personne hors son pays & Duché de Bretagne, si ce n'est de son bon vouloir & plaisir, & ainsi l'avons juré & jurons par nos foy & serment tenir, sans jamais faire ou aller, ne souffrir estre fait à l'encontre en aucune maniere. En tesmoin de ce, nous avons signé ces presentes de nostre main, & icelles fait sceller de nostre Scel. Donné à la Victoire, le seiziesme jour d'Octobre, l'an de grace mil quatre cens septante-cinq, & de nostre Regne le quinziesme. Par le Roy, l'Archevesque de Lyon, les Sires de Curton, de Gyé, du Lude, d'Achon, de Grammont, de Lisle, & autres presens. PETIT.

CCLV*.

☞ *Main-levée, accordée aux subjets du Duc de Bretagne, par le susdit Traité.*

1475.

LOYS par la grace de Dieu, Roy de France. A tous nos Justiciers & Officiers, ou à leurs Lieutenans, Salut. Comme par le Traité, appointement & accord puis n'a guere faits entre nous & nostre très-chier & très-amé nepveu & cousin le Duc de Bretagne, ait expressement esté dit, que tous les subjets & serviteurs, tant d'une part que d'autre, de quelque pays, estats ou condition qu'ils soient, retourneront, & lesquels ont esté restituez à tous leurs biens, Terres, Seigneuries & possessions immeubles, qui à cause des guerres & divisions qui par cy-devant ont eu cours entre nous & nostredit nepveu & cousin, avoient esté empeschez nonobstant toutes saisines, main-mises, & tous dons & transports qui en puissent avoir esté faits, laquelle restitution n'ait encore esté faite d'une part ne d'autre, pour ce est-il, que nous voulant entretenir, faire & accomplir tout ce que a esté promis de nostre part, vous mandons & commandons par ces presentes, & à chacun de vous en droit soy, si comme à luy appartiendra que nostre main & tout autre empeschement mis & apposé en, & sur quelconques Terres, Seigneuries, heritages ou possessions immeubles, appointemens aux subjets & serviteurs de nostredit nepveu & cousin, à cause des guerres & divisions qui ont eu par cy-devant cours entre nous & nostredit nepveu, en quelque lieu qu'ils soient situez & assis en nostre Royaume & obéyssance, vous levez & ostez à pur & à plein, & laquelle nous en avons levé & osté, levons & ostons par ces presentes, & d'icelles Terres & Seigneuries, heritages & possessions immeubles, le faites, souffrez & laissez jouyr & user pleinement & paisiblement, en contraignant ou faisant contraindre à ce faire & souffrir les Commissaires & Commis au regime & gouvernement d'icelles Terres & possessions, & tous autres qui pour ce seront à contraindre, reaument & de fait, par toutes voyes & manieres dûës & raisonnables; car ainsi nous plaist-il, & voulons estre fait, nonobstant quelconques saisines, main-mises, dons & transports qui en puissent par nous avoir esté faits, & pour ce que de ces presentes, l'on pourra avoir à besogner en plusieurs lieux, nous voulons que au *vidimus* d'icelles fait sous scel Royal, foy soit adjoustée comme à ce present original. Donné au Plessis du Parc lez-Tours, le vingt-cinquiesme jour de Novembre, l'an de grace mil quatre cens soixante-quinze, & de nostre Regne le quinziesme. *Et plus bas est escript*, par le Roy, les Archévesques de Lyon, de Vienne, les Sires de Beaujeu, d'Angolesme, de Dunois, de Narbonne, de la Belliere, d'Achon, de Grammont, de Concressaut, de Marug, M. Jean Pilliers, & autres presens, *Ainsi signé*, PETIT, *& scellé d'un grand sceau de cire jaune en simple queuë, & paroist avoir esté scellé d'un autre Sceau.*

Tiré du Tresor des Chartes, Armoire I. Cassette D. cotte 30.

CCLVI.

1475.

☞ *Lettres du Roy Louys XI. qui declarent compris dans la Treve concluë entre le Roy & le Duc de Bourgogne, le Sieur de Brienne & ses Compagnons de guerre, qui avoient promis au Roy lui remettre les Places de Bohain & de Beaurevoir, qu'ils tenoient pour le Comte de Saint-Pol, pour estre remises au Duc de Bourgogne, & les en decharge.*

Tiré des Recueils de M. l'Abbé Le Grand.

LOYS par la grace de Dieu, Roy de France : A tous ceux, &c. Salut. Comme par nos Gens, commis & deputez, le Sieur de Brienne, nostre cousin, ait puis n'a gueres esté sommé & requis de mettre entre nos mains les Places de Bohain & Beaurevoir, pour icelles bailler & delivrer aux Gens, Commis & Deputez de nostre très-cher & très-amé frere & cousin le Duc de Bourgogne, ainsi & selon ce qu'il a esté promis, conclud & accordé, en faisant & traitant les Treves n'agueres prises, formées, concluës & accordées entre nous & nostredit frere & cousin, à quoy ledit Siéur de Brienne ait obéy sans quelque delay, ainsi que raison estoit. Sçavoir faisons, que nous ces choses considerées, avons iceluy Seigneur de Brienne, & tous les Nobles & Compagnons de guerre, estans esdites Places de Bohain & Beaurevoir, lors de la tradition d'icelles, quitté & deschargé, quittons & deschargeons de la garde desdites Places, & avec ce, avons voulu & ordonné, voulons & ordonnons que tous iceux Nobles & Compagnons de guerre, estans lors en icelles Places, comme dit est, jouyssent de l'effet & contenu desdites Tresves, tant pour leurs personnes, que pour leurs biens meubles & immeubles, ainsi & par la forme & maniere qu'il a esté traité avec luy, & accordé entre nous & nostredit frere & cousin. En tesmoin de ce, nous avons fait mettre nostre scel à cesdites presentes. Donné à Nostre-Dame de la Victoire lez-Senlis, le vingt troisiesme jour d'Octobre, l'an de grace mil quatre cens septante-cinq, & de nostre Regne, le quinziesme. *Ainsi signé*, Par le Roy, le Gouverneur du Dauphiné, les Sires de Saint-Pierre, du Bouchaige, & autres presens. DE CERISAY.

CCLVII.

☞ *Acte de la remise de l'original du Traité de Tresve faite ès mains des Deputez du Roy, par les Gens du Duc de Bourgogne.*

Tiré des Recueils de M. l'Abbé Le Grand.

LOYS par la grace de Dieu, Roy de France : A tous ceux qui ces presentes Lettres verront, Salut. Comme Tresves generales, seur estat & abstinences de guerre, ayent esté prinses, fermées, concluës & arrestées entre nous & nostre très-chier & très-amé frere & cousin le Duc de Bourgogne, pour neuf ans entiers convenus le quatorziesme jour du mois de Septembre dernier passé, & finissant les derniers neuf ans revolus & accomplis à semblable jour & terme, que l'on dira mil quatre cens quatre-vingt-quatre, ainsi que par les Lettres originales d'icelles Tresves, & autres Lettres faites, passées & accordées entre nous & nostredit frere

peut

peut plus à plein apparoir. Sçavoir faisons, que les Lettres originales d'i- 1475.
celle Trefve pour la part de nostredit frere & cousin de Bourgogne, ont
esté baillées & delivrées ès mains de nos Gens, Commis & Deputez, le
seiziesme jour de ce present mois d'Octobre, en la Ville de Saint-Quentin, par les Sieurs de Saillant & des Poisses, Chancelier de Bourgogne.
En tesmoin de ce, nous avons fait mettre nostre Scel à cesdites presentes.
Donné à Nostre-Dame de la Victoire-lez-Senlis, le vingt-troisiesme jour
d'Octobre, l'an de grace mil quatre cens septante-cinq, & de nostre Regne le quinziesme. *Ainsi signé*, Par le Roy, les Gouverneur du Dauphiné, Sire de Saint-Pierre, du Bouchage, & autres presens. DE CERIZAY.

CCLVIII.

☞ *Acte sur le secret de la Confession.*

LE Prieur des Carmes a averti Olivier de Quoyamon, qu'un homme Tiré des
à l'article de la mort, luy a dit en Confession, que depuis sept-à- Recueils de
huit mois, il y a une entreprise sur la Ville de Franchise,* par mine, de- Le Grand.
vers le grand Marché de la Ville & Chasteau, & n'en peut faire plus ample declaration, attendu qu'il ne sçait que par confession, le vingt-six * Cecy
Octobre, à six heures apres midy. Sur quoy, le Roy consulte le Chan- regarde la
celier, pour sçavoir, si l'on ne peut point presser ledit Prieur d'en dire Ville d'Ar-
davantage, & mande au Gouverneur de Dauphiné, & au grand Sene- ras.
chal de Normandie, d'y pourvoir. DU VEAU, le vingt-neuf Octobre,
Contresigné, GILBERTY.

CCLIX.

☞ *Traité de paix entre le Roy & le Duc de Bretagne, auquel sont com-*
pris les serviteurs & subjets de part & d'autre, & neantmoins Poncet de
Riviere, & Pierre d'Urffé, serviteurs dudit Duc, prendront du Roy,
Lettres d'abolition.

FRANÇOIS par la grace de Dieu, Duc de Bretagne, &c. A tous Tiré des
ceux, &c. Salut, Comme depuis le trespas de feu mon tres-redoubté Recueils de
Seigneur Monseigneur le Roy Charles, que Dieu absoille, plusieurs guer- M. l'Abbé
res, divisions & differends ayent esté meus & suscitez entre Monsieur Le Grand.
le Roy de present & nous, sont innumerables maux & inconveniens s'en
font ensuis. Nous qui tousdis avons desiré & desirons de tout nostre *Tousdis*,
cœur appaiser & esteindre lesdites divisions & differences, aussi pour c'est-à-dire,
relever le pauvre peuple de misere, le garder d'oppression, & eviter la *toujours*,
cruelle effusion de sang humain, considerans que à l'honneur & louange *totá die*,
des Princes Chrestiens, n'est plus convenable que de desirer & aimer terme en-
paix, de laquelle, le bien & le fruit ès choses terriennes & mortelles est core d'usa-
si grand, que plus ne pourroit, en ayant regard singulier à la bonne & ge dans la
loyalle amour que le temps passé ledit Monseigneur le Roy, & ses pre- Flandres
decesseurs les Roys de France, ont eue & tenuë à nous & à nos prede- Walonne.
cesseurs les Ducs de Bretagne, apres plusieurs ouvertures & pourparlez

Iii 3 sur

sur ce eus entre nous & mondit Seigneur le Roy, & les Gens de nostre Conseil à ce commis par l'advis & deliberation de plusieurs Prelats, Barons, & autres Gens de nostre grand Conseil, avons traité & accordé avec mondit Seigneur le Roy, en la forme & maniere contenuë & declarée ès articles dont la teneur s'ensuit.

Ce sont les Articles accordez entre le Roy & le Duc de Bretagne.

ET PREMIEREMENT. Ont fait, promis, prins & contracté, font, prennent & contractent ensemble paix perpetuelle, amitié, alliance, confederation, bonne & vraye union, & reçoit le Roy ledit Duc, comme son bon parent & nepveu en sa bonne grace & amour, & promet de luy secourir, ayder & le deffendre envers & contre tous ceux qui peuvent vivre & mourir sans nul excepter, & n'entreprendra, ne souffrera entreprendre, faire ne pourchasser à sa personne, ne à ses pays & Seigneuries, mal, ennuy, dommage ne inconvenient par quelque moyen, ne pour quelque chose que se puisse estre, & quitte, esteint, met hors de son courage tous deplaisirs, inimitiez, guerre, malveillances, haynes, discordes, & toutes choses advenuës au temps passé, & les met au neant, tout ainsi que oncquesmais n'eussent esté ou fussent advenuës, sans ce que jamais luy, ses hoirs ne successeurs en puissent faire ne mouvoir aucune question ou demande en maniere quelconque, de quelque qualité que soient ou puissent estre lesdites choses, voulans & octroyans, veulent & octroyent le Roy & le Duc, que cette presente quittance generalle vaille & soit de si grand effet, comme se les desplaisirs, guerres, malveillances, & autres choses devant touchées, leurs qualitez, & tout ce qui s'en est ensuivy estoient expressement especifiées & declarées en ces presentes. Et pareillement le Duc aidera & servira le Roy en la deffense de luy & son Royaume, envers tous & contre tous ceux qui peuvent vivre & mourir sans nul excepter, & n'entreprendra ne souffrira entreprendre ne pourchasser en sa personne, ne à ses pays, son Royaume, mal, ennuy, dommage ne inconvenient par quelque moyen, ne pour quelque chose que se puisse estre.

Item. Et pour ce que à l'occasion des divisions, questions & differends qui par cy-devant ont esté entre le Roy & le Duc, icelui Duc a esté meu & contraint de faire & contracter escript par serment, promesse ou en autre façon quelconque, aucunes alliances, fraternité, confederation ou obligations quelconques, allencontre du Roy. Le Duc par cette presente paix, amour & alliance, les abolit & s'en depart du tout, sans jamais en user ores, ne pour le temps advenir allencontre du Roy, ne de son Royaume.

Item. Et demeurera le Duc en son Duché tenu envers le Roy, & luy obéyra en la maniere comme il faisoit au temps du feu Roy Charles septiesme de bonne memoire, son pere.

Item. Et le Roy de sa part, gardera & maintiendra le Duc en toutes les franchises & libertez de sa personne, ainsi que luy & ses predecesseurs ont esté ès temps passez, & luy laissera ledit Duc pour son pays & Duché de Bretague, joyr & user paisiblement & franchement des droits,

noblesses,

noblesses, prééminences, franchises, libertez & prerogatives d'iceluy Duché, & qui y appartiennent, & desquelles, luy & ses predeeesseurs ont joy & usé, sans luy donner ne souffrir estre faitne donné aucun trouble, question ou molestation quelconques, reservez les droits deus & accoustumez au Roy, ainsi que en usoit le Roy Charles septiesme, de bonne memoire.

Item. Et se aucun ou aucuns souffroient estre faites entreprinses allencontre de la personne dudit Duc, ses gens, pays & Seigneuries, le Roy sera tenu secourir & ayder ledit Duc, & le garder & deffendre envers tous & contre tous ceux qui le voudront grever, sans aucuns excepter, & en ce employer ses gens de guerre, tant de son ordonnance, que de son arriere-ban, & toute sa puissance, tant par mer que par terre, & incontinent qu'il aura cognoissance de ladite entreprinse, en sera advertir ledit Duc, & de soy-mesme y resistera de tout son pouvoir, & y donnant toutes les provisions à luy possibles, tout ainsi qu'il feroit pour sa propre personne & pour son Royaume, nonobstant toutes autres alliances faites par le Roy avec Princes, & ausquelles sera dérogé par ces presentes, & tant que touche & peut toucher les faits & interests du Duc, ses pays, Seigneuries & subjets. Icelles alliances neantmoins demourront en leur force & vertu en autres choses. Et ledit Duc aussi de son costé, se le cas advenoit d'aucune entreprinse sur ledit Roy, son Royaume, pays & Seigneuries, ledit Duc sera tenu ayder & secourir ledit Roy, & le garder & deffendre envers tous & contre tous ceux qui le voudront grever, sans aucun excepter, & y employer ses gens de guerre, soit d'ordonnance, &c.

Item. Et en tant que touche les subjets dudit Duc, aussi ses serviteurs, de quelque estat, pays ou condition qu'ils soient, le Roy dès à present rejette, quitte & entierement delaisse tous desplaisirs, inimitiez, malveillances, & generalement toutes choses qui pour les occasions des mesfiances, divisions & differends touchez cy-dessus, ont esté & sont advenus, les met du tout au neant, les tient & repute le Roy pour non faites & non avenuës, sans ce que ores ne pour le temps avenir, leur en soit ou puisse estre fait aucun ennuy, dommage ou desplaisirs, & les a receu & reçoit le Roy en sa bonne grace, & retourneront, & les restitue le Roy à tous leurs biens, Terres & Seigneuries & possessions immeubles, nonobstant toutes saisines, main-mises, & tous droits & transports que le Roy en pourroit avoir fait, & pour quelque chose passée, le Roy ne leur fera ne souffrira estre fait ennuy, desplaisir ou dommage en corps ne en biens, en aucune maniere. Toutes fois, au regard de Poncet de Riviere & Pierre d'Urfé, le Roy leur a octroyé Lettre d'abolition selon les modifications en forme & maniere declarée ès Lettres particulierement sur ce faites: & pareillement au regard des Gens, serviteurs du Roy, & autres de quelque pays, estat & condition qu'ils soient, ils retourneront, & les restitue ledit Duc à tous leurs biens, Terres & Seigneuries, & possessions immeubles estans audit pays, nonobstant quelconques saisines, main-mises, dons, transports, allienation, &c.

Item. Que le Roy fera restituer & remettre ledit Duc en la possession & saisine réelle de toutes les Terres & Seigneuries qui à l'occasion des

questions

questions & differends dessusdits, avoient esté prinses & saisies en sa main, en revoquant, cassant, adnullant & mettant du tout au neant lesdites saisies & main-mises, ensemble tous dons, ventes, alienations & transport, qui par le Roy ou autre, ayant pouvoir, commission ou droit de luy, auroient esté faits à quelque personne, ou par quelque titre que ce soit, sans faire ne souffrir aucun trouble ne empeschement luy estre mis, ou donné en la possession & jouyssance desdites Terres & Seigneuries.

Item. Et s'il advenoit qu'aucuns sinistres rapports fussent faits au Roy, de la personne dudit Duc, par escript ou autrement contre l'effet & substance de cette presente paix & union, le Roy en sera advertir ledit Duc, le plutost que possible luy sera, afin que ledit Duc en puisse advertir le Roy, & informer de la verité, & aussi se aucuns rapports estoient faits audit Duc de ladite personne du Roy, en quelque maniere que ce soit, ledit Duc sera tenu d'en advertir le Roy en toute diligence, & le plustost qu'il pourra.

Item. Que le Roy & ledit Duc ont promis, juré & accordé en parole de Prince, sur leur honneur & paroles, foy & serment de leur corps, & & sur la vraye Croix de Saint-Lo, &c. & sur l'obligation, &c. de tenir, garder & observer inviolablement, &c. Sçavoir faisons, que pour consideration des choses dessusdites, & singulierement en l'honneur & reverence de Dieu, nostre Createur, & pour le bon desir & affection que de tout temps avons eu & avons de vivre, & nous gouverner envers mondit Seigneur le Roy & son Royaume, en toute bonne amour & union, ladite paix, amour, union & alliance devers mondit Sieur le Roy & nous ensemble, & chacunes les choses dessusdites contenuës & declarées esdits articles cy-dessus inserez, & chacun d'iceux avons juré, promis & accordé, & par ces presentes, jurons, &c. & sur l'obligation, &c. En tesmoin, &c. Donné en nostre Ville de Nantes, le cinquiesme jour de Novembre, l'an mil quatre cens septante-cinq. *Ainsi signé*, FRANÇOIS. *Et dessus le reply*, Par mondit Seigneur le Duc, de son commandement. LOUYS DE LAVAL, &c. l'Evesque de Saint-Malo, &c.

CCLX.

Lettre par laquelle, le Duc de Bretagne s'oblige de fournir au Roy dans les termes contenus, Lettres confirmatives du Traité de paix cy-dessus, des Seigneurs de son Sang, Gens d'Eglise, Barons & autres.

Tiré des Recueils de M. l'Abbé Le Grand.

FRANÇOIS par la grace de Dieu, Duc de Bretagne, &c. Salut. Comme pour le bien, seureté, tuition & deffense de nous, nostre Duché, pays, Terres & Seigneuries & subjets, preserver & garder le pauvre peuple d'oppressions, molestations & travaux, & le relever de misere, considerans les grands maux, inconveniens & dangers qui fussent pû advenir à cause des guerres, divisions & differences, se elles eussent esté continuées, ainsi que par cy-devant elles ont eu cours & esté encommencées, & pour obvier à la cruelle effusion du sang humain, ayant fait, prins & contracté avec Monseigneur le Roy paix, perpetuelle amitié

amitié, alliance, confederation, bonne & vraye union, & promis
le secourir, ayder & servir envers tous & contre tous, & semblablement
mondit Seigneur de sa part, nous ait promis aider, secourir & supporter
envers & contre tous, le tout ainsi que plus à plein est contenu & declaré
ès articles accordés entre mondit Seigneur & nous, inserez ès Lettres de
ladite paix, union sur ce faites & passées. Sçavoir faisons, que nous desirans de tout nostre cœur entretenir, garder & accomplir inviolablement
ladite paix, amour & union, & appaiser & esteindre lesdites divisions
& differences: promettons en parole de Prince, sur nostre honneur, &
par la foy & serment par nous fait sur la vraye Croix, &c. & sur les saints
Evangiles de Dieu, & le saint Canon de la Messe, pour ce par nous manuellement touchez, tenir, garder & entretenir ladite paix, amitié,
union, alliance & confederation d'entre mondit Seigneur & nous inviolablement, sans jamais, &c. & quant à ce, tenir & garder, nous soubmettons & obligeons par ces presentes aux censures du saint Siege Apostolique, & en outre, pour plus grande seureté, nous promettons que de
la Feste de Noël prochainement venant, nous baillerons & ferons bailler
les scellez des Seigneurs de nostre Sang, & autres Seigneurs de nostre
Duché, qui alors seront nommez & declarez, & dedans Pasques prochainement venant, nous baillerons & ferons bailler les Lettres confirmatives de ladite paix par les Gens d'Eglise, les Nobles, & autres Estats
de nostredit Duché, pourveu aussi que dedans lesdits termes, mondit
Sieur le Roy fera semblablement bailler & fournir de sa part semblables
Lettres. En tesmoin, &c. Donné en nostre Ville de Nantes, le cinquiesme jour de Novembre, l'an de grace mil quatre cens septante-cinq. *Ainsi
signé*, FRANÇOIS. *Et dessus le reply*, Par le Duc, de son commandement, le Comte de Laval, vous l'Evesque de Saint-Malo, &c.

CCLXI.

*Acte du serment presté par le Duc de Bretagne, en présence des Ambassadeurs, envoyez pour ce par le Roy, pour confirmation
du Traité de paix.*

PIERRE de Rohan, Seigneur de Gyé, Jehan de la Moliere, Sieur
d'Apchon, Conseiller & Chambellan du Roy, & Jehan de la Vignolle, pareillement Conseiller du Roy en sa Cour de Parlement, Ambassadeurs dudit Seigneur, de par luy commis & deputez, à recevoir,
veoir jurer & faire le serment par très-excellent & très-puissant Prince,
le Duc de Bretagne, de la paix perpetuelle faite entre le Roy & luy. A
tous ceux qui ces presentes Lettres verront, Salut: Sçavoir faisons, que ce
jourd'huy, cinquiesme jour de Novembre, l'an mil quatre cens septantecinq, iceluy Duc de Bretagne estant au Chasteau de Nantes en nos presences, a juré à Dieu & à la glorieuse Vierge Marie, sur le saint Canon
de la Messe, sur les precieuses Reliques de Monsieur saint Gildas & de
Monsieur saint Herme, & sur la vraye Croix, là presentées, la paix appointée & accordée entre le Roy & luy, selon les articles sur ce faits &
accordez, & a promis & juré ledit Duc, qu'il entretiendra & gardera,

Tiré des
Recueils de
M. l'Abbé
Le Grand.

442   PREUVES DES MEMOIRES

1475.
& accomplira tout le contenu esdits articles, sans jamais faire ny aller allencontre. En tesmoin desquelles choses, nous avons signé ces presentes de nos mains, & seings manuels.

CCLXII.

☞ *Lettres du Roy, par lesquelles il fait le Duc de Bretagne Lieutenant general pour tout son Royaume.*

Tiré du Tresor des Chartes, Château de Nantes, Armoire N. Cassette D. n°. 22.

LOYS par la grace de Dieu, Roy de France : A tous ceux qui ces presentes Lettres verront, Salut. Comme nous reduisant à memoire la bonne & grant loyauté que les Barons, Vassaux & Subjets du pays de Bretagne ont de tout temps à la Couronne de France, & les grands, louables & recommandables services qu'ils y ont fait, tant au fait des guerres que autrement en plusieurs manieres, à l'encontre de nos anciens & adversaires ; & à cette cause, considerans l'amiable fraternité & Traité de paix, n'a gueres prins & fait entre nous & nostre très-chier & très-amé neveu & cousin, le Duc de Bretagne, qui de grande & pure affection, s'est de tous points deliberé soy employer avec sesdits Barons, Vassaux & subjets au bien, profit, honneur & utilité de nostre Royaume, & de la chose publique d'iceluy, sans aucune chose y espargner, parquoy, confians à plein de sa grant fidelité, amitié & bienveillance, iceluy pour ces causes, & autres considerations à ce nous mouvans, avons de nostre certaine science, pleine puissance & autorité Royale fait & ordonné, faisons & ordonnons par ces presentes, nostre Lieutenant General, par tout nostre Royaume, & luy avons donné & donnons en ce faisant plein pouvoir & autorité d'y faire, & faire faire en toutes choses, comme nous-mesmes ferions, & faire pourrions, se presens y estions en personne, laquelle chose nous promettons avoir agreable par cesdites presentes signées de nostre main, posé ores qu'il y eust chose qui requist mandement plus especial. En tesmoin de ce, nous avons fait mettre nostre Scel à cesdites presentes. Donné à la Victoire lez Senlis, ce seizieme jour d'Octobre, l'an de grace mil quatre cens septante-cinq, & de nostre Regne, le quinzieme.

Par le Roy, l'Archevesque de Lyon, les Sires de Curton, de Gyé, du Lude, d'Achon, de Grammont, de Lille, & autres presens. S. J. PETIT. *Avec le grand Sceau de cire jaune, sur double queuë.*

CCLXIII.

Lettres du Roy Louis XI. par lesquelles il consent que le Duc de Bourgogne punisse ceux de Nancy, en cas qu'ils ayent assisté ceux de Ferrette contre lui.

A Savigny sur Orge, le 11. Novembre 1475.

Tiré de l'Edition de M. Godefroy.

LOYS, par la grace de Dieu, Roy de France. A tous ceux qui ces presentes Lettres verront, Salut: Comme nostre très-cher & très-amé frere & cousin le Duc de Bourgogne nous ait fait advertir & remonstrer que incontinent après qu'il fut adverty de la publication de la tresve traictée & prinse entre nous & luy, laquelle de l'ordonnance de nous & de luy avoit esté faite, en faisant par nous la délivrance de la Ville de St. Quentin en ses mains, il se feust disposé avec son armée retourner en ses pays, en entretenant & accomplissant le contenu en ladite tresve, & de cesser toute guerre & hostilité au pays de Lorraine, & ainsi que son chemin s'adonnoit, se feust venu loger près de la Ville de Nancy, en laquelle les gens de guerre & autres y estans, ayant auparavant & depuis recepté, soustenu & favorisé ceux de Ferrete, non comprins en ladite tresve, ayent rué jus, prins prisonniers allans & venans devers luy & sur eulx, & aussi sur l'ost & armée de nostredit frere & cousin, en prenant ledit passage & logis, tiré d'artillerie & autrement sailly à puissance avecques lesdits de Ferrete, bleché & navré des gentilshommes de son Hostel & autres de sadite armée, en contrevenant à ladite tresve nonobstant que d'icelle ils pouvoient estre acertenez & advertis, mesmement parce que le Duc de Lorraine par ses Lettres avoit declaré vouloir estre comprins en ladite tresve, en nous requerrant que pour l'entretenement d'icelle tresve, & afin que les exploits de guerre qui à ceste cause ont esté par luy & ses gens faits, & qui journellement se continuent contre ladite Ville de Nancy, ne puissent estre dis, ne reputez estre faits en contrevenant à icelle tresve : consideré que iceux de Nancy ne autres ayans fait ou qui feroient tels & semblables exploits, n'y peuvent ou doivent estre comprins, ains peut estre contre eux procedé comme à l'encontre de infracteurs de tresves, nous veuillons sur ce faire & accorder nos Lettres de declaration: Sçavoir faisons, que nous desirans obvier à toutes occasions, pour lesquelles l'on pourroit pretendre à l'infraction ou rompture de ladite tresve, avons consenty, accordé & promis, consentons, promettons & accordons en parole de Roy & sur nostre honneur, que s'il appert que ceux dudit Nancy, depuis que ledit Duc de Lorraine s'est par ses Lettres declaré vouloir estre comprins en ladite tresve, ayent recepté, soustenu, favorisé & entretenu en ladite ville de Nancy ceux de Ferrete, que en allant & venant par les gens de nostredit frere & cousin devers luy, ils les ayent rué jus, prins prisonniers & sur eulx continué la guerre, aussi que en prenant par iceluy nostre frere passage & logis emprès ledit Nancy, comme faire le peut, & non pas seulement par ledit pays de Lorraine, mais aussi par

noſtre Royaume, ils ayent tiré ſur ſes gens d'artillerie, & autrement
ſailly à puiſſance ſur iceux avecque leſdits de Ferrete, & meſmes ſur
le logis de noſtredit frere & couſin, & en ce faiſant bleché des gentilshommes de ſon hoſtel, ſans ce que par ſeſdits gens fuſt pour lors ſur
eulx fait aucun exploit de guerre, ne tiré d'artillerie, ne d'autre engin
ſinon en eux deffendant, le tout en contrevenant à ladite treſve : Nous
pour ce que noſtredit frere & couſin procede & qu'il procedera à l'encontre deſdits de Nancy, comme à l'encontre d'infracteurs de treſves,
& comme il peut faire à l'encontre deſdits de Ferrete qui ne ſont comprins en icelles treſves, n'en ferons ou pourrons faire fait *, ne prendre querelle à l'encontre d'iceluy noſtre frere & couſin durant ladite
treſve, ne auſſi durant que la choſe eſt & ſera pendant en congnoiſſance,
& ſe iceluy noſtre frere & couſin n'en ſçait faire apparoir, il en fera
ſelon que ladite treſve le porte : En teſmoing de ce nous avons ſigné
ceſdites preſentes de noſtre main, & à icelles fait mettre noſtre grand
Scel. Donné à Savigny ſur Orge, près noſtre Ville & Cité de Paris, le
douzieſme jour de Novembre, l'an de grace mil quatre cens ſoixante-
quinze, & de noſtre Regne le quinzieſme. *Ainſi ſigné*, LOYS. *Et ſur le
remploy deſdites Lettres*. Par le Roy, l'Archeveſque de Lyon, le Gouverneur du Dauphiné, les Seigneurs de Curton & d'Argenton *, & autres
preſens, & du Secretaire LE GOUX.

1475.

* C'eſt-à-
dire, *agir
par voye de
fait.*

* C'eſt
Philippe de
Comines.

CCLXIV.

*Lettre que le Chancelier de Bourgogne voulut avoir de Louys XI. à Peronne
avant que de livrer le Conneſtable aux gens dudit Roy, l'an
mil quatre cens ſeptante-cinq, le 12. Novembre.*

Tiré de l'E-
dition de
M. Gode-
froy.

LOYS, &c. A tous, &c. Comme noſtre très-cher & très-amé frere
& couſin le Duc de Bourgogne nous ait fait remonſtrer, que jaçoit
ce que par les traitez n'agueres faits, conclus, jurez & promis entre
nous & noſtredit frere & couſin, nous luy avons fait don, ceſſion &
tranſport de tous les biens, meubles, joyaux, or & argent appartenans
à Louys de Luxembourg, cy-devant Conneſtable de France, & des Villes, Chaſteaux, Terres & Seigneuries de Ham, Bohain & Beaurevoir,
& leurs appartenances à nous confiſquées, eſcheuës & appartenans pour
les cauſes & moyens contenus & declarez ès Lettres ſur ce faites ; neantmoins il a eſté adverty que ledit Louys de Luxembourg a & tient aucunes autres Places, Terres & Seigneuries, & biens immeubles, tant en
noſtre Royaume, que dehors, qui ne ſont compris eſdits don & tranſ-
ports, en nous requerrant que nous luy voulions donner, ceder &
tranſporter l'entiere confiſcation dudit Louys de Luxembourg, quelque
part & en quelque pays que leſdites Places, Terres & Seigneuries ſoient
ſituées & aſſiſes en noſtre Royaume ou dehors ; & auſſi que pour meilleur entretenement de la treſve priſe entre nous & luy, & afin de
eſchever toute matiere de queſtion & rigueur entre nous & luy, nous
le voulions quitter & deſcharger de la reſtitution des Places de Lorraine, & de l'obligation que nous ou autres, en vertu de ladite treſve &

des

des Lettres qui en dépendent, pourrions prendre à l'encontre de nostredit frere & cousin, sans ce que nous ou autres, en vertu d'icelle tresve, puissions ou doyons à cause de ladite restitution faire fait, ne prendre querelle contre luy : Sçavoir faisons, que nous ces choses considerées, desirans l'entretenement de ladite tresve, & voulans en cette partie complaire à nostredit frere & cousin, luy avons consenty & accordé, consentons & accordons par ces presentes, l'une desdites deux Requestes dessusdites à son choix & option, dont il fera declaration, & nous signifiera laquelle desdites Requestes il voudra choisir & eslire, en dedans le vingtiesme jour de Decembre prochain venant, & dès maintenant pour lors, s'il choisit ladite Requeste touchant & concernant ladite entiere confiscation, luy avons cedé, remis & transporté, cedons, remettons & transportons pour luy, ses hoirs & successeurs, toutes les Places, Terres & Seigneuries, & autres biens quelconques appartenans audit Louys de Luxembourg, quelque part qu'ils soient situez & assis, en nostre Royaume & dehors, pour en jouyr par la forme & maniere que contenu est ès Lettres dudit transport desdits biens, meubles, villes, Places, Terres & Seigneuries de Ham, Bohain & Beaurevoir, & tout ainsi que si en icelles Lettres de transport estoit faite expresse mention desdites autres Places, Terres & Seigneuries, & biens immeubles appartenans audit Louys de Luxembourg en nostredit Royaume & dehors ; & au cas que iceluy nostre frere & cousin choisiroit ladite Requeste touchant & concernant ladite restitution desdites Places de Lorraine, nous dès maintenant, pour lors, avons quitté & quittons par cesdites presentes nostredit frere & cousin de la restitution desdites Places de Lorraine, & de toute obligation que en vertu de ladite tresve on pourroit prendre ou maintenir à l'encontre d'iceluy nostre frere & cousin, & luy avons audit cas promis qu'il choisira ladite Requeste, & promettons en parole de Roy, & sur nostre honneur, pour nous, nos hoirs & successeurs, que à cause & pour raison de ladite restitution, nous ne serons fait, ne prendrons querelle à l'encontre de nostredit frere & cousin ; & celle desdites deux Requestes que nostredit frere & cousin ne choisira, demeurera comme non accordée, à en faire & disposer à nostre plaisir, à la premiere fois que nostredit frere & cousin se trouvera devers nous, ou qu'il voudra pour cette cause envoyer devers nous : En tesmoing de ce, &c. Donné à Savigny sur Orge, le douziesme jour de Novembre, l'an de grace mil quatre cens septante-cinq, & de nostre Regne le quinziesme. *Signé*, Loys. *Et sur le reply.* Par le Roy, J. Mesmes.

Nota. Le Duc de Bourgogne qui, suivant les Lettres precedentes devoit choisir l'une des deux offres faites par le Roy, ne fut pas longtemps à faire son choix ; les Places de Lorraine luy tenoient fort à cœur & favorisoient l'execution de ses vastes desseins ; il les prefera aux biens du Connestable, & en ayant donné sa déclaration au Roy, il en receut (*cy après page* 448.) promesse suivante, par laquelle le Roy s'engageoit qu'en consideration de ce qu'il avoit renoncé à la confiscation des biens du Connestable, il ne luy feroit aucune querelle pour la restitution des Places dont il s'estoit emparé en Lorraine.

CCLXV.

☞ *Traité de paix entre l'Empereur, & le Duc de Bourgogne.*

S'ensuit en effect la teneur des chapitres de la paix perpetuelle entre l'Empereur des Romains & Monseigneur le Duc de Bourgogne.

Tiré des Recueils de M. l'Abbé Le Grand.

PREMIEREMENT. Qu'iceux Princes reduisans à memoire la grande benivolence que jadis a esté entre leurs Maisons, & quelles amitiez & liens d'affinité y ont esté, & aussi la grant charité & amour qui estoit entre ledit Empereur & feu Monseigneur le Duc Philippe, jadis pere d'icelui à present mondit Seigneur de Bourgogne, desirans l'un & l'autre desdits Seigneurs le salut, repos & profit de leurs subjets establir & augmenter : considerans les grands perils esquels Chrestienté est mise par les Infideles, & les grands dommages y faits desjà, & aussi les grands biens qu'au moyen de la paix & concorde faite entre eux, pourront advenir en extirpant les délits & maux qui des guerres ensuivent journellement, ont fait, conclu, fermé & passé paix & concorde & union perpetuelle entre eux, leurs hoirs, successeurs, pour leurs Estats & Seigneuries, tant presens, qu'à venir, & pour les Princes, Electeurs de l'Empire, leurs Seigneuries & subjets, & ont promis & juré pour eux, leursdits hoirs, Seigneurs & subjets la tenir, garder & observer fermement & inviolablement, perpetuellement, cessans tous dols, fraudes, calomnies, exceptions, civillations & autres empeschemens quelconques d'un chacun costé.

Premierement. Ledit Empereur gardera l'honneur, la dignité, l'Estat, les Seigneuries de mondit Seigneur de Bourgogne, & en toute amour, diligence luy aydera ; & semblablement mondit Seigneur de Bourgogne procurera diligemment & amiablement l'honneur, dignité, l'Estat, les Seigneuries & tous les biens de l'Empereur.

Item. Si par quelconques des Puissances, de quelque estat, condition, ou ordre & faculté qu'il soit esmeue guerre audit Empereur ou à son Empire Romain, & à ses Seigneuries, & qu'ils soient envahis par armes, lors incontinent mondit Seigneur de Bourgogne se declarera par effect ennemy de ceux qui meuvront lesdites armées & pourqueront batailles, toutes causes & dilations arriere mises, & de toute sa faculté & toutes ses puissances exhibera & baillera audit Empereur, à son Empire Romain & à ses Seigneuries deffense ; & pareillement, se par quelconque des puissances, de quelque estat, condition, ou ordre & faculté qu'il soit, contre mondit Seigneur de Bourgogne, ou ses subjets & Seigneuries, estoient élevées armes, meuës guerres & batailles, lors ledit Empereur incontinent se declarera ennemy d'iceux qui insurgeroient armes & guerres, & attentroient par batailles mondit Seigneur, & toutes dilations & causes ostées, & toutes ses puissances & forces donra & fera à mondit Seigneur & à sesdits subjets & Seigneuries assistance, deffense & tutelle.

Item. Se entre les subjets dudit Empereur & ceux dudit Monseigneur

venoit

venoit ou fourdoit aucune différence, queſtion, procès ou debat, non portant ladite paix & confederation, ne feroit point enfrainte ne entenduë eſtre rompuë, ains fera tenuë & demourra entiere & en ſa force: la cauſe de la difference ainſi advenuë, fera par competens Juges deſdits ſubjets déterminée ſelon que droit le requerera, & leſquels Juges en prendront la charge & la termineront à fin deuë, & ne fera point pour ce entre eux déterminée, ne décidée par armes, ne voye de fait.

Item. Les ſubjets & vaſſaux, tant Marchands, qu'autres eſtans ſous la Seigneurie de l'Empereur, franchement & ſeurement avec leurs marchandiſes & biens quelconques, & de quelque valeur & condition qu'ils ſoient, pourront aller, demourer, retourner & converſer à leur plaiſir & volonté ès Terres & Seigneuries de mondit Seigneur le Duc, tant par mer, que par terre & eaux douces, & y feront & auront leur ſauf-conduit, ainſi qu'il eſtoit accouſtumé devant leſdits differens, guerres & batailles, tous empeſchemens ceſſans, & pareillement & en ſemblable condition les ſubjets & vaſſaux des Terres & Seigneuries de mondit Seigneur le Duc, tant pour leurs marchandiſes, qu'autres leurs négoces exercer & procurer, pourront aller, demourer, retourner & converſer ſeurement & ſans empeſchement ès Terres & Seigneuries dudit Empereur & de ſondit Empire, tant par mer, que par terre & eaux douces, ſelon que bon leur ſemblera.

Item. Que l'une des parties & l'autre de cy à la fin de Decembre prochainement venant ſera tenuë par ſes Lettres Patentes ſouſcrittes de leurs mains & ſcellées de leurs Scels, ratifier & avoir ferme cette preſente paix & tous les chapitres y contenus.

Item. Et afin que Dieu de bien en mieux veuille eſtablir cette paix & concorde, & la faire croiſtre, feront tenuës les deux parties envoyer leurs Orateurs à noſtre Saint Pere le Pape, & luy declarer les conditions de cette paix & luy demander ſa ſainte benediction.

Item. Ne pourront leſdits Empereur, ne mondit Seigneur de Bourgogne, ne devront requerir, ne obtenir en cette partie audit Siege Apoſtolique diſpenſation, ne abſolution, & ſe aucune en auroient obtenuë ou obtenoient, ou ſe icelle diſpenſation leur fuſt concedée de propre mouvement, icelle toutesfois obtenuë & euë nullement par vertu d'icelle, ne fera licite & n'aura point de vigueur icelle diſpenſation & abſolution, & n'aura telle diſſolution aucune vigueur, mais ce qui a eſté une fois plaiſant, & par Lettres & mandement paſſé, fera continué & gardé pour tout le temps advenir.

Item. S'il y a aucuns des Princes eſtans deſſous l'Empire, qui ne veuillent eſtre compris ſous cette confederation & paix, celuy qui compris n'y voudra eſtre, fera tenu par ſes propres Lettres Patentes, dans quatre mois prochainement venans ſoy declarer à mondit Seigneur le Duc non vouloir y eſtre comprins, leſquels quatre mois paſſez qui ne ſe declarera, il fera entendu y eſtre comprins.

Toutes leſquelles choſes ont promis & donné le dix-ſeptieſme jour de Novembre, l'an mil quatre cens ſeptante-cinq. *In felicibus caſtris præfati Domini Ducis Burgundiæ contra Nanceium Tullenſis Dioceſis.*

Et après qu'entre ledit Empereur & mondit Seigneur de Bourgogne a eſté

1475.

esté traitée, conclute, fermée & jurée perpetuelle paix & concorde sans aucune exception ou reservation, neantmoins cedit jour d'icelle conclusion de ladite paix, & les Ambassadeurs, Orateurs dudit Empereur, & autres à ce députés, accordés en outre ledit Empereur par ses Orateurs, Procureurs & Commis, promet soy dans six mois prochainement venans, jurant par effet pourchasser & procurer que mondit Seigneur de Bourgogne sera & demourra bien contenté & satisfait de la Comté de Ferrette, dont il prétend luy d'icelle estant possesseur à titre & droit de gagiere, luy avoir esté despousé, & que se dedans ledit temps de six mois, ledit Empereur ne peut faire l'accord dudit differend d'icelle Comté de Ferrette & de ses appartenances, lors chacune partie, c'est à sçavoir mondit Seigneur le Duc en sa prétendue spoliation & ses adversaires demourront en leurs droits, & d'iceux pourront user ainsi que bon leur semblera, sans ce que la paix dessusdite ny le contenu ès chapitres d'icelle, pour cette cause, soient entendus enfrains ou violés en aucune maniere, ains demourront & persevereront fermes, estables & en leur force, selon ce qu'elle est devant conclute. Donné comme dessus.

Nota. Qu'il y avoit un Legat du Pape, qui n'est nommé que comme present & non comme Mediateur & approuvant au nom du Pape, c'est Alexandre, Evesque de Forli, Legat *à latere* par toute l'Allemagne, George Hester, Prothonotaire Apostolique, Chanoine & Archidiacre de Cologne, Ambassadeur de l'Empereur, François de Bertinis, *Episcopus Caputa gentis*, Ambassadeur de Ferdinand, Roy de Sicile, Jerusalem, Hongrie, fut chargé du plein-pouvoir du Duc de Bourgogne.

CCLXVI.

Promesse du Roy Louys XI. de ne point faire de querelle à Charles, Duc de Bourgogne, pour la restitution des Places que ce Duc avoit prises en Lorraine, & ce en consideration de ce qu'il avoit renoncé à la confiscation des biens du Connestable.

Au Plessis du Parc lez-Tours, le 18. Decembre 1475.

Tiré de l'Edition de M. Godefroy.

* C'est Herberge.

LOYS, par la grace de Dieu, Roy de France : A tous ceux qui ces presentes Lettres verront, Salut : Comme par nos amez & feaux Conseillers Maistre Jehan Chaberge*, Evesque d'Evreux, Jehan Blosset, Chevalier, Seigneur de Saint-Pierre, Imbert de Batarnay, Seigneur du Bouchage, nos Chambellans, & Maistre Guillaume de Cerisay, Greffier de nostre Cour de Parlement, lesquels avions envoyé pour besoingner à la reception de Loys de Luxembourg, Comte de Saint-Pol, ainsi qu'il estoit promis & juré par nostre très-chier & très-amé frere & cousin le Duc de Bourgogne, & qu'il appert par ses Lettres Patentes signées de sa main & scellées de son Scel, baillées sur ce, & que en besoignant par nosdits Conseillers avecques nostredit frere & cousin, ils ayent baillées nos Lettres Patentes, contenant que en nous faisant par iceluy nostre frere & cousin la baillée & plaine delivrance en nos mains

de

de la personne dudit de Luxembourg, que nous ferions don & transport à nostredit frere & cousin de l'entiere confiscation des Terres, Seigneuries & autres biens immeubles quelconques dudit Loys de Luxembourg, Comte de Saint-Pol, à nous advenuës & escheuës par confiscation, quelque part qu'ils soient, ou que nous ne pourrions cy après faire fait à l'encontre de nostredit frere & cousin par vertu de la tresve prinse entre nous & luy, de la restitution des Places de Lorraine, & lequel nostredit frere & cousin nous devoit declarer par ses Lettres Patentes son choix de ladite entiere confiscation dudit Loys de Luxembourg, ou de ladite restitution des Places de Lorraine en dedans le vingtiesme jour de Decembre lors prochain ensuivant, & que depuis iceluy nostre frere & cousin nous ait envoyé ses Lettres Patentes signées de sa main & scellées de son Scel, & par icelles choisi & declaré de non estre contraint de faire restitution desdites Places de Lorraine : Sçavoir faisons, que nous ledit choix ainsi fait par nostredit frere & cousin, à nous accordé & ratifié, accordons & ratifions par ces presentes, & tout ainsi & par la forme & maniere que par nosdits Conseillers & Ambassadeurs dessus nommez a esté accordé par nosdites Lettres, promettans en parole de Roy & sur nostre honneur, que à cause & pour raison de ladite restitution desdites Places de Lorraine, nous ne ferons fait, ne prendrons querelle à l'encontre de nostredit frere & cousin, & en tant qu'il touche l'article concernant l'entiere confiscation dudit Loys de Luxembourg, Comte de Saint-Pol, demourra pour non accordée, & pour en faire & disposer à nostre bon plaisir & vouloir : En tesmoing de ce nous avons signées ces presentes de nostre main, & à icelles fait mettre nostre Scel. Donné au Plessis du Parc lez-Tours, le dix-huitiesme jour de Decembre, l'an de grace mil quatre cens soixante-quinze, & de nostre Regne le quinziesme. Par le Roy. *Ainsi signé sous le ploy*, LOYS. *Et sur ledit ploy*, le Comte de Beaujeu, le Vicomte de la Beliere, les Srs. du Lude, du Bouchage, & plusieurs autres presens. J. DE CHAUMONT.

CCLXVI*.

☞ *Le double de deux Articles que le Duc Charles envoya à Peronne, dont il voulut avoir Lettres du Roy avant que faire bailler le Connestable.*

POur l'interpretation & declaration de l'article general de la tresve qui touche les alliez pourroient estre faites Lettres communes d'une part & d'autre, contenans que combien qu'il soit dit par ladite tresve que lesdits alliez, d'une part & d'autre pourront faire leur declaration s'ils veulent estre compris en ladite tresve ou non en dedans le premier jour de Janvier prochainement venant, si est-il à entendre que pendant ledit temps ils ne pourront faire hostilité, ne porter dommage à nul desdits Princes, leurs Pays, subjets, ne alliez, mais seront tenus d'entretenir ladite tresve, & s'il advient qu'ils l'eussent fait ou fissent depuis le temps que ladite tresve pourroit raisonnablement estre venuë à leur congnoissance, feust par autrement sans le vouloir dissimuler par crasse ignorance

Tiré des Recueils de M. l'Abbé Le Grand.

1475.

ignorance, ils ne se pourront d'oresnavant comprendre en ladite Tresve, se ce n'est en reparant le dommage, en maniere que lesdits Princes, & leursdits Alliez offensez, s'en tiennent satisfaits, & soient contents qu'ils se comprennent en ladite Tresve, sans qu'ils puissent contraindre l'un l'autre, ne lesdits Alliez offensez par voye de fait, à eux contenter dudit dommage, ne à consentir que les trangresseurs entrent en ladite Tresve, se n'est par poursuitte amiable. *Ainsi signé*, CHARLES. *Collation est faite au vray original*, Par moy. *Ainsi signé*, BARRADAT, & Par moy, HERREST.

POur le cas particulier de Nancy, pourra estre declaré par Lettres du Roy, que s'il appert que ceux dudit Nancy, depuis que Monseigneur de Lorraine s'est par ses Lettres ait declaré vouloir estre compris en ladite Tresve ayent recepté, soutenu, favorisé & entretenu en la Ville ceux de Ferrete, qui en allant & venant par les Gens de mondit Seigneur devers luy, ils les ayent rué jus, preins prisonniers, & sur eux continué la guerre, aussi qu'en prenant par mondit Seigneur passage & logis emprès ledit Nancy, comme faire le peut, non pas seulement par ladite Lorraine, mais par le Royaume mesme, ils ayent tiré sur ses gens d'Artillerie, & autrement sailly à puissance sur iceux, avec lesdits de Ferrette, & mesme sur le logis de mondit Seigneur, & en ce faisant, blessé des Gentils-hommes de son Hostel, & autres, sans ce que par sesdits Gens, feust pour lors sur eux fait aucun exploit de guerre, ne tiré d'artillerie, ne d'autre engin, le tout en contrevenant à ladite Tresve, le Roy pour avoir par mondit Seigneur procedé à l'encontre desdits de Nancy, comme à l'encontre des infracteurs de Tresve, & comme il peut faire à l'encontre desdits de Ferrette, qui ne sont compris en icelle Tresve, n'en pourra faire faire à l'encontre de mondit Seigneur, durant icelle Tresve, ne aussi durant que la chose est pendant en congnoissance, & s'il n'en sçait faire apparoir, mondit Seigneur est content d'en faire selon que la Tresve le porte. *Ainsi signé*, CHARLES. *Collation est faite au vray original*, Par moy, *ainsi signé*, BARRADAT, & Par moy, HERREST.

CCLXVII.

Testament de Messire Louys de Luxembourg, Comte de Saint-Pol, Connestable de France, à Peronne, le vingt-quatriesme Novembre mil quatre cens septante-cinq, & le Codicile fait à Paris, le dix-neuviesme Decembre ensuivant.

Extrait sur l'original.

Tiré de l'Edition de M. Godefroy.

IN nomine Patris, & Filii, & Spiritûs sancti, amen. Je Louys de Luxembourg, Comte de Saint-Pol, Connestable de France, fais mon testament en derniere volonté, en donnant mon ame à Dieu, & luy suppliant que icelle il veuille recevoir par sa misericorde : Et le corps au lieu de l'Abbaye de Sercamp, ou cas que je mourray plus près dudit lieu que des Chartois de Hermes ; & consequemment si je meurs plus près dudit Hermes que de Sercamp ; j'entends estre ensepulturé audit Chartois de Hermes ;

Hermes ; & au lieu où on me mettra, soit dite une basse Messe chacun jour à perpetuité, laquelle je veus & ordonne qu'elle soit fondée. *Item.* J'ordonne que pour mettre mon ame en repos, soient dites douze mille Messes, & veux que l'on commence dès cette heure à les dire, à deux sols d'Artois pour chacune Messe. *Item.* J'ordonne que tous mes torts faits soient bien payez, & pareillement mes debtes. *Item.* Sept Messes solemnelles à Saint-Paul, Lucheu, Anghien, Ligny, Brienne, Bohain & Ham. *Item.* Fonder le vivre de treize pauvres sur Lambret. *Item.* Je donne à mon petit fils Louys, tous mes meubles dont je n'auray point disposé à mon trespas. *Item.* Luy donne pareillement mes acquests, desquels je n'auray point disposé, & à telle charge que ils seront. Pareillement s'il y a argent, je veux que iceluy mon fils Louys, fasse mon ordonnance touchant mon ame, devant toutes choses accomplies. *Item.* Je veux & entends que ma Comté de Liney soit à mondit fils Louys, & tel droit que je puis y avoir ès levées de la debte deuë par Monsieur d'Orleans. *Item.* Je veux que mon fils Pierre ayt la Comté de Brienne, Pougy & la Terre de Bourdenay : Et ou cas que l'on luy voudroit oster ou empescher, qu'il eust vingt-quatre mille escus que auront & possederont de moy ceux qui y voudront donner empeschement. *Item.* Je donne deux mille francs aux serviteurs estans de mon Hostel au jour de mon trespas. Je veux que Jaqueline de Saint-Simon ayt à sa vie pour subvenir à ses affaires, la Terre que j'ay à Chavignon en Laonois, & la Terre toute que j'ay à Cressy. *Item.* A Annette la bastarde, la Terre de la Feuillye enprès Chastel en Cambresis. *Item.* Luy donne trois mille francs sur le plus beau de mes revenus. *Item.* Je donne à Yolant, aussi bastarde, deux mille francs, pour avancement de son mariage. *Item.* A mon fils Louys, je luy donne ma maison de Bruges. *Item.* Je donne au petit Charles, toutes mes Terres de Cambresis, & ma maison de Cambray : Et si d'adventure il estoit homme d'Eglise, je veux & ordonne que lesdites Terres & maison retournent à mon fils Louys, sans ce que il en puisse rien aliener. *Item.* L'argent de mon mariage sera converty en rente par l'advis de mes Testamenteurs, pour mondit fils Louys, afin qu'il ne se despende, mes debtes & laigs payez. *Item.* Tout l'argent qui me sera deu par le Roy au jour de mon trespas, pareillement je le donne à mon fils Louys. Toutes les choses dessusdites que je luy donne, c'est à la charge du mariage de sa sœur : Toutesfois je suis d'avis & d'opinion qu'elle soit mise d'Eglise au Pont Sainte-Maixence, avec sa sœur : Je luy baille cent ou six vingt francs à sa vie, de laquelle rente en ce cas, pareillement mondit fils en sera chargé. *Item.* Ordonne toutes les choses qui touchent mes debtes, & le fait de ma conscience, seront pris en deux ou trois bouguettes qui sont sur le Moine noir, & que Maistre Jean Richer a porté : & si cela ne suffit, se prendra sur ce que Monsieur de Roy a. *Item.* Je donne à Maistre Jehan Richer, pour ayder à supporter ses affaires, cinq cens francs. *Item.* J'ordonne tous mes chevaux & harnoys à Messire Jehan le bastard. *Item.* Je ordonne & donne à Hector de l'Escluse, la Terre de Bourguival. *Item.* Je donne à Louys mon fils, la Terre d'Acre, assise près de Lessine. *Item.* Je donne à mes Testamenteurs Monsieur le Prevost ; Maistre Jehan Jonglet ; Maistre Jean Richer ; Maistre Jehan de Senne, & Monsieur de Rout, ausquels

quels je donne en accomplissant mon testament, ainsi que j'en ay en eux parfaite fiance, à chacun quatre cens francs. Fait à Peronne, le vingt-quatriesme jour de Novembre, mil quatre cens soixante-quinze, soubs mon seing. Signé LOUYS DE LUXEMBOURG, avec seing manuel.

En une feuille separée est escript ce qui suit.

MEs Testamenteurs, je vous prie, que veüillez donner quelque chose selon vos consciences, à Mathieu de la Haye, pour satisfaire à l'achapt que je feis de sa Terre, pour les Mottes que je convertis au payement de l'achapt de ladite Terre. Pareillement, en tant que vous pourrez, accomplissez mon testament, si vous avez des biens de moy, veuillez donner à Jacques le bastard mille francs, & à sa sœur demeurant sur de Varenne, mille & cinq cens francs; & priez tous Dieu pour moy. *Item.* J'ay donné & donne à mon fils Louys, ma Terre que j'ay d'Acre, qui est du costé de Lessines. Je donne à Messire Jehan le bastard, mes chevaux & mon harnois, avec la Terre de Haubourdin, pour luy & ses hoirs masles yssans de luy. Escript en l'Hostel de la Ville, le dix-neufiesme jour de Decembre, mil quatre cens soixante-quinze à Paris, le tout sans prejudice de mon testament precedent. *Signé* LOUYS DE LUXEMBOURG, avec son seing manuel au bas, duquel, & de sa propre main sont escripts ces mots, *Priez pour moy. Copié sur les Originaux soubsignez dudit Connestable.*

A deux feuilles est attaché un acte escrit en parchemin, contenant ce qui s'ensuit.

A Tous ceux, &c. Cet Acte contient la déclaration d'aucuns tesmoins ouys pardevant Notaires, qui attestent lesdits Testament & Codicile estre soubsignez dudit Connestable, & bien recognoistre son seing manuel: mesme l'un d'eux dit, que ledit Connestable luy deposa entre les mains ledit Testament fait à Peronne.

CCLXVIII.

Procès Criminel (1) *fait à Messire Louys de Luxembourg, Comte de Saint-Pol, Connestable de France, l'an* 1475.

Du Lundy, 27e. jour de Novembre, l'an 1475.

Tiré de l'Edition de M. Godefroy.

MOnsieur Messire Pierre d'Oriolle, Chevalier, Seigneur de Loyré en Aulnis, Chancelier de France; Messire Jean le Boulengier, Chevalier, premier President; Monsieur de Gaucourt, Lieutenant General du Roy, & Gouverneur (2) de Paris, & de l'Isle de France; Messieurs

(1) Arrêt contre le Connétable de S. Pol, pour crime de leze-Majesté, l'an 1475.
(2) Le Gouverneur de Paris au-dessus des second & troisiesme Presidens de la Cour de Parlement. Maistre d'Hostel du Roy après les Conseillers de la Cour du Parlement.

sieurs les Presidens, Maistres des Requestes ordinaires, & Conseillers Clercs, & Lays de la Cour de Parlement, Procureurs & Advocats du Roy en icelle Cour; Philippe l'Huillier, Capitaine de la Bastille Saint-Anthoine à Paris, Sire Esselin, Conseiller & Maistre d'Hostel du Roy, & Maistre Aubert Leviste, aussi Conseiller du Roy, & Rapporteur en sa Chancellerie, estans tous dans ladite Bastille.

Arriverent en ladite Bastille Monsieur Louys, bastard de Bourbon, Comte de Roussillon, Admiral de France; Messire Jean Blosset, Chevalier Sieur de Saint-Pierre, Bailly d'Alençon, & Capitaine de Caen; Imbert de Batarnay, Escuyer Sieur du Bouschage, Conseillers & Chambellans du Roy, & Maistre Guillaume de Cerisay, Protonotaire, & Secretaire du Roy, & Greffier de sa Cour de Parlement, lesquels par la bouche de mondit Sieur l'Admiral dirent, & exposerent à mondit Sieur le Chancelier, & à tous Messieurs de ladite Cour de Parlement, & Commissaires dessus nommez, que par l'exprès commandement & ordonnance du Roy, ils avoient amené Messire Louys de Luxembourg, Chevalier, Comte de Saint-Pol, de * Liney, de * Conversan, & de Brienne, Seigneur * d'Enghien, & Connestable de France qui estoit present, & le delivroient ès mains de mondit Sieur le Chancelier & de ladite Cour, pour par icelle Cour estre procedé à faire son procès, touchant les charges & accusations qu'on disoit estre à l'encontre de luy, & en faire tout ainsi que selon Dieu, raison, Justice, & leurs consciences, ils adviseroient estre à faire. Lequel Monsieur le Chancelier, après qu'il eust parlé & consulté avec tous mesdits Sieurs, dit, & respondit à mondit Sieur l'Admiral, Seigneurs de Saint-Pierre, & du Bouschage, & Greffier de ladite Cour dessus nommez, que puisque le plaisir du Roy estoit d'envoyer ledit Comte de Saint-Pol, son Connestable, entre les mains de ladite Cour du Parlement, (3) qui est la Justice Souveraine & capitale du Royaume de France, que ladite Cour verroit les charges qui estoient à l'encontre dudit Connestable, & sur icelles parleroit à luy : & ce fait, en ordonneroit ainsi qu'elle verroit estre à faire par raison. Et demeura ledit Comte de Saint-Pol dedans ladite Bastille, en la garde dudit Messire Jean Blosset, Chevalier Sieur de Saint-Pierre, auquel le Roy en avoit commis la garde.

* C'est Ligny.
* Comersan.
* Enghien ou d'Anguyen.

Du Mardy, 28ᵉ. jour dudit mois de Novembre, audit an 1475.

En la Cour de Parlement, icelle assemblée, en laquelle presidoit mondit Sieur le Chancelier, fut deliberé & conclud, qu'iceluy Monsieur le Chancelier, mondit Sieur de Gaucourt, Lieutenant du Roy, qui present estoit, Messieurs les premier & second Presidents, Maistres Raoul Pichon, Jean Avin, Jean des Feugerays, Guillaume de Vic, Henry Delivres, Jean Bauldry, Jean Leviste, Pierre Turquan, Guillaume de Vitry, tous Conseillers en ladite Cour de Parlement; Sire Denys Esselin, & Maistre Aubert Leviste, dessus nommez, se transporteroient en la Bastille,

(3) Le Chancelier dit que le Roy vouloit que le Connestable de Saint-Pol fût jugé par la Cour de Parlement de Paris.

1475.

tille, pour examiner ledit Messire Louys de Luxembourg, sur les charges qui estoient trouvées contre luy ; & feroient sa confession rediger par escrit par ledit de Cerisay, Greffier de ladite Cour de Parlement, pour le tout rapporter à ladite Cour. En ensuivant laquelle deliberation, mondit Sieur le Chancelier, & mesdits Sieurs les Commissaires ordonnez de par le Roy & ladite Cour, se sont incontinent transportez en ladite Bastille, en la Chambre où estoit ledit de Luxembourg, Connestable : & par la bouche de mondit Sieur le Chancelier, après plusieurs belles & notables remonstrances, luy a esté dit, qu'il y a deux voyes & manieres de faire touchant ledit de Luxembourg, l'une de douceur, & l'autre de Justice. La premiere, que si ledit Connestable veut choisir & eslire, d'escrire, ou faire escrire la verité des cas dont on le trouve chargé, & l'envoyer au Roy, & luy faire telles requestes que bon luy semblera ; ou s'il ne luy plaist escrire, ou faire escrire, & il veut parler, ou dire de bouche la verité desdites charges à aucuns de Messieurs qui sont presents, ou autres de ladite Cour, qu'on l'oyra très-volontiers, & advertira-l'on le Roy de ce qu'il dira, & dont il le voudra advertir ou requerir : Et l'autre voye est d'estre interrogé par Justice, ainsi qu'il est accoustumé, & qu'il choisisse laquelle des deux voyes, qui luy semblera estre la plus utile, il voudra. A quoy il a dit & respondu, qu'il y veut bien penser, & a requis qu'il a delay jusques après disner ; Ce qui luy a esté octroyé. Et ledit jour après disner, mondit Sieur le Chancelier, & mesdits Sieurs les Commissaires presents en ladite Bastille, ledit Messire Louys de Luxembourg a dit, qu'il avoit bien entendu ce qu'aujourd'huy matin luy avoit esté remonstré par mondit Sieur le Chancelier, & qu'il avoit bien pensé : Et pour responce, dit, qu'il aimoit mieux estre interrogé selon la forme & maniere de proceder en Justice.

Dudit Mardy, 28. jour de Novembre, 1475.

Presents Messieurs les Chancelier, premier President, (4) Admiral, de Gaucourt, Nanterre, President, de Saint-Pierre, Avin, Feugerais, Pichon, Capitaine de la Bastille, Esleu de Paris. Messire Louys de Luxembourg, Chevalier Comte de Saint-Pol, de Liney, de Conversan, Seigneur d'Enghien, Connestable de France, ayant juré sur les saints Evangiles de Dieu, par luy touchez, de dire verité, a dit & confessé ce qui s'ensuit, &c. Suivent les interrogatoires qui luy furent faits ce jour, & autres suivans, avec les responses qu'il fit sur iceux.

Du 16e. jour de Decembre, audit an 1475.

En la grand Chambre du Parlement, ladite Cour & toutes les Chambres, assemblées, & Commissaires dessusdits présents, en laquelle Cour presidoit mondit Sieur le Chancelier, a esté leu tout ce qui fut le jour precedent dit & confessé par ledit Messire Louys de Luxembourg : Et ce fait, a esté deliberé par ladite Cour ; que en ensuivant ce qu'a esté dernierement

(4) Le premier President audessus de l'Admiral & du Gouverneur de Paris.

dernierement conclud, c'est à sçavoir, de faire droit sur la confession dudit de Luxembourg, l'on procederoit au Jugement de ce present procès. Veu par la Cour le procès fait à l'encontre de Messire Louys de Luxembourg, Chevalier Comte de Saint-Pol, Connestable de France, ensemble sa confession volontaire par luy faite en icelle Cour, à quoy il a toujours perseveré : Par laquelle appert des conspirations, & machinations par luy faites, pour induire, seduire, inciter, & commouvoir plusieurs des Princes & Seigneurs de ce Royaume, & autres, d'eux eslever, faire Traitez, & bailler leurs scellez au Duc de Bourgogne, & autres ennemis de ce Royaume, à l'encontre du Roy; duquel Duc de Bourgogne, ledit de Luxembourg avoit desja pris le scellé & baillé le sien, par lequel il a promis, & s'est obligé audit Duc de Bourgogne, de le servir envers & contre tous, sans excepter le Roy. Et par ledit scellé d'iceluy Duc de Bourgogne, il a promis audit de Luxembourg, d'entretenir à tous les Princes & Seigneurs de ce Royaume, tout ce que par luy au nom dudit Duc de Bourgogne leur seroit promis : Ensemble les Lettres de creance par luy escrites au Roy d'Angleterre, par Louys de Xainville, auquel de Xainville, il avoit expressément chargé, dire audit Roy d'Angleterre telle creance de par luy, que ledit Duc de Bourgogne luy ordonneroit ; & plusieurs autres grands cas & crimes de leze-Majesté, dont en sadite confession est plus à plein fait mention; le tout par luy fait & commis depuis le scellé par luy baillé au Roy, à Farniers, le quatorziesme jour de May, l'an mil quatre cens septante-quatre, par lequel scellé, il avoit promis & juré servir le Roy envers & contre tous, sans avoir regard à autre que à luy, & sans prendre intelligence avec Anglois, Bourguignons, & autres ennemis du Roy par scellez, ne autrement, en quelque maniere que ce fût : combien que à ce il fut obligé par sujetion & astriction de fidelité à cause de sa personne, dudit Office de Connestable, (5) & des foy & hommages qu'il avoit faits au Roy de plusieurs de ses Terres, & Seigneuries tenuës & mouvans nuëment de la Couronne. Et tout consideré, ce qui fait à voir & considerer, à grande & meure deliberation, il sera dit : Que ladite Cour a declaré & declare ledit Messire Louys de Luxembourg, criminel de crime de leze-Majesté, & comme tel, l'a privé dudit Office de Connestable de France, & de tous ses autres offices, honneurs & dignitez. Et outre pour punition desdits cas, ladite Cour l'a condamné & condamne à souffrir mort, & estre decapité en la Place de Greve à Paris, & a declaré & declare tous & chacuns ses biens meubles & immeubles estre confisquez, & appartenir au Roy. Et combien, que veu l'énormité des grands & execrables crimes de leze-Majesté par luy commis, ledit Messire Louys de Luxembourg, doive estre escartelé, ses quatre membres pendus en voye publique, & le corps (6) au gibet : Neantmoins, pour aucunes considerations à ce mouvans la Cour, mesme son dernier mariage, dont est yssu enfans, & autres causes ; icelle Cour a ordonné,

1475.

---

(5) Le Connestable de Saint-Pol, condamné à être décapité, en la Place de Gréve.

(6) Le corps devoit être mis au gibet, & les quatre membres pendus en voye publique, par Arrêt prononcé par le Chancelier de France ; punition que l'on impose aux Criminels de leze-Majesté.

ordonné, que après l'exécution publiquement faite de sa personne, ainsi que dit est, son corps sera inhumé en terre sainte, s'il le requiert. Prononcé en Parlement, par Messire Pierre d'Oriole, Chevalier, Chancelier de France, le dix-neuviesme Decembre, l'an mil quatre cens soixante-quinze.

1475.

CCLXVIII*.

Extrait du Procès & condempnation de Messire Loys de Luxembourg, jadis Connestable de France.

Tiré des MSS. de la Bibliotheque du Roy n°. 7679. 2.

VEu par la Cour le procès fait à l'encontre de Messire Loys de Luxembourg, jadis Connestable de France, & Comte de Saint-Pol, tant sur les charges & informations contre luy faites, comme par les confessions de plusieurs grands Seigneurs & personnes notables, avec ce que de luy-mesme a confessé par amour & douleur sant aucune contrainte, a dit & confessé les choses qui ensuivent.

C'est à sçavoir, que pour entretenir l'estat de son Office, & afin qu'il peust durer à tousjours, se allia avec le Duc de Bourgogne, disant ainsi, qu'il maintiendroit la guerre de son costé, & feroit armer gens d'armes, & puis quand ils seroient prests de frapper, ils les feroit reculer.

Confesse outre iceluy Messire Loys, que sitost qu'il sceut que la paix du Roy & de Monseigneur de Guyenne se faisoit, en tant que ledit Monseigneur de Guyenne debvoit espouser la fille au Roy d'Espaigne, & par ce moyen pouvoit parvenir à estre Roy d'Espaigne, & par ce pouvoit faire grant alliance au Roy, à son prouffit & à tout le Royaume de France. Ledit Messire Loys rescrivit audit Monseigneur de Guyenne, qu'il se gardast bien de passer ledit accord & mariage, car incontinent qu'il seroit en Espagne, le Roy & son Conseil avoient advisé de le deposer de la Duchié de Guyenne, & jamais n'y auroit rien, comme on avoit fait de la Duchié de Normandie, & qu'il falloit qu'il envoyast son scellé au Duc de Bourgoigne, & envoyeroit à Rome pour avoir dispense de la foy & promesse qu'il avoit faite au Roy de France, & de fait, il envoya l'Evesque de Montauban.

Confesse outre ledit Messire Loys, que le Duc de Bourgogne envoya devers luy Messire Philippe Pot, & Messire Philippe Boutouyn, pour luy dire qu'il luy envoyast son scellé, pour envoyer en Savoye; lequel Messire Loys leur respondit, qu'ils allassent par devers Monseigneur de Bourbon, pour avoir son scellé, & qu'il luy rescriroit, lesquels allerent jusques à Moulins en Bourbonnois, & envoyerent les Lettres à Monseigneur de Bourbon, lequel renvoya par devers eux le Bailly de Beaujolois, qui leur dist que mondit Seigneur de Bourbon ne leur bailleroit point son scellé, & qu'il aimeroit mieux estre aussi pouvre que Job, que qu'il se consentist à ce. Et qu'ils disent audit Messire Loys, qu'il ne luy en prendroit ja bien, & qu'il s'en repentiroit à la fin.

Lors s'en retournerent par devers ledit Messire Loys, & luy dirent la responce dudit Monseigneur de Bourbon, & luy demanderent derechef sondit scellé, lequel Messire Loys leur bailla, pour joindre avec les autres Alliez.

Confesse

DE PHIL. DE COMINES.

Confesse outre ledit Messire Loys, que le Roy luy pria & requist qu'il rescripvist au Roy d'Angleterre, à la Royne, & à Monseigneur de Scandalle, & à Monsieur de Sombresset, & autres, touchant la paix que le Roy avoit faite avec le Comte de Warwyc, lequel Messire Loys luy promist; mais quand Maistre Olivier le Roux, qui avoit la charge d'aller en Angleterre vint vers luy, & luy dist qu'il rescripvist, ainsi qu'il avoit promis au Roy; ledit Messire Loys luy respondit, qu'il ne rescriproit sinon à Monsieur de Scandalle, pour ce qu'il estoit mieux à sa poste, & luy rescripvit au contraire de ce que le Roy entendit.

1475.
Scandallé, il est nommé ailleurs *Descalles*

Confesse outre iceluy Messire Loys, que quand le Roy fut à Han, afin de parler à seureté au Roy, le Roy fist faire une Barriere entre le Roy & luy, & toutesfois, le Roy passa oultre la Barriere, & l'accolla, en luy disant qu'il voulfist tenir ce qu'il luy avoit promis & son party. Et ledit Messire Loys luy respondit qu'il seroit pour luy contre tous.

Et neantmoins, deux jours après, le Duc de Bourgogne envoya par devers luy, luy mandant que s'il vouloit tenir ce qu'il luy avoit promis, que jamais ne luy fauldroit, & si auroit de luy dix mille escus par chacun an, tant que la guerre dureroit.

Confesse outre ledit Loys, qu'il manda au Duc de Bourgogne, qu'il ne se doubtast point de luy, & qu'il trouveroit bien maniere de prendre le Roy au collet, & le feroit mourir & finir sa vie quelque part, & yroit-on querir la Reyne & Monseigneur le Dauphin, & les envoyeroit en exil, & garderoit Saint-Quentin pour luy, & bouteroit les Gens du Roy dehors.

Confesse outre ledit Messire Loys, qu'il manda au Duc de Calabre, qu'il se gardast bien de venir devers le Roy, car il avoit esté au Conseil du Roy, où il avoit esté dit qu'il seroit mis en prison, & qu'il perdroit tout le sien, & falloit qu'il s'en allast à Guise, & il le feroit conduire par ses gens, jusques audit lieu de Guise.

Confesse oultre ledit Messire Loys, qu'il manda au Roy d'Angleterre, qu'il vinst par deçà, & qu'il auroit Amiens, Peronne & Abbeville, pour tenir ses gensdarmes, & que le Royaume seroit party, & ne demandoit pour sa part que la Comté de Brye & de Champagne, & que le Duc de Bretagne auroit la Comté de Poitou, & qu'il ne demandoit autre chose.

Confesse oultre ledit Messire Loys, que plusieurs voyages ont esté faits par Ithier, Marchand, & par Poncet de Riviere, touchant ce que dit est.

Et tout ce veu à grande & meure deliberation, la Cour depose ledit Messire Loys de Connestable, & prive de tous Offices Royaux, & le declare criminel de crime de leze-Majesté, & outre le condamne à avoir la teste tranchée sur un eschaffaut, en la Place de Gresve, & tous ses biens confisquez & mis en la main du Roy, & pour l'honneur de son dernier mariage, la Cour de grace ordonne, que son corps soit ensevely, & mis en terre benoiste.

Prononcé en Parlement, le dix-neufviesme jour de Decembre, l'an mil quatre cens septante-cinq, par Messire P. d'Oriolle, Chevalier & Chancelier de France.

CCLXVIII**.

☞ *Complainte du Comte de Saint-Pol, Connétable de France.*

Tiré des
Recueils de
M. l'Abbé
Le Grand.

MIREZ-vous cy perturbateurs de paix,
Qui par vos faux traîtres & doubles faits
Semez erreurs en la chose publique;
Dissimuleurs en semblans contrefaits,
Mirez icy la fin de vos mesfaits,
Pour vous oster de ce chemin oblique,
Gens qui mettez les grands Seigneurs en pique
Pour les avoir par tels traits attirez,
Je vous requiers, mirez-vous cy mirez !

Pleurez ma mort, patrons de pillerie
Hommes à sang qui a mis broüillerie,
Pour avoir loy & couleur de mal faire
Telle dragie a longuement nourrie,
Or est present ma charongne pourrie,
Plus ne leur puis servir ne aide faire ;
Pleurez donc tous, & tendez à refaire
Les unions des Princes, & l'accord
Qu'eusse empesché, se n'eust esté ma mort.

Petits enfans, dont guerre occist les peres,
Menez liesse au ventre de vos meres,
Car par ma mort vous vivrez en repos ;
Povres femmes qui les larmes ameres
Avez jettées pour les maris & freres,
Muez le dueil, prenez joyeux propos ;
Nobles, Marchands, & tous autres suppos
Paix vous mande comme à ses chers amis
Que justice à l'un de ses ennemis.

C'est moy Loys, qui en mes jours fut Comte
De Saint-Pol, dont chacun faisoit compte,
Connestable de Franche pacifique,
Exécuté à Paris à grant honte
Pour les griefs cas que mon procès raconte,
Où il y a maint faulse trafique ;
Parquoy la Loy humaine & deifique
Très-justement tira sur moy l'espée,
Dont un bourreau m'a la teste couppée.

Un

Un mois avant tout le monde clinoit,
Et devant moy humblement s'inclinoit
Pour les honneurs que j'ay receu de France,
De tous les Grands chacun m'entretenoit;
L'Anglois alloit, le Bourguignon venoit,
J'avois à tous secrette intelligence,
Et ce le Roy n'y eust mis diligence,
J'eusse allumé pour moy faire à tous craindre
Entre eux tel feu, que nul n'eust sceu l'esteindre:

Mais Dieu voyant ma folle intention,
Voulant oster de persécution,
Et mettre en paix ses povres creatures,
De mon corps fist juste exécution;
Si luy requiers que telle punition
Aide à purger mes grieves forfaitures,
Et qu'au saint Ciel, où sont les ames pures,
Veüille loger l'ame du povre corps
Qui est cause, dont tant de gens sont morts.

Mes beaux enfans, n'oubliez pas ma fin,
Je vous en prie très-chierement, afin
Que ne soyez si faulx & inhumains
Que j'ay esté & servés le Daulphin
Vostre Seigneur, qui vous est plus qu'afin;
Car vous estes ses deux cousins germains:
Oultre, vous prie icy à jointes mains,
Que pardonnez à ce malheureux pere,
Qui vous a fait tel honte & vitupere.

CCLXIX.

☞ *Traité d'Andernach, ou alliance faite entre l'Empereur Frederic III. & les Electeurs d'une part, & le Roy Louys XI. d'autre, contre Charles, Duc de Bourgogne, au mois de Decembre, 1475.*

FRIDERICUS, divinâ favente clementiâ, Romanorum Imperator, semper augustus, Hungariæ, Dalmatiæ, Croaciæ Rex, ac Austriæ, Stiriæ, Karinthiæ, Carniolæ Dux, Dominus Marchiæ Sclavonicæ, ac Portuasionis, Comes in Habspurg-Tirolis, Ferreti, & in Friburg, Marchio Burgoviæ, & Lantgravius Alsaciæ : Notum facimus per præsentes, quòd nos animadvertentes veterem benevolentiam, & amicitiæ vinculum, quibus Domini Romanorum Imperatores ac Reges, sacrumque Romanum Imperium, & serenissimi, ac Christianissimi Reges, inclitumque Regnum Francorum longè retroactis temporibus, se mutuò sincerè sunt prosecuti, nos ad laudem omnipotentis Dei, ac exaltationem Christiani nominis, necnon pro pace ac tranquillitate Terrarum & Dominiorum nobis subjectorum, cum serenissimo ac Christianis-

Tiré des Recueils de M. l'Abbé Le Grand.

simo Ludovico Francorum Rege univimus, confœderavimus & colligavimus, unimus, confœderamus & colligamus per præsentes juxta tenorem quorumdam articulorum per nostros Oratores, ac de mandato nostro conceptorum, quorum tenor sequitur in hæc verba. Ex quo Dux Burgundiæ, se longis retrò temporibus in differenciis & guerris contra Coronam Franciæ, cum castrametationibus, obsidionibus, & aliis notabilibus detrimentis & damnis exercet, & nunc similiter contra sacrum Romanum Imperium nititur, impetraturque Dominia Ecclesiæ Coloniensis, ingressus & castrametatus est, ob quam causam, serenissimus noster Imperator, ad resistendum dicto Duci, unà cum sacri Imperii Electoribus, & Principibus, & aliis Imperii Subditis se disposuit, & jam in exercitio est; verum ut tam pertinacibus conatibus dicti Ducis, qui pro nunc per eum in sacro Romano Imperio fiunt, & hucusque in Coronâ Franciæ facti sunt, fructifera resistentia fieri valeat, per quem, Terrasque hujus, quæ multipliciter devastatæ sunt, & dictum deinceps Imperium in pace & quiete conservari, atque à jacturis & damnis tueri possint; serenissimus Dominus Romanorum Imperator, pro se & suis successoribus in Romano Imperio, & Christianissimus Rex Franciæ, pro se & suis hæredibus & successoribus in Corona Franciæ se invicem ad laudem omnipotentis Dei, in roborationem Christianæ Fidei, & ad conservationem & tuitionem Terrarum, amicabiliter concordarunt, confœderarunt & unierunt contra jam dictum Ducem Burgundiæ, in modum qui sequitur. *Primò*. vult Dominus noster Imperator, unà cum sacri Imperii Electoribus Principibus, & aliis Imperii Subditis notabilem exercitum contra Ducem Burgundiæ, usque ad triginta millia armatorum adunare ad minus ad id debet, & vult Dominus Rex Franciæ triginta millia armatorum equestrium & pedestrium, cum armis, bombardis, machinis bellicis, & ad bellum bene expeditis, suis expensis, & salario, mittereque Dominicâ post Festum Circumcisionis Domini proximè venturum & in campis erunt in Terrâ Lucemburgensi prope Arlonium. *Item*. Si serenissimus Dominus Imperator, dictorum triginta millia armatorum, ad expeditionem suam non indigeret; tunc Christianissimus Rex hujusmodi triginta millia mittet ad alia loca Dominii Ducis Burgundiæ, ad invadendum & dampnificandum eadem propinquiora, tum in illis locis, ubi Dux in præsentiarum castra tenet, vel in aliis locis dicti Ducis, ubi convenientius, possibile & utilius erit de consensu tamen ambarum partium. *Item*. Si adjutorio Altissimi, in hujusmodi expeditione aliqua castra, Civitates, Oppida, Terræ, Dominia ipsius Ducis caperentur, aut suâ sponte se redderent, quæ ad Imperium, adeòque de Imperio, titulo pignoris tenerentur, aut dependerent in feodum, seu in Imperio sitæ vel sita essent, illæ vel illa debent ad solum Imperium redire, & eidem remanere, sive per exercitum Domini Imperatoris, vel etiam Domini Regis, sive per utrumque fuerint devictæ seu devicta, prout præmittitur. *Item*. Pariter quæcumque castra, Civitates, Terræ & Dominia devincerentur ad Coronam Franciæ pertinentia, ideòque ab eâ titulo pignoris tenerentur, aut dependerent in feodum, aut aliàs in Regno Franciæ sitæ, vel sita fuerint, illæ vel illa soli Coronæ Franciæ attinebunt, sive per Dominum Imperatorem, aut Dominum Regem Franciæ, sive per utrumque devincantur, nec

unus;

DE PHIL. DE COMINES. 461

Nuys, Ville assiegée par le Duc de Bourgogne.

1475.

eorum alteri in præmissis aliquomodo impedimentum aut molestiam præstabit. *Item.* Si contingeret Ducem Burgundiæ à Nussiâ recedere & castra movere, ex quo semper tamen temeritas & invasiones dicti Ducis formidari oportebit, expeditio contra eum nihilominus progressum habebit per Dominum Imperatorem ac etiam Regem, modo ut præmittitur in Dominiis hæreditariis ipsius Ducis, aut etiam aliis Terris, quas nunc possidet in iis locis, ubi commodius fieri poterit, vel ipsi inter se convenerint, atque fieri expediet. *Item.* Nulla partium præter alterius scitum & voluntatem campum dimittet, nisi id propter causam aut aliam notabilem, necessitatem fieri oporteat; & si hujusmodi casus se obtulerit, eò tunc etiam idem fieri debet de scitu alterius partis. *Item.* Nulla partium inibit pacem, treugas aut sufferentias cum Duce Burgundiæ, nisi id fiat de scitu & bona voluntate alterius partis; verùm si contingeret hujusmodi bellum & differentiam injuriarum vel imposterum de scitu & consensu ambarum partium sedari, ut Dux Burgundiæ per se aut suos adhærentes aliqua attemptaret contra Imperium, vel Imperii ipsius subditos, aut contra Coronam Franciæ, vel ipsius subditos, si tunc hujusmodi invasio facta fuerit in Regnum Franciæ ut præmittitur, extunc Dominus Imperator debebit cum Imperio intrare cum armis in Dominia & Terras Ducis Burgundiæ proximas quantò validiùs id fieri poterit absque morâ, ut in eisdem perseverare, nec ex eisdem exercitum reducere; quòusque Dux ab hujusmodi invasione cessaverit, nisi ex necessitate notabili recedere oporteret. Si autem invasiones hujusmodi fieri contingeret contra Romanum Imperium, ac suos subditos, tunc Rex Franciæ debebit quantò validiùs fieri potest absque morâ cum armis intrare in Dominia Ducis Burgundiæ, & ibidem perseverare ut præmittitur: verum si contingeret invasionem Ducis Burgundiæ fieri in iis locis, ubi cum exercitibus Imperii, & etiam Coronæ Franciæ posset conveniri, & exercitus ad eum Duci, hoc debebit per utrasque partes fieri fideliter, & absque morâ : nos verò Fridericus Romanorum Imperator prædictus, promittimus & pollicemur in verbo Principis, in iis scriptis omnia & singula in præinsertis articulis conscripta firmiter, & inviolabiliter observare omnia contenta quantùm nos, & Romanorum Imperium concernunt effectualiter & fideliter adimplere, nec in aliquo velle contravenire in toto vel in parte, dolo & fraude penitùs amotis & seclusis omnibus, in cujus rei testimonium has Litteras sigilli nostræ Majestatis fecimus appensione muniri. Nos verò Adolphus, Maguntinensis, & Johannes Trevirensis, Archiepiscopi, Ernestus, Dux Saxoniæ, & Albertus, Marchio Brandenburgensis, sacri Romani Imperii Principes Electores, attendentes hanc unionem, confœderationem & colligationem sacro Romano Imperio, nobisque ac Terris & Dominiis nostris plurimum utilem & necessariam, idcircò ad eamdem, tamquam Principes Electores, & in quantum, nos Terras & Dominia nostra tangere potest nostrum beneplacitum, damnumque, impartiturum consensum pariter & assensum, necnon unà cum nos gloriosissimo & invictissimo Domino nostro Imperatore, tum præfato serenissimo ac Christianissimo Domino Ludovico Francorum Rege, juxta tenorem præscriptorum articulorum univimus, confœderavimus & colligavimus, ac unimus, confœderamus & colligamus per præsentes promittimus quod & pollicemur

M mm 3

1475.

cemur pro nobis nostrisque successoribus & hæredibus per præsentes bonâ fide præfatam unionem, confœderationem ac colligationem, omniaque ac singula infrascriptis articulis contenta firmiter & inviolabiliter observare, & quæ præfato Domino nostro Imperatori, unà cum sacri Imperii Principibus & subditis fideliter & effectualiter assistemus, & eundem totis viribus juvabimus, & omnia & singula in præinsertis articulis conscripta in quantum Romanum concernunt Imperium, Terras & Dominia nostra effectualiter & fideliter possit, & valeat perficere & adimplere dolo & fraude penitùs seclusis, & in testimonium promissorum sigilla nostra his Litteris apud sigillum Majestatis Imperialis sunt apposita. Datum in Andernaco, ultimâ die mensis Decembris, anno Domini millesimo quadringentesimo septuagesimo quinto, Regnorum nostrorum, Romani tricesimo quinto, Imperii tricesimo tertio, Hungariæ verò decimo sexto.

CCLXIX *.

☞ *Traité d'alliance faite entre Frederic III. & Louis XI. le dernier Décembre 1475, portant confirmation des anciennes alliances d'entre les Empereurs & les Roys de France, depuis le temps de saint Charlemagne.*

Tiré des Recueils de M. l'Abbé Le Grand.

FRIDERICUS, divinâ clementiâ Romanorum Imperator semper Augustus, Hungariæ, Dalmatiæ, Croatiæ Rex, Austriæ, Stiriæ, Karinthiæ & Carniolæ Dux, Comesque Tirolis, & nos Ludovicus, Dei gratiâ Rex Francorum, recognoscimus & notum facimus universis pro nobis, successoribus, & hæredibus nostris, & animadvertentes sanè veterem amicitiam, benevolentiam, & amoris vinculum, quibus prædecessores nostri Domini, Romanorum Imperatores ac Reges, sacrumque Romanum Imperium, & serenissimi Reges, inclitumque Regnum Francorum, à temporibus divinæ memoriæ sancti Caroli, Romanorum Imperatoris, se mutuo colebant, & invicem confœderabantur, nos tam salubri eorum fœdere moti, studentesque prædecessorum nostrorum vestigia imitari ad laudem Omnipotentis Dei, & ad exaltationem Christiani nominis, pacemque & tranquillitatem Terrarum & Dominiorum nobis subjectorum, & ut hujusmodi fœdus amicitiæ, & amoris & benevolentiæ vinculum inter nos continuetur, ac in dies magis ac magis augeatur, & stabiliatur utriusque Imperium, Regna & Status in suis dignitatibus & honoribus conserventur & incrementum accipiant ac subditi nostri felici otio ac pace gaudeant, ac tranquillitate fruantur, pro renovatione pristini fœderis, benevolentiæ ac amoris, nos invicem confœdeavimus, colligavimus, ac unimus, confœderamus & colligamus per præsentes ita & taliter, quòd ex nunc in antea, perpetuò & realiter mutuò ad invicem uniti, confœderati & alligati erimus, & cum personis, Imperio, Regnis, Principibus, Dominiis & subditis nostris omnibus quos tenemus, & concedente Deo in futurum acquiremus & possidebimus indissolubilem, perpetuam, firmam, christianam & sinceram, & mutuam pacem & amicitiam constanter & inviolabiliter servabimus & tenebimus, nec clam nec apertè nobis invicem adversabimur, neque ullus nostrûm, alteri neque Imperio, Regnis, Principatibus, Terris, Dominiis, neque subditis

suis

suis bellum, aut damna afferet, neque à subditis suis inferri patietur, sed nos mutuo consilio auxilio fideliter ac sincerè adjuvabimus, & invicem assistemus in omnibus in adjumentum Imperii, Regnorum, Statuum, dignitatum, honorum nostrorum concernentibus & promoventibus, nullusque nostrûm ad alterius Imperium, Regna, Principatus, Terras, Dominia, subditos, dignitates aut honores quos modò tenemus, & largiente Domino in futurum possidebimus, seu ad quos, aut quæ cœteri nostrûm ac ejus Imperio & regnis jus competit in alterius præjudicium aspirabit, anhelabit, recipiet, acceptabit, manu tenebit, neque ejus adversarios & rebelles tuebitur, neque favorisabit, nec quidquam clam, nec apertè faciet quod alteri nostrûm ac ejus Imperio, Regnis & subditis adversari, aut damnosum esse possit, sed unusquisque nostrûm alterius bonum & commodum procurabit, & damna pro posse suo advertet; si quis verò cujuscumque conditionis, status aut honoris existat solo Domino nostro sanctissimo, ac Sede Apostolicâ demptis, nobis aut alteri nostrûm aut Imperio, regnis, aut subditis nostris, aut alterius nostrûm bellum inferre voluerit, aut honorem, dignitatem, Imperium, Regna, Terras, Dominia, aut subditos nostros, aut alterius nostrûm in toto, aut si unus nostrûm pro recuperatione eorum, quæ sibi aut ejus Imperio ac Regno ablata sunt, aut aliâ necessitate exigente, alicui bellum indixerit, aut si quòd Deus avertat, ab aliquo nostrûm subditi sui defecerint, aut rebellaverint, in quibus casibus quicumque unus nostrûm super hoc requisiverit, nos mutuò, fideliter & constanter adjuvabimus & auxiliabimus, prout super hujusmodi juvamine & auxiliis convenimus ac per nos super hoc fuerit concordatum; præterea, si unus nostrûm cum aliquo, au pluribus concordiam, pacem, treugas, belli sufferencias, aut fœdus faciet, aut acceptabit illud cum alterius scitu & voluntate, facere, quæ sibi expediat, & ipse hoc desideraverit, unà secum in iis includere, & comprehendere debet, nec quoquomodo ab iis excludere, nisi voluntas ejus ad hoc accesserit, nolumus etiam per quascumque ligas, intelligentias, confœderationes, & inscriptiones per nos ante hanc nostram ligam, intelligentiam, confœderationem & inscriptionem cum quibuscumque nemine dempto factas, aut quas in futurum faciemus huic ligæ, confœderationi & unioni nocere, in aliquo præjudicari, antiquioribus tamen pro pace utriusque, tam sacri Romani Imperii, quàm Regni Francorum hactenùs observatis nominibus, & per omnia in suo robore duraturis, quibus per hanc nostram ligam, confœderationem & unionem, nolumus in aliquo derogari, dolo & fraude semotis quibuscumque in harum testimonio Litterarum, utriusque Majestatum nostrarum sigillorum appensione munitarum. Datum in Andernaco, die ultimâ mensis Decembris, anno Domini millesimo quadringentesimo septuagesimo quinto, Regnorum nostrorum, Romani tricesimo quinto, Imperii tricesimo tertio, Hungariæ verò decimo sexto.

1475.

CCLXIX**.

☞ *Declaration faite par l'Empereur, touchant l'alliance d'entre Louys, Roy de France, & les Suisses, contre le Duc de Bourgogne, du dernier Decembre, 1475.*

Tiré des Recueils de M. l'Abbé Le Grand.

FRIDERICUS, divinâ favente clementiâ, Romanorum Imperator semper Augustus, Hungariæ, Dalmatiæ, Croaciæ Rex, ac Austriæ, Stiriæ, Karinthiæ & Carniolæ Dux, Comesque Tirolis : notum facimus per præsentes pro nobis hæredibus & successoribus nostris, quod cùm nos ut Dux Austriæ, & serenissimus Princeps Ludovicus Francorum, frater noster carissimus, invicem ac mutuo sumus confœderati, uniti & colligati juxta continentiam Litterarum desuper confectarum. Quod nos per illud fœdus nolumus esse derogatum fœderi ac unioni quas idem frater noster carissimus, Rex Francorum, cum Suitientibus habet adversùs Ducem Burgundiæ ac sibi adhærentes, sed suis debent gaudere robore & firmitate, ita tamen quòd ipse Rex Francorum ipsis Suitiensibus adversùs Duces Dominii Austriæ, nullum auxilium neque favorem præstare remotâ fraude, in cujus rei testimonium, has Litteras sigilli nostri appensione fecimus communiri. Datum in Andernaco, die ultimâ mensis Decembris, anno Domini millesimo quadringentesimo septuagesimo quinto, Imperii nostri, tricesimo tertio Regnorum nostrorum, Romani tricesimo quinto, Hungariæ verò decimo sexto, ad mandatum Domini Imperatoris proprium.

CCLXX.

☞ *Alliance faite entre l'Empereur, les Electeurs de l'Empire, & le Roy de France, contre le Duc de Bourgogne, à Cologne, le 27. Mars, 1475. vieux style.*

Tiré des Recueils de M. l'Abbé Le Grand.

FRIDERICUS, divinâ favente clementiâ, Romanorum Imperator semper Augustus, Hungariæ, Dalmatiæ, Croaciæ Rex, Austriæ, Stiriæ, Karinthiæ & Carniolæ Dux, Dominus Marchiæ, Sclavoniæ, ac Portuasionis, Comes in Hasburg-Tirolis, Ferreti, & in Friburg, Marchio Burgoviæ ac Lantgravius Alsaciæ, tenore præsentium recognoscimus, quòd cum in fœderibus inter nos, & venerabiles Adolphum, Archiepiscopum Moguntinensem, per Germaniam & Johannem Archiepiscopum Triverensem, per Galliam, & Regnum Arelatense, nostros & sacri Romani Imperii Archicancellarios, ac illustres Ernestum Ducem Saxoniæ, sacri Romani Imperii Marescallum, & Albertum, Marchionem, & Principes Electores, nepotes agnatos nostros carissimos ex unâ, & serenissimum Principem Ludovicum, Regem Francorum, fratrem confœderatum, & consanguineum nostrum carissimum partibus ex alterâ, initis, & confectis caveatur, quòdque quilibet nostrûm, tam nos quàm idem Rex Francorum triginta millia armatorum equestrium & pedestrium contra Ducem Burgundiæ tenere debemus, & quòd ipse Francorum Rex, eadem qua triginta millia post festum Circumcisionis Domini proximè præteritum

habere

habere debuerat in Terrâ Lucemburgenfi, juxtà continentiam Litterarum defuper confectarum : nos toleramus, & tolerare volumus per præfentes, quòd præfatus Rex Francorum pro dictis triginta millibus, viginti millia armatorum equeftrium & pedeftrium, cum bombardis, & aliis machinis bellicis, prout in dictis Litteris fœderum expreffum eft, mittat directè contra Ducem Burgundiæ infrà huc & feftum Sancti Gregorii Martiris proximè futurum in Terram Lucemburgenfem, ad invadendum eandem Terram, & fi per Imperialem noftram Majeftatem, Rex fuper hoc fuerit requifitus, huc infra idem tempus eadem viginti millia armatorum, cum exercitu ac caftris noftris jungat, fi fieri poteft abfque dolo & fraude, infra quodquidem tempus nos fimiliter adiemus cum viginti millibus armatorum equeftrium & pedeftrium noftris, & præfatorum Electorum, ac aliorum facri Romani Imperii Principum & Subditorum falario expenfis, pariter ut ipfe Rex cum bombardis & machinis bellicis contra dictum Ducem Burgundiæ, illi præcedere volumus & debemus, cæteris omnibus in dictis Litteris fœderum expreffis & contentis in fuo robore duraturis, quibus per has noftras Litteras nolumus in aliquo derogari, harum teftimonio noftrarum Litterarum Majeftatis noftræ figillo appenfione munitarum ; nos verò fuprà nominati Maguntinenfis, Treverenfis & Brandenburgenfis, uti, hoc tempore majori pars Collegii Principum, Electorum, abfente præfato confratre noftro Duce Erneftro, omnia fupradictis in quantum Romanum concernunt Imperium, Terras, & Dominia noftra approbamus, ratificamus, & ad ea præftamus confenfum fœderibus, tum fupra tactis in omnibus aliis fuis articulis, falvis remanentibus, feclufâ penitùs fraude, & in teftimonium præmifforum figilla noftra his Litteris juxta figillum Imperialis Majeftatis funt appenfa. Datum Coloniæ, vicefimâ quintâ die menfis Martii, anno Domini milleſimo quadringentefimo feptuagefimo quinto Regnorum noftrorum, Romani tricefimo quinto, Imperii tricefimo quarto, Hungariæ verò decimo feptimo, ad mandatum proprium Domini Imperatoris.

1476.

CCLXXI.

☞ *Confederation entre l'Empereur Frederic III. & Louys XI. Roy de France, à caufe de l'Empire & du Royaume ; du dernier Decembre, confirmée à Paris, le 17. Avril 1475.*

FRIDERICUS, divinâ favente clementiâ, Romanorum Imperator femper Auguftus, Hungariæ, Dalmatiæ, Croaciæ Rex, & Auftriæ, Stiriæ, Karinthiæ & Carniolæ Dux, Comefque Tirolis, & nos Ludovicus, Dei gratiâ Francorum Rex, recognofcimus, & notum facimus univerfis pro nobis fuccefforibus & hæredibus noftris, atque animadvertentes fanè veterem benevolentiam, amorem, & amicitiæ vinculum, quibus prædeceffores noftri Domini, Romanorum Imperatores ac Reges, facrumque Romanum Imperium, & fereniffimi Reges, inclitumque Regnum Francorum, à temporibus dulcis memoriæ fancti Caroli, Romanorum Imperatoris, fe mutuò colebant, & invicem confœderabantur, nos tam falubri eorum fœdere moti, ftudentefque prædeceſſorum noftrorum

Tiré des Recueils de M. l'Abbé Le Grand.

1476.

trorum vestigia imitari ad laudem Omnipotentis Dei, & ad exaltationem Christiani nominis, pacemque & tranquillitatem Terrarum & Dominiorum nobis subjectorum, & hujusmodi fœdus amicitiæ, ac amoris & benevolentiæ vinculum inter nos continuetur, & in dies magis ac magis augeatur & stabiliatur, utriusque nostrum Imperium, Regna ac Status in suis dignitatibus & honoribus conserventur, & incrementum accipiant, & subditi nostri fœlici otio, ac pace gaudeant, & tranquillitate fruantur, pro renovatione pristini fœderis, benevolentiæ ac amoris: nos invicem univimus, confœderavimus & colligavimus præsentes ita & taliter quòd ex nunc in antea, perpetuò & mutuò, ac invicem, uniti, confœderati & colligati erimus, & cum personis omnibus quas nunc tenemus, & concedente Deo in futurum acquiremus & possidebimus indissolubilem, perpetuam, firmam, christianam, sinceram & mutuam pacem & amicitiam constanter & inviolabiliter servabimus & tenebimus, nec clam, nec apertè nobis invicem adversabimur, neque ullius nostrûm alteri, neque Imperio, Regnis, Principatibus, Terris, Dominiis, neque subditis suis, bellum aut damna afferet, neque à subditis suis inferri patietur, sed nos mutuo consilio & auxilio fideliter ac sincerè adjuvabimus, & invicem assistemus in omnibus incrementum Imperii, Regnorum, Statuum, dignitatum & honorum nostrorum concernentibus & promoventibus, nullusque nostrûm ad alterius Imperium, Regna, Principatus, Terras, Dominia, subditos, dignitates, aut honores quos modò tenemus, & largiente Domino in futurum possidebimus, seu ad quos, aut quæ alteri nostrûm, ac ejus Imperio & Regni jus competit, in alterius præjudicium aspirabit, anhelabit, recipiet, acceptabit, manutenebit, neque ejus adversarios & rebelles tuebitur, neque favorisabit, necquidquàm clam, nec apertè faciet quòd alteri nostrûm, ac ejus Imperio, Regnis & subditis adversari, aut damnosum commodum procurabit, & damna pro posse suo avertet; si quis verò cujuscumque conditionis, status aut honoris existat, solo Domino nostro sanctissimo, ac Sede Apostolicâ demptis, nobis aut alteri nostrûm Imperio, Regnis aut subditis nostris, aut alterius nostrûm bellum inferre voluerit, aut honorem, dignitatem, Imperium, Regna, Terras, Dominia, aut subditos nostros, aut alterius nostrûm in toto, aut ex parte si usurpare & vindicare contenderet, aut si unus nostrûm pro recuperatione eorum quæ sibi aut ejus Imperio, ac Regno ablata sunt, aut alia necessitate exigente alicui bellum indixerit, aut si quòd Deus avertat, ab aliquo nostrûm subditi sui defecerint, aut rebellaverint, in quibus casibus quicumque unus nostrûm alterum super hoc requisierit, nos mutuò, fideliter & constanter adjuvabimus & auxiliabimur, prout super hujusmodi juvamine, & auxiliis conveniemus, & per nos super hoc fuerit concordatum; præterea, si unus nostrûm cum aliquo, aut pluribus, concordiam, pacem, treugas, belli sufferentias, aut fœdus inibit, faciet aut acceptabit, illud cum alterius scitu & voluntate facere, & cum se sibi expediet, & ipse hoc desideraverit unà secum in his includere & comprehendere debet, nec quoquo modo ab his excludere, nisi voluntas ejus ad hoc accesserit, nolumus etiam per quascumque ligas, intelligentias, confœderationes & inscriptiones per nos ante hanc nostram ligam, intelligentiam, confœderationem & inscriptionem cum quibusque nomine

mine dempto factas aut quas in futurum faciemus, huic ligæ, confœderationi & unioni nostræ in aliquo præjudiciari antiquitatibus, tàm pro   1476.
pace utriusque sacri Romani Imperii, quàm Regni Francorum hactenùs
observatis in omnibus & per omnia in suo robore duraturis, quibus
pro hanc nostram ligam, confœderationem & unionem nolumus in aliquo derogari, dolo & fraude semotis quibuscumque; in cujus rei testimonium, nos Imperator prædictus, has Litteras sub utriusque Majestatum nostrarum sigillorum appensione fecimus muniri. In Andernaco die
ultimâ mensis Decembris, anno Domini millesimo quadringentesimo
septuagesimo-quinto Regnorum nostrorum, Romani tricesimo-quinto,
Imperii tricesimo-tertio, Hungariæ verò decimo-sexto; & nos Ludovicus
Rex Francorum prædictus, easdem Litteras Parisiis sigillari fecimus die
decimâ-septimâ mensis Aprilis, anno Domini millesimo quadringentesimo septuagesimo-quinto, & Regni nostri decimo-tertio.

CCLXXII.

*Lettres reversales du Roy Louis XI. pour l'Empereur, les Archevesques
de Mayence & de Treves, les Ducs de Saxe & Marquis de Brandebourg,
Electeurs de l'Empire, confirmatives du Traité d'Andrenac, contre le
Duc de Bourgogne : à Paris le 17. Avril 1475.*

LUDOVICUS Dei gratiâ Francorum Rex : notum facimus per   Tiré des
præsentes, quod animadvertentes veterem benevolentiam & ami-   Recueils de
citiæ vinculum, quibus Domini Romanorum Imperatores & Reges, M. l'Abbé
sacrumque Romanum Imperium & Serenissimi ac Christianissimi Reges,   Le Grand.
inclitumque Regnum Francorum, longis retroactis temporibus, se mutuo sincerè sunt prosecuti : Nos ad laudem Omnipotentis Dei & exaltationem Christiani nominis, necnon pro pace & tranquillitate terrarum & dominiorum nobis subjectorum, tùm serenissimo & invictissimo
Principe Friderico Romanorum Rege, necnon clarissimis & dilectissi-
mis consanguineis nostris Principibus Adolpho Maguntinensi & Joanne
Trevirensi Archiepiscopis, Ernesto Duce Saxoniæ, ac Alberto Marchione
Brandenburgensi, sacri Romani Imperii Principibus Electoribus, & eorum successoribus & hæredibus univimus, confœderavimus & colligavimus; unimus, confœderamus & colligamus per præsentes, juxtà tenorem quorundam articulorum per nostros Oratores ac de mandato nostro conceptorum, quorum tenor sequitur in hæc verba. Ex quo Dux
Burgundiæ se longis retrò temporibus in renitenciis & guerris contra
Coronam Franciæ cum castrametationibus, obsidionibus, & aliis notabilibus detrimentis & damnis exerceat; & nunc similiter contra Romanum Imperium nititur, impetunturque Dominia Ecclesiæ Coloniensis
ingressus ad resistendum dicto Duci, unà cum sacri Imperii Electoribus
Principibus, ac aliis subditis se disposuit & jam in exercitio est.

Verùm ut tam pertinacibus dicti Ducis, qui pro nunc per eum
in sacro Romano Imperio fiunt, & hucusque in Coronâ Franciæ facti
sunt fructifera resistentia fieri valeat, per quam terræ quæ hucusque &
quiete conservari, atque à jacturis & damnis tueri possunt, serenissimus

Nnn 2   Dominus

1476.

Dominus Romanorum Imperator pro se & suis successoribus in Romano Imperio, & Christianissimus Rex Franciæ, pro se & suis hæredibus & successoribus in Coronâ Franciæ, se invicem ad laudem Omnipotentis Dei, in roborationem Christianæ fidei & ad conservationem & tuitionem terrarum, amicabiliter concordarunt, confœderarunt & unierunt contra jam dictum Ducem Burgundiæ in modis qui sequuntur.

Primò. Vult Dominus Imperator unà cum sacri Imperii Electoribus, Principibus & aliis Imperii subditis, notabilem exercitum contra Ducem Burgundiæ usque ad triginta millia armatorum adunare ad minus: ad id debet & vult Dominus Rex Franciæ triginta millia armatorum equestrium ut & pedestrium cum armis, bombardis & machinis bellicis, ad bellum benè expeditis, suis expensis & salario mittere, qui Dominica post festum Circumcisionis Domini proximè venturum in campis erunt in terra Lucemburgensi propè Arlonium.

Item. Et si serenissimus Dominus Imperator dictorum triginta millia armatorum ad expeditionem suam non indigeret, tunc Christianissimus Rex hujusmodi triginta millia mittet ad alia loca Domini Ducis Burgundiæ ad invadendum & dampnificandum eadem, propinquiora tamen illis locis ubi Dux in præsentiarum castra tenet, vel in aliis locis dicti Ducis, ubi convenientius, possibile & utilius erit, de consensu tamen ambarum partium.

Item. Si adjutorio altissimi in hujusmodi expeditione aliqua castra, civitates, oppida, terræ, dominia ipsius Ducis caperentur, aut suâ sponte se redderent quæ ad Imperium pertinerent, adeò quod de Imperio titulo pignoris tenerent aut dependerent in feudum seu in Imperio sitæ vel sita essent, illæ vel illa debent ad solum Imperium redire & eidem remanere, sivè per exercitum Domini Imperatoris, vel etiam Domini Regis, sivè per utrumque fuerint devictæ seu devicta, prout præmittitur.

Item. Pariformiter quæcumque castra, civitates, terræ & dominia devincerentur, ad Coronam Franciæ pertinentia, ideòque ab ea titulo pignoris tenerentur aut dependerent in feudum, vel aliàs in Regno Franciæ sitæ vel sita forent, illæ vel illa etiam soli Coronæ Franciæ attinebunt, sivè per Dominum Imperatorem aut Dominum Regem Franciæ, sivè per utrumque devincantur, nec unus eorum alteri in præmissis aliquomodo impedimentum aut molestiam præstabit.

Item. Si contingeret Ducem Burgundiæ à Nussiâ recedere & castra movere, ex quo tamen semper temeritas & invasiones dicti Ducis formidari opportebit, expeditio contra eum nihilominùs progressum habebit per Dominum Imperatorem ac etiam Regem, modo ut præmittitur, in dominiis hæreditariis ipsius Ducis, aut etiam aliis terris quas possidet in his locis ubi commodius fieri poterit, vel ipsi inter se convenerint quemadmodum fieri expedier.

Item. Nulla partium præter alterius scitum ac voluntatem campum dimittet, nisi propter causam aut etiam notabilem necessitatem fieri opportuerit, & si hujusmodi casus se obtulerit, eo tunc etiam id fieri debet de scitu alterius partis.

Item. Nulla partium inibit pacem, treugas aut sufferentias cum Duce Burgundiæ, nisi id fiat de scitu & bonâ voluntate alterius partis.

Verùm

Verùm si contingeret hujusmodi bellum & differentiam, vel imposte-
rùm de scitu & consensu ambarum partium sedari, ut Dux Burgundiæ per se aut suos adhærentes aliqua attentaret contra Imperium vel
ipsius subditos, vel contra Coronam Franciæ aut ipsius subditos, si
tunc hujusmodi invasio facta fuerit in Regnum Franciæ ut præmittitur,
ex tunc Dominus Imperator dominia & terras Ducis Burgundiæ proxi-
miores, quantò validiùs id fieri potuerit absque mora, & in eisdem perseverare, nec ex eisdem exercitum reducere quousque Dux ab hujusmodi invasione cessaverit, nisi ex necessitate notabili recedere oporteret.

1476.

Si autem invasiones hujusmodi fieri contingeret contra Romanorum
Imperium aut suos subditos, tunc Rex Franciæ debebit, quantò validiùs fieri poterit absque mora, cum armis intrare in dominia Ducis Burgundiæ, & ibidem perseverare ut præmittitur.

Verùm si contingeret invasionem Ducis Burgundiæ fieri in his locis ubi
cum exercitibus Imperii & etiam Coronæ Franciæ posset conveniri, &
exercitus ad eum duci, hoc debebit per utrasque partes fieri fideliter &
absque mora.

Nos verò Ludovicus Rex Francorum prædictus promittimus & pollicemur in verbo Regio, in his scriptis omnia & singula in præfatis articulis conscripta firmiter & inviolabiliter observare, ac in eisdem contenta, quantùm Nos & Regnum nostrum ac Coronam Franciæ conveniunt, effectuabiliter ac fideliter adimplere; nec eis in aliquo velle contravenire in toto vel in parte, dolo & fraude penitùs amotis & seclusis, in cujus rei testimonium has Litteras sigilli nostri fecimus appensione muniri. Datum Parisiis 17 mensis Aprilis, anno Domini millesimo quadringentesimo septuagesimo-quinto, Regni verò nostri deci-
mo-quarto.

CCLXXIII.

☞ *Alliance entre l'Empereur Frederic III. & Louis XI. Roy de France,
contre le Comte Palatin: à Paris le 17e jour d'Avril 1476. stylenouveau.*

LUDOVICUS Dei gratiâ Francorum Rex, recognoscimus & notum facimus per præsentes, quod per fidem quæ inter sacrum Romanum Imperium & inclytum Regnum Franciæ ab antiquo constitit,
mutuamque benevolentiam quæ inter Serenissimum Principem Fridericum Romanorum Regem, fratrem & consanguineum nostrum charissi-
mum, & nos est & perpetuò esse debet contra Fridericum Bavariæ Pa-
latinum Rheni se asserentem, propter rebellationem & contumaciam,
quam prædictus Dux Fridericus contra præfatum Fridericum Romanorum Regem, factiosasque insidias quas contra nos & inclytum Regnum nostrum Franciæ plurimùm machinari & moliri consuevit; nos
cum dicto Romanorum Rege, patre & consanguineo nostro charissimo,
amicabiliter & sincerè confœderavimus, univimus, ac fœdus amicitiæ
fecimus juxtà infrà scripta, quod quilibet nostrûm alteri contra eumdem Ducem Fridericum purè, sincerè & fideliter juvare, auxiliari, &
nobis invicem assistere debemus; & quacumque dictus Fridericus Romanorum Rex, dictum Ducem Fridericum pro huiusmodi suis exces-
sibus

Tiré des
Recueils de
M. l'Abbé
Le Grand.

1476.

sibus & rebellione competere, & nos in hoc ad auxilia ferenda requirere voluerit, hoc priùs nobis intimare debebit, tunc post lapsum trium mensium, posthabitâ ulteriori morâ, illicò unum notabilem ac reputatum Capitaneum cum viginti millibus armatorum cum armis, bombardis, telis, ac aliis machinis & ingeniis bellicis ad bellum, ac castrorum mutationem oportunis & requisitis, nostris propriis stipendiis & expensis, ad terras & dominia dicti Ducis Friderici, pro loco & tempore in quibus melius videbitur expedite & magis necessarium erit, prout nos tunc mutuo super hoc accordabimus & deliberabimus, mittemus & destinabimus; quæ quidem gentes armatorum unà cum gentibus hoc tempore per dictum fratrem nostrum Romanorum Regem ad hoc depromptis & missis in uno aut duobus locis, debent contra præfatum Ducem Fridericum exercitualiter ac hostiliter procedere, & terras ac subditos suos expugnare & de manibus suis auferre, & à principio hujusmodi belli usque ad ejus finem invicem ac simul permanere, & bellum ipsum secundùm omnem opportunitatem ac necessitatem simul ducere & continuare; nec unus nostrûm altero recedere, nisi alterius aut Capitaneorum suorum qui specialiter ad hoc deputati erunt & mandatum habebunt liber consensus & voluntas accesserit, nec dictus frater noster Romanorum Rex, neque nos Francorum Rex, neque utriusque nostrûm Capitanei cum præfato Duce Friderico neque cum adhærentibus & auxiliatricibus, ullam pacem, concordiam belli, sufferentias, treugas, aut tractatus acceptabimus; neque consentiemus, nisi liber consensus ac bona voluntas alterius nostrûm aut Capitaneorum suorum, qui ad hoc specialiter deputati erunt ad hoc accedere; ac ipse & ejus auxiliatores, terræ Domini ac subditi prius sint specialiter in hoc comprehensi ac provisi, ac eis sufficienter pro sua securitate quantum existat; sin autem cum eodem Duce Friderico aliquam pacem aut concordiam inire volumus, tunc in eâ excipere & cavere debemus, quod ex pace aut concordia nonobstante nihilominus astricti esse debeamus & teneamur præfato fratri nostro charissimo Romanorum Regi, quoties per Serenitatem suam super hoc requisiti fuerimus, contra ejusdem Ducem Fridericum auxilium & assistentiam præstare & prodere, quemadmodum in foederibus inter Serenitatem suam & nos initis est comprehensum: pari modo præfatus frater noster charissimus Romanorum Rex in hoc ità observare debebit, & se ejusdem fratris nostri charissimi Romanorum Regis & nostræ gentes præfatæ, insimul ac conjunctim aut una partium in speciali cum adjutorio Omnipotentis Dei, eidem Duci Friderico & suis auxiliatoribus civitates, oppida, castra, munitiones, vectigalia seu thelonia aut villis aufferrent seu aufferret aut expugnarent seu expugnaret, ad sacrum Romanum Imperium aut ad ipsum Palatinatum spectantia, aut quæ ipsi Palatinatuique impignorata forent, illa solùm fratri nostro Friderico Romanorum Regi ac sacro Romano Imperio acquiri & cedere debebunt; & nos Francorum Rex, neque nostri Capitanei, neque gentes ullum in his partiri, sortiri, neque habere debemus; si quæ verò castra, civitates, oppida, villas, aut alia, neque ad ipsum Palatinatum nostro præmisso ipsi Duci Friderico ablata fuerint, in illis dictus Pater noster charissimus Romanorum Rex æqualem portionem

tionem nobiscum sortiri & habere debebit juxtà numerum gentium suarum, quæ hujusmodi expugnationi.& acquisitioni interfuerint, pari modo cum machinis ac ingeniis bellicis, & ipsis Capitaneis qui acquisiti fuerint debet observari, & juxtà numerum gentium quem uterque nostrûm in hujusmodi guerris ac acquisitionibus habuerit, inter Serenitatem suam & nos æqualiter dividi debebit : numerata verò præmia ac bona militaria seu castrensia acquisita debent in divisione venire, & inter utriusque nostrûm gentes qui hujusmodi lucro interfuerint, & ad hoc auxiliati sunt, prout hujusmodi divisiones fiunt & consuetudo existit æqualiter dividi, semotis dolo & fraude : in quarum testimonium præsentes Litteras sigilli nostri appensione fecimus communiri. Datum Parisiis die decimâ-septimâ mensis Aprilis.

1476.

CCLXXIV.

☞ *Don fait par le Roy Louis XI. à Monseigneur le Duc de Bourgogne des biens du Connestable de Saint Pol.*

LOYS par la grace de Dieu, Roy de France : A tous ceux qui ces presentes Lettres verront, Salut. Sçavoir faisons que en ensuivant & accomplissant les choses traitées & accordées entre nous & notre très-chier & très-amé frere & cousin le Duc de Bourgogne, en faisant & concluant la Tresve de neuf ans & autres choses dependans d'icelle, nous en eussions pour certaines grans causes & considérations, à ce nous mouvans, forclos & débouté feu Loys de Luxembourg, en son vivant Comte de Saint Pol & Connestable de France, & iceluy declaré nostre rebelle & desobeïssant subjet & criminel de leze-Majesté, pour lequel l'eussions privé & debouté de tous & chacuns ses biens, & d'iceulx, ensemble ceulx que ja nostredit frere & cousin tenoit en sa main en ses pays & ailleurs, & aussi des Places, Terres & Seigneuries de Ham, Bohain & Beaurevoir, fait don, cession, & transport à iceluy nostredit frere & cousin de Bourgogne, pour en joyr par luy, ses hoirs, successeurs & ayans cause ; & ainsi soit que depuis nostredit frere & cousin, en entretenant les traités & appointemens convenus entre nous & luy, à la conclusion de ladite Tresve, nous eust faict mettre & delivrer prisonnier en nos mains ou de nos Commis & Deputés ledit feu Loys de Luxembourg, & que après ladite delivrance, nous le eussions faict conduire & mener prisonnier en nostre Cité de Paris, & ordonné à nos amez & feaulx Conseillers les Gens de notre Cour de Parlement, proceder à l'encontre de luy, selon l'exigence des cas, dont étoit chargé & accusé, & que par iceulx ait esté tellement procedé qu'ils l'ont attainct & convaincu de crime de leze Majesté, pour lequel l'ont envers nous & Justice condamné & declaré avoir forfaict, & confisqué corps & biens pour en ordonner & disposer à nos plaisir & volonté. Après laquelle condempnation & execution d'icelle faicte & ensuyvie, nous bien recors & memoratifs des dons & transports de pieça par nous faicts à iceluy nostredit frere & cousin à la conclusion & traictement de ladite Tresve, voulans de tout nostre pouvoir les lui entretenir & observer, tant pour

Tiré des Recueils de M. l'Abbé Le Grand.

l'entretenement

1476.

l'entretenement de ladite Tresve que autrement, à iceluy nostredit frere & cousin le Duc de Bourgogne, avons donné, quitté, cedé, transporté & delaissé, & par la teneur de ces presentes, de grace especiale, pleine puissance & autorité Royale, donnons, quittons, cedons, transportons & delaissons toutes & chacunes les Comtés, Villes, Places, Terres & Seigneuries, avec toutes & chacunes leurs appartenances & dependances quelconques & quelque part qu'elles soient situées & assises en nostre Royaume ou ailleurs. Ensemble tous & chacuns les meubles qui sont ou seront trouvés en icelles ou en quelques autres lieux que ce soit, & à quelconque valeur qu'ils soient ou puissent monter qui furent & appartindrent audit feu Loys de Luxembourg, & tout le droit & action qui a la cause dessusdire ou autre quelconque nous y peut competer ou appartenir pour icelles Comtés, Villes, Places, Terres & Seigneuries, leursdites appartenances & appendances, ensemble lesdits meubles quelconques avoir, tenir, posseder & doresenavant exploiter par nostredit frere & cousin le Duc de Bourgogne, ses hoirs & successeurs ayans cause, perpetuellement & à tousjours les tenir & en faire & disposer comme de leur propre & vray heritaige, & sans ce qu'ils ou aucun d'eulx ores ne pour le temps advenir soient tenus ou contraints en prendre ne avoir autre verification ou descharge de nous ou de notre Chambre des Comptes, Tresoriers de France, ne d'autres nos Officiers fors seulement lesdites presentes que leur voulons valoir & estre de tel effect que si elles estoient verifiées ou enterinées. Si donnons en mandement à tous nos autres Justiciers & Officiers, ou à leurs Lieutenans presens & advenir, & à chacun d'eulx si comme à lui appartiendra, que nostredit frere & cousin le Duc de Bourgogne, sesdits hoirs & successeurs ayans cause, ils fassent, souffrent & laissent joyr plainement & paisiblement de nos presens don & transport, sans en ce ne ès Terres & Seigneuries dessus couchées, lui mettre ou donner, ne souffrir estre mis ou donné aucun trouble ou empeschement au contraire; car tel est nostre plaisir, nonobstant que par adventure l'on voudroit dire que lesdits Comtés, Villes, Places, Terres & Seigneuries deussent estre appliquez à nostre Domaine, & que de tels biens n'ayons accoustumé donner que la moitié, & que ces presentes ne soient autrement verifiées, ou la juste valeur d'iceulx biens tant meubles que immeubles declarées, & que d'icelle valeur ne soit levée descharge de nostre Trésor, & quelconques Ordonnances, restrictions ou défenses à ce contraires. En tesmoing de ce nous avons signé ces presentes de nostre main, & à icelles fait mettre nostre Scel. Donné au Plessis du Parc lez-Tours le vingt-quatriesme jour de Janvier, l'an de grace mil quatre cens soixante-quinze, & de nostre Regne le quinziesme. Au dessus du reploy desdites Lettres dessus transcrites par enhault estoit *signé*, LOYS. *Et sur ledit reploy estoit escrit*, Par le Roy, Cauvral, les Sires du Bouschage & de St. Pierre, Maistres François Halé, Guillaume de Cerisay, & autres presens, & *signé*, GAVRILLOT. *Et au dos d'icelles Lettres Royaulx estoit aussi escrit*, Lettre des dons & transports faits par le Roy à Monseigneur de Bourgogne de tous les biens du feu Connestable. *Et in dorso erat scriptum*: Collation a esté faite pardevant nous Arthur de Longueval

gueval, Chevalier Seigneur de Theveilles, Conseiller Chambellan du Roy nostre Sire, & son Bailly d'Amiens, Commissaire deputé en ceste partie par la Cour de Parlement, des Lettres originales dessus transcriptes à l'encontre de ce present double, de mot à autre; lesquelles Lettres originales nous sont apparuës par l'inspection d'icelles estre saines & entieres en toutes choses. Et a esté ladite Collation faicte à la Requeste de Ferry Harlé, ou nom & comme Procureur de hault & puissant Prince Monsieur Jacques de Savoye, Comte de Romont & Madame Marie de Luxembourg sa femme, en la presence de Mille de Cocquerel, Procureur suffisament fondé de Messire Guy Pert Chevalier, pour ce comparans pardevant nous a tout ces Lettres de Procuration dont ils nous ont fait apparoir, par lequel Mille de Cocquerel oudit nom, a esté protesté de impugner & debattre lesdites Lettres là-où & quant il appartiendra, & par iceluy Ferry Harlé ou nom que dessus au contraire & de tout sauver. En tesmoing de ce nous avons faict sceller ce present Kaier & extraict du contrescel dudit Bailliage d'Amiens & signer du seing manuel de Nicolas Choppart premier Greffier d'iceluy Bailliage à ce present, le quatriesme jour d'Avril l'an de grace mil quatre cens quatre-vingt-six, après Pasques.

1476.

Approbamus, en gloze à ce presens; *sic signatum*, N. CHOPPART.

Collatio præsentis Copiæ duo foliola pergameni scripta isto comprehenso continentis, facta est ad requestam Magistri Johannis Meriandeau, Procuratoris Mariæ de Luxemburgo, Comitissæ de Vindocino, ac Philippi de Cleves, Militis Ordinis Regis, & Francesiæ de Luxemburgo ejus uxoris, cum simili Copiâ in certo processu in Curiâ Parlamenti inter prædictos Comitissam de Vindocino, de Cleves & ejus uxorem ex unâ parte, & Episcopum Ducem Laudunensem, Comitem de Brienna, Ducem Lothoringiæ, & Procuratorem Generalem Regis ex alterâ, pendente pro parte dictorum Comitissæ de Vindocino, de Cleves & ejus uxoris, producta visaque per Magistros Yvonem Brinon, prædictorum Episcopi Ducis Laudunensis, Comitis de Brienna, & Johannem Ysambert prædicti Ducis Lothoringiæ, Procuratores & Advocatos Regis, Officio dicti Procuratoris Generalis vacante, ad hoc auctoritate ejusdem Curiæ vocatos: Actum in Parlamento tertiâ die Aprilis, anno Domini 1507, ante Pascha. PICHON.

CCLXXV.

Don fait au Roy Louys XI. par Marguerite Reyne d'Angleterre, des Droits qui luy appartenoient ès Duchez d'Anjou, de Lorraine, & de Bar, & au Comté de Provence, l'an mil quatre cens septante-cinq, le septiéme Mars.

A TOUS ceux qui ces presentes Lettres verront, Philippes Bover Licentié en Loix, Garde du Seel estably aux Contracts de la Prevosté de Bourges, & Procureur General du Roy nostre Sire en Berry, Salut. Sçavoir faisons, que en la presence de Jacquet Compaing & Guillaume de Brielle, Clercs Jurez & Notaires du Roy nostre Sire, usans.

Tiré de l'Edition de M. Godefroy.

de nostre auctorité & pouvoir, & de Guillaume Robin & David Ouvre, Clercs Notaires Apostoliques, pour ce personnellement establie très-haute & très-puissante Dame Marguerite, fille de très-haut & très-puissant Prince René Roy de Sicile & de Jerusalem, Duc d'Anjou & de Bar, & Comte de Provence, & de feue Ysabel de Lorraine jadis sa femme, en son vivant Duchesse de Lorraine: Icelle Dame Marguerite veufve de feu Henry, en son vivant Roy d'Angleterre, estant de ses droicts, considerant les grands plaisirs, curialitez, courtoisies, ensemble les grands & somptueux despens que le Roy nostredit Sire, duquel elle est cousine germaine, a fait & soustenu pour elle, tant pour le recouvrement du Royaume d'Angleterre, pour ledit feu Roy Henry son mary, & pour le Prince de Gales son fils, en faveur & contemplation singuliere de ladite Reyne Marguerite. Et aussi la grande aide, secours, & confort, que le Roy nostre Sire a donné ausdits defunts : & pareillement à ladite Dame Margueritte, & les grands dangers, inconveniens & perils esquels ladite Dame Marguerite s'est trouvée audit Royaume d'Angleterre après la mort desdits defunts, parce qu'elle estoit ès mains & en la puissance du Roy Edouard d'Angleterre leur ennemy, & pour la rachepter & mettre hors des dangers dudit Roy Edouard, qui la tenoit comme prisonniere. Et que le Roy en continuant le bon vouloir qu'il avoit envers elle, afin de la mettre en sa franchise & liberté, & la mettre hors des dangers où elle estoit, à la grande priere & requeste de ladite Dame Marguerite, & de son consentement, a payé & baillé content audit Roy Edouard la somme de cinquante mille escus d'or, & par ce moyen l'a faict venir & descendre en France, ainsi que disoit ladite Dame Marguerite : laquelle, de sa certaine science, sans aucune contrainte, ains de sa franche liberté, cognoissant les choses dessusdites estre vrayes, non voulant estre reprise du vice d'ingratitude ; mais voulant & desirant de sa part recognoistre envers le Roy nostredit Seigneur, lesdits grands plaisirs & despenses, & aussi estre & demeurer quitte envers le Roy nostredit Seigneur, de ladite somme de cinquante mille escus, & de tout ce que le Roy luy eust peu demander à l'occasion des choses dessusdites, pour & en acquit, solution & payement de ladite somme de cinquante mille escus ; ensemble desdits fraiz, plaisirs, courtoisies, & autres choses dessusdites, desquels plaisirs, curialitez, courtoisies, fraiz, impenses, & somme dessusdites, ladite Dame Marguerite s'est & tient pour contente, & en a quitté le Roy nostredit Seigneur, & l'en a relevé & deschargé de toute preuve : a, ladite Dame Marguerite donné, cedé, quitté, transporté, & du tout perpetuellement delaissé, purement & simplement par donation mere, simple, pure & irrevocable, faite solennellement entre vifs, & sans aucune condition, ou esperance de jamais le revoquer ne venir au contraire, au Roy nostredit Seigneur, ses hoirs, successeurs, & ayans cause, combien qu'il soit absent: Nous Garde & Procureur dessusdits presens avec lesdits Notaires, stipulans & acceptans pour le Roy nostredit Seigneur, sesdits hoirs, successeurs, & ayans cause : tout tel droict, nom, raison, action, proprieté, seigneurie, vray domaine, possession & saisine, que ladite Dame Marguerite a peu & doit avoir, & qui lui compete & appartient,

peut

peut & doit competer & appartenir à caufe de la fucceffion de fadite
feuë mere, en fon vivant Ducheffe de Lorraine, tant audit Duché de
Lorraine & en toutes & chacunes les appartenances & appendances d'i-
celuy Duché, que autres terres & Seigneuries à elle advenuës & ef-
cheuës, à caufe & par le trefpas de fadite feuë mere. Et avecques ce
a, icelle Dame Marguerite donné, cedé, quitté, tranfporté, & perpetuellement delaiffé au Roy noftredit Seigneur, fes hoirs, fucceffeurs &
ayans caufe, tous & chacuns les droicts, noms, raifons, actions, vray
domaine, proprieté, & feigneurie qui luy pourront & devront competer
& appartenir ès Duchez d'Anjou, & de Barrois & en la Comté de Provence, tant après le decez & trefpas dudit Roy de Sicile fon pere, que
autrement par quelque caufe, titre, ou moyen que ce foit ores, ou
pour le temps advenir, fans aucune chofe y retenir ne à elle referver,
voulant & confentant ladite Dame Marguerite que le Roy noftredit Seigneur puiffe, & luy foit loifible dès à prefent prendre, apprehender,
retenir, conferver, & garder de fa propre auctorité lefditz droicts, part
& portion efcheus, & advenus à ladite Dame Marguerite, à caufe de
la fucceffion de fadite feuë mere. Et en tant que touche ladite fucceffion dudit Roy de Sicile fon pere, ladite Dame Marguerite a voulu &
confenty, veut & confent que le Roy noftredit Seigneur, incontinent
après le decez dudit Roy de Sicile, pere de ladite Dame Marguerite,
puiffe & luy loife de fa propre auctorité prendre, apprehender, retenir, conferver, & garder la poffeffion & faifine reelle, actuelle, & corporelle de tous & chacuns lefdits droicts, part & portion qui appartiendront, pourront, & devront competer & appartenir à ladite Dame Marguerite, au moyen de la fucceffion à venir dudit Roy de Sicile fon pere,
que autrement efdits Duchez d'Anjou, de Bar, & Comté de Provence.
Promettant ladite Dame Marguerite par fa foy pour ce baillée corporellement ès mains defdits Notaires, & convenant exprès que contre lefdites
donations, bail, ceffion, tranfport, & autres chofes deffufdites, ou
aucunes d'icelles, elle ne viendra, ne venir fera par elle, ne par autre
en aucune maniere, & ne donnera à aucun ou aucuns, caufe, matiere,
aide, faveur, ou occafion de jamais contrevenir : ains a promis ladite
Dame Marguerite garentir, deffendre, & delivrer au Roy noftredit Seigneur, fes hoirs, fucceffeurs, & ayans caufe lefdits droicts, & autres
chofes deffufdites ainfi par elle cedées & tranfportées, que dit eft, en
tant que touche, & pourra toucher le fait d'icelle Dame Marguerite
feulement : & avec ce a promis ladite Dame Marguerite rendre, reftau-
rer, & reffartir au Roy noftredit Seigneur, fefdits hoirs, ou ayans caufe,
tous coufts, interefts, dommages & defpens, que le Roy noftredit Seigneur, fefdits hoirs, & ayans caufe, pourront avoir, encourir, & loyaument fouftenir pour faute d'accompliffement & obfervances des chofes
deffufdites : & quant aux chofes deffufdites, & chacune d'icelles faire,
tenir, garder, & accomplir en la maniere que dit eft, a obligé & oblige
ladite Dame Marguerite au Roy noftredit Seigneur, à fes hoirs & fucceffeurs, elle, fes hoirs, & tous & chacuns fes biens, meubles, & immeubles, prefens & à venir, qu'elle a pour ce foufmis & fuppofez à la
jurifdiction, force, coercion, compulfion, & contrainte dudit feel
Royal

Royal de ladite Prevosté de Bourges, & des Cours de la Chambre Apostolique, & de l'Auditeur General, Vis-auditeur, Lieutenant & Commissaire d'icelle, & de toutes autres Cours Ecclesiastiques : Renonçant en ce fait ladite Dame Marguerite à toutes actions & exceptions de dol, de mal, de fraude, de barat, d'erreur, lesion & circonvention ès choses dessusdites, à l'exception desdites donation, bail, cession, transport, & autres choses dessusdites n'avoir esté faites, dites, passées, consenties & accordées en la maniere que dit est, & que plus ou moins aye esté dit, que escrit, & escrit que dit, à la relaxation de foy & serment, au benefice d'enteriner, restitution à tout, aide de Droit escrit & non escrit, Canon & Civil, & par especial au benefice du Senatus-consulte Velleian, & à tout autre privilege & benefice introduit & à introduire en la faveur des femmes, & au droict disant que paction ou transport fait de future succession ne vaut rien, & generalement à toutes & singulieres autres actions, exceptions, oppositions, appellations, allegations, raisons & deffenses, cautelles & cavillations de faict & de droict quelconques, qui contre les choses dessusdites ou aucune d'icelles, pourroient estre alleguées, objicées, dites ou proposées, & au droict disant generale renonciation non valoir, si l'especiale n'est avant mise : Et est à sçavoir que incontinent & sans delay les choses dessusdites, ainsi faites, consenties & accordées, ladite Dame Marguerite de sa certaine science, pure & franche volonté par la meilleure forme, voye, & maniere qu'elle a nieux peu & deu, tant de droict que de coustume, a fait, constitué, créé, estably & ordonné, & par ces presentes, fait, constitue, crée, establit & ordonne ses procureurs generaux, & certains messagers especiaux en telle maniere que la specialité ne déroge à la generalité, ne au contraire, tous & chacuns les Procureurs & Notaires des Cours de la Chambre Apostolique de l'Auditeur General, Vis-Auditeur, Lieutenant & Commissaire d'icelle, & de toutes autres Cours Ecclesiastiques, qu'elles & où qu'elles soient, en laquelle ou esquelles il adviendra ce present contract ou instrument, estre exhibé, produit, porté & monstré, & chacun d'eux seul, & pour le tout, en telle maniere que la condition de l'un d'eux ne soit pire ou meilleure de l'autre, mais tout ce que par l'un d'eux aura esté encommencé, l'autre puisse poursuir & mener à fin, specialement & expressement à comparoir pour ladite Dame Marguerite constituante, & en son nom en tout temps, à tousjours, & à toutes heures feriez & non feriez, toutes & quantes fois qu'il plaira au Roy nostredit Seigneur devant lesdits Auditeur, Vis-auditeur, Lieutenant, Commissaire, & devant tous autres Juges, Officiaux ordinaires, extraordinaires, deleguez, souz-deleguez, & Commissaires des Cours dessusdites, & à cognoistre & confesser une fois ou plusieurs, ladite Madame Marguerite constituante auroit de son bon gré fait les donations, cessions, transports, promesses, obligations, & autres choses cy-dessus en ce present contract ou instrument contenuës, déclarées & escrites, à vouloir & consentir ladite Dame Marguerite estre par lesdits Auditeur, Vis-auditeur, Lieutenant, Commissaire, Juges, Officiaux ordinaires, extraordinaires, deleguez, souz-deleguez, & chacun d'eux estre condamnée & contrainte par censure Ecclesiastique, à garder &

entretenir

entretenir les donations, cessions, transports, promesses, obligations, & autres choses dessusdites, selon la forme & teneur d'icelles, à acquiescer & consentir aux condamnations, & commandemens qui pour ce pour lesdits Auditeur, Vis-auditeur, Lieutenant, Commissaire, Juges, Officiaux ordinaires, extraordinaires, deleguez, soubs-deleguez, & chacun d'eux seront faites & données, faicts & donnez, & à souffrir, pour icelle Dame Marguerite constituante, & en son nom, tous commandemens, toutes condamnations & monitions soubs censures Ecclesiastiques, qui pour les choses susdites seront par les dessusdits Auditeur, Vis-auditeur, Lieutenant, Commissaires, Juges, Officiaux ordinaires, extraordinaires, deleguez, soubs-deleguez & chacun d'eux faicts, proferez & donnez, ou faites, proferées & données, & à soubmettre & resoubmettre ladite Dame Marguerite constituante, quand à observer & entretenir toutes & chacunes les choses dessusdites sans enfraindre, à la jurisdiction & compulsion de chacune des Cours dessusdites, & generalement à dire, faire, procurer, & exercer pour icelle Dame Marguerite constituante, & en son nom toutes & chacunes les autres choses qui seront en, & pour les choses dessusdites necessaires & opportunes à faire, & que ladite Dame Marguerite constituante feroit, & faire pourroit, si presente y estoit en sa personne : Donnant, & octroyant ladite Dame Marguerite constituante à sesdits Procureurs, & à chacun d'eux seul & pour le tout plein pouvoir, auctorité, & mandement special en & pour toutes & chacunes les choses dessusdites : Promettant neantmoins ladite Dame Marguerite constituante par sa foy & serment, pour ce corporellement baillez en la main desdits Notaires dessus nommez, stipulans & acceptans pour & au profit de tous & chacuns ceux, qui en ce ont & pourront avoir interest, en quelque maniere pour le temps advenir, soubs l'hypotheque & obligation de tous & chacuns ses biens meubles & immeubles, presens & advenir, & soubs toutes renonciation & cautelle de droict & de faict à ce necessaites, elle dès maintenant avoir agreable, ferme & stable tout ce que par sesdits Procureurs, & chacun d'eux seul & pour le tout, sera ou aura esté fait, dit, voulu consenty, soubmis, confessé, acquiescé, & autrement exercé & procuré és choses dessusdites, & en chacune d'icelles, leurs circonstances & dependances, & payer l'adjugé contre elle, si mestier est, & les relever, & dès maintenant les releve de toute charge de satisdation, si comme nous Garde dessusdit, avons veu & oüy avec les Notaires & tesmoins dessus, & cy emprés nommez, toutes & chacunes les choses dessusdites, par ladite Dame Marguerite estre faites, dites, passées, voulües, consenties, & accordées. En tesmoin desquelles choses nous avons mis, & apposé à ces presentes Lettres le Seel dessusdit, avec les seings & soubscriptions desdits Notaires Apostoliques dessus nommez, le septiesme jour du mois de Mars l'an de grace mil quatre cens soixante & quinze, Nobles & honorables hommes, & sages, Messire Jehan de Hangest Chevalier, Seigneur de Janly, Maistres François Gaultier, Pierre du Breulh Licencié en Loix, & Jean Lalement Bourgeois & Marchand de Bourges tesmoins, à ce presens requis & appellez. Fait & donné comme dessus, COMPAING, DE BRIELLE.

1476.

ET ego Guillelmus Robin, Lemovicensis Diœcesis publicus, auctoritate Apostolicâ, venerabilisque Metropolitanæ ac Bituricensis Primatialis Curiæ Notarius & Juratus, quia supràscriptis donationi, cessioni, dimissioni, quietationi, promissioni, obligationique, renunciationi, ac Procuratorum constitutioni, potestatis dationi, ratihabitioni, præmississque aliis, omnibus & singulis, dùm sic ut præfatur, dicerentur, agerentur, & fierent, unà cum Domino Custode, Notariis publicis suprà & infrà subscriptis, ac testibus antè nominatis præsens interfui, eaque sic fieri vidi, & audivi: Ideò præsentes Litteras, seu præsens publicum instrumentum, manu alienâ fideliter scriptum, unà cum præfatis Notariis publicis recepi, publicavi, & in hanc publicam formam redegi, hîcque manu propriâ me subscripsi, & signum meum solitum unà cum præfati Custodis sigilli appensione, atque signo & subscriptione Notarii publici infrà subscripti apposui, in fidem & testimonium omnium & singulorum præmissorum requisitus, & rogatus.

Ego verò David Ouvre, Clericus Bituris oriundus, Apostolicâ auctoritate & Curiarum Metropolitanæ Domini Archidiaconi, ac venerabilium virorum Dominorum Decani & Capituli Sanctæ Primatialis & Metropolitanæ Ecclesiæ Bituricensis, ad Romanam Ecclesiam nullo medio pertinentis, Notarius Juratus: Quia donationi, cessioni, dimissioni & quietationi, promissioni, & renunciationi, Procuratorum constitutioni, potestatis dationi, ratihabitioni, ac cæteris præmissis, omnibus & singulis, dùm sic ut præmittitur, agerentur, & dicerentur, ac fierent unà cum Domino Custode, Notariis publicis & testibus prænominatis præsens fui, eaque omnia & singula sic fieri & dici vidi, & audivi: Idcircò præsentibus Litteris, seu huic publico instrumento alienâ manu, me aliis occupato negotiis, fideliter scriptis, sive scripto, me subscripsi, & signum meum publicum solitum unà cum sigilli ad contractus in Præposiurâ Bituricensi statuti appensione signis, ac subscriptioni Notariorum publicorum prædictorum apposui requisitus in fidem, robur, & testimonium eorundem præmissorum & rogatus.

Et au dos, Littera acquisitionis & transportûs Ducatûs Lotharingiæ facti Regi Franciæ, per Dominam Margaritam filiam Renati Regis Siciliæ. *Item*, Juris Ducatûs Andegaviæ, Barri, ac Comitatûs Provinciæ, tàm post decessum sui patris, quàm aliàs sibi competentium, in anno 1475. *Signé & scelé.*

CCLXXV*.

CCLXXV.*

Extrait du Trefor des Chartres de France, qui eft en la Sainte Chapelle du Palais à Paris, dans la Layette de Bar, *num. 34*.

Seconde (1) *Ceffion, & Tranfport au mefme Roy Louys XI. & à fes hoirs, & ayant caufe par ladite Marguerite Reyne d'Angleterre, veufve du Roy Henry VI. & feconde fille de René Roy de Sicile, & d'Ifabelle Ducheffe de Lorraine, des droits qui luy pouvoient lors appartenir, ou luy appartiendroient au futur, ès Duchez de Bar, & de Lorraine, au Marquifat de Pont-amouffon, & ès Comtez de Provence, de Forcalquier, & de Piedmont, & ce en confideration de ce qu'elle eftoit coufine germaine dudit Roy Louys, & des grands bienfaits, & entretenemens qu'elle avoit reçus de luy.*

A Angers l'an 1480, le 19 Octobre.

SÇACHENT tous prefens & à venir, que en noftre Cour pour le Roy noftre Sire à Angers en droict, pardevant nous perfonnellement eftablie très-haute, & très-excellente Princeffe Madame Marguerite, Reyne d'Angleterre, veufve de très-haut, très-excellent, & puiffant Prince, & de bonne memoire, feu Henry en fon vivant Roy dudit Royaume d'Angleterre : Et fille de très excellens, & puiffans Prince & Princeffe, de loüable memoire, René en fon vivant Roy de Jerufalem, d'Arragon, & de Sicile, Duc d'Anjou & de Bar, Comte de Provence, de Barcelone, de Forcalquier & de Piedmont, Marchis, & Marquis du Pont : Et de Dame Ifabelle de Lorraine, Ducheffe de Lorraine, & Dame defdits lieux jadis fon Epoufe. Soubmettant ladite Dame Marguerite, elle, fes hoirs, avec tous & chacun fes biens, meubles & immeubles, prefens & à venir, au pouvoir, deftroit, reffort & jurifdiction de noftredite Cour, quant à ce qui s'enfuit, laquelle fouvent reduifant à memoire les chofes qui s'enfuivent. C'eft à fçavoir la proximité du lignage qui eft entre le Roy noftre fouverain Seigneur & elle. Et pour aucune remuneration des grands & innumerables honneurs, aides, & fecours qu'elle a eües en plufieurs manieres, tant dudit Sire, que de feu très-excellent Prince, & de glorieufe memoire le Roy Charles VII. de ce nom, pere du Roy noftredit Sire, par le moyen & honneur duquel, & par fa grande conduite, peines, & labeurs qu'il y prit, elle fut hautement colloquée en mariage avec ledit feu Roy Henry, paifible dudit Royaume d'Angleterre : & fi hautement eflevée en honneur que mieux n'eut fceu eftre, comme il eft tout notoire, auffi très-bien cognoiffant les loüables fupports, faveurs, & aides que depuis elle a eües & a du Roy noftredit Sire, auquel elle eft coufine germaine, tant au fait de guerres & divifions,

Tiré de l'Edition de M. Godefroy.

---

(1) Ceffion de Marguerite fille de René, Roy de Sicile, & d'Yfabeau Ducheffe de Lorraine, au Roy Louys XI. de tous fes droicts fucceffifs, l'an mil quatre cens quatre-vingts, le dix-neufiefme jour d'Octobre.

sions, qui depuis sondit mariage sont survenuës contre ledit Roy son espoux & elle, pour obvier ausquelles elle a tousjours eu son certain, seul & propre recours au Roy nostredit Sire, qui l'a benignement secouruë en toutes ses necessitez, baillé gens d'armes, navires & conduites contre les adversaires & ennemis de sondit feu espoux, & d'elle par diverses fois qu'elle est venuë fuite d'Angleterre en ce Royaume, ce qu'elle ne pouvoit ailleurs trouver, & tellement que par les bons termes, aides & confort du Roy nostredit Sire, elle a longuement resisté par armes & obtenu plusieurs batailles & victoires contre lesdits adversaires: ledit feu Roy Henry estant estroitement detenu prisonnier en leurs mains. Après ce d'abondant luy a le Roy nostredit Seigneur pourchassé alliance de mariage à ses grands frais pour le feu Prince de Galles son fils, ou le Roy nostredit Sire fraya moult pour tousjours les fortifier d'amis: Et encores en soy montrant plus fervent en la vraye amitié que avoit & tousjours eu ledit Sire envers ladite Dame establie sa parente, voyant la piteuse destresse en quoy elle fut detenuë de sa personne après la mort de sesdits fils & espoux, pource que lesdits adversaires la detenoient, & par long-temps l'ont detenuë & encore de present, & toute la vie d'elle l'eussent pû detenir en grande captivité, pauvreté, misere & servitude à elle insupportable, si ce n'eust esté la grande bonté, liberalité & parfait amour que le Roy nostredit Sire lui a tousjours monstré par vraye evidence, en procurant à grands frais & mises la liberté & delivrance de la personne d'elle. A laquelle cause a convenu entre autres mises, que le Roy nostredit Sire en ait payé la somme de cinquante mille escus d'or, qui est un si singulier bien à elle fait, comme elle disoit qu'il n'est personne qui luy en sceut faire suffisante estimation: & tousjours en soy montrant envers elle piteux & debonnaire, après qu'il l'a retirée de ladite servitude, il l'a pourveuë & pourvoit continuellement de ses bienfaits, & luy a soustenu & soustient, vie & estat d'elle, & de ses serviteurs, desquels & autres gracieux & liberaux bienfaits & secours dont elle ne sçauroit le tout raconter, & dont elle se tient très-contente, & tant s'en tient obligée vers ledit Seigneur & les siens, que pour bien qui luy sceut avenir, elle ne voudroit estre notée du vice d'ingratitude. Et pour ces causes & autres à ce la mouvans, bien pourveuë & conseillée de son cas, non induite, ne seduite par fraude ne autrement en quelque maniere que ce soit, après qu'elle a affermé par son serment, & en parole de Reyne, non avoir autre chose de quoy elle peut, ou sceut recompenser le Roy nostredit Sire en tout, ne en partie, & que ainsi luy plaist, & veut estre fait pour aucunement recompenser le Roy nostredit Sire, pour les causes dessus declarées: A cogneu & confessé, & par la teneur des presentes cognoist & confesse de son bon gré sans aucun forcement toutes & chacunes les choses dessusdites estre vrayes: & avoir donné, baillé & octroyé, quitté, cedé, delaissé & transporté, & par la teneur de ces mesmes presentes, donne, baille, octroye, quitte, cede, delaisse & transporte dès maintenant & à present, à tousjours mais perpetuellement par heritage, & à titre irrevocable, & en toutes les meilleures formes & manieres que faire elle peut, au Roy nostredit Seigneur pour luy, ses hoirs, & ayans cause, tous & chacuns les droicts,

noms,

DE PHIL. DE COMINES.

1476.

noms, raisons, actions, petitions, demandes, droits d'avoüer, d'annoncer, & de demander, que ladite Dame establissante a, & peut avoir, & qui luy pourroient, peuvent, ou doivent competer & appartenir, soit en tout & en partie ès Duchez de Bar, de Lorraine, Marquisat du Pont, & autres Terres & Seigneuries, appartenances & dependances desdites Seigneuries, & chacunes d'icelles. Et aussi ès Comtez de Provence, Forcalquier & Piedmont, & generalement tous les droits par action & pretention qu'elle a, peut & doit avoir en toutes lesdites Terres & Seigneuries, & chacunes d'icelles, tant à cause de la succession & eschoite de feus sesdits Seigneur & Dame, pere & mere, ou autres ses predecesseurs, comme autrement en quelque maniere que ce soit, avec tous les droits, honneurs, profits, revenus, prerogatives & emolumens qui en dependent, & peuvent dependre pour en jouyr perpetuellement par heritage par le Roy nostredit Seigneur, ses hoirs & ayans cause de luy, comme de ses propres choses à luy acquises par droit d'heritage sans rien en retenir, reserver ou excepter pour ladite Dame, ne pour les siens, en quelque maniere que ce soit, & s'en est devestuë & dessaisie. Et par ces presentes s'en devest & dessaisit : & en a vestu & saisi le Roy nostredit Seigneur par ces mesmes presentes, & a voulu & consenty, veut & consent ladite Dame establissante, que ledit Seigneur par luy, ou par ses Procureurs, Facteurs ou Entremeteurs, Commis ou Deputez, dès maintenant, ou toutesfois qu'il luy plaira de son autorité & puissance puisse entrer & prendre possession reelle, corporelle & actuelle, pour en jouyr & user comme de ses propres choses à luy acquises par droit d'heritage, sans ce que ladite Dame ne autres pour, ne au nom d'elle, y puisse ores ne le temps avenir y pretendre, demander, querir ne reclamer, & avoir aucun droit en petitoire ne possessoire, en quelque maniere que ce soit. Et sans ce que en ce faisant soient faites & observées aucunes autres solemnitez, qui tant de droit comme de coustume y pourroient au devroient estre requises & faites, ausquelles & à chacunes d'icelles, ladite Dame de sa certaine science & volonté y a renoncé & renonce par ces presentes au profit du Roy nostredit Seigneur. Et en outre a voulu & consenty, veut & consent icelle Dame establissante, que si autres clauses, ou choses particulierement estoient necessaires ou profitables estre dites, declarées ou adjoustées, qu'elles y soient mises, declarées, specifiées ou adjoustées à la seureté, intention, bon plaisir, profit & utilité du Roy nostredit Seigneur, pour mieux valider ce present transport, cession, & tout le contenu en ces presentes. Ausquels donaison, quittance, baillée, cession & transport, & tout ce que dessus est dit & devisé, tenir, garder & entretenir fermement & loyalement de point en point en tous articles, sans jamais faire ne venir encontre par applegement, contrapplegement, opposition, appellation, recision ne autrement en quelque maniere ne par quelque cause que ce soit. Et lesdites choses ainsi données, baillées, quittées, cedées & transportées, garentir, sauver, delivrer & deffendre de tous quelconques empeschemens envers tous & contre tous, a obligé & oblige ladite Dame, elle, ses hoirs, avec tous & chacuns ses biens, presens & à venir. Et quant à ce a renoncé & renonce par ces presentes à toutes graces, relievemens

Tome III.   P p p

vemens de Prince, dispense de Pape & d'autres Prelats, deception d'outremoitié de juste prix ou autre. Et par especial au benefice & aide du droit Velleyen; elle sur ce de nous acertenée, & generalement à tous droits, faits & introduits en faveur des femmes. Et à toutes & chacunes les choses, qui tant de fait, de droit que de coustume, pourroient estre dites, alleguées ou objicées contre l'effet & la teneur de ces presentes en quelque maniere que ce soit : & au droit disant generale renonciation non valoir ; & de tout ce que dessus est dit, tenir & accomplir, sans jamais faire ne venir encontre en aucune maniere : En est tenuë ladite Dame par la foy & serment de son corps sur ce donnée en nostre main, dont nous l'avons jugée & condamnée par le jugement & condamnation de nostredite Cour de son consentement. Donné en Recullée près & hors les murs de la Ville d'Angers, soubs les sceaux establis aux contrats de nostredite Cour, le dix-neuviesme jour d'Octobre, l'an de grace mil quatre cens-quatre-vingt. Et estoient à ce presens Reverend Pere en Dieu, Monsieur Guillaume, Evesque de Poitiers; Noble & puissant Seigneur, Monsieur Guyot Pot, Comte de Saint-Pol; venerables personnes Jean de la Vignolle, Doyen d'Angers; Jean Vinel, Juge d'Anjou; Jean Binel, Procureur du Roy nostredit Seigneur; Hervé Regnault, President du Conseil dudit Seigneur; Emery Louet; Messire Guillaume de la Barre, Prestre, Aumônier de ladite Dame; Robert Tyrine, son Maistre d'Hostel, & d'autres plusieurs. Lesquelles Lettres nous avons autrefois faites, renduës & baillées par nous Notaires cy soubscrits à Messeigneurs du Conseil, & des Comptes du Roy à Angers, pour le profit dudit Seigneur, & depuis par ordonnance & commandement de Maistre Lyenard Baronnat, Conseiller dudit Seigneur, & Maistre de ses Comptes à Paris. Derechef ont esté refaites & regrossées pour ledit Seigneur, pour icelles porter à Paris en la Chambre desdits Comptes, pour ce que l'on a adiré, & esgaré l'autre grosse, & n'en peut-on finer : Refaites & baillées audit Baronnat, le dixiesme jour de Fevrier l'an mil quatre cens nonante-deux. *Signé* PELETIER, & G. DE LAISSER.

CCLXXVI.

☞ *Sentence de condamnation, contre Joachim Rouault de Gamaches, Mareschal de France, pour raison de plusieurs concussions, faux rôles des gens de sa Compagnie, divertissement des munitions de la Ville de Dieppe, en plusieurs sommes, & au banissement perpetuel. Donné à Tours par des Commissaires, President, Messire Bernard Lauret, premier President du Parlement de Thoulouse.*

Tiré des Recueils de M. l'Abbé Le Grand.

VEu par les Commissaires à ce commis & deputez par le Roy nostre Sire, le procès fait allencontre de Messire Joachim Rouault, Chevalier de l'Ordre, Seigneur de Gamaches, Mareschal de France, Capitaine de Dieppe & de cent Lances, ensemble sa confession volontaire par luy faite pardevant lesdits Sieurs Commissaires, & tout veu & consideré ce qui fust à voir & considerera grande & meure deliberation ; il sera dit que lesdits Sieurs Commissaires ont cassé & adnullé, cassent & adnullent

adnullent certains contracts de vendition & transport faits audit Messire Joachim, par Maistre Gilles Lombard, du Fief, Terre & Seigneurie de Monchun, & ont condamné & condamnent ledit Messire Joachim Rouault, à rendre & restituer audit Maistre Gilles Lombard, ladite Terre & Seigneurie de Monchun, ensemble les fruits, revenus & esmolumens qu'il en a prins & perceus depuis ledit contrat; aussi à la Ville de Dieppe, la somme de cent escus par luy prinse des heritiers & executeurs de feu Montaut-Loultiez, en son vivant, Receveur des deniers communs de ladite Ville de Dieppe, pour icelle somme estre convertie & employée aux reparations de ladite Ville; à Jehan Mommer, cinquante bœufs ou la valeur & estimation d'iceux; à Colin Hochecorne, la somme de six-vingt escus d'or, deduit ce qu'il en apperra avoir esté restitué audit Hochecorne par ledit Rouault; à la veuve & heritiers de feu Jehan le Roy, de Rouen, la somme de cent-cinquante escus, lesquelles sommes, ledit Rouault a exigé des dessusdits à tort, & sans cause; & outre, pour plusieurs grandes & diverses sommes de deniers par luy induëment prinses & exigées, de l'argent ordonné pour le payement de ses gens de guerre, de la grande ordonnance, & de la morte paye, estans soubs sa charge, pour lequel recouvrer à son profit, il a fait faire plusieurs rôles de la monstre desdites gens de guerre, lesquels il a fait emplir de noms & personnes supposées, & autrement aussi pour les bleds achetez par l'ordonnance, & des deniers du Roy, la somme de douze cens cinquante livres tournois ou environ, & mis audit lieu de Dieppe, pour l'avitaillement d'iceluy, peu de temps avant la derniere retraite des Anglois en ce Royaume, lesquels bleds ledit Messire Joachim a prins, & fait prendre, vendre & appliquer à son profit, & depourvoyant ladite Place sans le sceu & congé du Roy, luy estant à Beauvais après la descente desdits Anglois, & autres grandes causes; lesdits Commissaires ont condamné & condamnent ledit Messire Joachim Rouault, en la somme de vingt mille livres tournois envers le Roy, & à tenir prison jusques à plein payement, satisfaction & accomplissement des choses dessusdites, sur laquelle somme seront prins les frais de Justice, & au surplus tant pour lesdits cas, que pour plusieurs autres grandes causes, crimes, offenses, excès & delits par luy faits, commis & perpetrez allencontre du Roy, de la Couronne de ce Royaume, & de toute la chose publique d'iceluy, dont plus à plein est faite mention esdits procès & confession dudit Messire Joachim Rouault; lesdits Commissaires l'ont privé & privent de tous Offices Royaux, honneurs, estats, dignitez & Charges publiques quelconques, & avec ce l'ont banni, & bannissent à tousjours du Royaume de France, & ont declaré & declarent le residu de tous, & un chacun ses biens meubles & immeubles estre confisquez, & appartenir au Roy les sommes & restitutions cy-dessus declarées, prinses avant toute confiscation. Prononcé en l'Audiance de Tours, par Monsieur Maistre Bernard Lauret, premier President en la Cour de Parlement à Tholose, presens tous mesdits Sieurs les Commissaires, le seiziesme jour de May, l'an mil quatre cens septante-six.

CCLXXVII.

Lettre du Roy Louis XI. à Monsieur de Dunois, sur le Comte de Campobasche.

Tiré des Recueils de M. l'Abbé Le Grand.

Monsieur de Dunois, j'ay receu vos Lettres par vostre homme, la déposition du poursuivant du Comté de Campobaso, & les Lettres qu'il luy portoit ; vous pouvez bien delivrer ledit poursuivant, & si vous pouvez gaigner sondit Maistre, & qu'il eust voulenté d'estre des miens & soy declarer entierement, j'en serois bien content ; & pourrez dire au poursuivant, que je appointerois sondit Maistre de pension & luy d'un bon Office, en maniere qu'ils en devroient estre contens : parlez-en comme de vous-mesme ; s'il vous dit que son Maistre n'y voudroit entendre, laissez-le aller, & n'en parlez. A Lyon, le cinquiesme jour de Juin.

CCLXXVII*.

Instructions de ce qui est dit, & remontré de par le Roy pour Monsieur le Chancelier & autres, estans de par ledit Seigneur à la journée de Noyon, à ceux qui y sont de la part du Duc de Bourgogne.

Tiré des mêmes Recueils.

Dira qu'il a esté expressément accordé que le Roy pourra assister le Roy de Portugal, & que le Duc de Bourgogne assistera le Roy d'Arragon, sans ce que pour cela les Tresves soient rompuës, & qu'ainsi si le Roy a favorisé & secouru l'un des deux Roys, ledit Duc de Bourgogne n'a cause ne matiere de s'en douloir ne plaindre, car le Roy l'a peu & deu licitement faire par lesdits Traitez.

Quant ausdits articles, il est dit clairement touchant le Comté de Marle, que les Seigneuries de la Fere, Chastelier, Vendeuil & Saint-Lambert dependent de la Comté de Marle, demeureront au Roy, pour y prendre tailles & tous autres droits, comme ès autres Terres de son obéyssance, & que la Terre & Seigneurie dicelle demeureront au Comte de Marle, & que pareils droits demeureront au Duc de Bourgogne sur Marle, Jarcy, Moncornet, Saint-Gobin & Assy, dont les revenus ores seront au Comte de Marle, que cette matiere de soy si clairement ne doit point estre traitée de nouveau.

Que quant aux autres points, on est convenu qu'ils resteront dans l'estat qu'elles estoient au treiziesme de Septembre, jusqu'à ce qu'il en ait esté autrement appointé.

CCLXXVIII.

JEAN D'ORLEANS.
Comte de Dunois.
Mort le 24. Novembre 1468.

Babel invenit et Sculpsit.

CLXXVIII.

☞ *Traité de paix entre le Duc François Duc de Bretagne, & Louis XI. Roy de France, du 23e. jour d'Aoust, 1476.*

1476.

Sçachent tous presents & advenir, que aujourd'huy très-haut & très-puissant Prince, François par la grace de Dieu, Duc de Bretagne, Comte de Montfort, de Richemont, d'Estampes & de Vertus, nostre souverain Seigneur estant & seant en cette Ville de Redon, en la grande Salle de l'Abbaye d'iceluy lieu, pour tenir les Estats de son pays & Duché de Bretagne, presens & assistans Reverends Peres en Dieu, & très-honnorés Seigneurs, les Prelats & Barons, & aussi Baronnets, Bacheliers, Chevaliers, Escuyers, Gens de Chapitre & de bonnes Villes à celle fin convoquez & assemblez audit lieu de Redon, faisant & presentant iceux Estats, a fait entre autres choses dire, declarer & remontrer, & de fait par très-honnorez Seigneurs, Guillaume Chauvin, Seigneur du Bois & de Ponthus, Chancelier de Bretagne, leur a esté par commandement de nostredit souverain Seigneur dit, declaré & remonstré que dès le neufiesme jour d'Octobre dernier, le Roy pour luy, ses pays, Seigneuries & subjets, * d'autre part, sur les differends qui par avant avoient esté entre eux & plus grands ensuir*, avons fait, pris & accordé & contracté ensemble paix perpetuelle, amitié, alliance, confederation, bonne & vraye union selon la forme & articles d'icelle paix bien à plein contenus & declarez par les Lettres sur ce faites & données. Sçavoir, les Lettres du Roy du datte dessusdite, & les Lettres du Duc dattées du cinquiesme jour de Novembre dernier, de laquelle paix ainsi traitée, accordée & contractée, le Roy doit, & avoit promis bailler Lettres par les Gens d'Eglise, les Nobles, & autres Estats de son Royaume, & le Duc de sa part doibt & avoit promis bailler semblables Lettres des Gens d'Eglise, Nobles & autres Estats des pays & Duché confirmatoires de ladite paix & amitié, & des Lettres d'icelles faites & octroyées ; à quoy & à toutes autres choses de sa part promises & octroyées par le Traité d'icelle paix, le Duc veut & desire de tout son cœur fournir, & à cette fin a fait convocation & assemblée desdits Estats, demandans avoir d'eux lesdites Lettres confirmatoires, pour les rendre & bailler au Roy, en retirant & recevant de luy les semblables, ainsi que bailler les doit, sur quoy emprès que les Lettres contenant la forme & article de ladite paix, furent veues & leues en presence desdits Estats, qu'eux par intervalle de temps les virent & visiterent pour y avoir bonne & meure deliberation, desquelles Lettres du Duc, la teneur s'ensuit.

FRANÇOIS par la grace de Dieu, Duc de Bretagne, Comte de Montfort, de Richemont, d'Estampes & de Vertus. A tous ceux qui ces presentes Lettres verront, Salut : Comme depuis le trespas de feu mon très-redoubté Seigneur Monseigneur le Roy Charles, que Dieu absoille, plusieurs guerres, divisions & differends ayent esté meus & suscitez contre Monseigneur le Roy de present & nous, dont innumerables maux & inconveniens s'en sont ensuis ; nous qui tousjours avons desiré & desirons de

Tiré du Tresor des Chartes du Roy. Armoire M Cassette A. cotte iij.

* Il y a manqué en cet endroit & faut mettre, *d'une part, & ledit Seigneur Duc pour lui ses pays, Seigneuries & subjets.*

* Ajoutez *pouvoient.*

tout

1476.

tout noſtre cœur appaiſer & eſteindre leſdites diviſions & differences, auſſi pour relever le pauvre peuple de miſere, le garder d'oppreſſion, & éviter la cruelle effuſion du ſang humain, conſiderant que à l'honneur & louange des Princes Chreſtiens, rien n'eſt plus convenable que de deſirer & aimer paix, de laquelle le bien & le fruit ès choſes terriennes & mortelles eſt ſi grand que plus ne pourroit. En ayant regard ſingulier à la bonne & loyale amour qui le temps paſſé mondit Seigneur le Roy, & ſes predeceſſeurs Roys de France ont eu, tenu à nous & à nos predeceſſeurs Ducs de Bretagne, après pluſieurs ouvertures & pourparlez, ſur ce eus entre mondit Seigneur le Roy & nous & les Gens de noſtre Conſeil à ce commis par l'advis & deliberation de pluſieurs Prelats, Barons, & autres Gens de noſtre grand Conſeil, avons traité & accordé avec mondit Seigneur le Roy en la forme & maniere contenuës & declarées ès articles, dont la teneur s'enſuit, & ce ſont les articles accordez entre le Roy & le Duc de Bretagne. Et *premierement*, ont fait, promis & contracté, font, prennent & contractent enſemble paix perpetuelle, amitié, alliance, confederation, bonne & vraye union, & reçoit le Roy ledit Duc comme ſon bon parent & nepveu en ſa bonne grace & amour, & promet de luy ſecourir & aider, & le deffendre envers tous & contre tous ceux qui peuvent vivre & mourir ſans nul excepter, & n'entreprendra, ne ſouffrira entreprendre, faire ne pourchaſſer à ſa perſonne, ne à ſes gens & Seigneurie mal, ennuy, dommage ne inconvenient par quelque moyen, ne pour quelque cauſe que ſe puiſſe eſtre, & quitte, eſteint & met hors ſon courage tous deſplaiſirs, inimitiez, guerres, malveillances, haynes, diſcords & toutes choſes avenuës ou temps paſſé, & les met au neant, tout ainſi que ſi onques jamais n'euſſent eſté ou feuſſent avenuës, ſans ce que jamais luy, ſes hoirs ne ſucceſſeurs en puiſſent faire ne mouvoir aucune queſtion ou demande en maniere quelconque, de quelque qualité que ſoient ou puiſſent eſtre leſdites choſes, voulant & octroyant, veut & octroye le Roy, que cette preſente quittance generalle vaille, & ſoit de tel & ſi grand effet comme ſi les deſplaiſirs, guerres, malveillances & choſes devant touchées, leurs qualitez, & tout ce qui s'en eſt enſuy eſtoient expreſſement ſpecifiez & declarez en ces preſentes, & pareillement le Duc aidera & ſervira le Roy en la deffenſe de luy & de ſon Royaume envers tous & contre tous ceux qui peuvent vivre & mourir ſans nul excepter, & n'entreprendra ne ſouffrira entreprendre, faire ne pourchaſſer en ſa perſonne, ſon Royaume, ne à ſes pays & Seigneuries mal, ennuy, dommage ne inconvenient par quelque moyen, ne pour quelque choſe que ce puiſſe eſtre. *Item*. Et pour ce que à l'occaſion des diviſions, queſtions & differends qui par cy-devant ont eſté entre le Roy & le Duc, iceluy Duc a eſté meu & contraint de faire & contracter par eſcrit, par ſerment, promeſſes ou en autre façon quelconque, aucunes alliances, fraternitez, confederation ou obligations quelconques allencontre du Roy, le Duc par cette preſente paix, amour & alliance, les abolit & s'en depart du tout, ſans jamais en uſer ores, ne pour le temps advenir, allencontre du Roy ne de ſon Royaume. *Item*. Et demourera le Duc en ſon Duché tenu envers le Roy, & luy obéyra en la maniere comme il faiſoit au temps dudit feu Roy Charles ſeptieſme de bonne memoire, ſon pere.

Item.

Item. Et le Roy de sa part gardera & maintiendra le Duc en toutes les franchises & libertez de sa personne, ainsi que luy & ses predecesseurs ont esté ès temps passez, & laissera ledit Duc pour son pays & Duché de Bretagne jouyr & user paisiblement & franchement des droits, noblesses, preeminences, franchises, libertez & prerogatives d'iceluy Duché à qui y appartiennent, & desquelles, luy & ses predecesseurs ont jouy & usé, sans luy faire, ne donner, ne souffrir estre fait ou donné aucun trouble, empeschement, question ou molestation quelconques, reservé les droits deus accoustumez, ainsi que en usoit le Roy Charles septiesme de bonne memoire. *Item.* Et se aucuns ou aucunes s'efforçoient de faire aucunes entreprises allencontre de la personne dudit Duc, sesdits pays & Seigneuries, le Roy sera tenu de secourir & aider le Duc, & le garder & deffendre envers tous ceux qui le voudroient grever, sans aucun excepter, & en ce employer ses gens de guerre, tant de son ordonnance que son arriere-ban & toute sa puissance, tant par mer que par terre, & incontinent qu'il aura cognoissance de ladite entreprise, en fera advertir ledit Duc, & de soy-mesme y resistera de tout son pouvoir, en y donnant toutes les provisions à luy possibles, tout ainsi qu'il feroit pour sa propre personne & pour son Royaume, nonobstant toutes autres alliances faites par le Roy avec autres Princes, & ausquelles sera derogé par ces presentes en tant que touche & peut toucher les faits & interests du Duc, ses pays & Seigneuries & subjets; icelles alliances neantmoins demourans en leur force & vertu en autres choses, & le Duc aussi de son costé, si le cas avenoit d'aucune entreprise sur le Roy, son Royaume, pays & Seigneuries, ledit Duc sera tenu aider & servir le Roy, & le garder & deffendre envers tous ceux qui le voudroient grever, sans aucun excepter, & y employer ses gens de guerre, soit d'ordonnance, ban & arriere-ban, & toute sa puissance, tant par mer que par terre, & incontinent qu'il en aura connoissance, en fera avertir le Roy, nonobstant toutes autres alliances faites, & de soy-mesme y resistera de tout son pouvoir en y faisant donner toutes les provisions à luy possibles, tout ainsi qu'il feroit pour sa propre personne & pour ses pays & Seigneuries. *Item.* Et en tant que touche les subjets du Duc, & aussi ses serviteurs, de quelque pays, estat ou condition qu'ils soient, le Roy dès à present rejette, quitte & entierement delaisse tous desplaisirs, immunitez, malveillance, & generalement toutes les choses qui pour occasion de mesiance, divisions & differences touchées cy-dessus ont esté & sont avenues, les met du tout au neant, & les tient & repute le Roy pour non faites & non avenuës, sans ce que ores, ne pour le temps avenir leur en soit ou puisse estre fait aucun ennuy, dommage ou desplaisir, & les a receu & reçoit le Roy en sa bonne grace, & retourneront, & les restituë le Roy à tous leurs biens, Terres, Seigneuries & possessions immeubles, nonobstant toutes saisines, main-mise, & tous dons & transports que le Roy en pourroit avoir fait, & pour quelque chose passée, le Roy ne leur fera, ne souffrira estre fait ennuy ne desplaisir, ou dommage en corps ne en biens en aucune maniere ; toutesfois au regard de Poncet de Riviere, & de Pierre d'Urfé, le Roy leur octroye Lettres d'abolition selon les modifications & forme & maniere declarées ès Lettres particulieres sur ce

faites,

faites, & particulierement au regard des gens ferviteurs du Roy, & autres de quelque pays, eftats ou condition qu'ils foient, ils retourneront, & les reftituë ledit Duc à tous leurs biens, Terres, Seigneuries & poffeffions immeubles, eftans audit Duché, nonobftant quelconque faifine, main-mife, dons, tranfports, allienations & autres empefchemens quelconques que le Duc en pourroit avoir fait, ou autres de par luy; & pour quelque chofe paffée, le Duc ne leur fera ne fouffrira eftre fait ennuy, defplaifir ou dommage en corps ne en biens, ne aucune maniere. *Item.* Que le Roy fera reftituer & remettre ledit Duc en la poffeffion & faifine de toutes les Terres & Seigneuries, qui à l'occafion des queftions & differences deffufdites auroient efté prifes & faifies en fa main en revoquant, caffant, annullant & mettant du tout au neant lefdites faifines & main-mife, enfemble tous dons, contracts, allienations & tranfports qui par le Roy ou autres ayans pouvoir, commiffion ou droit de luy eftoient faites à quelconques perfonnes, & par quelque titre que ce foit, fans faire ne fouffrir aucun trouble ou empefchement luy eftre mis ou donné en la poffeffion & jouyffance defdites Terres & Seigneuries. *Item.* Et s'il avenoit que aucuns finiftres rapports fuffent faits au Roy de la perfonne dudit Duc par efcrit ou autrement contre l'effet & fubftance de cette prefente paix & union, le Roy en fera avertir le Duc le pluftoft que poffible luy fera, afin que ledit Duc en puiffe avertir le Roy & informer de la verité, & auffi fe aucuns rapports eftoient audit Duc de la perfonne du Roy en quelque maniere que ce foit, ledit Duc fera tenu d'en avertir le Roy en toute diligence, le pluftoft qu'il pourra. *Item.* Que le Roy & ledit Duc ont promis, juré & accordé en parole de Prince, fur leurs honneurs, & par les foy & fermens de leurs corps, & fur la vraye Croix de Saint-Lo, les Reliques de Monfieur faint Hervé & de S. Gildas, & fur l'obligation de tous leurs biens meubles & immeubles prefens & avenir, de tenir, obferver & garder inviolablement & fans enfraindre toutes les chofes deffufdites & chacune d'icelles, fans jamais aller ne venir allencontre en aucune maniere, pour quelque caufe ou occafion, & de ce bailleront leurs Lettres en forme autentique, & des fermens qu'ils feront fur lefdites Reliques, feront baillées Lettres d'une part & d'autre.

Sçavoir faifons, que pour confideration des chofes deffufdites, & fingulierement en l'honneur & reverence de Dieu noftre Createur, & pour le bien, defir & grande affection que de tout temps avons euë & avons de vivre & nous gouverner envers mondit Seigneur le Roy & fon Royaume, en toute bonne amour & union, ladite paix, amour, union & alliance d'entre mondit Seigneur le Roy & nous, enfemble toutes & chacunes les chofes deffufdites contenuës & declarées efdits articles cy-deffus inferez, & chacun d'eux avons juré, promis & accordé, & par ces prefentes jurons, promettons & accordons en parole de Prince, fur noftre honneur, & par les foy & ferment de noftre corps, fur les faints Evangiles de Dieu, pour ce par nous manuellement touchez, & fur l'obligation de tous & chacuns nos biens, les tenir, entretenir, garder & obferver, faire & accomplir de point en point felon leur forme & teneur, fans jamais faire, aller ne venir à l'encontre par nous ne par autres, en
quelque

DE PHIL. DE COMINES. 489

quelque maniere que ce soit. En tesmoin de ce, nous avons signé ces presentes de nostre main, & à icelles fait mettre nostre scel. Donné en nostre Ville de Nantes, le cinquiesme jour de Novembre, l'an mil quatre cens septante-cinq. *Ainsi signé*, FRANÇOIS, *escrit de sa main*. Par le Duc, de son commandement, le Comte de Laval, vous l'Evesque de St. Malo, les Sires de la Roche, de Vieux, de Quintin, de Guemené, Guimgamp, & de Coëtinen, * l'Admiral; le Grand Maistre d'Hostel, le Seigneur de Parigny, & autres presens. G. RICHARD, *& scellé*. Iceux Prelats, Barons, Baronnets, Bacheliers, Chevaliers, Escuyers, Gens de Chapitre & bonnes Villes, congregez & assemblez comme dit est, faisans & reputans lesdits Estats, parlant & faisant parler par Messire Estienne Millon, Abbé de Saint-Jacques, ont confirmé, loué, ratifié, consenty & approuvé, & par la teneur de cette, loüent, consentent, confirment & approuvent ladite paix en la forme traitée, contractée & contenuë par lesdites Lettres, & selon la forme & articles d'icelle, donné & baillé tant du Roy, comme du Duc, ont voulu, promis, & se sont obligez icelle paix, union, amitié, alliance & confederation, tenir, garder & entretenir inviolablement, sans jamais faire, aller ne venir allencontre; en requerant, & de fait ont requis les Notaires Apostoliques c'y emprès subscrits de faire, former & signer instrument ou instruments, un ou plusieurs en forme autentique & valable, pour faire foy & tesmoignage des confirmations, approbations & autres choses cy-devant dites & contenuës; & d'abondant, ont très humblement supplié au Duc nostredit souverain Seigneur, que son bon plaisir soit, y faire apposer & adjouter le Sceau de la Chancellerie pour plus grande robeur & fermeté. Ce fut fait à Redon, lesdits Estats tenans en la grande Salle de l'Abbaye dudit lieu, le vingt-troisiesme jour d'Aoust, l'an mil quatre cens septante-six. *Signé*, M. ANDRÉ.

1476.

* Ou peut-être, *Coetquen*.

ET quia ego Michael André, Thesaurarius Dolensis, necnon Canonicus Nannetensis Ecclesiarum, in Decretis Licentiatus, publicus Apostolicâ & Imperiali autoritate Notarius, prædictarum pacis, confœderationis, amicitiæ & unionis, confirmationis, laudationi, ratificationi, consensui & approbationi, promissioni & obligationi, ac cæteris omnibus & singulis, dum sit ut supra, scriberentur, agerentur, dicerentur & fuerint in vulgari patriâ linguâ gallicanâ, unâ cum infrà scripto Notario præsens & personaliter interfui, eaque & eorum singula sic fieri, atque dici, vidi & audivi; idcircò huic præsenti publico instrumento inde confecto, alterius manu me aliis legitimè impedito negotiis, de mei jussu fideliter scripto, signum meum unà cum Notarii prælibati signi ac sigilli prædicti appensione solitum & consuetum apposui in præmissorum omnium & singulorum veritatis testimonium atque fidem, requisitus & rogatus. *Signé* M. ANDRÉ.

Et Ego Guillelmus de la Houlle, Canonicus Macloviensis, in Decretis Licentiatus publicus, Imperiali autoritate Notarius, quia prædictæ pacis, confirmationi, laudationi, ratificationi, consensui & approbationi, promissionique, obligationi, ac cæteris præmissis omnibus & singulis, dum sicut præmittitur in vulgari patriâ linguâ Gallicanâ dicerentur, agerentur & fierint unâ cum Notario supra scripto præsens interfui, eaque & singula

490   PREUVES DES MEMOIRES

1476.

singula sic fieri & dici , vidi & audivi ; idcircò præsentibus Litteris , seu publico instrumento exindè confectis manu alterius , me aliis impedito negotiis , fideliter scriptis , signum meum unà cum signo ipsius Notarii , sigilli prædicti appensione solitum apposui in fidem & testimonium veritatis præmissorum , requisitus & rogatus. *Signé* , De la Houlle.

Et quia ego Guido Richardi, Clericus Nannetensis Diœcesis, Apostolicâ autoritate Notarius , serenissimique Principis Domini Ducis Britanniæ Secretarius , prædictæ pacis , confirmationi , consensui & approbationi , promissionique obligationi, ac cæteris præmissis omnibus & singulis dum sic ut præmittitur in vulgari patriâ linguâ Gallicanâ dicerentur , agerentur & fierent , unà cum supra scriptis Notariis præsens, inter eaque & singula sic fieri & dici , vidi & audivi : idcircò præsentibus Litteris , seu publico instrumento exinde manu alterius , me aliis impedito negotiis , fideliter scriptis , signum meum unà cum sigilli ipsorum Notariorum prædictorum appensione solitum apposui in fidem , robur & testimonium veritatis præmissorum requisitus & rogatus. *Signé* , G. Richardi.

CCLXXIX.

Lettre du Roy Louis à Mr. de Saint-Pierre , sur la conduite qu'il doit à tenir l'égard du Duc de Nemours (Jacques d'Armaignac) prevenu de crime d'Etat , & dont il avoit la garde à la Bastille.

Tiré du MS. 8434. parmi ceux de Berthune dans la Bibliotheque de S. M. folio 14.

MOnsieur de Saint-Pierre , j'ay receu vos Lettres ; il me semble que vous n'avez qu'à faire une chose, c'est de sçavoir, quelle seureté le Duc de Nemours avoit baillée au Connétable d'estre tel comme luy, pour faire le Duc de Bourgogne Regent , & pour me faire mourir, & prendre Mr. le Dauphin , & avoir l'autorité & gouvernement du Royaume, & le faire parler clair sur ce point-cy, & le faire gehenner bien estroit. Le Connétable en parle plus clair par son procés, que ne fait Messire Palamedes , & si nostre Chancelier n'eust eust peur qu'il eust decouvert son Maistre le Comte de Dammartin (1) & luy aussi , (2) il ne l'eust pas fait mourir sans le faire gehenner , & sçavoir la verité de tout ; & encore de peur de déplaire à sondit Maistre , vouloit que le Parlement connust du procès du Duc de Nemours, afin de trouver façon de le faire échaper, & pour ce quelque chose qu'il vous en die, n'en faites sinon ce que je vous en mande.

Monsieur de Saint-Pierre, je ne suis pas content de ce que ne m'avez averty qu'on luy a osté les fers des jambes, & qu'on le fait aller en autre chambre pour besogner avec luy , & que l'on l'oste hors de la cage , & aussi que l'on le mene oüir la Messe là où les femmes vont , & qu'on luy a laissé les gardes qui se plaignoient de payement , & pour ce que die
le

(1) C'est apparemment là le motif de la seconde disgrace que souffrit le Comte de Dammartin en 1480. comme on le verra cy après.

(2) Le Chancelier étoit Pierre d'Oriolle , qui devoit toute son élévation à Louis XI. Ce Prince sçût bien reprocher au Chancelier son ingratitude & sa trahison , en termes assez clairs. C'est ce qu'on verra dans une Lettre que j'ay mise dans la note 12. livre VI. chapitre 8. page 389. du Tome I. de cette Edition

DE PHIL. DE COMINES. 491

le Chancelier ne autres, gardez bien qu'il ne bouge plus de sa cage, & que l'on voyse là besogner avec luy, & que l'on ne le mette jamais dehors, si ce n'est pour le gehenner, & que l'on le gehenne en sa chambre : & vous prie que si jamais vous avez voulenté de me faire service, que vous le me faites bien parler.

Monsieur de Saint-Pierre, si Monsieur le Comte de Castres veut prendre la charge de la personne du Duc de Nemours, laissez-la luy, & qu'il n'y ait nulles gardes des gens de Philippe Luillier, & qu'il n'y ait que de vos gens des plus seurs que vous ayez à le garder, & si vous me voulez venir voir un tour pour me dire en quel estat les choses sont, & amener Maistre Etienne Petit, quant & vous, vous me ferez grand plaisir, mais que tout demeure en bonne seureté, & adieu. *Escrit* au Plessis du Parc, le premier Octobre. *Signé* LOYS, *& plus bas*, BOURRÉ.

CCLXXX.

☞ *La vraye declaration du fait & conduite de la bataille de Nancy, de laquelle fut moyennant l'aide de Dieu victorieux le feu bon Roy René, Duc de Lorraine, mon souverain Seigneur, composée par les Memoires & billets de Chrestien, & dont desja & depieça il en laissa par ordonnance dudit Seigneur à Maistre Pierre de Blaru, Chanoine de Saint-Diey, certains articles, sur lesquels on dit ledit Maistre Pierre, avoir fait une Chronique.*

Au premier article & les autres ensuivans, où ledit Seigneur parle.

Toute mon armée estoit de dix-neuf à vingt mille hommes, dont les douze mille & plus estoient de mes soldes & Alliez.

Touchant l'Ordonnance.

Messire Willame Harter, Chevalier, estoit Capitaine, & avoit charge de tous les pietons, & le Comte Oswalt de Tierstain, estoit Capitaine de l'avant-garde avec ledit Willame Harter, en laquelle estoient plusieurs gens de bien, comme le Bastard de Vaudemont ; le Capitaine de la Garde, Jacques Wisse ; les Capitaines Malortie, Ceriolle, les Seigneurs de Dompjulien, de Bassompierre, de l'Estang, de Citain, & plusieurs autres, jusqu'au nombre de deux mille chevaux, & environ sept mille pietons des mieux armez. Le Guidon de ladite avant-garde estoit un bras armé, issant d'une nuée, tenant une espée nuë, avec la devise de mes predecesseurs, qui est, (*Toutes pour une*.)

Tiré du MS. 646. de ceux de M. Dupui.

En la bataille estoient les autres pietons, tenans le milieu, & moy à la dextre d'eux, avec huit cens chevaux de mes garnisons ; & le Comte de Bitches, des Aulmes, de Lynanges, & autres de mes Allemands ; le Senechal de Lorraine, Messire Thomas de Paffen-Hoffen, Messire Jean Wisse, Seigneur de Gerbeviller, Messire Gerard de Ligneville, Bailly de Vosge ; Joud. L. Chrestien, mes Secretaires, & plusieurs autres Lorrains & Barrisiens ; & à la senestre, le Sieur de Ribautpierre & moy, deux mille

mille chevaux; Meſſire Jehan de Bauldre, portoit l'Eſtandart en cette bataille, auquel Eſtandart eſtoit l'Annunciade peinte. De l'arriere-garde,
n'y en avoit point, ſinon les huit cens Coulevriniers qui furent mis, afin
de ſecourir, ſi aucune choſe ſurvenoit par derriere, & eſtoit environ un
jet de boulle derriere ladite bataille.

 Il n'y avoit autre Chef ne Lieutenant que moy, & eſtois en la bataille
habillé de gris-blanc & rouge, ſur un cheval griſon, nommé la Dame,
lequel m'avoit ſervi à la journée de Morat, & avois ſur mon harnois une
Roube * de drap d'or, à une manche de drap deſdites couleurs de gris-
blanc & rouge, & une barde auſſi couverte de drap d'or, & ſur leſdites
roubes & barde, trois doubles Croix blanches.

 L'entrée de la bataille fut, qu'après que je fus arrivé avec mon armée
le Jeudy avant les Roys au lieu de Hadonviller, diſtant de Nancy quelques cinq lieuës, je doutant que le Duc de Bourgoigne averti de ma venuë reprit les logis de Saint-Nicolas, & y miſt les feus, fortifiant le pont
pour empeſcher mon paſſage de la riviere de Meurte, penſay de gagner
premier leſdits logis, & de fait, le lendemain ſur le tard, mes Gens de
l'avant-garde gagnerent ledit pont, & y entraſmes moy & toute madite
armée; là y fut faite grande occiſion de Bourguignons trouvez en ladite
Ville, qui furent laiſſez tous morts & ruez ſur les carreaux, & après, averti
que Monſieur de Bourgoigne envoyoit gens de ſon coſté pour prendre leſdits logis, ainſi que j'avois aviſé, envoyay une puiſſante armée
hors de ladite Ville devers Nancy pour faire le guet, & ne firent ce ſoir
les Bourguignons autre ſemblant. Le lendemain qui fut vigile des Roys,
après avoir ouy la Meſſe, & toute l'armée desjeunée, je me pars dudit
Saint-Nicolas en ordre, l'avant-garde, bataille & arriere-garde, ainſi que
deſſus, mes gens marchiſſent fiers comme Lyons, & bien deliberez. Or
Monſieur de Bourgoigne qui ſçavoit bien ma venuë, tant des eſcoutes &
contre-chevaucheurs qu'il avoit ſur les champs, comme par le retour de ſes
gens qu'il avoit envoyez pour entrer audit St. Nicolas, s'eſtoit party ledit
jour bien matin, & le plus ſecretement qu'il put & ſans faire grand bruit
de ſon ſiege, afin que mes gens de la Ville ne s'en priſſent garde, & s'en
vint avec ſon oſt & puiſſance quelque quart de lieuë ſe parquer & aſ-
ſeoir ſon artillerie, & faire ſes ordonnances pour me combattre; mais
là, Dieu mercy, il eut deux empeſchemens, l'un que ceux de la Ville qui
ne penſoient point que je fuſſe ſi près d'eux, combien que je leur euſſe
bien ſignifié ma venuë dès Plotzem, environ deux lieuës de Baſle, par
Lettres chargées, l'une à Thierri, depuis Prevoſt de Mirecourt, & l'autre
à Piédefer, qui tous les deux avoient promis de rentrer audit Nancy,
ſaillirent par une poterne, & de ce coſté-là bruſlerent toutes leurs tentes,
& tuerent ce qu'ils trouverent, puis ſe retirerent dans la Ville; l'autre,
quant mon armée approcha les ennemis, j'envoyay quarante ou cinquante chevaux pour deſcouvrir.

 Touchant les Enſeignes, j'avois la mienne avec moy, qui eſtoit l'An-
nonciade, & les autres comme celles du Duc d'Autriche, de Monſieur
de Straſbourg & de Monſieur de Baſle, puis celles de chacun quartier des
Suiſſes; à ſçavoir, Zurich, Berne, Lugan, Fribourg, & pluſieurs autres bonnes Villes de la Ligue; & afin d'obvier queſtion, fut aviſé
que

*C'eſt-à-
dire, Robbe.

que toutes lesdites Enseignes seroient enmi la bataille en un flot, & marchant en cet estat bien accompagnée toute la journée, jusques la victoire euë. **1476.**

Quant est du cor que les Suisses ont accoustumé d'avoir en leurs batailles, ceux du quartier devant le portent quand ils approchent leurs ennemis le donner à connoistre à un chacun; & de fait, quand l'avantgarde en laquelle estoit ledit cor s'approcha des Bourguignons, attendant le combat, ledit cor fut corné par trois fois, & pense chacune tant que le vent du soufleur pouvoit durer, ce qui comme l'on dit, esbahit fort Monsieur de Bourgoigne, car deja à Morat l'avoit ouy.

Afin de n'estre contre-chevauché des ennemis, après eux marcha ladite avant-garde, & nonnobstant que j'eusse quatorze ou quinze faulcons, si n'en besoigna-t-on point, & cependant que les avantcoureurs d'un costé & d'autre s'escarmoucherent, voyant que Monseigneur de Bourgogne avoit mis son artillerie sur le chemin de Jarville, où le pas est estroit entre le bois & la riviere; j'envoyay l'avant-garde passer auprès ledit bois au costé de ladite artillerie par un viel chemin, en observant leur ordre qui vint donner aux flans de la bataille de Monsieur de Bourgógne, laquelle fut incontinent esbranlée, & abandonnerent les Bourguignons l'artillerie, & après quelque resistance se mirent en fuite, en laquelle Monsieur de Bourgoigne aussi sur un cheval noir fut abbatu & tombé en une fosse auprès de Saint Jean, & dura la chasse avec toute la puissance tousjours en son ordre jusques outre Bouxiere de la bonne bande; les gens à chevaux se mirent après les Bourguignons, fuyans jusques aux portes de Metz, dont ils prirent beaucoup de grands notables & bons personnages, & ne tint à gueres que le Roy de Portugal, lequel estoit parti d'Amance, quand il entendit la rupture de mondit Seigneur de Bourgogne [*ne fût aussi prins.*] *Ces paroles semblent manquer à la Relation.

LE MILLIAIRE DE LA JOURNÉE.

Vierge de qui Dieu fut en terre né,
Tu donnas nom triomphant à René
Duc de Lorraine, armé sous son Enseigne,
Mil quatre cens septante & six nous l'enseigne.

CCLXXX*.

☞ *S'ensuit la desconfiture de Monseigneur de Bourgogne, faite par Monseigneur de Lorraine.*

Quatre jours avant la bataille de Nancy, qui fut la vigile des Roys, mil quatre cens septante & six, le Comte de Campobast; le Seigneur Ange, & le Seigneur Jehan de Montfort, laisserent ledit Seigneur de Bourgogne, & le Mercredy devant la bataille, en emmena ledit Comte cent quatre-vingt hommes d'armes, & le Vendredy ensuivant, les deux autres Capitaines bien cent-vingt, & vouloient estre Franchois, mais l'on dissimula les recevoir pour la tresve, & fut advisé qu'ils s'en iroient à Monseigneur de Lorraine, qui fut fait reservé une partie de ceux qui demourerent. Tiré du MS. de la Biblioth. du Roi, parmi ceux de Bethune n°. 7679. 2.

1476.

mourerent pour garder Condé, qui est une Place sur la riviere de Mozelle, par où tous les vivres dudit Duc de Bourgogne passoient, qui venoient du Val de Merz & du pays de Luxembourg, & s'en tira ledit Comte de Campbast devers mondit Seigneur de Lorraine, & l'advertit de tout le fait du champ dudit Duc de Bourgogne, & incontinent retourna luy & ses gens audit lieu de Condé, qui n'est que à deux lieuës de Nancy.

Le Samedy ensuivant, Monsieur de Lorraine arriva à Saint-Nicolas, & les Suisses qui estoient dix mille cinq cens par compte fait, & d'autres Allemans y avoit beaucoup.

Le Dimanche matin environ huit heures partirent de Saint-Nicolas, & vindrent à Neufville, & outre un estang qui y estoit, firent leurs ordonnances, & en effet lesdits Suisses se mirent en deux bandes, dont le Comte de Tierstain & les Gouverneurs de Fribourg & de Zurich conduisoient l'une, & les Advoüez de Berne & de Lucerne l'autre, & environ midy marcherent tous en une fois devers la riviere, & en une bande, & l'autre à tout le grand chemin à venir de Neufville à Nancy.

Le feu Duc de Bourgogne s'estoit jetté hors de son parc, & s'estoit mis en bataille en un champ, & entre luy & les autres, avoit un ruisseau qui passe en une maladrerie nommée la Magdeleine, & estoit ledit ruisseau entre deux fortes hayes des deux costez entre luy & lesdits Suisses, & sur le grand chemin par là où venoit l'une des bandes d'iceux Suisses, avoit fait assorter ledit Duc tout le plus fort de son artillerie, & aussi que les deux bandes matchoient, & qu'elles furent à un grand trait d'arc des Bourguignons, l'artillerie dudit Duc de Bourgogne deschargea sur iceux Suisses, & n'y fit gueres de dommage, car icelle bande de Suisses laissa ledit chemin, & tira vers les bois, tant qu'elle fut au costé dudit Duc de Bourgogne, au plus haut lieu.

Ce temps pendant, ledit Duc de Bourgogne fit tourner ses Archiers, qui tous estoient à pied devers iceux Suisses, & avoit ordonné deux aîles d'hommes d'armes pour bataille, dont en l'une estoit Jacques Gallyot, Capitaine Italien, & en l'autre, Messire Josse de Lallain.

Et sitost que les Suisses se trouverent au-dessus & au costé dudit Duc de Bourgogne, tous à un coup se tournerent le visage vers luy & son armée, & sans s'arrester, marcherent le plus impetueusement de jamais; & à l'approche deschargerent leurs coulevrines à main, & à cette descharge, tous les gens à pied dudit Duc de Bourgogne se mirent en fuite, & la bande des Suisses qui estoit dedans la riviere marcherent quant celle de dessus, Jacques Galliot, & ceux qui estoient avec luy donnerent dedans, mais incontinent de fait, est ledit Jacques mort.

L'autre aîle donna pareillement sur l'autre bande; mais les Suisses ne s'en arresterent point, & sitost que les gens à pied dudit Duc de Bourgogne se mirent en fuite, ceux à cheval piquerent après, & tirerent tous pour passer de Buzore * à demye lieuë de Nancy, qui estoit le chemin à tirer vers Cherouville & Luxembourg.

Le Comte de Campobast avoit empesché le pont, & y estoit luy & ses gens en armes, & plusieurs autres gens avec luy, & avoit fait mettre des charrettes au travers dudit pont, & ainsi que la foule des Bourguignons y venoit & arrivoit, elle trouvoit resistance.

* Ce doit être Bousseres aux Dames, au Nord de Nancy.

Robert delineavit.   BATAILLE DE NANCI   Aveline Junior Sculpsit.

Donnée le 5. Janvier 1477. Style nouveau, dans laquelle Charles dernier
Duc de Bourgogne fut Tué; Tirée d'une Miniature du temps, du Philippe
de Comines Manuscrit de l'Abbaye Royale de Saint Germain des Prez.

a Paris chez Odieuvre, M.d d'Estampes rüe Danjou entrant par la rüe Dauphine la deuxieme P. Cochere.

DE PHIL. DE COMINES. 495

1476.

Monseigneur de Lorraine & ses Gens estoient au dos, & pour ce que l'on gardoit le pont, lesdits Bourguignons furent contraints eux jetter au guet & passages de riviere, là où ils estoient guettez, & là, fut le grand meurtre plus la moitié que au champ de bataille, car ceux qui se jettoient en la riviere estoient tuez par les Suisses qui y vindrent, & les autres pris avant ; peu s'en sauva du commencement : quand ils virent l'embuche du pont, aucuns se tirerent devers les bois, où les gens du pays les prindrent & tuerent, & à quatre lieuës du pays, on ne trouvoit que gens morts.

La chasse finie qui dura plus de deux heures de nuit, s'enquist Monsieur de Lorraine où estoit Monsieur de Bourgogne, & s'il s'en estoit fouy, ou s'il estoit prins, mais on n'en ouyt oncques nouvelles ; tout à l'heure fut envoyé homme propre, nommé Jehan Deschamps, Celrc de la Ville de Metz, pour sçavoir se ledit Duc estoit point passé, & le lendemain, manda que seurement on ne sçavoit qu'il estoit devenu, & qu'il n'estoit point venu vers Luxembourg.

Le Lundy au soir, le Comte de Campobast montra un Page nommé Baptiste, qui estoit natif de Rome du lignage de ceux de Coulompne, qui estoit avec le Comte de Chillans, Neapolitain, lequel estoit avec ledit Duc de Bourgogne, & disoit ledit Page, qu'il avoit veu tuer & abbattre ledit Duc de Bourgogne ; & luy bientost interrogé, fut mené & accompagné de beaucoup de gens de bien, au lieu où il estoit.

Et le Mardy au matin, fut trouvé ledit Duc de Bourgogne au propre lieu que monstra ledit Page tout nud, & environ & envers luy treize ou quatorze hommes tous nuds, & pareillement les uns assez loing des autres, & avoit eu ledit Duc de Bourgogne un coup de baston d'un nommé Humbert, à un costé du milieu de la teste, par audessus de l'oreille jusques aux dents, & un coup de picque au travers des cuisses, & un autre coup de picque par le fondement.

Ledit Duc fut reconnu à six choses, principalement.

La premiere. Aux dents, dessus lesquelles il avoit perduës.

La seconde. A la cicatrice de la playe qu'il avoit euë au mont-le-Hery à la gorge, à la partie dextre.

La tierce. A ses grands ongles qu'il portoit plus que nul homme de sa Cour, ne d'autre.

La quarte. D'une playe qu'il avoit en l'espaule, d'un charbonel * qu'il avoit eu autresfois.   * Ce doit être un clou.

La cinquiesme. D'une fistule qu'il avoit au bas du ventre à la penilliere dudit costé dextre.

La sixiesme. à un ongle qu'il avoit retrait en tirant à la char, en l'oreille senestre.

Et cette enseigne & celle de l'escarboucle donna son Medecin, qui est Portingalois, nommé Mathieu, & les autres enseignes cognurent ses Valets-de-Chambre, & outre, fut cognu par le grand Bastard, & pareillement par Messire Olivier de la Marche, & des Valets-de-Chambre, & par Denys, son Chapellain, & de tous ses gens qui y ont esté menez ; n'y a point de faute qu'il ne soit mort.

Incontinent ces choses faites, fut conclud par les Seigneurs assistans,

que

que aucuns des Capitaines du Roy nostre Sire, iroient prendre la possession de Bourgogne, & ils sont allez, en attendant nouvelles du Roy nostre Sire.

Là où il sera enterré n'a point encore esté deliberé; & pour le mieux cognoistre, fut lavé d'eau chaude & de bon vin, & mundé & nettoyé, & quand il fut en cet estat, il fut cognoissable à tous ceux qui par avant l'avoient veu & cognu.

L'on mena le Page qui ce avoit enseigné au Roy, & n'eust-il esté, jamais l'on ne l'eust cognu ne sceu qu'il eust esté devenu, consideré l'estat & le lieu où il fut trouvé.

L'on porta la sallade dudit Duc au Roy nostre Sire; & en ladite bataille, sont morts ceux qui ensuivent.

Le Duc de Bourgogne.
Le fils aisné du grand Bastard.
Le Comte de Nampost, qui estoit le meilleur prisonnier d'Allemaigne.
Le Seigneur de Bretonville.
Le Seigneur de Croy.
Le Seigneur de Contay.
Jacques Galliot.
Le grand Escuyer, & plusieurs autres personnages.

Et en icelle bataille, ont esté prins prisonniers,

Le grand Bastard de Bourgogne.
Le Bastard de Sandouyn.
Le Comte de Challons.
Messire Josse de Lalain, qui estoit fort bleché.
Messire Olivier de la Marche.
Le fils aisné de Monsieur de Contay.
Le fils aisné de Monsieur de Montagu en Bourgogne, & autres largement, & ne sçai-t'on qu'est devenu le Comte de Chimay, & espere-t'on qu'il soit mort.

CCLXXXI.

☞ *Extrait des Lettres du Roy Louys XI. aux Villes de Bourgogne, pour les porter à rentrer dans l'obéyssance qui luy est deue.*

Tiré des Recueils de M. l'Abbé Le Grand.

Lettres de Louys XI. du neuf Janvier mil quatre cens septante-six, au Plessis du Parc, aux bonnes Villes du Duché de Bourgogne, par lesquelles, narration faite de l'inconvenient nouvellement advenu à Mr. le Duc de Bourgogne, leur a fait remontrance que si ainsi estoit que mondit Seigneur fust mort ou pris, que Dieu ne veuille, en ce cas, ils sçavent bien que ledit Duché est de sa Couronne & de son Royaume, & ainsi que Mademoiselle sa fille est sa plus procheaine parente & filleule, à laquelle il veut garder son droit en toutes façons, comme le sien propre, requerant de le certifier sur ce de leur volonté ensemble de leurs affaires

pour

DE PHIL. DE COMINES. 497

pour y pourvoir, en maniere qu'ils feront contents, & pour ce que par lefdites Lettres qui ont efté communiquées par lefdites Villes, à tous les Eftats du pays, il a apparu & appert du grand, bon & entier vouloir que le Roy a à madite Demoifelle & audit pays, dont lefdits Eftats luy mercient très-humblement : lefdits Eftats fe font declarez & declarent tant en leur nom, comme pour & au nom de tous les fubjets & habitans d'iceluy pays, vouloir entierement obéyr au bon plaifir & voulenté du Roy, felon la forme & maniere que le requiert & demande par la teneur defdites Lettres, en cas toutesfois que mondit Sieur foit trépaffé, en fupliant en toute humilité, que fon plaifir foit de garder & entretenir entierement à madite Demoifelle, fa prochaine parente & filleule, fon droit, ainfi qu'il le declare de fa grace vouloir faire par fefdites Lettres. En outre, pour mettre à effet ce que dit eft pour les confiderations deffufdites & autres, offrent au Roy en continuant ce qu'il requiert par cefdites Lettres, de prefentement mettre en fa main entierement ledit Duché & les Comtez de Mafconnois, Charolois, Auxerrois, & autres Terres enclavées, & auffi la Seigneurie de Chaftel-Chinon, & Bar-fur-Seine, fe compris y veulent eftre, & de luy en faire l'obéyffance, & en faifant les fermens en tel cas accouftumez felon la forme & contenu de ce prefent Traité, pour les tenir d'orefnavant en tel droit qu'il y a & peut avoir, en luy fuppliant tousjours qu'il luy plaife garder le droit de madite Demoifelle, ainfi que le Roy le declare vouloir faire par fefdites Lettres, & promettront par ferment lefdits Eftats, de n'en jamais venir au contraire. Et entendent lefdits Eftats, qu'en cas que mondit Sieur * foit trouvé vivant, que le Roy fe departira de ladite obéyffance & de la jouiffance qu'il en aura au moyen d'icelle, & en laira mondit Sieur jouyr & ufer paifiblement, tout ainfi qu'il faifoit quand il partit dernierement dudit pays, en gardant & entretenant d'une part & d'autre le Traité des Trefves faites entre eux qui doivent durer neuf ans, ainfi que Meffieurs les Commis l'ont dit & expofé de faire aufdits Eftats, & feront en ce cas lefdits Eftats quittes & defchargez de tous fermens qu'ils pourroient avoir faits au Roy, à caufe de l'obéyffance deffufdite. Et pour ce qu'il a plu à mefdits Sieurs les Commis de dire aux Eftats de par le Roy, qu'ils avoient charge de leur remontrer que fon intention eftoit d'entendre au mariage autresfois pourparlé d'entre Monfieur le Dauphin, fon fils, & madite Demoifelle, & que fon defir eftoit de la ainfi faire, pour le bien defdits pays & fubjets. Lefdits Eftats fe declarent qu'ils font très-joyeux du bon vouloir que le Roy a en cette partie, & luy mercient très-humblement. *Item.* Que moyennant les chofes deffufdites, mefdits les Commis bailleront efdits Eftats leurs Lettres & fcellés pour eux & tous les fubjets defdits pays, prefens & abfens, & autres de quelque pays qu'ils foient qui ont fervi mon dit Sieur, ainfi qu'ils ont promis de faire, par lefquelles Lettres promettrons & accorderons les points & articles.

Premierement. Que les Commis feront inceffamment fortir les gens de guerre de la Province, empefcheront qu'ils ne faffent aucun tort, & repareront celuy [*qui fera fait.*]

Secondement. Que le Roy donnera fes Lettres Patentes, pour mainte-

* C'eft le Duc de Bourgogne

1477.

1477.

nir un & chacun dans ses Charges, dignitez & Offices, & empescher qu'il ne se fasse aucune poursuite contre ceux, qui par cy-devant ont tenu le party du Duc, à moins qu'ils n'eussent conspiré contre la personne du Roy ou de Monsieur le Dauphin.

Troisiémement. Que toutes Charges, Aydes & autres levées depuis le trespas du Duc Philippe, demeurent cassées & annullées.

Quatriesmement. Que les Commis s'employeront auprès du Roy, pour luy faire approuver toutes ces choses.

Cinquiesmement. Qu'ils mettront tout leur soin pour faire expedier par le Roy plusieurs Requestes raisonnables, lorsqu'ils luy envoyeront leur Ambassade.

Sixiesmement. Que le Roy conserve les gages, pensions à vie, accordées par les derniers Ducs.

Il y a Lettres des Commis, données à Dijon, le . . . Janvier, 1476, promettant & confirmant tout ce que dessus.

Les Commis sont, l'Evesque & Duc de Langres; le Prince d'Orenge, Seigneur d'Arlay; le Comte de Ligney, Seigneur de Craon; le Comte de Brienne, Seigneur de Charenton; l'Haumont, Gouverneur de Champagne.

CCLXXXI*.

 Extrait de l'amnistie accordée par le Roy Louis XI. à ceux qui ont suivi le parti du Duc de Bourgogne.

Tiré des Recueils de M. l'Abbé Le Grand.

Lettres de Louys onziesme, données à Selonnes, le dix-neuf de Janvier mil quatre cens septante-six, par lesquelles il accorde une amnistie generale à ceux qui ont suivi le party du Duc de Bourgogne, mort depuis peu, & les exhorte de le reconnoistre, comme ils le doivent, pour leur Souverain; presens le Cardinal de Foix; l'Archevesque de Reims; l'Evesque d'Evreux, le Duc de Calabre; les Comtes de Beaujeu, de Dunois, de Marle, Gié, Mareschal de France; Michel Gaillard; Mathieu Beauvarlet, Generaux des Finances. *Nota*, que par ces Lettres, le Roy maintient tous & chacun dans son Office, les Prestres dans leurs Benefices, les Gens de Robe dans leurs Charges, & leur promet de les en faire jouyr tranquillement, pour-veu qu'ils luy soient fidelles & obéyssans.

CCLXXXII.

1477.

☞ *Lettres Patentes du Roy Louys XI. par lesquelles il a mandé à Messeigneurs l'Evesque d'Alby, le Sire de Joyeuse, Michel Gaillart Général de Languedoc, Maistre Guillaume de Neve Tresorier & Receveur Général dudit pays, Guillaume de la Croix Tresorier des guerres, Maistre Estienne Petit Controlleur desdites Finances, & Maistre Hugues Raymond Juge de Bearn, qu'ils se transportent au lieu de Montpellier, où ledit Seigneur a mandé les Estats dudit pays estre assemblez, pour illec remonstrer aux Gens d'iceux trois Estats les affaires dudit Seigneur, & requerir de par ledit Seigneur qu'ils luy veuillent liberalement donner & octroyer un aide jusques à telle somme que legalement ayant cours audit pays, & ledit aide remeignent sans diminution à la somme de 187975 liv. tournois.*

LOUIS par la grace de Dieu Roy de France : A nos amez & feaux Conseillers l'Evesque d'Alby notre cousin, le Seigneur de Joyeuse, Michel Gaillart Général de nos Finances, Maistre Guillaume de Neve Tresorier & Receveur Géneral d'icelles, Guillaume de la Croix Tresorier de nos guerres, Maistres Estienne Petit Controlleur de nosdites Finances & Hugues Raimond notre Juge de Bearn, Salut & dilection. Comme pour fournir & satisfaire aux très-grandes & comme importables charges & affaires que avons eu & encore avons à soustenir en plusieurs & diverses manieres, tant pour la conduite de nos faix & affaires ordinaires, que pour la conduite & entretenement des gens de nos ban & arriere-ban, francs-Archers & artillerie que faisons charier après nous nos ausdites gens de guerre, pour remettre, reunir, & reduire à la Couronne & Seigneurie de France les Duchez & Comtés de Bourgogne & Flandres, Ponthieu, Boulogne, Arthois & autres Terres & Seigneuries, que nagueres tenoit & occupoit feu Charles en son vivant Duc de Bourgogne, & paravant luy ont tenues en appanaige de ladite Couronne, & autrement ses Predecesseurs, & aussi pour acquitter les promesses que avons faites entre nos bons & loyaux Subjets, & des emprunts que pour lesdites causes avons faits sur eux & mesmement en l'année passée pour avoir tenu moyen de paix avecque les Anglois, qui en grand puissance estoient descendus en notre Royaume, pour de leur part executer les mauvaises & dampnables entreprises qu'ils avoient conspirées avec nos rebelles & desobeissans Subjets, à l'encontre de nous & de notredite Couronne, que aussi pour l'entretenement de nos gens de guerre, & en maintes autres manieres, à ce que aucun dommage ou inconvenient n'en puisse venir à nous & ausdits Subjets nous soit besoin avoir aide & secours de nos bons & loyaux Subjets, à ce que moyennant la grace de Dieu & sa très-glorieuse Mere, les puissions les années advenir supporter & descharger des très-grandes & insupportables charges, qu'ils ont parcydevant portées à nostre très-grande déplaisance, qui est après nostre salut la chose de ce monde que plus desirons faire, afin qu'ils puissent dorsenavant vivre soubs nous en bonne paix, union, & tranquillité; & à

Tiré des Recueils de M. l'Abbé Le Grand.

Rrr 2 ceste

1477.

ceste cause a esté advisé & conclu par deliberation des Seigneurs de nostre Sang & Gens de nostre Grand Conseil estans à l'entour de nous, faire requerir aux gens de trois Estats de nostre pays de Languedoc que avons mandez assembler en nostre Ville de Montpellier au premier jour de May prochainement venant, telle aide comme ils nous octroyerent en l'Assemblée dernierement tenuë en nostre Ville de Montpellier, pour fournir aux charges & affaires dessusdites & autres qui pourroient advenir, & sans lequel aide ne nous pourrions bonnement passer, consideré nosdites affaires, pour laquelle Deliberation mettre à execution, nous confians de vos sens, suffisance, loyautez, prudhomie & bonnes diligences, vous mandons & commettons par ces presentes & aux trois ou deux de vous, en l'absence des autres, que en toute diligence vous transportez audit lieu de Montpellier où lesdits Estats sont assemblez, & illec remonstrez aux gens d'iceux nosdites affaires, qui sont très-grans & très-urgens, comme chacun peut sçavoir & cognoistre, & ce fait leur requerez de par nous, que à nostre present besoing ils nous veuillent liberalement donner & octroyer un aide jusques à telle somme que legmalent * ayant cours audit pays, & ledit aide remeignent * nettement & sans diminution, à la somme de neuf vingts sept mille neuf cens soixante-quinze livres tournois, & icelle somme par eux octroyée mettez sus & imposez avec les frais raisonnables & moderez dependans dudit aide le fort portant le foible, par tout nostredit pays de Languedoc sur toute maniere de gens exempts & non exempts, privilegiez & non privilegiez, & sans prejudice de leurs privileges le temps à venir en la maniere accoustumée, tellement que ladite somme vieigne en franchement & sans diminution, excepté toutes nos gens d'Eglise, Nobles vivans noblement, suivans les armes ou qui par vieillesse ou impotence ne les peuvent plus suivre, les Officiers ordinaires & commensaulx de nous & de nostre Compaigne la Reyne & de nostre Fils Charles Dauphin de Viennois, vrais Escoliers estudians és Universités, sans fraude, & pauvres mendians; & icelle somme faites lever & recevoir par les Receveurs particuliers des Dioceses desdits pays, & par eux le payer à vous Me Guillaume de Neve Tresorier: à quoy nous vous avons commis & commettons par ces presentes, & par vos descharges à payer à quatre termes, c'est à sçavoir, le premier terme, au premier jour de Decembre prochain venant, le second, au premier jour de Mars ensuivant, le tiers, au premier jour de Juing, & le quart & dernier, au premier jour de Septembre prochain après ensuivant l'an mil quatre cens soixante dix-huit, & à ce faire & souffrir & à payer iceux deniers ausdits termes iceux escheus contraignez ou faites contraindre tous ceux qui y auront esté imposez, & chacun d'eux pourtant que à luy pourra toucher, & tous autres qui pour ce seront à contraindre par toutes voyes & manieres accoustumées de faire pour nos propres debtes & affaires, nonobstant oppositions ou appellations quelconques, & se de partie à partie naist sur ce debat ou opposition, lesdits deniers premierement & avant toute œuvre payez, faites ou faites faire aux parties oyes, bon & brief droit, de ce faire vous donnons plain pouvoir, commission & mandement especial par ces presentes; mandons & commandons à tous nos Justiciers,

* Ce terme est ainsi dans la copie. Je crois qu'il faut lire *legalement*, c'est-à-dire, *loyaument*.

* *Remeignent*, c'est-à-dire, demeurent, du latin *remanere*, ancien terme.

MARIE DE BOURGOGNE
Née a Bruxelles le 13. Fevrier 1457.
Morte le 25 Mars 1482.

...ion Dauphine la derniere Porte Cochere.

Babel invenit et Sculpsit.

Jufticiers, Officiers, & Subjets que avons, & aux trois ou deux de vous, vos commis & deputez en ce faifant, obéiffent & entendent diligemment, preftent & donnent confeil, confort, aide & prifons fe meftier eft & par vous requis en font. Donné à Solomme le dix-neuviefme jour de Janvier l'an mil quatre cens foixante-feize, & de noftre Regne le feiziefme. *Ainfi figné*, Par le Roy, le Sire du Boufchaige, & autres prefens, M. PICOT.

1477.

CCLXXXII.

☞ *Lettre de Marie de Bourgogne, du 23 Janvier 1477, fur la fucceffion au Duché de Bourgogne, prétendue par cette Princeffe.*

Tiré des Recueils de M. l'Abbé Le Grand.

PRESIDENT, Gouverneur de la Chancellerie, & Gens des Comptes, j'ay reçeu ce que vous avez fait fçavoir au Chancelier touchant les fommations faites par l'Evefque de Langres & le Gouverneur de Champagne de rendre la Duché de Bourgogne au Roy, comme à luy efcheue par le trepas de Monfieur mon Pere, de la mort duquel n'ay encore certaineté, & auffi d'avoir la garde de la Comté dont vous avez eu Lettres de luy de douze jours: fur quoy pour vous faire reponfe vous eftes bien informés que la Duché de Bourgogne ne fut onques du Domaine de la Couronne de France, mais eftoit en ligne d'autre nom & d'autres armes, quant par la mort du jeune Duc Philippe elle vint & efchut au Roy Jehan, comme fon coufin germain du cofté & ligne dont ladite Duché procedoit, & laquelle fut après luy donnée à Monfieur le Duc Philippe fon fils pour luy & toute fa pofterité quelconque, & n'eft aucunement de la nature des appanages de France, auffi la Comté de Charolois fut acquife par mondit Sieur le Duc Philippe, du Comté d'Armagnac & les Comtez de Mafcon & d'Auxerre ont été tranfportées par le Traité d'Arras à feu Monfieur mon Ayeul pour luy & fes hoirs mafles & femelles defcendans de luy, lefquelles chofes fe fait ne l'avez-vous remontrerés, & outre j'ay envoyé devers le Roy & fe mettront les chofes en communication & appointement ; car le Roy fait fçavoir qu'il ne me veut rien ofter de mon heritage, pourquoy & autres moyens contendrez à declarer la matiere, & fe ores ledit Gouverneur ne fe veut contenter, difpofez-vous de tenir le Pays en mon obeiffance & garder les meilleures Villes & Places, & Dieu en ayde vous aurez briévement bon foulagement ou par appointement ou autrement, auffi le tems n'eft pas pour affieger Treges; & au regard de la garde dudit Comté, il n'eft point befoin que ceux qui me veulent ofter le mien d'un cofté s'avancent de ce me garder de l'autre, & pour appointer avec les Allemans je vous envoye leurs inftructives par le porteur fur Simon de Cleron, par lequel faites conduire la chofe & tenir tant au Duché qu'au Comté les pays de mon obeiffance le plus que poffible fera, au cas que ne puiffiez mettre la matiere en delay, à quoy vous contendrez autant que faire pourrez, & au furplus croyez ce porteur de ce qu'il vous dira. Efcript à Gand. ce 23 Janvier. Recommandez-moy aux Prelats, Nobles & Villes de pardelà, aufquels je prie qu'ils retiennent toujours en leurs courages la foy de Bourgogne, quand ores ils feroient contrains de autrement en parler, MARIE.

Rrr 3   CCLXXXII*.

CCLXXXII*.

☞ *Traité & Alliance du Roy Louys XI. avec les Cantons Suisses.*

Tiré des Recueils de M. l'Abbé Le Grand.

NOS infrà scripti videlicèt de Thurego, Henricus Roist Magister Civium Senior, & Joannes Tachelhofer : de Berna Nicolaus de Scharnachtal Miles, Scultetus Senior & Henricus Matter ; de Lucernâ Henricus Hassurter, Scultetus & Ludovicus Seiler ; de Urania Jacobus Arnolt Vicarius Senior ; de Switz Conradus Jacob Vicarius Senior & Joannes Sigrist ; de Underwalden suprà sylvam Rudolphus Zimmerman Vicarius ; & sub sylvâ Arnoldus Winkelriet ; de Zug Joannes Hasler & Joannes Zender ; de Glaronâ Rudolphus Sancti Vexillifer & Joannes Kuchli ; de Friburgo Jacobus Felg, & de Solodoro Joannes Scolli, Bursarius : Oratores magnificorum Dominorum, Dominorum confœderatorum magnæ & antiquæ ligæ Allemaniæ superioris, de mandato Dominorum & Superiorum nostrorum prædictarum Civitatum & Provinciarum ad infrà scripta peragenda in Lucernâ congregati : universis & singulis præsentes Litteras inspecturis seu audituris notum facimus, quod cùm illustris quondam Princeps & Dominus, Dominus Carolus Dux Burgundiæ, ex quâdam temerariâ ac minùs justâ occasione & causâ, non solùm contra Dominos & Superiores nostros Dominos confœderatos supradictos, verùm etiam contra alios quosdam Principes, Dominos, Civitates & Communitates Germaniæ Nationis, nobis colligatos & confœderatos se se erexerit, ac lites, guerras, bellorumque strepitus permoverit, atque adeò in his perseveraverit, ut nos colligatique nostri jamdicti ex hoc coacti fuerimus quamplurimâ secum bella campestria conflictusque durissimos subire & facere ; in quibus quidem bellis & conflictibus auxilio Omnipotentis Dei Optimi Maximi, à quo omnis salus & victoria derivatur, præfatum Ducem Burgundiæ propriâ in personâ propè civitatem Nancæi interfecimus : & licet post hæc intentio & mens nostra fuerit transferendi nos ipsos ad & super Terras & Comitatum Burgundiæ superioris, ut ipsum Comitatum cum suis terris & pertinentiis sub potestate nostrâ reciperemus, intereà tamen Christianissimus Rex Francorum Dominus noster gratiosissimus, qui nobiscum unionem & ligam habet, & nos quoque cum Regiâ Majestate suâ colligati sumus, Oratores suos Regios ad nos misit, videlicèt magnificos & nobiles Dominos, Dominum Ludovicum, Dominum de Sancto Prejecto, Dominum Joannem de Baudricorto Ballivum Chaumontis, Dominum Gratianum Fabri Præsidentem Parlamenti Tholosæ, & magnificum Joannem Rabot Consiliarium Regium in Parlamento Delphinatûs, tanquam actores & potentes Nuntios ac Procuratores, qui nobis justitiam multiformem, quam Regia sua Majestas haberet in præfato Comitatu Burgundiæ superioris ex parte feudi, aliorumque jurium & hæreditatum exponerent & declararent, quibus meritò inclinaremur, ut supradictâ ligâ & unione aliisque amicitiis attentis, suæ Regiæ Majestati in his omnibus aliisque causis promotionis potiùs & auxilii, quàm impedimenti esse deberemus ; præsertim cùm Regia sua Majestas ex parte expensa-

rum,

rum, damnorum, & interesse, cæterisque laboribus nostris gratiosè nobiscum convenire & sese componere velit; unde cùm hæc omnia ac singuli honores, benevolentiæ & alia, quibus præfatus Rex erga nos usus est & in dies utitur magis atque magis & facere potest ad notitiam Dominorum & Superiorum nostrorum deducta sint, ordinati sumus à Dominis & Superioribus nostris supradictis cum potestate amplissimâ, ut cum eisdem Regiis Oratoribus & ipsi Oratores Regii unà nobiscum in hunc qui sequitur modum transfigeremus & concordaremus.

1477.

Primò. Quod Domini & Superiores nostri & eorum subditi prædictarum decem civitatum & partium confœderatorum, supradictum gratiosissimum Dominum nostrum Regem Francorum, ac hæredes suæ Regiæ Majestatis causâ & occasione prædictarum litium & guerrarum ac petitionum quoad prædictum Comitatum Burgundiæ superioris ac aliis terris, quæ sunt infrà Regnum & ad Regem pertinent, inanteà litibus & aliis molestationibus nequaquam impedire, perturbare & molestare debent; quemadmodum nos supràdicti Oratores ligæ supradictæ vice ac nomine Dominorum & Superiorum nostrorum hoc neque facere promisimus & promittimus, & quod supradictus Dominus noster gratiosissimus Rex Francorum prædictis decem civitatibus & partibus ligæ confœderatorum, videlicèt de Thurego, Berna, Lucerna, Urania, Switz, Underwalden, Zug, Glarona, Friburgo & Solodoro, pro ipsorum juribus, petitionibus, expensis & laboribus in præfatis litibus & bellis durissimis habitis, ac occasione hujusmodi bellorum pro omnibus jurisdictionibus super prædicto Comitatu Burgundiæ & terris prædictis dare, propinare, & realiter ac cum effectu persolvere debet & teneatur centum millia florenorum Rhenanorum in terminis infrà scriptis, videlicèt in proximis nundinis Lugdunensibus mensis Augusti proximi in civitate Lugdunensi viginti millia florenorum Rhenanorum & deinde in nundinis post Nativitatem Domini iterùm viginti millia florenorum Rhenanorum & posteà successivè in omnibus nundinis Lugdunensibus sese immediatè sequentibus, ut in qualibet earum absque impedimento & protractione ulteriori, viginti millia florenorum Rhenanorum quousque prædicta summa centum millium florenorum Rhenanorum totaliter fuerit soluta; salvâ tamen in his annuâ pensione, pro quâ Regia sua Majestas se se erga Dominos & Superiores nostros scripto priùs obligavit, atque etiam ligis & unionibus quibus universa liga confœderatorum sese erga Regiam Majestatem, & ipsa Regia Majestas sese erga præfatos Dominos confœderatos restrinxit & obligavit semper salvis & inviolabiliter observatis itaque nihilominùs præfata annua pensio annuatim sicuti hucusque nobis de suâ Regiâ Majestate dari, atque quod præfata liga & unio inter Regiam suam Majestatem & Dominos ac Superiores nostros contracta in sui firmitate ac robore firma & valida persistere debeat, quemadmodum Litteræ sigillatæ, super hoc confectæ, de his clariùs continent & edocent.

E contra verò nos confœderati supradicti volumus & debemus supradicto Regi, jam in subsidium & auxilium guerrarum occurrentium transmittere de gentibus nostris sex mille validos & bellicosos viros, quemadmodum istos jam elegimus & ordinavimus ad mittendum eosdem suæ Regiæ Majestati sicuti promisimus & promittimus, sub stipen-

dio

1477.

dio tamen & pretio, prout unio & ejus continentia inter suam Regiam Majestatem & nos jampridem contracta clariùs de hoc edocet; itaque isti sic mittendi teneantur & appretientur honestè, dolo & fraude seclusis: conclusum est etiam in hac conventione atque per Oratores Regios promissum, quod supradictus Dominus noster Rex Francorum, singulos mercatores & alios de partibus scilicèt Rheni superiorum partium Germanicæ Nationis ac etiam de Sueviâ, qui cum suis mercimoniis & aliis rebus & causis ipsorum nundinas Lugduni & Gebennarum frequentare consueverunt, nequaquam prohibere, immò permittere debeat transire viam usitatam Romani Imperii ac stratam provincialem eundo per civitates, castra, portus, passus, thelonea & salvosconductus terrarum confœderatorum, nec aliquem compellere debeat transire per alias stratas seu vias partium Burgundionum, seu aliarum quarumvis partium, per quas salviconductus & thelonea nostra diminuerentur & detrimentum quovis modo susciperent, exceptis tamen Alamanis inferioribus, videlicèt de Colonia & de aliis consimilibus Provinciis, qui transire possunt ad nundinas Lugduni & Gebennarum per stratas & vias hucusque ab ipsis usitatas, prout eis melius expedire videbitur. Denique prohibere non debet dictus Rex & sui hæredes mercatoribus & aliis negotiatoribus de Comitatu Burgundiæ seu aliis Burgundionum partium Provinciis existentibus, quin possint & valeant omnes tales frequentare nundinas in Gebennis, ita quod omnes & singuli isti hujusmodi nundinis uti & frui possint ad ipsorum libitum, prout eis videbitur expedire, salvo tamen quod hoc fiat in fine nundinarum Lugduni, sic quod tunc post finem earum cum ipsorum ac rebus transire & ea conducere possint & valeant ad nundinas Gebennarum & ibi ulterius vendere & emere juxta ipsorum libitum voluntatis. Supràdicti etiam Oratores Regii tenentur & debent diligenter precari, sollicitare & inducere ipsum Dominum Regem pro totâ ipsorum possibilitate, quemadmodum hoc facere polliciti sunt, quod Majestas sua Regia omnes & singulas Francigenas & alios mercatores subditos suos & ad eum pertinentes simili modo inantea in fine nundinarum Lugduni ad nundinas Gebennarum transire permittat, nec quovis modo illud prohibeat, prout in suam Regiam Majestatem de hoc plenius confidimus, præsertim attento quod nos tam benevolos & voluntarios erga ejus Majestatem Regiam in præsentibus & omnibus aliis Regiæ suæ Majestatis negotiis exhibuerimus; quo ex hoc utrinque sinceritas ac fides inviolabilis & confœderatio in unione perpetua consistere & permanere valeat ac possit.

Et ad majorem præmissorum securitatem, nos Oratores prædicti magnificæ ligæ supradictæ, has Litteras dictis Oratoribus Regiis dedimus ac parere ab eis accepimus, quas sigillis subscriptorum quatuor ex nobis, videlicèt Joannis Roist de Thurego, Nicolai de Scharnachtal Militis de Berna, Henrici Hassurter de Lucerna, & Arnoldi Winkelriet de Underwalden, vice ac nomine omnium nostrorum in oppido Lucernensi, ubi pro dictando congregati fuimus, communiri fecimus in majorem fidem & testimonium omnium præmissorum. Datum & actum in prædicto oppido Lucernensi die vigesimâ-sextâ mensis Aprilis, anno Domini millesimo quadringentesimo septuagesimo-septimo. *Et scellé.*

CCLXXXIII.

DE PHIL. DE COMINES.

CCLXXXIII.

Composition accordée par le Roy Louys XI. à ceux de la Ville d'Arras, après avoir pris possession de cette Ville.

A Arras en Mars 1476 (*c'est-à-dire* 1477.)

LOYS par la grace de Dieu, Roy de France. Sçavoir faisons à tous presens & advenir, comme tantost après le trespas de feu nostre frere & cousin Charles en son vivant Duc de Bourgogne, par l'advis & deliberation de plusieurs Princes & Seigneurs de nostre sang & lignaige, Gens de nostre Grand Conseil & de nostre Cour de Parlement, ait esté ordonné prendre, saisir, & mettre en nostre main les Terres & Seigneuries de nostredit feu frere & cousin tenus & mouvans de nous & de la Couronne de France par deffault de hommage & autres droits & devoirs non faiz, & mesmement le Pays & Comté d'Artois, ressors & enclavemens d'icelluy tenus & mouvans de nous & de nostredite Couronne à foy & hommage & en Pairie, pour laquelle nostre main mise faire executer reaument & de fait, ainsi que faire se doit, soyons venuz en personne en ceste nostre Cité d'Arras, & soit ainsi que les Commis & Deputez de noz tres-chiers & bien amez les gens des Estats dudit Pays & Comté d'Artois, & mesmement les Gens d'Eglise, Nobles, Mayeur, Eschevins, Corps & Communautez, Bourgeois, Manans & Habitans de la Ville d'Arras, aprez plusieurs remonstrances & communications euës à diverses fois entre aucuns des Gens de nostredit Grant Conseil & eulx, soient venuz devers nous, & connoissans ladite deliberation, de prendre, mettre & saisir en nostredite main ledit Pays & Comté d'Artois, ressors & enclavemens d'icelluy par deffault de hommage & autres droits & devoirs non faiz, avoir esté & estre raisonnable, & que soubz icelle nostre main nous povions & devions faire traiter, regir & gouverner ledit Pays & Comté d'Artois, jusques à ce que lesdits foy & hommage, & tous les autres droits & devoirs qui raisonnablement nous en appartiennent, peuvent & doivent competer & appartenir, nous en ayent esté faiz, ainsi qu'il appartient, aist esté conclud, deliberé, appoinctié, promis & accordé entre noz gens de nostredit Grant Conseil, à ce par nous commis d'une part, & les Commis & Deputez de tout le Corps & Communauté de ladite Ville d'Arras d'autre part, ce qui s'ensuit. C'est assavoir que nosdits tres-chiers & bien amez les Gens d'Eglise, Nobles, Mayeur, Eschevins, Corps & Communauté, Bourgeois, Manans & Habitans de ladite Ville d'Arras, nous feront plainiere & entiere obeissance, comme raison est, pour laquelle obeissance mettre promptement à execution & effect, nous ont ce jourd'huy apporté & baillé entre noz mains les clefs de ladite Ville d'Arras, lesquelles nous avons prinses & receues agreablement, & après les avons baillées & delivrées soubz nostredite main ausdits Mayeur & Eschevins de ladite Ville d'Arras, lesquels Mayeur & Eschevins feront incontinent sçavoir ladite obeissance plainiere par eulx faite aux aultres

Tiré de l'Edition de M. Godefroy.

Villes & Places d'Artois, afin que s'ilz nous veullent faire semblable obeissance, comme ils y sont tenus, ils y puissent estre par nous receus, ce qu'ils feront dedans deux jours après ce que leur sera signifié, pour laquelle signification faire ceux desdits Estats d'Arras envoyeront gens propres devers les gens desdites Villes & Places dedans brief temps tel qu'il sera advisé, & venront devers nous des gens desdits Estats tels & en tel nombre qu'il nous plaira pour nous faire serment, pour & au nom d'iceux Estats, & mesmement de tous les gens d'Eglise, Nobles, Bourgeois, Habitans & de tout le populaire des Villes & Places, & du plat pays dudit Comté d'Artois, par lequel serment ils promettront & jureront nous servir & obeir envers & contre tous ceux qui peuvent vivre & morir, sans personne quelconque excepter & jusques à la mort inclusivement, & tenir ledit Pays & Comté d'Artois, ensemble toutes les Villes, Places, Chasteaux & Forteresses estans en iceluy Comté en nostre bonne, vraye, loyalle & entiere obeissance, & autres tels sermens que nos bons & loyaux Subjets doivent & sont tenus de faire envers nous, & commetterons Officiers tels qu'il nous plaira pour la garde des Places, c'est assavoir Gouverneurs & Capitaines, aussi autres Officiers pour l'exercice de la Justice & Jurisdiction dudit Comté d'Artois, & pour en recevoir les fruits & revenus, tout ainsi que le pouvons & devons faire, jusques à ce que nostre tres-chiere & tres-amée cousine & fillolle de Bourgogne nous en ayt fait les foy & hommage & les autres droits & devoirs qu'elle nous doit & est tenuë de faire ; lesquelles choses faites par elle & accomplies, comme il appartient, nous leverons nostredite main mise & renderons ladite Comté d'Artois à nostredite cousine de Bourgogne, pour par elle en joyr d'illecq en avant soubs nostre Souveraineté ainsi qu'il luy appartendra, & s'il advenoit que nostredite cousine de Bourgogne prenist alliance par mariage ou aultrement avec les Anglois nos anciens ennemis ou autres qui ne nous volsissent faire ou feissent l'hommage & obeissance, & les autres droicts & devoirs qui raisonnablement nous en sont deus. En ce cas lesdits gens des Estats d'Artois, & mesmement de ladite Ville d'Arras garderont & tendront envers nous loyauté, foy, serment & promesse, ainsi que cy-dessus est escrit, sans jamais souffrir que ladite Comté d'Artois soit mise hors de nostre main & obeissance, & comme bons & loyaux Subjets doivent & sont tenus de faire envers leur Roy souverain & naturel Seigneur, & pour recevoir ladite plainiere & entiere obeissance & le serment tel que dit est, ayons envoyé en icelle nostre tres-chier & tres-amé cousin le Cardinal de Bourbon Archevesque de Lyon, oncle de nostredite cousine, nostre amé & feal Chancelier, nos amez & feaux Conseillers l'Evesque d'Arras, le Comte de Saint Pol, Bailly de Vermandois, & le Sire du Boschage nos Chambelans, Maistre Jehan Bourré, Seigneur du Plessis, Maistre de nos Comptes & Tresorier de France, & Guillaume de Cerisay Greffier de nostre Cour de Parlement, & autres notables Gens de nostredit Grand Conseil, entre les mains & en la presence desquels nosdirs tres-chiers & bien amez les Gens d'Eglise, Nobles, Mayeur, Eschevins, Corps & Communauté, Bourgeois, Marchands & autres Manans & Habitans de ladite Ville d'Arras assemblez

en

DE PHIL. DE COMINES.

en la grande Salle & depuis en l'Eglife de Monfr. Saint Vaaft d'Arras, nous ayent fait plainiere & entiere obeiffance de ladite Ville, & auffi les fermens tels & en la maniere qu'il eft efcrit cy-deffus, moyennant lefquelles chofes ainfi à nous faites, promifes, accordées & jurées par ledit Corps & Communauté de ladite Ville d'Arras, nous à tous les Habitans & autres gens eftans à prefent en icelle Ville de quelque eftat, qualité, nation ou condition qu'ils foient, avons aboly, remis, quitté & pardonné, & par la teneur de ces prefentes aboliffons, remettons, quittons & pardonnons tous cas, crimes, excez, malefices & delicts, foient crimes de leze-Majefté ou autres crimes quels qu'ils foient, qu'ils porroient parcidevant, tant paravant que durant les guerres & divifions qui ont efté entre nous & feu noftredit frere & coufin de Bourgogne, & jufques à prefent avoir commis & perpetrez en quelque maniere que lefdits cas foient & puiffent eftre advenus, foit dedans ladite Ville ou dehors, & fans ce qu'il foit befoing en faire jamais autre fpecification, expreffion ou declaration; enfemble toutes les peines, amendes & offenfes corporelles, criminelles & civiles, en quoy pour raifon defdits cas & autrement ils porroient eftre encourus envers nous & noftre Juftice ; en mettant au neant tous deffaux, bans & appeaux, fentences, condempnations & tous autres exploix de Juftice qui porroient avoir efté faits à l'encontre d'eux en general ou d'aucun d'eux en particulier, & les avons reftituez, & reftituons à toutes leurs Terres, Seigneuries, heritages & poffeffions quelconques quelque part qu'elles foient fituées & affifes en noftre Royaume, & à tous leurs biens meubles eftans & qu'ils trouveront en nature de chofe, & fe eux ou aulcun d'eux avoient efté parcydevant condempnez ou taxez par noftre Cour de Parlement ou autres nos Juges & Officiers quelconques, ou par autre Juftice quelle qu'elle foit en aucunes amendes, reparations & autres chofes, nous les leur avons donnez femblablement & quittez, donnons & quittons par cefdites prefentes, & pareillement tous les reftes qu'ils peuvent devoir à caufe & par raifon des impots, tailles, dons ou autres fubfides qui ont efté mis fus ou impofez par feu noftredit frere & coufin de Bourgogne, & fans ce que aucune chofe leur en foit ou puiffe eftre demandée pour le temps advenir; & voulons & nous plait que chacun defdits Habitans ou autres eftans à prefent en ladite Ville d'Arras, ayent lettres d'abolitions & reftitutions particulieres de nous, fe avoir les veuillent ou que en prenant le double de ce prefent article foubs le féel de l'Efchevinage d'Arras, ils en joyffent entierement par tout noftre Royaume, comme s'ils avoient le vray original, & fans ce qui leur foit befoing en avoir en general ou en particulier expedition, verification & enterinement pardevant quelconques Juges que ce foient, fors feulement la lecture & publication en noftre Grand Confeil, & fur ce impofons filence perpetuel à nos Procureurs prefens & advenir, & à tous autres, & deffendons, & voulons eftre publiquement deffendu à tous nos Subjets de quel eftat qu'ils foient, qu'ils ne foient tant ofez ou hardis de faire aucun outrage, ne dire aucunes injurieufes paroles à aucuns des Habitans de ladite Ville d'Arras, & ce fur peine de confifcation de corps & de biens, lefquels Habitans, enfemble leurs femmes, enfans, ferviteurs,

Sff 2 poffeffions

1477.

possessions & biens quelconques nous avons prins & mis, & par ces presentes prenons & mettons en nostre protection & sauvegarde especial ; & voulons que tous les gens d'Eglise retournent à leurs benefices & en joyssent plainement & paisiblement, les Nobles, Marchands, Bourgeois, & autres à leurs Terres, Seigneuries & heritages, que les Marchands, leurs facteurs & serviteurs voisent faire leurs marchandises, les enfans aux estudes, Universitez & Escoles, les laboureurs à leurs heritages, maisons & labourages, & universellement que les gens de tous estats qui à de present sont en ladite Ville puissent aller par tout nostredit Royaume à leurs negociations, affaires, voyages & pelerinages, & par tout ailleurs ou bon leur semblera, tout ainsi que nos autres Subjets de nostre bonne Ville de Paris & des autres Cités & bonnes Villes de nostre Royaume ; & pour ce qu'il y a plusieurs Bourgeois, manans & habitans de ladite Ville qui à present ne sont en icelle, nous voulons qu'ils y puissent retourner toutesfois que bon leur semblera dedans le premier jour de May prochain venant, & que en faisans le serment tel que dessus ès mains d'aucuns de nos Officiers, ils jouyssent entierement de tout l'effet & contenu en cesdites presentes, & outre avons loué, confirmé, ratifié & approuvé, & par la teneur de ces presentes confirmons, louons, ratifions & approuvons tous les privileges, franchises, libertés, prerogatives, & préeminences qui par cy-devant ont esté donnez, concedez & octroyez aux Mayeur, Eschevins, Corps & Communauté, Bourgeois, manans & habitans de ladite Ville d'Arras par nos très-nobles Roys de France, & par les Comtes & Comtesses d'Artois tant pour le fait de l'Estape dudit Arras, desdites Mayerie & Eschevinage, comme pour tous les Mestiers de ladite Ville & pour chacun d'iceux, ensemble tous les statuz & ordonnances desdits Mestiers, & sans ce qu'il soit besoin faire en cesdites presentes autre plus ample specification ou declaration desdits privileges, statuz & ordonnances, & lesquels nous tenons cy pour tous approuvez & specifiez, tout ainsi que s'ils y estoient inserez & incorporez de mot à mot ; & pour obvier à ce que aucunes noises ou debats n'aviennent entre les habitans de nostredite Ville d'Arras & nos gens de guerre, nous avons en outre octroyé & accordé ausdits habitans de non mettre ou loger aucune garnison de gens de guerre en ladite Ville, moyennant ce que tous les habitans d'icelle Ville d'Arras nous ont promis & juré solemnellement d'un commun accord, qu'ils ne prendront, recevront, ne mettront aucune garnison, ne aucunes gens de guerre en ladite Ville d'Arras, de quelque estat, qualité, nation, ne soubs quelconques Princes ou Princesses, Seigneurs ou Dames que ce soyent : & aussi nous leur avons octroyé, promis & accordé, & par la teneur de cesdites presentes, octroyons, promettons & accordons, que se aucuns Princes ou Princesses, Seigneurs ou Dames, Communautez, Capitaines de gens d'armes ou autres quelconques vouloient courir sùs ou faire aucune voye de fait ou violence à ladite Ville d'Arras ou aux habitans en icelle ou autre chose quelle qu'elle fust, que fust ou peust estre à leur desplaisir ou dommage, nous les en garderons & deffenderons envers & contre tous, comme nos bons, loyaux & obeissans subjets & amis, & pour ce faire, employerons

ployerons noftre Perfonne & toute noftre puiffance fans rien y efpargner, tout ainfi que ferions pour la tuition & deffenfe de noftredite
Perfonne, de noftre bonne Ville de Paris & de tout noftre Royaume,
& à ce que ladite Ville d'Arras foit mieux & plus feurement gardée,
avons octroyé à tous les Habitans de ladite Ville & Cité d'Arras, tenans fiefs & heritages, foient nobles ou non nobles, qu'ils ne foient
tenus aller ne envoyer en nos armées, ne en nos bans & arrierebans
en quelque maniere que ce foit, pourveu qu'ils fe tiennent en bon &
fuffifant habillement en ladite Ville, & s'employent à la garde, tuition & deffenfe d'icelle, comme bons & loyaux fubjets doivent faire,
& outre toutes les chofes deffus dites en faveur & contemplation de
noftredite très-chere & très-amée coufine & fillole de Bourgogne, efperant que bien-toft elle nous fera les foy & hommage, & tous les
autres droits & devoirs qu'elle nous doit & eft tenuë de faire ; luy
avons octroyé & octroyons qu'elle ait & preigne tous les prouffis, reve-
nues & emolumens dudit Comté d'Artois, tels qu'elle nous auroit &
prendroit s'elle nous en avoit fait les droits & devoirs, & ce par les
mains des Receveurs que y avons commis & commettrons par defcharge
de noftre Trefor & en enfuivant l'ordre de nos Finances. Si donnons en
mandement à noftre amé & feal Chancelier & Gens de noftredit Grand
Confeil, que de tout l'effect & contenu en cefdites prefentes, ils & chacun d'eux en droit foy ; faffent, fouffrent & laiffent lefdits Gens d'Eglife,
Nobles, Mayeur, Efchevins, Corps & Communauté, Bourgeois, manans & habitans de ladite Ville d'Arras & autres qui y font à prefent,
& femblablement ceux de ladite Ville qui en font abfens & y retourneront dedans ledit premier jour de May, ainfi que dit eft, joyr & ufer
plainement & paifiblement, fans leur fouffrir eftre fait, mis ou donné
aucun ennuy, deftourbier ou empefchement en corps, biens, heritages,
marchandifes, labourages, ne autrement en quelque maniere que ce
foit ; lequel fe fait, mis ou donné, leur avoit efté ou eftoit, facent incontinent & fans delay reparer & mettre au premier eftat, & deu nonobftant quelques confifcations jugées & non jugées, & tous dons, verifications ou expeditions, & toutes autres chofes que on pourroit alleguer, dire ou objecter contre cefdites prefentes, lefquelles confifca-
cations, dons, verifications ou expeditions, & tout ce que s'en eft ou
pourroit eftre enfuivy, & qui pourroit faire ou porter aucun prejudice
ou dommage aufdits habitans d'Arras ou à aucuns d'eux en particulier.
Nous de noftre plaine puiffance & auctorité Royale avons revocqué, caffé
& annullé, revoquons, caffons & annullons, & mettons du tout au
neant, & pour ce que de cefdites prefentes l'on pourra avoir à befogner en plufieurs & divers lieux, nous voulons que au vidimus d'icelles
fait foubs feel Royal, ou fous le feel de l'Efchevinage d'Arras, foy foit
ajouftée comme à ce prefent original, & afin que ce foit chofe ferme &
eftable à tousjours, nous avons fait mettre noftre feel aufdites prefentes.
Donné en noftre Cité d'Arras au mois de Mars l'an de grace mil quatre
cens feptante-fix (1) & de noftre Regne le feiziefme. *Ainfi figné fur le ploy*

(1) L'année commençoit à Pafques.

au deſſus, Par le Roy en ſon Conſeil, ouquel Monſr. le Cardinal de Bourbon, le Comte de Beaujeu, Vous (2) l'Eveſque d'Arras, le Sire de Loheac Mareſchal de France, le Comte de Saint-Pol, le Gouverneur du Dauphiné, le Sire du Boſchage, Maiſtre Jehan Bourré Treſorier de France, & autres eſtiez. DE CERIZAY, & au deſſoubs *viſa*, leues & publiées ou Grand Conſeil tenu en la Cité d'Arras le premier jour d'Avril, l'an mil quatre cens ſoixante-ſeize. *Ainſi ſigné*, A. DISOME.

1477.

CCLXXXIV.

Amniſtie accordée par le Roy Louys XI. à ceux de la Ville d'Arras, à cauſe de leur rebellion.

A Arras le 4. May 1477.

Tiré de l'Edition de M. Godefroy.

LOYS par la grace de Dieu, Roy de France : Sçavoir faiſons à tous preſens & advenir : nous avons receu l'humble ſupplication de nos chers & bien amez les Gens d'Egliſe, Nobles, Mayeur, Eſchevins, Corps & Communauté, Bourgeois, manans & habitans de la Ville d'Arras, contenant que puis la derraine obeiſſance par eux à nous faire de ladite Ville, comme raiſon eſtoit, ils par mauvais conſeils ſe ſont mis & eſlevez en rebellion & deſobeiſſance à l'encontre de nous, tellement que nous ſommes venus en noſtre perſonne en noſtre Cité d'Arras pour avoir la plaine & entiere ouverture & obeiſſance de ladite Ville, comme raiſon eſt, & nous ayent ſupplié aucune abſtinence de guerre & ſeureté pour venir devers nous, ce que leur ayons octroyé, & après pluſieurs ouvertures, remonſtrances, & très-humbles ſupplications & requeſtes faites de leur part, nous ayent fait ladite plaine & entiere ouverture & obeiſſance, & nous ayent très-humblement ſupplié & requis qu'il nous plaiſe ſur eux eſtendre noſtre grace, benignité & clemence : nous ces choſes conſiderées, voulans preferer miſericorde à rigueur de Juſtice, non voulans l'effuſion de ſang humain, ne la deſolation, deſtruction & ruyne de ladite Ville, pour la pitié que avons du povre peuple, & que pluſieurs gens de bien de ladite Ville s'eſtoient retirez devers nous, qui pour le Corps & Communauté d'icelle nous ont journellement fait très-humbles prieres & requeſtes, meſmement pour l'honneur & reverence de Dieu noſtre Createur & de la très-glorieuſe Vierge Marie, ès mains de laquelle & de ſon benoit chier enfant nous avons mis noſtre Perſonne, noſtre Couronne & noſtre Royaume, & les conduites & affaires d'icelluy ; auſdits Gens d'Egliſe, Nobles, Mayeur, Eſchevins, Corps & Communauté, Bourgeois, manans & habitans de ladite Ville d'Arras, de quelque eſtat, qualité, nation ou condition qu'ils ſoient, ſoit qu'ils ayent eſté Capitaines ou Conducteurs du commun peuple de ladite Ville ou autrement ; avons de noſtre plaine puiſſance, grace eſpeciale & auctorité Royale remis, quitté, pardonné & aboly, & par la teneur de ces preſentes, remettons, quittons, pardonnons,

(2) C'eſt-à-dire le Chancelier, c'eſtoit alors Pierre d'Oriolle.

pardonnons & aboliſſons tous les maléfices, meurtres, brulemens de maiſons & édifices, larrecins, pilleries, rebellions, deſobeiſſances, hoſtilitéz, invaſions, & tous autres cas & crimes de leze-Majeſté & autres, qu'ils & chacun d'eux generalement ou particulierement ont fait, commis & perpetrés à l'encontre de nous, de noſtre auctorité & Majeſté Royale, en quelque maniere que leſdits cas ſoient advenus, & ſans ce qu'il ſoit beſoin d'en faire jamais autre ſpecification ou declaration, & tout ainſi que ſe depuis ladite obeiſſance & noſtre derrain partement de ladite Cité d'Arras, ils ſe fuſſent tenus en icelle noſtre obeiſſance, & que leſdits cas & crimes n'euſſent eſté par eux commis, & de noſtre plus ample & plus abondante grace & auctorité, les avons reſtituez & reſtituons, plainement & abſolutement en tous leurs biens, meubles & immeubles eſtans en ladite Ville d'Arras, & quelque part qu'ils les ayent ailleurs en noſtre Royaume; & voulons & ordonnons qu'ils s'en puiſſent enſaiſiner de fait & en joyr plainement & paiſiblement ſans autre ſolemnité ou myſtere de Juſtice, nonobſtant quelconques dons que en ayons fait à quelques perſonnes que ce ſoient, leſquels nous avons irritez, revoquez, caſſez & annullez; irritons, revoquons, caſſons, annullons & mettons du tout au neant, & avec ce leur avons conferme, loué, ratifié & approuvé; confermons, louons, ratifions & approuvons, & donnons tout de nouvel en tant que beſoin eſt, tous les privileges, franchiſes & libertez, que par nos très-nobles progeniteurs Roys, & par nous, & par les Comtes & Comteſſes d'Artois, & meſmement par les derraines Lettres par nous à eux baillez, leur ont eſté donnez & octroyez, & voulons qu'ils en joyſſent en telles & ſemblables franchiſes, auctoritez, libertez, prerogatives, droits & preeminences, comme ils ont fait par ci-devant, & ſans ce que à l'occaſion des choſes paſſées aucune choſe leur puiſſe eſtre par nous, nos gens & Officiers ou autres quelconques imputée, reprochée, querellée ou demandée, en quelque forme ou maniere que ce ſoit; & ſur ce impoſons ſilence perpetuel à nos Procureurs preſens & à venir, & à tous autres quelconques; & en outre leur avons octroyé & octroyons que ſe aucuns deſdits Bourgeois ou Habitans de ladite Ville d'Arras eſtoient abſens d'icelle, ſoit qu'ils ſe ſoient retirez en partis à nous contraires, ou qu'ils ſoient allez en autres affaires & y veuillent retourner & faire leurs habitations & demourance en ladite Ville, ou ailleurs en noſtre Royaume & obeiſſance, que en nous faiſant le ferment dedans trois mois prochains venans ou à nos gens & Officiers en ladite Ville, ils & chacun d'eux puiſſent retourner à tous leurs biens & heritages & joyr de l'effect de ces preſentes, plainement, entierement & paiſiblement, & auſſi s'aucuns eſtoient de preſent en ladite Ville, de quelque eſtat ou condition qu'ils ſoient s'en veulent aller, demourer ou eux retraire autre part, qu'ils le puiſſent faire & emporter ou faire emporter & emmener tous leurs biens, bagues & choſes quelconques ſeurement & ſauvement en quelque lieu où aller voudront, & de ce leur ferons bailler nos Lettres de ſeureté particulieres ſe avoir les veulent ſitoſt qu'il nous en requerront: & n'entendons point pour quelconque choſe que ſoit advenue en ladite Ville d'Arras, que noſtre très-chiere & très-amée couſine & fillole de Bourgogne ſoit en rien prejudiciée.

judiciée au don, octroy, grace & liberalité que luy avons faits de la jouissance des fruits & revenus du Comté d'Artois; mais voulons & ordonnons qu'elle les air & en joysse tout ainsi qu'il est contenu en l'article inscript ès premieres Lettres (1) par nous octroyées à ceux de ladite Ville d'Arras. Si donnons en mandement à nostre amé & feal Conseiller Maistre Jacques Louet, Garde de nostre petit Seel par nous ordonné en l'absence du grand, & à nos amez & feaux gens de nostre Grand Conseil estans lez nous, & à tous nos autres Justiciers & Officiers ou à leurs Lieutenans presens & à venir, & à chacun d'eux si comme à luy appartiendra, que de nos presentes, grace, abolition, generale, restitution, don & octroy, & de tout le contenu en ces presentes, ils & chacun d'eux en droit soy, fassent, souffrent & laissant lesdits Gens d'Eglise, Nobles, Mayeur, Eschevins, Corps & Communauté, Bourgeois, manans & habitans, Capitaines du commun peuple de ladite Ville, & tout ledit peuple commun en general & particulier, & chacun d'eux joyr & user plainement & paisiblement, sans à l'occasion des choses passées, ne autrement leur faire ou donner ores ou pour le temps à venir aucun destourbier ou empeschement en corps ou en biens en quelque maniere que ce soit, en faisant ou faisant faire inhibition & deffense de par nous à tous nos subjets de quelque estat qu'ils soient, qu'ils ne soient tant osez ou hardis de dire aucunes vilaines ou injurieuses paroles à aucuns des habitans de ladite Ville à l'occasion des choses passées ne autrement, & ce à peine de confiscation de corps & de biens; & pour ce que de cesdites presentes l'on pourra avoir à besognier en plusieurs & divers lieux, nous voulons que aux vidimus d'icelle fait soubs seel Royal ou soubs le seel de l'Eschevinage d'Arras, foy soit ajoustée comme à ce present original. Donné en la Cité d'Arras le quatriesme jour de May, l'an de grace mil quatre cens soixante dix-sept, & de nostre Regne le seiziesme. *Ainsi signé sur le ploy au-dessus*, Par le Roy. Monsieur le Comte de Beaujeu, le Comte de Marle Mareschal de France, le Sire d'Esqueurdes, le Gouverneur du Dauphiné, & autres presens. DE CERISAY, & au dessoubs *Visa*. Leues, publiées, enregistrées, & plainement enterinées au Conseil du Roy tenu en la Cité d'Arras le quatriesme jour de May mil quatre cens soixante dix-sept. *Ainsi signé*, J. DE MOULINS.

CCLXXXV.

☞ *Lettre de Louis XI. Roy de France, en faveur des Heritiers de Guillaume Hugonet, Chancelier de Bourgogne, mis à mort par les Gantois.*

Tiré des Recueils de M. l'Abbé Le Grand.

LOYS par la grace de Dieu, Roy de France: A tous, &c. Salut. Comme tantost après le trepas de feu nostre cousin Charles, en son vivant Duc de Bourgogne, feu Guillaume Hugonet, en son vivant Chevalier, Seigneur de Saillant & d'Espoisse, Vicomte d'Ypre & Chancelier

(1) Ce sont les Lettres precedentes.

DE PHIL. DE COMINES. 513

lier de nostredit feu cousin, fust avec autres Officiers de nostre feu cousin venus en Ambassade devers nous en nostre Ville de Peronne, de par nostre très-amée cousine Marie de Bourgogne, lors estant en la Ville de Gand ou Pays de Flandres, pour traiter envers nous aucunes grandes matieres concernant l'entiere pacification des differens, qui avoient esté entre nous & nostredit cousin; auquel feu Sieur de Saillant & autres Officiers dessusdits, Nous desirans bonne conclusion estre prinse esdites matieres au bien de nous, nos Royaume, Pays & Seigneuries, & de nostreditte cousine, auquel feu Seigneur de Saillant fismes reponse, & combien que ledit Seigneur de Saillant n'eut meffait, maché, ne conspiré aucune chose au prejudice de nostredite cousine, ne à la foule d'elle & de sesdits Pays, Terres, Seigneuries & Subjets, mesmement des Habitans de la Ville de Gand, & aussi que de tout son temps il eust bien & loyaument servi nostredit feu cousin jusques à son trespas: neantmoins si-tost qu'il fut retourné devers nostredite cousine audit lieu de Gand, lesdits Habitans de Gand, qui sont nos Vassaux & Subjets de très-mauvais vouloir, le prinrent incontinent & constituerent prisonnier, le gehennerent & tourmenterent inhumainement, & finablement en haine & mepris de nous, de nostre auctorité & souveraineté, & de la Charge que ledit feu Seigneur de Saillant avoit de la conduite desdittes matieres, luy ont fait couper la teste publiquement en ladite Ville de Gand, contre le vouloir & à la deplaisance de nostredite cousine, laquelle sçachant ladite execution injustement faite, requit & pria lesdits de Gand avoir pitié dudit defunct, & tenir en suspens icelle execution, à laquelle par le grand Doyen dudit Gand fut repondu, que bien estoit vray que sans cause on l'avoit condamné à mort, mais qu'il convenoit que ainsi fut pour contenter le peuple dudit Gand, en quoy faisant lesdits de Gand ont commis crime de leze-Majesté, & jaçoit que ledit defunt ait esté ainsi desloyaument mis à mort, toutes fois ses parens, amis, & alliez nous ont fait plusieurs plaintes & doleances, doubtant qu'on ne veuille au temps à venir pretendre & maintenir ladite cruauté & inhumaine execution avoir esté faite par la justice ou la loy desdits Habitans, & pour ce forfaiture & confiscation estre advenue en tous ses biens & Seigneuries ou profit de nous & autres: Sçavoir faisons que nous les choses dessusdites considerées, declarons par ces presentes ladite execution corporelle faite par lesdits Habitans de Gand iniquement, traîtreusement & sans cause & raison, & en haine, mepris & irreverence de nous, & cruauté detestable en la personne d'iceluy deffunt, parquoy aucune forfaiture & confiscation n'est aucunement advenuë en ses biens, meubles & immeubles, Terres & Seigneuries. Voulons & ordonnons que ses vefve & heritiers puissent prendre & apprehender sesdits biens & succession sans aucun empeschement, & afin que chacun ait connoissance de la perversité & inhumanité & detestable cruauté desd. de Gand, voulons que ces presentes soient lues, publiées & registrées en nos Cours de Parlement de Paris, & en toutes nos autres Jurisdictions. Si donnons en Mandement à nos amez & feaux Conseillers les gens de nostre Cour de Parlement, de nos Comptes & Tresoriers à Paris, aux Baillifs de Vermandois, d'Amiens, de Saint-Quentin, Sénéchal de Ponthieu, Prevost

Tome III.   T t t   de

de Peronne, de Beauquesne, Montereul, Saint-Riquier, Maconnois, Charollois, Dijon, Chalon, Autun, Auxois & Lion, & à tous nos Justiciers, que de nos presentes declaration & volonté ils entretiennent & gardent. Donné à Bapaume le seiziesme jour de May mil quatre cens soixante dix-sept. Par le Roy, le Comte de Marle Mareschal de France, &c. L. TEUDO. Publié au Parlement de Paris le dix-septiesme Juillet; en la Chambre des Comptes le vingt-quatriesme dudit mois; en l'Auditoire de Mascon le vingt septiesme Juin audit an; & copie donnée en presence de Claude Pennet Procureur du Roy, Charles Desvinieux, Nicolas de la Bouviere, Humbert Fustalier Licentié en Loix, le troiziesme May mil quatre cens soixante dix-huit. *Signé*, Omont, Jacquin, & Thard, Notaires.

CCLXXXVI.

☞ *Pouvoirs du Duc de Bretagne à ses Ambassadeurs, pour traiter avec ceux du Roy Louis XI.*

Tiré des Recueils de M. l'Abbé Le Grand.

FRANÇOIS par la grace de Dieu, Duc de Bretagne, Comte de Monfort, de Richemont, d'Estampes, & de Vertus: A tous ceux qui ces presentes Lettres verront, Salut: Sçavoir faisons, que comme puis peu demps en-ça, entre nostre redouté Seigneur, Monseigneur le Roy & nous se soient trouvées aucunes differences & difficultés, tant sur & touchant l'accomplissement d'aucuns points & articles entre mondit Seigneur & nous accordés & promis par le Traité de la Paix faite, prise & accordée à la victoire près Senlis le neufviesme jour d'Octobre l'an mil quatre cens soixante-quinze, & autres choses contenant ladite Paix, l'éclaircissement, entretenement d'icelle comme autrement, lesquels differens voulons & de tout nostre honneur desirons estre terminez & finis, moyennant le bon plaisir de Monseigneur, avec luy vivre en bonne paix & union, & en toutes choses nous traiter comme son bon parent & serviteur, avons aujourd'hui commis & ordonné & institué, & par ces presentes commettons, ordonnons, & instituons nos bien amez & feaux Chambellans & Conseillers, Guillaume Chauvin Seigneur du Brais & du Pont nostre Chancelier, Jehan Seigneur de Coesquen nostre grand Maistre d'Hostel, Maistre Guy du Boschet nostre Vis-chancelier & Maistre Nicolas de Kermeno nostre Sénéchal de Broerech nos Ambassadeurs, & certains Messagiers pour ensemble ou les trois d'iceux traiter, accorder & appointer avec mondit Seigneur le Roy, moyennant son bon plaisir, ou avec ceux qu'il luy plaira promettre & accorder sur les difficultés, controversités, difference & matiere dessusdites, prendre & recevoir de mondit Seigneur le Roy toutes promesses, sermens & obligations, & seureté d'entretenir le traité & appointement par cy-devant fait, & autres qui seront faits en cette matiere, & ainsi de promettre & faire pour nous toutes obligation & seureté, pareillement & nous obliger envers mondit Seigneur par sermens & autrement valablement à tenir, garder, entretenir tout ce qui a esté & sera fait, accordé & conclu entre mondit Seigneur & ses Commis pour luy de sa part, &

& nous par nos Ambassadeurs ou les trois d'iceux d'autre part ; promettans & promettons par nostre foy & en parole de Prince tenir, accomplir, avoir agreable ce que par nosdits Ambassadeurs ou les trois d'iceux y sera appointé & besogné, & d'abondant le ratifier & conserver, & d'icelle ratification bailler nos Lettres en forme authentique, de ce faire & les choses y pertinentes avons donné & donnons à iceux nos Ambassadeurs & Commis, comme dit est, plein pouvoir, autorité & mandement especial. Donné en nostre Ville de Nantes le quinziesme jour de Juin, l'an mil quatre cens cens soixante dix-sept.

1477.

CCLXXXVII.

☞ *Memoires & Instructions du Roy Loys XI. touchant le Mariage de Mademoiselle de Bourgogne avec Monsieur le Dauphin Charles.*

Instruction pour ceux qui iront à Tournay de par le Roy.

PREMIEREMENT. Après qu'ils seront arrivés en ladite Ville, ils parleront à Monsieur de Moy, pour sçavoir en quel estat est la matiere dont il a écrit au Roy, à laquelle il a fait mesler Monsieur de Lannoy.

Tiré des Recueils de M. l'Abbé Le Grand.

Item. S'il leur est possible par quelque maniere que ce soit de parler audit Sieur de Lannoy, ils luy diront comme le Roy a esté adverti du bon vouloir qu'il a de luy faire service à l'appaisement des differens qui sont entre luy & Mademoiselle de Bourgogne, dont il le mercye.

Et luy prie qu'il y veuille continuer, & soy employer de tout ce qui luy sera possible, comme il sçait & connoist que faire ce doit, & de la part du Roy il sera tellement recogneu envers luy & ceux qui par son moyen s'en mesleront, qu'il n'y aura celuy d'eux qui ne doye tenir sa peyne pour bien employée.

Item. Les dessusdits luy offriront que en ce faisant le Roy le pourvoiera de tels estats & offices qu'il saura & voudra demander ès marches de par de là, voisine de luy ou ailleurs avec une bonne & grosse pension.

Et pour parvenir au bien de la matiere, luy diront que le desir du Roy a toujours esté & est que l'alliance se pust faire de Monsieur le Dauphin & de Mademoiselle de Bourgogne, & par ce moyen garder elle & tous ses Pays & Seigneuries comme son Royaume ; car il a toujours aimé & aime ladite Maison, comme celle qu'il a plus hantée & cognue que nulle des autres ; & pour ce le plus grand service que on luy peust faire, ce seroit de tendre à ceste fin, que ledit mariage se fist.

Item. Et s'ils ne peuvent conduire ledit Mariage en cette façon, & il avenoit que les Flamans peussent ravoir madite Damoiselle de Bourgogne en leurs mains, si ceux qui sont du Royaume & plus tenus au Roy que les autres qui n'en sont pas, vouloient entreprendre de conduire ledit Mariage, qui ne seroit bien faisable à l'ayde du Roy, en ce cas le Roy reconnoistroit envers eux, tant en les bien traitant, comme en leur octroyant conservation de tous leurs privileges & autres de nouvel bien amples pour le bien & utilité de leurs Pays, si avantageux qu'ils en debvroient estre contens.

Ttt 2 *Item.*

Item. S'il estoit ainsi qu'il semblast que les Pays ne voulsissent point consentir le Mariage dessusdit, en ce cas le Roy voudroit avoir ce qui luy appartient & les Pays qui sont du Royaume, & le demourant seroit à son mari, avecques lequel il voudroit bien avoir bonne amitié & alliance, se servir & aider de luy, & de sa part luy aideroit en ce qu'il pourroit.

Item. Luy diront que si tout ce que dessus est dit ne se pouvoit conduire & accomplir, que ledit sieur de Lannoy en ensuivant ce que déja lui a esté dit, trouvât façon de gagner Mr. de Gueldres, auquel il peust promettre & dire pour verité, que le Roy le traitera bien & honnestement selon le lieu dont il est, & luy fera des biens si largement qu'il en devra estre content, le portera & favorisera contre tous ceux qui grever le voudroient.

Item. Essaieront les dessusdits de pratiquer par toutes les voyes & manieres qu'ils pourront, tant envers Madame d'Anthoing que ailleurs, de gagner Mr. de Luxembourg, soit pour servir le Roy en ladite matiere du Mariage ou en autre chose, telles qu'ils adviseront qui sera propice à l'affaire.

Item. Se ledit de Lannoy advise & cognoist qu'il aye autres personnages qu'il puisse gagner pour le Roy, à conduire ce que dessus ou à le servir au besoin, il se peut bien faire fort que le Roy les recueillera à son service, & pourvoira de tels estats & pensions, qu'ils auront bien de quoy eux entretenir en son service & cause d'eux grandement louer de luy.

Et porteront les dessusdites deux Scellez de feu Mr. de Bourgogne, par lesquels il traitoit le Mariage du Duc de Savoye & de Mademoiselle de Bourgogne, pour les montrer où ils adviseront que faire se devra; afin de donner à cognoistre que feu Mr. de Bourgogne ne tendoit pas à la marier au fils de l'Empereur, ainsi que aucuns le maintiennent. Fait à Saint Quentin le vingtiesme jour de Juing, mil quatre cens soixante dix-sept. *Signé*, LOYS. *Et plus bas*, PETIT.

CCLXXXVII*.

☞ *Derniers Articles accordés entre les Gens du Roy & ceux du Duc de Bretagne, le dix-septiesme jour de Juillet 1477.*

Tiré des MSS. de M. Dupui. n°. 762.

POUR mieux éclaircir & declarer le Traité de Paix fait entre le Roy & le Duc de Bretagne, & dont le Roy bailla ses Lettres à la Victoire le neufviesme jour d'Octobre l'an 1475, & aussi le Duc ses Lettres de ratification à Nantes le cinquiesme jour de Novembre ensuivant audit an 1475 ; & afin que ladite Paix & la bonne amour d'entre le Roy & le Duc se puisse mieux & plus seurement entretenir tousjours, sans quelconque difference ou alteration, ont esté faites, concluës & accordées entre les Gens du Roy & du Duc, pour ajouter à ladite Paix & aux amitiés & alliances accordées par icelle par forme d'éclaircissement & declaration, les articles qui s'ensuivent; icelle Paix demourante en toutes choses en sa force & vertu avec lesdits éclaircissemens & declarations,

&.

& nonobstant quelconques choses depuis advenues, lesquelles par ce present Traité sont rejettées & mises au neant tout ainsi que si elles n'eussent oncques esté.

1477.

PREMIEREMENT. Qu'en ensuivant le Traité de ladite Paix, le Roy aura & entretiendra tousjours le Duc en sa bonne grace & singuliere amour, comme son bon, vray, loyal & obeissant parent & nepveu. Le portera, soustiendra, secourra & aidera de tout son pouvoir envers & contre tous ceux qui peuvent vivre & mourir, sans personne quelconque excepter, à la defense de sa Personne, de son Duché, & à la defense & conservation des droits de sondit Duché; & aussi le Duc sera & demeurera tousjours bon, vray, loyal & obeissant parent & nepveu du Roy, le servira, secourra & aidera de tout son pouvoir envers & contre tous ceux qui peuvent vivre & mourir, sans personne quelconque excepter, à la defense de sa Personne & de son Royaume, & à la defense & conservation des droits du Royaume & de la Couronne de France.

Item. S'il y a quelques Princes, Seigneuries, Pays ou Nations quelconques qui invadent le Royaume de France, ou fassent guerre par mer ou par terre au Roy, son Royaume & ses Subjets d'iceluy, en ce cas le Duc après la guerre declarée & ouverte, ne pourra durant icelle faire, prendre ne avoir paix, confederation, alliances, treves, abstinence de guerre ne entrecours de marchandise avec eux, mais sera & demourra le Duc en guerre à l'encontre d'eux, tant qu'icelle guerre sera entre le Roy & eux, sans leur pouvoir faire ne donner secours, faveur ne ayde contre le Roy ne le Royaume, sauf au Duc à bailler ses sauf-conduits pour le fait de la marchandise, ainsi que luy & ses predecesseurs ont accoustumé de faire ès temps passés. Et aussi s'il y a quelques Princes, Seigneuries, Pays ou Nation quelconques qui invadent le Duché de Bretagne ou fassent guerre par mer ou par terre au Duc ou à son Duché & Subjets d'iceluy, en ce cas le Roy après ladite guerre declarée & ouverte, ne pourra durant icelle faire, prendre ne avoir paix, confederation, alliances, treves, abstinences de guerre ne entrecours de marchandise avec eux; mais sera & demourra le Roy en guerre à l'encontre d'eux, tant qu'icelle guerre sera entre le Duc & eux, sans leur pouvoir faire ne donner secours, faveur ne ayde contre le Duc ne le Duché de Bretagne.

Item. Et ont le Roy de sa part, & le Duc de la sienne, chacun d'eux renoncé & renoncent expressément à toutes alliances, confederations, traités, sermens, promesses ou obligations quelconques, qu'ils ont ou pourroient avoir faites cy-devant à quelconques Princes, Roys, Seigneurie ou Nations quelconques, en tant qu'elles seroient contraires, derogeantes ou prejudiciables audit Traité de Paix fait à la Victoire, & à ces presens articles.

Item. Et demourront le Duc & ses Subjets, tenus & obeissans envers le Roy & sa Cour de Parlement ès cas ainsi & par la forme & maniere que les feus Ducs de Bretagne François & Pierre derniers trepassez, & le Duc qui à present est, ont esté & estoient du vivant du feu Roy Charles VII. dernier trepassé, que Dieu absolve.

Ttt 3   Item.

Item. Le Roy de sa part, & le Duc de la sienne, jureront entretenir & garder, sans jamais faire au contraire, ce present Traité & articles, & aussi ledit Traité de la paix, sur telles Reliques que l'un d'eux voudra administrer à l'autre, & de jamais n'avoir ne obtenir dispense, ny d'en user, ne s'en ayder, reservé toutesfois que le Roy & le Duc ne seront point tenus faire ledit serment sur le precieux Corps de nostre Seigneur Jesus-Christ, ne sur la vraye Croix, estans en l'Eglise de Monseigneur saint Lo d'Angiers.

1477.

CCLXXXVIII.

☞ *Serment du Roy Louys XI. au sujet de la paix avec le Duc de Bretagne.*

Tiré du Tresor des Chartes, Armoire K. Cassette A. cotte VIII.

JE LOVS par la grace de Dieu, à present Roy de France, jure, que je ne prendray, ne tueray, ne ne feray prendre, ne tuer, ne ne consentiray qu'on preigne ne qu'on tuë mon neveu & cousin François, à present Duc de Bretagne, & que je ne feray ne pourchasseray, ne ne feray faire ne pourchasser mal à sa personne en quelque maniere que ce puisse estre, & se je sçay que aucun le luy veuille faire, en avertiray incontinent mondit neveu, & l'en garderay & deffenderay à mon pouvoir, comme je feray ma propre personne.

Item. Jure, comme dessus est dit, que à mon neveu François, à present Duc de Bretagne, tant qu'il vivra, pour quelque cause ou occasion que ce soit ou puisse estre, ne pour quelque rapport qui me soit ou puisse estre fait, je ne feray, ne feray faire guerre, ne à son pays & Duché de Bretagne, & ne favoriseray ne soustiendray personne quelconque à la faire.

Item. Jure comme deffenseur, que jamais ne prendray, impetreray ou accepteray, ne ne feray impetrer ne accepter de nostre Saint Pere le Pape, du saint Siege Apostolique, de Concile ne d'autre, quelconque autorité, dispense ne relaxation qui en ait esté, ou pourroit estre octroyée ou impetrée.

Item. Que tout ce que dessus dit je deffendray, garderay & entretiendray sans dol, fraude ne malengin; & le Duc de sa part, fera le serment semblable. Fait à . . . près Dourlans, le vingt-uniesme jour de Juillet, l'an mil quatre cens soixante & dix-sept. DE TOURNES.

Le nom du lieu où ce serment a été fait, est en blanc dans la copie.

CCLXXXIX.

☞ *Extrait du procès de feu Monsieur de Nemours, examiné le vingtiesme jour de Janvier, 1476.* [*c'est-à-dire, 1477.*]

Tiré des Recueils de M. l'Abbé Le Grand.

MEssire Jacques d'Armaignac, Duc de Nemours, & Comte de la Marche, a dit, que puis qu'il voit & congnoist que le plaisir du Roy est sçavoir par sa bouche la verité des choses dont on l'a interrogé; il y a depuis pensé au mieux qu'il a peu, & aussi pour ce qu'il a entendu que le Roy approche des marches de par deçà, pour montrer qu'il ne luy veut

veut rien celer, mais dire la verité de tout ce qu'il sçait, soy confiant de sa bonne grace & misericorde, a dit & confessé liberalement, & de sa pure & bonne voulenté, les choses qui s'ensuivent.

1477.

Premierement. Dit que la premiere fois que le Roy envoya feu Messire Ruffect de Balsac, en son vivant Seneschal de Beaucaire, & autres, pour mettre le siege à Lectoure, laquelle Place estoit entre les mains de feu Messire Jehan d'Armaignac, luy qui parle, requist, & par feu Jehan d'Esmier, lequel pour lors avoit charge du Roy, de faire mettre les Gensd'armes sus ès pays de Pardriac, & autres d'environ, qu'il mist peine, que quelque bon appointement se fist, par moyen duquel, il peust avoir la bonne grace du Roy, & que la personne dudit Messire Jehan d'Armaignac fut sauvée; & pareillement en fit prier feu Monsieur le Cardinal d'Alby, & ledit feu Messire Ruffect de Balsac, laquelle chose, ledit d'Esmier luy promit faire; & à cette cause, luy qui parle, envoya Domingo, son Taillander, avec ledit Jehan d'Esmier, pour luy en faire sçavoir des nouvelles, & dit que semblablement le luy promirent lesdits feux Monsieur le Cardinal d'Alby, &. Messire Ruffect de Balsac.

Dit outre, que après que ladite Ville de Lectoure eust esté la premiere fois mise en la main du Roy par lesdits Cardinal d'Alby, Messire Ruffect de Balsac & autres, & que ledit Messire Jehan d'Armaignac fût venu ès marches devers ledit Jehan d'Esmier, fist à sçavoir à luy qui parle, que le Roy l'envoyoit devers ledit Messire Jehan d'Armaignac, & à celle fois ledit d'Esmier ne passa point pour luy qui parle, quelque chose que ayent dit ses serviteurs: & quand ledit qui parle sceut que ledit d'Esmier estoit passé pour aller par l'ordonnance du Roy devers ledit Messire Jehan d'Armaignac, il envoya après luy derechef ledit Domingo, & manda audit d'Esmier, qu'il dist audit Messire Jehan d'Armaignac, que comment que il feust, il gardast bien qu'il n'enclouyst point sa personne en quelque lieu que ce fust, & qu'il se tenist au large, & qu'il appointast en quelque maniere que ce fust, car il congnoissoit bien que s'il estoit une fois enclos, il ne pouvoit faillir à estre prins, & seroit perdu, & ne sçait se ce fust ledit Domingo qui le dist audit d'Armaignac, ou se ce fut ledit Jehan d'Esmier.

Interrogé s'il chargea par ledit Domingo, de dire lesdites choses audit d'Armaignac, ou cas qu'il ne trouvoit point ledit Jehan d'Esmier: dit qu'il chargea ledit Domingo, que s'il ne trouvoit ledit d'Esmier, il trouvast façon que ledit d'Armaignac sçeust lesdites choses qu'il luy mandoit, afin qu'il appointast.

Dit plus, que tantost que Lectoure fut prinse par ledit Messire Jehan d'Armaignac sur Monsieur de Beaujeu & autres, qui y estoient pour le Roy, ledit Jehan d'Esmier envoya incontinent ledit Domingo devers luy qui parle, pour luy faire sçavoir ladite prinse de Lectoure, combien qu'il dit que ledit Domingo ne fust pas le premier qui luy en dit des nouvelles, car il les avoit sceu par ceux de la Ville d'Aurilhac, & aussitost après luy qui parle, renvoya ledit Domingo devers ledit Jehan d'Esmier.

Auquel il manda par ledit Domingo, qu'il dit audit feu Messire Jehan d'Armaignac qu'il se retirast en Aure, & emmenast avec luy ses prisonniers.

niers qu'il tenoit, & qu'il mist peine de faire son appointement avec le Roy, par le moyen de mondit Sieur de Beaujeu, & chargeoit ledit Domingo, que s'il ne trouvoit ledit d'Esmier, qu'il dist lesdites choses audit Messire Jehan d'Armaignac ; & après ce que ledit Domingo fut arrivé devers ledit Messire Jehan d'Armaignac, iceluy d'Armaignac le retint, & ne le vouloit laisser partir de Lectoure ; parquoy iceluy Domingo ne retourna jusques après que ladite Ville de Lectoure eust esté prinse & recouvrée par les Gens du Roy sur ledit d'Armaignac.

Dit outre, que quand ledit Domingo fut retourné ès pays de luy qui parle, il qui parle sceut bien qu'il y estoit venu, & ne voult parler à luy, pour ce qu'il n'avoit pas fait ce qu'il luy avoit ordonné de parler incontinent audit Messire Jehan d'Armaignac, & avoit demouré bien un mois avant que y parler, dont il s'est ensuy la mort dudit d'Armaignac, qui depuis est advenuë, car puisqu'il n'avoit trouvé ledit d'Esmier, s'il eust parlé dès le commencement audit d'Armaignac, il n'en fust pas ainsi advenu, & se fust sauvé ; mais toutesfois supposé qu'il qui parle ne parlast audit Domingo, il n'eust pas voulu que iceluy Domingo eust mal, & fust content qu'il demourast, allast & venist par ses pays ; & depuis quand il vit que on s'enqueroit, & que on faisoit diligence de trouver ledit Domingo pour le prendre, il fut content qu'il s'en allast, & luy manda par Cabannes ou par Jacques de Salles, n'est souvenant lequel, qu'il allast & se sauvast le mieux qu'il pourroit, & qu'il aideroit à sa femme, & le auroit pour recommander en temps & en lieu.

Et sur ce interrogé, s'il a pas fait depuis delivrer de l'argent audit Domingo, il a dit que sur ce qui estoit deu à iceluy Domingo tant de ses gages que autrement à cause de son Office, lequel deu montoit bien trois ou quatre cens francs, il a fait delivrer audit Domingo environ quatre-vingt ou cent frans.

Interrogé par qui il a fait delivrer ledit argent audit Domingo, dit qu'il le a fait delivrer par les mains de Maistre Jehan Bonnet, tant à Cabannes, que à autres qui ont esté de par luy à Lyon, & de la maniere & comment ledit argent a esté delivré, il n'en sçauroit bonnement parler ; mais ce a esté de son commandement & ordonnance, ou de Madame sa femme.

Dit avec ce, que la premiere fois que ledit Connestable luy escripvit par Miguelot Fauvel, dit de Bucy, Archer-ladre, ce fut pour donner audit Miguelot quelque office, & envoya lesdites Lettres au Roy par Jacques de Montaynat, & disoit iceluy Miguelot, que ledit Connestable luy avoit dit que quand luy qui parle luy avoit donné quelque office, ce seroit mieux occasion de l'envoyer devers luy, pour sçavoir de ses nouvelles.

Et lorsque ledit Connestable envoya la premiere fois ledit Miguelot devers luy qui parle, iceluy Connestable luy manda qu'il desiroit bien sçavoir de ses nouvelles, & comment il estoit traité du Roy, & qu'il voyoit bien que au regard de luy & de ses autres Seigneurs, le Roy n'estoit pas fort en talent de les bien traiter, mais qu'il mainoit des choses, par moyen desquelles il avoit esperance que luy & les autres serviteurs demourroient bien [traités] du Roy, & en seureté.

Avec

DE PHIL. DE COMINES.

1477.

Avec ce, luy manda ledit Conneſtable, que Monſieur de Bourbon & iceluy Conneſtable avoient eſté tousjours bien amys enſemble, & que ledit qui parle meiſt peine de ſoy faire bien dudit de Bourbon, & de l'entretenir tant qu'il pourroit ; auſſi que autresfois il luy avoit mandé, & luy adreſſa & recommanda tousjours ſes beſongnes.

Car par les moyens qui ſe pratiquoient tousjours enſemble, ils feroient la paix entre le Roy & les Srs. & tellement que le fait des Srs. feroit & demourroit bien en ſeureté, & que le fait de luy qui parle ne feroit oublié emplus que celuy dudit Conneſtable.

Et dit que depuis, il qui parle a pluſieurs fois recommandé ſes beſongnes à mondit Sieur de Bourbon, & offert de luy faire tout le ſervice qu'il qui parle pourroit.

Dit outre, que depuis il a eſcrit par ledit Miquelot audit feu Conneſtable, & luy demanda qu'il le remerciaſt des bonnes offres qu'il luy faiſoit, & qu'il le prioit que ſe quelque choſe ſe faiſoit pour luy, le fait de luy qui parle ne feuſt point oublié.

Dit plus, que lorſque iceluy Conneſtable envoya ledit Miquelot devers luy qui parle, après que iceluy qui parle l'euſt dépeſché, ledit Miquelot luy dit qu'il vouloit aller à Moulins ; & lors luy qui parle luy demanda qu'il y alloit faire, lequel Miquelot luy reſpondit qu'il y avoit affaire, & que ce qu'il y alloit faire, ne il qui parle ne les autres Seigneurs n'en vauldroient pas pis, & ne luy dit pas lors ce qu'il y alloit faire, juſques à l'autre fois qu'il retourna de devers ledit Conneſtable, devers luy qui parle ; auquel retour il qui parle demanda audit Miquelot, quelle choſe il eſtoit allé faire à l'autre voyage devers mondit Seigneur de Bourbon, lequel Miquelot luy dit, que ledit Conneſtable luy avoit donné charge de advertir mondit Sgr. de Bourbon d'aucuns dangiers où il eſtoit de ſa perſonne ; auſſi avoit charge de recommander audit de Bourbon, le fait de il qui parle, & avec ce, de luy dire, que quand iceluy de Bourbon voudroit envoyer devers iceluy Conneſtable pour les matieres qu'ils pratiquoient enſemble, qu'il luy envoyaſt homme ſeure & feable, à qui il peuſt parler, & qu'il nommaſt audit Miquelot comment qu'il luy envoyeroit, & dit ledit Miguelot à luy qui parle, que ledit Monſieur de Bourbon luy avoit nommé Vierſac, pour envoyer devers ledit Conneſtable.

Dit outre, que ledit Miquelot diſt à il qui parle audit ſecond voyage, la charge que ledit Conneſtable luy avoit baillée, pour dire audit de Bourbon, qui eſtoit en effet que ledit Conneſtable eſtoit feur d'une partie des Capitaines de ce Royaume, & vouloit que mondit Sieur de Bourbon luy fiſt ſçavoir par ledit homme ſeur, deſquels Capitaines il eſtoit ſeur, & auſſi mandoit que ſe Monſeigneur de Bourbon vouloit tenir la main eſdites matieres comme il avoit eſté dit, & qu'il luy avoit mandé, il feroit ledit Bourbon Regent le Royaume, & ſemble à luy qui parle, que ledit Conneſtable mandoit outre audit de Bourbon par iceluy Miquelot, que iceluy Conneſtable eſtoit tousjours en l'eſtat qu'il avoit accouſtumé de ſeureté envers mondit Seigneur de Bourgoigne.

Interrogé ſe ledit Miquelot dit pas à luy qui parle la reſponſe que luy avoit faite Monſeigneur de Bourbon : diſt que iceluy Miquelot luy diſt

Tome III.   Y vv   que

que Mgr. de Bourbon avoit remercié très-fortement ledit Conneftable, & que par ledit Vierfac il luy feroit fçavoir entierement de fes nouvelles.

Dit auffi que ledit Conneftable à ce fecond voyage envoya par ledit Miquelot à luy qui parle des Lettres, qui n'eftoient pas efcriptes de fa main, mais croit qu'elles eftoient fignées dudit Conneftable, & contenoient lefdites Lettres creance fur ledit Miquelot; lequel Miquelot par ladite Creance dit à luy qui parle, que ledit Conneftable luy mandoit qu'il eftoit feur de partie des Capitaines de ce Royaume, & de la plufpart des Seigneurs, & qu'il advifaft s'il fe vouloit entendre entierement avec eux, laquelle chofe iceluy Conneftable luy confeilloit faire, & mefmement avec mondit Seigneur de Bourbon, & que en ce faifant, il qui parle ne pouvoit faillir à faire fes befongnes, & que ledit Conneftable tendroit la main autant que s'il eftoit fon propre fils, & que il fe conduifift par mondit Sgr. de Bourbon, car ledit Conneftable eftoit trop loing, & ne pourroit pas fi aifément conduire le fait de luy qui parle, comme feroit ledit de Bourbon ; mais iceluy Conneftable y feroit, fe à luy qui parle ne tenoit, comme s'il eftoit fon propre fils.

Dit avec ce, que ledit Conneftable luy manda qu'il gaignaft amys le plus qu'il pourroit, car fon fait n'en vaudroit que mieux.

Dit auffi que il luy femble que ledit Miquelot luy dift que mondit Seigneur de Bourbon fe tenoit bien feur de cinq cens livres.

Interrogé quelle refponfe il qui parle fit audit Miquelot, dit qu'il luy fift refponfe qu'il mercioit ledit feu Conneftable des bonnes offres qu'il luy faifoit, & qu'il feroit bien joyeux que toutes chofes peuffent eftre en feureté, & luy prioit que toutes fois il en euft fon cas pour recommandé, & au furplus, manda audit Conneftable qu'il fçavoit bien fes grands fermens & obligations qu'il avoit au Roy, & le danger où il fe mettroit de ame, de corps & de biens, par quoy pour rien il ne fe declareroit, ne iroit contre fon ferment ; mais qu'il advifaft quelque bon moyen, en quoy homme & fon ferment fuft fauve, & enquoy il les pourroit fervir, & que voulentier il leur feroit tout le fervice qu'il pourroit, & dit que au regard de gaigner ains il n'y avoit nul argent de qui il fuft fort à compte, ne fon parent, ne à qui il fe ouffaft defcouvrir, bien avoit Monfieur d'Albret, fon coufin, qui comme il croit, voudroit faire pour luy ce qu'il pourroit, mais en piece, il ne luy découvreroit pas le fecret.

Interrogé quelle chofe luy manda le Conneftable fur les chofes deffufdites : dit que depuis ledit Conneftable ne luy manda aucune chofe jufques aux Lettres que luy apporta Pierre Saillart, Laboureur de Pont-fur-Seine.

Dit auffi que audit premier voyage, luy qui parle, envoya à Pardriac fon pourfuivant devers mondit Seigneur de Bourbon, & luy chargea expreffement de le faire parler & luy dire que ledit Conneftable le luy envoyoit ; le advertift auffi qu'il n'eftoit pas fot, & qu'il gardaft comment il parleroit à luy.

Interrogé s'il manda pas audit Mr. de Bourbon que le Conneftable avoit envoyé iceluy Miquelot devers luy : dit que non, mais ledit Monfieur de Bourbon fçavoit bien que ledit Miquelot venoit de devers luy qui parle.

Interrogé

DE PHIL. DE COMINES. 523

Interrogé se depuis le Connestable luy a pas escript dès lors que ledit Miquelot luy envoya à Carlat par ledit Pierre Saillart, Laboureur de Pont-sur-Seine, dit que ce n'estoient point Lettres, mais estoit un Memoire qui venoit dudit Connestable ou de Maudroit, lequel Memoire contenoit que les choses dudit Connestable alloient très-mal, mais qu'il y avoit encore des choses qui se manquoient, que se elles se conduisoient tout se porteroit bien.

1477.

Interrogé quelles choses estoient : dit que rien n'en sçait, & que ledit Connestable ne luy en a rien depuis fait sçavoir.

Interrogé quelle responce il fit audit Connestable : dit qu'il luy fit responce par un Memoire qu'il luy deplaisoit bien que ces choses se portoient mal, & pareillement que les besongnes de luy qui parle estoient taillées de se porter mal, & qu'il qui parle desiroit bien sçavoir quelles choses s'estoient qui se conduisoient.

Dit plus, que ledit Maistre Jehan Bonnet a esté cinq fois devers ledit feu Connestable de par luy qui parle.

La premiere fut pour empescher le mariage, dont il estoit bruit qu'on vouloit traiter du fils de Monsieur le Grand-Maistre, avec l'une des filles de luy qui parle.

La seconde fois, pour le traité du mariage de luy, des enfans de luy qui parle & de ceux dudit Connestable, dont l'ouverture avoit esté faite entre ledit Connestable & le Sieur du Bridore, au voyage que le Roy fist à Amiens.

Le tiers voyage fut pour le fait de la vendition des Terres, que luy qui parle a en Haynaut, à cause de quoy il qui parle fut mal content dudit Connestable, pour ce que desdites Terres il ne luy offroit que quarante mille francs, & feu Monsieur de Crouy luy en avoit autresfois offert donner cent mille francs ; en quoy luy qui parle manda audit Connestable, qu'il estoit content de luy bailler lesdites Terres pour vingt mille francs moins qu'il en trouvoit d'ailleurs, & lors ledit Connestable congnoissant que luy qui parle estoit mal content de l'offre qu'il luy avoit faite, meist peine de le replaquer par plusieurs bonnes paroles, qu'il dit audit Maistre Jehan Bonnet, & entre autres choses, luy dit que ledit Connestable estoit bien desplaisant de ce que le Roy traitoit mal celuy qui parle, & luy tenoit mauvais termes, mais il y avoit des choses qui se menoient, & dont il pensoit bien venir about, par lesquelles son fait se porteroit bien, & que ledit qui parle se pouvoit tenir seur que là où seroit le Connestable, le fait de luy qui parle ne seroit oublyé emplus que le sien propre.

Et au regard du Duc de Bourgogne, ledit Connestable luy manda qu'il pensoit tousjours en estre bien seur, & l'entretenir par le moyen de ses enfans & de ses nepveux, & au surplus, luy manda par ledit Maistre Jehan Bonnet, qu'il mist tousjours peine d'entretenir mondit Seigneur de Bourbon.

Le quart voyage fut pour l'ouverture qu'il avoit pleu au Roy de faire faire du mariage de Madame Jehanne, fille du Roy, avec Jacques, Monsieur fils aisné de luy qui parle, duquel mariage il qui parle envoya advertir ledit Connestable, & du bon traitement que le Roy faisoit à luy

Vvv 2   qui

1477.

qui parle, en pressant iceluy Connestable, qu'il luy voulsist prester de l'argent, ou quoyque soit, luy en bailler sur le gaige de la Terre de Condé, duquel argent prester, ledit Connestable s'excusa, ainsi que autrefois il qui parle a desposé; mais bien louoit iceluy Connestable la matiere dudit mariage, & ceux qui la conduisoient, & avoient entre les mains, comme il est plus à plain contenu, ainsi que le dit en ses autres depositions.

Et le quint voyage fut après la mort dudit feu Messire Jehan d'Armaignac, pour le faire sçavoir audit Connestable, lesdits feu Cardinal d'Alby, & Messire Ruffect de Balsac, luy avoient fait sçavoir: c'est à sçavoir, que le Roy estoit deliberé de destruire il qui parle, par quoy il pria ledit feu Connestable qu'il voulsist aller devers le Roy pour son fait ou quoy que ce soit, luy aydast en toutes les façons qu'il pourroit, & quand au pis viendroit qu'il ne y pourroit autre chose y faire, que ledit Connestable voulsist recueillir Madame de Nemours sa femme & ses enfans, & s'il advenoit qu'il faussist que luy qui parle s'en allast hors du Royaume, qu'il luy voulsist aider & secourir en ses necessitez.

Interrogé se ledit Connestable luy manda par ledit Maistre Jehan Bonnet quelles choses estoient qui se traitoient, par lesquelles le fait de luy & des autres Seigneurs seroit en seureté, dit qu'il ne luy en demanda rien.

Dit outre, que après que ledit Connestable luy eust mandé qu'il traitoit des choses par lesquelles le fait de luy qui parle se porteroit bien, iceluy qui parle envoya ledit Maistre Jehan Bonnet devers ledit Connestable, pour le remercier des choses qu'il luy avoit fait sçavoir, & de ses bonnes offres, en luy priant, que se quelque chose se faisoit entre les Seigneurs, le fait de luy qui parle ne feust point oublié.

Interrogé se à l'un desdits voyages, ledit Maistre Jehan Bonnet luy rapporta pas de par ledit Connestable, que iceluy Connestable avoit esperance d'avoir authorité & gouvernement à l'entour du Roy, & que quand il y seroit, luy qui parle auroit toute l'autorité au Conseil, & aussi que ledit Connestable mettroit autres Archiers à la Garde du Roy que ceux qui y estoient, desquels Monsieur de Mouy auroit la charge, & s'entendroit ledit Monsieur avec luy qui parle.

Dit que oncques ledit Maistre Jehan Bonnet ne luy dit lesdites choses de par ledit Connestable, mais bien luy dit que feu Maistre Antoine Allart en son vivant, Tresorier de la Marche, & ledit Maistre Jehan Bonnet avoient communiqué ensemble sur l'amitié & le mariage d'entre les enfans de luy qui parle, & ceux dudit Connestable, & que pour induire luy qui parle audit mariage, & aussi à soy joindre en plus grant amitié avec iceluy Connestable, ledit Tresorier de la Marche disoit audit Maistre Jehan Bonnet par maniere de dedain, que ledit Connestable auroit toute l'autorité & gouvernement auprès du Roy, & que pareillement Monsieur de Bourgogne se fioit en luy autant que en personne du monde; par quoy il ne pouvoit faillir à avoir tout le gouvernement d'un costé & d'autre, & que toutes ces choses ledit Tresorier disoit, afin de les rapporter à luy qui parle pour tousjours plus l'induire à soy joindre avec ledit Connestable: bien dit luy qui parle, que ledit Maistre Jehan Bonnet

luy

luy dist comme de luy-mesme, que ledit Connestable estoit aussi seur dudit Duc de Bourgogne, comme s'il l'avoit en sa manche.

1477.

Interrogé se ledit Maistre Jehan Bonnet luy rapporta lesdites paroles qui avoient esté entre luy & ledit Tresorier de la Marche, dit que oui, mais que onques il n'oyt parler de changer les Archiers de la Garde du Roy, ne aussi que ledit Sieur de Mouy en deust avoir la charge.

Et pour ce qu'il se tienne que Monsieur de Bresse a envoyé devers luy qui parle plusieurs Messagers; a esté interrogé pour quelle cause il a envoyé devers luy; sur quoy il a dit que ledit Monsieur de Bresse a envoyé devers luy qui parle par quatre fois, c'est à sçavoir, un nommé Guillaume Talleran, qui y a esté une fois, lequel ne parla que de chevaux, & le Barbier trois fois, aux deux premieres desquelles, il ne luy parla aussi que de chevaux, mais à la derniere fois, ledit Barbier luy dit de par mondit Sieur de Bresse, que luy qui parle luy pouvoit bien envoyer des chevaux; car ledit de Bresse servoit bien le Roy, mais aussi il luy fit dire que iceluy de Bresse avoit son frere Monsieur de Romont avec Monsieur de Bourgogne, par lequel il sçavoit aucunes fois des nouvelles, & alors luy qui parle demanda audit Barbier, que feroit ledit Monsieur de Bresse, se son cas se portoit mal envers le Roy; à quoy ledit Barbier respondit que le cas de Monsieur de Bresse ne se pouvoit mal porter envers le Roy, à cause de Monseigneur de Bourbon, & de ceux de la Maison de Bourbon, mais toutesfois se le cas de Monsieur de Bourbon se portoit mal, il croit bien que ledit Sieur de Romont son frere luy feroit son fait envers le Duc de Bourgogne: dit aussi ledit Barbier de par Mr. de Bresse audit qui parle, que se le fait de luy qui parle se portoit mal envers le Roy, quand luy qui parle voudroit, ledit Sieur de Bresse feroit bien traiter par le Sieur de Romont le fait de luy qui parle envers ledit Duc de Bourgogne; à quoy luy qui parle respondit que quand son cas iroit mal, il prieroit mondit Sieur de Bresse qu'il l'eust pour recommandé.

Dit aussi que trois à quatre ans ou environ, une fois aussi que un des gens de celuy qui parle, & croit que c'est ledit Maistre Jehan Bonnet, qui venoit de Nemours querir de l'argent, il rencontra en Berry en une Hostellerie où ils se trouverent logez ensemble, mais n'est souvenant du lieu un nommé Jacques de Belleville, ou un autre d'eux de Belleville, lequel demanda audit Bonnet à qui il estoit, audit qui parle; & lors ledit Belleville luy dit tels mots, puisque vous estes à Monsieur de Nemours, je ne vous celleray point à qui je suis, ne dont je viens, & luy dit lors qu'il estoit audit feu Connestable ou à mondit Sieur de Bourbon, ne sçauroit dire lequel, & venoit de par ledit de Bourbon devers ledit Connestable, ou de par iceluy Connestable devers ledit de Bourbon, n'est recors lequel, & que ledit Monsieur de Bourbon & Connestable estoient bien fort amis.

Dit outre, que quand Monsieur du Maine passa là devers par Moulins en Bourbonnosi, Monsieur de Bourbon le festoya très-fort, & oyt dire luy qui parle, que mondit Sieur de Bourbon fut plus joyeux de la venuë de Monsieur du Maine, que de personne qui passa a long temps fust veu audit lieu de Moulins; aussi a oy dire qu'il a eu beaucoup de pratiques & Traitez entre eux: mais autre chose n'en sçauroit declarer.

V v v 3 Dit

Dit plus, qu'il a oy dire que entre les mains d'un nommé Benjamin qui est avec le Roy de Cecille, sont cheues unes Lettres que Monsieur l'Archevesque de Lyon escripvoit au Roy de Cecille pour quelques matieres d'alliances ou d'entretenement, & dit sur ce requis, qu'il ne sçait se c'estoit pour matiere d'alliance avec Monsieur de Bourbon ou autre, mais que par ledit Benjamin on le pourra sçavoir.

A dit aussi de soy-mesme, qu'il y a deux ou trois ans que Monsieur de Curton fut fort malade, & envoya prier, luy qui parle, qu'il luy envoyast Maistre Guillaume Traverse, son Medecin, ce qu'il fit, & demoura ledit Medecin par delà par aucuns temps, tant pour la maladie dudit de Curton, que pour donner des remedes à Madame sa femme pour avoir des enfans, & dernierement que ledit Maistre Guillaume Traverse y fut, iceluy de Curton eut avec luy plusieurs paroles familieres, & entr'autres, louoit fort le fait dudit de Bourbon & de Messieurs ses freres, & que l'on devoit bien mettre peine d'entretenir mondit Sieur de Bourbon, & que se quelque chose advenoit, la pluspart des Capitaines, voire & des Seigneurs de ce Royaume branleroient là où mondit Sieur de Bourbon branleroit, lesquelles paroles ledit Maistre Guillaume Traverse recita à luy qui parle, en luy conseillant d'entretenir mondit Seigneur de Bourbon.

A dit plus aussi & de soy-mesme, que se mondit Seigneur de Bourbon a eu quelque pratique ou menée avec le Duc de Bourgogne, ce a esté comme il semble à luy qui parle, par le moyen dudit d'Urffé, & Paillard d'Urffé son frere, & dit, que après ce que le Roy a eu donné audit Paillard d'Urffé, la Sirie d'Urffé, que tenoit le Sieur d'Urffé son frere, Monseigneur de Bourbon receut ledit Paillard d'Urffé en hommage, mais ce fut par telle condition, que toutesfois que se ledit d'Urffé son frere remanderoit, ledit Paillard d'Urffé luy rendroit sadite Terre, & de ce, recouvra mondit Seigneur de Bourbon cedulle expresse dudit Paillard d'Urffé, & l'a, ledit qui parle oy dire à plusieurs.

Au surplus, il dit qu'il a grandement mespris de ce qu'il n'a fait sçavoir les choses dessusdites au Roy, dont il luy supplie très-humblement qu'il luy plaise luy pardonner, & dit qu'il avoit intention s'il se fust trouvé devers le Roy, de luy declarer toutes lesdites choses, & que c'estoit sa cause pour quoy il poursuivoit si fort d'aller devers le Roy.

Extrait du procès du feu Duc de Nemours.

Dit aussi que le mariage avoit esté ouvert de Madame Jehanne, fille du Roy, & du fils aisné de luy qui parle, à cause de quoy luy qui parle estant à Orleans ou à Nemours, envoya Maistre Jehan Bonnet devers le feu Connestable, pour luy notifier le bon recueil qui luy avoit esté fait, & l'ouverture dudit mariage, & aussi pour ce que luy qui parle pensoit avoir afaire d'argent, & aussi pour oster au Roy tout soupçon, vouloit vendre & changer les Terres qu'il avoit soubs mondit Sr. de Bourgogne, dont autres fois avoit esté parlé, chargea audit Maistre Jehan Bonnet, de sçavoir audit Connestable s'il voudroit acheter sesdites Terres, ou partie d'icelles, ou les prendre par eschange, & recouvrant argent ou autrement

&

& quand ledit Conneftable fut adverti dudit mariage, il demanda audit Maiftre Jehan Bonnet par quelles perfonnes fe conduifoit ledit mariage, lequel Bonnet luy refpondit que lefdits Monfieur le Grand-Maiftre, & Maiftre de la Foreft le conduifoient, à quoy ledit Conneftable refpondit qu'il en eftoit bien joyeux, car ils eftoient bien fes amis.

1477.

Dit auffi, que quand vint à faire l'appointement par lequel le Roy bailla la Duché de Guyenne, ledit Monfieur de Curton fuft un des principaux qui le conduifit; & ainfi comme la matiere dudit partage fe demenoit, ledit Moyne, Prieur de Saint-Marcel, dit à l'homme de Meffire Jehan Boucicoult, Seigneur de Bridore, que les befongnes de Monfieur de Guyenne fe portoient bien, & que lefdits Monfieur le Grand-Maiftre & de la Foreft n'eftoient pas fes ennemis, ou prefque la fubftance defdites paroles.

Dit plus, que ledit Maiftre Jehan Bonnet a efté cinq fois devers ledit feu Conneftable, de par luy qui parle: la premiere fois fut pour empefcher le mariage, dont il eftoit bruit que on vouloit traiter du fait de Mr. le Grand-Maiftre, avec l'une des filles de luy qui parle.

Dit auffi ledit de Nemours, que ledit Miquelot luy dit que les Sieurs avoient deliberé de mettre entre leurs mains Monfieur le Dauphin, & à l'entour de luy à la Garde de fa perfonne, Monfieur de Breffe, & Monfieur de Dampmartin; & au regard de ceux qui devoient eftre autour de la perfonne du Roy, ledit Miquelot ne luy declara point quels gens ils y devoient mettre, mais qu'ils y metteroient gens dont ils feroient bien feurs, & croit que Monfieur le Conneftable n'en nomma rien audit Miquelot.

Interrogé quelle feureté ils avoient dudit Comte de Dampmartin, dit que la feureté, fe feureté y avoit, fe menoit comme il croit, par la main de mondit Sieur de Bourbon.

Interrogé s'il a point fceu par quel moyen Meffire Robert de Balfac s'en alla, & laiffa le Roy, pour aller fervir Monfieur de Guyenne, dit que a ouy dire à un nommé Johannes, qui aucunes fois alloit en habit de Cordelier, faire des meffages devers mondit Sieur de Guyenne, & luy qui parle, qu'il ne faifoit nul doubte que ledit Meffire Robert de Balfac ne fuft allé au fervice de Monfieur de Guyenne, du fceu & confentement de Monfieur le Grand-Maiftre.

Dit outre, que s'il y a eu quelques menées touchant Monfieur le Grant-Maiftre, Monfieur de Curton fon nepveu en doit plus fçavoir que nul des autres; & pareillement pour les autres fes nepveux, on pourra fçavoir defdites matieres, car il croit qu'elles avoient efté menées par leurs mains, plus que par autres.

Et pour ce que ledit de Nemours par fes precedentes confeffions a dit que Monfieur de Bourbon fe tenoit feur de plufieurs Seigneurs & Capitaines de ce Royaume: Iceluy de Nemours a efté interrogé de quels Capitaines & Seigneurs ledit de Bourbon fe tenoit feur, fur quoy il a dit & refpondit qu'il ne le fceut au vray, mais qu'il imagine & cuide que ce foient de ceux du pays de Bourbonnois, comme Monfieur le Grand-Maiftre, Monfieur de Curton, Monfieur de Briffet, frere du Seigneur d'Alegre, qui lors avoit.

Extrait

PREUVES DES MEMOIRES

1477.

Extrait du procès de feu Jehan d'Esnier.

Item. Et sur ce qu'il a baillé par escript, que Monsieur le Connestable & Monsieur le Grand-Maistre se soient, sont mal voulus si longuement, sont à present bons amis, & le tout, puis peu de temps en çà, par ce est vray-semblable tant par ces choses que par autres, qu'ils se sont resjoints par [amitié] ou autrement, tout ainsi qu'ils ont esté autres fois. Luy a esté demandé comment il le sçait, & quelle apparence il y a veue, dit que au regard de la rigueur, que le Roy & beaucoup d'autres l'ont bien sceu ; mais au regard de l'amitié, il l'a sceu par plusieurs moyens. *Premierement.* Par ce que Monsieur de Nemours & Monsieur d'Urfé le luy ont dit, & par les apparences qu'il a depuis veu, & que chacun peut voir & appercevoir.

Interrogé quelles paroles luy dit ledit de Nemours : dit que luy estant à Carlat avec mondit Sieur de Nemours, il parloit entre autres choses de ce que Monsieur le Grand-Maistre avoit voulu marier son fils à l'une des filles de Monsieur de Nemours, & que Monsieur le Connestable en avoit esté si mal content qu'emerveillé, & lors ledit de Nemours luy dit qu'il y avoit bien eu d'autres rigueurs entre eux, mais que tout estoit appaisé, & que après ils estoient bons amis & très-bien ensemble, & le luy dit la penultieme fois qu'il fut devers luy, il y a environ un an, & n'en parla ledit de Nemours plus avant audit qui parle.

La Compagnie de Monsieur l'Amiral, & aussi un Capitaine nommé Gouzolles : & au regard dudit Gouzolles, il le sçait, par ce qu'en allant à Roussillon, ledit Gouzolles print d'enblée la Ville de Gueret, & pour ce que il qui parle en fit faire les informations, luy fut dit, que qui feroit desplaisir audit Gouzolles, il feroit desplaisir à mondit Seigneur de Bourbon, & qu'il estoit tout sien.

Extrait du recolement du procès dudit de Nemours.

Item. Sur le cinquante-cinquiesme article contenant ce qui s'ensuit. Interrogé s'il a point sceu par quel moyen Messire Robert de Balsac s'en alla & laissa le Roy pour aller servir Monsieur de Guyenne, dit que a ouy dire à un nommé Johannes, qui aucunes fois alloit en habit de Cordelier faire des messages devers mondit Sieur de Guyenne, & luy qui parle, qu'il ne faisoit nul doubte que ledit Robert de Balsac ne feust allé au service de Monsieur de Guyenne, du sceu & consentement de Monsieur le Grand-Maistre ; dit depuis qu'il luy semble avoir ouy dire audit Johannes les paroles contenuës audit article.

Ce fut pour ce que touchant le fait du Comte de Dampmartin, ledit de Nemours devoit avoir du gouvernement, que Miquelot, duquel il a parlé en ses confessions, luy avoit dit que Monsieur de Bresse & ledit Dampmartin devoient avoir la garde & gouvernement de Monsieur le Dauphin, & depuis par autres confessions, avoit dit qu'il ne le disoit que par pensement ou imagination : luy a esté dit que depuis il en ouy la verité, sur quoy il a dit, que ledit Miquelot luy dit, que ceux qui faisoient l'entreprinse

DE PHIL. DE COMINES.

prinfe en devoient avoir la garde, mais il ne fçait pas fi c'eftoit ledit Dampmartin : pour ce que ledit Miquelot interrogé par luy qui parle, qui en devoit avoir la garde, luy dit, que penfoit que c'eftoit ledit Dampmartin, pour ce que, il qui parle en devifant avec ledit Miquelot, demanda fe ledit Dampmartin en devoit pas avoir la garde, de quoy ledit Miquelot luy refpondit, qu'il croyoit bien qu'il en devoit avoir la garde, & ledit Monfieur de Breffe, femblablement.

Interrogé qui le mouvoit de penfer que ledit Dampmartin en deuft avoir la garde ; dit que c'eftoit pour ce qu'il eftoit bien [venu] de Mr. de Bourbon & de Monfieur le Conneftable, & que Monfieur le Conneftable avoit autresfois mandé à il qui parle par Maiftre Jehan Bonnet, qu'il entretenift au mieux qu'il pourroit ledit Dampmartin, car ils eftoient grands amis ; dit par ferment qu'il a fait, que touchant cette matiere, il n'en fçauroit autre chofe dire ne depofer, que ce qu'il en a confeffé, & que s'il luy fouvient de cella ou d'autres chofes, plus amplement le dira.

Extrait fur ce que ledit de Nemours dit pour la décharge de fa confcience, après l'Arreft à luy prononcé.

Item. De ce que Miquelot a dit à il qui parle, & dont il a parlé en fon procès, il dit après, qu'il croit que ce que Miquelot luy a dit, venoit plus de luy que autrement.

Item. Et des entreprifes dont il a parlé en fon procès, qui fe faifoient pour prendre le Roy & Monfieur le Dauphin. Il dit après qu'il n'en fceut oncques rien de vray, mais feulement par prefomption & bruit commun, ne auffi quelles alliances les Seigneurs avoient enfemble.

Extrait de la depofition de Hector de l'Efclufe.

Dit plus, que mondit Sieur de Bourbon a plufieurs fois envoyé le Seigneur de Vierfac, fon Lieutenant, en la Compagnie de fes Genfd'armes, devers ledit feu Conneftable. Vierfac difoit que mondit Sgr. de Bourbon fe tenoit feur de Monfieur le Grand-Maiftre, & de tous ceux de fon lignaige, & auffi que mondit Sgr. de Bourbon fe tenoit fort de mondit Sieur de Nemours.

Extrait du procès dudit de Nemours, examiné le dernier de Fevrier 1476, environ huit ou neuf heures du foir, par Meffires de Montagu, & Boffere.

Interrogé fe le Marquis de Canilhac avoit point d'intelligence ès matieres qui eftoient pratiquées, que le Roy dont il a parlé par ces precedentes confeffions, dit qu'il croit bien que oy ce qui le meut le croire eftre, car ledit Marquis eft premier Chambellan de Monfieur de Bourbon, & a efpoufé la feconde fille de Monfieur le Comte de Dampmartin, Grand-Maiftre d'Hoftel de France, & croit bien il qui parle, que de tout ce dont lefdits de Bourbon & Comte de Dampmartin ont intelligence enfemble que ledit Marquis le fçait, & fi dit que quand il qui parle

parle a envoyé aucun devers mondit Sieur de Bourbon, iceluy Marquis de Canilhac, eſtoit celuy qui donnoit le moyen de faire parler ſon meſſager audit de Bourbon ; & le faiſoit depeſcher.

Interrogé s'il a point ſceu que ceux qui ont eſté envoyez de par ledit feu Conneſtable devers ledit de Bourbon, ayent eu charge d'eux adreſſer ou aucun d'eux audit Marquis, dit que non, & que s'ils ſe y ſont adreſſez, il eſt à croire que iceluy Marquis l'a tenu & fait tenir ſecret, car il eſt homme cault, ſubtil & fort ſecret.

Interrogé ſi par ceux qu'il qui parle, envoyoit devers ledit de Bourbon, ledit Marquis luy a demandé aucune choſe, ou par eſcript ou de bouche dit, que non, fors que quand il eſtoit depeſché, il leur diſoit qu'il le recommandaſſent à la bonne grace de luy qui parle.

CCLXXXIX*.

☞ *Arreſt de mort contre Jacques d'Armagnac, Duc de Nemours.*

Tiré du MS. 646. de M. Dudupui.

VEu par la Cour, Preſident en icelle, Commiſſaire, Lieutenant du Roy noſtre Sire, repreſentant ſa perſonne, & à ce par luy commis le Comte de Clermont, Seigneur de Beaujeu, les charges, informations, confrontations & procès fait à l'encontre de Meſſire Jacques d'Armagnac, Duc de Nemours, ſes confeſſions volontaires, choſes qui faiſoient à voir touchant pluſieurs factions, conſpirations, grands & énormes crimes, delits & maleſices par luy commis & perpetrez contre le Roy & Monſeigneur le Dauphin, ſon fils; autres grands detrimens, prejudices, dommages, deſtruction & ſubverſion de la choſe publique du Royaume, & deſcognoiſſant pluſieurs grands biens, graces, pardons & remiſſions que le Roy luy avoit fait, & tout ce que faiſoit à veoir & conſiderer en cette partie à grave & meure deliberation dit a eſté, que la Cour a declaré & declare iceluy Jacques d'Armagnac eſtre convaincu du crime de leze-Majeſté, & comme tel, l'a privé & prive de tous honneurs, dignitez & prerogatives, l'a condamné & condamne à recevoir mort, & à eſtre decapité & executé par Juſtice. A declaré & declare icelle Cour, tous & chacuns ſes biens eſtre confiſquez & appartenir au Roy. Fait en Parlement, le dixieſme jour de Juillet, l'an mil quatre cens ſeptante-ſept. Signé, ROBERT.

CCXC.

☞ *Lettre du Roy Louis XI. reſponſive à celle du Duc Maximilien d'Autriche, ſur les Terres occupées par le Roy, après la mort du Duc de Bourgogne.*

Tiré des Recueils de M. l'Abbé Le Grand.

LOYS par la grace de Dieu, Roy de France. A noſtre très-cher & très-amé couſin Maximilien, Duc d'Autriche, Salut. Nous avons receu vos Lettres écrites à Gand, le vingt-ſeptieſme jour d'Aouſt dernier paſſé, faiſans mention que dès le mois de Novembre precedent, le mariage de vous & de noſtre très-chere & très-amée couſine, la fille du feu Duc Charles de Bourgogne, a eſté traité, & après ſon treſpas ratifié & confirmé pour ceux à qui il appartient, & que depuis ledit mariage ſolemniſé

MAXIMILIEN I.
Empereur.
Né en 1459. Mort le 12. Janvier 1519.

Paris chez Odieuvre M.d d'Estampes rue Danjou Dauphine la derniere P.Cochere.

nisé & consommé, avez entendu que nous avons pris & occupé par violence & force d'armes plusieurs des Terres & Seigneuries de nostredite cousine votre femme, & plusieurs grands maux & destructions y avoir esté faites non seulement en celles de nostre Royaume, mais aussi en celles qui sont de dehors le Royaume & en l'Empire, dont ne pouvez vous trop emerveiller, veu les Tresves d'entre nous & nostredit cousin avoir esté prises pour neuf ans, non seulement pour nos personnes, mais aussi pour nos heritiers, & plusieurs offres que nostredit cousin vous a dit nous avoir faites pour avoir paix & union avec nous; nous escrivez en outre, que veu qu'à cause dudit mariage, les Terres de nostredite cousine sont vostres, pouvez licitement & sans autre requisition, prendre les armes pour les deffendre, mais que *premierement*, vous nous en avez bien voulu escrire, en nous requerant, que veuillons restituer les choses prises, reparer les dommages faits à vous & à vos sujets, en quoy faisant, s'il y a quelque chose en quoy nous soyez tenus, offrez de l'accomplir, & se autrement est, le courage ne vous faudra, & avez esperance, que plusieurs Princes vos amis, vous seront en ayde, & que tout le monde connoistra que les maux de la guerre viennent par nostre deffaut.

1477.

CCXCI.

☞ *Lettres écrites au Roy par ceux du Canton de Berne, pour obtenir la recommandation du Roi en Cour de Rome, pour la nomination à l'Evêché de Lausane.*

EXHUMILLIMÈ sese recommendant, Christianissime, inclitissime atque gloriosissime Rex, Heros longè omnium gratiosior. Evenit superiobus annis, quod reiteratis Litteris commemoravimus Reverendum Patrem Dominum Buretardum Storen, Apostolicæ Sedis Prothonotarium, Aufoltingensem præpositum mandato & dispositione Summi Pontificis, & Reverendissimi Domini Sancti Petri ad vincula Cardinalis vicem Vicariatui Lausanensis nostri Episcopatûs, humeros suos subjicere, possessionem ejusdem quam eâ tempestate Illustris Princeps Comes Rotundi Montis impedivit, nobis auxiliatoribus præhendendo, quâ in re diuturnitate temporis & adversantium potentatu omnes vires & ingenii & bonorum expendit, eâ spe ut tandem compertâ ipsius diligentiâ, præfati Summus Pontifex & Cardinalis sibi relevatione & provisione gratificâ obviarent. Quod ut contingeret Romam multis diebus non absque maximo ejus dispendio coluit, nihil penitùs præter summam expensarum refusionem nanciscendo, provisionem verò verbalem nullam aliam obtinuit, quæ res nos eò vehementiùs urgebat, quò certius existimabamus Sedem Apostolicam benè meritos munificè decoraturam, intereà nobiscum durando nihil ultrà vel benevolentiarum vel gratiæ consequutus, nunc nostris & suis oneratus commissionibus Romam pergit, cui ut singula faciliori pede contingant, non injuria toto conamine optamus: scientes autem Regiæ Majestatis vestræ plurimùm auctoritatis locique apud Sedem Apostolicam relictum eamdem humillimè oramus, quatenùs nobis in favorem attentissimis Litteris præfatos Dominos & ad hoc Dominum Jacobum Episcopum Nucerinum hortetur, incitet & precetur,

Tiré des Recueils de M. l'Abbé Le Grand.

Le Comte de Romot.

cetur, quatenùs præfato Domino Prothonotario nostras & suas ob res Romam contendenti, pro Commissorum diligenti expeditione & provisione longè plusquàm dici possit merita, favorabili, gratificoque vultu obviare dignentur cum specificationibus quæ Regiæ Majestatis vestræ cordi sit optata nostra promovere, prout Domini Cancellarii quibus ea Provincia curæ est summè sciunt. Quæ res tam nobis est accepta, ut gratiorem hac tempestate maximè cùm nostram in rem planè tendat, nec nancisci, & precari valeamus. Hoc autem Tabellario eas Litteras aperimus quas speramus perfici otiùs, nam præfatus Dominus Prothonotarius, nullo quàm hoc uno suspenditur. Valeat facilissimè Regia Majestas vestra nos continuis favoribus prosequendo. Datum decimâ Novembris, anno millesimo quadringentesimo septuagesimo-septimo. *Et scellé.*

Scultetus, & Consules Urbis Bernensis.

CCXCII.

Ordonnance qui établit contre ceux qui manqueront de reveler les conspirations contre le Roy, la Reine & les Enfans de France venues à leur connoissance, les peines portées par lesdites ordonnances, contre les Auteurs & complices desdites conspirations.

Tiré des Recueils de M. l'Abbé Le Grand.

LOYS par la grace de Dieu Roy de France. Sçavoir faisons à tous presens & avenir, que comme par cy-devant maintes conjurations & conspirations, damnables & pernicieuses entreprises ayent esté faites, conspirées & machinées tant par grands personnages que par moyens repetez allencontre d'aucuns de nos progeniteurs Roys de France, & mesmement depuis nostre advenement à la Couronne, plusieurs ayent machiné, conspiré & entrepris, traité, excité & induit autres par seditieuses voyes contre nostre personne, celle de nostre très-cher & très-amé fils le Dauphin de Viennois, & contre tout l'estat & seureté de la chose publique, perdition & adnihilation de nous & de nostre posterité, tant de maux, guerres, divisions & inconveniens sont advenus, qu'ils ont cuidé estre cause de la totale subversion de la Couronne de France, destruction de la chose publique, perdition & adnihilation de nous & de nostre posterité, ausquels inconveniens legerement eust esté pourvu, se ceux qui sçavoient lesdites conspirations, & ausquels l'on en avoit communiqué les eussent revellées, ainsi que tous sujets sont tenus de faire par la fidelité & obéyssance qu'ils doivent à leur souverain Seigneur; & pour plus aisement conduire les conspirations, & afin que ceux ausquels l'on en communiqueroit, n'eussent point crainte de le reveler, aucuns pour excusation & couverture de leur iniquité, ont voulu malicieusement & contre raison fulcire & coulourer que par sa seule science de telles conspirations ceux qui les sceurent, supposé ores qu'ils ne les revellent, ne sont pas punissables de peines capitales, comme criminoux de crime de leze-Majesté, s'il ne les avoient mis ou aydé à mettre à exécution, & pour ce que à cause de tels recelemens, s'ils estoient dissimulez sans punition, les personnes des Roys & Princes, & l'estat de toute la chose publique seroient & demourroient en grand peril & danger, par faute d'en d'en estre advertis, plusieurs Seigneurs de nostre Sang & lignage, & autres grands & notables personnages de nostre Royaume, tant de nostre grand Conseil que d'ailleurs, considerans les grands maux qui en sont advenus, & les irreparables inconveniens qui en peuvent advenir, & nous ont remonstré que jaçoit que selon les droits & toute raison, la seule science en crime de leze-Majesté quand elle n'est revelée, soit digne de pareille punition que l'effet & execution du crime. Toutes fois pour le bien de Justice & seureté de la chose publique, il est besoin que en esclaircissant les aucunes Loix & ordonnances, & y adjoutant partant que mestier seroit, nous fassions encore Loix & constitution nouvelle, pour oster l'esperance de ceux qui par telles frauduleuses excusations persistoient eux sauver, & afin que là ou par la loyauté qu'ils doivent à leur souverain Seigneur, ils ne se voudroient garder de mal faire, à moins qu'ils en soient restraints & empeschez par crainte de punition. Pourquoy, ouyes les remonstrances des dessusdits, lesquels cognoissans estre justes & raisonnables, & pour le bien & utilité de la chose publique, mesmement consideré que quand tels criminex & conspirateurs trouvent gens ausquels ils puissent communiquer sans doubte d'estre descelé, ce leur est croistre hardement & courage le plustost, & à moindre crainte oser entreprendre la conduite de leur damnable voulenté, & quand ils ne trouveront personne qui les osast receler sans crainte de punition capitale, ce pour ce leur seroit oster grande partie de moyens de leur conduite, nous voulans & desirans de tout nostre cœur reprimer l'audace & malice des delinquans, especialement en si enormes & detestables crimes, & partant que bonnement faire le pouvons, mettre en seureté les personnes de nous & de nos successeurs Roys de France, aussi l'etat & seureté de la chose publique de nostre Royaume, attendu mesmement la frequence & continuation desdites conspirations & crime de leze-Majesté, qui puis aucun temps en çà ont si souvent pullulé & pullulent, par l'advis & deliberation desdits Seigneurs de nostre sang, & plusieurs notables Gens, tant de nostre Conseil que autres, & afin qu'il en soit perpetuellement memoire, de nostre pleine puissance & autorité souveraine, outre & avec les autres Loix & constitutions observées, qui sur ce ont par cy-devant esté gardées & observées en nostre Royaume, & en icelles esclaircissant, & partant que mestier est y adjoutant, avons dit, declaré, constitué & ordonné, disons, declarons, constituons & ordonnons par Loy, Edit & Ordonnance & constitution perpetuelle, irrevocable & durable à tousjours, que par toutes personnes quelconques, qui d'oresnavant sçauront & auront congnoissance de quelques Traitez, conspirations, machinations & entreprinses qui se feroient à l'encontre de nostre personne, de nostre très-chere & très-amée compagne la Reine, & de nostre très-cher & très-amé fils, le Dauphin de Viennois, & nos successeurs Roys & Reynes de France, ou de leurs enfans; aussi à l'encontre de l'etat & seureté de nous ou d'eux, ou de la chose publique de nostre Royaume, soient tenus & reputez criminex de crime de leze-Majesté, & punis de semblable peine en de pareilles punitions que doivent estre les principaux Auteurs & conspirateurs, fauteurs & conducteurs desdits crimes, sans exception ny reservation de personne quelconque

que, de quelque eftat, qualité, condition, dignité, nobleffe, Seigneurie, Office, prééminence ou prerogative que ce foit ou puiffe eftre, foit à caufe de noftre Sang ou autrement, en quelque forte que ce foit, s'ils ne le revelent ou envoyent reveler à nous ou à nos principaux Juges & Officiers des pays où ils feront le pluftoft que poffible leur fera, après qu'ils en auront eu connoiffance, auquel cas, & quand ainfi ils releveront ou envoyeront reveler, ils ne feront en aucun danger de punition defdits crimes, mais feront dignes de grande remuneration envers nous & la chofe publique. Toutes fois entre autres chofes, voulons & entendons les anciennes Loix, ordonnances & conftitutions qui par nos predeceffeurs ou de droit font introduites, & les ufages qui d'ancienneté ont efté gardées & obfervées en noftre Royaume, demeurent en force & vertu, fans aucunement y deroger par ces prefentes. Si donnons en Mandement, &c. Donné au Pleffis du Parc lez-Tours, le vingt-deuxiefme jour de Decembre, l'an de grace mil quatre cens feptante-fept, & de noftre Regne le dix-feptiefme. *Ainfi figné fur le reply*, Par le Roy en fon Confeil, F. TEIXIER.

Regiftrées en Parlement, le 15. Novembre 1479.

CCXCIII.

☞ *Inftruction du Duc de Bretagne pour le Comte de Comminge, Seigneur de l'Efcun ; le Seigneur de Coetquen, grand Maiftre d'Hoftel ; Meffire Guy de Bofchet, vice-Chancelier de Bretagne, & Maiftre Nicolas de Kermeno, Senechal de Rennes, allant prefentement de par le Duc, vers le Roy, pour terminer quelques difficultés au fujet du Traité fait entre le Roy & ledit Duc.*

Tiré du Trefor des Chartes, Armoire K. Caffette A. cotte VI.

Après les recommandations & prefentations des Lettres du Duc en la forme accouftumée, les Ambaffadeurs diront & remonftreront au Roy, comme puis peu de jours il a envoyé devers le Duc les Seigneurs d'Alby & d'Achon pour plufieurs matieres, lefquelles iceux Ambaffadeurs reciteront fommairement, felon l'effet des articles & Memoires que lefdits Seigneurs d'Alby & d'Achon en ont baillé, & dont le double a efté baillé aufdits Ambaffadeurs du Duc.

Item. Que le Duc après avoir ouy la charge d'iceux Seigneurs d'Alby & d'Achon, veu leurfdits Memoires & articles, & avoir fur lefdites matieres pris l'advis & deliberation de plufieurs grands Perfonnages de fes fubjets & Gens de fon Confeil, leur fit refponfe, *Premier.* En ce que font les articles des fermens que le Roy & le Duc doivent faire fur la Croix de Saint-Lo, que en toutes chofes raifonnables il voudroit enfuir le bon plaifir du Roy, & fera content que lefdits fermens foient faits felon iceux articles, & les efclairciffemens & chofes qui enfuivent.

Sçavoir, en ce que eft l'article du ferment du Roy, contenant que pour quelconque occafion que ce foit ou puiffe eftre, il ne encommencera guerre au Duc ne à fon Duché de Bretagne, & pource qu'il n'a pas refervé à la faire pour les droits de la Couronne, demande que en recompenfe de ce, le Duc jure luy garder fefdits droits, demande

le

le Duc qu'il plaife au Roy dire & declarer que foubs le ferment qu'il fera dudit article, il entend, & comptant que pour les droits de fa Couronne il ne fera aucune guerre au Duc ne à fon Duché.

1477.

Et en ce qui eft l'article du ferment du Duc touchant les droits de la Couronne, pour ce que il eft generalement pofé, & chacun n'a pas entiere connoiffance d'iceux droits, le Duc qui ainfi que de raifon eft defiré eftre certain de ce qu'il defirera à ce que mieux & plus entierement il puiffe fon ferment garder & obferver, demande qu'il plaife au Roy efclaircit & declarer l'entendement dudit article eftre tel. C'eft à fçavoir, que le Duc jurera au Roy luy garder l'obéyffance qu'il luy doit à caufe de fon Duché, ainfi comme le Roy Charles feptiefme en jouyffoit dès le temps de deux, paravant le deceds du Duc François, jufques au trefpas d'iceluy Roy Charles, pere du Roy à prefent regnant.

Item. Qu'il plaife au Roy, qu'entre les Ducs nommez audit article, foit mis & adjouté le Duc Artur, que Dieu pardoint, qui fut Duc après le Duc Pierre, prochainement paravant le Duc de prefent, & oncques ne fit faute ne prejudice au Royaume ne au Duché, & eft la raifon de le demander, pour honneur garder à iceluy Duc Artur.

Item. Que la renonciation à toute difpenfe efcripte ès fermens d'une part & d'autre, foit declarée & efclaircie de non impetrer, ne joyr de aucune difpenfe dudit ferment, & que ainfi foit juré de chacune part.

Item. Qu'il foit dit que lefdits fermens feront fans innover ne deroger au Traité de la paix, & que iceluy Traité demeure en robeur & vertu.

Et au regard du ferment des fubjets d'une & d'autre part, que le Duc eft content que ledit ferment foit fait fur la Croix de Saint-Lo par ceux qui feront nommez de entretenir & garder le Traité de la paix, fans jamais faire allencontre, & eft ce qu'a efté offert par cy-devant recours aux efcripts qui en ont efté faits & baillez, l'un au Bailly de Montargis, & l'autre au Seigneur de Comminge, & qu'il plaife au Roy s'en contenter en celle forme.

Et en ce que font les fcellez des Seigneurs nommez d'une part & d'autre, le Duc eft tousjours content d'en fournir de fa part, moyennant le plaifir du Roy de le faire de la fienne : encore veut-il complaire au Roy, en ce que font les Seigneurs de Nemours, du Maine & du Perche, fauf à demander leurs fcellez, lors qu'ils feront en fa bonne grace.

Et pour ce que lefdits d'Alby & d'Achon n'avoient puiffance de befoigner ès efclaircifemens & chofes deffufdites, le Duc leur dit qu'il envoyeroit briefvement de fes gens devers le Roy, pour moyennant fon bon plaifir efdites matieres befoigner, & y faire bonne fin & conclufion.

Et qu'à cette caufe, il a envoyé lefdits Ambaffadeurs par de-là, avec pouvoir & commiffion valable pour y befoigner, & fupplieront au Roy, que foit fon bon plaifir ainfi le faire.

Et au furplus, befoigneront felon les articles & ouvertures cy-devant efcripts, au mieux que poffible leur fera, & iceux accordez, prendront le ferment du Roy fur ladite Croix de Saint-Lo.

Et ce fait, demanderont avoir la Croix en leur garde, pour icelle apporter

apporter jufques à Nantes, afin que le Duc jure femblablement, fauf au Roy à bailler de fes gens pour eftre en la Compagnie, & en retenir les clefs, fi fon bon plaifir eft ainfi le faire.

Item. Bailleront au Roy la nomination de fes gens qui feront le ferment fur ladite Croix de Saint-Lo, felon l'Efcrit & Mémoire qui a efté baillé auxfdits Ambaffadeurs. *Signé* de Maiftre GUY RICHARD, Secretaire du Duc.

Expedié à Nantes, avant le cinquiefme jour de Janvier, l'an mil quatre cens foixante feize. *Signé* FRANÇOIS, *& paraphé. Et plus bas*, GUY RICHARD, *& paraphé*.

CCXCIII.

Lettres Patentes qui prorogent jufques au 29 Août 1481, le terme de trois ans convenu par Lettre du mois d'Août 1475, entre les Roys de France & d'Angleterre, pour l'ajuftement de leur different, par voye d'Arbitres.

Tiré des Recueils de M. l'Abbé Le Grand.

LUDOVICUS, Dei gratiâ, Francorum Rex: Univerfis præfentes Litteras infpecturis, falutem. Cum jam ex vigefimâ - nonâ die menfis Augufti anni Domini milleſimi quadringentefimi feptuagefimi-quintâ, nos atque fereniffimus, potentiffimufque Princeps, cariffimus & dilectiffimus confanguineus nofter Eduardus, Rex Angliæ, tunc prope civitatem noftram Ambianenfem exiftentes, zelo Chriftianæ Religionis accenfi, & eâ quæ Catholicos Principes decet moti clementiâ, ut effufioni fanguinis Chriftianorum parceretur, bellis, quærelis, quæftionibus & diffidiis quæ inter nos, noftrofque Prædeceffores antehac ex multis temporibus extiterint finem ponere cupientes, & pacem, quæ fpeciale Dei donum eft, omni ftudio amplecti, eamque noftris terris, Dominiis & fubditis, quantum in nobis eft eundem, fereniffimum & potentiffimum Principem confanguineum noftrum Angliæ Regem; in confanguineum, cariffimum ac dilectiffimum noftrum Carolum Archiepifcopum Lugdunenfem, nunc Cardinalem de Borbonio vulgariter nuncupatum, & Johannem Comitem de Dunefio, etiam confanguineum noftrâ, per nos & ex parte noftrâ cariffimum quoque, ac dilectiffimum confanguineum noftrum Thomam Cantuarienfem Archiepifcopum Cardinalem, ipfius confanguinei & noftri Anglorum Regis avunculum, & defunctum Georgium Clarentiæ Ducem prædictum confanguineum noftrum, & pro parte fua Arbitros, feu amicabiles Compofitores in hac parte nominatos & electos fupponerentur & compromitterentur. Et fi contingeret aliquem, vel aliquos dictorum Arbitrorum decedere, aut adverfâ valetudine laborare, quominùs dictarum litium examinationi commodè vacare valeret aut valerent, alius, feu alii, in ejus five eorum locum per nos fi de noftris, & prædictum confanguineum noftrum, fi de fuis fint, deputarentur aut fubrogentur. Quibus pro fupra nominatis Arbitris ab utroque noftrûm data eft & conceffa fuit poteftas, & autoritas, ipfas lites, quæftiones componendi quæ prædictâ decimâ nonâ die Augufti confectæ fuerunt, ufque ad tres annos

proximè

DE PHIL. DE COMINES.

proximè tunc futuros, promisimus atque obligavimus nos, & ipse consanguineus noster Angliæ Rex stare laudo, arbitrio, & determinationi prædictorum Arbitrorum super præmissis sub pœna trium millium scutorum auri, ab eo qui dicto laudo nostro steterit obtemperanti, in fine dictorum trium annorum solvendorum, & quia dicti Arbitri aut loco eorum ut præmittitur deputati & subrogati, primò coram dicto consanguineo nostro in Angliâ pro ipsarum decisione litium citrà festum Paschæ tunc proximè futurum, & post coram nobis in Franciâ citrà festum Sancti Michaelis ex tunc proximè futurum, convenirent, atque nostra & ipsius consanguinei nostri jura debitè examinarent, & felici tramite conducerent, quemadmodum in Litteris super hoc ab utraque parte confectis & traditis latius continetur. Cum autem non ex culpâ nostrâ, neque ejusdem serenissimi potentissimique consanguinei nostri Anglorum Regis, sed propter diversa quæ utrique nostrûm supervenerunt impedimenta, ipsæ conventiones diebus statutis minimè fieri & celebrari huc usque potuerint nec posthac fieri potuerunt, cùm aliquis eorum Arbitrorum morte obiit, alii senectute ac adversâ valetudine impediti minimè convenire possunt, & præfixi temporis terminus adeo propè instat, ut si omnes Arbitri superstites essent secundâque valetudine fruerentur, tantis tamque arduis negociis antè termini eis assignati lapsum, vix finem ponere valerent. Nos & præfatus serenissimus consanguineus noster Anglorum Rex funestas strages & crudelia discrimina considerantes, quæ occasione bellorum, quæstionum & quærelarum prædictarum nobis & splendidissimis Franciæ & Angliæ Regnis & subditis nostris acciderunt, & quæ in futurum succedere * poterunt, maximè eo tempore quo Christianæ Religionis Populus Infidelium oppugnationibus opprimitur, ne tam fructuosum, divinum, salutare, & omnibus bonis desiderabile pacis opus imperfectum remaneat, nedum dignum & conveniens, sed etiam necessarium duximus prædictum terminum trium annorum in longius differre atque prorogare, aliosque Arbitrios seu amicabiles Compositores de novo eligere ut in prædictorum alicujus-ve eorum locum alium seu alios subrogare & deputare, qui eadem autoritate eademque potestate quæ prænominatis Arbitris data fuerat fungentes, jura nostra & prædicti consanguinei nostri examinare & terminare, felicemque & perpetuam pacem inter nos & Regna nostra componere valerent: propterque hanc sanctam causam nos apud prædictum consanguineum nostrum, & ipse apud nos multocies nostros oratores, hinc inde nuper miserimus, novissimè autem præfatus consanguineus noster suos procuratores, legatos & deputatos apud nos miserit, videlicèt carissimos & benè dilectos nostros Johannem de Holbard, Dominum de Hostard, Ricardum Tunstall, milites, & Magistrum Thomam Langtonium Decretorum Doctorem Consiliarios suos, quibus plenam dedit facultatem & auctoritatem prædictum terminum trium annorum prorogandi, novumque terminum præfigendi ad tanta tempora quæ eis meliùs videbitur, aliosque Arbitros eligendi, quemadmodùm per Litteras Patentes ipsius consanguinei latius continetur, quarum Litterarum tenor sequitur. EDUARDUS, Dei gratiâ, Rex Angliæ & Franciæ, &c. salutem, &c. Cum inter Principes....., Tam sanctæ igitur, tamque piæ rei ope-

Ou accidere.

Tome III.   Yyy

ram adhibere cupientes nos & ipsius serenissimi consanguinei nostri Anglorum Regis prænominati procuratores, legati & deputati nomine prælibati consanguinei nostri & virtute facultatis eis datæ convenimus, consensimus & conclusimus, & appunctuavimus ea omnia & singula quæ in singulis articulis continentur. Inprimis consentimus, convenimus & volumus & appunctuamus quod terminus trium annorum qui in vigesimâ nona die mensis Augusti proximè futuri finietur sit prorogatus, , , & quem nos & prædicti Procuratores & Deputati consanguinei nostri prorogavimus & prorogamus ab hoc die usque ad vigesimam-nonam diem mensis Augusti anni Domini millesimi quadringentesimi octogesimi-primi inclusivè.

Item. Consentimus, volumus, convenimus & appunctuamus quod omnes lites, quæstiones, quærelæ & demandæ pendentes in præsentiarum indiscussæ inter nos & consanguineum nostrum Angliæ Regem ante dictum, in carissimum & dilectissimum consanguineum nostrum Karolum Cardinalem de Borbonio Archiepiscopum Lugdunensem & dilectissimum filium & consanguineum nostrum Ludovicum Ducem Aurelianensem, carissimum & dilectissimum fratrem & consanguineum nostrum Johannem Ducem Borbonii, dilectumque & fidelem nostrum Petrum d'Oriole Militem, Cancellarium Franciæ, & carissimum & dilectum fratrem consanguineum nostrum Johannem Comitem de Dunesio pro nos & pro parte nostra. Et in carissimos dilectissimosque consanguineos nostros Thomam Cantuariensem Archiepiscopum Cardinalem, Ricardum Ducem Glocestriæ, Henricum Ducem Bockingham, Thomam Episcopum Lincolnensem, Cancellarium Angliæ, & Antonium Comitem de Rencis, per prælibatos Procuratores deputatos ipsius consanguinei nostri & ex parte sua Arbitros seu amicabiles Compositores in hac parte nominatos & electos, supponantur & compromittantur. Et si prædicti Arbitri omnes examinationi & discussioni dictarum litium interesse non poterint, vel non interfuerint, volumus, consentimus & appunctuamus quod quatuor, tres vel duo nominatorum vel nominandorum ex utraque parte possint & valeant prædictas lites discutere & componere & felicem hujus compromissi effectum terminare; ita tamen quod major non possit esse Arbitrorum numerus nominatorum seu nominandorum pro parte serenissimi consanguinei nostri quam pro nostrâ, nec pro parte ipsius consanguinei nostri, sed nominatorum, aut nominandorum Arbitrorum, pro utraque parte numerus sit æqualis. Et si contingat aliquem vel aliquos dictorum Arbitrorum decedere aut adversâ valetudine laborare, aut aliâ quâvis causâ impediri, quominùs dictarum litium examinationi commodè vacare valeat aut valeant, alius seu alii in ejus, eorumve locum per nos si de nostris, aut per dictum consanguineum nostrum si de suis sint, deputetur vel subrogetur, sive deputentur aut subrogentur: quibus Arbitris superiùs nominatis sive nominandis eo modo quo supra dicitur, nos & præfati serenissimi consanguinei nostri procuratores, legati & deputati, nomine suo, virtute facultatis eis in hac parte commissæ damus & concedimus auctoritatem & potestatem ipsas lites & quæstiones à datâ præsentium usque ad vigesimam-nonam diem mensis Augusti, anni Domini millesimi quadringentesimi octogesimi-primi inclusivè

clusivè componendi, decidendi & determinandi; promittentes, &c. virtute & auctoritate ipsius potestatis concessæ eundem consanguineum nostrum similiter obligarunt stare laudo, arbitrio & determinationi dictorum Arbitrorum super præmissis, sub pœnâ trium millium scutorum ab eo qui dicto eorum laudo & arbitrio non steterit (obtemperanti in fine temporis dictæ prorogationis solvendorum. Et quod idem Arbitri primo coram prædicto serenissimo consanguineo nostro in Angliâ pro ipsarum decisione litium citra festum Paschæ proximè futurum. Et post coram nobis in Franciâ citra festum sancti Michaelis Archangeli anni Domini millesimi quadringentesimi septuagesimi noni convenient, atque nostra & ipsius consanguinei nostri jura debitè examinent, & felici tramite terminent. In quorum omnium & singulorum promissorum fidem, &c.

Datum apud Hesdinium die septimâ mensis Aprilis, anno Domini millesimo quadringentesimo septuagesimo octavo post Pascha, & regni nostri decimo septimo. Sic signatum sub plica Loys. & super plicam per Regem, in suo magno Consilio, DISOME.

CCXCV.

Treves de huit jours entre le Roi Louys XI. & Maximilien, Archiduc d'Autriche.

MAXIMILIEN, par la grace de Dieu, Archiduc d'Autriche, de Bourgogne, de Lothier, de Brabant, de Stirie, de Karinthie, de Carniole, de Lembourg, de Luxembourg, du Gueldres & de Flandres, de Habspurg, de Tirol, d'Artois, de Bourgogne; Palatin de Haynau, de Hollande, de Namur & de Zutphen; Marquis du saint Empire, & de Bourgogne; Lant-grave d'Aulsay*; Seigneur de Frise, d'Esclavonie, de Portahon, de Salins & de Malines. A tous ceux qui ces présentes Lettres verront, salut. Comme certain seur estat, treve & abstinence de guerre ayent n'aguéres esté prins & acceptés entre très-excellent & très-puissant Prince, le Roy de France, pour lui, ses sujets, pays, terres & Seigneuries, d'une part, nos sujets, pays, terres, & Seigneuries, d'autre, durant le terme de huit jours, qui commenceront le dixiéme jour de Juin, & finiront le dix-septiesme jour d'iceluy, ledit jour inclus, pour cependant traiter & adviser en & sur l'appaisement des differens estans entre lui & nous; & soit ainsi qu'obstant la briefté du tems dudit seur estat & treves, nous n'ayons encore pu bonnement besoigner sur lesdits differens, parquoy soit besoin de prolonger & ralonger ladite treve pour aucun brief tems à venir, pendant lequel l'on puist de tant mieux traiter & appointer sur lesdits differens. Sçavoir faisons, que nous ce que dit est, considéré, avons ledit seur estat, treve & abstinence, selon leur forme & teneur, de point en point, & selon les conditions y contenues & déclarées, prolongé & ralongé, prolongeons & ralongeons pour autant que toucher nous peut & nosdits pays, sujets, terres & Seigneuries, jusqu'à Lundy prochainement venant, vingt-deuxiesme jour de ce present mois, ledit jour inclus, pendant lequel tems ne sera fait aucune hostilité de guerre d'une part ne d'autre,

Tiré des Registres de M. de Clairembaut, cotté D. *C'est* Alsace.

1478.

mais seront entretenuës & observées lesdites treves durant le tems d'icelle aussi ladite prolongation, selon leur forme & teneur, comme dit est, sans aucune rupture ou infraction. Promettons de bonne-foy, & en parole de Prince, par cestes signées de nostre main, iceux seur estat, treve & abstinence de guerre, ensemble cettedite prolongation faire entretenir & observer de nostre part entiérement, sans les enfraindre ni souffrir être enfraintes, ni aller ou venir aucunement au contraire : En temoin de ce nous avons fait mettre nostre Seel à ces Présentes. Donné en nostre camp lez nostre Ville de Douay, le seiziesme jour de Juin, de grace 1478. MAXIMILIEN.

CCXCVI.

☞ *Traité de tresve pour un an entre le Roy Louys XI. le Duc Maximilien d'Autriche, & Marie de Bourgogne sa femme, auquel le Roy rend dès à présent ce qu'il tient ès Comtés de Bourgogne & de Haynaut.*

Tiré des Recueils de M. l'Abbé Le Grand.

LOYS, par la grace de Dieu, Roy de France. A tous ceux, &c. Salut. Comme pour eschever les grands maux & inconveniens qui sont advenus & encore peuvent advenir à cause des guerres, questions, divisions & differences estans entre nous d'une part, & très-haut & puissant Prince, nostre très-cher & très-amé cousin le Duc Maximilien d'Autriche, & nostre très-chere & très-amée cousine sa compaigne d'autre part, plusieurs journées ayent esté tenues entre aucuns Commis & Deputés de par nous, & autres Commis & Deputés de par nostredit cousin & cousine, pour icelles guerres & divisions pacifier & accorder, ausquelles journées desdites questions & differences n'ayant esté par eux pacifiées, & encore ne se peuvent bonnement mettre à fin durant les troubles & rigueurs que chacun jour surviennent à cause de la guerre, pourquoi ait semblé à plusieurs notables gens d'un parti & d'autre, estre nécessaire de faire & prendre quelque tresve & abstinence de guerre, pendant laquelle les matieres se puissent mieux & convenablement traiter & pratiquer, pour à l'aide de Dieu, parvenir au bien de la paix finale, à laquelle chose nous ayons tousjours eu & encore avons le cœur & affection, considerant que le bien de paix est le plus grand & le plus fructueux & le plus acceptable à Dieu qui puisse être en ce monde. Et à cette cause, pour honneur de Dieu nostre Créateur, pour eschever l'effusion de sang humain, & les autres maux & inconveniens, foule & oppressions que par la dureté de la guerre peut chacun jour souffrir le pauvre peuple, duquel tout Prince vertueux doit avoir singuliere compassion, ayons par l'advis & déliberation de plusieurs Seigneurs de nostre sang & lignage, Gens de nostre Conseil, fait, conclud & accordé entre nous & nosdits cousin & cousine, & tous les pays, terres, Seigneuries & sujets d'une part & d'autre, tresves generales en la forme & maniere contenuë ès articles dont la teneur s'ensuit.

Premierement, bonne loyale tresve & seur estat & abstinence de guerre a esté faite, prinse, concluë & accordée entre le Roy, d'une part, &

& Monsieur le Duc Maximilien d'Autriche, & Madame la Duchesse sa compagne, d'autre part, tous les pays, Seigneuries, terres & sujets, tant d'une part que d'autre, par terre, par mer & eau douce, pour un an entier, à commencer le onziesme de ce present mois de Juillet, & finissant à semblable jour l'an révolu, que l'on dira 1479. l'un & l'autre jour inclus, & jusques au Soleil levant du jour suivant.

1478.

Item. Durant laquelle tresve cesseront d'une part & d'autre toutes hostilités & voies de fait, & ne seront faits par ceux de l'un parti sur l'autre, aucuns exploits de guerre, prinses ou surprinses de Ville, Cités, Chasteaux, Places ou Forteresses à present ès mains & obéïssance de l'un & l'autre parti, quelque part qu'elles soient situées & assises, par assault & siége, d'emblée, par eschellement, composition, ne autrement en quelque maniere que ce soit, pour occasion, ne soubs couleur de debtes, obligations, hypotheques, donation de mariage, vendition, aliénation, cession, transport, douaire, usufruit, titre d'hoirie ou succession, ou autrement par quelque titre ou droit que aucuns des Princes ou de leurs subjets, ou autres quelconques y voudroient ou pourroient demander ou prétendre, semblablement de marque, contremarque, represaille, ne soubs quelque couleur ou prétexte que ce soit ou puisse être, supposé ores que les sieurs ou habitans desdites Villes, Cités, Chasteaux ou Forteresses, ou ceux qui en auroient la garde le voulsissent rendre, bailler & delivrer de leur voulenté, ou autrement à ceux du parti & obeïssance contraire. Et s'il advenoit que par quelques voyes ou manieres aucunes desdites Villes, Chasteaux, Forteresses fussent prinses par les Princes ou aucuns de leur party, sur l'autre party, le Prince du party, duquel sera faite ladite soustraction sera tenu de rendre & restituer pleinement la Ville ou Villes, Places, Chasteaux & Forteresses à celui sur qui ladite Forteresse auroit esté faite & surprinse dedans quarante jours après la sommation sur ce faite de l'une desdites parties à l'autre, ou plustost si bonnement faire se peut, sans delayer ladite restitution pour quelque cas ou occasion que ce soit ou puisse être, & au cas que deffaut y auroit de ladite restitution dedans lesdits quarante jours, celuy sur le party duquel ladite prinse auroit esté faite pourra recouvrer ladite Ville ou Villes, Cités, Chasteaux, places ou Forteresses, par sieges, assaux, eschellement, emblée, composition, par voyes de hostilité & guerre ou autrement, sans ce que les Princes, ne aucuns subjects de l'autre party y donne resistance ne empeschement, & sans ce que, à l'occasion de ce & de la guerre & hostilité qui se feroit pour le recouvrement de ladite Place; ceste presente tresve, seur estat & abstinence de guerre, puissent estre dites ne entendues rompuës, ou enfraintes, mais demourront ce non-obstant en leur force, vigueur, & vertu, & avec ce le Prince qui dedans lesdits quarante jours, ou plustost se faire se peut, n'aura fait ladite restitution, sera tenu de rendre & reparer tous les cousts, frais, dommages & interests qui auroient esté & feroient faits & soutenus en géneral & en particulier à celui ou ceux sur qui ladite prinse auroit esté faite, & ne pourra celui qui a fait ladite surprinse, avoir grace ou pardon de son Prince, sans le consentement de l'autre Prince, sur qui ladite surprinse auroit esté faite.

Yyy 3   *Item.*

Item. Et durant icelle tresve les subjects de l'un & l'autre party, soit gens d'Eglise, marchands ou autres, de quelque estat ou qualité qu'ils soient, pourront communiquer, marchander, & faire toutes leurs négociations & besoignes les uns avec les autres, aller, venir, sejourner de l'un party en l'autre seurement & sauvement, sans que aucun mal, empeschement ou destourbier leur soit ou puisse estre fait en corps ne en biens par quelque maniere que ce soit, si ce n'est par voye de justice ou pour debtes ou delits qu'ils auroient commis depuis le tems de ceste presente tresve, sans ce que pour occasion des choses faites ou commises par avant ceste presente tresve, aucune chose puisse estre demandée par ceux de l'un party à l'autre, & pourront entrer dedans les Villes & Places fortes, sans demander congé, pourveu qu'ils ne feront ou pourchasseront quelque chose préjudiciable au party & obeissance auquel seront les Villes, places & lieux où ils viendront.

Item. Et au regard des Nobles & autres gens de guerre, ils ne pourront entrer dedans aucunes Villes ou Places fortes, sans le congé de ceux qui auront la garde desdites Villes ou Places, & pour le tems que ledit congé leur sera donné, & semblablement n'y pourront entrer sans ledit congé, & pour le temps qui leur sera donné, les Prelats, Seigneurs ou autres, qui auront en leur compagnie plus de douze chevaux.

Item. Et pendant ladite tresve, le Roy de sa part, lesdits Sieurs & Dame d'Autriche, de la leur, jouiront & demeureront saisis chacuns des Villes, Places & Pays qu'ils tiennent à present, reservé que le Roi dedans un mois prochain venant, fera restituer & delivrer à Monsieur d'Autriche, & ès mains de qui il lui plaira, tout ce qu'il tient ou peut tenir en la Comté de Bourgogne & ès appartenances d'icelles, & semblablement en la Comté de Haynaut.

Item. Tous Prelats, Gens d'Eglise, aussi les Nobles, Marchands & autres de quelque estat qu'ils soient, jouyront pendant le temps de ladite tresve de la revenuë de leursdits bénéfices, terres & Seigneuries, rentes héritables ou viageres, soit que lesdites rentes deuës par les Princes ou par autres aux subjets de l'un party ou de l'autre, non-obstant quelques dons ou déclarations qui ayent esté faites à l'occasion de ces dernieres guerres, & quelque rachapt qui auroit esté fait desdites rentes, ou quelque bannissement fait par ceux de l'un party d'aucunes personnes de l'autre party ; & au regard des places fortes, elles seront & demourront ès mains & en l'obeissance où elles sont à present, & seront gardées lesdites Places fortes aux despens de la revenuë d'icelles, & pour ladite garde sera prins la tierce partie de la revenuë des terres & Seigneuries despendans desdites Places fortes.

Item. Et pourront ceux qui auront la revenuë desdites Places, terres & Seigneuries, commettre Receveurs & Officiers de Justice, pourveu qu'ils ayent tenus & tiennent le party ou obeissance du Prince sous l'obeissance ou party duquel lesdites terres, Places & Seigneuries sont à present, par la main desquels Receveurs, ou sur les plus clairs deniers de leurs receptes, & aux termes qu'elles escherront, sera payé, baillé & delivré ladite tierce partie desdites revenuës à ceux ès mains desquels seront lesdites fortes Places.

Item.

Item. S'il estoit question ou differend touchant les rentes ou revenuës, ou autres choses à quoy on doit revenir en vertu de cette tresve, il sera au choix & election du Demandeur de soy pourvoir sur ce devers les Conservateurs desdites tresves, ou devers les Baillifs & autres Officiers ordinaires, en l'obeissance, pouvoir & Jurisdiction desquelles seront situées & assises lesdites rentes & autres choses, à quoy ledit demandeur voudroit revenir par vertu de cette tresve.

Item. Nulles des Villes, Places, Villages ou maisons estant ès pays où est desbat & querelle entre lesdits Princes, ne seront gastées, pillées, ou deteriorées durant ladite tresve, par boutement de feu, démolitions ne autrement en quelque maniere que ce soit, ainçois seront & demeureront entieres.

Item. Et durant cettedite tresve, ne seront par les gens de guerres, de l'un party sur l'autre, & leurs Alliés qui voudront y estre comprins, faites aucunes prinses ou rançonnement de personnes, de bestes ou autres quelconques biens destroussés, courses, pilleries, logeys, appatis en quelque maniere que ce soit, ainçois seront & demeureront tous les sujets & serviteurs de l'un party ou de l'autre, & de leurs Alliés qui voudront estre comprins en cette presente tresve, de quelque estat, nation ou condition qu'ils soient, chacun en son party & obeissance, seurement, sauvement & paisiblement de leurs personnes & de tous leurs biens, & y pourront labourer, marchander, faire & pourvoir à toutes leurs autres besoignes, marchandises, négociations, & affaires, sans destourbier ne empeschement quelconques, & tout ainsi que en tems de paix.

Item. Et a esté expressement dit, que si aucune chose estoit faite ou actemptée au contraire de cettedite presente tresve, seur estat & abstinence de guerre, ou d'aucuns des points & articles contenus en iceux, ce ne tournera ou portera préjudice, fors seulement à l'infracteur ou infracteurs, & ce non-obstant demourera tousjours ladite tresve, durant le temps d'icelles, en sa force & vertu, lesquels infracteur ou infracteurs en seront pugnis si griévement que les cas le requerront, & seront les infractions reparées & remises au premier estat & deu par les conservateurs desdites tresves cy-après nommés, ou leurs substitués, lesquels commenceront à besoigner sur les réparations desdites infractions dedans six jours après qu'elles seront venuës à leur connoissance, & pour icelles faire se rassembleront iceux conservateurs ou leurs substitués, d'une part & d'autre, au lieu qui par eux sera advisé, & ne departiront d'ensemble jusqu'à ce qu'ils auront appointé & pourveu sur lesdites reparations, & y besoigneront le plus promptement que faire se pourra.

Item. Et ès marchés de deça y aura deux conservateurs, c'est-à-sçavoir, pour la part du Roy, Monsieur de Baudricourt, & pour la part de Monsieur & Dame d'Autriche, Monsieur de Fiennes; & pareillement ès marches de Bourgogne y aura deux conservateurs, c'est-à-sçavoir, pour la part du Roy Monsieur de Chaumont, Comte de Brienne, Gouverneur de Bourgogne & de Champagne, & de la part de mesdits Sieur & Dame d'Autriche, Monsieur de la Bastie; & pour les marches de Luxembourg, ledit Monsieur de Baudricourt y commettra tel conservateur qu'il advisera, & pour la part de mesdits Sieur & Dame d'Autriche,

Messire

1477.

Messire Yoland de Neufchastel Sieur du Fay, & semblablement pour toute la mer y aura deux conservateurs, c'est-à-sçavoir, pour la part du Roy, Monsieur l'Admiral de France, & pour la part de mesdits Sieur & Dame d'Autriche, Messire Posse de Lalain sieur de Montigny, lesquels conservateurs, chacun en sa marche, pourront substituer & commettre en leur lieu, là où ils verront qu'il sera besoin, ausquels substituts & commis lesdits conservateurs pourront bailler, si bon leur semble, puissance pareil & semblable à la leur.

Item. Et lesquels conservateurs ou leurs substituts particuliers d'une part & d'autre, seront tenus de eux assembler, pour le moins de quinze jours en quinze jours, une fois, ès limites du Roy, & autresfois ès limites de mesdits Sieurs & Dame d'Autriche, ès lieux proximités & convenables qu'ils adviseront, pour communiquer de toutes les plaintes & doleances qui seront survenuës d'une part & d'autre touchant lesdites tresves & prestement faire faire reparation telle qu'il appartiendra, & seront les appointemens & sentences desdits conservateurs, d'une part & d'autre, touchant les choses despendantes de cette presente tresve, executées réellement & de fait, & à ce contraints tous les subjets de l'un & l'autre party, non-obstant oppositions ou appellations quelconques, & sans ce que les condamnés puissent avoir ne obtenir aucuns remedes au contraire par quelque maniere que ce soit.

Item. Et s'il advenoit que pendant le temps de ladite tresve aucuns des conservateurs nommés d'une part & d'autre allassent de vie à trespas, en ce cas le Roy de sa part, & mesdits Sieur & Dame d'Autriche, de la leur seront tenus dedans un mois après nommer & establir en lieu de celui ou ceux qui seront trespassés, autres conservateurs qui auront telle & semblable puissance que ceux qui seront nommés en cette presente tresve; & cependant les substituts qui auront esté commis pourront user de leur puissance & substitution pour la conservation d'icelle tresve.

Item. Et en cette presente tresve sont compris les Alliés, d'une part & d'autre, cy-après nommés, se comprins y veullent estre, c'est-à-sçavoir pour la part du Roy, très-haut & puissant Prince l'Empereur, & les Princes Electeurs du Saint Empire, le Roy d'Angleterre, le Roy de Castille & de Leon, le Roy d'Ecosse, le Roy de Dannemarck, le Roy de Jerusalem & de Cicille, le Roy de Hungrie, la Duchesse de Savoye, le Duc son fils, Sigismond d'Autriche, le Duc de Lorraine, le Duc de Milan, les Ducs & Seigneurie de Venise, la Commité de Florence, la Seigneurie & Commité de Berne, l'Evesque de Metz, les Confederés & Alliés de la grande & ancienne Ligue d'Allemagne, aussi les Princes Confederés & Alliés de la grande & nouvelle Ligue d'Allemagne, ceux du Pays de Liége qui se sont déclarés pour le Roy, & qui se sont déclarés & veullent se déclarer pour son party; & pour la part de mesdits Sieur & Dame d'Autriche y seront comprins se comprins y veullent estre; c'est-à-sçavoir l'Empereur, pere de mondit Sieur Duc d'Autriche, le Roy d'Angleterre, le Roy de Castille & de Leon, le Roy de Hungrie, le Roy de Portugal, le Roy d'Arragon, le Roy Ferrand de Naples, le Roy d'Escosse, le Roy de Dannemarck, les Electeurs du Saint Empire,

re, le Duc Sigifmond d'Autriche, le Duc de Bretagne, le Duc de Baviere, la Duchesse, Duc & Maison de Savoye, le Duc de Cleves, l'Evesque de Liege, l'Evesque de Metz, le Duc de Julliers, le Comte Palatin du Rhin, les Duc & Seigneurie de Venise, le Duc de Milan, le Marquis de Bade, le Comte Raumont & l'Evesque de Cambray, lesquels alliés, d'une part & d'autre seront tenus de faire leur déclaration dedans quatre mois prochains venans, s'ils veulent estre [*comprins*] ou non dans cette presente tresve.

Item. Et pour venir au bien de paix finale, seront eslus & nommés par le Roy, d'une part, six notables hommes, & par lesdits Sieur & Dame d'Autriche, six autres notables hommes, lesquels, comme Médiateurs & Arbitres, auront puissance de juger, décider & determiner dedans six mois prochains venans de toutes les questions, querelles & differends estans entre le Roy & mesdits Seigneur & Dame d'Autriche ; & commençant à celle des querelles que mesdits Seigneur & Dame d'Autriche voudront premierement mettre avant, & ensuivant à celle du Roy, & où au cas que lesdits Arbitres ne pourroient accorder seuls, sera eslu & choisi, du consentement du Roy & de mesdits Sieur & Dame d'Autriche, concordablement un sur-Arbitre, pour avec lesdits Arbitres, decider & determiner des choses dont yceux seroient demeurés en discorde, tous selon le contenu des Lettres, qui sur ce seront faites.

Item. Et le Roy de sa part, & mesdits Sieur & Dame d'Autriche, de la leur, requerront le Roy d'Angleterre & ceux des Ligues d'Allemagne, que s'il y a aucuns d'eux, qui par force, hostilité, ou guerre ouverte, par siege, par assauts, par emblée, eschellement, ou autrement preignent aucunes Villes, Places ou forteresses sur l'autre party, ou enfraignent cette-dite tresve, ils veuillent donner ayde ou assistance à celuy sur qui ladite Place ou Forteresse aura esté ainsi surprinse, en cas qu'il ne soit reparé, & semblablement entre celui qui sera refusant de tenir la Sentence desdits Arbitres.

Item. Et en cas que le Roy de sa part, ou mesdits Sieur & Dame d'Autriche, de la leur, romperoient par guerre ouverte cette presente tresve, celui qui par ladite guerre ouverte rompera ladite tresve, perdra le droit & action qu'il pretend ès choses contentieuses entre le Roy & mesdits Sieur & Dame d'Autriche.

Sçavoir faisons, que pour consideration des choses dessusdites, & principalement l'honneur de Dieu nostre Créateur, Auteur de toute paix, mesmement ayant regard à la proximité de Lignage, qui est entre nous & nostredit cousin & cousine, singuliérement en esperance de parvenir au bien de paix finale, nous, par l'advis & deliberation desdits Seigneurs de nostre sang & lignage, & Gens de nostre Grand Conseil, lesdites tresves, seur estat & abstinence de guerre, avons faites, acceptées, prinses, fermées, promises, conclues & accordées, & par la teneur de ces presentes, faisons, acceptons, prenons, fermons, promettons, concluons & accordons, & avons promis, juré, promettons & jurons en parolle de Roy, & par la foy & serment de nostre corps, sur nostre honneur, & sous l'obligation de tous nos nos biens, sur les saincts

1478.

Evangiles & sur les Canons de la Messe par nous manuellement touchés, pour cette cause, de garder, observer, entretenir & accomplir, & faire tenir & observer de point en point ladite tresve & toutes les choses contenues ez articles, faisans mention d'icelle, sans en rien laisser, ne jamais faire, venir au contraire, ne querir quelques moyens pour y venir, ne pour en rien pervertir, ou faire quelque immutation d'aucunes des choses dessusdites ; & si aucune chose estoit faite, attentée ou innovée au contraire par nos subjets ou Chefs de guerre, & serviteurs, de les faire reparer, & des transgresseurs ou infracteurs, faire telle pugnition que le cas le requerra, en maniere que ce soit exemple à tous autres, & à toutes les choses susdites nous nous sommes soubmis & soubmettons, obligés & obligeons de tous & chacuns nos biens presens & advenir, &c. Donné en nostre Cité d'Arras le onziesme jour du mois de Juillet, l'an de grace mil quatre cens soixante-dix-huit, & de nostre regne le dix-septiesme. Ainsi *signé* L o y s, & sur le repli, par le Roy en son Conseil, de Chaumont.
Il y a pareilles Lettres au nom du Duc d'Autriche & de Marie de Bourgogne.

CCXXCII.

☞ *Lettres en execution du Traité de tresve cy-dessus, portant nomination des Arbitres de la part du Roy, & pouvoir, tant à eux, qu'à ceux qui seront nommés par Maximilien d'Autriche, de juger & decider conformement audit Traité.*

Tiré des Recueils de M. l'Abbé Le Grand.

LOYS, Par la grace de Dieu, Roy de France : A tous ceux, &c. Salut : Comme pour pacifier les guerres, questions, divisions, & differences estans à present entre nous, d'une part, & très-haut & très-puissant Prince, nostre très-cher & très-amé cousin le Duc Maximilien d'Autriche, & nostre très-chere & très-amée cousine sa Compagne, d'autre part, plusieurs ouvertures ayent esté faites, & entre autres ont esté ouvertes, que nous & nosdits cousin & cousine eslussions & nommissions douze notables hommes, desquels les six seroient nommés & choisis de nostre part, & les autres de la part de nosdits cousin & cousine, & au cas que par mort, maladie, ou autre cause raisonnable, il n'y auroit aucuns qui n'y peussent vacquer, celuy de la partie duquel il auroit esté nommé le pourroit changer & en nommer autre en son lieu, lesquels douze pourroient, comme Médiateurs & Arbitres, connoistre & juger, decider & determiner de toutes les questions & differens estans entre nous & nosdits cousin & cousine ; & pour y besongner, se assembleront lesdits Arbitres en la Ville & Cité de Cambray, dedans le premier jour de Septembre prochain venant, auquel lieu & jour, nous, de nostre part, & nosdits cousin & cousine, de la leur, serons tenus de envoyer nos Commis & Deputés, pour proceder & aller avant devant lesdits Arbitres, èsdites matieres & querelles, & seroient iceux Arbitres, en acceptant la Charge dudit Arbitrage, tenus de proceder & jurer solemnellement, que en toute diligence & soigneusement, toutes autres occupations & excusations arriere mises, ils oyront les parties, ou ceux qui seroient commis de par eux, en tout ce qu'ils vouldront demander, dire, proposer & alleguer, exhiber & produire, prouver touchant les matie-

DE PHIL. DE COMINES.

res, dont l'une & l'autre partie pourroient faire question, en quoy nosdits cousin & cousine ou leurs Commis & Deputés seroient reçus & auroient le premier lieu à faire former & intenter par devant iceux Arbitres, seroient tenus de juger, decider & determiner avant que proceder à autres, dedans un mois prochain ensuivant, & après icelles, nos Commis & Deputés pourront intenter & mettre avant, pour au nom de nous, telle question & demande que bon leur semblera, sur laquelle lesdits Arbitres seront tenus de juger & determiner dedans un mois après que la demande de nosdits cousin & cousine sera decidée; ladite premiere Sentence definitive préalablement acquitée, & après procéderont lesdits Arbitres à vuider toutes les autres querelles, qui sont entre nous & nosdits cousin & cousine. Toutes lesquelles questions & differences ils seront tenus de vuider dedans six mois, après qu'ils auront commencé à besoigner audit Arbitrage, & se tiendront lesdits Arbitres en ladite Ville de Cambray, jusques à ce que icelles questions & differences soient par eux definies, ou que le temps de leur pouvoir soit fini & expiré, & se d'aucunes des differences, querelles & questions estans entre nous & nosdits cousin & cousine, lesdits Arbitres ne se pouvoient accorder, il y aura un sur-Arbitre nommé, choisy & eslu, d'un commun accord & consentement de nous & de nosdits cousin & cousine, nommé & choisi concordablement dedans quatre mois prochains venans, lequel sur-Arbitre pourra avec lesdits douze Arbitres, ou la pluspart d'iceux, en égal nombre, d'un costé & d'autre, cognoistre, decider, & determiner de toutes les choses dont lesdits Arbitres seront demeurés en difference; par devers lequel sur-Arbitre, seroit par lesdits Arbitres, ou aucuns d'eux, en égal nombre de chacun costé, porté toutes les pieces, procès, & autres choses servans à l'instruction des matieres, dont lesdits Arbitres seroient demeurés en difference; & feront lesdits Arbitres, & aussi le super-Arbitre, avant que proceder audit Arbitrage, serment solemnel sur les saincts Evangiles de Dieu, en leur foy, & sur le salut de leurs ames, qu'ils seront ausdites parties, & à chacunes d'icelles, droit, raison & justice, & qu'ils procéderont au fait dudit Arbitrage en toute diligence, donneront leurs Sentences, Jugemens & appoinctemens bons & loyaux, selon Dieu, leur conscience & bonne justice, & comme ils feroient s'ils estoient Juges ordinaires desdites questions & differences, & soit ainsi que nosdits cousin & cousine ayent prins, choisi & eslu pour Arbitres de leur part.

Sçavoir faisons, que nous grandement acertenés des grandes vertus, prudence, discretion, prud'hommie, experience & bonne conduite, & diligence de nos amés & féaux Conseillers, Messire Loys d'Amboise, Evesque d'Alby; nostre cousin Messire Jehan de Moucheuil, Evesque de Viviers, Commandeur de Rennes; nos chers & amés cousins Odet d'Aydie, Comte de Comminges, Sieur de Lescun; Bouffile de Juge, Chevalier, Comte de Castres, & Viceroy par nous establi en nos pays de Roussillon & de Sardaigne; Messire Jehan Chambon, Maistre des Requestes ordinaire de nostre Hostel; & Raoul Pichon, Conseiller en nostre Cour de Parlement: Yceux avons choisis, eslus & nommés, prins, commis & accepté, choisissons, eslisons, nommons, prenons, commettons & acceptons

Zzz 2 de

noſtre part, pour Arbitres & amiables mediateurs & appaiſeurs, auſquels douze deſſus nommés ; c'eſt-à-ſçavoir, ſix de noſtre part, & ſix de la part deſdits Sieur & Dame noſdits couſin & couſine, nous avons donné & donnons plein pouvoir, auctorité & commiſſion, & mandement eſpecial de cognoiſtre, juger, decider & determiner de toutes les queſtions, querelles & differences qui ſont entre nous & noſdits couſin & couſine, & y proceder ſucceſſivement & par ordre. C'eſt-à-ſçavoir, la premiere demande que noſdits couſin & couſine ou leurs Commis & Députés feront de leur part, dedans le premier mois ; & la ſeconde demande que nos Commis & Députés feront & vouldront faire pour nous, dedans l'autre mois après ſuivant, & de toutes les autres demandes, dedans quatre mois après, qui eſt en tout dedans demi-an, à compter dudit premier jour de Septembre prochain venant ; & au cas que leſdits Arbitres ne ſe pourroient accorder ſur toutes les demandes & querelles, nous voulons & conſentons, que ſur les points dont ils ſeront d'accord, ils prononcent leur Sentence & Jugement, & que ſur les points, dont ils ne pourront s'accorder, ils aſſignent jour aux parties, dedans ſix, ſept ſemaines, ou deux mois après enſuivant, pardevant ledit ſuper-Arbitre, que nous, noſdits couſin & couſine nommerons & choiſirons d'un commun accord & concordablement dedans quatre mois, comme dit eſt, lequel ſuper-Arbitre, avec leſdits Arbitres, ou partie d'iceux, en égal nombre, d'un coſté & d'autre, pourra dedans ſix ſemaines, après le jour aſſigné, connoiſtre, juger & determiner des points dont leſdits Arbitres ſeront demeurés en diſcord ; & de ce faire lui avons donné de noſtre part, pleine & puiſſance, & auctorité ; & en cas que la premiere querelle qui ſera meuë & intentée de la part de noſdits couſin & couſine pardevant leſdits Arbitres, ne pourra eſtre décidée dedans un mois, & ſemblablement la ſeconde querelle que pourrions mouvoir de noſtre part, dedans le ſecond mois; ce néanmoins leſdits Arbitres pourront appoincter, décider & determiner deſdites querelles dedans le plus brief temps enſuivant, leſdits premier & ſecond mois, que faire pourra ledit ſuper-Arbitre, durant le tems de ſon pouvoir, le tout, en gardant l'ordre deſſuſdit. Et s'il advenoit que par mort, maladie, ou autre cauſe raiſonnable, aucuns deſdits Arbitres prins de noſtre part, n'y puſſent vacquer, nous en nommerions d'autres en leur lieu ; & afin que au fait dudit Arbitrage n'y ait quelque rupture, nous avons promis & promettons d'envoyer nos Commis & Députés audit lieu de Cambray, dedans le jour cy-deſſus déclaré, & de proceder, ou faire proceder pardevant leſdits Arbitres, ainſi qu'il eſt accouſtumé de faire en tout bon & loyal Arbitrage, avec ce avons promis & promettons, que ſe leſdits Arbitres ou ſuper-Arbitre jugent premierement ou appoinctent au profit de noſdits couſin & couſine en la premiere demande, ou queſtion qu'ils feront, & à laquelle, comme dit eſt, doivent eſtre les premiers reçus, nous dès incontinent que les Sentences ſeront prononcées, les ferons joyr pleinement & paiſiblement des terres & Seigneuries qui leur pourront eſtre adjugées par leſdits Arbitres & ſuper-Arbitre, leſquels appoinctemens, Jugemens & Sentences qui ſeront données par leſdits Arbitres ou ſuper-Arbitre, nous avons promis & promettons de bonne-foy, pour noſtre honneur,

honneur, en parole de Roy, sur les saincts Evangiles de nostre Seigneur, & sur les saincts Canons de la Messe, & sur peine des amissions perpetuelles & à tousjours du droit que nous avons & prétendons avoir en tout ce qui est en debat, & querelle entre nous & nosdits cousin & cousine, tenir, garder, observer & accomplir de point en point, & faire mettre, & souffrir estre mis le Jugement & appoinctement desdits Arbitres à execution, réaulment & de fait, selon que par lesdits Arbitres & super-Arbitres sera jugé, sentencié & appoincté, & nous soubmettons, quant à ce, à toutes censures Ecclesiastiques, comme d'excommuniment, d'interdit de service divin, sans autre declaration de Juges, dès incontinent, que n'obeirons par effet au Jugement des Arbitres ou super-Arbitre, ainsi que dit est, ou que ne vouldrions proceder pardevant eux, ou souffrir leur Jugement, estre mis reaulement & de fait à execution en la maniere dessusdite, & en outre prions & requerons à tres-haut & tres-puissant Prince nostre tres-cher & tres-amé frere & cousin le Roy d'Angleterre, & à nos tres-chers & especiaux amis les Ligues d'Allemagne, qu'ils aydent & assistent de toute leur puissance nosdits cousin & cousine, pour nous contraindre par puissance d'armes à entretenir & accomplir toutes les Sentences & Jugemens desdits Arbitres & super-Arbitre, au cas que en serions refusans, & semblables seuretés, soubmissions, promesses & obligations, nosdits cousin & cousine nous seront tenus bailler de obeir aux Sentences & appoinctemens qui sont faits, donnés & prononcés à nostre profit par iceux Arbitres ou super-arbitre, & nous faire bailler incontinent la réalle possession & jouissance des choses qui par eux nous seront adjugées. En tesmoin, &c. Donné en nostre Cité d'Arras le onziesme jour de Juillet, l'an de grace mil quatre cens soixante-dix-huit, & de nostre regne le dix-septiesme. *Ainsi signé*, LOYS, *& sur reply*, par le Roy, vous Evesque de Viviers, le Prothonotaire de Clugny & autres presens. *Signé*, DE CHAUMONT.

CCXCVIII.

☞ *Plein pouvoir à Charles de Martigny, Evesque de Perpignan, Ambassadeur du Roy en Angleterre, pour proroger jusques à cent ans la tresve concluë avec l'Angleterre, & donner seureté pour la continuation du payement de cinquante mille escus d'or par chacune desdites cent années, au Roy d'Angleterre & à ses Successeurs Roys.*

LUDOVICUS, Dei gratiâ, Francorum Rex: Universis præsentes Litteras inspecturis, salutem. Cum treugas, guerrarum abstinentias, mercium intercursus, amicitiam, confederationem aliasque conventiones cum illustrissimo Principe confratre & consanguineo nostro Eduardo, partim per nos, partim per Commissarios, Legatos & Deputatos nostros sufficientem potestatem ad hoc à nobis habentes, inierimus, contraxerimus & perfecerimus, convenerimus & conclusetimus, cumque etiam promiserimus, concesserimus & obligaverimus nos solvere, & in civitate Londonensi in Angliâ realiter deliberare eidem fratri & consanguineo nostro Regi Angliæ, singulis annis vitâ utriusque nostrûm durante,

Tiré des Recueils de M. l'Abbé le Grand.

durante, quinquaginta millia scutorum auri, nec non super omnibus litibus, quæstionibus & querelis inter nos & eundem fratrem consanguineum nostrum pendentibus inpræsentiarum indiscussis promisimus & sub certis pœnis obligaverimus nos ad certa tempora inter nos concordata & limitata stare & obtemperare laudo, determinationi, judicio & arbitrio diversorum arbitrorum, quemadmodum in certis Litteris super omnibus & singulis compromissis confectis plenius, latius diffusiusque continetur. Notum facimus quod nos non minus luctu quam mœrore præ oculis habentes quo in discrimine barbaras per nationes orthodoxorum sanguinem crebro sitientes Christiana Religio inpræsentiarum premitur atque laceratur, quæ ad divinam olim felicitatem votivamque prosperitatem & sanctius & celerius reduc inequeat, quam ipsius religionis Principes saltem potentiores pacis amicitiæque fœdere copulentur de fidelitate, circonspectione & industriâ dilecti & fidelis Consiliarii nostri Magistri Caroli de Martigny Episcopi Elnensis plurimum confidentes ipsum nostrum verum & indubitatum Oratorem, Procuratorem, Legatum, Ambassiatorem, Commissarium, atque Nuntium specialem ordinamus, facimus & constituimus, dantes & concedentes per præsentes eidem Oratori, Procuratori, Legato, Ambassiatori, Commissario atque Nuntio nostro plenam, perfectam & sufficientem potestatem & auctoritatem, ac mandatum generale & speciale nomine nostro & pro nobis, hæredibus atque Successoribus nostris, regno, patriis, terris, dominiis, amicis, alligatis, confœderatis, subditis, faventibus & adhærentibus nostris, quibuscumque cum illustrissimo Principe confratre & consanguineo nostro percarissimo Eduardo Rege Angliæ antedicto, seu ejus Commissario, Procuratore sive Deputato, Commissariis, Procuratoribus, Deputatisve suis sufficientem potestatem & consimilem auctoritatem ab eodem consanguineo nostro pro se hæredibus atque successoribus suis, regno, patriis, dominiis, amicis, alligatis, confœderatis, subditis, faventibus & adhærentibus suis ad hoc habentibus communicandi, tractandi & conveniendi, atque treugarum, guerrarum abstinentias, mercium intercursus, amicitiam, confœderationes atque conventiones antedictas cum eodem consanguineo nostro Angliæ rege, ut præmittitur initas, contractas & conclusas, prorogandi, elongandi & extendendi ad centum annos post mortem primo nostrûm decendentis duraturas & inconcussè observandas, treugasque, guerrarum abstinentias, mercium intercursus, pacem, ligas, amicitias, confœderationes, pactiones, alias conventiones post mortem primo decedentium nostrorum ad centum annos ex tunc proximè futuros, continuò duraturas & illibatè inconcussèque observandas, prout eis melius visum fuerit ineundas, firmandas, vallandas & roborandas, nec non promittendi & obligandi dominia nostra & subditos nostros eorumque bona quæcumque, ubicumque fuerint reperta ad solvenda pro nobis, hæredibus & successoribus nostris dicto consanguineo nostro Regi Angliæ, hæredibus & successoribus suis in civitate Londonensi in Anglia quinquaginta millia scutoauri ejusdem valoris & æstimationis prout sunt inpræsentiarum in Regno Franciæ singulis annis centum annorum post mortem primò nostrûm decedentis proximè futurum, astringique nos hæredes & successores

nostros

DE PHIL. DE COMINES.

nostros obligari jurejurando & sub pœnis Cameræ Apostolicæ, nec non aliis modis, sicuti eis videbitur ad firmam & securam ejusdem solutionis observantiam, ulteriusque pro nobis hæredibus & successoribus nostris promittendum, atque nos & ipsos obligandum quòd nos, hæredes, iidemque successores nostri durante dicto termino centum annorum post mortem illius nostrûm, qui primò decesserit, si lites, quæstiones & differentiæ pendentes inter nos & eumdem consanguineum nostrum nunc indiscussæ, interim non terminentur; prorogabimus quoque, & innovabimus de triennio in triennum, aut in tempora longiora potestatem Arbitrorum inter nos, & eundem consanguineum nostrum, ut præmittitur, electorum, aut in loco ipsorum alicujusve eorum eligendorum; & si contingat aliquem vel aliquos dictorum Arbitrorum ex parte nostrâ, hæredum, successorumvè nostrorum electorum aut eligendorum decedere, aliâve causâ impediri, quòminus dictarum litium, questionum & differentiarum examinationi commodè vacare valeat aut valeant, quòd nos hæredes & successores nostri alium vel alios in locum ipsius, ipsorumve cum simili potestate deputabimus & subrogabimus : damusque eidem Legato, Procuratori, Oratori nostro plenam potestatem, autoritatem Litteris super omnibus & singulis præmissis, eaque continentibus conficiendi, & eidem consanguineo nostro ejusve Commissariis ea deliberandi, atque ad eorum omnium & singulorum præmissorum observantiam nos hæredes & successores nostros per easdem Litteras modo & formâ quibus eis melius videbitur abstringendi, cæteraque omnia & singula quæ in præmissis, vel circa eorum aliqua necessaria fuerint, seu quomodo libet opportuna faciendi, exequendi, prout nos faceremus, si personaliter interessemus, promittentes bonâ fide, & in verbo Regio nos ratum, gratum & firmum perpetuò habituros totum, & quidquid per præfatum Legatum nostrum, Procuratorem & Oratorem actum, gestum, conclusum, seu procuratum fuerit in præmissis, vel eorum aliquo. Nolumus tamen quòd vigore aut colore hujus commissionis nostræ, aliquæ confœderationes, amicitiæ, ligæ, treugæ, guerrarum abstinentiæ, conventiones, intelligentiæ, promissiones, seu obligationes inter nos & eumdem consanguineum nostrum, seu nominibus nostris aut pro nobis contractæ & initæ in parte vel in toto violentur, invalidentur aut infirmentur; imò volumus quòd ipsæ & quælibet earum, atque omnia & singula in eis contenta, prout in Litteris superinde confectis pleniùs continetur, in suo firmo robore & effectu juxtà vim, formam & effectum earumdem Litterarum permaneant, & inviolabiliter observentur; in quorum omnium & singulorum præmissorum fidem & testimonium præsentes Litteras manûs nostræ subscriptione signavimus, & sigilli nostri fecimus appensione communiri. Datum in Civitate nostrâ Attrebatensi, die decimâ-tertiâ mensis Julii, anno Domini millesimo quadringentesimo septuagesimo octavo, & Regni nostri decimo-septimo.

1478.

CCXCIX.

CCXCIX.

Lettres du Roy Louys XI. en faveur de la Republique de Florence, dont le Roy veut pacifier les differends.

Tiré du deuxiéme Registre des Ordonnances du Roy Louys XI. folio 138. verso.

1478.

LOYS par la grace de Dieu, Roy de France. A tous ceux qui ces presentes Lettres verront, Salut. Comme en ensuivant les louables & vertueuses œuvres de nos très-chrestiens Progeniteurs, Roys de France, nous ayons tousjours desiré & desirons la paix & union des Princes & peuples Chrestiens, à ce que par l'union d'iceux ils soient plus forts & mieux disposez à la deffense de la Foy Catholique, à present en divers lieux opprimée par les Infideles ; & à cette occasion, quand avons sçu la guerre n'aguaires suscitée en Italie, à cause de la machination & entreprise faite contre nos très-chers amis, confederez & Alliez de la Communauté & Seigneurie de Florence, par un qu'on appelle le Comte Jeronime, homme n'aguaires comme inconnu, & de basse & petite condition, ayons envoyé devers nostre Saint Pere le Pape, pour luy supplier & requerir qu'il luy plust de s'employer à la pacification desdites guerres & divisions, & luy ayons fait remontrer la très-injuste surprise & usurpation que ledit Comte Jeronime & ses adherans & Complices ont voulu puis n'aguaires faire contre ladite Seigneurie & Communauté de Florence, pour icelle comme l'on dit injustement appliquer audit Comte Jeronime ou autres, les execrables meurtres & homicides qui par frauduleuse & pre-cogitée insidiation, ont à cette cause esté conspirées & machinées contre la personne de nostre cher & amé cousin, Laurent de Medicis, & contre ceux de sa Maison, lesquelles machinations ils ont executé ès personnes de Julien de Medicis, & de François Norry, qu'ils ont tués & meurtris inhumainement dedans l'Eglise, & ainsi qu'on chantoit la Grand'Messe, & pareillement vouloient faire audit Laurent de Medicis, s'il ne fust eschappé, & en eschappant a esté grievement & énormement blessé ; pour lesquelles causes nous avons esperance que nostredit saint Pere, comme bon Pere & Pasteur du peuple Chrestien, se voulsisse employer à ladite paix, sans soy montrer partial d'un costé ne d'autre, & confians que pour nous, qui avons tousjours eu & avons le saint Siege Apostolique en singuliere reverence & devotion, il voulsist quelque chose faire, luy avons fait remontrer l'ancienne amitié, confederation & alliance que avons à ladite Seigneurie & Communauté de Florence, qui tousjours a esté si affectée à nous, aux Roys & à la Maison de France, qu'ils les ont tenus pour leurs singuliers protecteurs ; & en signe de ce, à chacune fois qu'ils renouvellent les Gouverneurs de leur Seigneurie, ils font serment d'estre bons & loyaux à la Maison de France, de garder leur honneur, & eux entretenir en leur amitié, bienveillance & service ; mais nonobstant les choses dessusdites, & sans consideration de la necessité où est à present le peuple Chrestien, nostredit saint Pere s'est montré & declaré partial en cette matiere, contre ladite Seigneurie & Communauté de Florence, & semblablement contre les Duc & Seigneurie de Venise, qui aussi sont nos amis, confederez & Alliez, & n'a voulu nostredit saint Pere avoir

regard

regard à ce que le Turc fait à prefent continuelle guerre ès prouchaines parties de Italie, & mefmement ès Terres & Seigneuries de Venife, par quoy l'on ne peut mieux fortifier le Turc & les Infideles contre le peuple Chreftien, ne mieux leur donner moyen d'avoir entrée & paffage en Italie, que de courir fus, & grever ceux qui foutiennent la guerre contre le Turc, lefquelles chofes font fi eftranges à confiderer, que toute l'Eglife Univerfelle, & tout Prince vertueux & Catholique en doit avoir douleur & defplaifir; & en outre, avons efté advertis que noftre Saint Pere a dit qu'en cette guerre contre les Florentins, Veniciens & autres de leur part, il employera fa perfonne, biens, & tout ce qu'il pourra finer, qui eft bien eftrange chofe que le Trefor & la revenuë de l'Eglife, qui font les biens ordonnez pour le Service de Dieu, deffenfe de la Foy Catholique, & pour la fuftantation des pauvres, s'employe à telles guerres, & pour telles partialités contre le peuple Chreftien, & pour foutenir telles confpirations de ufurper fur les Seigneurs d'Italie, & tels meurtres & execrables delits; femblablement eft chofe bien eftrange, qu'on fouffre les exactions induës qui fe font en Cour de Rome par Bulles expectatives & autres moyens, & pour les vacquans qu'on lieve contre les faints Canons & Decrets de l'Eglife, faits & conftituez par les Saints Peres, & contre la determination de l'Eglife Univerfelle & des faints Conciles, pour employer l'argent qu'on en tire à achepter Comtez & grandes Seigneuries, pour les bailler à gens de petite condition, & les eflever fans merites precedens, & fans ayde ny fecours, qu'ils puiffent donner à l'Eglife ne à la deffenfe de la Foy; efquelles exactions ainfi faites contre les faints Canons & aucuns Decrets de l'Eglife, entre tous les Roys & Royaumes de la Chreftienté: nous, noftredit Royaume de France & pays du Dauphiné, & generalement tous nos fubjets, avons merveilleufement grand intereft & dommage pour la grande quantité d'argent qui contre lefdits faints Canons & Decrets, & contre les libertez de l'Eglife de France fe tire, tant par lefdits vacquans, qui fe payent à grands & exceffives taxes, comme pour la depenfe qui fe fait à obtenir lefdites Bulles expectatives, qui maintenant font fi communes, & fe donnent en telle multiplication, que par la grande quantité, la diverfité & le defordre d'icelles, la plufpart des Benefices de noftre Royaume font en procès, en la conduite defquels procès, fe depenfe & vuide merveilleufement grande quantité d'argent, & ne fçait-on au certain à qui les Benefices competent & appartiennent; pourquoy le Service Divin, la difcipline du peuple, & l'adminiftration des faints Sacremens font fouventesfois delaiffez, & la revenue des Benefices, qui fe y devroit employer à la reparation des Eglifes, s'employe en depenfe de procès & litiges, dont de grands maux & inconveniens font advenus & adviennent chacun jour, ainfi que par plufieurs grands & notables perfonnages de noftre Royaume, remontré nous a efté, & pource que ne pouvons & ne devons raifonnablement diffimuler la guerre & oppreffion qu'on fait aufdits de Florence, nos anciens amis & Alliez, & à caufe d'eux aufdits de Venife, qui femblablement font de noftre alliance, ne fouffrir les deniers qu'on tire de noftre Royaume par tels vacquans & autres moyens deffufdits, pour les employer à foutenir la guerre contre nofdits Alliez; pareillement ne pouvons

Tome III.   Aaaa   &

& ne devons diffimuler fans trop grand prejudice & dommage, le grand vuidange d'argent qui fe tire de noftre Royaume & de nos pays, Seigneuries & fubjets par vacquans, Bulles, expectatives & autres manieres. Nous, par grande & meure deliberation de plufieurs Seigneurs de noftre Sang & lignage, & autres notables hommes de noftre Royaume, avons prohibé & deffendu, prohibons & deffendons à toutes manieres de Gens Ecclefiaftiques, Seculiers ou autres, de quelque eftat, qualité, nation ou conditions qu'ils foient, qu'ils ne foient fi ofez ne fi hardis d'aller ou envoyer en Cour de Rome, ne ailleurs hors de noftre Royaume, pour querir ou pourchaffer Benefices ou graces expectatives, ne de porter ou faire porter, ou envoyer en ladite Cour de Rome par Lettre de change, Bullette ne autrement, directemant ou indirectement, par quelque voye ou maniere que ce foit, or, argent monnoyé ou à monnoyer, pour avoir ou obtenir collation de Benefices par Bulles, graces expectatives ne autrement, & lefquelles expectatives non executées, nous avons fufpendu & fufpendons par ces prefentes, jufqu'à ce que par nous autrement en foit ordonné, & avec ce, qu'aucune perfonne feculiere, de quelque eftat ou condition qu'elle foit, ne porte, foutienne ne favorife aucun pour aller ou envoyer en ladite Cour de Rome, ne hors noftredit Royaume, pour la caufe deffufdite; le tout fur peine de confifcation de corps & de biens; & au cas qu'apres la publication & proclamation de ces prefentes, aucuns feront trouvez faifant ou avoir fait le contraire, nous voulons & ordonnons que par nos Juges & Officiers, chacun en fa Jurifdiction, punition corporelle foit faite fans defport ou diffimulation aucune, en maniere que ce foit exemple à tous autres. Et afin que plus grieve punition & juftice foit faite des tranfgreffeurs & infracteurs de nofdites deffenfes, & qu'on en puiffe avoir meilleure & plus prompte connoiffance, nous voulons que tous ceux qui les trouveront ou denonceront, ayent & prennent tous leurs meubles, bagues & chevaux, defquels dès maintenant leur en faifons don, à quelque valeur ou eftimation qu'ils foient. Si donnons en mandement à nos amez & feaux Gens tenans, ou qui tiendront nos Cours de Parlement de Paris, de Thouloufe, de Bordeaux, du Dauphiné; au Vice-Roy de Rouffillon; Baillis, Senechaux, Prevofts, Vicomtes, & à tous nos autres Jufticiers & Officiers quelconques, où à leurs Lieutenans à chacun d'eux, fi comme à luy appartiendra, que nos prefentes Lettres & ordonnances ils faffent lire publiquement à jour de playdoirie, & enregiftrer en tous les lieux accouftumez, de faire cris & publications publiques, en maniere que nul n'en puiffe pretendre jufte caufe d'ignorance; & avec ce, les faffent entretenir & garder de point en point felon leur forme & teneur, en faifant des trangreffeurs & infracteurs d'icelles la punition telle que deffus, à ce que tous autres y prennent exemples; & contraignant au furplus à ce faire & fouffrir tous ceux qui pour ce feront à contraindre reaument & de fait, ainfi qu'il eft accouftumé de faire pour nos propres affaires, nonobftant oppofitions ou appellations, clameur de haro & doleances quelconques, pour lefquelles ne voulons en ce aucunement eftre differé & pour ce qu'on pourra avoir à befogner de ces prefentes en plufieurs & divers lieux, nous voulons qu'au *vidimus* d'icelles fait fous fceaux Royaux, foy foit adjouftée comme au prefent original. Donné à Selonnes, le dix-feptiefme
jour

jour d'Aouft, l'an mil quatre cens feptante-huit, & de noftre Regne le dix-huitiefme. *Sic fignatum fuper plicam*, Par le Roy, l'Evefque d'Alby, les Comte de Dunois & de Caftres; le Protonotaire de Clugny; l'Abbé de la Grate; le Sire de Breffuyre; le Sire de Clerlieu; Antoine de Lamet, Capitaine de la Tour de Bourges, & autres prefens. L. TINDO.

1478.

CCC.

☞ *Avis fur l'affemblée de l'Eglife Gallicane, tenue à Orleans.*

CE font les chofes qui femblent eftre à faire pour la conclufion de l'Affemblée de l'Eglife de France, eftant à prefent à Orleans.

Premierement. Sera remontré le bon & jufte vouloir & intention du Roy, qui eft fi juftement & raifonnablement fondé, que plus ne pourroit. Car en tant que touche l'Eftat de noftre Saint Pere & du Saint Siege Apoftolique, le Roy n'y veut & n'y entend eftre fait quelque lefion ou prejudice.

Communiqué par M. Baluze, qui l'avoit eu de M. Vion d'Herouval.

Mais feulement eft fondée fon intention fur trois chofes, qui font fi très-faintes & juftes, que plus ne pourroient.

La premiere, pour la deffenfe de la Foy Catholique, dont il eft telle neceffité que chacun voit.

La feconde, pour l'ordre & regle de toute l'Eglife Univerfelle: par faute de laquelle ordre, adviennent à prefent les guerres, divifions & autres fcandales, qui font en Italie, & par toute Chreftienneté.

La tierce, pour obvier au dommage que fouffre tout le Royaume & l'Eglife de France par l'extraction des pecunes & autres abus qui fe font de par Cour de Rome au moyen de ceux qui tiennent noftre Saint Pere entre leurs mains.

De toutes lefquelles chofes, le Roy parla l'autre jour, quand l'on fut devers luy, fi bien & fagement, qu'on ne pourroit plus.

Car *premierement*, il parla de noftre Saint Pere & du Saint Siege Apoftolique en fi grande reverence & devotion, que Prince Chretien & Catholique peut faire.

Secondement, il parla des guerres & divifions qui font entre les Princes & Nations Chreftiennes, & de la neceffité qu'il eft de les pacifier, pour refifter aux Infideles.

Tiercement, il parla du Comte Jeronimo & autres, qui tiennent noftre Saint Pere, & par confequent toute l'Eglife entre leurs mains, & des inconveniens qui en adviennent à toute l'Eglife.

Quartement. Il parla comme les pecunes de France ne yront plus en Cour de Rome par la provifion qui y a efté donnée. En quoy il defmontroit bien l'intention, qu'il avoit qu'on pourveut à l'extraction defdites pecunes du Royaume.

Lefquelles chofes confiderées, la conclufion de l'opinion peut eftre.

Premierement. Que pour advifer à la deffenfe de la Foy Catholique, & à la pacification des Princes & Nations Chreftiennes, qui à prefent font fi troublées & divifées que chacun voit, & afin que par la paix & union d'entre eux, ils foient plus puiffans pour refifter aux Infideles, &

à la deffense de la Foy ; aussi pour donner bonne regle & ordre à tout l'estât de l'Eglise, & pourveoir aux abus qui ce y font, l'on doit requerir à nostre Saint Pere très-instamment, qu'il luy plaise convoquer le Concile general de toute l'Eglise Universelle, lequel Concile soit tenu en France : & pour cette cause, envoyer notable Ambassade devers luy de par le Roy & de l'Eglise de France, le pluftost que faire se pourra, & de ce supplier le Roy très-humblement.

Et que pour obvier à l'extraction des pecunes & autres abus pendant le temps que le Concile se assemblera, l'on doit garder & observer en l'Eglise de ce Royaume, du Dauphiné, & des autres pays de l'obéyssance du Roy, les anciens droits, les saints Canons & Decrets des saints Conciles, & mesmement, du Concile de Constance.

Et que pour communiquer avec les Deputez des autres Princes & Nation, qui en cette partie voudront adherer avec le Roy & l'Eglise de France ; aussi pour plus amplement adviser aux termes qui seront à tenir, au cas que nostredit Saint Pere refuseroit l'Assemblée dudit Concile en France, & aux autres choses necessaires pour le bien des matieres, l'on doit prendre une journée, pour derechef assembler l'Eglise de France. Et semble, que la Ville de Lyon est le lieu plus propre & le plus commun, pour faire ladite Assemblée. Car c'est le lieu où l'on pourra plus aisément convenir avec toutes autres Nations, tant des Allemaignes que des Italies, & autres. Et au regard du jour, semble que ce doit estre incontinent après Pasques, & que l'on se doit assembler en ladite Ville de Lyon, au vingt-quatriesme jour d'Avril prouchain venant ; & que audit jour tous les Archevesques, Evesques, Abbez & Prelats ; les Deputez des Universitez, & des Chapitres des Eglises Metropolitaines, Cathedrales & & Collegiales, se y doivent rendre en vertu de cette presente deliberation, & sans autre nouvel Mandement.

Aussi que le Roy doit envoyer audit lieu & jour gens notables de par luy, pour donner plus grande autorité, & meilleure conduite aux matieres.

Et quand en Cour de Rome l'on verra que la Congregation de l'Eglise de France n'est pas departie, & que encore ils se doivent assembler à Lyon, ce sera leur donner occasion de pluftost condescendre à la convocation du Concile, à donner provision aux abus, & aux autres requestes raisonnables qu'on fera à nostre Saint Pere.

En outre, semble que dès à present on doit eslire aucuns Deputez, qui ayent charge & procuration de par toute l'Eglise de France estant à cette presente Assemblée ; lesquels Deputez auront puissance des choses qui s'ensuivent.

Premierement. De adviser & eslire les Ambassadeurs qui yront devers nostre Saint Pere.

Item. De adviser toutes les choses que lesdits Ambassadeurs devront requerir, tant sur les Deliberations prinses à cette presente Assemblée, que sur toutes autres choses qui seront necessaires pour le bien des matieres.

Item. Aussi auront charge lesdits Deputez de faire les instructions desdits Ambassadeurs qui yront devers nostredit Saint Pere.

Item.

DE PHIL. DE COMINES. 557

Item. De recevoir toutes les Requeſtes, tant des Univerſitez, que autres qu'on voudra bailler, pour donner ordre à la proviſion de chacun eſtat, ainſi que par raiſon ſe devra faire.

1478.

Item. De recevoir toutes autres Requeſtes & doleances qu'on leur voudra bailller, pour en mettre ès inſtructions, ce qui ſemblera y devoir eſtre mis.

Et generalement de preparer & diſpoſer toutes les choſes neceſſaires, tant pour la concluſion de cette preſente Aſſemblée, que de toutes autres qui ſe devront traiter à ladite Aſſemblée de Lyon.

Item. La deliberation de cette Aſſemblée conclute, ſemble qu'on la doit faire rediger par eſcript, & ſigner par Secretaires du Roy, & Notaires Apoſtoliques.

Et pour faire diligence de ladite Ambaſſade qui doit aller devers noſtredit Saint Pere, & beſongner à l'execution deſdites choſes, leſdits Deputez doivent aller devers le Roy, & luy porter ladite deliberation par eſcript, ſignée comme deſſus, & en retenir autant par devers eux.

En outre, doivent faire diligence de recouvrer l'extrait des griefs qui ont eſté faits par Meſſieurs les Doyen d'Angers, l'Official d'Orleans; Maiſtre André de Beſſetis, & Maiſtre Jehan Maſſelin : & iceux veus, & choiſis ceux à quoy l'on ſe devra arreſter, leur faire former l'Appellation faite de noſtre Saint Pere, & la recouvrer ſignée des Notaires Apoſtoliques.

Au deſſus de ce cayer eſt écrit en vieille lettre.

Aucunes choſes qui furent adviſées touchant la concluſion de l'Aſſemblée d'Orleans.

Dans un ancien Manuſcrit où eſt l'inventaire des papiers, trouvez au Cabinet de Monſieur le Preſident d'Oriolle après ſon deceds, il y a, les Deputez à l'Aſſemblée d'Orleans, en Septembre, de l'Egliſe de Franc.

CCCI.

☞ *Lettres d'abolition de Louys XI. aux habitans de Tournay, pour raiſon du Traité par eux fait avec les Duc & Ducheſſe Maximilien d'Autriche pendant la Tréve, à ce par luy contraints, & ſans la permiſſion du Roy.*

LOYS, par la grace de Dieu, &c. Sçavoir faiſons à tous preſens & à venir : Comme les Treſves dernierement prinſes, faites & accordées entre nous d'une part, & les Duc Maximilien & Ducheſſe d'Autriche d'autre part, pour un an entier, commençant le onzieſme Juillet dernier paſſé, ayent eſté prinſes, conclutes, jurées & promiſes pour nous, & generalement pour tous nos pays, Terres & Seigneuries & ſubjets, tant par mer & eaux douces, que par terre, ſans y rien reſerver d'une part ne d'autre ; par le Traité deſquelles Treſves ait eſté dit & accordé, que durant icelles, ceſſeroient de l'un party ſur l'autre toutes hoſtilitez, voyes de fait & exploits de guerre, prinſes & ſurpriſes de Villes, Chaſteaux, Forteresses, lors eſtans ès mains & obeyſſance de l'un & de

Tiré des Recueils de M. l'Abbé Le Grand.

Aaaa 3 d'autre.

1479.

l'autre party, quelque part qu'elles fuſſent ſituées & aſſiſes, ſans excepter ne reſerver quelques Villes, Citez ne Fortereſſes : auſſi fut expreſſement dit & accordé, que tous les ſujets de l'un & de l'autre party, de quelque eſtat, qualité ou condition qu'ils fuſſent, pourroient communiquer, marchander, & faire toutes les negotiations & beſongnes les uns avec les autres, aller, venir & ſejourner de l'un party à l'autre, ſeurement & ſauvement, ſans que aucun mal, empeſchement ou deſtourbier leur fut, ou peuſt eſtre fait ou donné en corps ne en biens, pour quelque cauſe ou occaſion que ce fuſt, ſe ce n'eſt pour debtes ou delits commis depuis le temps de ladite derniere Treſve, & ſans ce que pour occaſion de choſe faite paravant icelle derniere Treſve, qui commenceroit ledit onzieſme jour de Juillet dernier paſſé, comme dit eſt, aucune choſe peuſt eſtre demandée aux ſubjets de l'un party à l'autre, fut avec ce expreſſement dit par ladite Treſve, que toutes manieres de Gens, fuſſent d'Egliſe, Nobles, Marchands ou autres, de quelque eſtat qu'ils fuſſent, jouyroient pendant le temps de ladite Treſve, de la revenuë de leurs Benefices, Terres & Seigneuries, rentes heritables ou viageres, ſoit que leſdites rentes fuſſent deuës par les Princes ou par autres, aux ſubjets de l'un party ou de l'autre, nonobſtant quelques dons ou donnations qui en euſſent eſté faites à l'occaſion des dernieres guerres, & quelque rachapt qui euſt eſté fait deſdites rentes, & quelques banniſſemens qui auroient eſté faits par ceux de l'un party ou de l'autre ; & auſſi fut expreſſement dit, que durant ladite derniere Treſve, ne ſeroit par les gens de l'un party ſur l'autre faites aucunes prinſes, rançonnement, &c. ainçois, ſeroient & demeureroient tous les ſujets & ſerviteurs de l'un party & de l'autre, de quelque qualité, nation ou condition qu'ils ſoient, chacun en ſon party & obeyſſance, ſeurement & ſauvement de leurs perſonnes & de leurs biens, & y pourroient labourer, marchander, & pourvoir à toutes les negociations & beſongnes & affaires, ſans deſtourbier ne empeſchement quelconque, & tout ainſi que en temps de paix. Et combien que noſtre bonne Ville de Tournay & Bailliage de Tourneſis, & manans & habitans d'iceux en ſoient & ont eſté de toute ancienneté nos bons, vrais & loyaux ſubjets, fuſſent compris en cettedite Treſve, & deuſſent jouyr de l'effet & teneur d'icelle, ſans quelconque difficulté. Ce neantmoins, dès ſitoſt que ſoubs la confiance de ladite Treſve, nous fuſmes partis des Marches de Picardie, & venus en autres parties de noſtre Royaume, leſdits Duc & Ducheſſe d'Autriche n'ont voulu laiſſer jouyr leſdits de Tournay & Bailliage de Tourneſis de ladite Treſve ; mais en icelle Treſve rompant, ont fait, & par leur exprès commandement fait faire guerre ouverte, prenant à noſdites bonne Villes de Tournay, & Baillage de Tourneſis, & à nos ſubjets, manans & habitans en iceux, en boutant feux, prenant par force, tuant & meurtriſſant inhumainement par chacun jour noſdits ſubjets, & tous exploits d'hoſtilité, & guerre, avec très-énormes cruautez & dommages irreparables. Ont en outre leſdits d'Autriche, contre la teneur de ladite Treſve, deffendu & fait deffendre que leſdits de Tournay ne fuſſent ſoufferts frequenter ne marchander ès pays à eux obeyſſans : ont detenu & occupé, fait detenir & occuper les biens, Terres & revenus, rentes heritables & viageres que

leſdits

lesdits de Tournay & Bailliage de Tournesis y avoient, & ont sans en vouloir faire restitution, ainsi que les Lettres de ladite Tresve le portent, & qui plus est, jaçoit ce que lesdits de Tournay, soubs confiance de ladite Tresve, eussent acheté des blés & autres vivres, pour mener en nostredite Ville, ainsi que licitement faire le pouvoient : ce neantmoins, lesdits Duc & Duchesse d'Autriche ont fait prendre lesdits vivres, supposé qu'ils eussent esté acheptez ès pays de nostre obeyssance, & non de la leur; & ont par leurs Lettres & mandement expressement mandé, qu'on ne laissast aller quelques vivres en nostredite Ville de Tournay ; à cause de quoy icelle nostredite Ville, qui est de toute part environnée des pays obeyssans ausdits Duc & Duchesse d'Autriche, ont esté en telle crainte, qu'elle se depuploit chacun jour, & venoit en une extrême necessité; & combien que par les Gens de nostre grand Conseil, & autres par nous envoyez audit pays de Picardie, aussi par aucuns Conservateurs par nous commis au fait de ladite Tresve, & par autres nos Officiers; lesdits d'Autriche, les Gens de leur Conseil, aucuns Conservateurs par eux commis à icelle Tresve, & autres leurs Officiers, ayent plusieurs fois par Lettres & autrement requis deuement de souffrir & laisser lesdits de Tournay jouyr de l'effet de ladite Tresve, toutesfois, ils n'en ont rien voulu faire, mais en ont expressement esté refusans; pourquoy lesdits de Tournay par cette extrême necessité, & pour la salutation de ladite Ville en nostre vraye & loyale obeyssance, ont esté contraints de faire certains Traitez avec lesdits Duc & Duchesse d'Autriche, lequel comme ils disent, n'eussent jamais fait, si n'eust esté la force & la contrainte des dessusdits : & pour ce que ledit Traité auroit esté fait sans nostre sceu & autorité, nos dessusdits & bien amez les Prevosts, Jurez & Gardeurs, Doyens, soub-Doyens, Bourgeois, Manans & Habitans de nostredite bonne Ville de Tournay, doubtans avoir offensé envers nous, combien qu'ils l'ayent fait par la contrainte dessusdite, gardans tousjours en toutes choses envers nous la loyauté, fidelité, obeyssance & affection que bons, vrays & loyaux subjets doivent avoir à leur souverain & naturel Seigneur, nous ont très-humblement supplié & requis, qu'il nous pleust leur pardonner, abolir, quitter & remettre toute l'offense que en ce ils pourroient avoir commis envers nous, & tousjours les tenir en nostre bonne grace, comme nos bons & loyaux subjets, remontrant que tels ils sont tousjours, perpetuellement veulent estre & demeurer, vivre & mourir en nostre vraye & loyale obeyssance, sans varier. Sçavoir faisons, que en reduisant à memoire les grands, louables & recommandables services que ont fait à nous & à nos predecesseurs Roys de France, nostre bonne Ville de Tournay, & tous les Manans & Habitans en icelle, & la bonne & vraye loyauté que tousjours ils nous ont gardé, & sont deliberez garder à nous & à nos successeurs, parquoy entre tous les autres ils ont bien deservy que les doyons singulierement aimer, tenir & traiter comme nos bons & loyaux subjets, considerans que lesdits Duc & Duchesse d'Autriche, en rompant ladite Tresve, & venant contre leur honneur, foy, serment & promesse, ont par la necessité dessusdite, & mesmement par necessité de vivres qui est la plus grande & la plus importable de toutes autres, contraints lesdits de Tournay à faire ledit traité ; Nous de nostre grace especia-

le,

1479.

le, plaine puissance & autorité Royale, avons quitté, aboly, remis & pardonné, & par la teneur de ces presentes, quittons, remettons, abolissons & pardonnons ausdits de Tournay les offenses qu'ils pourroient avoir commis envers nous, à cause des choses dessusdites, sans ce que ausdits Manans & Habitans de Tournay, qui sont ou pour le temps avenir seront, ne à ceux qui pour eux ont fait ledit Traité, ores ne pour le temps avenir leur puisse estre à jamais imputé à quelque note, charge ou reproche, & les avons tenu & reputé, tenons & reputons nos bons, vrays & loyaux subjets, sans ce que en leur honneur, ne en leurs privilege, franchise & liberté, soit à cause de ce aucune chose diminuée, ne quelque chose demandée en corps ne en biens; & sur ce, imposons silence perpetuel à nostre Procureur & à tous autres : toutesfois par ce n'entendons aucunement nous départir, mais reservons expressément tous les droits des actions, petitions & demandes, & autres qui nous appartiennent contre lesdits Duc & Duchesse d'Autriche, & leurs subjets, à cause des peines par eux encouruës, & des interests & dommages que nous avons eu & soutenues, & que nous pouvons demander, tant par les Traitez, promesses, obligations desdites Tresves que autrement, à cause de l'infraction manifeste que iceux Duc & Duchesse d'Autriche ont fait d'icelle Tresve, tant en faisant la guerre & les exploits dessus declarez, & autres contre ceux de nostre bonne Ville de Tournay & dudit Bailliage de Tournesis, que en les contraignant par les moyens dessusdits à faire lesdits Traitez, qui manifestement sont contre ladite Tresve. Si donnons en mandement, &c. Donné aux Forges lez-Chinon, le vingt-neufiesme jour de Janvier, l'an de grace mil quatre cens septante-huit, & de nostre Regne le dix-huitiesme. *Ainsi signé*, Par le Roy en son Conseil. M. COURTIN.

CCCII.

Traité de Trêve fait entre le Roy Louys XI. & Edouard, Roy d'Angleterre, durant leur vie, & cent ans après la mort de l'un ou de l'autre.

A Londres, le 13. Fevrier 1478.

Tiré des Recueils de M. l'Abbé Le Grand.

UNiversis & singulis, has Litteras inspecturis, Salutem, &c.
In primis, quòd bonæ, sinceræ, firmæ & perfectæ sint, & inviolabiliter habeantur, & fiant treugæ, guerrarum abstinentiæ, ligæ, intelligentiæ & fœderationes inter potentissimos Franciæ Ludovicum, & Eduardum Angliæ Principes, patrias & Dominia sua, quoscumque hæredes, successores, vassallos, atque subditos suos, præsentes & futuros, quoscumque alligatos & confœderatos utriusque eorum qui in ipsis comprehendi voluerint, necnon inter illustrissima Franciæ & Angliæ Regna per terram, mare, portus maris & aquas dulces; & quòd dictæ treugæ, guerrarum abstinentiæ, ligæ & fœdera suum habeant effectum immediatè post datam præsentium, & durante vitâ dictorum Franciæ & Angliæ Principum, juxta dictarum Litterarum vim & vigorem, & per centum annos post mortem alterius ipsorum Principum, primò decedentis
proximè

proximè sequentes, & usque ad finem ipsorum centum annorum, sic proximè sequentium.

Item. Quòd durante ipsorum Principum vitâ, & dictorum centum annorum termino, bella, guerræ, hostilitates quæcumque inter præfatos Franciæ & Angliæ Principes utriusque eorum hæredes, successores, vassallos, subditos & confœderatos quoscumque, qui in ipsis treugis ut præmittitur, velint comprehendi, necnon inter inclitissima Franciæ, Angliæ Regna, patrias & Dominia sua quæcumque ubicumque sint locorum, per terram, mare & aquas dulces omnino cessabunt.

Item. Quòd omnes & singuli utriusque dictorum Principum, eorumque hæredum & successorum, aut eorum alteriusve eorum alligatorum in his treugis comprehensorum, vassalli & subditi, sive sint Principes, Archiepiscopi, Episcopi, Duces, Comites, Barones, Mercatores, cujusvis status aut conditionis existant, durantibus treugis antedictis, ubivis locorum sese mutuis officiis prosequantur, de honestâ affectione pertractent, possintque liberè, tutè & securè, absque alterius, aut ejus hæredum & successorum, subditorumve offensâ, sine impedimento aut salvo conductu, sine licentiâ, ubique perlustrare terram, per mare navigare, hinc inde ad portus & dominia, & districtus quoscumque, utriusque ipsorum Principum, suorumque hæredum & successorum, citra & ultra mare, dum tamen ultra numerum armatorum centum simul non accedant, in eis quandiu volent morari, mercari merces, arma & jocalia quæcumque emere & vendere, & ut eis placet ab illinc ad partes proprias, vel alibi liberè, quoties duxerint abeundum, si jura localia jam sancita non obstent, abire cum suis aut conductis, vel commodatis navigiis, plaustris, vehiculis, equis, armaturis, mercimoniis, sarcinulis, bonis, & rebus suis quibuscumque, absque ullo impedimento, offensâ, arretatione, ratione mareæ, * contra mareæ represaliarum aut aliâ districtione quacumque tam in terra quàm in mari & aquis dulcibus, quemadmodum patriis in propriis hæc omnia facerent, aut eis ea facere licet, ita quòd ultra & præter has treugas nullo alio salvo conductu generali aut speciali indigeant.

* Terme que je n'entends pas.

Item. Quòd omnia munera, sive onera ab aliquo dictorum Principum, in cujusvis eorum patriarum, sive Dominiorum partibus citra aut infra duodecim annos dictis, vigesimâ-nonâ die Augusti, anno Domini millesimo quadringentesimo septuagesimo-quinto præcedentes imposita mercatoribus & subditis alterius Principis, ejusve hæredum & successorum nociva, durantibus his treugis, penitùs extincta sint & rejecta, & quòd talia aut consimilia eisdem treugis durantibus amodò non imponantur, salvis tamen super quo ab aliâ omnibus Regionum, Urbium & locorum aliis legibus, statutis & consuetudinibus, quibus nihil quòd ad eorum jura per præmissa censetur derogatum.

Item. Quòd omnes Mercatores, etsi Veneti, Florentini & Genevenses sint, possint per mare & aquas dulces modo Mercatoris & non hostili cum suis propriis mercibus, aut alienis in navibus, carracis aut galeis propriis, sive alienis in Regna Franciæ & Angliæ, & eorum utrumque, tutè, liberè & securè venire, & de illinc quò velint abire durantibus treugis antedictis, quandocumque & quotiescumque voluerint, absque

Tome III. Bbbb licentiâ,

licentiâ, disturbio, molestiâ & gravamine quocumque per dictos Franciæ & Angliæ Principes, seu eorum aliquem aut hæredes, successores, sive eorum, aut alterius eorum subditorum quoscumque.

Item. Quòd si durantibus præfatis treugis, aliquid contra vires & effectus earumdem treugarum & abstinentiarum guerrarum, per terram, mare aut aquas dulces per aliquem ipsorum Principum hæredes, successores, subditos, vassallos, aut alligatos alicujus eorum Principum, eorumve hæredum & successorum in iis treugis comprehensos fuerit attemptatum, actum aut gestum, quòd omnia ipsa sic attemptata per Conservatores ipsarum treugarum, ab ipsis Principibus eorumve hæredibus, aut successoribus, seu saltem à Principe eorum sic damnificantium nominatos, sive nominandos infra mensem post requisitionem super inde factam, unâ cum expensis, sic damnificati, aut damnificatorum restaurentur, reficiantur & reparentur; sic quòd propter nulla, durante harum treugarum termino in contrarium attemptata, hæ treugæ rumpantur nec terminentur, sed in suis viribus durante dictorum Principum vitâ, & usque ad finem dictorum centum annorum post mortem primò decedentis, eorum proximò ut præmittitur sequentium permaneant, & pro ipsis attemptatis, solum modo puniantur ipsi attemptantes & damnificantes, & non alii.

Item. Si contigerit post hæc aliquem de ipsis, qui sunt deputati inpræsentiarum à dictis Principibus, alterove eorum pro dictarum treugarum, antea ut præmittitur initarum, conservatoribus vitam finere, quod eò tunc ipse Princeps, ejusve hæres & successor ex cujus parte ipse conservator, qui mortuus fuerat nominatus, habeat infra tres menses ipsius conservatoris mortem proximè sequentes, alium in ejus locum, pro ipsarum treugarum conservatione deputare, & ipsam sic deputationem alteri Principi ejusve hæredibus & successoribus infra alios tres menses proximos extunc sequentes debite notificare, & hoc, quotiescumque casus sic exigerit, à datâ præsentium durante vitâ dictorum Principum, & per centum annos post mortem alterius eorum primò decedentis proximè sequentes, qui quidem Conservatores, aut duo vel unus eorum ex parte saltem Principis subditorum damnificantium, si qui sint, sic nominati, nominatusve autoritatem & potestatem habeant, habeatve ipsos damnificantes puniendi, attemptata & damna contra vires harum treugarum illata, unâ cum expensis damnificatorum reficiendi & reparandi; & si contingat ipsos conservatores per ipsos Principes, ut præmittitur, nominatos super reformatione aliquorum dictorum attemptatorum fore discordes, & inter eos superinde concordare non valentes, quod eò tunc causa illa referatur consilio Principis, subditorum sic damnificantium, aut si opus sit, consilio utriusque Principis referatur, ita tamen quòd causa illa summariè, & de plano coram eis examinetur, & debito fine terminetur.

Item. Quod in præsentibus guerrarum abstinentiis, ligis & fœderibus comprehendantur alligati & confœderati dictorum Principum hinc inde postea nominati, si in eis comprehendi velint, videlicèt pro parte serenissimi Francorum Regis supradicti, ejusque hæredum & successorum, Rex Romanorum, sacri Imperii Electores, Rex Castellæ & Legionis, Rex Scotiæ; Rex Jerusalem & Ceciliæ; Rex Hungariæ, Duces Sabaudiæ, Mediolani,

Mediolani, Dominium & Communitas Florentiæ, Dominium & Communitas Villæ Bernenfis, & eorum alligati & confœderati. *Item.* Illi de ligâ altæ Alamaniæ, & illi de patriâ Leodienfi, qui fe declaraverunt pro prædicto Principe Franciæ, & in ejus obedientiam fe retinuerunt.

1479.

Et ex parte illuftriffimi Principis Angliæ Regis antédicti, ejufque hæredum fucceflorum, illuftriffimus Dominus, Princeps femper auguftus, Rex Romanorum, facri Imperii Electores, Rex Caftellæ & Legionum, Rex Scotiæ, Rex Portugaliæ, Rex Jerufalem & Ceciliæ citra Farum, Rex Daciæ & Rex Hungariæ, potentiffimique Duces Burgundiæ, Britanniæ & Venetiæ; necnon Communitas & Societas de Hanfâ Teutonicâ.

Item. Quòd præfatus illuftriffimus Princeps Franciæ, dictas treugas & guerrarum abftinentias, fic inter eum, ejufque hæredes & fucceflores, & antedictum Regem Angliæ, atque ipfiushæredes & fucceffores, ut præmittitur contractas, atque omnia & fingula prædicta in iis Litteris contenta, fuis Litteris patentibus, magno fuo figillo figillatis, manuque propriâ fubfcriptis, innovabit aut ratificabit & confirmabit, ipfafque treugas & guerrarum abftinentias, & dicta capitula fic per eum innovata aut ratificata & confirmata per tres Status Regni Franciæ, videlicèt per Prælatos & Clerum, Nobiles & plebem ejufdem Regni, infra duodecim menfes proximos, poft datam præfentium ratificari, confirmati & autorifari faciet, & pleraque dictus Sereniffimus Rex Angliæ, treugas & capitula ante dicta fuis Litteris Patentibus magno fuo figillo figillata, atque manu propriâ fubfcripta, innovabit atque ratificabit & confirmabit, ipfafque treugas, & ea capitula per eum innovata aut ratificata, & per tres Status Regni fui confirmata, videlicèt per Prælatos & Clerum, Nobiles & plebem ejufdem Regni infra alios duodecim menfes proximè fequentes ratificari, confirmari & autorifari faciet; quodque uterque Principum prædictas treugas, & omnia capitula ante dicta per fedem & autoritatem ejufdem confirmari, vallari & roborari pro viribus procurabit, & cum effectu faciet eâ tamen modificatione præfentibus adhibitâ, quòd treugæ, guerrarum abftinentiæ, cæteraque alia in Civitatibus Ambianenfi & Londinenfi inter prædictos Principes, & eorum deputatos, ut præmittitur, contra conventa, conclufa, five his præfentibus minimè tollantur, innoventurque, aut ejus præjudicium aliquod in parte vel in toto inferatur; fed in fuo robore fecundùm Litterarum fuperinde confectarum tenorem maneant cum effectu.

Infuper, ego Carolus de Martigny, Epifcopus Elnenfis, Sereniffimi Francorum Regis Deputatus, polliceor, promitto, & eundem Francorum Regem Dominum meum fupremum poteftate, ut præmittitur ab ipfo mihi commiffâ, per præfentes obligo, quòd idem Francorum Rex, omnia & fingula præmiffa ratificabit, autorifabit & confirmabit, eaque realiter & cum effectu pro parte fuâ exequetur & faciet, quæ præmiflorum tenor exigit & requirit, fuafque Litteras Patentes fuper inde confectas, magno fuo figillo munitas, illuftriffimo Principi, confratri & confanguineo fuo chariffimo Angliæ Regi fupradicto, cùm ad hoc debitè deliberabit, deliberarivè faciet, falvis omnibus & fingulis aliis pactionibus, conventionibus, confœderationibus, amicitiis, intelligentiis, promiffionibus & obligationibus quibufcumque inter ante dictos Franciæ & An-

Bbbb 2 gliæ

gliæ Principes nominibusve eorum, aut pro eis ante hæc tempora quovis pacto initis, celebratis aut conventis.

1479.

In quorum omnium & singulorum præmissorum fidem & testimonium his præsentibus manu propriâ nostrâ subscriptis sigillum meum apposui. Datum in civitate Londinensi, die decimâ-tertiâ mensis Februarii, anno Domini secundùm cursum & computationem Ecclesiæ Anglicanæ millesimo quadringentesimo septuagesimo octavo. Et signatum Carolus Episcopus Elnensis.

CCCIII.

☞ *Obligation passée pardevant Notaires, par laquelle Louys XI. Roy de France s'oblige par son Ambassadeur, pour luy & ses successeurs, de payer à Edouard & à ses successeurs Roys d'Angleterre la somme de cinquante mille écus pendant le temps de cent années que doit durer la tresve susdite.*

IN DEI NOMINE AMEN.

Tiré des Recueils de M. l'Abbé le Grand.

PEr præsens publicum instrumentum cunctis appareat evidenter quod anno ab Incarnatione Domini millesimo quadringentesimo septuagesimo octavo, indictione duodecimâ, pontificatûs sanctissimi in Christo patris & Domini nostri Domini Sixti, divinâ Providentiâ Papæ quarti anno octavo, mensis verò Februarii die penultimâ in quâdam altâ Camerâ Religiosorum virorum fratrum Prædicatorum Civitatis Londinensis situatâ, reverendus in Christo Pater & Dominus, Dominus Carolus de Martigny, Dei & Apostolicæ Sedis gratiâ Episcopus Elnensis, serenissimi Principis Francorum Orator, Legatus, Ambassiator, Commissarius, Nuntius, & Procurator ad infra scripta sufficienter, ut asseruit, deputatus & ordinatus, à me ibidem in præsentiâ mei Walteri Bedlou publici, auctoritatibus, apostolicâ & Imperiali Notarii ac venerabilium virorum Guliermi Stolilis militis, & Thomæ Hamel Dermanorum * Civitatis prædictæ, testium ad hoc vocatorum specialiter & rogatorum personaliter constitutus, habens & tenens in manibus suis quasdam ipsius serenissimi Principis Domini Ludovici Francorum Regis Litteras ejus sigillo & subscriptione, ut apparuit, sigillatas & munitas, illas reverendo in Christo Patri & Domino, Dominique Johanni Dei & Apostolicæ Sedis gratiâ Episcopo Eliensi, & præpotenti Domino, Domino Johanni Dudley militi, Domini Eduardi Dei gratiâ, Regis Angliæ, Commissariis, Deputatisque & Procuratoribus die & loco prædictis personaliter præsentibus tradidit inspiciendum, quorum tenor sequitur, & est talis.

* Alderman.

LUDOVICUS; Dei gratiâ, Francorum Rex, &c. Quibus quidem Litteris, ut præmittitur, exhibitis, traditisque, & ex mandato præfatorum reverendi in Christo Patris Domini Johannis Episcopi, & Domini Johannis Dudley militis, Commissariorum deputatorumque, & procuratorum prædictorum, per me Walterum Bedlou Notarium publicum prædictum, perlectum & diligenter auscultatum, præfatus reverendus Pater Dominus Carolus Episcopus, Orator, Legatus, Ambassiator, Commissarius, Nunciusque & Procurator ante dictus, nomine, ut asseruit

ruit dicti Domini Ludovici Francorum Regis, Domini sui supremi, cum præfatis, Commissariisque & Procuratoribus supradicti illustrissimi Principis & Domini Domini Eduardi Regis Angliæ prædicti commissionem, potestatem & mandatum procuratorium, cujus tenor inferiùs describitur, tunc ibidem sub ejusdem Domini Regis sigillo sigillata habentibus, & publicè tunc ibidem ostendentibus, & desuper non-nullis articulis & capitulis in Litteris prænominatis Domini Ludovici Francorum Regis descriptis & contentis, ad tempus tractavit & communicavit, ac post tractatum & communicationem hujusmodi, idem reverendus pater Dominus Carolus de Martigny Orator, Legatus, Ambassiator, Commissarius, Nunciusque & Procurator antedictus nomine quo supra ex certis causis, tunc eum, ut dixit, moventibus, non vi, metu, nec dolo ad hoc, ut apparuit, inductus, vel aliquâ sinistrâ machinatione circumventus, sed ipsius merâ liberâ & spontaneâ voluntate, animoque deliberato, & ex ejus scientiâ, ut dixit & liquebat, cum dictis Dominis, reverendo patre Johanne Episcopo, & Johanne Dudley milite, Commissariis deputatis & Procuratoribus præfati Domini Eduardi Regis Angliæ concludebat ex proclusione in tractatu & communicatione prædictâ pro parte dicti Domini Ludovici Francorum Regis, ut asseruit, haberi voluit spoponditque, & constanter voluit & promisit, quod idem Dominus Ludovicus Rex Francorum, ac ipsius hæredes executoresque, & successores dicto Domino Eduardo Regi Angliæ, ipsiusque hæredibus & successoribus durante ipsorum principum vitâ, atque per centum annos post mortem alterius eorum primò decedentis proximè sequentes, in Civitate Londinensi singulis annis ad festa Paschæ & Michaelis Archangeli quinquaginta millia scutorum auri boni & justi ponderis, uno quoque eorumdem scutorum valente secundum cursum & æstimationem pecuniarum in Regno Franciæ in præsentiarum habitarum per æquales portiones solvent seu solvi facient, & ad sic solvendum seu solvi faciendum per idem temporis spatium tenebuntur in futurum, atque hujusmodi summam quinquagnita millium scutorum in formâ prædictâ terminis & loco prædictis, ut præfertur, solvendum, prælibatum Dominum Ludovicum Francorum Regem, ejusque hæredes, successores & executores vigore potestatis hujusmodi sibi, ut prædicitur, commissæ, ac mandati præfati, & in hac parte dati & concessi dicti Regis Angliæ suisque hæredibus & successoribus, etiam in & sub poenis Cameræ Apostolicæ oneravit, adstrinxit & obligavit, nec non ad solutionem, ut præmittitur, eorumdem quinquaginta millium scutorum per quoscumque Judices, tam Ecclesiasticos, quam Sæculares, per quascumque sententias, censuras & poenas ecclesiasticas & temporales adstringi, arctari & compelli expressè voluit, consensit & promisit, tunc ibidem submittendo & submisit dictus reverendus pater Dominus Carolus Episcopus, Legatus, Ambassiator, Orator, Commissarius, Nuncius & Procurator antedictus nomine quo supra, dictum illustrissimum Principem Dominum Ludovicum Francorum Regem, ipsiusque hæredes, executores & successores propter solutionem & defectum solutionis præmissorum quinquaginta millium scutorum modo & formâ, locoque & temporibus præmissis, Jurisdictioni, potestati, coercitioni, compulsioni & mero exa-

Bbbb 3 mini-

mini Curiæ, Apostolicæ Cameræ, ac ipsius & cujuscumque Domini nostri Papæ sanctæ Sedis Apostolicæ generalis Auditoris, vice-Auditoris, locum tenentis, sive Commissarii aliorumque quorumcumque judicum sive officialium cujuslibet alterius Curiæ Ecclesiasticæ vel Sæcularis, & pro firmiori subsistentia prædictorum, idem reverendus pater Dominus Carolus Orator, Legatus, Ambassiator, Commissarius, Nunciusque & procurator præfatus, per pactum expressum, solemni stipulatione vallatum Commissariis, Deputatis & procuratoribus præfati Domini Regis Angliæ supranominati dicti Ludovici Francorum Regis promisit, & ultra hoc quatenus potuit eundem Dominum Ludovicum oneravit, adstrinxit & obligavit, quam citius fieri poterit, coram aliquo Notario publico fideli & legatis ac testibus omni exceptione majoribus per illum ad infrascripta convocandum pro se ipso Domino Ludovico, ac ipsius hæredum & successorum dictam summam quinquaginta millium scutorum, modo & forma, loco & terminis superius descriptis, & pro ut supra describuntur, fideliter solvere promissurum, & ad solutionem ejusdem summæ, absque fraude & dolo quibuscumque se ipsum Dominum Ludovicum Francorum Regem, suosque hæredes, successores & executores sub quibuscumque poenis, sententiis & censuris Ecclesiasticis in forma Cameræ Apostolicæ debita & consueta, oneraturum & obligaturum eundem Dominum Ludovicum ac ejus hæredes, successores & executores jurisdictioni, coercitioni & compulsationi Judicum prænominatorum, & cujuslibet eorumdem ad absolutionem, & non solutionem summæ prædictæ, vel alicujus partis ejusdem quolibet termino superius statuto submissurum, ejusdemque Cameræ Apostolicæ, ac eorumdem judicum & ipsorum cujuslibet decreta & sententias in omnibus pariturum, & obremperaturum, atque ipsum Dominum Ludovicum Francorum Regem, pro se, hæredibus & successoribus quibuscumque, per se, vel per Procuratorem seu Procuratores suos in ea parte sufficienter constituendos, cujuscumque exceptioni doli mali, vis, metûs, fraudis, infractum actionis indebitæ ob turpem causam, sive justa causa & ex injusta causa non sic celebrari contractus aliter fuisse dictum sive recitatum, quàm scriptum, vel factum, & converso petitioni libelli, nec non privilegiis feriarum, vindemiarum, appellationum, querelarum & supplicationum remedio & recursui ad arbitrium boni viri, quibuscumque constitutionibus contrariis, privilegiis, indultis aut indulgendis statutis spiritualibus, & generalibus localibus & temporalibus à jure vel ab homine editis, ac in genere vel specie concessis vel concedendis omnibus & singulis aliis exceptionibus, juribus & deffensionibus, per quos, quas & quæ hujusmodi summæ quinquaginta millium scutorum, ut prædicitur, solutio ullo modo impediri vel differri poterit, & specialiter juri dicenti generalem renunciationem non valere, nisi præcesserit coram Notario & Testibus suprascriptis expresse & cum effectu renunciaturum. Quibus omnibus & singulis exceptionibus antedictis, idem reverendus pater Dominus Carolus Orator, Legatus, Ambassiator, Commissarius, Nunciusve & Procurator præfatus, nomine dicti Regis Francorum suorumque hæredum & successorum, & pro eo & ejs potestate sibi in hac parte commissa palàm & expresse renunciavit,

nec non

necnon coram eifdem Notario & Teſtibus omnibus, viâ juris, modo & formâ melioribus, quibus de jure fieri potuit, dictum Dominum Ludovicum Francorum Regem, quoſcumque in Romanâ Curiâ, vel aliis Curiis Eccleſiaſticis five ſæcularibus officium procurationis inpræſentiarum aut in futurum quoquo modo exercentes, quos idem Rex Angliæ aliquo tempore nominaverit conjunctum aut diviſum, ac eorum quemlibet per ſe & in ſolidum, ita quod non ſit melior conditio occupantis, nec deterior ſubſequentis, ſed quod unus illorum inceperit, alter ipſorum id liberè proſequi & mediare valeat, & finire, ſuos veros & legitimos, certos & indubitatos Procuratores, Actores, Factores, Syndicos negotiorum ſuorum geſtores & Nuncios ſpeciales ordinaturum, facturum, incontinenti daturum & conceſſurum eiſdem Procuratoribus ſuis incontinenti poſtquam, ſic ut præmittitur, ordinati, facti & conſtituti fuerint conjunctim, & eorum cuilibet diviſim & in ſolidum, plenam, liberam & generalem poteſtatem & mandatum, tam generale, quam ſpeciale, ita quod ſpecialitas non deroget generalitati, nec è contrà, pro præfato Domino Ludovico Francorum Rege, & ejus nomine coram præfato Domino Camerario, ſeu aliis Judicibus ſupradictis, aut aliquo ſive altero eorumdem in Curiâ ſeu Curiis ſupradictis ſemel vel pluries tempore dieque & horâ feriatis & non feriatis, ante cujuſlibet hujuſmodi ſolutionis terminum faciendum in ipſo termino, & poſt ipſum terminum ad omnem voluntatem dicti Domini Eduardi Regis Angliæ, & hæredum ſuorum, & aliorum jus & intereſſe in eâ parte habentium ſeu habiturorum comparandum, dictamque ſummam præfatorum quinquaginta millium ſcutorum prædictum Dominum Ludovicum Francorum Regem, pro ſe, hæredibus & ſucceſſoribus ſuis præfato Domino Eduardo Regi, modo & formâ, locoque & terminis præmiſſis ſolvi promiſſam, atque ex cauſâ legitimâ eidem Domino Eduardo, ejuſque hæredibus & ſucceſſoribus pro eorum Principum vitâ & termino dictorum centum annorum debitè confidendum & recognoſcendum, eundemque Dominum Ludovicum Francorum Regem ejuſque hæredem, ſucceſſorem & executorem ad ſolutionem dictorum quinquaginta millium ſcutorum in civitate Londinenſi in Angliâ ad feſta Paſchæ & Sancti Michaelis Archangeli quolibet anno faciendam, durante vitâ dictorum Principum, & termino ſive ſpatio centum annorum poſt mortem alterius eorum, ut præfertur, decedentis proximè ſequentium, utiliori & efficaciori modo ad commodum & emolumentum dicti Domini Eduardi Regis ſuorumque hæredum & executorum fieri & perimpleri poterit, onerandi & obligandi, & quodcumque præceptum ſive mandatum, monitionemque & ſententiam quamcumque, atque omnem & alium & ulteriorem proceſſum, quod, quam & quem, præfati Dominus Camerarius & alii Judices ſupradicti, ſeu eorum aliquis contra dictum Dominum Ludovicum Francorum Regem, ipſiuſque hæredum & ſucceſſorum, ſeu eorum aliquem dare, facere, ferreve, aut promulgare voluerit ſeu voluerit eorum aliquis, ſeu alter audiendum, petendum & recipiendum hujuſmodique monitioni, præcepto, mandato & ſententiæ obediendum & agnoſcendum, prælibatumque Dominum Ludovicum Regem, ejuſque bona mobilia & immobilia quæcumque, foro, juriſdictioni Judicum

&

1479.

& Curiarum præfatorum, in & pro dictorum quinquaginta millium scutorum modo & formâ præmissâ solutionis eorumdem totiens supponendum & submittendum, atque ut dictus Dominus Camerarius & cæteri Judices antedicti & eorum quilibèt contra dictum Dominum Ludovicum, ipsiusque hæredes, successores & executores, unumcumque eorumdem post lapsum uniuscujusque termini ad solvendum dicta quinquaginta millia scutorum, ut præmittitur statuti, occasione non solutionis eorumdem, & præmissi prædicti non observatione procedant seu procedat ad interdicti, excommunicationis aggravationem & reaggravationem, sententiam seu sententias, ac etiam ferant & promulgent, ac ferat & promulget, eamque vel eas publicent, seu publicari facient, aut publicet seu publicari faciet expressè consentiendum, ac consensum & assensum in eâ parte præbendum, necnon renunciationem & renunciationes superiùs descriptas pro dicto Domino Ludovico Rege & ejus nomine faciendum, ac expressè & cum effectu in formam præmissam renuntiandum, aliumque sive alios Procuratorem sive Procuratores eorum cuilibèt videbitur loco ipsorum, & eorum cuilibèt substituendum, ipsosque substitutos revocandum. Præterea obligavit & oneravit præfatus reverendus pater Dominus Carolus Episcopus, Orator, Legatus, Ambassiator, Commissarius, Nuntiusque & Procurator antedictus, prædictum Dominum Ludovicum Francorum Regem sic ipsum, pro se, hæredibus & successoribus suis, fideliter etiam per juramentum suum ad sancta Dei Evangelia per illum corporaliter tangenda coram Notario & Testibus quod pro constitutione Procuratorum præfatorum & aliis præmissis duxerit evocandum & evocaverit, promissurum potestatem eorumdem Procuratorum postquam in formâ prædictâ & subscriptâ constituti fuerint, aut eorum aliquem, sive potestatem eis, seu eorum alicui in eâ parte datam sive concessam, nullo modo revocare sive diminuere, donec & quousque dicto Domino Eduardo Regi, suisque hæredibus & executoribus modo & formâ præmissis de summâ quinquaginta millium scutorum quolibèt anno, durante termino centum annorum post mortem alterius eorum primò decedentis, ut prædicitur, proximè sequentium, unà cum eorum damnis & expensis, ac interesse: si qui sustinuerint in hac parte plenariè satisfactum fuerit, & solutum, ac ratum & firmum perpetuò habiturum totum, & quidquid dicti Procuratores seu eorum aliquis substitutusve aut substituendus ab eisdem, sive eorum aliquis præmissorum cum clausulâ de revocando eosdem Procuratores ab onere satisdandi, ac judicio sistendum & judicatum solvendum, aliisque promissionibus & clausulis opportunis.

Insuper prælibatus reverendus pater Dominus Carolus Episcopus, Orator, Legatus, Ambassiator, Commissarius, Nuntiusque & Procurator antedictus, nomine dicti, Dominis Commissariis, Députatis & Procuratoribus præfati Domini Eduardi Regis, constanter promisit, & in quantum vigore commissionis & potestatis sibi commissæ potuit eundem Dominum Ludovicum oneravit, adstrinxit & obligavit se ipsum Dominum Ludovicum Regem hujusmodi Notarium coram quo ipsum Dominum Francorum Regem Procuratores constituere, ac eis mandatum & potestatem hujusmodi, ut præfertur, dare & concedere, aliaque præmissa

missa peragere, continuo de & super hujusmodi constitutionibus & potestatibus, [& mandatis] aliisque per eundem Dominum Ludovicum Francorum Regem dicendis, & tunc ibidem peragendis, ut ipse Notarius unum vel plura publicum seu publica, instrumentum seu instrumenta conficiat, atque sibi & parti dicti Domini Eduardi Regis Angliæ tradat seu tradi faciat, testesque adstantes veritatis testimonium in eâ parte perhibeant rogaturum & requisiturum, & per se vel alium, aut alios eidem Regi Angliæ hujusmodi instrumentum realiter deliberatum; tenor verò litterarum potestatem & mandatum prænominatis reverendo patri Domino Johanni Eliensi Episcopo, & Domino Johanni Dudley militi per prælibatum Dominum Eduardum Angliæ Regem præmemoratum, ut præfertur, concessum atque datum ipse continentium, & de quibus supra fit mentio, sequitur, & est talis.

1479.

Eduardus, Dei gratiâ, Rex Angliæ, &c. Super quibus omnibus & singulis præmissis, tam præfatus reverendus pater Dominus Carolus Orator, Legatus, Ambassiator, Commissarius, Nuntius, & Procurator Domini Regis Francorum, quam prædicti reverendus pater Dominus Johannes Eliensis Episcopus, & Dominus Johannes Dudley miles, Commissarii, Deputatique & Procuratores præfati Domini Regis Angliæ, Principumillustrissimorum prædictorum, me Walterum Bedlou Notarium prædictum & subscriptum, eis unum vel plura, publicum seu publica instrumentum seu instrumenta confici petierint atque tradi.

Acta fuerunt hæc omnia & singula, prout supra scriptum & recitatum sub anno Domini, indictione, pontificatu, mense, die & loco in capite præsentis instrumenti superius descriptis, præsentibus tunc ibidem prænominatis Willelmo Stolilis & Thomâ Hamel, testibus, ut præmittitur, ad præmissa vocatis specialiter & rogatis, sic signatum.

Et nos Carolus Elnensis Episcopus, Orator, Procurator, Legatus, Ambassiator, Commissarius & Nuntius illustrissimi Principis & Domini Ludovici Francorum Regis de quo supra fit mentio, in fidem omnium & singulorum præmissorum per nos nomine ejusdem Regis, ut præmittitur, factorum, gestorum, & dictorum huic præsenti publico instrumento, sigillum nostrum apposuimus, & illud manu nostrâ propriâ subscripsimus, die vicesimâ octava mensis Martii, anno Domini millesimo quadringentesimo septuagesimo onono * Carolus Episcopus.

* Cet Acte a été fait en deux fois, commencé le 27. Février, & fini le 28. Mars après Pâques.

Et ego Walterus Bedlou Clericus Lincolnensis Diocesis, publicus auctoritatibus Apostolicâ & Imperiali Notarius, quia supradicti reverendi in Christo Patris & Domini Domini Caroli de Martigny Elnensis Episcopi, Oratoris, Legati, Ambassiatoris, Nuntiique & Procuratoris nominati præpotentis Principis & Domini Domini Ludovici Francorum Regis, ipsius litteras superius descriptas in manibus suis, ut præfertur habentis, ac eas supra nominatis reverendo in Christo Patri & Domino Domino Johanni Episcopo Eliensi, & prænobili Domino Johanni Dudley, prædicti illustrissimi Principis, & Domini Domini Eduardi Regis Angliæ, Commissariis, Deputatisque & Procuratoribus antedictis ejusdem Domini Regis litteras supra insertas, ut præfertur, habentibus & ostendentibus tradentis, tractavit communicationi, conclusioni, promissioni, voluntatisque & consensus expressè præstationi ac

Tome III.   Cccc   que

1479.

submissioni, onerationi, obligationi & renunciationi prædictis exterisque præmissis omnibus & singulis, dum sic, ut præmititur per eundem reverendum Patrem Dominum Carolum Episcopum, Oratorem, Legatum, Ambassiatorem, Commissarium, Nuntiumque & Procuratorem sub anno Domini indictione, Pontificatu, mense, die & loco in capite hujus instrumenti publici superiùs designatis, agebant, dicebant & fiebant unâ cum prænominatis Guillelmo Stolilis & Thomâ Hamel testibus prænominatis, præsens personaliter interfui, eaque sic fieri & dici vidi & & audivi. Ideò hoc præsens instrumentum per alium, me aliundè occupato superius scriptum exindè confeci, publicamque & in hanc publicam formam redegi, ac signo & nomine meis solitis & consuetis signavi, meque hic manu propriâ subscripsi rogatus, & ut præfertur requisitus in fidem & testimonium præmissorum, & constat mihi de interlineatione hujus dictionis contraxerint supra nomina & horum verborum, vitâ ipsorum Principum & durante supra octuagesimam, & hujus dictionis Archiepiscopi supra quadragesimam tertiam lineas à capite hujus instrumenti computando. FECI, &c.

CCCIV.

☞ *Lettres du Roy Louys XI. au Chancelier, pour faire punir par des Commissaires delegués, les revoltés de la Marche.*

Tiré des Recueils de M. l'Abbé Le Grand.

Monsieur le Chancelier. Monsieur de Beaujeu m'a dit que vous faites difficulté de sceller les Lettres, que j'ay commandées pour punir les mutins qui se sont élevez en la Marche, & que vous en voulez remettre la connoissance au Grand Conseil : puisqu'ils se sont elevez, & qu'ils ont procedé par voix de fait, je veux que la punition en soit incontinent faite & sur les lieux, & que ceux du Grand Conseil, ne de la Cour de Parlement n'en ayent aucune connoissance, & pour ce scellez les telles qu'on les vous porte, & aussi les autres des francs Fiefs, & gardez qu'il n'y ait point de faute, & que je n'en oye plus parler, car je ne veux point souffrir telles assemblées (1) pour la consequence qui en pourroit avenir. Escrit à la Neuville en Haye, (2) le dix-septiesme Mars.

CCCV.

☞ *Lettres du Roy Louys XI. au Parlement, au sujet de trois Conseillers de ladite Cour, revoquez & cassez par ce Prince, parceque lesdits Conseillers vouloient civiliser la procedure criminelle, qui s'estoit faite contre le Duc de Nemours.*

Tiré du 1. Volume des Lettres originales écrites au Parlement pag. 63.

Messieurs, j'ay receu vos Lettres, par lesquelles desirez que je remette les Offices que souloient avoir en Parlement Maistre Guillaume

(1) Le Chancelier a marqué de sa main que ces peuples s'étoient soulevés pour le quart & pour les francs fiefs & nouveaux acquets.

(2) La Neuville en Haye ou en Hez, Village au milieu des bois, à deux petites lieues à l'Ouest de Clermont en Beauvoisis.

DE PHIL. DE COMINES.

laume le Duc, Eſtienne du Bays & Guillaume Grignon ; & je vous reſpons que la cauſe pourquoy ils ont perdu leurs Offices, ſe a eſté pour vouloir garder que le Duc de Nemours ne fuſt pugny de crime de leze-Majeſté, pour ce qu'il me vouloit faire mourir, & deſtruire la ſainte Couronne de France, & en ont voulu faire cas civil, & pugnition civille, & penſois que veu, que vous eſtes ſubjets de ladite Couronne, & y devez voſtre loyauté, que vous ne voulſiſiez approuver qu'on deuſt faire ſi bon marché de ma peau.

1479.

Et pour ce que je vois par vos Lettres que ſi faites, je connois clairement qu'il y en a encore qui voulentiers ſeroient machineurs contre ma perſonne, & afin d'eux garentir de la pugnition, ils veulent abolir l'horrible peine qui y eſt ; parquoy ſera bon que je mette remede à deux choſes ; la premiere expurger la Cour de tels gens, la ſeconde, faire tenir le Statut que ja une fois j'en ay fait, que nul ença ne puiſſe alleguer les peines de crime de leze-Majeſté [*ne le compter.*] Eſcript à Puiſeau le onzieſme jour de Juin. *Signés*, Loys, & LE MARESCHAL.

Au dos eſt eſcrit. A nos amés & feaux Conſeillers les gens de noſtre Cour de Parlement.

CCCVI.

☞ *Lettre de René, Roy de Sicile, à Monſieur du Bouchage, pour le prier de faire expedier les Députés qu'il envoyoit vers le Roy Louys XI. pour les affaires de ſes Duchés d'Anjou & de Barrois.*

MOnſieur du Bouchage, nous envoyons preſentement devers Monſeigneur le Roy nos très-chers & feaux, le Sire d'Entravenne, le Maiſtre de noſtre Hoſtel, & le Sire de Soliers, grand Preſident de Provence, pour luy ſupplier & requerir de noſtre part ſur aucuns points & articles, touchant nos Pays & Seigneuries d'Anjou & de Barrois, & autrement, leſquels nous leur avons chargés vous dire & communiquer : Si vous prions tant à certes que pouvons, qu'à leur rapport veillez ajouter pleine foy & creance, & en leur expedition vous employer pour nous & noſdites affaires, ainſi qu'en vous en avons ſinguliere confiance. Monſieur du Bouchage, noſtre Seigneur vous ait en ſa ſainte garde. Eſcrit en noſtre Ville de Taraſcon, le vingt-huit d'Aouſt. RENÉ.

Tiré des Recueils de M. l'Abbé Le Grand.

CCCVII.

Double Négociation de Maximilien Duc d'Autriche, avec le Roy Louys XI. pour en obtenir une treſve, & avec Edouard IV. Roy d'Angleterre pour luy faire rompre la treſve qu'il avoit avec Louys XI.

PEndant que le Roy Louys XI. employoit toutes ſortes de moyens pour entretenir le Roy d'Angleterre dans ſon party, ou au moins pour l'engager à demeurer neutre, le Duc Maximilien d'Autriche faiſoit tous ſes efforts pour rompre les engagemens qu'il avoit avec la France.

Ce Duc avoit épouſé la Princeſſe de Bourgogne en 1477. mais il eſtoit

Tiré de l'Edition de M. Godefroy de qui eſt cette obſervation.

arrivé si pauvre aux Pays-bas, qu'il avoit falu à son arrivée lui fournir de-quoy s'habiller, se nourrir & soutenir sa dignité.

Il se trouva mesme si dépourveu d'argent, qu'il fut reduit en 1478. à engager pour quinze mille escus au Facteur d'une Compagnie de Marchands Florentins établis à Bruges, un riche Drageoir (1), qui n'a esté rachepté qu'en 1497. par Philippe son fils, Archiduc d'Autriche.

En 1478. Le Roy Louys XI. possedoit la plus grande partie de l'Artois, & avoit envoyé son armée en Hainaut, où il s'estoit emparé de plusieurs postes considerables.

Heureusement pour le Duc d'Autriche, les troupes de France reçurent quelques eschecs dans cette Province, ce qui modera un peu l'ardeur du Roi, & le porta à escouter les propositions qui lui furent faites de consentir à une nouvelle tresve.

Celle qui avoit esté arrestée pour un an le 11. Juillet 1478. (2) estoit finie, il falloit la renouveller ou en faire une autre. Le Roy vouloit bien en faire une de sept mois. Monsieur de Romont de la Maison de Sarge, fut chargé de cette negociation de la part du Duc d'Autriche. L'Instruction (3) qui lui fut donnée le 12. Aoust 1480. estoit de separer, s'il pouvoit, ces sept mois en deux, & d'arrester d'abord une tresve de trois mois, puis de la continuer pour quatre autres.

Avant que le Duc d'Autriche eut proposé d'accepter un tresve de trois mois, il avoit commencé une négociation auprès du Roy d'Angleterre, pour le detacher du Roy Louys XI.

Il avoit prié Marguerite d'Yorck, belle-mere de sa femme, sœur du Roy Edouard IV. & veuve de Charles Duc de Bourgogne, de se charger de cette négociation. Il esperoit que cette Princesse obtiendroit plus du Roy son frere qu'aucune autre personne qu'il pust lui envoyer, & il avoit outre cela grand interest de l'éloigner du Pays-bas, pour l'empescher de donner dans un piege que le Roy Louys XI. lui preparoit par le ministere de Jules de la Rouere, Cardinal de Saint Pierre aux Liens, & qui depuis fut Pape sous le nom de Jules II.

Un espion (4) que ce Duc entretenoit en France, lui avoit fait sçavoir entre autres nouvelles, que ce Cardinal devoit venir comme Legat vers le Roy, qu'ensuite il devoit aller en Flandre, & proposer à cette Duchesse un mariage avantageux & de grands biens, pourveu qu'elle s'engageât de lui rendre service.

Si la Duchesse avoit gousté les propositions du Legat, cela auroit fort derangé les affaires du Duc, aussi pour y mettre ordre, il jugea à propos d'esloigner cette Princesse sous pretexte de cette Ambassade, ensuite il refusa de recevoir le Legat, parce qu'ayant esté premierement en France, il ne lui convenoit pas de le recevoir en second (5). Il y eut plusieurs Lettres escrites & un Bref envoyé à ce sujet. Le Legat eut beau se plaindre de la défiance que l'on avoit de luy, on differa toujours de le recevoir sous divers pretextes.

La

(1) C'est à peu près ce qu'on appelle à present un Surtout pour servir aux grands repas.
(2) Elle est imprimée dans le Recueil des Traités de Paix.
(3) Voir cette Instruction cy-après.
(4) Voir la Lettre ci-après.
(5) On peut les voir ci-après.

DE PHIL. DE COMINES.

La Douairiere de Bourgogne (6) s'acquitta promptement de la charge qu'elle avoit auprès du Roy d'Angleterre. Le sujet de son voyage estoit de detacher ce Roy son frere, des engagemens qu'il avoit avec la France, & d'en obtenir des troupes.

Ces engagemens estoient très-forts (7), c'estoit une pension de cinquante mille escus que le Roy Louys XI. lui payoit régulièrement, & le mariage de la Princesse Elisabeth sa fille aisnée, arresté avec le Dauphin par un Traité de l'an 1475.

Le Duc d'Autriche pour rompre ces deux engagemens, proposa de se charger de la pension, & de marier Philippe Duc d'Autriche son fils, lors âgé de deux à trois ans, avec Anne troisiesme fille de ce Roy.

Ce Duc esperoit que cette pension serviroit de dot à la Princesse d'Angleterre, & qu'il la retiendroit par ses mains; cependant par un article separé, adjousté à l'instruction de la Douairiere de Bourgogne, il authorisa Guillaume de la Baume Seigneur d'Irlain, qui accompagnoit cette Princesse en Angleterre, avec titre d'Ambassadeur, de consentir à payer la pension de cinquante mille escus, en cas que la ligue qu'il vouloit faire avec le Roy d'Angleterre, ne pust pas reussir autrement.

Maximilien ne se contenta pas d'authoriser le Seigneur d'Irlain de consentir aux demandes du Roy Edouard, il envoya encore en diligence en Angleterre Michel de Berghes son premier Echanson, avec ordre exprès d'engager (8) ce Roy à faire au plustost une descente en France, pour y conquerir les Duchés de Normandie & d'Aquitaine, & mesme le Royaume, & de convenir des secours que ce Duc donneroit pour ces conquestes.

Ces desseins estoient trop vastes pour les executer aussi promptement que le Duc d'Autriche vouloit le persuader. Le Roy d'Angleterre ne donna pas dans ces imaginations, il se contenta d'envoyer à ce Duc les quinze cens Archers qu'il avoit fait lever pour luy, suivant la Convention (9) faite avec la Douairiere de Bourgogne.

Cette Princesse après avoir informé le Duc d'Autriche des succès de sa négociation par deux Lettres (10) des 27. Juillet & 14 Septembre, retourna en Flandre, où elle arriva sur la fin de Septembre 1480. après avoir esté environ trois mois avec le Roy son frere.

Le Legat estoit trop habile pour n'avoir pas averty la Cour d'Angleterre du sujet de sa legation, & la Douairiere de Bourgogne, des vuës que le Roy Louys XI. avoit de la remarier richement.

D'un autre costé, le Duc Maximilien negocioit séparement, pour tascher de s'accommoder avec le Roy Louys XI. & pour y reussir, il convint d'une conference qui devoit se tenir entre leurs Ambassadeurs le 15. Octobre suivant, & proposa mesme une entreveuë avec le Roy.

La Douairiere de Bourgogne qui avoit asseuré que le Duc d'Autriche se laisseroit entiérement conduire par le Roy d'Angleterre, & qu'il ne feroit rien sans sa participation, avoit esté si allarmée de cette negociation,

1479.

(6) Voir son Instruction ci-après.
(7) Il est imprimé dans le Recueil des Traités de Paix. Ce mariage n'a pas été executé.
(8) Voir son Instruction ci-après.
(9) Voir cette Convention ci-après.
(10) Voir ces Lettres ci-après.

574　　PREUVES DES MEMOIRES

1479.

tion, qu'elle en avoit fait des excuses au Roy son frere ; ainsi la response qu'il en reçut par deux Lettres des 21. & 22. Septembre (11), fut plus favorable qu'il ne devoit esperer ; & cette Princesse ayant esté chargée de luy communiquer de bouche certaines affaires dont on luy avoit confié le secret, elle en avertit ce Duc par une Lettre du 3. Octobre, qu'elle luy envoya pendant qu'il estoit en chemin pour retourner du pays de Luxembourg en Flandre.

Le Roy d'Angleterre n'auroit pas esté fasché que le Legat fust entré dans cette negociation. Il croyoit son entremise necessaire pour fixer la legereté du Duc d'Autriche. Ce Duc estoit obstiné à ne point recevoir ce Legat qui lui estoit suspect : & quoyque ce Roy luy eût escrit le 2. Octobre 1480. qu'il pouvoit lui donner audience, sans pourtant rien conclure avec luy avant qu'il en eust esté averty ; on voit par une Lettre (12) de ce Cardinal, qu'il estoit encore à Peronne le 20 Octobre 1480. sans avoir pû obtenir la permission qu'il demandoit depuis six semaines pour se rendre auprès de ce Duc.

La maladie dangereuse du Roy Louys XI. derangea ces negociations. Le Roy d'Angleterre changea mesme de veues, & au lieu de travailler à la paix, comme il paroissoit y estre porté, il conseilla au Duc d'Autriche (13) d'obtenir une tresve de deux ans, en attendant la mort du Roy qui paroissoit certaine.

Le Lecteur curieux pourra voir toutes ces particularités expliquées plus au long dans les pieces suivantes.

CCCVIII.

☞ *Declaration du Roy Louys onziesme en faveur du Legat, Cardinal Saint Pierre* in vincula, *portant pouvoir audit Legat d'exercer ses facultés, quoique ledit Legat ne luy en ait demandé sa permission, comme il est de coutume, & sans qu'il soit tiré à consequence.*

Tiré du volume 8451. de la Bibliotheque du Roy parmi ceux de Bethune, folio 4.

LOUYS, par la grace de Dieu, Roy de France : A tous ceux qui ces presentes Lettres verront. Comme nous eussions esté advertis que pour plusieurs choses touchant & concernant le bien de la chose publique Chrestienne, & mesmement la pacification des differens qui sont entre les Princes Chrestiens, afin que iceux unis & appaisés tous ensemble, puissent mieux eux disposer au service & defense de la sainte Foy Catholique, nostre Sainct Pere envoyeroit volontiers devers nous & en nostre Royaume, aucuns du Sainct College des Cardinaux, Legat *à latere*, avec ample puissance & faculté de besongner esdites choses, & autres utiles & profitables à toute la chose publique de Chrestienté, dont ayons esté & soyons très-joyeux & contens, & pour le singulier desir qu'avons au bien desdites matieres, & à ce qu'elles se puissent disposer à louange & service de Dieu, & au bien & exaltation, tuition & defense de la saincte Foy, ayant escrit & supplié à nostredit

Sainct

(11) Voir ces Lettres ci-après.
(12) Voir cette Lettre ci-après.
(13) Voir ce Conseil ci-après.

JULES II PAPE.
Mort le 21. Fevrier 1513.

A Paris chez Odieuvre M.d d'Estampes rüe Danjou Dauphine la douzieme Porte Cochere.

Babel invenit et Sculpsit.

Sainct Pere, que son plaisir fust de ainsi le faire, & depuis ayons sçeu que iceluy nostre Sainct Pere, par le conseil dudit Sainct College des Cardinaux, avoit esleu & choisi, pour envoyer par deça en Legation, nostre très-cher & amy le Cardinal *Sancti Petri ad vincula*, avec toute pleine puissance de Legat *à latere*, & plusieurs autres grandes & amples facultés, laquelle chose nous ait esté & soit très agreable, pour les grandes, excellentes & louables vertus que sçavons & cognoissons estre en la personne dudit Cardinal *Sancti Petri ad vincula*; parquoy & pource qu'il est besoin de donner ordre à sa venue afin que l'expedition desdites matieres ne soit retardée : Sçavoir faisons, que combien que nous & nos predecesseurs Roys de France ayons droit, privilege, prééminence & prérogative expresse, avec coutume & usage de toute ancienneté gardée de non-recevoir, ne estre tenus à recevoir en nos Royaumes, Pays & Seigneuries, Legat du Saint Siege Apostolique, & que quelque Legat qui y vienne, de quelque authorité qu'il soit, ne puisse user de sa Legation en nosdits Royaume, Pays & Seigneuries, sans nostre exprès consentement, volonté & permission, ce neanmoins pour l'affection & desir qu'avons au bien desdites matieres, consideré aussi que par le moyen dudit Cardinal se pourront accorder plusieurs diversités qui par cy-devant ont esté & sont touchant la collation des Benefices de nosdits Royaume, Pays & Seigneuries, dont souventes fois par la contrarieté qui se trouve entre les Bulles & Concessions de nostredit Sainct Père, & les Collations des Ordinaires, se meuvent plusieurs Procès au grand dommage de nos sujets & diminution desdits benefices; voulant user en la personne dudit Cardinal de plus especial honneur, faveur & liberalité que n'avons accoustumé envers quelconques autres, consideré mesmement que sa venue & Legation a esté de nostre sçeu & consentement, avons voulu, consenty, permis & octroyé, voulons & consentons, permettons & octroyons par ces presentes, pour cette fois seulement, & sans ce que jamais il se puisse tirer à conséquence, que dès sitost que ledit Cardinal *Sancti Petri ad vincula*, Legat susdit, entrera en nostre Royaume, pays du Dauphiné, & en nos autres Pays & Seigneuries, il y puisse entrer comme Legat *à latere*, porter la Croix & autres choses qui y appartiennent par tout, fors en nostre presence; aussi user de sadite Legation, & des puissances & facultés à lui octroyées par nostredit Sainct Pere, sans préjudice, toutefois, comme dit est, des droits, privileges, franchises, prééminences & prérogatives de nous & de nos predecesseurs, & des anciennes coustumes & usages dont nous & ceux de nostre Royaume, Pays du Dauphiné & autres Seigneuries avons accoustumé d'user, ausquels ne voulons & n'entendons en aucune maniere deroger; & pourveu aussi que ledit Cardinal baillera ses Lettres Patentes & autentiques, par lesquelles il déclare que par cette presente permission & consentement, ne par quelque usage & exercice qu'il fasse de sadite Legation, puissance & facultés à luy octroyées de nostredit Saint Pere, n'est & ne sera en rien derogé, ne prejudicié à nosdits droits, privileges, franchises, libertés, prééminences & prérogatives de nosdits Royaume, Pays & Seigneuries, ne aux anciennes coustumes & usages dont nous & nos predecesseurs en nosdits Royaume & Seigneuries avons ac-

coustumé

1480.

coustumé d'user. En tesmoin de ce avons fait mettre nostre séel à ces Presentes. Donné à Brie-Comte-Robert, le quatorziesme jour de Juin, l'an de grace mil quatre cens quatre-vingt, & de nostre reigne le dix-neuviesme. *Signé* par le ROY, les Sires du Bouchage, de Sangré & autres presens. *Signé*, LE MARESCHAL, *& séellé*.

CCCIX.

Marguerite d'Angleterre, Duchesse Douairiere de Bourgogne informe le Duc d'Autriche de ce qu'elle avoit negocié pour lui avec le Roy d'Angleterre son frere.

A Londres le 27. Juillet 1480.

Tiré de l'Edition de M. Gode-froy.

TRès-cher & très-amé fils & nostre très-redoubté, nous nous recommandons à vous de très-bon cœur, & tant si très-humblement que faire pouvons à vostre très-noble grace, & vous plaise sçavoir, très-cher & très-amé fils & nostre très-redoubté Seigneur, que depuis nos dernieres Lettres escrites, nous avons communiqué, tant par ensemble, que par moy Duchesse à part, avec le Roy, & ses Deputés sur nos principalles matieres, & tellement que sur tout en ensuivant nosdites dernieres Lettres, sçavons l'intention & plaisir du Roy, qui est à vostre intention, comme par nous, quand auront accordé les Lettres, serez en brief plus à plein advertis, mais pour ce que de tous nos pouvoirs desirons vous aussi advertir de ce qui est survenu, est vray que le Roy d'Angleterre, lequel trouvons tousjours estre de bien en mieux affecté en vostre juste & bonne querelle alencontre du Roy Loys, après qu'il a ouy le rapport de Monsieur de Hawart, qui le jour d'hier après disner arriva par devers luy, à tout l'argent du tribut du Roy Loys, pour le terme de Pasque dernier passé, vint par devers moy Duchesse, pour me compter de ses nouvelles, & après aucunes devises, nous dist que ledit Seigneur de Hawart luy avoit rapporté que le Roy Loys estoit content de avec luy besongner ou fait de la prolongation des tresves estans entre eux, tout ainsi qu'il voudroit, & mesmement de durant icelle tresves luy payer cinquante mille escus pour chacun an, & pour seureté de ce, passer Lettres obligatoires par devant le Saint Siege Apostolique, & bailler toute telle seureté que le Roy d'Angleterre voudroit, avec ce de accomplir le mariage soubs les conditions avisées d'entre Monseigneur le Dauphin & Madame Elizabeth d'Angleterre, & encoires plus grandes choses, pourveu que en ces appointemens, vous, ne le Duc de Bretagne, y fussiez comprins, disant ledit Roy Loys, que pour chose qui lui puist avenir, il ne fera ne traitera aucun traité avec le Roy d'Angleterre ouquel vous, ne le Duc de Bretagne, soyez aucunement nommé & inclus: & pour resolution ledit Sieur de Hawart a rapporté que l'intention du Roy Loys est de par force d'argent & par tous autres moyens à luy possibles, procurer que le Roy d'Angleterre soit content de avec luy besongner en vous abandonnant & ledit Duc de Bretagne aussi ; & de pour à ce pouvoir parvenir, non espargner la moitié de la revenuë de son Royaume d'un an en dons & autrement,

trement, & afin de ce pratiquer, ledit Roy Loys doit brief envoyer pardeça une grande folemnelle Ambaffade, & fe il ne peut ce obtenir, comme nous cuidons de certain, & que le Roy d'Angleterre nous a affuré que pour chofe du monde il ne fera, fon intention eft de par tous moyens à luy poffibles, & mefmement par force d'argent & plufieurs autres fainctes & diffimulées offres, fans aucune chofe efpargner, pratiquer par devers vous aucun Traité, au moyen duquel il vous puift feparer des Maifons d'Angleterre & de Bretagne. Ledit Hawart a auffi rapporté que ledit Roy Loys faifoit une groffe affemblée de gens d'armes, pour s'en venir en Artois mettre le fiege à Sainct-Omer ou à Aire. Mais le Roy nous a dit, que s'il le faifoit, fans nulle faute luy-mefme le viendroit lever, & vous bailleroit fi bon fecours & ayde, que n'auriez caufe de habandonner & rompre voftre armée de Luxembourg, nous priant vous en advertir, & auffi vous prier que fans grande neceffité ne mettez voftre perfonne & puiffance en danger, & que de ce en voulfiffions pareillement advertir vofdites Villes de Sainct Omer & d'Aire, ce que nous avons fait. Oultre plus touchant les deux milles Archers que ja pieça avez defiré avoir, il les fait preparer en grande diligence, & qui plus eft vous fait preft de dix mille efcus d'or, fous l'obligation de nous tous enfemble, que les luy payerez & ferez rembourfer endedans le Noel prochain venant, & le furplus par emprunt, ou autre moyen, nous le trouverons, pour à iceux Archers faire payement de fix femaines, & les aurez dedans brief temps par de là, nous difant que en toutes chofes vous fera fon poffible, lefquelles chofes, très-cher & très amé fils & noftre très-redouté Seigneur, vous fignifierons volontiers, & ferons au furplus, tant fur noftre expedition, que autrement noftre bon & loyal devoir, tellement que efperons que de tout ferez bien content, au plaifir du benoit Fils de Dieu, auquel nous prions, trèscher & très-amé fils noftre très-redouté Seigneur, qu'il vous doint l'entier accompliffement de vos très-haux & très-nobles defirs. Efcrit à Londres le vingt-fept de Juillet mil quatre cens quatrevingt. *Ainfi figné* voftre lealle mete, MARGUERITE. Signé, PUISSANT.

Tiré d'une Copie eftant dans la Chambre des Comptes de Lille

CCCX.

Inftruction (1) de Maximilien Duc d'Autriche à Marguerite d'York, Ducheffe Douairiere de Bourgogne, qui alloit en Angleterre avec d'autres Ambaffadeurs de ce Duc, pour y negocier une Ligue contre la France.

INftructions de par mon très-redouté Seigneur, Monfieur le Duc d'Oftrice, de Bourgogne, &c. à ma très-redoutée Dame, Madame la Ducheffe de Bourgogne (2), de Brabant, &c. à Monfeigneur d'Irlain (3), fecond

Tiré de l'Edition de M. Godefroy.

---

(1) Cette Inftruction eft, comme on croit de la fin du mois de Juin ou du commencement du mois de Juillet 1480.
(2) Marguerite d'York, Ducheffe Douairiere de Bourgogne, mariée à Charles Duc de Bourgogne le 3. Juillet 1468.
(3) Guillaume de la Baume, depuis Chevalier de la Toifon d'or.

second Chambellan de mondit Seigneur, Maiſtre Thomas de Plaine, Gouverneur, &c. & Maiſtre Jehan Gros, Treſorier de l'Ordre de la Toiſon d'Or, de ce qu'ils auront à faire & beſongner devers le Roy d'Angleterre.

Et premierement, après la preſentation des Lettres de mondit Seigneur, portant credence ſur eux au Roy & les très-affectueuſes & très-cordiales recommandations en tel cas requiſes, deuement faites. Diront pour l'expoſition de leurdite credence, que mondit Seigneur le Duc a par Maiſtre Jehan Gros ſon Conſeiller & Treſorier de ſon Ordre de la Toiſon d'or premier, & depuis par Meſſire Thomas de Montgomery, & Maiſtre Guillaume Sliſſildis, Ambaſſadeurs du Roy, oy, entendu & cognu l'amour, l'affection & le bon & entier vouloir qu'il a envers luy, Madame la Ducheſſe & leur pays, terres, Seigneuries & ſubjets, & par eſpecial le bon & entier vouloir qu'il a de parconclure les matieres de mariage (4), d'alliance & autres deſpieça commencées & pourparlées, dont mondit Seigneur ſe tient touſjours à luy obligé, & l'en mercie le plus affectueuſement & cordialement qu'il peut.

Item. Diront que mondit Seigneur, qui de ſa part ne deſire aucune choſe plus que l'expedition & concluſion deſdites matieres, conſiderant que par nulle perſonne il ne les pourroit ſi bien ne ſi agreablement faire & traiter que par ma très-redoutée Dame, Madame la Ducheſſe de Bourgogne, &c. ſa belle-mere. A bien inſtamment prié icelle Dame de vouloir prendre charge deſdites matieres. Ce qu'elle luy a volontairement conſenti & accordé.

Item. Que pour communiquer, traiter totalement & finablement conclure ſur leſdites matieres, mondit Seigneur a donné plein pouvoir, auctorité & mandement eſpecial à madite Dame & aux deſſus nommés, qu'il a choiſis & eſlus pous aller avec elle.

Item. Et neanmoins, pource que mondit Seigneur, pour la conduite de ſa guerre a preſentement & promptement à faire de deux mille bons Archers, & que les deniers de leur payement ſont preſts. La premiere choſe qui ſera requiſe au Roy, ſera que ſon plaiſir ſoit de permettre que leſdits deux mille Archers viennent incontinent au ſervice de mondit Seigneur, ſous la conduite de Meſſire . . . . . Chambellan, & Meſſire Thomas Deuringhem, ou autres, tels qu'il plaira à mondit Seigneur y ordonner.

Item. Et ceux deſdits Ambaſſadeurs qui paſſeront par Bruges, enquerront devers Martin Lem & autres ayans charge de cette matiere, l'eſtat des deniers dudit payement, & ſelon ce qu'ils entendront, aſſeureront le Roy, leſdits Capitaines & Archers dudit payement, & en traiteront avec eux.

Item. Et quant audit mariage, ſur ce que par leſdits Ambaſſadeurs du Roy a eſté requis, que mondit Seigneur y veuille entendre *gratis*, & ſans conſtitution d'aucun dot, attendu que comme ils dient s'il ſortit effect, celuy qui deſpieça a eſté conclu * avec Monſeigneur le Dauphin de

---

(4) Ce mariage propoſé étoit celui de Philippe d'Autriche fils aîné de Maximilien, lors âgé de deux ans, avec Anne troiſiéme fille du Roy Edouard.

* En 1474.

France & Madame Elizabeth (5), aifnée fille du Roy, tournera à rompture. Sera remonftré, que attendu la qualité des perfonnes dont l'on traite prefentement, dont l'une lui attient fi prouchainement que d'eftre fa fille, il femble aucunement eftrange que le Roy veuille que fa fille foit marieé fans aucune chofe avoir de par luy & de fes biens, mefmement pour ce que, tant elle que les enfans qui viendront & defcendront dudit mariage, après qu'ils feront venus à aige de difcretion y pourront avoir regret, & leur femblera que l'on n'ait pas affez pourveu à leur droit & eftat.

Item. Et pour ces caufes & autres à ce fervans, fera contendu à ce que tout le moins, le Roy, au lieu & pour recompenfe dudit dot, foit content de quitter à mondit Seigneur la recompenfe qui fera advifée, au lieu du tribut que le Roy Loys luy paye ou cas qu'il ceffe pour les deux premieres années, & mondit Seigneur fera content de confeffer avoir receu la fomme, à quoy montera ladite récompenfe au prouffit & pour le dot de madite Dame Anne, qui par ce moyen fera dottée mariée, fans que le Roy en debourfe aucune chofe.

Item. Et pource que la Requefte du Roy touchant ce que dit eft deffus, eft principalement fondée fur la rompture que le Roy doubte avenir du mariage de France, fera contendu que au cas que iceluy mariage de France ne rompe, ainçois fortiffe effect, que madite Dame Anne ait en dot & mariage la fomme de deux cens mille efcus autresfois demandée par mondit Seigneur, ou autre la plus grande que par le bon plaifir du Roy l'on pourra obtenir.

Item. Et quant au fait du douaire y fera befoigné à l'avenant du dot & mariage qui fera conftitué le plus avant au prouffit de mondit Seigneur que faire fe pourra.

Item. Et au regard defdites alliances, fur quoy l'on a par ci-devant eu plufieurs communications, y fera fucceffivement & par ordre, fait & befoigné par la maniere qui s'enfuit.

Et premierement, que en faveur dudit mariage, les amitiés & alliances qui ja pieça, en contemplation du mariage d'entre feu Monfeigneur le Duc Charles, & madite Dame la Ducheffe fœur du Roy, furent faites & paffées par les deux Princes, pour eux, leurs hoirs, pays, terres & Seigneuries, contenans ayde envers & contre tous, & lefquelles en bonne equité & raifon ne font encores expirées, ainçois font perpetuelles & doivent durer à toujours, foient confermées & revalidées, attendu mefmement que le Roy depuis le trefpas de feu mondit Seigneur le Duc Charles, a par plufieurs fois dit aux Ambaffadeurs de mondit Seigneur le Duc, que lefdites alliances avoient efté faites en faveur de mariage, & que par femblable caufe, on les pourroit confermer & revalider.

Item. Et fe le Roy ne fe veut a ce condefcendre, mais choifir la voye par luy ouverte aux Ambaffadeurs de mondit Seigneur, & ramentuë par mondit Seigneur de Montgomery & Maiftre Guillaume Sliffildis, affavoir de foy mefler de la paix & appointement d'entre le Roy Loys & mondit Seigneur, & ou cas qu'il n'y pourra parvenir, ou s'il y parvient,

(6) Elle a depuis époufé le Roy d'Angleterre Henry VII.

1480.

& après le Roy Loys l'enfraigne de prendre le party de mondit Seigneur, en luy baillant ayde & secours, & que en cette matiere il veuille avoir intelligence à mondit Seigneur & traiter avec luy de l'ayde que au cas dessusdit il luy fera, sera dit que mondit Seigneur, de sa part, est content d'y besoigner.

Item. Et se le plaisir du Roy est de soy mesler de ladite paix, & embrasser la matiere d'icelle, l'on pourra traiter que le Roy par ses Ambassadeurs solemnels fasse dire au Roy Loys, que en se condescendant à ladite paix, il rende & restitue à mondit Seigneur tout ce qu'il lui compete & appartient, en lui donnant bien expressément à connoistre, que de ce faire il est refusant, le Roy d'Angleterre mettra peine & tiendra la main à son pouvoir, à ce que par son moyen & ayde, mondit Seigneur soit reintegré & remis en tout ce qu'il luy doit competer & appartenir, comme dit est.

Item. Et se en parlant de ladite paix, pource que difficile chose sera d'y parvenir sans tresve, se de la part du Roy est parlé d'aucune tresve, sera consenty, que le Roy par ses Ambassadeurs la puist prendre & accepter pour cinq ou six ans, pourveu que avant tout œuvre mondit Seigneur soit restitué à tous les pays, terres, & Seigneuries qui sont de l'ancien patrimoine de la Maison, & que ce qui a esté acquis par feu Messeigneurs les Ducs Philippe & Charles, soit mis en connoissance.

Item. Et se on ne peut parvenir à ladite totale restitution, comme assez est vraisemblable, l'on pourra neanmoins consentir que le Roy prenne ou accepte ladite tresve pour le temps & terme dessusdit, pourveu que à mondit Seigneur soient restitués les Comtés d'Artois & de Bourgogne, ensemble la Vicomté d'Aussone, & le ressort de Saint Laurent, & le residu mis en connoissance, & avec ce les sujets d'une part & d'autre, retournent à leurs biens & heritages, & à cette fin sera remonstré le bon & clair droit que mondit Seigneur a esdits deux pays, parquoy, sans la restitution d'iceux, ne peut ou doit consentir ladite tresve.

Item. Se au pourparlement de ladite paix, qui sera ce que l'on mettra avant, de la part de mondit Seigneur, n'est de la part du Roy faite aucune mention ou ouverture de tresve, & madite Dame, & lesdits Ambassadeurs en besoignant avec le Roy ou ses Gens, tiennent les matieres tellement disposées, qu'il soit bon d'en parler, faire le pourront & consentir, que par le Roy, par ses Ambassadeurs, la pratique, pour le temps & moyennant les restitutions dessusdites.

Item. Sera contendu à ce que au cas que le Roy Loys, en mettant ces choses en non-chaloir, refus, ou difficulté, ne veuille à aucun traité ou restitution entendre, ou s'il le fait & après l'enfraigne en aucune maniere, le Roy en prenant le party de mondit Seigneur, & soy declarant son amy, allié & bienveillant, & en favorisant sa bonne & juste querelle, l'ayde & secourre à l'encontre du Roy Loys & les siens.

Item. Et quant à la declaration de l'ayde particuliere que mondit Seigneur, en ce cas, entend avoir, combien que du commencement l'on la pourra requerir plus grande, toutes voyes quant ce viendra au joindre, l'on se pourra contenter de cinq mille combattans, & sera traité de leurs souldées & payement, & tant du temps qu'ils commenceront,

comme

comme de toutes autres choses à ce servans, à la moindre charge pour mondit Seigneur, que faire se pourra.

Item. Et en remonstrant les grans & pesans affaires de mondit Seigneur, & mesmement à cause de l'armée que presentement luy convient mettre sus, pour soy tirer aux champs, sera par tous les meilleurs moyens qui seront advisés, practiqué que le plaisir du Roy soit de prester à mondit Seigneur le payement desdits cinq mille combattans, pour trois ou quatre mois au plus, & mondit Seigneur promettra & s'obligera vallablement de endedans la fin de l'année l'en payer & rembourser entierement.

Item. Et à cette fin sera remonstré au Roy, que en faisant ledit prest, il n'aura aucun interest, senon de l'attente de son remboursement, dont il sera bien asseuré, & neanmoins sera un merveilleux honneur & proufit à mondit Seigneur, pour la renommée & extimation qui en sera, tant devers le Roy Loys, que entre les subjets de mondit Seigneur, & qui cuideront que ledit prest soit don, dont ils extimeront & craindront l'alliance du Roy & de mondit Seigneur, beaucoup plus que se mondit Seigneur fait payement aux gens que le Roy luy baillera, pource que en ce cas le Roy Loys & ses adherens diront, que ladite alliance n'aura lieu, senon pour autant que les deniers de mondit Seigneur dureront, & qu'il pourra faire ledit payement.

Item. Et quant à la recompense, surquoy l'on a eu plusieurs devises & communications, & pour laquelle lesdits Ambassadeurs du Roy ont demandé la somme de cinquante mille escus par an, la vie du Roy durant, sera remonstré que le Roy en parlant par cy-devant de cette matiere aux Ambassadeurs de mondit Seigneur, a plusieurs fois dit, que son intention n'estoit pas d'avoir de mondit Seigneur autant qu'il avoit du Roy Loys, ainçois se contente de moins.

Item. Et pour bonne cause, car il est clair & évident que le Roy Loys ne fera payement des cinquante mille escus par luy deus chacun an au Roy d'Angleterre, sinon pour autant de temps que la guerre durera entre luy & mondit Seigneur, & que se mondit Seigneur estoit defait, on avoit appoincté avec le Roy Loys, ladite pension cesseroit.

Item. Et que à cette cause la recompense qu'il aura de mondit Seigneur luy sera trop mieux asseurée ; parquoy, & que la querelle de mondit Seigneur & de Madame est telle, que chacun grand Prince y doit volontairement adherer, se doit de beaucoup moindre somme contenter.

Item. Et que en delaissant l'appointement qu'il a au Roy Loys, & prenant l'alliance de mondit Seigneur, il est & demeure entier de poursuir le droit qu'il a à la Couronne de France, auquel droit il pourra assez facilement parvenir, en ayant l'ayde & assistance de mondit Seigneur, qui sera chose de trop plus grande commodité à luy & à ses subjets, que ladite pension.

Item. Et se pour la part du Roy est mise avant la despense, que en prenant le party de mondit Seigneur luy conviendra faire pour la seureté de la mer, sera dit, que si est besoin de pource faire aucuns frais, le Roy & mondit Seigneur auront moyen de par leurs sujets, mesmement mondit Seigneur par ceux de Hollande, fournir ausdits frais, dont l'on pourra parler & prendre maniere de faire, quand le cas le requerra.

Item. Et pour ce prieront le Roy, de par mondit Seigneur, qu'il, eu ayant regard aux choses dessusdites, veuille moderer ladite somme de cinquante mille escus par luy demandée, & soy contenter de la somme de quarante mille escus que mondit Seigneur, moyennant l'ayde & autres choses dessusdites, sera content lui payer chacun an, sa vie durant, à tels termes de l'an qui seront avisés, & pour seureté de ce, luy bailler Lettres obligatoires de luy, Madame sa compagne, & se besoin est, des Estats de ses pays, & icelles se mestier est, faire confirmer par nostre Sainct Pere le Pape.

Item. Et pource que lesdits Ambassadeurs du Roy ont tousjours dit, que le Roy n'entendoit avoir de mondit Seigneur ladite recompense, sinon seulement ou cas qu'il perdra le treu (6) qu'il prend sur le Roy Loys, pour & à l'occasion de ladite alliance qu'il prendra avec mondit Seigneur, mondit Seigneur entend icelle recompense non avoir lieu, sinon seulement ou cas dessusdit, à sçavoir que ledit treu luy sera à la causedite refusé & non payé, si soit ce point bien déclaré en l'appointement qui s'en fera.

Item. Et contendront madite Dame & lesdits Ambassadeurs, que pour la premiere année mondit Seigneur soit & demeure quitte de ladite pension, ou du moins, qu'elle ne soit exigée jusques en l'année subsequente, & à cette fin demonstreront les grans charges & affaires que mondit Seigneur a presentement à supporter, tant pour le fait de la guerre, que autrement.

Item. Et entre autres choses, contendront à ce que le plaisir du Roy soit de souldoyer lesdits cinq ou six mille combattans qu'il baillera à mondit Seigneur, pour trois ou quatre mois ou plus, moyennant le remboursement que mondit Seigneur luy en fera en dedans la fin de l'année, comme dit est dessus.

Item. Et se en communiquant les matieres dessusdites, madite Dame & sesdits Ambassadeurs entendent que le Roy soit en volenté de faire sa descente en France, pour le recouvrement du droit qu'il y a, & de pour ce avoir l'assistance de mondit Seigneur; Ils entendront aussi l'ayde & assistance que en ce cas le Roy voudroit faire à mondit Seigneur, qu'elle audit cas pourra estre l'alliance d'entre eux, & sur tout tiendront bons & honnestes termes, & de ce qu'ils trouveront, avertiront mondit Seigneur.

Item. Et se par le moyen & adresse du Roy, paix ou tresve se traitte entre le Roy Loys & mondit Seigneur, leurs pays & subjets, madite Dame & lesdits Ambassadeurs contendront que en ladite paix ou tresve, Monseigneur Pierre de Luxembourg, Comte de Saint Pol, soit expressement denommé & comprins, & declaré que mondit Seigneur de Saint Pol, comme fils de feu Monseigneur Loys de Luxembourg, en son vivant Comte de Saint Pol & Connestable de France, & Madame Jehanne de

---

(6) *Alias*, Tribut, c'est ainsi que les Anglois regardoient la pension que le Roi Louis XI. donnoit au Roi d'Angleterre. *Comines*, Tome I. p. 373.

DE PHIL. DE COMINES.

1480.

de Bar, jadis conjoints, aussi freres de deffunct Monseigneur Jehan de Luxembourg, en son temps Comte de Marle, que Dieu absoille, sera entierement restitué & aura la jouissance de tous les Comtés & Viscomtés, Villes, Baronies, Chasteaux, Terres & Seigneuries, dont sesdits feus pere & mere, & Frere ont possessé en leurs temps, non-obstant confiscation pretendue, ne empeschement, declaration, donation ou disposition depuis ensuis par le Roy Loys, sa Cour de Parlement à aucuns de son obeissance, ne occupation, jouissance, possession, ou autre chose qui soit ou ait esté faite au prejudice dudit Monseigneur Pierre de Luxembourg.

Item. Et pour ce que les Marchands d'Angleterre font difficulté de venir à la foire de Berghes sur le Zoom, sinon en ayant du Seigneur & des Habitans de la Ville certaines choses par eux requises non accoustumées, & qui seroient trop à la charge desdites Seigneurs & Habitans, dont les Tonlieux de mondit Seigneur le Duc sont amoindris, madite Dame & lesdits Ambassadeurs contendront à ce que lesdits Marchands se deportent desdites nouveletés & se conduisent touchant ce que dit est en la maniere accoustumée. *Ainsi signé*, MAXIMILIANUS.

CCCXI.

Instruction à part de Monsieur d'Irlain.

Tiré de l'Edition de M. Godefroy.

LE Seigneur d'Irlain arrivé devers le Roy d'Angleterre, se aprés que le contenu & instructions communes aura esté par luy & les autres Ambassadeurs debatu, cognoist que le Roy ne se veuille contenter dudit contenu, consentira ce qu'il s'ensuit.

Premier, quant au mariage, se le Roy n'est content de constituer dot au mariage à Madame sa fille, ne à cette cause quitter ou remettre le payement de la recompense pour deux ans, ainsi que le contiennent lesdites instructions, consentira ledit mariage, moyennant que le Roy quitte & remette à mondit Seigneur le payement de ladite recompense, pour un an.

Item. Et quant à ladite recompense, se le Roy ne se veut contenter de quarante mille escus, ainsi que le contiennent lesdites instructions, il lui en consentira cinquante mille. *Ainsi signé*, MAXIMILIANUS.

Tiré d'une Copie estant en la Chambre des Comptes de Lille.

CCCXII.

Instruction (1) de Maximilien Duc d'Autriche, à Michel de Berghes, qu'il envoyoit devers le Roy d'Angleterre, au sujet de la Ligue que Marguerite, Duchesse Douairiere de Bourgogne y negocioit contre la France.

Tiré de l'Edition de M. Godefroy.

Instruction de par mon très-redouté Seigneur Monseigneur le Duc d'Autriche, de Bourgogne, &c. à Michel de Berghes Escuyer, de ce qu'il aura à faire tant devers le Roy d'Angleterre, comme par devers Madame la Duchesse de Bourgogne & les Ambassadeurs de mondit Seigneur le Duc, estans presentement devers ledit Roy d'Angleterre.

Et premierement, luy arrivé devers le Roy, lui presentera les Lettres contenans credence sur luy de par mondit Seigneur, & luy fera les très-affectueuses recommandations & autres, en tel cas requises & accoustumées.

Item. Et ce fait, luy dira & declarera comment mondit Seigneur a n'agaires reçeu Lettres de madite Dame la Duchesse & sesdits Ambassadeurs estans par de-là, par lesquelles ils luy signifient l'estat & dispositions des matieres, pour lesquelles ils sont par de là, & le grand & bon vouloir que le Roy se demonstre avoir à icelles, dont mondit Seigneur, très-cordialement & très affectueusement le mercie ; & neanmoins pource que par Lettres de madite Dame & desdits Ambassadeurs, mondit Seigneur entend que esdites matieres n'a encore aucun arrest ou finale conclusion, luy prie y vouloir mettre fin le pluftost que bonnement possible luy sera, & y faire comme il a en luy parfaite confidence.

Item. Semblablement presentera à madite Dame la Duchesse & ausdits Ambassadeurs lesdites Lettres de credence, & pour icelle sa credence, leur dira par ensemble, que mondit Seigneur a n'agaires receu leurs Lettres, par lesquelles ils lui signifient l'estat & disposition desdites matieres, pour lesquelles ils sont par de-là, & comment ils espoirent que brief elles se concluront, dont & de la diligence qu'ils y ont faite, mercie madite Dame bien affectueusement, & la prie & requiert les autres y vouloir continuer jusques au parfait.

Item. Et quant à ce que par leursdites Lettres ils ont escrit & signifié à mondit Seigneur, que par Messire Thomas de Montgomery ils ont esté advertis & requis de par le Roy, de faire sçavoir & signifier à mondit Seigneur, qu'il leur envoyast charge & instructions pour besoigner sur le fait de la descente du Roy en France, dira que mondit Seigneur a la chose fort agreable ; mais attendu qu'elle leur a esté ouverte par de-là, mondit Seigneur se merveille de ce que autrement ils n'ont enquis & assentu du vouloir & plaisir du Roy sur ce, & mesmement des conditions soubs & parmy lesquelles il entend faire sadite descente, & quelle chose il voudroit faire à mondit Seigneur ; car sans le sçavoir preatablement, mondit Seigneur n'y sçauroit ne pourroit prendre aucune conclusion. *Item.*

(1) Cette instruction est, comme on croit du commencement du mois d'Août 1480, voyez ci-après la Lettre du 14 Septembre 1480.

Item. Et neanmoins afin que l'on cognoiffe la bonne & grande affection que mondit Seigneur a de complaire au Roy & de l'affifter en ladite defcente, ledit Michel priera madite Dame & requerra lefdits Ambaffadeurs dire au Roy comment il a agreable ladite defcente, & que pour parvenir à l'effet d'icelle, il luy offre la faveur de fes Pays, & avec ce, luy faire de fa perfonne & de fes biens tout ayde & affiftance poffible.

Item. Luy diront que fe fon plaifir eft de prefentement befoigner avec mondit Seigneur au fait de ladite defcente, mondit Seigneur en fera femblablement content, & en ce cas madite Dame & lefdits Ambaffadeurs prieront le Roy qu'il luy plaife leur declarer lefdites conditions, foubs & parmy lefquelles il luy plaira d'y befoigner & entendre, afin d'en advertir mondit Seigneur, ce qu'ils feront incontinent, & mondit Seigneur, pour autant que bonnement faire le pourra, fe reglera & conformera à l'advis & bon plaifir du Roy.

Item. Et fe le plaifir du Roy n'eft de prefentement befoigner au fait de ladite defcente, mais feulement en la matiere dont madite Dame & lefdits Ambaffadeurs ont charge, madite Dame & iceux Ambaffadeurs y befoigneront felon qu'ils ont commencé, & en enfuivant les inftructions qu'ils ont fur ce, , , en declarant au Roy que fe cy-après fon plaifir eft de befoigner au fait de ladite defcente, il trouvera mondit Seigneur preft & voulontaire à luy faire toute ayde & affiftance poffible, & de en ce cas commuer & convertir la penfion en laquelle, en concluant ladite matiere, dont madite Dame & lefdits Ambaffadeurs ont charge, il pourra eftre tenu au Roy en fervice de gens & en outre d'y mettre plus avant & plus largement du fien, ainfi qu'il fera advifé pour le bien de ladite defcente.

• *Item.* Et fe en pourparlant de ladite matiere de ladite defcente de la part du Roy, font alleguées les commodités que mondit Seigneur pourra avoir par icelle, madite Dame & lefdits Ambaffadeurs par les meilleurs & plus honneftes moyens qu'ils pourront, mettront feulement avant celles que le Roy aura & pourra avoir en l'ayde & affiftance que mondit Seigneur lui fera, qui ne font pas moindres que de parvenir au recouvrement du droit qu'il a, tant ès Duchés de Normandie, & de Guyenne, que en la Couronne de France.

Item. Et en declarant au Roy le bon vouloir de mondit Seigneur, & le defir qu'il a de fe conjoindre & allier avec luy par tous moyens à lui poffibles, entendront le plus qu'ils pourront le vouloir & intention du Roy fur ces matieres, & du tout, enfemble de leur bon confeil & advis, avertiront mondit Seigneur par ledit de Berghes.

Item. Et pour le fait des quinze cens Archers d'Angleterre, dont ledit Michel a charge, en paffant par Bruges, il parlera à Meffire Jehan de Nieuwenhove, & de luy fçaura à quel jour les deniers accordés pour le payement defdits quinze cens Archers feront à Calais, afin que luy venu en Angleterre, il en puift certiorer le Roy, madite Dame la Ducheffe, & Capitaines defdits Archers.

Item. Et pour fournir aufdits Archers le frais & defpenfe de leur paffage, ledit Michel pour ce faire, & auffi pour fon voyage recouvrera dudit

dit Nieuwenhove ou de pierre Lanchals, & du Receveur general ausquels mondit Seigneur en escrit, deux ou trois cens escus dont il leur baillera sa Lettre.

Item. Et ce fait, ledit de Berghes tirera en Angleterre le plus diligemment que faire pourra, & luy venu devers le Roy, luy declarera, & semblablement à madite Dame la Duchesse & aux Ambassadeurs de mondit Seigneur, comment mondit Seigneur l'a presentement envoyé par de-là pour avoir, lever & faire venir par deça lesdits quinze cens archers Anglois, & suppliera au Roy qu'il luy plaise les incontinent faire passer, & que eux venus à Calais, ils auront leurdit payement audit lieu pour un mois, sans point de faute, & tantost après auront plus grand payement.

Item. Priera bien instamment madite Dame, & requerra lesdits Ambassadeurs qu'ils veuillent tenir la main à ce que dit est, & tellement faire, que lesdits Archers passent le plustost & diligemment qu'il sera possible, en les asseurant de leurdit payement audit lieu de Calais, & au surplus, en la maniere dite.

Item. & se lesdits Archers font difficulté de passer, pour raison de ce que payement ne leur sera fait de-là l'eauwe, ledit de Berghes priera madite Dame & requerra lesdits Ambassadeurs tenir la main & faire tout devoir possible que lesdits Archers passent incontinent, en les asseurant de leur payement en la maniere dite, & leur remontrant le besoin que mondit Seigneur a de tost avoir lesdits Archers, & le dommage qu'il aura, se la chose est delayée, soit à porter ledit payement de là l'eauwe, ou autrement.

Item. Et s'il ne peut mieux, pour contenter lesdits Archers, payera le frais de leur passage sur lesdits deux ou trois cens escus, qui lui seront delivrés comme dessus.

Item. Et ès deux matieres dessusdites, ledit de Berghes se conduira par l'advis & conseil de madite Dame & desdits Ambassadeurs, en ensuivant le contenu ès presentes instructions.

Item. Et se la venuë desdits Archers prenoit delay, ledit de Berghes, par le conseil de madite Dame & desdits Ambassadeurs, s'en pourra retourner & laisser la conduite d'iceux Archers ausdits Ambassadeurs, ainsi qu'il sera pour le mieux.

Item. Et s'informera au vray ledit de Berghes de l'estat & disposition desdites matieres & de tout ce dont lesdits Ambassadeurs ont charge, afin que à son retour mondit Seigneur puist estre adverty de tout. *Ainsi signé*, MAXIMILIANUS.

Michel de Berghes arrivé en Angleterre, après ses Lettres baillées, selon le contenu de ses instructions, communiquera sesdites instructions à Madame la Duchesse & à Messieurs les Ambassadeurs.

Item. Et quant au premier membre desdites instructions, qui est sur la descente du Roy d'Angleterre en France, pource que le Roy & mondit Seigneur y peuvent besoigner presentement, ou cy-après, ainsi qu'il est declaré esdites instructions, ledit de Berghes doit entendre, que de y besoigner presentement est plus proufitable à mondit Seigneur, que de plus attendre.

Item.

DE PHIL. DE COMINES.

Item. Si l'on y besoigne presentement, attendu que l'emprinse de ladite descente sera profitable aux deux Princes, assavoir au Roy pour le recouvrement des Duchés de Normandie, Guyenne, & Couronne de France, & à mondit Seigneur pour le recouvrement de son heritage & autrement, ainsi qu'il sera advisé, il est à croire que le Roy sera plus songneux & curieux de mettre à effet ladite emprinse, que se seulement l'on traite du recouvrement dudit heritage de mondit Seigneur.

Item. Et avec ce attendu que, comme dit est, ladite descente sera profitable ausdits deux Princes, & que le Treu du Roy Loys ne cesse pour le fait ne à la cause de mondit Seigneur, icelui mondit Seigneur ne devra estre tenu de bailler la recompense demandée, & servir à la conqueste qui se fera au moyen de ladite descente, à quoy il entend s'employer de tout son pouvoir.

Item. Et se l'on veut enquerre plus particulierement quel ayde mondit Seigneur voudra faire pour parvenir à ladite conqueste, mondit Seigneur entend qu'il y devra frayer & faire ayde, selon qu'il sera traité entre le Roy & luy, en ayant regard à la commodité qu'il pourra avoir au moyen de ladite conqueste sçachant que le Roy s'en contentera, comme il espere.

Item. Et se le Roy ne veut presentement besoigner ou fait de ladite descente, mais seulement en la maniere dont madite Dame & lesdits Ambassadeurs ont charge ; madite Dame & lesdits Ambassadeurs y besoigneront selon & en ensuivant leurs instructions, mais il faut entendre que se cy apres le Roy veut entendre & besoigner en la matiere de ladite descente, s'elle n'est faite en l'esté prochain, elle sera de bien petit fruit à mondit Seigneur; pour ce que le Roy Loys le pourra par trop adommager, aussi se apres lesdites matieres, dont madite Dame & lesdits Ambassadeurs ont charge, concludes, l'on vient à traiter de ladite descente ; il est à entendre que mondit Seigneur ne pourra, ne devra par raison payer ladite recompense & fournir aux frais de ladite conqueste.
Ainsi signé. MAXIMILIANUS.
Tiré d'une Copie.

1480.

CCCXIII.

Convention pour la solde de 1500 Archers & 30 hommes d'armes que le Roy d'Angleterre envoyoit aux Pays-bas au service de Maximilien & Marie Ducs d'Autriche, &c.

A Londres le 8 Aoust 1480.

AUjourd'hui huitiesme d'Aoust l'an mil quatre cens quatre-vingt, en la présence de très-hault, très-excellent & très-puissant Prince le Roy d'Angleterre, a (entre très-haulte & très-excellente Princesse Madame la Duchesse de Bourgogne (1), & pour & ou nom de Monsieur le Duc d'Ostriche, de Bourgogne, &c. d'une part. Et Messire Jehan Milton & Messire Thomas Euvryghem, Chevaliers, Capitaines ordonnez

Tiré de l'Edition de M. Godefroy.

(1) C'étoit la veuve de Charles Duc de Bourgogne, sœur du Roi d'Angleterre.

de par le Roy, à la conduite de quinze cens Archiers qu'il envoye au service de mondit Sieur le Duc d'Oſtriche & de Bourgogne, &c. d'autre part) eſté traictié, accordé & convenu en la maniere qui s'enſuilt.

Et premierement, que chacun deſdits Archiers aura de-là l'eaue pour ſa ſoldée & payement ſix gros (2) monnoye de Flandre pour chaque jour.

Item. Et chacun homme d'arme dix-huit gros (3) dite monnoye, qui ſeront en nombre de trente hommes d'armes.

Item. Et que auſdits Archiers & hommes d'armes ſera fait payement pour ſix ſepmaines deçà la mer, & ſera pour ce payé à chacun deſdits Archiers ſix deniers monnoye d'Angleterre pour jour, & à chacun deſdits hommes d'armes dix-huit deniers d'icelle monnoye, & après de moix en moix; mais les autres payemens ſe feront de-là l'eaue en monnoye de Flandres, comme dit eſt deſſus.

Item. Et quant à l'eſtat & entretenement d'iceulx Capitaines, Monſieur le Duc, eulx arrivez par devers luy, y pourvera, tellement que par raiſon ils en devront eſtre contens. Et neanmoins pour eulx mectre ſuz enſemble pour leurs deſpens d'ici, juſques devers mondit Sieur, ſera à chacun d'eulx payé & délivré comptant la ſomme de deux cens eſcus d'or, aſſavoir cent eſcus en pur don, & cent eſcus de preſt, & ſeront entretenus eulx & leurs gens deſſuſdits pour le moins juſques à Paſques prochain venant, nonobſtant quelque Treve ou Traictié qui puiſt advenir.

Item. Et auront chacun deſdits Capitaines ſoubs eulx, aſſavoir Meſſire Jehan Milton ſept cens cinquante Archiers & quinze hommes d'armes, & Meſſire Thomas Euvryghem, autres ſept cens cinquante Archiers & quinze hommes d'armes.

Item. Leſdits Capitaines ſeront tenus d'être preſts à tout leurs gens deſſuſdits pour paſſer la mer endedans le vingt-huitieſme jour de ce preſent mois, aſſavoir ledit Meſſire Thomas Euvryghem au lieu du Houl, & ledit Milton au lieu de Douvres, à chacun deſquels lieux ils trouveront gens de par le Roy & madite Dame pour les paſſer aux monſtres, ès mains deſquels ils feront ſerment en tel cas pertinent, & eux venus outre l'eaue, ſeront tenus de faire autres revuës pardevant ceux qui à ce ſeront ordonnés.

Item. Commencera ledit payement auſdits jours que ſe feront leſdites monſtres, comme dit eſt.

Item. Leſdits Capitaines eux venus de-là l'eaue à tout leurs Compaignies deſſuſdites & leurſdites revueës faites, tireront à toute diligence devers mondit Sieur ou en tel lieu que par lui leur ſera ordonné, à la moindre foulle & domaige du pays, qu'ils pourront en payant leurs deſpens partout où ils paſſeront, & ne pourront ſejourner en un lieu que une nuit ſans cauſe raiſonnable; & au ſurplus ſeront tenus de tellement diligenter, que depuis qu'ils auront paſſé l'eaue & fait leurſdites monſtres, ils ſoient devers mondit Sieur, où là où il leur ordonnera en pourſuivant de jour en jour & de logis en logis le plutoſt que faire ſe pourra. Fait en cette ville de Londres les an & jour deſſuſdits. *Ainſi ſigné*, MARGARETE, MYLTON, EUVRYGHEM. Depuis

(2) C'eſt trois ſols neuf deniers de France. (3) C'eſt onze ſols trois deniers de France.

Depuis cedit Traité fait & efcrit pour aucunes confiderations, a efté baillé des fept cens cinquante Archers & quinze hommes d'armes, dont avoit la conduite Meffire Jehan Mylton, à Dichfild deux cens cinquante Archers & cinq hommes d'armes à telle foldée & fous les modifications declarées cy-deffus. Fait à Wynefore le huit d'Aouft l'an mil quatre cens quatre-vingt. Collationné par moi, *figné* CONROY, avec paraphe.

1480.

Tiré de ladite Copie collationnée.

CCCXIV.

Inftruction de Maximilien Duc d'Autriche, à Monfieur de Romont & autres fes Ambaffadeurs vers le Roy Louis XI. pour negocier une Treve avec ce Roy.

A Namur ce 12 Aouft 1480.

INftructions & Memoire de la part de mon très redoubté Seigneur Monfeigneur le Duc d'Auftrice, de Bourgogne, &c. à Monfeigneur le Comte de Romont fon Coufin, Meffire Goffuin Harduin Abbé d'Affleghem, Meffire Gui de Rochefort, Confeiller & Chambellan d'iceluy Seigneur, Meffire Paul de Baenft, Prefident de Flandre, Maiftre Jehan Dauffay, Maiftre des Requeftes ordinaire de l'Hoftel de mondit Seigneur, & Maiftre Gerard Numan fon Secretaire; les fix, les cinq, les quatre ou les trois dont mondit Seigneur de Romont foit toujours l'un.

Tiré de l'Edition de M. Godefroy.

Premierement diront aux Gens du Roy, que fur ce que le Sieur de Gento a dernierement rapporté, que le Roy étoit content de prendre une Trefve courte ou longue, pour pendant le tems d'icelle pouvoir parvenir à la Paix; mondit Seigneur a efté content de prendre une Trefve jufques au quinzieme jour de Mars prochain venant, qui font fept mois entiers, efperant que pendant ce temps, l'on pourra trouver quelque bon & honnefte moyen de Paix entre le Roy.

Toutesfois lefdits Ambaffadeurs contendront le plus avant qu'il leur fera poffible, à ce que ja foit ce que la Trefve foit prinfe & fermée dès maintenant pour le terme de fept mois, par eux du pouvoir à eux fur ce donné, que neanmoins pour aucunes bonnes confiderations, & meffmement afin que les fujets d'un party & d'autre entendent mieux que cette Trefve fe prend pour pluftoft parvenir à Paix, qu'elle ne foit prefentement publiée que pour trois mois, & à la fin defdits trois mois elle fera publiée pour les autres quatre mois fuivans, & toutefois au cas que les Gens du Roy ne fe veuillent confentir à ce, ains veuillent qu'elle foit dès maintenant publiée pour les fept mois, les deffufdits Ambaffadeurs ne layront pourtant de befoigner & prendre ladite Trefve.

Item. Seront lefdites Trefves marchandes & communicatives, refervé que les nobles hommes & autres fuivans les armes ne pourront entrer en Ville ou Fort de l'autre party, fans le fceu & licence du Capitaine ou principal Officier du lieu où ils voudront entrer.

Item. Infifteront lefdits Ambaffadeurs le plus qu'ils pourront à ce que le Roy d'Angleterre & le Duc de Bretagne foient efleus par les deux partyes confervateurs de ladite Trefve. E e e e 3 *Item.*

1480.

Item. Et au cas que les Gens du Roy ne veullent aucunement confentir que lefdits Roy d'Angleterre & Duc de Bretagne foient confervateurs, lefdits Ambaffadeurs ne delayront pourtant, après toutesfois qu'ils en auront fait toutes inftances, d'accepter la Trefve, pourveu toutesfois que lefdits Roy d'Angleterre & Duc de Bretagne foient nommément comprins efdites Trefves, comme Allyez de mondit Seigneur, & auffi le Pape, l'Empereur, & les Electeurs de l'Empire, les Roys de Caftille, de Naples, de Hongrie, & de Portugal, & le Duc Sigifmond d'Auftriche, le Duc & Maifon de Savoye, les Ducs de Saxe, de Baviere, & de Juillers, les vieilles & nouvelles Ligues d'Allemagne, les Evefques, Cités & Pays de Liege & de Metz.

Et femblablement du côté du Roy y pourront eftre comprins comme fes alliés, ceux qui voudront denommer de fa part, pourveu que le Sieur de Rodemach, Meffire Guillaume d'Arembergh, ne les autres rebelles fubjets de fes pays de Luxembourg & de Ghelres, n'y foient point comprins.

Item. Contendront lefdits Ambaffadeurs à ce que nulles levées ne fe faffent des fruits, des biens, rentes & terres de ceux qui font en autre party, que celuy où font lefdites terres pour les termes qui efcherront durant ladite Trefve, ains qu'ils demeurent entiers le tems d'icelle Trefve durant au profit de ceux, au profit defquels declaration en fera faite.

Item. Que pendant le temps de ladite Trefve, l'on ne faffe aucuns degats d'un cofté ne d'autre, foit par boutement de feu, demolition ou autrement des places & villes eftans ès pays qui font en debat entre le Roy & mondit Seigneur.

Item. Contendront lefdits Ambaffadeurs à ce que le Roy mette ès mains de Monfieur de Romont, l'une des trois villes, affavoir Therouane, Bethune ou Peronne, ainfi qu'il a été autrefois dit, & neanmoins s'ils ne peuvent à ce parvenir, ne layront pourtant de befoigner & conclure ladite Trefve.

Contendront auffi à ce que par cettedite Trefve, le Roy rende & reftitue à mondit Sieur Yvoix; enfemble tout ce qu'il a occupé cette année en la Duché de Luxembourg & Comté de Chiny, & toutesfois au cas qu'ils ne le puiffent obtenir; ne delayront pour ce de conclure lefdites Trefves, felon & en enfuivant le contenu des precedens articles.

Item. Contendront lefdits Ambaffadeurs à ce que incontinent ladite Trefve accordée, les Gens du Roy la notifient à toute diligence au Gouverneur de Champagne & autres Capitaines du Roy, eftans au quartier de pardeçà.

Item. Et pour ce que cettedite Trefve fe fait fous efperance de au moyen d'icelle pouvoir parvenir à Paix, & que pour ce faire convient choifir temps & lieu où le Roy & mondit Sieur envoyeront leurs Defputés & Ambaffadeurs, contendront à ce que le Roy veuille envoyer fes gens & Defputés au quinziéme jour d'Octobre prochain venant à Therouanne, & mondit Seigneur envoyera les fiens à Saint Omer, & fi le lieu de Therouanne ne plaift au Roy, il pourra envoyer fes gens à Bethune ou à Arras, & mondit Seigneur à Lille ou à Douay,

Et

DE PHIL. DE COMINES.

Et quant aux Conservateurs que l'on a accoustumé de mettre pour les limites, tant par mer que par terre, pour la part de mondit Seigneur, sera desnommé pour Saint Omer & Aire, le quartier d'Artois Monsieur de Besvres, pour Lille, Douay, & le quartier de Flandre Monsieur de Romont, pour Haynault & le Cambresis Monsieur de Fiennes & le Bailly de Haynault, pour Namur mondit Sieur de Besvres, Gouverneur de Namur ou son Lieutenant, pour Luxembourg Monsieur le Comte de Chimay, Lieutenant de mondit Sieur audit Pays, & en son absence Monsieur du Fay, & pour la mer au quartier de Flandre Messire Josse de Lalaing, Sieur de Montigny Admiral de la mer, & pour Hollande, Zelande & Frise Monsieur de la Vere Admiral, & mondit Seigneur de Montigny Lieutenant.

Item. Advertiront toujours mondit Seigneur à toute diligence de leur besoignie.

Contendront aussi lesdits Ambassadeurs à ce que pour éviter les entrefaites & maux que pendant la Tresve à l'occasion de ce pourroit advenir, que nulles gens de guerre d'un party ne d'autre ne se tiennent ès menues places estans sur les frontieres, ne aussi ès villes brûlées y estans durant le tems de cettedite Tresve, & aussi que pendant ce tems tous labouriers & gens du plat pays se pourront seurement & sauvement retraire & faire residence sur leurs lieux, places & censes dudit plat pays, labourer leurs terres & les dépouiller, sans que l'on les puist arguer ou corriger, que durant lesdites divisions ils se soient tenus en l'un ou l'autre desdits partys, & leurs despouilles, grains, vivres & autres biens pourront faire porter & mener sans aucun empêchement en tel lieu ou parti que bon leur semblera, sans avoir regard en quel Bailliage, Prevosté ou Chatellenie, lesdits labouriers ont leurs residences, censes ou labeurs.

Et avec ce que les Villages du plat Pays d'entre les Villes frontieres où il y a garnison, si comme tous les Villages qui sont de Saint Omer & Aire, tirant vers Boulogne, Monstreul & Therouanne, ceux de decha la Riviere du Liz, Pont à Wendin, Douay, Cambray, Bohain tirant vers Bethune, Arras, Peronne, Saint Quentin, seront durant cettedite abstinence tenus en neutralité, en telle façon qu'ils ne seront taillés, composés ne appatis par l'un ou l'autre des partys, & ne se pourront faire aucunes prinses vallables de personnes ou de biens, mais d'un parti & d'autre chacun y pourra franchement aller & converser, demeurer, resider & joyr du sien, & neanmoins s'ils ne peuvent obtenir le contenu en cet article, soit en tout ou en partie, ils ne layront pourtant de besongner & de prendre la dessusdite Tresve.

Et en outre contendront lesdits Ambassadeurs à ce que moyennant les traités & choses dessusdites, Messire Wolfanc de Polhain demeure quitte & deschargé de prison, des foy & promesse qu'il a faite & baillée de retourner, de rançon & de toutes autres choses que l'on lui pourroit demander à cause de sadite prinse. Ainsi *signé* MAXIMILIANUS. Conclutes au Conseil au lieu de Namur le douziesme jour d'Aoust, l'an mil quatre cens & quatre-vingt, moi present RUTER.

Tiré d'une Copie collationnée & signée NUMAN.

CCCXV.

1480.

CCCXV.

☞ *Pouvoirs de Maximilien Duc d'Autriche, & de Marie de Bourgogne à leurs Ambassadeurs, pour faire la paix avec les Ambassadeurs du Roy Louis XI.*

Tiré du Volume 8449 de la Bibliotheque du Roy parmi ceux de Bethune.

MAXIMILIEN & Marie, par la grace de Dieu, Ducs d'Austriche, de Bourgoigne, de Lothier, de Brabant, de Lembourg, de Luxembourg & de Gheldres; Comtes de Flandre & d'Attois, de Bourgoigne; Palatins de Haynaut, de Hollande, de Zellande, de Namur & de Zuytphen; Marquis du Saint Empire; Seigneurs de Frize, de Salins, & de Malines. A tous ceux qui ces presentes Lettres verront : Salut. Comme notre très-cher & très-amé Cousin le Comte de Romont, Seigneur du Pays de Vaulx; & nos Amés & feaux Reverend Pere en Dieu, Messieurs Goswin Hardinc, Abbé d'Affleghem; Messire Paule de Baenst notre President de Flandres; Maistre Jehan Dauffay, Maistre des Requestes de nostre Hostel; & Gerard Numan nostre Secretaire, nos Commis deputés & Ambassadeurs en faisant, fermant, concluant & acceptant, ou nom de nous, & en vertu du pouvoir à eux donné avec le Seigneur de Lude, Gouverneur du Daulphiné; ou nom & à ce commis, ordonné & deputé de par très-excellent & très-puissant Prince le Roy de France, bonnes & lealles tresves, seur état, & abstinence de guerre, entre le Roy son Royaulme, Pays, Seigneuries & Subjets d'une part; Nous, nos Pays, Seigneuries & subjets d'autre : durant lesdites tresves jusques au dernier jour de Novembre prochain venant, ledit jour inclu, ayent expressement consenti & accordé la prolongation de ladite tresve, seur état & abstinence de guerre, le temps, termes & place de quatre mois, ensuivant ledit dernier jour de Novembre, & finissant le dernier jour de Mars prochain venant, ledit jour inclu; pour les causes, & sous la forme, maniere & devises & Lettres sur ce expediées d'une part & d'autre plus au long contenues, desquelles Lettres expediées pour notre part, la teneur s'ensieut. Jacques de Savoye, Comte de Romont, Seigneur du pays de Vaulx; Goswin Hardinc, Abbé d'Affleghem; Paul Baenst, President de Flandres; Jehan Dauffay, Conseiller & Maistre des Requestes de l'Hostel, & Gerard Numan, Secretaire, Ambassadeurs commis & deputés de par nos très redoubtés Seigneur & Dame Monsieur le Duc & Madame la Duchesse d'Austriche, de Bourgoigne, de Brabant, &c. Comte & Comtesse de Flandres, d'Artois, &c. A tous ceux qui ces presentes, Lettres verront: Salut. Comme ce jourd'hui par vertu & en usant de pouvoir à nous donné & commis par nosdits très-redoubté Seigneur & Dame par leurs Lettres patentes, transcrites en la fin de ces presentes, Nous soyons assemblés avec Monsieur du Lude, Gouverneur du Daulphiné, Lieutenant-de-Roy ès Ville & Cité d'Arras & son commis & deputé; & en esperance de faire & traicter paix finale entre eux, & de pacifier totalement les guerres, questions, divisions & differens, que ayent été par cy-devant & sont encore à present ayons d'un commun accord & consentement fait prins, accordé, fermé & conclu entre le Roy & nos Seigneurs & Dame,

tresves

tresves, seur estat, & abstinence de guerre, commençans du jourd'hui datte de ces Presentes jusques au dernier jour du mois de Mars prochain venant, ledit jour comprins & inclu, & il soit ainsi que pour donner meilleure esperance au peuple d'avoir en brief la paix, ait esté advisé de non faire pour le present icelle tresve publier, que jusques au dernier jour du mois de Novembre ledit jour comprins & inclu, laquelle publication ait esté faite au lieu où les articles de ladite tresve ont esté conclus. Sçavoir, faisons que en faisant & concluant lesdites rresves, seur estat & abstinence; il a toujours esté dit, entendu, accordé, conclu, promis & juré, & encore derechef & d'abondant par la teneur de ces Presentes; disons, entendons, accordons, concluons, promettons & jurons pour & ou nom de nosdits Seigneur & Dame, que lesdites tresves, seur estat & abstinence de guerre, contenus & declarés ès Lettres de ce jourd'hui, expediées d'une part & d'autre, sont & demeurent fermées, concluées & accordée jusques audit dernier jour de Mars prochain venant, ledit jour inclu, nonobstant que par les Lettres de ladite tresve, soit dit qu'elles ne doivent durer que jusques audit dernier jour de Novembre prochain venant, ledit jour comprins & inclu comme dit est. Et lesquelles tresves seur estat, & abstinence de guerre; nous dès-à-present pour lors & deslors pour maintenant, avons pour la part de nosdits Seigneur & Dame prorogées, continuées, fermées & concluées, prorogeons, continuons, fermons & concluons telle & en l'estat qu'il est contenu esdites Lettres datées du jourd'huy, & ès articles dedans inserés, sans aucune chose y adjouster, diminuer, corriger, interpreter ou declarer; toutes voyes se nosdits Seigneur & Dame veulent declarer ladite tresve marchande & communicative, ainsi que faire le peuvent par les articles de ladite tresve dedans le vingt & ungniesme jour de Septembre prochain venant, en ce cas ladite tresve sera marchande & communicative, durant le temps d'icelle & jusques au dernier jour de Mars, & comme telle sera lors publiée, gardée, entretenuë, & observée; & se non elle sera & demoura telle & en l'estat, forme & maniere qu'elle est contenuë & declarée esdits articles, & sera gardée & observée jusques audit dernier jour de Mars, ainsi & en la maniere que dit est. Et s'il advient que en dedans le quinziesme jour de Novembre prochain venant, la paix finale ne puisse estre faite, concluë, fermée & publiée entre le Roy & nosdits Seigneur & Dame, en ce cas iceux nosdits Seigneur & Dame seront tenus de faire incontinent publier ladite tresve, prorogation & continuation d'icelle jusques audit dernier jour de Mars de lors prochain; ensuivant & icelle, faire, garder & entretenir, selon le contenu esdites Lettres de ce faisant mention sans ce qu'il soit besoin, en faire ou expedier autres Lettres d'un costé ne d'autre, ne pour ce faire envoyer de l'un parti en l'autre pour en faire requeste, sommation ou autre poursuite ou declaration en quelque maniere que ce soit. Et outre avons promis & accordé par vertu de notredit pouvoir, promettons & accordons, que pour seureté de ladite tresve jusques audit dernier jour de Mars prochain venant, ledit jour inclu, & de l'observation, entretennement, continuation & prorogation d'icelle, nosdits Seigneur & Dame bailleront leurs Lettres patentes & confirmation, ratification & approbation de ces Presentes, en forme valable & autentique

autentique dedans le quinziefme jour de Septembre prochain venant ; lefquelles Lettres feront baillées & delivrées entre les mains dudit Seigneur du Lude, qui en les recevant fera tenu bailler & delivrer celles du Roy. S'enfuit la teneur du pouvoir à nous donné par nofdits Seigneur & Dame. Maximilian & Marie par la grace de Dieu , Ducs d'Auftriche , de Bourgoigne , de Lotherbourg , de Brabant , de Lembourg , de Luxembourg & de Gheldres; Comtes de Flandres, d'Artois , de Bourgoigne; Palatins de Haynault , de Hollande , de Zellande , de Namur & de Zuytphen ; Marquis du Saint Empire ; Seigneurs de Frize , de Salins & de Malines. A tous ceux qui ces prefentes Lettres verront: Salut. Comme pour parvenir au bien de paix & mettre fin aux guerres & divifions d'entre le Roy de France, fon Royaume , Pays , fubjets d'une part ; nous , nos pays & fubjets d'autre ; plufieurs journées, affemblées & communications ayent defpieça , efté tenues entre les gens & Ambaffadeurs dudit Roy , & les noftres, efquelles jufques à prefent n'a rien eu de conclu, defirant fouverainement ladite paix pour le bien & tranquillité de la Chrétienneté, & efpecialement pour le foulagement du povre peuple, qui au moyen de ladite guerre & divifion eft de plus en plus foulé, oppreffé & travaillé; & il foit que ledit traicté de paix ne fe puiffe bonnement , ne feurement faire traicter & accorder , fans prealablement accepter & conclure avec le Roy de France trefves & abftinence de guerres à quelques temps raifonnable, pour iceluy pendant advifer & deliberer, & à l'honneur de Dieu notre Createur, conclure ladite paix & union excellentes. Sçavoir, faifons que nous confians à plain ès diligences,loyaultés & preudommies de notre très-cher & très-amé coufin le Conte de Romont, Seigneur du Pays de Vaulx; Reverend Pere en Dieu notre très-très-cher & bien-amé Goffewin Hardine , Abbé d'Affleghem ; Meffieurs Guy de Rochefort , Sieur de la Bergement , notre Chambellan ; Paul de Baenft , Docteur ès deux droits , notre Prefident de Flandres; Maiftre Jehan Dauffay, Maiftre des Requeftes de notre Hoftel ; nos Confeillers & Gerard Numan notre Secretaire; iceux, les cinq, les quatre & les trois d'eux, dont nottedit coufin de Romont foit toujours l'un ; avons commis, ordonnés & députés par ces Prefentes, commettons & deputons, nos Procureurs & principaux Ambaffadeurs & commis pour & ou nom de nous prendre, conclure & accepter treve & abftinence de guerre par terre , par mer , par eaue douce avec le Roy ou fes gens & Ambaffadeurs , pour luy, fon Royaume, pays, fubjets & alliés & confederés , à tels tems & foubs telles devifes, manieres & conditions, que nofdits Commis, les cinq , les quatre ou les trois d'iceux, dont nottedit coufin de Romont foit l'un , advifceront, accorderont & concluront avec le Roy fefdirs Ambaffadeurs & Commis , en ce faire befongner , & tout ainfi & pareillement que nous-mêmes faire pourrions, fi prefens y eftions ; promettons en bonne foy foubs notre honneur & en parole de Prince , garder , entretenir & obferver , & par nos Capitaines, gens de guerres , bonnes Villes , Pays , Seigneuries & fubjets , faire garder , entretenir & obferver ladite trefve & abftinence de guerre durant le tems & foubs les manieres , duifes & conditions, que par iceux nos Commiffaires & Ambaffadeurs au nombre & ainfi que deffus eft dit; fera confenti , accordé

&

& conclu. Et pour feureté de ce, faire telles promeſſes, fermens & obligations que par iceux, nos Commis fera adviſé & confenti, & avoir pour agreable tout ce que par iceux touchant cette matiere les circonſtances & dependances, fera au nom de nous promis, confenti & accordé, fans jamais faire procurer,ne aller au contraire; fous l'obligation de tous nos biens & de nos hoirs prefens & advenir; en tefmoin de ce nous avons fait mettre notre fcel à ces Prefentes. Donné en notre Ville de Namur le unziefme jour d'Aouſt, l'an de grace mil quatre cens & quatre vingt. *Ainſi ſigné*, MAXIMILIEN & MARIE. *Et fur le ply*, par Monſeigneur le Duc & Madame la Ducheſſe RUTER. En tefmoin de ce nous, Jacques de Savoye, avons par ces Prefentes ſigné de notre main, & fcellées de notre fcel, & nous autres Ambaſſadeurs deſſus nommés, les avons auſſi ſignées de nos feings manuels. Donné aux Champs à l'Abbaye Noſtre-Dame Defguerchain-lez-Douay le vingt-uniefme jour d'Aouſt, l'an 1480, *Ainſi ſigné*, Jacques de Savoye, *& Abbas Affleghem*, P. de Baenſt, Dauffay, G. Numan. Sçavoir, faifons que nous ayants pour agreable, tout ce que par icelui notre couſin & autres nos Ambaſſadeurs deſſus nommés, a été fait conclu, confenti & accordé touchant ladite trefve & prorogation d'icelle; nous tout le contenu efdites Lettres cy-deſſus tranfcrites, avons conferré, loué, ratifié & approuvé, & par la teneur de ces Prefentes confermons, louons, ratifions, approuvons & avons agréable. Et avons promis, & nous Duc juré, & par la teneur de ces Prefentes, promettons & jurons en parole de Prince fur notre honneur, & par la foi & ferment de notre corps, & fur les Saints Evangiles de Notre Seigneur pour ce, par nous manuellement touchés,que nous garderons, obferverons & entretiendrons, & par tous nos Capitaines, Chefs & gens de guerres & autres nos fujets, ferons obferver, garder & entretenir lefdites treves, feur eſtat & abſtinence de guerre, & tout le contenu ès articles pour ce faits, & accordés entre ledit Seigneur de Lude & nofdits Ambaſſadeurs, fans faire, ne fouffrir faire aucune chofe au contraire, en quelque forme ou maniere que ce foit; en tefmoin de ce nous avons ſigné ces Prefentes de notre main, & à icelles fait mettre notre fcel. Donné en notre Ville de Namur, le fecond jour de Septembre, l'an de grace mil quatre cent & quatre-vingt. MAXIMILIEN, MARIE. *Par Monſeigneur le Duc & Madame la Ducheſſe*, SOILOT.

CCCXVI.

Promeſſe d'oppoſition des Gens du Roy aux verifications des pouvoirs de Julien, Cardinal de S. Pierre aux Liens en qualité de Legat.

AUjourd'hui Mardy cinquiefme jour de Septembre mil quatre cens quatre-vingt, avant que les huis fuſſent ouverts pour la reception des Lettres du Legat Cardinal *Sancti Petri ad vincula*, font venus en la Cour civile; Maiſtres François Hallé & Guillaume de Ganay, Advocats du Roy *& in ſecreto*, en mes mains, fe font oppofés contre la lecture, publication de la faculté octroyée par Notre S. Pere le Pape audit Cardinal nommé Meſſire Julien, laquelle faculté eſtoit pour traiter la paix entre

Tiré des Recueils de M. l'Abbé Le Grand.

1480.

tre le Roy & Maximilien Duc d'Auſtriche & ſa femme, & contraindre ceux qui à ce ſeront à contraindre par excommunication & cenſure, & ont proteſté & proteſtent que quelque choſe qui ſoit faite en cette partie ne puiſſe préjudicier au Roy notre ſouverain Seigneur à ſa Couronne ne à ſes droits Royaux, leſquelles oppoſitions & proteſtations ils entendent bailler plus amplement par écrit quand il en ſera beſoin.

CCCXVII.

☞ *Oppoſition par proviſion des Gens du Roy à la lecture & publication des facultés du Legat Cardinal de S. Pierre ad vincula, donnée par écrit le 5 Septembre 1480.*

Tiré des Recueils de M. l'Abbé le Grand.

AUjourd'hui Jeudy ſeptieſme jour de Septembre mil quatre cens quatre-vingt, avant que les huis fuſſent ouverts pour la reception des Lettres du Legat Cardinal *S. Petri ad vincula; & cet acte eſt le même que celui cy-deſſus quoiqu'avec une datte differente. Mais par toutes les pieces de cette année il paroit que Louis XI. avoit ſollicité lui-même l'excommunication du côté de Rome, & il paroit que ces oppoſitions ſe faiſoient à ſon inſceu par les Gens du Roy pour mettre à couvert les droits & immunités de la Couronne.*

CCCXVIII.

Julien de la Rovere Cardinal du titre de S. Pierre aux Liens, Legat en France, mande à Maximilien Duc d'Autriche, qu'il eſt venu en France pour exhorter le Roy Louis XI. à faire la Paix, à quoi il l'a trouvé très porté, qu'après avoir reſté quatre jours ſeulement à Vendôme il eſt venu à Paris, d'où il doit aller vers luy, pour l'engager à travailler à ce ſaint œuvre.

A Paris le 5. Septembre 1480.

Tiré de l'Edition de M. Godefroy.

ILluſtriſſime Dux & Excellentiſſime Domine, Domine colendiſſime cum commendatione Salutem in Domino. Non dubito quin Veſtra Excellentia intellexerit cauſas meæ Legationis ad pacem Principum Chriſtianorum & communem utilitatem ſpectare, ut Chriſtiana Reſpublica, quæ furore immaniſſimorum Turchorum, abſque ope & auxilio ipſorum Principum ſervari non poteſt, reconciliatis inter ſe Catholicis conjunctiſque viribus, ut opus, eſt defendatur. His de cauſis à Sanctiſſimo Domino noſtro & Sacro Collegio miſſus continuato itinere licet per æſtus maximos ad Sereniſſimum Dominum Ludovicum Francorum Regem Chriſtianiſſimum perveni, quem liberâ voce ad opem Reippublicæ ipſi ferendam & ad pacem faciendam hortatus ſum ac monui & ſanè qualem optabam inveni: flagrantem ſcilicet ſtudio Rempublicam ipſam juvandi & propterea non averſum à pace, apud eum dies dumtaxat quatuor, Vindocini Carnotenſis diœceſis commoratus, Pariſius ſum profectus ad veſtram Excellentiam tendens, ut præſens cum præſente non per Internuncios de tam ſanctis ac neceſſariis rebus agam, volui autem has litteras præmittere

præmittere. Vestra Excellentia de proposito & progressibus meis certior facta, se quoque ita ad hæc comparet ut pietas & sapientia ejus postulat, cui me ex animo commendo. Parisius quinto Septembris millesimo quadringentesimo octogesimo. Ego Excellentiæ Vestræ totus Julius Cardinalis Sancti Petri ad Vincula Legatus.

La Suscription, Illustrissimo Principi & Excellentissimo Domino, Domino Maximiliano Austriæ, &c. Duci dignissimo Domino colendissimo.
Copié sur l'original.

1480.

CCCXIX.

Maximilien Duc d'Autriche répond à la Lettre precedente, que son Conseil n'est pas près de lui, qu'il veut le consulter, & prie le Legat de differer son voyage jusques à ce qu'il ait la reponse, qu'il lui fera dans peu.

A Gand le 12. Septembre. 1480.

REverendissime in Christo Pater, Domine amice carissime; Litteras vestræ Reverendissimæ Paternitatis recepimus, quibus Legationis vestræ causas, & promptissimum ad nos, patriasque nostras vestrum quem facere intenditis progressum significatis, verùm cum ad nostrum oppidum certas ob causas paucis comitati accesserimus ad locum quo Consilium, Statumque nostrum reliquimus, jam celeriter iter accipientes tam ardua negocia ob eorum magnitudinem absque Consilii matura deliberatione pertractare nolentes, nostrum super vestris litteris responsum aliquantisper differre bonis & necessariis causis opus est; quo fit vestram Reverendissimam Paternitatem convenientibus respectibus oratam iti cupimus ut suum ad nos & nostras Patrias accessum differre velit, donec super his quæ scribit Paternitas vestra à nobis latiùs responsum acceperit, quod propè diem facere intendimus. Ex Gandavo oppido nostro die duodecimâ mensis Septembris.

Tiré de l'Edition de M. Godefroy.

Tiré d'une Copie.

Ffff3   CCCXX.

CCCXX.

Bref du Pape Sixte IV. par lequel sur le refus que Maximilien Duc d'Autriche faisoit de recevoir comme Legat le Cardinal de Saint Pierre aux Liens, le voulant recevoir seulement comme Cardinal, attendu qu'il avoit fait fonction de Legat en France, il le prie de le reconnoître & recevoir comme Legat.

A Rome le 16 Septembre 1480.

SIXTUS PP. IV.

Tiré de l'Edition de M. Godefroy.

Dilecte Fili salutem & Apostolicam benedictionem. Allatæ fuerunt nuper ad nos Litteræ tuæ quibus conqueri videris, quod venerabilem fratrem nostrum Julium Episcopum Sabinensem, Cardinalem Sancti Petri ad Vincula, nostrum secundum carnem nepotem instituerimus Legatum, tam ad partes Dominii tui, quam Christianissimi Francorum Regis, & quasi innuis nolle eum tanquam Legatum, sed tanquam Cardinalem excipere, utpote qui alleges eum semper negotia præfati Regis procurasse, illique esse affectissimum. (1) Certi sumus fili, dilectissime, quod pro sapienti & religioso animo tuo cuncta in bonam partem unde proficiscuntur, rebus bene consideratis, accipies, & nostram paternam in te caritatem, & communis patris officium recto judicio perpendes. Nos eum Legatum misimus, ut juxta nostrum & Sacri Collegii desiderium, pax, unio & quies inter Nobilitatem tuam & Regem ipsum constitueretur & utrinque res optimè componerentur; ideòque Cardinalem Nepotem nostrum, utpotè neutralem elegimus, qui tantum ad bonum publicum vacet, privato autem nihil tribuat affectui, quemadmodum eum non dubitamus facturum, & Nobilitas tua quotidie animadvertet, quamobrem hortamur te summo studio & obtestamur enixiùs, ut sicut devotus & nobis huic Sanctæ Sedi es, ita bonâ voluntate nostrâ & venerabilium fratrum nostrorum pro tua prudentia consideratâ, velis hujusmodi nostris ordinationibus, quæ non nisi ex vera caritate & sincero affectu ut diximus deducuntur, te conformare ac libenter acquiescere, pariterque Cardinalem ipsum Legatum benignè, ut certè decet & debes semota suspicione omni, excipere, atque animum tuum ad pacem ipsam amplectendam disponere, quod facies, si omnia quæ diximus animo diligentissime revolves; considerare etenim licet, quantum boni ex hac pace secuturum sit, tum in primis vobis, tum deinde populis & subditis vestris, quorum salus & quies ex vestra dependet, tum denique universæ Christianæ Reipublicæ, quandoquidem exteri omnes in vos duos potissimum oculos conjicere, & ex negocio vestro pendere videantur. Consule ergo pro tua magnanimitate & tibi & cæteris, paci intende, Legatum patienter audi, & ausculta, paterna eademque saluberrima Sedis Apostolicæ

(1) On l'a cru pendant qu'il a été Cardinal, mais on a été détrompé depuis qu'il a été Pape.

DE PHIL. DE COMINES.

Apostolicæ monita amplectere ; tu hæc si feceris ut speramus, cognosces te ex nulla alia re majorem gloriam & laudem apud Deum & homines tibi parare potuisse. Datum Romæ apud Sanctum Petrum sub annulo Piscatoris die decimo sexto Septembris millesimo quadringentesimo octogesimo. Pontificatus nostri anno decimo.

1480.

La suscription, Dilecto filio nobili Viro Maximiliano Austriæ & Burgundiæ Duci.

Copié sur l'original.

CCCXXI.

Le Cardinal de S. Pierre aux Liens prie le Duc d'Autriche de ne le pas laisser davantage en suspens sur son allée aux Pays-bas, attendu qu'il ne peut sans deshonneur rester où il est.

A Peronne le 17 Septembre 1480.

Illustrissime Dux & Excellentissime Domine, Domine honorande salutem in Domino. Accepi litteras Excellentiæ vestræ, quibus me hortatur ut accessum ad se & suas patrias differam, donec latiùs mihi responsum dederit, equidem eo animo veneram, ut non priùs patrias ipsas ingrederer, quam id Excellentiæ vestræ placere intellexissem. Considero tamen me non posse hic diutiùs absque diminutione dignitatis Apostolicæ Sanctæ Sedis manere, præsertim cum magnitudo periculi Christianæ Reipublicæ imminentis celeritatem desideret. Perfidi enim Turci post meum ab urbe discessum, Rhodum obsederunt & Idrontum civitatem Appuliæ nuperrimè crudelissimè expugnarunt, pro ut Excellentiæ vestræ credo jam notum esse ; quare hortor eam, & rogo attente, cito mihi voluntatem declaret suam, ut intelligam quid agere debeam, ne diutiùs in suspenso sim cum dedecore dictæ Sedis & Reipublicæ Christianæ jactura, nam neque Sanctissimus Dominus noster ullum suum privatum commodum sequitur, neque ego utilitatem, aut honores meos quæro, sed paci atque utilitati publicæ studeo. Sit felix Excellentia vestra, cui me offero & commendo. Peronnæ Noviomensis Diœcesis decimo septimo Septembris millesimo quadringentesimo octogesimo. Ego Excellentiæ vestræ totus Julius Cardinalis Sancti Petri ad Vincula Legatus.

Tiré de l'Edition de M. Godefroy.

La suscription, Illustrissimo Duci ac Excellentissimo Domino, honorando Domino Maximiliano Austriæ, &c. Duci dignissimo.

Copié sur l'original.

CCCXXII.

(1) Le Legat ne donne point au Duc d'Autriche le titre de Duc de Bourgogne, quoique le Pape lui eut donné ce titre par le Bref precedent.

CCCXXII.

Lettre de creance du Cardinal de Saint Pierre aux Liens pour deux personnes qu'il envoyoit à Maximilien Duc d'Autriche, pour sçavoir sa volonté sur son allée aux Pays-bas.

A Peronne le 18. Septembre 1480.

Tiré de l'Edition de M. Godefroy.

Illustrissime Dux & Excellentissime Domine, Domine honorande salutem in Domino. Litteris Excellentiæ vestræ, quibus me hortabatur ut accessum meum ad se, suasque patrias differre velim, heri (1) responsum dedi, nunc autem Reverendum in Christo Patrem Dominum Marcum Archiepiscopum Collocensem (2) eximiumque utriusque juris Doctorem Dominum Octavianum Suessanum Advocatum Consistorialem, Oratores meos præsentium exhibitores ad ipsam Excellentiam vestram mitto, eamque oro ut ipsis Oratoribus plenam in referendis fidem adhibeat, voluntatemque suam citò declaret: non possum enim diutiùs hîc præstolari, cum mea & Sanctæ Sedis Apostolicæ dignitate, prout iidem Oratores mei, latiùs explicabunt. Ex Perona decimo octavo Septembris millesimo quadringentesimo octogesimo. Ego Excellentiæ vestræ Totus, Julius Cardinalis Sancti Petri ad Vincula Legatus, manu propria.

La suscription, Illustrissimo Duci & Excellentissimo Domino, honorando Domino Maximiliano Austriæ, &c. Duci dignissimo.

Copié sur l'original,

CCCXXIII.

Le Cardinal de Saint Pierre aux Liens Legat, se plaint à Maximilien Duc d'Autriche du refus qu'il fait de le recevoir, & le prie de lui faire connoitre sa volonté afin de sçavoir ce qu'il aura à faire.

A Peronne le 5. Octobre 1480.

Tiré de la même édition.

Illustrissime Dux & Excellentissime Domine, Domine honorande salutem in Domino: Tabellarius præsentium litterarum lator venit ad me velocissimè è Romana Curia, cum Litteris Sanctissimi Domini nostri ac Sacri Collegii, inter quas unum Breve (1) erat Excellentiæ vestræ directum, quod illi nunc per ipsum Tabellarium mitto, rogans id quod jam per Oratores & litteras repetitas rogavi, ut scilicet non differatis ampliùs mihi clarum responsum dare; Non possum hîc namque manere absque dedecore Sanctæ Apostolicæ Sedis & meo maximo damno atque dispendio, & certè si Excellentia vestra rectè considerabit, expectavi diutiùs quam par erat, nec solitæ vestræ pietati ac devotioni convenire videtur

(1) C'est la Lettre précedente.
(2) Colocza Ville de Hongrie.

(1) C'est le Bref ci-devant imprimé à la page 598.

DE PHIL. DE COMINES. 601

videtur quod Legatus à Sancta Sede Apostolica pro pace & bono patriarum vestrarum missus ad conspectum vestrum admissus non sit, aut inauditus recedat, præsertim cum ab ipsa pace salus Reipublicæ Christianæ dependeat in maximo & manifesto periculo constitutæ. Ego quantæ utilitates & patriis ipsis & fidei Catholicæ ex pace proventuræ sint considerans, dispendium & incommodum meum patienter ferrem, nisi à Sanctissimo Domino nostro & Sacro Collegio assiduè sollicitarer atque urgerer, quare iterum rogo ut per hunc ipsum Tabellarium mihi voluntatem declaret suam, ut quid acturus sim tandem intelligam, sit Felix Excellentia cui me offero & commendo. Ex Perona oppido Noviomensis Diœcesis, quinto Octobris millesimo quadringentesimo octogesimo. Ego Ex-Excellentiæ vestræ Totus Julius Cardinalis Sancti Petri ad Vincula Legatus.

La suscription, Illustrissimo & Excellentissimo Domino, Domino Maximiliano Austriæ, &c. Duci dignissimo Domino honorando.

Copié sur l'original.

1480.

CCCXXIV.

Maistre Jean Dauffay Maitre des Requestes au Grand Conseil, prie Maximilien Duc d'Autriche de vouloir lui faire sçavoir ce qu'il auroit à répondre au Cardinal de Saint Pierre aux Liens, qu'il alloit trouver de sa part à Peronne, en cas que ce Cardinal voulût agir en Juge dans les differens que ce Duc avoit avec le Roy Louis XI. & porter quelques censures à ce sujet.

A Malines le 26. Septembre 1480.

MOn très-redoubté Seigneur & Prince, je me recommande très-humblement à vostre benigne grace. Mon très-redoubté Seigneur & Prince, j'ay ce jourd'huy de l'après disner receu vos Lettres, esquelles estoient encloses plusieurs copies de lettres de Monsieur le Cardinal de Sainct Pierre *ad vincula*, & autres, toutes lesquelles j'ay montré & communiqué à Monsieur le Doyen de Saint Donas (1) que j'ay trouvé en cette Ville, & pour avancer & haster les matieres baillées en charge à Messieurs de Lannoy, de le Gracht, de Berlettes, ledit Doyen de Sainct Donas, le Docteur Glines, & moy dès mon partement de vostre Ville de Namur, je leur avois escrit de nous trouver tous ensemble en vostre Ville de Lille Lundy ou Mardy prochain, & pour tousjours gagner temps, je chargeay & ordonnay à Ganiot, Chevaucheur de vostre Escurie, de sitost qu'il auroit porté vos Lettres aux dessus nommés, aller tout d'un chemin querir nostre saufconduit, & le rapporter audit lieu de Lille; mais pour ce que j'ay, tant par vosdites Lettres, que de bouche, par Monsieur le Gouverneur de vostre Chancellerie, Maistre Thomas de Plaine, esté adverty que ledit Cardinal *Sancti Petri* est à Peronne, j'ay à toute diligence envoyé devers mesdits Sieurs de Lannoy & de Gracht

Tiré de l'Edition de M. Godefroy.

(1) Pierre Bogard, Doyen de S. Donas de Bruges.

Tome III. Gggg

1480.

Gracht, & les adverty des Lettres par moy reçeues, pour les haster & avancer, & eux trouver Mardy prochain à Cambray, où comme j'espere sera ledit Ganiot à tout nostre saufconduit, & n'est pas possible de plus haster la chose, mais sitost que serons ensemble, & que aurons nostre seureté pour aller audit Peronne, nous ne sejournerons ne jour ne heure, tant que serons acquittés de nostre charge. Au surplus, mon très-redoubté Seigneur & Prince, pour ce que, tant par le contenu ès Lettres à vous envoyées par ledit Cardinal & Evesque de Sibinicq (2), que par ce que mondit Sieur le Gouverneur m'a dit de bouche des devises qu'il a eu avec très-reverend pere en Dieu Monsieur le Cardinal de Tournay (3), de la charge que comme il entend à l'Ambassade envoyée devers vous par ledit Cardinal *Sancti Petri*. Il est assez apparent que l'on nous fera responce telle que ledit *Sancti Petri* ne veut entrer en vos pays, sans vostre gré & consentement, & avec ce qu'il desire conduire les matieres à bonne fin & traiter de paix par voye amiable, & comme amy commun des Princes & non pas comme Juge; surquoy par nos instructions nous avons charge de respondre, que de ce vous advertirons. Or je doubte que pour replique il nous dira, que desja il vous a fait advertir quelle charge & intention il a de besoigner en ceste matiere, & que par sa Lettre il donne desja assez à entendre en forme de doleance, que les delays que requerons avoir de vous en advertir, & l'attente qu'il fait audit Peronne, tournent en la diminution & honte de l'authorité du Saint Siege Apostolique, qui sont paroles sentans charge; il semble sous vostre très-noble correction audit Doyen de Sainct Donas & à moy, que pour le bien des matieres & la descharge de nous vos très-humbles serviteurs envoyés de par vous devers luy, Il seroit bon que à toute diligence fussions advertis de vostre très-noble plaisir, pour luy faire responce plus avant, soit de luy remonstrer les causes de soupechon que avez alencontre de luy, & luy faire intimer l'appellation de vostre Procureur general, &c. ce que par nosdites instructions nous avons charge de faire, sinon entant que nous verrons que en cette partie il se veuillle porter pour Juge, & que perchevissions qu'il voulsist proceder contre vous à aucunes monitions, ou de trouver aucunes excuses honnestes pour retarder sa venue & descente de vos pays, ou telle autre responce que voudrez & nous ordonnerez faire, en quoy Messieurs mes Collegues & moy nous acquitterons à nos leaux pouvoirs, comme tenus y sommes, aydant le benoist Fils de Dieu, qui, mon très-redoubté Seigneur & Prince, vous doinst accomplissement de vos hauts & nobles desirs. Escrit en vostre Ville de Malines le vingt-sixiesme jour de Septembre, l'an mil quatre cens quatre-vingt, *& plus bas*, vostre très-humble & très-obeissant subjet & serviteur. *Signé*, DAUFFAY.

La subscription estoit : A mon très-redoubté Seigneur, Monseigneur le Duc d'Autriche, de Bourgogne, & de Brabant, &c.

Copié sur l'original.

CCCXXV.

(2) L'Evesque de Sebenico en Dalmatie.

(3) Ferry de Cluny, Cardinal, Evesque de Tournay.

CCCXXV.

Marguerite Duchesse Douairiere de Bourgogne, informe le Duc d'Autriche des suites de sa negociation, du mécontentement du Conseil du Roy d'Angleterre, de la tresve faite avec la France sans la participation de ce Roy, d'une conference & d'une entrevue proposée avec le Roy Louys XI. de ses intelligences avec le Roy d'Ecosse, du depart des troupes Angloises pour la Flandre, d'un present par elle fait à la Princesse d'Angleterre, & de son retour en Flandre.

1480.

A Rochester le 14. Septembre 1480.

Très-cher & très-amé fils, je me recommande à vous tant affectueusement & de si bon cœur que faire puis, & vous plaise sçavoir que puis aucuns jours, j'ay en la Cité de Londres, par le porteur de cestes, receu vos Lettres, ensemble la copie des Lettres de la tresve prinse par vos gens & Ambassadeurs avec ceux du Roy Loys, laquelle tresve a esté conclute & accordée jusques au vingt-septiesme jour de Mars prochain venant; mais elle n'a esté publiée que de trois mois, qui expireront le . . . . . jour de Novembre prochain venant, & se pendant lesdits trois mois, les differens d'entre ledit Roy Loys & vous ne sont appoinctés & appaisés, elle se publiera lors jusques audit vingt-septiesme jour de Mars. Et d'autre part m'escrivez que ja soit ce que après la venue devers vous de Michel de Berghes (1), par lequel vous avois escrit que Monseigneur mon frere le Roy d'Angleterre avoit deliberé d'envoyer son Ambassade devers ledit Roy Loys pour vostre fait, & afin que iceluy Roy Loys se voulsist submettre sur luy, & en son ordonnance & jugement desdits differens d'entre luy & vous, & à cette fin prendre & consentir une tresve jusques à Pasques prouchain venant, pendant laquelle il pourroit entendre à vuider lesdits differens, eussiez escrit à vosdits gens, lors estans à Douay, qu'ils se departissent de la journée par eux auparavant pourparlée & accordée (2) avec lesdits gens du Roy Loys, au quinziesme jour d'Octobre prouchain venant, pour entendre & besoingner en la matiere de la paix, les advertissant que ladite matiere de la paix vouliez, & entendiez entierement conduire par le moyen & par la main de mondit Seigneur & frere, neantmoins ils se sont excusés vers vous de non l'avoir ainsi fait, disans que avant la reception de vos Lettres sur ce, ladite tresve estoit desja faite & conclute, & les Lettres d'icelle escrites & despeschées d'un costé & d'autre, dont me priez vouloir advertir mondit Seigneur & frere, & luy prier de par vous que se sadite Ambassade n'est desja partie, pour aller devers ledit Roy Loys, son plaisir soit la vouloir tantost despescher & faire partir, & luy donner charge expresse de vostredit fait, selon que par ledit Michel de Berghes, vous ay escrit & fait advertir qu'il avoit conclu de faire, & avec ce de prendre telle journée qu'il luy plaira pour entendre en ladite matiere de la paix d'entre ledit Roy Loys & vous, laquelle

Tiré de l'Edition de M. Godefroy.

(1) *Voyez* son instruction ci-devant.
(2) Cette conference qui devoit se tenir à Lille ou à Arras, n'a pas eu lieu.

vous

vous tiendrez & vous departirez de celle que vosdits gens ont prinse audit quinziesme d'Octobre prouchain, se toutesvoyes le plaisir de mondit Seigneur & frere, n'est que icelle journée dudit quinziesme d'Octobre se tienne, & de à icelle envoyer de ses gens pour estre presens à tout, & eux employer à ladite paix, dont vous ferez tout ainsi qu'il luy plaira en ordonner, car vous entendez icelle matiere de paix conduire par son moyen & par sa main, & non autrement, dont aussi me priez l'avertir, afin que sur tout il vous veuille escrire & signifier son bon plaisir, & en outre luy requerre de par vous qu'il veuille ladite tresve signifier au Duc de Bretagne, lequel de vostre part est nommement compris comme vostre allié, afin qu'il en soit averty, & que en temps il puist faire & se declarer selon le contenu d'icelle tresve, ou de tout avertir l'Ambassadeur de Bretagne, estant par-deça à la fin dessusdite. Surquoy, très-cher & très-amé fils, il est vray que ladite tresve & de tout le contenu en vosdites Lettres, j'ay bien au long averty mondit Seigneur & frere, qui a le tout communiqué avec les gens de son Conseil, & a esté & est bien content de ladite tresve par vosdits gens prinse, en ensuivant le consentement par luy sur ce donné, mais aucuns des principaux de sondit Conseil ont reproché à moy & à vos Ambassadeurs estans par-deça avec moy, que en allant & faisant contre ce que aviez escrit & fait dire à mondit Seigneur & frere, vous aviez consenti ladite journée du quinze d'Octobre, sans son sceu ou consentement, & s'en sont donnés & donnent grande merveille : aussi vous sçavez la charge que m'avez par vos instructions expressement donné, de certifier & asseurer mondit Seigneur mon frere, que ne seriez rien avec ledit Roy Loys, sans son sceu, moyen & consentement, & depuis que suis par-deça, le m'avez plusieurs fois escrit, pourquoy devez avoir grand regard de faire ou consentir aucune chose au contraire, car ce seroit vostre deshonneur & le mien. Toutesfois moy & vosdits Ambassadeurs avons fait telles remonstrances à mondit Seigneur mon frere & ausdits de son Conseil de vostre bon, ferme & entier vouloir envers luy, & que n'entendez ou voulez aucunement traiter ne besoigner touchant ladite paix avec ledit Roy Loys, sinon par son moyen, conseil & consentement ; qu'il nous a accordé d'escrire au Docteur Langton son Conseiller & Ambassadeur, estant à present devers ledit Roy Loys avec le grand Maistre de Saint Jehan, qui y est allé pour les affaires de la Religion de Rhodes, lequel Docteur a charge expresse de vostredit fait, qu'il poursuive à toute diligence sadite charge, selon la forme de ses instructions, & especialement que ledit Roy Loys se submette entierement sur luy desdits differens d'entre luy & vous, & que ou cas que ladite journée du quinze d'Octobre luy soit de la part d'iceluy Roy Loys mise avant, afin de soy deporter de ladite soubmission, il ce nonobstant contende expressement que ladite soubmission se consente & fasse par ledit Roy Loys, pour avoir lieu ou cas que à icelle journée dudit quinze d'Octobre, à laquelle il envoyera ses gens & Ambassadeurs, ne soit trouvé appaisement & appointement sur vosdits differens, en quoy de tout son pouvoir il se veut employer & employera, & aussi nous a accordé de vous escrire sa conclusion telle que dit est, & que non-obstant
que

DE PHIL. DE COMINES. 605

que icelle journée prinſe par voſdits gens audit quinze d'Octobre, ſoit hors du train du contenu ès Lettres patentes touchant ſa declaration, & qu'il a miſes en mes mains, & qu'il deſire & veut eſtre ſecretes, comme ſçait Maiſtre Thomas de Pleine voſtre Conſeiller eſtant preſentement devers vous. Il accomplira & entretiendra tout le ſurplus du contenu & effect de ſeſdites Lettres patentes, par ainſi que les voſtres luy ſoient delivrées au temps convenu & accordé, ſelon la forme dont luy avons delivré la minute ſignée de nos mains, comme auſſi par ledit Maiſtre Thomas avez peu eſtre adverty & pourveu que en ladite matiere de la paix & appointement d'entre le Roy Loys & vous, ne ſoit plus avant par vous aucune choſe faite, traitée ou beſoingnée ſans ſon moyen, advis & conſentement. Mais très-cher & très-amé fils, je reçeus hier au ſoir en ceſte de Rocheſtet autres vous Lettres, par un Chevaucheur de voſtre Eſcurie, eſcrites en voſtre Ville de Gand, faiſans mention de la venue devers vous dudit Maiſtre Thomas de Pleine, & de certaine offre & ouverture que ledit Roy Loys vous a fait faire touchant l'aſſemblée de luy, & de vous en aucun lieu à vous prouchain pour entendre en ladite paix, & de certains moyens que deſirez eſtre par moy tenus & pratiqués envers mondit Seigneur mon frere, en l'avertiſſant de cette nouvelle matiere, ſelon qu'il eſt au long en voſdites Lettres contenu & declaré, à cauſe deſquelles vos Lettres & de ladite nouvelle matiere contenue en icelles, qui ſemble encore eſtre plus au dehors de ce que mondit Seigneur mon frere avoit accordé, vouloit & deſiroit faire pour le bien de vous & de vos matieres, moy & voſdits Ambaſſadeurs avons eſté fort perplex, & avons doubté, que ſe en advertiſſions preſentement mondit Seigneur mon frere, il ne s'en deuſt irriter & mal contenter, & que à ceſte cauſe il ne changeaſt ou muaſt aucune choſe en la bonne concluſion par luy prinſe d'eſcrire audit Docteur Langton ſon Ambaſſadeur, & auſſi à vous en la maniere dite, pourquoy & pour mieux faire avons aviſé de ſurſeoir & differer un jour ou deux de luy faire aucun ſemblant du contenu en voſdites ſecondes Lettres, juſques à ce que les Lettres de par luy adreſſans, tant à vous, que à yceluy Docteur Langton, voſtredit fait, ſeront expediées & delivrées, & lors nous luy declarerons & ouvrerons ce que par voſdites ſecondes Lettres meſcrivez touchant ladite aſſemblée dudit Roy Loys & de vous, par la meilleure façon & maniere que poſſible nous ſera, ſelon voſtre vouloir & deſir, & de la reſponſe que ſur ce pourrons avoir de luy, vous avertiray par mes Lettres à toute diligence ; & au regard d'advertir ledit Duc de Bretagne de la treſve deſſuſdite, mondit Seigneur mon frere a accordé de luy en eſcrire, ſelon que le deſirez & que requis luy ay de voſtre part, & avec ce en ay adverty ſondit Ambaſſadeur eſtant par-deça, & luy ay fait delivrer le double de la copie d'icelle treſve que m'avez envoyée pour l'envoyer audit Duc ſon Maiſtre. D'autre part, très-cher & très-amé fils, combien que ayez pieça eſté bien adverty de la guerre que le Roy d'Eſcoſſe a encommencé contre mondit Seigneur mon frere & ſon Royaume, & que moy & voſdits Ambaſſadeurs vous ayons eſcrit & adverty de ce que iceluy Monſeigneur mon frere deſiroit par vous eſtre reſpondu audit Roy d'Eſcoſſe à certaines Lettres qu'il vous avoit eſcrites, pour ſçavoir

1480.

sçavoir & entendre comment vous entendiez traiter les Marchands de son Royaume, ses subjets residens en vostre pays de Flandres, & toutefois certain Escossois a esté puis aucun jour prins en ce Royaume à tout aucunes Lettres adressans audit Roy d'Ecosse, les unes de par vous signées de vostre main, & les autres, de par ceux de vostre Ville de Bruges; lesquels ont esté apportées & baillées à mondit Seigneur mon frere, qui les a veues & fait veoir par lesdits gens de son Conseil, & le contenu d'icelles est le plus amiable & favorable qu'il est possible, selon l'intention & desir dudit Roy d'Escosse, dont icelui Monseigneur mon frere & lesdits de son Conseil se sont grandement merveillés, attendu ce que dit est. Toutesfois, moy & vosdits Ambassadeurs avons excusé la chose au mieux, & par les meilleurs moyens que possible nous a esté à vostre honneur & descharge, luy donnant certain espoir, que par effect luy montrerez, que ne voulez favoriser, ne favorisez ses ennemis, & que sur ce dont par ledit Maistre Thomas de Pleine, il vous a presentement fait advertir & requerre touchant les Escossois, vous luy complairez tellement, que par raison il aura cause d'estre content, & par ce moyen s'est contenté & appaisé mondit Seigneur mon frere, du contenu esdites Lettres, lesquelles il a montrées à moy & à vosdits Ambassadeurs, & les a encores en ses mains; mais je feray tant qu'il m'en fera bailler la vraye copie pour la vous envoyer ou porter; si vous prie, trèscher & très-amé fils, tant comme je vous puis, que en cette matiere il vous plaise tellement faire & vous conduire au desir d'icelui Monseigneur mon frere, que vostre honneur & le mien y soient gardés, & que lesdits de son Conseil n'ayent cause de vous noter de legiereté, ne de penser que veuilliez estre autre que bon & entier amy de mondit Seigneur mon frere & de son Royaume. Entant qu'il touche les quinze cens Archers que mondit Seigneur mon frere a accordé vous envoyer par-delà, soubs Messire Thomas Euvrynghem, Messire Jehan Milton, & Messire Jehan Dichfild; ledit Messire Thomas Euvrynghem à tous les Archers de sa garde, qui sont en nombre de sept cens cinquante, doit estre de cette heure passé, de là à la mer, selon les nouvelles que j'en ay, & quant ausdits Milton & Dichfild, & aux autres sept cens cinquante Archers dont ils ont charge, ils sont tous prêts & tirent presentement au passage de la mer, & ay intention de les faire passer & tirer tout droit à l'Escluse, s'il est possible, & sinon ils passeront par Calays, & s'en iront par Dunkerke le droit chemin le plustost & diligemment que faire se pourra, dont je vous avertis, afin que incontinent envoyez aucuns de par vous esdits lieux de Calays & de l'Escluse, pour les recevoir au lieu où ils arriveront, passer les monstres & leur faire payement, & après les mener & conduire là où il vous plaira les avoir, se desja ne l'avez fait, & aussi donnez ordre qu'ils soient honnestement & courtoisement reçeus, & qu'ils soient bien traités, payés & entretenus, afin que se aviez besoin d'en avoir cy-après des autres, vous les puissiez mieux & plus franchement & facillement recouvrer; & pour de tout vous feablement avertir, très-cher & très-amé fils, mondit Seigneur mon frere, en parlant desdits Archers à moy & à vosdits Ambassadeurs, nous a plainement declaré qu'il se donnoit merveilles de ce que avez fait casser & renvoyer

par-deça

par-deçà trois ou quatre cens Archers de ce Royaume, qui par aucun temps avoient esté en vostre service par-delà, & luy sembloit se vous n'avez peu entretenir lesdits trois ou quatre cens Archers, les quinze cens desfusdits qu'il vous envoye presentement, comme dit est, seront mal entretenus, à quoy luy avons respondu, pour vostre excuse & descharge, que iceux trois ou quatre cens Archers ainsi cassez & renvoyez, estoient comme nous entendions certainement gens de très-petite & mauvaise conduite, & qu'ils faisoient tant de maux, roberies, & desroys en vostre pays & sur vos subjets, que bonnement sans trop grandes clameurs de vosdits subjets ne les pouviez plus avant entretenir. J'ay fait faire payement ausdits quinze cens Archers & leursdits Capitaines, pour six semaines, sur les dix mille escus d'or que mondit Seigneur mon frere vous a prestés sur l'obligation de moy & de vosdits Ambassadeurs, dont j'ay fait recouvrer les acquits & quittances desdits Capitaines à vostre descharge, & du surplus de l'argent ay fait delivrer audit Docteur Langton, Ambassadeur de mondit Seigneur mon frere devers ledit Roy Loys, la somme de vingt-quatre livres d'esterlings, pour sa recompense d'aucuns biens qu'il avoit ès navires du Sieur de Hawart, qui furent prins l'année passée par les gens de mes cousins de Romont & de Nassau, laquelle somme ledit Sieur de Hawart a consenti par sa Lettre que j'ay devers moy, luy estre desduite & rabatue sur les payemens que par vous luy doivent estre faits, pour la récompense de lesdits navires, & des biens pris en iceux. Et en outre ay fait achepter en la Cité de Londres une belle baghe en façon de fermelet, en laquelle a huit belles tables de diamans & une rose ou milieu à trois perles pendans, & une chaisne d'or à prendre ladite baghe pour la somme de soixante livres d'esterlings, laquelle baghe j'ay en la presence de mondit frere, de la Royne, & de vosdits Ambassadeurs, presentée & donnée de par mon petit fils de Charolois (3), à ma petite niepce Anne (4) fille de mondit Seigneur mon frere, dont iceluy Monseigneur mon frere a esté fort content, & en ce lieu envoyera par moy à mondit petit-fils, de par madite niepce sa fille une autre gracieuse baghe, & le reste de vosdits deniers qui pourra monter, comme j'entens, environ cinq ou six livres d'esterlings, vous sera gardée, comme de tout plus à plain vous apparoistra par le compte d'iceux vos deniers que vous porteray brief avec lesdits acquits desdits Capitaines, s'il plaist à nostre-Seigneur. Au surplus, très-cher & très-amé fils, pour vous avertir de mon retour par-delà, je arrivay ledit jour de hier en cettedite Ville de Rochestre en la compagnie de mondit Seigneur mon frere, qui me veut conduire jusques au bort de l'eau à Douvre, & ce jourd'huy m'envoys avec luy en la maison du Sieur de Rivieres mon cousin estant en mon chemin, en laquelle ledit Sieur de Rivieres nous doit festoyer, & ferons au soir à Canthorbery, où nous sejournerons Dimanche, & Lundy prochain irons au giste audit lieu de Douvres, pour illec monter sur l'eau & passer à Calays, incontinent que mon passage sera prest & propice, très-cher & très-amé fils, je prie au

(3) Philippe d'Autriche, depuis Roy de Castille.

(4) C'étoit celle que l'on proposoit de marier à Philippe d'Autriche.

au benoist Sainct-Esprit, qu'il vous ait en sa très-saincte garde. Escrit en ladite Ville de Rocheftre le quatorziesme jour de Septembre, & plus bas, vostre lealle mere. *Signé*, Marguerite, *& encore plus bas*, & vos très-humbles & très-obeissans subjets & serviteurs J. de Lannoy, Abbé de Sainct Bertin, J. G. de la Baume, J. Gros, & *Signé*, Puissant.

La soubscription: A mon très-cher & très-amé fils le Duc d'Autriche & de Bourgogne, &c.

Copié sur l'original.

CCCXXVI.

Les Ambassadeurs de Maximilien Duc d'Autriche en Angleterre luy marquent, que les liaisons qu'il avoit avec le Roy d'Ecosse, ne plaisoient pas au Roy Edouard IV.

A Sainct Thomas de Cantorbery le 17 Septembre 1480.

Tiré de l'Edition de M. Godefroy.

NOstre très-honoré Seigneur, nous nous recommandons à vous de très-bon cœur tant comme nous pouvons, & vous plaise sçavoir que par Jossequin porteur de cestes, nous avons reçu vos Lettres avec celles de nostre très-redoubté Seigneur Monseigneur le Duc, & veu celles que nostredit Seigneur a escrites à nostre très-redoubtée Dame l'Archiduchesse, laquelle au contenu d'icelles fait presentement response à nostredit Seigneur par les siennes que luy porte cedit porteur, esquelles elle a voulu que ayons esté & soyons soubscrits, ja soit ce qu'elles soient faites & escrites en son nom, comme plus à plein vous apperra par le double desdites Lettres que vous envoyons enclos dedans cestes, vous priant nostre très-honoré Seigneur, que les points contenus esdites Lettres veuilliez bien noter & entendre pour le bien de nostredit Seigneur & de ses affaires, & especialement le point faisant mention des Lettres d'Escosse, car pour certain, le Roy & tout son Conseil ont esté & sont très-mal contens desdites Lettres, & est très-necessaire que vous y avisez & trouvez aucun bon expedient pour le contentement du Roy & de sondit Conseil ; car veritablement il n'a pardeça matiere nulle que luy, sondit Conseil, ne tous ceux du Royaume ayent tant à cuer que ladite matiere d'Escosse, au surplus nostre très-honoré Seigneur, sur ce que nous advertissez d'envoyer devant aucuns de nous par de-là pour advertir nostredit Seigneur de nostre besongne, au cas que nostredite Dame devroit encore tarder son partement de parde-ça; nous prevoans vostredit advertissement, & avant la reception de vosdites Lettres, avons tant fait, que nostredite Dame avoit & a envoyé devers nostredit Seigneur, Maistre Thomas de Pleine, par lequel nostredit Seigneur & vous avez esté au long advertis de nostredite besongne, lequel vous prions ensuyr par de-là le plus près que possible sera, afin que le bon courage du Roy & de sondit Conseil envers nostredit Seigneur, se puist tant mieux continuer & entretenir ; nostredite Dame est à ce soir arrivée en cette Ville avec le Roy, & esperons que Lundy prochain ils seront à Douvres au bord de l'eau, jusques auquel lieu le Roy veut conduire nostredite Dame & la voir entrer en mer, ce qu'elle fera tantost que son passage

sera

fera preſt, & qu'elle aura temps & vent propice. Noſtre très-honoré Seigneur, nous prions au benoiſt fils de Dieu qu'il vous doint bonne vie & longue. Eſcrit à Sainct Thomas de Cantorbery le dix-ſeptieſme jour de Septembre, *anno milleſimo quadringenteſimo octogeſimo, & plus bas,* les tous voſtres J. de Lannoy, G. de la Baume, & voſtre très-humble ſerviteur J. Gros. *Signé*, Puissant, avec paraphe.

1480.

La ſoubſcription, à noſtre très-honnoré Seigneur Monſeigneur de Champuans, Chevalier & Chancelier de Monſeigneur le Duc d'Auſtrice & de Bourgogne.

Copié ſur l'original.

CCCXXVII.

Lettre du Roy d'Angleterre qui mande à Maximilien Duc d'Autriche, qu'il eſt content que la conference projettée pour le 15 Octobre, & meſme l'entrevue de ce Duc avec le Roy Louys XI. ſe faſſe, & qu'il y envverra ſes Ambaſſadeurs.

A Cantorbery le 21 Septembre.

TRès-cher & très-amé couſin, Je me recommande à vous, tant comme je puis, & ay veu certaines Lettres par vous envoyées à ma très-chere & très-amée ſœur de Bourgogne, par leſquelles j'ay eu connoiſſance d'une abſtinence de guerre prinſe entre mon couſin de France & vous, & d'une journée au quinzieſme jour d'Octobre, pour communiquer ſur l'appaiſement des differences deppendantes entre vous deux, & auſſi comme mondit couſin de France vous a pratiqué par pluſieurs moyens, afin d'envoyer vos Ambaſſadeurs vers luy pour appoincter jour & lieu, où vous puiſſiez perſonnellement aſſembler pour l'appaiſement deſſuſdit, auſquels jour & lieu vous me deſirez pour pluſieurs bonnes conſiderations eſtre en perſonne, ſe bonnement y puis eſtre, ou autrement d'y envoyer mes Ambaſſadeurs. Affermant de bon cœur & courage de n'y faire choſe fors que à ma cognoiſſance & de mon conſent & advis, dont je vous remercie bien cordialement, & ſuis très-content que la journée deſſuſdite ſoit tenue, eſpoirant que elle ſera très-bonne & proufitable à l'appaiſement deſdites differences, au bien de nous deux, & afin que je & autres tels, comme pourra ſembler eſtre bon, puiſſions plus aiſement eſtre auſdits jours & lieu ; je vous prie que veilliez iceluy lieu appoincter près de mes pays, & que icelle paix faite & conclue, nous puiſſions adviſer tous les meilleurs moyens que pourront eſtre trouvés pour le bien de noſtre foy, & au reboutement des ennemis d'icelle, & à cette cauſe j'ay donné charge à mes Ambaſſadeurs, qui à preſent vont par devers vous, de vous accompagner & ſe tenir avec vous auſdits jour & lieu, ſe ainſi que vous y ſoyez en perſonne ou autrement de eſtre avec vos Ambaſſadeurs en cette partie, leſquelles mes Ambaſſadeurs je vous prie que vous veuilliez accepter & adjouſter pleine foy & credence en ce qu'ils vous diront de ma part, & en ſemblable maniere, & ſur ce meſme propos j'ay envoyé à mes Ambaſſadeurs à preſent eſtans

Tiré de l'Edition de M. Godefroy.

1480.

en France, & au surplus combien que devant le retour par devers vous de Michel de Berghes, & ainçois que fuffiez adverty de ce que j'avois concluð avec ma très-chere & très-amée sœur de Bourgogne, vos autres Commiffaires & Ambaffadeurs avoient ja prins une abſtinence de guerre avec les Commiſſaires du Roy Loys, & appoincté une Diete au quinziesme jour d'Octobre prochain venant, toutes voyes & ce non-obſtant je ſuis content que tout ce qui a eſté fait & traité par de-ça entre moy & madite sœur demeure en force & vertu, & très-cher & très-amé Couſin, le benoiſt Fils de Dieu ſoit garde de vous. Eſcrit en ma Cité de Cantorbery le vingt-uniefme jour de Septembre, ſigné EDWARD Rex.

La ſoubſcription: A très-haut & puiſſant Prince, très-cher & très-amé couſin le Duc d'Autriche & Bourgogne, &c.

Copié ſur l'original.

CCCXXVIII.

Lettre du Roy d'Angleterre qui mande à Maximilien Duc d'Autriche, le départ d'Angleterre de la Douairiere de Bourgogne ſa sœur, dans l'eſperance qu'elle y retournera bientoſt, & le prie de confirmer tous les traités & accords faits entre eux.

A Cantorbery le 27. Septembre.

Tiré de l'Edition de M. Godefroy.

TRès-cher & très-amé couſin, je me recommande à vous autant qu'il m'eſt poſſible, & combien que le tant brief departement de ma très-chere & très-amée sœur de Bourgogne, me ſoit fort & dur, toutesvoyes à voſtre inſtant deſir je la renvoye à preſent par devers vous, avec telles concluſions, comme à cette fois ont eſté prinſes entre moy & elle ſur les matieres d'entre nous, eſpoirant ſon brief retour par deçà, & pour ce que la grande & parfaite amour que je connois eſtre entre vous, ma très-chere & très-amée couſine la Ducheſſe voſtre Compagne & vos fils, & fille, & madite sœur, m'a plus entierement meu & encouragé pour le grand & naturel zele que j'ay en elle d'emprendre vos matieres en main, ſans m'en vouloir desjoindre, deſirant auſſi les matieres & affaires de madite sœur, eſtre & continuer en auſſi bonne & permanente ſeureté, comme les miennes propres; je vous prie tant cordialement comme je puis, que tous tels traités & lettres ſignées des mains de vous, & de madite très-chere Couſine la Ducheſſe voſtre Compagne, & ſcellés de ſceaux, vous veuilliez ratifier, approuver & confermer de nouvel pour l'amour & contentement de moy, des miens & d'autres de mon ſang, & donner credence à mon feal & bien amé Conſeiller Meſſire Thomas Montgomery, l'un des Chevaliers pour mon corps, en tout ce qu'il vous dira de par moy, & très-cher & très-amé couſin, noſtre Seigneur ſoit garde de vous. Eſcrit à Cantorbery le vingt-deuxieſme jour de Septembre, *& plus bas eſt eſcrit:* (1) Couſin je vous requiere d'avoir au cœur cette matiere pour l'amour de moy voſtre bon couſin. *Signé,* EDOUARD Roy.

Ce qui ſuit eſt de la main du Roy d'Angleterre.

La

La Subscription est : A très-haut & puissant Prince, très-cher & très-amé cousin le Duc d'autriche, de Bourgogne, &c.
Copié sur l'original.

CCCXXIX.

☞ *Lettre patente de François II. Duc de Bretagne, par laquelle il declare vouloir estre compris dans la paix conclue entre le Roy Louys & Maximilien, Duc d'Autriche, & Marie de Bourgogne.*

1480.

FRANÇOIS, par la grace de Dieu, Duc de Bretagne, Comte de Montfort, de Richemont, d'Estampes & de Vertus. A tous ceux qui ces presentes Lettres verront ou oront, salut. Comme il nous soit venu à cognoissance, que par les traités & accordances des tresves & abstinences de guerre fermées & concluës aux champs soubs l'Arbre Nostre-Dame des Guerchin-lez-Douay, par Jehan de Daillon, Chevalier Seigneur du Lude, Ambassadeur & Commis de mon très-redouté Seigneur Monseigneur le Roy de sa part, & nostre très-cher & très-amé cousin Jacques de Savoye, Comte de Romont, & autres Ambassadeurs & Commis de haut & puissant Prince & Princesse nos très-chers & très-amés cousin & cousine les Duc & Duchesse d'Autriche & de Bourgogne, de leur part, à commencer le vingt-uniesme jour d'Aoust dernier, ayent esté de chacune desdites parties comprins plusieurs Roys, Ducs, Princes, Marquis, Communautés, & autres à plein declarées ès Lettres desdits traités, tresves & abstinences de guerre, & par iceux traités & accordances ait esté convenu & dit, que chacun desdits nommés comprins esdites tresves & abstinence de guerre, feroit dedans deux mois prochains ensuivant ledit vingt-uniesme jour d'Aoust, declaration, s'il y vouloit estre comprins; & soit ainsi que par lesdits Comte de Romont, & autres Ambassadeurs & Commis de nosdits cousin & cousine les Ducs & Duchesse d'Autriche & de Bourgogne, nous ayons esté nommés & comprins de leur part esdites tresves & abstinence de guerre, parquoy nous est expedient & requis declarer sur ce nos vouloir & intention. Sçavoir faisons, que nous, pour plusieurs & raisonnables causes à ce nous mouvant, avons accepté, & du jourd'hui acceptons la nomination & declaration que les susdits Ambassadeurs & Commis de nosdits cousin & cousine les Duc & Duchesse d'Autriche & Bourgogne, ont fait de nous, pour estre comprins, de leur part, esdites tresves & abstinence de guerre, & celle nomination avons agreable; certifions & déclarons y vouloir estre comprins. En tesmoin de ce avons signé ces Presentes, & fait sceller de nostre scel. Donné à nostre manoir le vingt-huitiesme jour de Septembre, l'an mil quatre cens quatrevingt. *Ainsi signé*, FRANÇOIS, & du Secretaire, par le Duc, de son commandement.

Tiré des Recueils de M. l'Abbé le Graud.

Cette presente Copie a esté collationnée à l'original par moy. *Ainsi signé*, DE LA VALLÉE.

Laquelle Copie cy-dessus contenue par le commandement des Doyen & Chapitre de Saint-Lolez-Angers, après ce que collation a esté faite de cette presente Copie, à l'original de ladite Copie, par lesdits Doyen & Chapitre de ladite Eglise, a esté par moy, Notaire dudit Chapitre, signée pour collation. Fait audit Chapitre le vingt-septiesme jour de Septembre, l'an mil quatre cens quatre-vingt & un.

CCCXXX.

☞ *Memoire des obligations esquelles s'est engagé le Duc de Bretagne par son Traité de mil quatre cens soixante-dix-sept, avec le Roy, & de l'execution qu'il en doit faire par rapport à Maximilien d'Autriche, soy disant Duc de Bourgogne à cause de sa femme.*

Tiré des Recueils de M. l'Abbé Le Grand.

PAr le premier article de la paix, le Duc est tenu de servir, secourir & ayder le Roy de tout son pouvoir, envers tous & contre tous ceux qui peuvent vivre & mourir, sans personne quelconque excepter, à la défense de sa personne & de son Royaume, & à la défense & conservation des droits du Royaume & de la Couronne de France ; lequel article contient deux points principaux, l'un de la défense de la personne du Roy & de son Royaume, l'autre, de la défense & conservation des droits du Royaume & de la Couronne de France.

Quant au premier point de la défense du Roy & du Royaume, il est tout notoire que le Duc d'Autriche, les Flamans & les autres tenans son party, ont invadé & invadent continuellement le Roy, le Royaume de France, & les subjets du Roy ; & le voit-t'on manifestement chacun jour, & mesmement l'a-t'on veu à Bouchain & à Beau-Revoir, qui sont au Roy, aussi à Therouenne qu'ils ont assiegée au pays d'Artois, qui est de l'ancien appanage, subjection & obeissance de la Couronne de France ; pareillement en ce qu'ils sont venus jusques dedans les pays du Roy en bataille, contre ses subjets, esquels cas, par ledit Traité de paix, le Duc est tenu de servir, secourir & ayder le Roy contre eux de tout son pouvoir.

Quant à la seconde partie, en quoy le Duc est tenu de servir le Roy, comme dessus, à la défense & conservation des droits du Roy & de la Couronne de France. Il est tout notoire que des principaux droits du Roy, du Royaume & de la Couronne de France, sont l'hommage deub au Roy, à cause du Comté de Flandres & des autres Terres & Seigneuries que lesdits d'Autriche & sa femme occupent ou Royaume.

Des principaux droits, & aussi l'obeissance, subjection, ressort, & souveraineté deue au Roy & à sa Couronne par les dessusdits.

Pareillement des principaux droits du Royaume, & de la Couronne, est de prendre & appliquer au Roy les fruits & levées de toutes lesdites terres, de tout le tems que l'hommage n'a point esté fait au Roy, qui est depuis la mort du Duc Philippe de Bourgogne, lesquels fruits lesdits Duc d'Autriche & sa femme detiennent & occupent injustement.

Des droits du Roy & de la couronne, sont aussi de saisir par sa justice les terres dont on ne luy fait foy & hommage, & devoirs qui luy sont deus, laquelle saisine le Roy après a faite, & au lieu de obeissance à ses executeurs, l'on a fait desobeissance & guerre ouverte.

Des

DE PHIL. DE COMINES. 613

Des autres principaux droits de la Couronne, est d'avoir les droits qui luy appartiennent, à cause des crimes de leze-Majesté, commis contre luy par le feu Duc Charles de Bourgogne & sa fille, en faisant les rebellions, desobeissance, guerre ouverte, & autres choses qu'ils ont commis & perpetrés contre le Roy & la Couronne de France, à cause de quoy tous les biens, terres & Seigneuries qu'ils tiennent au Royaume sont justement, & par toute raison confisqués au Roy & luy appartiennent, & a juste titre de les prendre & appliquer à soy, & en cas de desobeyssance, de les y posseder par guerre & main armée, pour la conservation de ses droits.

1480.

En laquelle défense & conservation des droits de la Couronne de France, le Duc est tenu par ledit Traité de paix de servir, secourir & ayder le Roy de tout son pouvoir envers & contre tous ceux qui peuvent vivre & mourir, sans personne quelconque excepter.

Par le second article dudit Traité de paix, est expressément dit, que s'il y a quelques Princes, Seigneurs, Pays ou Nations quelconques qui invadent le Royaume de France, ou fassent guerre par mer ou par terre, au Roy, son Royaume & subjets d'iceluy, en ce cas, le Duc après ladite guerre déclarée & ouverte, ne pourra durant icelle faire prendre, ne avoir paix, confederation, alliances, tresves, abstinence de guerre, ne entrecours de Marchandises avec eux, mais sera & demeurera ledit Duc en guerre à l'encontre d'eux, tant que icelle guerre sera entre le Roy & eux, sans leur pouvoir faire ne donner secours, faveur ne ayde contre le Roy ne le Royaume.

Ores est-il tout notoire que le Duc d'Autriche, & sa femme ont invadé & invadent le Royaume, dont dessus est touché, & est la guerre toute declarée & ouverte entre le Roy & eux, & les Pays qu'ils tiennent & occupent, parquoy le Duc, par le Traité de ladite paix, ne peut faire prendre, ne avoir paix, confederation, alliance, tresves, abstinence de guerre, ne entrecours de marchandises avec lesdits Duc d'Autriche, sa femme, ne leur pays & subjets, mais doit le Duc demourer en guerre à l'encontre d'eux, tant que icelle guerre sera entre le Roy & eux.

Et est bien à noter que le Duc a solemnellement juré ledit Traité de paix, & promis & juré de ne jamais avoir ne obtenir dispense du serment par luy fait d'icelle paix, garder, entretenir & accomplir.

CCCXXXI.

Marguerite Duchesse Douairiere de Bourgogne, mande à Maximilien Duc d'Autriche, qu'elle avoit fait au Roy d'Angleterre ses excuses de ce qu'il s'estoit engagé sans sa participation à une Conference pour les affaires qu'il avoit avec le Roy Louys XI. qu'elle avoit des affaires secretes à luy communiquer avant cette conference, & qu'elle luy feroit sçavoir la response du Roy son frere touchant le Legat.

A Gand le 3. Octobre 1480.

Tiré de l'Edition de M. Godefroy.

Très-cher & très-amé fils, je me recommande à vous, tant & de si bon cœur que plus puis, & vous plaise sçavoir, très-cher & très-amé fils, que par Gerard Numan, vostre Secretaire, j'ay aujourd'huy, sur le chemin d'entre Urssele & cestes vostre Ville de Gand, reçeu vos lettres escrites en vostre Ville de Bastongne le vingt-huitiesme jour de Septembre dernier passé, contenant credence sur luy, laquelle credence j'ay ouy bien & au long, & comme il me semble consiste principalement sur ce que desirez sçavoir l'advis & bon plaisir de mon très-redoubté Seigneur & frere le Roy d'Angleterre, sur la journée par vos gens & Ambassadeurs prinse (1) avec les gens du Roy Loys, au quinziesme jour de ce present mois d'Octobre, attendu que ledit jour approche, & que combien que desja me ayez requis d'en advertir mondit Seigneur & frere, & avoir sur ce sondit advis, neantmoins jusques alors n'en aviez eu de moy nulles nouvelles, me requerant que je vous voulsisse excuser envers luy de la journée ainsi prinse, attendu que ce avoit esté avant la venuë de devers vous, de Michel de Berghes, & que fussiez adverty de la conclusion prinse ès matieres, me requerant aussi, que par l'un de vos Ambassadeurs estans avec moy, je vous veuille de tout advertir, & en outre, que comme par plusieurs fois m'avez escrit, vous estes totalement deliberé & resolu de touchant ladite journée & toutes autres choses concernans les matieres d'entre le Roy Loys, & vous en faire, par l'advis de mondit Frere & le mien, son conseil, bon plaisir, par sa main & non autrement; surquoy, très-cher & très-amé fils, il est vray que moy estant de mon retour en la Ville de Rocheftre en Angleterre, je reçeus certaines vos Lettres, esquelles estoit faite mention de ladite journée ainsi prinse, & pareillement de vosdites excuses touchant icelle, comme de tout je vous tiens bien pour records, lesquelles Lettres dessors vos Ambassadeurs moy & monstrasmes & fismes veoir à mondit Seigneur & frere, qui les prinst moult bien en gré & mesmement fut moult joyeux du bon vouloir que, comme contenoient vosdites Lettres, vous aviez de par luy & sadite main conduire vosdites matieres. Sur lesquelles Lettres, & nous tous estans à Douvres, il me fit response, laquelle response moy estans en vostre Ville de Gravelinghes, je vous ay escrit bien & au long, & envoyé mes Lettres par vostre Escuyer d'Escurie, des

Lundy

(1) L'Assemblée devoit se tenir à Lille ou à Arras.

Lundy vingt-cinquiefme jour du mois paſſé, duquel je me donne merveilles que n'avez eu nulles nouvelles, attendu que ſi expreſſement il me aſſura ſe tirer à toute diligence par devers vous, & depuis conſiderant que ladite journée approchoit, & que lez-moy eſtoient les Ambaſſadeurs de mondit Seigneur & frere, qui par la charge qu'ils ont de luy, deſiroient ſçavoir quelle choſe ils avoient à faire, & où ils ſe trouveroient devers vous pour eſtre à ladite journée, ou cas qu'elle ſe entretienne vous ay eſcrit de voſtre Ville de Bruges dès Dimanche dernier paſſé, par un nommé Simonnet, Chevaucheur de voſtre Eſcurie, ſemblable reſponſe, & combien que j'eſpere que à la reception de ceſtes vous aurez receu meſdites Lettres, neantmoins craindant que ainſi ne ſoit, je vous en envoye cy-dedans encloſes les copies, & auſſi de celles que mondit Seigneur & frere eſcrit audit Roy Loys & à vous pareillement, par leſquelles, ſe c'eſt voſtre plaiſir, vous verrez qu'elle eſt ſon intention & bon vouloir; & entant qu'il touche, très-cher & très amé fils, comme m'a dit ledit Maiſtre Gerard, que vous eſtes totalement deliberé de conduire voſdites affaires touchant ledit Roy Loys, par l'advis de mondit Seigneur & frere, & par ſa main, & non autrement; certes j'en ſuis bien joyeuſe, & auſſi il s'y attend du tout, & a ferme fiance que ainſi le ferez, & j'eſpere que en ce faiſant, vous le trouverez bon, vray & leal pere, & qu'il ne vous tournera fors que à honneur & proffit; & au regard de moy, Dieu ſçait, mon fils, de quel je me voudrois employer pour vous & voſdites affaires, & auſſi certes, je m'y ſens bien tenuë, que pleuſt à Dieu, que je vous y ſceuſſe bien faire ſervice & plaiſir, & entant que vous avez cette confidence en moy, je vous en mercie très-affectueuſement; neantmoins, mon fils, je vous prie que par ce porteur me veilliez eſcrire voſtre intention & bon plaiſir, quelle choſe devront faire leſdits Ambaſſadeurs de mondit Seigneur mon frere, touchant ladite journée, & auſſi qu'il puiſſe avoir de vous nouvelles, où & quand je me pourray trouver avec vous, comme il eſt neceſſaire, & que de tout mon cœur je le deſire, pour vous dire aucunes choſes ſecretes, deſquels je vous voudrois bien rendre certain, s'il eſtoit poſſible, avant ladite journée, ſelon que par meſdites dernieres Lettres je vous ay eſcrit. Je ſuis arrivée en ceſte voſtre Ville de Gand aujourd'hui, ainſi que à cinq heures du Veſpre, où j'ay eſté par ceux de ladite Ville grandement reçue & honnorée, & tant que je puis, je vous en mercie. Demain je m'en voys à Tendremonde, & de-là à Malines, où j'attendray nouvelles de vous, pour, ſelon ce, me regler & conduire, touſjours attendant nouvelles de mondit Seigneur & frere, & la reſponſe des Lettres touchant le Legat que luy ay envoyé, comme ſignifié vous ay, & ladite reſponſe par moy euë, à toute diligence vous en advertiray, Dieu en ayde, qui très-cher & très-amé fils, vous ait en ſa ſaincte garde & doinſt bonne vie & longue. Eſcrit en voſtre Ville de Gand le troiſieſme jour d'Octobre, l'an mil quatre cens quatrevingt, *& deſſous*, voſtre leale mere MARGUERITE, & du Secretaire CONROY. *Et par deſſus*, à mon très-cher & très-amé fils le Duc d'Autriche & de Bourgogne.

Tiré d'une Copie ancienne.

1480.

CCCXXXII.

Lettre d'Edouard Roy d'Angleterre, qui mande à Maximilien Duc d'Autriche, qu'il peut donner audiance au Legat, & le prie de ne rien conclure avec luy, sans l'en avoir auparavant averty.

A Londres le 22. Octobre 1480.

Tiré de l'Edition de M. Godefroy.

TRès-cher & très-amé cousin, je me recommande à vous très-cordialement. J'ai veu vos Lettres datées en vostre Ville de Duremonde le treiziesme jour de Septembre, par vous envoyées à ma très-amée sœur deBourgogne, par lesquelles priez madite sœur de m'advertir de la venuë du Cardinal de Sainct Pierre *ad vincula*, qui se dit Legat sur le fait de la paix, & aussi d'avoir mon advis & conseil à la conduite de vos matieres; car comme par plusieurs autres Lettres luy avez escrit, vous estes totalement deliberé de vous rigler & conduire selon mon advis & conseil, & non autrement, pour quelque chose qui vous puisse advenir, dont je vous remercie, tant comme je puis, & pour ce, très-cher & très-amé cousin, que ledit Legat est envoyé par le Sainct Siege Apostolique, & aussi à la pacification de tels debats, comme à present sont entre les Princes Chretiens & au renforcement de nostre Foy, laquelle est maintenant en grand trouble par les ennemis d'icelle, il me semble qu'il seroit bon que vous donniez audience audit Legat, espoirant que tousjours aurez consideration au bien & honneur d'entre nous, vous priant tousjours, que devant vous que preniez aucune conclusion en substance avec luy, vous me veuilliez advertir de ce que aurez fait & besoingné ensemble, ainsi que avez rescrit cy-devant, car je repute, pour le present, le bien de nous deux comme un seul bien. Et très-cher & très-amé cousin, le benoist Fils de Dieu vous ait tousjours en sa très-saincte garde. Escrit à Londres le second jour d'Octobre; *& plus bas*, vostre cousin. Signé, EDOUARD, Roy.

La subscription: A très-haut & puissant Prince, très-cher & très-amé cousin, le Duc d'Autriche, de Bourgogne, &c.

Copié sur l'original.

CCCXXXII.*

Conseil du Roy d'Angleterre au Duc d'Autriche, de faire une tresve de deux ans avec le Roy Louys XI, en attendant la mort de ce Roy qui paroissoit certaine.

Tiré de l'Edition de M. Godefroy.

SUr ce que Monseigneur le Duc d'Autriche, de Bourgogne, &c. a par Monseigneur le Comte de Chimây, & autres ses Ambassadeurs fait requerir le Roy d'Angleterre, qu'il voulsist, pour le commun bien d'eux & de leurs alliez faire sa descente & poursuivre sa querelle au Royaume de France, ceste prochaine saison, ou du moins s'il ne le pouvoit faire jusques en l'an suivant, que cependant il le voulsist ayder alencontre

tre de leur commun ennemy le Roy Loys, en luy baillant les cinq mille combatans soldoyés, pour le terme de cinq mois, en ensuivant les choses par cy-devant entre eux pourparlées.

1480.

Après plusieurs communications sur ces choses eues par l'Ordonnance du Roy, par ceux de son Conseil & iceux Ambassadeurs, leur a esté finablement dit par le Roy mesme, qu'il vouloit, entendoit, & aussi desiroit faire & entretenir lesdits pourparlés, mais obstant les grandes charges & affaires qu'il a de present à l'occasion de la guerre estant entre luy & les Escossois, il ne peut bonnement presentement faire icelle descente, ne aussi fournir lesdits cinq mille combatans.

Pourquoy il conseilloit, que en attendant la mort dudit Roy Loys, laquelle est apparente bref devoir arriver, que mondit Seigneur prist une tresve de deux ans pour le moins, lesquels fussent marchandes & communicatives pour la commodité de ses subjets, & s'il ne pouvoit à ce parvenir, parce que ledit Roy Loys ne la voulsist accorder de sa part, ains envahissent mondit Seigneur & ses pays, ou aussi qu'il accordast icelles tresves, & les enfraindist en chacun de ces deux cas, il feroit à mondit Seigneur ayde, en luy fournissant lesdits cinq mille combatans, selon qu'il avoit esté pourparlé, moyennant qu'il fust bien acertené que ledit Duc fournisse sa portion d'iceux, selon ledit pourparlé.

Et au cas que le Roy Loys accordast icelles tresves, comme il estoit vraisemblable, il feroit aucune ayde de deniers un chacun an durant le temps desdites tresves, pour ayder à contenter ses subjets des pays distraits de son obeissance, la quantité de laquelle ayde il n'a point voulu declarer, ains à seulement dit, qu'il la feroit telle qu'il pourroit, eu égard & consideration à la qualité des affaires qu'il auroit pour lors, & aussi à ce que le Duc de Bretagne feroit, lequel luy sembloit debvoir plus faire que luy touchant ceste partie, attendu qu'il est en son entier, & n'a aucune charge de guerre.

Et pour ce qu'il ne sçavoit encore si les tresves dessusdites auroient lieu ou non, & aussi qu'il desiroit bien que Madame la Duchesse de Bourgogne sa sœur ait le gré & l'honneur d'avoir conclu ces matieres de sa part, attendu que elle s'en est meslée du commencement, il envoyeroit ses Ambassadeurs à repasser quand mondit Sieur le Comte*sera[revenu]de Bretagne avec luy devers mondit Seigneur le Duc & Madame sa sœur, pour passer & conclure ces choses en la maniere dessusdite.

*Le Comte de Chimay.

CCCXXXIII.

Lettres de don fait par Charles Duc de Bourgogne, d'une pension de mille escus de quarante-huit gros la piece par an, au Sieur de Hastinghes, Chambellan du Roy d'Angleterre.

A Peronne le 4. May 1471.

CHARLES, par la grace de Dieu, Duc de Bourgogne, de Lothier, de Brabant, de Lembourg, & de Luxembourg; Comte de Flandres, d'Artois, de Bourgogne; Palatin de Hainaut, de Hollande,

Tiré de l'Edition de M. Godefroy.

1480.

de, de Zelande, & de Namur; Marquis du Saint Empire, Seigneur de Frise, de Salins, & de Malines. A tous ceux qui ces presentes Lettres verront, salut: Sçavoir faisons, que tant pour la singuliere amour & affection que avons à la personne de nostre très-cher & bon amy le Seigneur de Hastinghes, Chambellan de très-haut & très-puissant Prince, & très-honoré Seigneur & frere le Roy d'Angleterre, comme pour les grands & loyaux services qu'il a n'aguaires faits au Roy nostredit frere au recouvrement de son Royaume, & pour autres causes & considerations justes & raisonnables à ce nous mouvans : nous avons à iceluy Seigneur de Hastinghes donné & octroyé, donnons & octroyons par ces presentes la somme de mille escus du prix de quarante-huit gros (1) de nostre monnoye de Flandres piece de pension par chacun an, à icelle somme prendre & avoir de nous des deniers de nos Finances, par les mains de nostre Argentier present & à venir, tant qu'il nous plaira, à commencer le premier de ce present mois. Si donnons en mandement à nos très-chers & feaux les Commis sur le fait de nos Domaines & Finances presens & à venir, que ladite somme & pension de mille escus ils fassent par nostredit Argentier present & à venir, payer, bailler & delivrer audit Seigneur de Hastinghes, ou à son certain commandement pour luy, à commencer comme dessus, & par [eux] rapportant ces presentes ou vidimus d'icelles, fait sous séel authentique ou copie collationnée, & signée de l'un de nos Secretaires pour une & la premiere fois seulement, avec quittance ou reconnoissance sur ce suffisante pour tant de fois que mestier sera. Nous voulons icelle somme ou pension annuelle de mille escus estre allouée ès comptes, & rabatue de la recepte de nostredit Argentier qui payée l'aura, par nos amés & feaux les gens de nos comptes, qu'il appartiendra, ausquels nous mandons que ainsi le fassent sans aucun contredit, refus ou difficulté ; car ainsi nous plait-il, nonobstant quelconques mandemens ou défenses à ce contraires. En tesmoin de ce nous avons fait mettre nostre séel à ces presentes. Donné en nostre Chastel de Peronne le quatriesme jour de May, l'an de grace mil quatre cens soixante & onze. Ainsi signé par Monseigneur le Duc, les gens des Finances presens, J. GROS, & au dos est escrit ce qui s'ensuit : Les Commis sur le fait des Domaines & Finances de Monseigneur le Duc de Bourgogne & de Brabant, &c. Argentier de mondit Seigneur, present ou à venir, accomplissez le contenu au blanc de cestes, tout ainsi & selon la forme & maniere que mondit Seigneur le veut & mande estre fait par icelles. Escrit sous le seing manuel de l'un de nous le quinziesme jour de May, l'an mil quatre cens soixante & onze. Ainsi signé, P. BLADELIN, & plus bas, collation a esté faite aux Lettres originales par moy. Signé, BAERT, avec paraphe.

Tiré de ladite copie collationnée.

CCCXXXIII*.

(1) Cela fait quinze cens livres de France.

DE PHIL. DE COMINES. 619

CCCXXXIII*.

1480.

Quittance du Seigneur de Haftinghes d'une année de la penfion que le Duc de Bourgogne luy donnoit, échuë le dernier Avril 1474.

Le 12. Juillet 1474.

JE, Guillaume Seigneur de Haftinghes, confeffe avoir reçeu de très-haut & puiffant Prince, mon très-redouté Seigneur, Monfeigneur le Duc de Bourgogne, &c. par les mains de Nicolas de Gondeval fon Confeiller & Argentier la fomme de mille efcus du prix de quarante-huit gros monnoye de Flandres l'efcu, que mondit Seigneur m'a ordonné de fa grace prendre & avoir de luy en penfion chacun an, & ce pour un an entier, commençant iceluy le premier jour de May l'an mil quatre cens foixante-treize, defquels mille efcus du prix & monnoye fufdite me tiens pour content & payé, & en acquitte mondit Seigneur de Bourgogne, fondit Argentier, & tous autres que il appartiendra. En tefmoin de ce j'ay cy mis mon fignet & feing manuel le douziefme jour de Juillet l'an de grace mil quatre cens foixante-quatorze. *Signé* HASTINGHES, *avec paraphe, & au dos eft efcrit :* Les Commis fur le fait des Domaines & Finances de Monfeigneur le Duc de Bourgogne, confentent que la fomme contenue au blanc de ceftes foit allouée ès comptes, & rabatuë de la recepte de Nicolas de Gondeval, Confeiller & Argentier de mondit Seigneur denommé audit blanc. Efcrit fous le feing manuel de l'un de nous cy mis le douziefme jour de Juillet l'an mil quatre cens foixante-quatorze. *Signé*, HANERON, *avec paraphe.*

Copié fur l'original fcellé d'un petit fceau en cire rouge à fimple bande de parchemin.

Tiré de l'Edition de M. Godefroy.

CCCXXXIII**.

Autre Quittance du Seigneur de Haftinghes d'une année de la penfion que le Duc de Bourgogne luy donnoit, echue le dernier Avril 1475.

JE, Guillaume Seigneur de Haftinghes, Chevalier, Confeiller, grand Chambellan du Roy d'Angleterre, & fon Lieutenant de Calais, confeffe avoir receu de Nicolas de Gondeval Confeiller & Argentier de Mgr le Duc de Bourgogne, la fomme de douze cens livres du prix de quarante gros monnoye de Flandres la livre, qui deue m'eftoit, à caufe de femblable fomme dite monnoye que mondit Seigneur m'a accordé prendre & avoir de luy de penfion par chacun an, à en eftre payé par les mains dudit Argentier, & ce pour un an entier, commençant le premier jour de May, l'an mil quatre cens foixante-quatorze & finiffant le dernier jour d'Avril enfuivant, & dernierement paffé en cet an mil quatre cens foixante-quinze, de laquelle fomme de douze cens livres dite monnoye, je fuis content & en quitte mondit Seigneur, fondit Argentier & tous autres à qui quittance en appartient, tefmoins mes fcel & feing manuel cy mis le fecond jour de May audit an mil quatre cens foixante-quinze.

Tiré de l'Edition de M. Godefroy.

Iiii 2   cy

1480.

Signé Haftinghes *avec paraphe.* Et au dos eft efcrit blanc figné & fcellé de Monfeigneur de Haftinghes, pour faire quittance à Nicolas de Gondeval Confeiller & Argentier de Monfeigneur le Duc de Bourgogne, de la fomme de douze cens livres de quarante gros la livre que mondit Seigneur donne de penfion audit Seigneur de Haftinghes par un an, & ce pour un an entier, commençant le premier jour de May l'an mil quatre cens foixante-quatorze, & finiffant l'an revolu, *& encore au dos eft efcrit :* Les Treforiers commis fur le fait du Domaine de mondit Seigneur le Duc de Bourgogne, confentent que la fomme contenue au blanc de ceftes foit allouée ès comptes & rabatue de la recepte de Nicolas de Gondeval Confeiller & Argentier de mondit Seigneur denommé audit blanc. Efcrit fous le feing manuel de l'un de nous cy mis le fecond jour May l'an mil quatre cens foixante & quinze. *Signé,* C. HANERON, *avec paraphe.*

Copié fur l'original fcellé d'un petit fceau en cire rouge à fimple bande de parchemin.

Les gens d'un efprit double fe font à la fin connoiftre; le Roy d'Angleterre Edouard IV. eftant mort, le Seigneur Haftinghes fut accufé d'avoir trempé dans une confpiration contre le Duc de Gloceftre, depuis Roy d'Angleterre fous le nom de Richard III. & fous ce vray ou faux pretexte fut decapité en l'année 1483. ayant jouy peu de temps de la penfion du Roy Louys XI. & de celle du Duc de Bourgogne.

CCCXXXIV.

Remarques fur les Intrigues de Maximilién d'Autriche en Angleterre, par Monfieur Godefroy.

Tiré de l'Edition de M. Godefroy.

LE Duc Maximilien d'Autriche en traitant avec l'Angleterre une Ligue contre la France, avoit cru que le Roy Louys XI. ne vivroit pas long temps, l'efpoir de fa mort flattoit fon imagination & la rempliffoit de nouvelles idées. Mais Dieu qui fe plaift quelquefois à confondre les deffeins des hommes avoit confervé le Roy contre l'attente de fes ennemis.

Le premier foin de ce Prince après avoir recouvert fa fanté, fut de continuer fes intrigues avec l'Angleterre ; Il fçavoit que le Duc d'Autriche avoit recommencé fes negociations avec le Roy Edouard (1), & pour en eftre mieux informé il envoya un de fes affidés porter en prefent à ce Roy une dent de fanglier d'une grandeur énorme, & la tefte d'un chevreuil d'une façon merveilleufe.

Ce prefent extraordinaire fut receu agreablement, il cachoit apparemment quelque myftere, mais il n'arrefta point les negociations du Duc d'Autriche, qui prevoyant que le Roy Louys XI. vivroit plus qu'on n'avoit cru, voulut s'affeurer d'un fecours fuffifant pour fe foutenir, en cas que la trefve qu'il avoit avec la France, ne fut pas continuée.

Il envoya en Angleterre le Prince d'Orange, le Comte de Chimay & autres perfonnes (2), pour preffer le Roy de convenir des moyens pour
abifmer

(1) Voir la Lettre du 21. Octobre 1480. ci-après.
(2) Voir leur Inftruction ci-après.

abifmer le Roy Louys XI. & s'emparer d'une grande partie de la France en une feule campagne.

1480.

Le but de Maximilien eftoit de faire declarer le Roy d'Angleterre, de l'engager à faire une defcente en France du cofté de Calais, d'affieger Boulogne & Montreuil, reprendre en paffant ce que le Roy tenoit en Artois, aller droit en Champagne, faire couronner le Roy d'Angleterre à Rheims, prendre le Duché de Bourgogne, faire faire une defcente en Normandie & en Poitou, ravager ces deux Provinces & tenir les coftes de France en continuelle crainte par le moyen de la flotte que le Duc de Bretagne devoit tenir en mer.

Le Roy d'Angleterre ne faifoit pas grand fond fur la perfonne & les projets du Duc d'Autriche, il le connoiffoit pour un Prince qui donnoit legerement dans toutes fortes de veues, & avant de rien conclure il voulut eftre affeuré du Duc de Bretagne, & le faire entrer dans la Ligue que Maximilien propofoit contre la France.

Il en efcrivit au Duc & à la Ducheffe d'Autriche, qui entroit auffi dans ces negociations, & par fa Lettre (3) du 12. Novembre 1380. il leur confeilla de faire alliance avec le Duc de Bretagne, ou au moins de le comprendre dans les traités qu'il pourroit faire avec le Roy Louys XI.

Le Duc (4) de Bretagne avoit fait autrefois un Traité d'alliance avec Charles Duc de Bourgogne, mais on n'avoit pas fongé à le continuer après la mort de ce dernier Duc. Maximilien prit cette occafion pour le renouveller.

Il envoya au Comte de Chimay l'un de fes Ambaffadeurs en Angleterre deux Inftructions, l'une au fujet de la Ligue contre la France, & pour convenir avec le Roy Edouard IV. des moyens d'engager le Duc de Bretagne dans leur party, l'autre pour paffer en Bretagne, y negocier (5) avec le Duc & applanir toutes les difficultés qui auroient pu fe rencontrer pour renouveller cette ancienne alliance & en faire une nouvelle, la Ducheffe de Bourgogne en efcrivit (6) en particulier pour preffer ce Duc de terminer cette affaire.

Le Roy d'Angleterre eftoit l'ame de ces negociations, le Prince d'Orange & autres Ambaffadeurs de Maximilien eftoient reftés près de ce Roy. Ce Duc eftoit fi fatisfait de leur conduite qu'il leur avoit tefmoigné fon contentement par une Lettre du 16. Avril 1480. (7). Enfin la chofe fut fi bien menagée, que le Traité entre les Ducs d'Autriche & de Bretagne fut figné à Londres le 16. Avril 1480. par les Ambaffadeurs de ces deux Princes.

Ce n'eftoit pas affez pour le Duc d'Autriche que l'affiftance du Duc de Bretagne, celle du Roy d'Angleterre luy eftoit neceffaire, il le faifoit preffer par toutes fortes de raifons de fe declarer pour luy. Pierre Puiffant fon Secretaire alloit fouvent en Angleterre pour ce fujet. On voit par quatre Inftructions (8) que le Duc d'Autriche luy donna, que cette affaire

(3) Voir cette Lettre ci-après.
(4) On le trouvera p. 490 du Tome II. de ces Memoires.
(5) Voir fes Inftructions ci-après.

(6) Voir fa Lettre ci-après.
(7) Voir cette Lettre & ce Traité cy-après.
(3) Voir ces Inftructions cy-après.

affaire luy tenoit fort à cœur, & pour faire determiner Edouard en sa faveur, il entama deux negociations qui auroient fortifié considerablement son party, si elles avoient reüssi comme il le souhaitoit.

La premiere fut avec la Cour de Rome, mais il falloit avant toutes choses appaiser cette Cour irritée (9) du refus que le Duc d'Autriche avoit fait de recevoir & de donner audience au Cardinal de Saint Pierre aux liens.

Le Cardinal de Tournay (10) estoit destiné pour l'Ambassade de Rome, il estoit à craindre qu'il n'y fut pas reçeu agreablement, le Cardinal de la Rouere l'avoit soupçonné de luy avoir esté contraire*, il falloit le justifier, & faire gouter au Pape les raisons que le Duc d'Autriche avoit eues d'agir comme il avoit fait.

* Voyez à ce sujet la piece qui suit.

Il choisit pour cela des Ministres moins élevés, & par trois Instructions differentes qu'il leur donna (11) il les chargea par la premiere de faire connoistre au Pape & aux Cardinaux les subjets de défiance qu'il avoit contre le Cardinal de la Rouere ; par la seconde, de leur expliquer les raisons qu'il avoit de ne pas aller luy-même à une assemblée que le Pape avoit indiquée à Rome pour faire une Ligue contre le Turc, & convenir des secours que le Pape pouvoit tirer des Pays du Duc ; & par la troisiesme, de ne pas trouver mauvais s'il n'acceptoit point la tresve de trois ans que le Pape vouloit faire de son authorité entre tous les Princes Chrestiens, afin que pendant cette tresve on pust faire plus aisement la guerre aux Infideles.

Le Pape avoit cette guerre fort à cœur, ainsi ces propositions qui n'estoient pas conformes à ses desseins, furent cause que la negociation n'eut point de suite.

L'autre negociation fut avec les Princes de l'Empire.

Entre les pretentions du Duc d'Autriche contre le Roy Louys XI. le Comté de Bourgogne estoit une des plus considerables.

Le Roy auroit voulu que les differens qu'il avoit avec ce Duc, fussent jugés à la Cour des Pairs de France.

Le Duc d'Autriche y resistoit pour le soupçon qu'il avoit de ce Tribunal, & il ne vouloit point le reconnoistre pour les pays qu'il pretendoit estre de l'Empire, comme le Comté de Bourgogne.

Les Princes de l'Empire pressés par le Pape de former une Ligue contre le Turc, avoient resolu de faire une assemblée en la Ville de Mets.

Le Duc d'Autriche y envoya ses Ambassadeurs, & les chargea, par leur Instruction (12) d'engager ces Princes à s'entremettre, pour terminer les differens qu'il avoit avec le Roy Louys XI.

Ces negociations n'eurent point de suite, le Duc d'Autriche s'y estoit bien attendu. Dans cette incertitude il avoit cherché à finir une querelle qu'il ne pouvoit soutenir tout seul contre un ennemy aussi puissant que celuy qu'il avoit.

On proposa de tenir deux conferences, l'une à Sainct Quentin, l'autre

(9) Voir ci-devant les Lettres écrites à ce sujet.
(10) Ferry de Cluny mort à Rome en 1483.
(11) Voir ces Instructions ci-après.
(12) Voir cette Instruction ci après,

tre à Arras, le Duc y envoya ses Ambassadeurs: leurs instructions (13) rouloient sur les mesmes principes, & n'eurent pas plus d'effect que ses autres negociations. On peut voir toutes ces circonstances dans la pluspart des pieces suivantes.

1480.

CCCXXXV.

☞ *Lettre de Louys XI. à Messieurs du Bouchage & Solliers, pour remettre au Cardinal Legat, où il luy fait connoistre qu'il estoit trahi.*

Monsieur, vous cognoissez que vous estes trahy, dès ce que vous partistes de Rome, & que deslors Sebenique a forgé contre vous pour non perdre sa Legation, & s'est allié de Tournay (1) à ce faire. En cas que le Courier qui est allé devers le Duc d'Autriche ne vous apporte pleine reception de Legat *à Latere*, &c. comme il vous appartient, vous vous en devez retourner: se aussi que vous devez envoyer devers Messieurs de Gand leur signifier la charge que vous avez de nostre Sainct Pere pour le bien de la Chrestienté, & le refus que vous ont fait le Conseil du Duc d'Autriche, & le grand péché qu'ils font, & desobeissance au Saint Siege Apostolique, & les biens qui en viennent d'obeyr à l'Eglise, & les maux pareillement de ceux qui y desobeissent, & que vous les priez qu'ils envoyent devers vous, & que vous leur montrez bien clairement que vous n'y allez que pour tout bien, & si n'y allez pour nul mal, & si n'estes point partial, & qu'on leur nomme hardiment que l'Evesque de Tournay & Sebenique vous sont contraires, pource qu'ils ne voudroient point la paix. Il n'est rien qui tant deplaise aux Gantois, car ils veulent la paix. Aussi faut-il que vos gens sentent si les susdits leur ont point fait entendre que vous voulez proceder contre eux, pour la mort du Chancellier de Bourgogne, frere du Cardinal de Mascon; car il s'advoua Clerc, & je me doute qu'ils leur ayent fait cette peur, & aussi il appella à Rome.

Tiré du Volume 8449. de la Biblioth. du Roi, parmi ceux de Bethune folio 15.

Au regard de Rhodes, c'est un traistre, & puisque vous me demandez conseil, vous luy devez faire commandement sur toutes les peines de desgradation & autres, qu'il s'en voise tout droit vers le Pape, & ne le tenir pas un quart d'heure avec vous; car vous donneriez courage à Tournay & à Sebenique, & vous tiendra pour un homme pusillanime, & incontinent qu'il sera hors de vostre compagnie, vous verrez bien humilier, devant qu'il soit quinze jours après, Tournay & Sebenique, quand ils connoistront qu'ils ne vous pourront avoir par ce bout.

Au regard de ceux de Gand, ils haïssent tous ceux du Conseil du Duc d'Autriche, & specialement ceux de Bourgogne; & s'ils envoyent devers vous, vous les pouvez gagner, ils ont bien la puissance de vous faire recevoir Legat, malgré le Duc d'Autriche & tout son Conseil. C'est une chose à l'adventure, mais l'essayer ne vous coustera gueres, & pouvez attendre leur responce à Amiens, s'ils ne se meuvent, & s'ils se meuvent, à Compiegne ou à Noyon.

Aussi

(13) Voir ces Instructions cy-après.   (1) Tierry de Clugny, Cardinal.

1480.

Aussi se vous avez puissance d'adjourner Sebenique, pour rendre ses comptes devant vous, vous le devez faire incontinent & le deposer de sa Legation. Et si vous n'avez pouvoir, vous devez envoyer hastivement devers le Pape, qu'il les fasse tous deux aller à Rome, & qu'il les pugnisse, ainsi que vous adviserez, de la grande deshonneur qu'ils vous ont faite, qui pas à vous seulement, mais à la personne du Pape; car vous estes son Legat & son nepveu.

Au regard de ce qu'ils ont mis, que vous ne menissiez nuls François, c'est pour l'Evesque de Saint Pol; car Rhodes leur aura donné entendant que quand Saint Pol n'y est point, qu'il vous gouverne paisiblement. Vous entendez tout mieux que moy; mais de ce que je vous puis conseiller, je vous advertis le mieux que je puis. Escrit au Plessys du Parc le vingt-cinquiesme jour d'Octobre à cinq heures après midy. *Signé*, DEDOYAT.

On Remarquera que comme c'est ici une Lettre très secrete, elle n'est pas signée du Roy mesme, mais seulement du Secretaire, & au lieu d'estre adressée au Legat, on lit au dos pour suscription : *A nos amés & feaux Conseillers & Chambellans du Bouchage & du Soliers*, qui sans doute la communiquerent au Legat, qui fit sa responce par la Lettre suivante qui y a un rapport essentiel.

CCCXXXVI.

☞ Réponse du Cardinal de Saint Pierre aux Liens, Legat du Pape, à Louys XI. sur la Lettre precedente.

Tiré du Volume 8449 de la Bibliothe du Roi parmi ceux de Bethune folio 11.

SIRE, j'ay reçeu vos Lettres escrites au Plessis-du-Parc le vingt-cinquiesme jour de ce mois. Sire, avant ces heures je me suis bien apperçu que les Esvesques de Tournay & de Sebenique n'ont pas gardé l'honneur & la reverence qu'ils doivent à nostre Saint Pere & au Saint Siege Apostolique ni à moy; mais j'ay bien esperance en Dieu qu'ils reconnoistront quelque jour leur faute.

Sire, se le Courier que j'ay envoyé en Flandres devers le Duc d'Autriche ne me apporte ma pleiniere reception, je me retirerai à Amiens ou à Compiegne, ainsi qu'il vous plaist le me escrire, & de là non-obstant que comme l'Esvesque de Saint Pol vous a escrit, j'ay envoyé à Gand, à Bruges & autres lieux de Flandres, prescher ma venue & la cause d'icelle, & aussi la Bulle, de laquelle je vous ay envoyé la copie par mon Secretaire, & comment il ne tient à nostredit Saint Pere, ne à vous ne à moy, que paix perpetuelle ne soit faite pour aller contre le Turc. Pour plus aggraver ledit Duc & son Conseil, je advertiray par mes Lettres ceux de Gand & des autres Villes & Communautés de Flandres, de la Charge que j'ay du Saint Siege Apostolique, pour le bien de la Chretienté, & aussi le refus que l'on m'a fait, & le grand pesché qu'ils font, desobeissant audit Siege Apostolique, & les maux qui viennent à ceux qui desobeissent à l'Eglise, & les biens qui viennent pour y obeir, & aussi les biens qui viennent de la paix; & si les priray qu'ils viennent devers moy, tout ainsi que me conseillez; car il me semble qu'il ne pourroit,

roit estre meilleure ouverture à les faire joindre à la paix.

 Sire, je sçay bien que l'Archevesque de Rhodes ne m'a pas observé la foy & la loyauté, ne bien recompensé de ce qu'il me doit. Quand je l'envoyay devers le Duc d'Autriche, & l'addressois ausdits Tournay & Sebenique, je n'eusse jamais cuidé qu'il eust esté tel qu'il a esté, ne qu'il m'eust si mal servi qu'il a fait; car je l'ay levé & fait de non rien. Il me dit avant partir, que mais que je l'envoyasse & qu'il eust parlé avec ledit Sebenique, il feroit merveille en vostre faveur, & quand je eusse pensé le contraire, ou sçeu le peu de bien qu'il y a fait, je ne l'eusse jamais envoyé là; mais je ne m'en apperceus jusques deux jours après qu'il fut party, qu'il vous plust en escrire audit Evesque de Saint Pol, & luy envoyer unes Lettres que Maistre Jehan le Flamant vous avoit escrites de Paris, qui parloient d'un Prelat de ma Maison, lesquels ledit Evesque de Saint Pol me communica, & incontinent que je ouy parler d'un Prelat de ma Maison, je dis audit Evesque de Saint Pol, que c'estoit l'Archevesque de Rhodes sans autre, comme après j'ay vu par unes autres Lettres dudit Flamant & du Capitaine de la Bastille de Paris, qui le nommoient par son nom, lesquelles vous avez aussi envoyées audit Evesque de Saint Pol, & dèslors je deliberay de m'en deffaire, à son retour, ainsi que à l'heure escriviez, & l'eusse ja fait, mais je attendois premier avoir plus amplement nouvelles de Flandres.

 Sire, il est grec, & n'est que convoitise & ambition de se faire grand luy eut fait faire ce qu'il a fait, & ne luy chaloit qu'il fut à vos despens ou aux miens, mais qu'il feit son cas & ses besoignes; on ne se sçauroit aucunes fois garder de mauvaises gens.

 Sire, si je luy fais commandement qu'il voise à Rome, pour grand & estroit commandement qu'il soit, il est bien de telle nature qu'il ne fera ja rien, ains au lieu d'aller à Rome il s'en ira en Flandres ou en Angleterre, detester uns & autres, & brouiller tout comme il a commencé, & pource que je ne voudrois pas deshonnorer la dignité qu'il a, ne aussi qu'il me eschappast, je voudrois bien que vostre plaisir fust de me bailler gens, qui sans grand bruit, & sans le laisser parler ne escrire à nul que bien à point, le me menassent à Chasteau-neuf du Pape (1) près d'Avignon, qui est à moy, & là il m'attendra jusques à ma venuë, pour sçavoir de luy tout ce qu'il pourroit avoir fait en Flandres; & sur ce, Sire, vous m'en ferez sçavoir vostre bon plaisir; car tant plustost l'en envoyeray & mieux vaudra.

 Au regard de Sebenique, nostre Saint Pere m'a chargé expressement de voir son cas. Je luy hausseray si bien le chevest* envers nostredit Saint Pere; & avant que je parte de deça, je le mettray en escrire en telle extremité, qu'il ne sçaura où se tourner. Vous en verrez l'experience, Sire, s'il plaist à Dieu, & si ay esperance que ledit Tournay ne l'aura pas davantage; car l'inconvenient qu'ils font touche trop de près nostredit Saint Pere

* C'est-à-dire, *la teste.*

---

(1) Le Roy Louys XI. executa le dessein du Legat, comme on le voit par la Lettre, qui est au *folio* 13 du même Manuscrit. Louys XI. dans la Lettre qu'il en escrit à Monsieur du Bouchage, lui ordonne de jetter au feu celle du Legat, cependant je la donne copiée sur l'Original même.

Pere, & l'Eglise universelle, & aussi toute la Chrestienté.

1480.

Sire, je prieray Dieu qu'il vous doint bonne vie & longue. Escrit à Peronne le vingt-neufiesme de Octobre : Vostre très-humble & très-obeissant serviteur, le Cardinal *Sancti Petri ad vincula*. *Et au dos est escrit*: Au Roy mon très-redouté Seigneur.

CCCXXXVII

Lettre du Roy Louys XI. à Messieurs du Bouchage & Solliers sur la maniere dont ils doivent traiter avec les Ambassadeurs du Duc d'Autriche.

Tiré des Recueils de M. l'Abbé Le Grand.

Messieurs, j'ay reçu vos Lettres. Vostre allée à Theroanne seroit dangereuse, car il faudroit que la garnison se delogeast pour vous loger, & quand la garnison seroit hors ils vous pouroient faire une piperie. *Item.* Quand Monsieur de Baudricourt laisseroit Arras, ils la pourront faire à Arras ; aussi Aire est en approchant de Calais. Au regard de ce que m'escrivez que vous l'avez accordé, pour ne mettre les choses en rupture, ne leur accordez rien pour peur de rompture. Vous estes bien bestes si vous cuidez qu'à cette grande Assemblée, ils entendent à chose raisonnable, car la Douairiere y est, qui n'y est pour autre chose que pour destourbes. Aussi où il y a beaucoup de gens on se tient toujours en grande fierté & en grandes demandes, & auront honte de confesser sa necessité devant tant de gens, & avez belle excuse d'envoyer à Theroanne, vos fourriez qui vous escriront qu'ainsi y meurt le plus fort du monde, & faites bien manieres qu'estes courroucés, que vous n'y pouvez aller. Monsieur du Bouchage respondez à Maistre Guy de Rochefort que je n'enverrois devers le Duc d'Autriche le premier, & n'est pas raison ; aussi je suis bien long pour envoyer devers eux, mais mon intention n'est que bonne, & si la sienne est bonne, qui mette un homme ou deux de sa part ; & vous & Monsieur de Solliers sçavez toute mon intention, & si cet homme ou deux veulent venir en quelque lieu de mon parti, vous & ledit Solliers besoignerez avec eux pour trouver tous les moyens qui se pourront penser pour venir à bonne fin, tant d'un costé que d'autre, & sans se faire prier d'un costé ne d'autre de parler ; mais tous d'un consentement ouvrir aussi franchement pour ce qu'il semblera estre bon pour parvenir au bien de paix & de bonne amitié, comme si vous estiez tous quatre à un Maistre, & par ce moyen où vous besoignerez sans le sçeu de la grande assemblée où ils trouveront maniere de les despartir. *Item.* S'il en vient un d'eux devers vous, vous Monsieur de Souliers, irez devers eux & connoistrez si rien de bien ils pourront faire. *Item.* Le Chancelier est l'un de qui vous entendrez mieux leur volonté, toutesfois là où vous trouverez mieux votre avantage, mettez-vous y, ils ont cette coutume de vouloir qu'on parle le premier, & nous le perdrions tout content, mais en les mettant en devise, le langage se trouve, & une longue trefve ou paix seroit bonne, & en attendant trouvez les moyens de l'appointement, car soudainement il est fort à faire, & le moyen que je vous escris n'est pas celuy que Maistre Guy vous enseignera,

gnera, faites comme verrez à l'œil. J'ay mis paix, car ils disoient qu'ils ne vouloient point de tresve, & s'ils la veuillent nommer paix pour un long-tems, ce seroit tout un. Monsieur du Bouchage, je vous ay écrit autres Lettres, & faites comme verrez à l'œil. Au Plessis le huitiesme jour de Novembre.

1480.

Je vous envoye ma ratification, le Gouverneur en escrit à Monsieur de Janlo.

CCCXXXVIII.

☞ *Lettres de Louis XI. à Messieurs du Bouschage & de Solliers sur les difficultés faites par les Ambassadeurs d'Autriche, de rendre Lisle, Douay & Orchies.*

MOnsieur du Bouschage & Monsieur de Soulliers, j'ai oublié à vous dire que c'est que la demande que font, [*les Ambassadeurs du Duc d'Autriche*] c'est que une fille puisse heriter en l'appanage & à leur Terre, & comme ils disent qu'ils n'oseroient consentir de nous bailler Lisle, Douay & Orchies pour peur des Flamans, Nous avons beaucoup plus à faire se nous consentions que les filles heritassent, car je perdrois la Couronne, & vendroit au Royaume de Navarre, & puis à un autre qui dit en votre Lettre qui eut l'autre fille & puis au Roy d'Angleterre, & vous leurs pouvez bien demander si vous devez bien consentir que les filles heritent, qui est contre raison, & là où il y a grand peril de perdre la Couronne, veu qu'ils ne veulent pas consentir de nous bailler Lisle, Douay & Orchies, & vous confessent bien que c'est raison, & le denient seulement pour le peril ; & nous qui voyons que leur demande est contre raison, & qu'il y a plus grand peril que le leur de beaucoup ; & leur remonstrez qu'il ne se peut faire, à fin que par contrainte ils ne parlent plus de choses impossibles, & qu'ils ouvrissent quelque chose raisonnable, ce que ne feront jamais, s'ils n'ont perdu l'esperance de cet appanage du tout. *Item.* Aussi si les filles heritoient ils perdroient tout ce qu'ils ont eu de la Couronne, car le Roy Jean & le Roy Charles, qui le leur baillerent, n'eussent pas été Roys ; ainsi leur partage n'eut rien valu & iroit premier aux autres filles, & leur remontrez que les Anglois le leur font debattre, afin de le leur ouster dès qu'ils leur auroient fait l'obeissance, car ils sçavent bien qu'ils n'y ont nul droit. & adieu, Messieurs, escrit au Plesseys-du-Parc le neuviesme jour d'Octobre. *Signé* LOYS. *Et plus bas,* GILBERT. *Et audos est écrit,* A nos amez & feaux Conseillers & Chambellans les Sieurs du Bouschage & de Solliers.

Tiré du MS. 8449. de la Bibliotheque du Roi parmi ceux de Bethune, *folio* 10.

Le vidimus *qui suit, fait voir que Maximilien d'Autriche étoit mal fondé à vouloir retenir les Villes & Chastellenies de Lisle, Douay & Orchies.*

Kkkk 2   CCCXXXIX.

CCCXXXIX.

☞ Vidimus *des Lettres de Philippe le Hardi, Duc de Bourgogne, promettant de remettre les Villes de Lille & Douay.*

Tiré du MS. 8454. de la Bibliotheque du Roi parmi ceux de Bethune, *folio* 11.

IN Dei nomine, Amen ; hoc est transcriptum fideliter sumptum per me Notarium publicum infra scriptum, de originalibus Litteris Illustrissimi Principis & Domini, Domini Philippi Regis quondam Francorum filii Ducisque Burgundiæ, non cancellatis, rasis, viciatis aut aliquâ sui parte suspectis ; sed sanis & integris omnique vicio & suspicione carentibus, ejusque parvo sigillo in cerâ viridi & laqueo serico viridi sigillatis, ut prima facie apparebat. Quarum quidem Litterarum tenor sequitur & est talis. A tous ceux qui ces Lettres verront, Philippe fils de Roi de France, Duc de Bourgongne, Salut. Sçavoir, faisons, que pour les très grands benefices, liberalités, graces, dons & biens que nous avons reçus ou tems passé, jusques à ce present jour, & avons esperance de recevoir ou tems à venir, de notre très-redouté Seigneur & frere, Monseigneur Charle, par la grace de Dieu, Roy de France & de la Couronne de France, lui avons promis & promettons par ces Presentes, par nostre foy & serment loyal, fait aux Saints Evangiles de Dieu, corporellement par Nous touchés, & par toute nostre loyauté, que se le mariage pour-parlé de nous & de nostre très-chere cousine Marguerite, fille de notre très-cher cousin, Monseigneur Loys, Comte de Flandres, se parfait de la voulenté de Dieu, & il advient que notredit cousin trespasse de ce siecle, sans hoirs masles de son corps, par le decès duquel nostredite cousine sa fille, lui succederoit en biens & heritages, comme fille heritiere, nous dèslors tantost sans delai & sans interpretation ou sommation aucune rendrons & restituerons reaument & de fait, sans contradiction, ou empêchement aucun à nostre très-redouté Seigneur dessusdit, ou à ses successeurs Roys de France, la ville, Chastel & Chastellenie de Lisle, & la Ville & Chastellenie de Douay, avec tous leurs droits & appartenances, lesquelles Villes, Chastels & Chastellenies, pour contemplation de Nous nostredit Seigneur doit bailler & transporter ès mains & pour notredit cousin le Comte de Flandres ; avec ce lui rendrons les Lettres que nostredit Seigneur a baillées à nostredit cousin, pour lesdites Villes, Chastel, & Chastellenies, & le transport d'icelles, & toutes autres Lettres & obligations & instrumens, touchant ce fait que nostredit Seigneur ou ses predecesseurs ont fait ou dit Comte, ou à ses predecesseurs Comtes de Flandres, & en cas dessusdit, ou que autrement par quelque voye & maniere que ce soit en tems à venir lesdites Villes, Chastel & Chastellenies, viendront en nostre main ou pouvoir, les lui rendrons reaument & de fait, franchement & quittement, franches & quittes de toutes charges & obligations, sans opposer ou alleguer chose quelquonques au contraire ; avec ce promettons en cas dessusdits faire à ce consentir nostredite cousine, & que par son consentement lesdites Villes, Chastel & Chastellenies, & Lettres nous rendrons comme dit est, & avec ce promettons par nostre foy & serment, comme dessus que ès cas dessusdits, & si tôt que le Comté

de

de Flandres viendra en nostre main, nous la tiendrons de nostredit Seigneur ou successeurs Rois de France, & lui en ferons sans aucune difficulté la foy & hommage que Per de France est tenu & a accoustumé de faire au Roy de France: & avec ce tiendrons ledit Pays de Flandres à tout notre bon pouvoir, sans fiction, barat ou deception, en bonne & vraye obéissance par devers nostredit Seigneur & ses successeurs Rois de France, & la Couronne de France & lui garderons ou dit pays de Flandres, & ès Terres qui viendront en notre main à la cause dessusdite, son ressort, sa Souveraineté, ses droits Royaux en la maniere qu'il a & a accoustumé d'avoir ès autres Terres des pays de France.

Et quant à toutes les choses dessusdites & les autres que ci-dessous s'ensuivent & chacunes d'icelles, fermement tenir, entretenir & accomplir de point en point, nous obligeans envers notredit Seigneur, nous, nos biens, nos hoirs & les biens de nos hoirs presens & avenir quelconques: & neanmoins les soubmettons à la Jurisdiction & cohercion, & expletation de nostredit Seigneur; & avec ce nous soubmettons à la Jurisdiction & cohercion de nostredit Saint Pere le Pape, & à la censure de l'Eglise. Et voulons & consentons & lui requerons, que en deffaut des choses dessusdites ou aucunes d'icelles, sans autre evocation faire ; mais seulement par l'exhibition de ces Presentes, il ou ses commis dès maintenant pour lors, donnent & puissent donner Sentence d'excommuniement en nous & notre personne & en nos hoirs & successeurs, & les ayans cause de nous & d'eux & d'interdit en nos Terres & les leurs, & ou dit pays de Flandres & esdites Villes & Chastellenies & generalement en toutes nos autres terres & les terres de nos hoirs & successeurs; lesquelles Sentences nous voulons encourir par ici de fait deslors, que aucune faute y aura ès choses dessusdites, ou aucunes d'icelles, & que nostredit Saint Pere depute executeurs l'Abbé de S. Denis en France & l'Evesque de Senlis, & leur commande expressement & donne pouvoir que lesdites Sentences, sans quelconques évocation ou sommation, peussent fulminer, publier, executer contre nous & nosdites terres ou de nosdits hoirs & successeurs; & ladite terre de Flandres, ès cas dessusdits & les publier & denoncer à Tournay ou à Therouenne, sans que autre part soient tenus de les publier. Et outre toutes les choses dessusdites, promettons & jurons comme dessus, de rendre & payer & restituer entierement au Roy nostredit Seigneur, ou à ses successeurs Roys de France, ou à leur certain mandement tous frais, dommages, mises, despens & interêts, lesquels par aventure nostredit Seigneur ou ses successeurs en poursuivant & (ès) recouvrement desdites Villes, Chastel & Chastellenies & de leurs appartenances, auroient ou pourroient avoir encourru en quelque maniere que ce soit. Desquelles mises, frais, despens, dommages & interêts, ainsi faits & encourrus, nous voulons ester & croire à la simple parole de nostredit Seigneur ou de ses successeurs, sans serment ou autre preuve faire quelconques, & avec ce promettons & jurons, comme dessus que incontinent fait & accompli le mariage dessusdit ; nous ces Presentes Lettres & tout ce qui est contenu en icelles, confermerons, approuverons & ratifierons, ou semblable obligation à ceste ferons, ainsi comme à nostredit Seigneur plaira & que aux choses dessusdites

1480.

dessusdites ou aucunes d'icelles, nous ne viendrons à l'encontre par nous ou par autre directement ou indirectement comment qu'il soit ; mais les tiendrons & observerons & accomplirons de tout en tout sans empêchement ou contradictions aucunes, comme dessus est esclarcy ; & pour plus grand certaineté & fermeté des choses dessusdites, & afin que plus grand foy y soit adjoutée, nous avons fait sceller ces Presentes de notre scel. Donné à Peronne le douziesme jour de Septembre l'an de grace mil trois cens soixante-huit. *Quæ quidem Litteræ erant sic signatæ. Infra in dorso pergameni plicati*, par Monseigneur le Duc CHAPELLES. *Actum fuit hoc transcriptum Parisius in domo habitationis mei Notarii prædicti, infrà scripti anno à Nativitate Domini millesimo trecentesimo septuagesimo secundo, indictione decimâ, die decimâ-octavâ mensis Februarii, Pontificatus sanctissimi in Christo Patris ac Domini, Domini Gregorii divinâ Providentiâ Papæ XI. anno secundo. Et ego Gerardus de Monteacuto, Clericus Laudunensis Diæcesis, publicus auctoritate apostolicâ Notarius, Litteras superius insertas tenui, legi & hîc manu propriâ transcripsi, meum signum solitum præsentibus apponendo in testimonium veritatis sic signatum.* G. DE MONTEACUTO.

CCCXL.

Le Cardinal de S. Pierre aux Liens, prie Maximilien Duc d'Autriche de lui permettre de se rendre auprès de lui, au moins dans un lieu neutre, & sans aucunes conditions, esperant parlà lui oster les soupçons qu'il avoit contre lui.

A Peronne le 20 Octobre 1480.

Tiré de l'Edition de M. Godefroy.

ILustrissime Dux ac excellentissime Domine, Domine honorande, Salutem in Domino. Superioribus proximis diebus cum Sanctissimus Dominus noster per proprium tabellarium velocissimè misisset breve unum Excellentiæ vestræ directum : illud ad ipsam excellentiam per eundem tabellarium misi, ut eum si vellet interrogare posset nuperrimè è Romana Curia venientem, Reverendus autem in Christo Pater Episcopus Sibinicensis, cui tabellarius obviavit ignarus propositi mei, breve ipsum accepit : missurumque se ad vos dixit : si excellentiæ vestræ breve redditum est, non dubito quin eo perlecto omnem suspicionem de me conceptam penitùs deponatis : planéque intelligatis Sanctissimum Dominum nostrum Paci Catholicorum Principum pientissimi Patris affectu studere & me soli Apostolicæ Sedi servire. Quod multo clarius excellentia vestra intellexisset : si in colloquium ejus venire licuisset, sed ut spero intelliget ex rebus ipsis & gaudebit adventu meo. Oratores vestri* qui Cameraci sunt, petierunt aliquas conditiones in admissione mea non convenientes honori Apostolicæ Sedis : nec excellentiæ vestræ, quas credere non possum ex mente vestra prodire ; Catholici enim estis & dictæ Sedis more clarissimorum

* Ce sont ceux dont il est parlé dans la Lettre de Maitre Jean Dauffay du 26. Septembre 1480. ci-devant.

morum progenitorum vestrorum observantissimi. Obtuli me ad patrias vestras venturum absque ullo salvoconductu, fretus solita pietate & fide excellentiæ vestræ, nunc quoque paratissimus sum libere adillas proficisci si cum honore dictæ Sedis permittetis : Sin autem opus erit ut video vel Tornacum, vel Cameracum, vel in aliquem locum medium & neutralem accedere, in quem sine his conditionibus ingredi & Oratores ipsos audire possim. Si enim coram loqui dabitur & optimum animum meum perspicere fiet ut sublatâ omni suspicione sanctissimum opus pacis procedat, vel saltem ego consilium capiam quod dignitati dictæ Sedis videbitur convenire : quocirca ipsam excellentiam vestram rogo ut mihi responsum cito dare velit & providere quòd ad unum dictorum locorum accedere possim, ne cum vestro onere & dictæ Sedis dedecore diutiùs in ambiguo sim ; feliciter valeat excellentia vestra, cui me commendo, ex Peronnâ vigesimo Octobris millesimo quadringentesimo octogesimo. Ego excellentiæ vestræ totus Julius Episcopus Sabinensis Cardinalis Sancti Petri ad Vincula.

1480.

La subscription estoit, Illustrissimo Principi ac excellentissimo Domino, honorando Domino Maximiliano Austriæ, &c. Duci dignissimo.

Copié sur l'original.

CCCXLI.

☞ *Lettre de Louis XI. à Messieurs du Bouchage & de Solliers ses Ambassadeurs près de Maximilien d'Austriche.*

MEssieurs quelque chose que vous ayez debatu, Monsieur de Janlo ne vous a jamais accepté [*chose*] que vous lui ayez offerte, & ce qu'il a demandé quand vous lui avez accordé, il l'a laissé; Monsieur de Janlo ne les gens du Duc d'Autriche ne vous ont jamais dit une chose deux fois, mais autant de fois que vous m'avez escrit, ç'a esté de nouveau propos, si vous estes si fous d'ajouster foi à chose que Monsieur de Janlo vous dit pour ce qu'il est de Savoye, & qu'il soit mon serviteur, je vous repons que ce n'est qu'un valydire ; & vous Messieurs du Bouchage & de Solliers, sçavez bien que je lui en dis ceans, & mais qu'il soit hors de là il me dira pour son excusation qu'il ne peut dire que ce qu'on lui dit ; mais vous connoissez bien qu'il ne vous dit jamais une chose deux fois & suffise vous que je ne m'en ose pas plaindre, si bien mesme qu'il m'a battu *, & vous Monsieur du Bouchage & de Solliers le sçavez bien ; il est devenu si très-orgueilleux puisqu'il s'est mis en œuvre, qu'il laisse mes besoignes derriere, car il ne lui en chaud, pour faire celles, non pas de Monsieur de Romon, non-seulement, mais du Cardinal de Tournay & de tous ceux qui l'en prient, & vous voyez bien, sanglantes bestes que vous estes, qu'il ne tient qu'à l'en prier, & n'y adjoutez foy qu'à ce que vous verrez. Au regard du sauf-conduit d'Asle d'Arbau & de Louys de Vivieu, je vous en envoye un blanc pour le faire, mais faites-le leur & qu'ils passent par entre vous & incontinent envoyez les devers moi, & m'avertissez de ce que vous pourrez. Au regard du Legat si n'aye veu qu'il a pris l'Evesque de Rhodes, ils le contraindront de le rendre, & si l'en feront

Tiré des Recueils de M. l'Abbé le Grand.

* C'est-à-dire *debattu*.

632 PREUVES DES MEMOIRES, &c.

1480.

feront repentir, & au regard de l'Evefque de S. Pol, maintenant Monfieur de Vienne, s'il y va il demoura pour les gages; au regard de vos allées par de-là & de leurs venues, je vous ay efcrit par mes dernieres Lettres ce qu'il m'en femble & ce que je veux que vous en faffiez. Je ne fçaurois vous faire reponfe à ce que vous efcrivez feure, car à chacune Lettre nouveau propos, je me tiens à ce que je vous ay efcrit dernierement; ils vous mentent bien, mentez bien auffi; au regard du blé ils n'en auront point, car ils euffent fait la trefve marchande fi n'euft efté pour avoir de l'argent de leurs congés; vous ne me mandez point que vous ayez reçû mes Lettres de reponfe qui parloient de l'epie, dont je fuis bien ebahy, & fe elles étoient perdues; vous n'entrerez ja à Theroanne pour les raifons que je vous mandois dedans au regard du ralongement de Poullau, il n'y a homme qui en ait puiffance que Monfieur du Bouchage; j'aurai des levriers & levrieres de Boffu, & adieu, Meffieurs, Efcrit au Pleffis le treize de Novembre.

Fin du troifiéme Volume.

TABLE

TABLE
DES MATIERES
Contenues dans le troisiéme Volume des Mémoires de Philippe de Comines.

A

Alard (Jean), député vers les Suisses par le Duc de Bourgogne, 347.

Alphonse V. Roi de Portugal, veut engager Louis XI à soutenir ses prétentions sur la Castille, 157 & *suiv.* Traité de Ligue offensive & défensive entre ces deux Princes contre le Roi d'Arragon, 406 & *suiv.* Lettre d'Alphonse à Louis XI, touchant la Succession du Royaume de Castille, 408 & *suiv.*

Ancenis. Traité d'Ancenis entre Louis XI & le Duc de Bretagne, 9 & *suiv.* Sa ratification, *ibid. n.* 1. Confirmation de ce Traité, 115 & *suiv.*

Andernach Traité d'Andernach entre l'Empereur Frédéric, les Electeurs & le Roi Louis XI, contre le Duc de Bourgogne, 459 & *suiv.* Lettres réversales de Louis XI confirmatives de ce Traité, 467 & *suiv.*

Angadrême (Sainte). Les habitans de Beauvais portent sa Chasse sur la muraille de leur ville, lors du siége mis par le Duc de Bourgogne, 207 & 213. Confiance en cette Sainte, 208.

Angely (l'Abbé de Saint Jean d'), accusé d'avoir empoisonné le Duc de Berry, frere de Louis XI, est arrêté, 188. Extrait des Instructions données par le Roi, pour travailler à son procès, 279 & *suiv.* Autres Pieces sur le même sujet, 281 & *suiv.*

Angers (Jean Baluë, Cardinal d'), trahit le Roi, 44. *n.* 1. Engage ce Prince à se rendre à Peronne, 64 & *suiv.* Conspire avec le Duc de Bourgogne pour arrêter Louis XI & le Duc de Berry, dans l'esperance de se faire Pape, 65.

Anjou (Charles d'), dernier Comte du Maine, neveu & heritier du Roi René de Sicile, 322 & *suiv.* Extrait de son Testament, 334 & *suiv.* Extrait de deux Codiciles du même, 335 & *suiv.* Note de M. Godefroy sur ces Pieces, 336.

Anjou (Marguerite d'), Reine douairiere d'Angleterre, cede à Louis XI ses droits sur l'Anjou, la Lorraine, Bar, & Provence, 471 & *suiv.* 479 & *suiv.*

Armagnac (Jacques d'). *Voyez* Nemours.

Armagnac (Jean, Comte d'). Arrêt non signé du Parlement de Paris qui le déclare criminel de leze-Majesté, 141 & *suiv.* Extrait d'un Factum de ce Comte, 149 & *suiv.* Suite de son affaire, 150 & *suiv.* Lettre de Louis XI au Comte de Dammartin, au sujet de ce Seigneur, 176 & *suiv.* Extrait de la conduite des Gens du Roi en la prise de Leictoure, & la mort du Comte, 301 & *suiv.*

Arragon. Traité de Treve de Louis XI, avec le Roi d'Artagon, 405 & *suiv.* Ligue contre le Roi d'Arragon, entre Louis XI & Alphonse V, Roi de Portugal, 406 & *suiv.*

Arras. Composition accordée par Louis XI aux habitans de cette ville, 505 & *suiv.* Amnistie qui leur est accordée après leur rébellion, 510 & *suiv.*

Ave-Maria (les Filles de l'). Lettres Patentes de Louis XI en leur faveur, 178. Autres de Charles VIII au même sujet, *ibid.* & *suiv.*

Autriche (Maximilien Duc d'). L'Empereur Frédéric son pere, confisque à son profit les Duché de Gueldres & Comté de Zutphen, 196 & *suiv.* Maximilien refuse de les rendre aux enfans du Duc Adolphe, 297. Réponse de Louis XI aux Lettres de ce Prince, sur les terres occupées par le Roi après la mort du Duc de Bourgogne, 530 & *suiv.* Treve de huit jours entre ces deux

Tome III. LLll

Princes, 539 & *suiv.* Autre Treve d'un an entr'eux & la Princesse Marie de Bourgogne, 540 & *suiv.* Lettres de Louis XI en exécution de ce Traité, portant nomination des Arbitres de la part de ce Prince, & pouvoir de juger & décider, 546 & *suiv.* Double négociation de Maximilien avec Louis XI pour en obtenir une Treve, & avec Edouard Roi d'Angleterre, pour l'engager à rompre la Treve qu'il avoit faite avec Louis XI, 571 & *suiv.* Sa pauvreté lorsqu'il arriva aux Pays bas, 572. Lettre de Marguerite d'Yorck, douairiere de Bourgogne, à ce Prince, par laquelle elle l'informe de ce qu'elle a négocié pour lui en Angleterre, 576 & *suiv.* Instruction de Maximilien à cette Princesse & au Seigneur d'Irlain, en les envoyant dans ce Royaume, 577 & *suiv.* Autre Instruction particuliere au Seigneur d'Irlain, 583. Troisiéme Instruction de ce Prince à Michel de Berghes, pour le même sujet, 584 & *suiv.* Convention pour la solde de 1500 Archers & de 30 Hommes d'armes, qu'Edouard envoyoit ès Pays-bas au service de Maximilien, 587 & *suiv.* Instruction de ce Prince à M. de Romont & autres ses Ambassadeurs vers Louis XI, pour négocier une Treve avec ce Roi, 589 & *suiv.* Pouvoirs qu'il leur donne pour faire la paix, 592 & *suiv.* Lettre par laquelle le Cardinal Légat de Saint-Pierre aux Liens lui donne avis de son arrivée en France, & du dessein où il est de l'aller trouver, 596 & *suiv.* Réponse de ce Prince, 597. Bref qui lui est adressé par le Pape Sixte IV, pour le prier de reconnoître & recevoir ce Cardinal comme Légat, 598 & *suiv.* Lettre de ce Cardinal, qui prie ce Prince de ne pas le laisser davantage en suspens, 599. Autre par laquelle il se plaint du refus que lui fait le Duc de le recevoir, & le prie de lui faire sçavoir sa volonté, 600 & *suiv.* Autre de Jean Dauffay, Maître des Requêtes, qui prie ce Prince de lui faire sçavoir ce qu'il auroit à répondre au Cardinal, au sujet des différends de Maximilien avec Louis XI, 601 & *suiv.* Autre de la Duchesse douairiere de Bourgogne, qui l'instruit des suites de sa négociation en Angleterre, 603 & *suiv.* Autre par laquelle ses Ambassadeurs à cette Cour lui marquent, que ses liaisons avec le Roi d'Ecosse ne plaisent point à Edouard, 608. Autre par laquelle le Roi d'Angleterre approuve la conférence & l'entrevûe du Duc avec Louis XI, 609 & *suiv.* Autre du même

Prince, qui lui mande le départ d'Angleterre de la douairiere de Bourgogne sa sœur, 610 & *suiv.* Lettres Patentes du Duc de Bretagne, par lesquelles il déclare vouloir être compris dans la paix conclue entre Louis XI & Maximilien, 611 & *suiv.* Lettre de la douairiere de Bourgogne à ce dernier sur sa conférence avec Louis XI, & sur ses affaires avec le Légat, 614 & *suiv.* Autre d'Edouard, Roi d'Angleterre, qui lui permet de donner audience au Légat, & le prie de ne rien conclure avec lui sans l'en avoir averti, 616. Conseil du même au Duc de faire une Treve de dix ans avec Louis XI, *ibid.* & *suiv.* Remarques de M. Godefroy sur les intrigues de Maximilien en Angleterre, 620 & *suiv.* Ses négociations avec la Cour de Rome & les Princes de l'Empire, 622. Lettre du Cardinal Légat, qui le prie de lui permettre de se rendre auprès de lui, au moins dans un lieu neutre, & sans aucunes conditions, 630 & *suivantes.*

Autriche (Sigismond, Duc d'). Instruction du Duc de Bourgogne à ceux qu'il devoit envoyer vers ce Prince, 238 & *suiv.* Date de cette Piece, 243. n. 2. Traité fait par l'entremise de Louis XI, entre Sigismond & les Suisses, 312 & *suiv.*

B

Balagny (le Sieur de), commande dans Beauvais, lors du siége par Charles Duc de Bourgogne, 105. Est blessé au premier assaut, 206. Sa vaillance pendant ce siége, 208.

Balue (Jean). *Voyez* Angers (Cardinal d').

Bar (Jean de), Evêque de Beauvais, lors du siége de cette ville, 110. n. 25.

Baume (Guillaume de la). *Voyez* Irlain.

Baviere (Marguerite de), femme de Jean, Duc de Bourgogne, calomniée par Brantôme, 322. Ce que Mejerus en rapporte, 323. Lettre de cette Princesse à la Duchesse de Bourbon, *ibid.* & *suiv.*

Beaujeu (Pierre de Bourbon, Seigneur de). Traité de mariage de ce Prince avec Anne de France, fille de Louis XI, 345 & *suivantes.*

Beauvais. Lettre de Louis XI sur le secours qu'il envoye en cette ville, 201. Discours du siége de Beauvais, mis par Charles Duc de Bourgogne, 203 & *suiv.* Sonnet adressé à ce sujet aux Habitans de cette

TABLE DES MATIERES.

ville, 104. Forces que le Duc avoit à ce siége, & foiblesse des assiégés, 205. Premier assaut donné à la place, *ibid. & suiv.* Particularités de l'assaut donné à la Porte de Limaçon, 206. Détail de celui de la Porte de Bresle, *ibid. & suiv.* Est beaucoup plus furieux que celui de la Porte de Limaçon, 207. Courage des femmes & filles de la ville, *ibid. &* 208, 213. Secours qui y arrive, *ibid.* Corps saints qui sont dans cette ville, 208. Préservée comme par miracle, *ibid.* Vaillance des Capitaine & Lieutenant de la ville, *ibid.* Nouveaux secours qu'elle reçoit, 209. Forme d'un boulet qui s'y conserve en mémoire de ce siége, 211. *n.* 30. Ce siége, cimetiere des Bourguignons, 212. Second assaut où ils sont repoussés, *ibid. & suiv.* Grande résistance des assiégés, 213. Sortie qu'ils font, *ibid. & suiv.* Traîtres exécutés dans la ville, 214. Levée du siége par le Duc, *ibid. & suiv.* Perte qu'il y fit, 215. Par qui la ville fut secourue, *ibid.* Processions instituées dans la ville pour la levée du siége, 216 *& suiv.* Lettres Patentes de Louis XI, qui permet aux Bourgeois de Beauvais de tenir Fiefs nobles, & les exempte de l'Arriere-ban, 218 *& suiv.* Autres par lesquelles il leur permet de se choisir un Maire & des Echevins, 220 *& suiv.* Autres par lesquelles il les exempte de droits & impositions, 222 *& suiv.* Procession instituée par ce Prince dans cette ville, & permission aux femmes & filles d'y préceder les hommes, 223 *& suiv.*

Beauvau (Antoine de), Seigneur de Pimpean, fait le Traité de Paix d'Ancenis, 10 *& suiv.*

Belliere (le Vicomte de la). Lettre que Louis XI lui écrit sur les operations de la guerre, 186 *& suiv.* Autre de ce Prince au même, sur le même sujet, 187. Autre qu'il reçoit de Louis XI, sur la Treve avec le Duc de Bretagne, 233 *& suiv.*

Berghes (Michel de), député en Angleterre par Maximilien, pour engager le Roi Edouard à faire une descente en France, 573. Instruction qu'il reçoit à ce sujet, 584 *& suiv.*

Berry (Charles, Duc de), frere de Louis XI. Ce qui fut conclu à son sujet aux Etats tenu à Tours en 1467, 5 *& suiv.* Ce qui lui fut accordé par le Traité d'Ancenis, 11 *& suiv.* Le Duc de Bourgogne conspire de l'arrêter avec Louis XI, dans l'esperance de se faire Roi, 65 *&* 76. Division que ce Prince tâche de mettre entre lui & le Roi son frere, *ibid. & suiv. &* 76. Traité de l'échange de l'Appanage de Guyenne contre celui de Normandie, 93 *& suiv.* Abolition accordée par le Roi à tous ceux qui avoient suivi le parti de ce Prince, 103 *& suiv.* Acte du serment fait par le Duc au Roi son frere pour ce Duché, 106 *& suiv.* Extrait sur la paix faite entre ces deux Princes, & sur leur entrevûe, 107 *& suivantes.* Traité de Coulanges fait entr'eux sur les différends des limites de l'Appanage de Guyenne, 108 *& suiv.* Confirmation de ce Traité par le Duc, & sa renonciation à tous autres droits & prétentions, 112 *& suiv.* Confirmation du Traité d'Ancenis par ce Prince, 126 *& suiv.* Lettre de Louis XI à Henri Roi de Castille, au sujet du mariage projetté entre ce Duc & Jeanne de Castille, fille de Henri, 156. Extrait d'une Remontrance faite au Duc par le Chancelier de cette Princesse, *ibid. & suiv.* Extrait des Lettres de Henri à Louis XI, pour presser le départ du Duc, 157. Propositions de ce mariage, 158 *& suiv.* Instruction de Louis XI à M. du Bouchage, pour détourner ce Duc du mariage avec Mademoiselle de Bourgogne, 160 *& suiv.* Instruction à ceux que le Duc envoye vers le Duc de Bourgogne pour cette alliance, 164 *& suiv.* Autre Instruction du Duc à ses Ambassadeurs vers le Duc de Bretagne, 165 *& suiv.* Instruction plus particuliere, & déclaration des intentions de ce Prince aux Gens du Duc, 168 *& suiv.* Observations de M. Godefroy sur sa mort, 187 *& suiv.* Nouvelle abolition accordée par Louis XI à ceux qui avoient adheré à ce Prince, 195 *& suiv.* Recherches faites par le Roi au sujet des auteurs de sa mort, 179 *& suiv.*

Bitche (Guillaume de), Gouverneur de Peronne. Sa déposition au sujet du sauf-conduit donné à Louis XI par le Duc de Bourgogne, pour aller en cette ville, 19 *& suiv.*

Boheme (George, Roi de). Traité de ce Prince pour faire élire le Duc de Bourgogne Roi des Romains, 116 *& suiv.*

Boschet (Guy de), Vice-Chancelier de Bretagne. Instruction du Duc de Bretagne à ce Magistrat envoyé vers Louis XI, 534 *& suiv.*

Bouchage (M. du). Instruction de Louis XI à M. du Bouchage, envoyé vers le Duc de Berry, son frere, pour le détourner du mariage avec Mademoiselle de Bourgogne, 160 *& suiv.* Autre de ce Prince au même, sur son voyage en Roussillon, 372 & *suiv*. Lettre de Louis XI au même sur les affaires de cette Province, 381 & *suiv*. Lettre que lui écrit le Roi René de Sicile, 570. Autre de Louis XI, sur la manière dont il doit traiter avec les Ambassadeurs de Maximilien d'Autriche, 626 & *suiv*. Autre de ce Prince sur les difficultés faites par ces Ambassadeurs de rendre Lille, Douay, & Orchies, 627. Autre du même à ce Seigneur, 631 & *suiv*.

Bourbon (Duc & Duchesse de), Pouvoir donné par Louis XI de les arrêter, 4 & *suivantes*.

Bourbon (la Duchesse de). Lettre de Marguerite de Baviere, Duchesse douairiere de Bourgogne, à cette Princesse, 323 & *suiv*.

Bourbres (Jean de), Abbé de S. Quentin de Beauvais. Il fait rebâtir cette Eglise, 211. *n*. 19.

Bourdeaux (l'Archevêque de). Lettres closes de Louis XI à ce Prélat, sur la mort du Duc de Berry, son frere, 289.

Bourdeille (Elie de). *Voyez* l'Archevêque de Tours.

Bourgogne (Antoine, grand bâtard de). Sa déposition au sujet du sauf-conduit donné à Louis XI par le Duc de Bourgogne, pour aller à Peronne, 20.

Bourgogne (Baudouin, bâtard de). Sa déposition pour le même sujet, 20.

Bourgogne (Charles, Duc de). Ce qui se passa à l'Assemblée de Cambray, tenue entre les Députés de ce Prince & ceux de Louis XI, 6. Réception qu'il fit au Roi à Peronne, 17 & 22. Serment qu'il y fit d'entretenir la paix avec ce Prince, *ibid*. Minute de l'examen du sauf-conduit qu'il envoya à Louis XI, 18 & 19. Changement que ce Duc fit dans sa signature, 20. *n*. 1. Traitement qu'il fit au Roi dans Peronne, 21 & *suiv*. Son départ pour Liege, 22. Traité de Peronne entre lui & Louis XI, *ibid*. & *suiv*. Ratification de ce Traité par le Duc, 43 & *suiv*. Permission qui lui est accordée par Louis XI, d'établir des Greniers à Sel à Mâcon & dans le Mâconnois, 47 & *suiv*. Surséance que ce Prince lui accorde de tous les procès pendans au Parlement de Paris, au sujet des limites de Flandres & d'Artois, 52 & *suiv*. Autre concession que ce Prince lui fait, au sujet des Appellations des Pays de Lille, Douay & Orchies, 14 & *suiv*. Mainlevée qu'il accorde de la saisie des biens des sujets du Duc, 56 & *suiv*. Défenses adressées par Louis XI à ses Baillifs de Sens & de Villeneuve-le-Roy, en faveur des habitans du Duché de Bourgogne, 58 & *suiv*. Députation & remontrances à ce Duc par les Etats tenus à Tours, 64 & 71 & *suiv*. Traite mal le Roi à Peronne, & le force de lui accorder tout ce qu'il veut, 65 & 74. Refuse de remplir ses engagemens avec ce Prince, *ibid*. & 75. Conspire de l'arrêter avec le Duc de Berry son frere, dans l'esperance de se faire Roi, *ibid*. & 76. Travaille à mettre la division entre le Roi, le Duc de Berry, & le Duc de Bretagne, *ibid*. & 76. Autres excès commis contre Louis XI par le Duc, 66 & 77 & *suiv*. Déclaration du Roi contre ce Prince, donnée de l'avis des Princes & Notables assemblés à Tours, 68 & *suiv*. Lettre contenant la relation de la prise de Liege par le Duc, 81 & *suiv*. Acte de la nomination faite au Chapitre de l'Ordre de la Jarretiere de la personne de ce Prince pour Chevalier de cet Ordre, 99 & *suiv*. En quel tems il le reçut, *ibid*. *n*. 1. Projet des Lettres par lesquelles il nomme Edouard Roi d'Angleterre, Chevalier de la Toison d'or, 101 & *suiv*. Traité de George Roi de Bohême, pour faire élire le Duc Roi des Romains, 116 & *suiv*. Ce Duc confirme les Alliances par lui faites avec le Duc de Bretagne, 118 & *suiv*. Lettre de ce Prince au Parlement de Paris, au sujet des Duc de Clarence & Comte de Warwic, 120 & *suiv*. Autre au Roi sur le même sujet, 112 & *suiv*. Extrait de la réponse faite par le Duc aux Ambassadeurs de Louis XI, sur la validité des Traités de Conflans & de Peronne, 145 & *suiv*. Lettres closes de ce Prince au Parlement de Paris, au sujet de l'Exploit fait par le Président de Corbie aux trois Prevôtés de Beauvoisis, Foulloy, & Vimieu, 146 & *suiv*. Il accuse Louis XI de contravention aux Traités de Conflans & de Peronne, 148 & *suiv*. Ordonnance de Louis XI sur la guerre contre ce Duc, & sur les sommes nécessaires pour la soutenir, 154 & *suiv*. Ses vûes au sujet du mariage de la Princesse Marie de Bourgogne, sa fille, 169 & *suiv*. Traité du Crotoy entre lui & Louis XI, par lequel ils confirment les Traités d'Arras, de Conflans, & de Peronne, 171 & *suiv*. Traité de ligue entre lui & Nicolas Duc de Calabre & de Lorraine, 189 & *suiv*. Lettres par lesquelles il déclare qu'il veut venger la mort du Duc de Berry, frere du Roi, 198 & *suiv*. Discours du Siége de Beauvais entrepris par ce Prince, 203 & *suiv*. Forces qu'il avoit devant cette Place, 205. Premier

TABLE DES MATIERES.

aſſaut qu'il y donna, & quel en fut le ſuccès, *ibid. & ſuiv.* Eſt repouſſé à un ſecond, 213. Levée du ſiége par le Duc, 214 *& ſuiv.* Plaiſanterie du fol de ce Prince pendant ce ſiége, *ibid. n.* 43. Perte que le Duc y fit, 215. Extrait d'une Lettre ſur les guerres de ce Prince avec Louis XI, 225 *& ſuiv.* Treve de cinq mois entre ces deux Princes, 231 *& ſuiv.* Inſtruction du Duc à ceux qu'il devoit envoyer vers le Duc Sigiſmond d'Autriche, 238 *& ſuiv.* Date de cette Piece, 243. *n.* 2. Treve entre le Duc & Louis XI, 247 *& ſuiv.* Lettre que lui écrit le Duc Nicolas de Calabre, 255 *& ſuiv.* Extrait des Inſtructions de ce Prince à Antoine de Montjeu, touchant ce qu'il doit négocier avec ce Duc, 257. Relation de ſon entrevûe avec l'Empereur Frédéric III, 258 *& ſuiv.* Acte d'appel du Duc d'une Bulle d'excommunication du Pape Sixte IV, obtenue par Louis XI, 262 *& ſuiv.* Treve entre ces deux Princes, 293 *& ſuiv.* Le Duc engage Adolphe, Duc de Gueldres, à lui amener le Duc Arnoul ſon pere, 295. Il engage ce dernier à lui vendre ſon Duché, & enſuite à le lui leguer par teſtament, 296. S'en met en poſſeſſion, *ibid.* En reçoit l'inveſtiture de l'Empereur, *ibid.* Ratification de Louis XI de la prolongation de la Treve faite avec le Duc, 302 *& ſuiv.* Autre prorogation de Treve entre ces deux Princes, 306 *& ſuiv.* Autre treve entr'eux, 315 *& ſuiv.* Extrait ſommaire de toutes les Treves & ruptures entre ces deux Princes, 319 *& ſuiv.* Négociation des Envoyés du Duc vers les Suiſſes, 347 *& ſuiv.* Réponſe des Cantons, 349 *& ſuiv.* Traité de ligue entre ce Prince & Galeas-Marie Sforce, Duc de Milan, 356 *& ſuiv.* Accord entre Louis XI & les Suiſſes contre le Duc, 368. Treve marchande pour neuf années entre ces deux Princes, 409 *& ſuiv.* Article ſéparé de cette Treve, touchant la Cerdagne, le Rouſſillon, & le Comté de Ferrete, 419 *& ſuiv.* Autre touchant les Alliés nommés dans ce Traité, 421 *& ſuiv.* Lettres par leſquelles le Duc déclare le Connétable de Saint-Paul ſon ennemi, 422 *& ſuiv. &* 424 *& ſuiv.* Confirmation de cette Treve par ce Prince, 426 *& ſuiv.* Interprétation du même Traité par le Duc, 427 *& ſuiv.* Ratification de la Treve par Louis XI, 429. Acte de la remiſe de l'original du Traité ès mains des Députés du Roi, par les Gens du Duc, 436 *& ſuiv.* Lettres de Louis XI par leſquelles il conſent que le Duc puniſſe les habitans de Nancy, au cas qu'ils ayent aſſiſté contre lui ceux de Ferrette, 443 *& ſuiv.* Lettres que le Chancelier du Duc voulut avoir du Roi, avant que de remettre le Connétable de Saint-Paul à ſes Envoyés, 444 *& ſuiv.* Choix que le Duc fit à ce ſujet, 445. Traité de paix entre l'Empereur Frédéric & le Duc, 446 *& ſuiv.* Promeſſe de Louis XI de ne point faire de querelle au Duc pour la reſtitution des Places qu'il avoit priſes en Lorraine, en conſidération de ce qu'il avoit renoncé à la confiſcation des biens du Connétable, 448 *& ſuiv.* Double de deux Articles dont le Duc voulut avoir Lettres du Roi, avant que de livrer le Seigneur, 449 *& ſuiv.* Don fait par Louis XI à ce Duc des biens du Connétable, 471 *& ſuiv.* Il eſt trahi par le Comte de Campobaſſe & autres, avant la bataille de Nancy, 493. Sa défaite & ſa mort à cette journée, 494 *& ſuiv.* Marques auſquelles ſon corps fut reconnu, 495. Lettres de don fait par ce Duc d'une penſion de 1000 écus au Seigneur de Haſtings, Chambellan du Roi d'Angleterre, 617 *& ſuiv.*

Bourgogne (Jean, Duc de). Promeſſes qu'il fit aux habitans de Beauvais en entrée dans leur ville, & ſon peu de fidélité à les tenir, 216. Cruauté de ce Prince, *ibid. n.* 49. Sa fin tragique, *ibid.* Ce que Brantôme dit de la Ducheſſe ſa femme, dans ſes Mémoires ſur les Vies des Dames galantes de ſon tems, & ſur l'origine de la haine de ce Prince contre le Duc d'Orléans, 322.

Bourgogne (Marie, Princeſſe de). Inſtruction de Louis XI à M. du Bouchage, pour détourner le Duc de Berry, ſon frere, du mariage avec cette Princeſſe, 160 *& ſuiv.* Inſtructions pour ceux que ce Duc envoye vers le Duc de Bourgogne pour ce mariage, 164 *& ſuiv.* Obſervations de M. Godefroy ſur différentes propoſitions de mariage pour cette Princeſſe, 169 *& ſuiv.* Promeſſes mutuelles de mariage de cette Princeſſe, & de Nicolas Duc de Calabre & de Lorraine, 172 *& ſuiv.* Renonciation de Marie à ces promeſſes, 194 *& ſuiv.* Procuration du Duc pour traiter cette alliance, 256 *& ſuiv.* La Princeſſe tire de priſon Adolphe, Duc de Gueldres, 296. Promeſſe de mariage de Louis XI pour le Dauphin ſon fils avec cette Princeſſe, 300 *& ſuiv.* Lettre de Marie ſur la ſucceſſion au Duché de Bourgogne, qu'elle prétendoit lui appartenir, 501. Inſtruction de Louis XI à ſes

Ambassadeurs, touchant le mariage de cette Princesse avec le Dauphin, 515 & *suiv.* Treve d'un an entre ce Prince, le Duc Maximilien, & cette Princesse, 540 & *suiv.*

Bourgogne (Philippe le Hardi, Duc de). *Vidimus* des Lettres de ce Prince, par lesquelles il promet de rendre Lille & Douay, 628 & *suiv.*

Brantôme, son genre d'écrire, 322. Ses Mémoires sur les Vies des Dames galantes, *ibid.* Ce qu'il y dit de Marguerite de Baviere, femme de Jean, Duc de Bourgogne, *ibid.* & 323.

Bretagne (François, Duc de). Treve de trente-six jours entre ce Prince & le Roi Louis XI, 1 & *suiv.* Autre Treve entre ces deux Princes, 2 & *suiv.* Autre Treve de douze jours entre les mêmes, 8 & *suiv.* Traité de paix d'Ancenis, 9 & *suiv.* Pouvoir de ce Duc à ses Députés, pour traiter de la paix avec ceux du Roi, 13 & *suiv.* Le Duc de Bourgogne tâche de le brouiller avec Louis XI, 65 & *suiv.* & 76. Lettres Patentes du premier confirmatives des alliances par lui faites avec le Duc, 128 & *suiv.* Confirmation du Traité d'Ancenis par le Duc de Bretagne, 125 & *suiv.* Réponse de Louis XI à ses Ambassadeurs sur quelques sujets de plaintes de la part du Duc, 132 & *suiv.* Autre plus étendue sur le même sujet, 134 & *suiv.* Instruction du Duc de Berry, frere du Roi, pour ses Ambassadeurs vers ce Duc, 165 & *suiv.* Instruction & déclaration des intentions de Monsieur aux Gens du Duc, 168 & *suiv.* Instruction de Louis XI pour le Héraut Normandie qu'il envoye vers le Duc, avec les réponses du dernier, 181 & *suiv.* Treve d'un mois & demi conclue entre ces deux Princes, 228 & *suiv.* Ratification de cette Treve par le Duc, 229 & *suiv.* Autre Treve d'un an entre ces Princes, 234 & *suiv.* Pouvoir donné par le Duc à l'Evêque de Leon, pour faire & prolonger une Treve entre le Roi & le Duc de Bourgogne, 246 & *suiv.* Lettres closes de Louis XI à ce Prince, sur la procedure à faire contre les accusés de la mort du Duc de Berry, 283. Traité de paix entre ces deux Princes, 430 & *suiv.* Confirmation de ce Traité par Louis XI, 433 & *suiv.* Explication du Traité par le même, 434. Main-levée accordée aux sujets du Duc par le susdit Traité, 435. Autre Traité de paix entre ces deux Princes, 437 & *suiv.* Lettres pour la confirmation de ce Traité, 440 & *suiv.* Serment prêté par le Duc pour confirmation du Traité, 441 & *suiv.* Lettres de Louis XI par lesquelles il fait le Duc Lieutenant Général du Royaume, 442. Traité de paix entre ces deux Princes, 485 & *suiv.* Pouvoirs du Duc à ses Ambassadeurs pour traiter avec ceux du Roi, 514 & *suiv.* Derniers Articles accordés entr'eux, 516 & *suiv.* Serment de Louis XI au sujet de cette paix, 518. Instruction du Duc pour terminer quelques différents survenus au sujet de ce Traité, 534 & *suiv.* Lettres Patentes par lesquelles le Duc déclare vouloir être compris dans la paix conclue entre Louis XI & Maximilien, Duc d'Autriche, 621 & *suiv.* Mémoire des obligations ausquelles il s'étoit engagé par son Traité de 1477 avec le Roi, 612 & *suiv.*

Briçonnet (le Général). Lettre qui lui est adressée par Louis XI, pour faire payer la pension aux Suisses, 378.

Brienne (le Sieur de), compris dans la Treve avec le Duc de Bourgogne, 436.

C

Calabre (Jean, Duc de), fait le Traité d'Ancenis entre le Roi Louis XI & le Duc de Bretagne, 9 & *suiv.* Plein pouvoir qu'il reçoit du Roi à ce sujet, *ibid.*

Calabre (Nicolas, Duc de) & de Lorraine. Traité de ligue entre lui & le Duc Bourgogne, 189 & *suiv.* Promesses mutuelles de mariage de Marie, Princesse de Bourgogne, & de ce Duc, 192 & *suiv.* Renonciation de ce Prince à ces promesses, 193 & *suiv.* Lettre qu'il écrit au Duc de Bourgogne, 255 & *suiv.* Procuration de ce Prince pour traiter de son mariage avec la Princesse de Bourgogne, 256 & *suiv.*

Cambray. Assemblée tenue dans cette ville en 1467, entre les Députés de Louis XI & ceux du Duc de Bourgogne, 6.

Campobasse (le Comte de). Quittance de ce Comte de trois mois de paye des Gens de guerre qu'il conduisoit au service du Duc de Bourgogne, 395 & *suiv.* Lettre de Louis XI au Comte de Dunois, au sujet de ce Comte, 484. Il quitte le parti du Duc de Bourgogne, avant la bataille de Nancy, & passe au service du Duc de Lorraine, 493 & *suiv.*

Castille (Jeanne de), fille du Roi Henri IV. Lettre de Louis XI au Roi Henri IV. au sujet du mariage projetté entre le Duc de Berry son frere, & cette Princesse, 156.

TABLE DES MATIERES.

Extrait d'une Remontrance du Chancelier de Jeanne, pour accelerer ce mariage, *ibid. & suiv.* Propositions de cette alliance, 158 *& suiv.*

Charles VII. (le Roi). Première Alliance des Suisses avec la France sous ce Prince, 366 *& suiv.* Ratification de ce Traité par Louis XI, 367 *& suiv.*

Charles VIII (le Roi). Lettres Patentes de ce Prince en faveur des Filles de l'Avé-Maria, 178 *& suiv.* Promesse de mariage de Louis XI pour Charles encore Dauphin, avec la Princesse Marie de Bourgogne, 300 *& suiv.* Lettres Patentes de Charles, par lesquelles il réunit à la Couronne les Comtés de Provence & de Forcalquier, 336. Traité d'alliance entre Louis XI & les Rois d'Espagne Ferdinand & Isabelle, avec promesse de marier le Dauphin Charles à l'Infante de Castille, 362 *& suiv.* Ce Prince promis à une fille d'Edouard, Roi d'Angleterre, 403. Instructions du dernier à ses Ambassadeurs, touchant le mariage de Charles avec Mademoiselle de Bourgogne, 535 *& suiv.*

Chassaignes (Jean de), Premier Président au Parlement de Bourdeaux. Lettres closes qui lui sont adressées par Louis XI sur la procedure à faire contre les accusés de la mort du Duc de Berry son frere, 290.

Chauvin (Guillaume), Chancelier de Bretagne. Pouvoir qu'il reçoit du Duc de Bretagne de conclure le Traité de paix d'Ancenis avec les Députés de Louis XI, 10 *& suiv.* Autre pouvoir du Duc pour traiter de la paix avec les Députés du Roi, 13 *& suiv.* Lettres closes qui lui sont adressées par Louis XI sur la procedure à faire contre les accusés de la mort du Duc de Berry son frere, 284.

Clarence (le Duc de). Lettre adressée par le Duc de Bourgogne au Parlement de Paris, au sujet de l'arrivée de ce Prince en France, 120 *& suiv.* Autre du Duc au Roi sur le même sujet, 122 *& suiv.* Instructions données par Louis XI à ses Députés sur le même sujet, 124 *& suiv.*

Clery. Louis XI se fait nommer par le Pape Chanoine de Clery, 177 *& suiv.*

Clugny (Guillaume de), Administrateur de l'Evêché de Therouanne. Sa déposition au sujet du sauf-conduit donné à Louis XI par le Duc de Bourgogne, pour aller à Peronne, 10.

Coetquen (le Seigneur de). Instruction du Duc de Bretagne à ce Seigneur envoyé vers Louis XI pour terminer quelques difficultés survenues au sujet du Traité fait entre ces Princes, 534 *& suiv.*

Collombier (Henri de), Envoyé du Duc de Bourgogne vers les Suisses, 347. Sa négociation, *ibid.*

Comines (Philippe de), calomnié à tort par Varillas au sujet du Traité de Peronne, 46 *& suiv.*

Cominges (le Comte de). *Voyez* Odet Daydie.

Conflans. Réponse du Duc de Bourgogne sur la validité du Traité de Conflans, 145 *& suiv.* Louis XI accusé de contravention à ce Traité par le Duc, 148 *& suiv.*

Corbie (Guillaume de), Président au Parlement de Paris. Lettres closes adressées à cette Cour par le Duc de Bourgogne, touchant un Exploit fait en ses Pays par ce Magistrat, 146 *& suiv.*

Coulanges. Traité de Coulanges entre Louis XI & le Duc de Berry fon frere, 108 *& suiv.* Confirmation de ce Traité par le Duc, & sa renonciation à tous autres droits & prétentions, 112 *& suiv.*

Cousinot (Guillaume), député à l'Assemblée de Cambray par Louis XI, 7 *& suiv.*

Crevecœur (Antoine de), sa déposition au sujet du sauf-conduit donné à Louis XI par le Duc de Bourgogne, pour aller à Peronne, 19.

Crevecœur (Philippe de), Seigneur des Querdes. Sa déposition sur le même sujet, 20.

Crotoy. Traité du Crotoy qui confirme les Traités d'Arras, de Conflans, & de Peronne, 171 *& suiv.*

Crussol (le Sieur de) Sénéchal de Poitou. Lettre que Louis XI lui écrit sur les operations de la guerre, 187.

D

Dammartin (le Comte de). Lettre que Louis XI lui écrit, pour commencer la guerre contre le Duc de Bourgogne, 155 *& suiv.* Autre au sujet du Comte d'Armagnac, 176 *& suiv.* Lettre qu'il reçoit du Maréchal Rouault sur la levée du siége de Beauvais, 218. Lettre de Louis XI au même, pour faire la guerre au Duc de Bourgogne, 225. Motif de sa seconde disgrace, 410. n. 1.

Daussay (Jean), Maître des Requêtes,

TABLE DES MATIERES.

demande à Maximilien d'Autriche ce qu'il doit répondre au Cardinal de Saint-Pierre aux Liens, au cas qu'il voulût agir en Juge dans les différends de ce Prince avec Louis XI, 601 & *suiv.*

Dauvet (Jean), Premier-Président au Parlement de Paris, député à l'Assemblée de Cambray par Louis XI, 7 & *suiv.*

Daydio (Odet), Sieur de Lescut & Comte de Cominges. Pouvoir qui lui est donné par le Duc de Bretagne, pour traiter de la paix avec les Députés de Louis XI, 13 & *suiv.* Lettres du Roi à ce Seigneur sur la procedure à faire contre les accusés de la mort du Duc de Berry son frere, 285. Instruction du Duc de Bretagne au même, envoyé vers Louis XI pour terminer quelques difficultés survenues au sujet du Traité fait entre ces deux Princes, 534 & *suiv.*

Denys (Galleron), Sergent à cheval au Châtelet de Paris, arrêté à Bruges par ordre du Duc de Bourgogne, pour quel sujet, 66 & 77 & *suiv.*

Doriolle (Pierre), Chancelier de France. Lettre qu'il écrit à l'Evêque de Leon, Envoyé du Duc de Bretagne vers le Duc de Bourgogne pour la Treve, 184 & *suiv.* Devoit toute son élévation à Louis XI, 490. n. 1. Reproche que lui fit ce Prince de son ingratitude & de sa trahison, *ibid.*

Dunois (le Comte de). Lettre de Louis XI à ce Seigneur au sujet du Comte de Campobasse, 484.

E

Edouard IV, Roi d'Angleterre. Projet des Lettres du Duc de Bourgogne, par lesquelles il nomme ce Prince Chevalier de la Toison d'or, 101 & *suiv.* Traité de Treve pour sept ans entre Edouard & ses Alliés d'une part, & Louis XI & ses Alliés d'autre, 397 & *suiv.* Obligation de Louis XI de payer 50000 écus d'or par an à ce Prince, 401 & *suiv.* & 564. Traité de confédération entre les deux Rois, 402 & *suiv.* Compromis entre ces Princes pour terminer leurs différends dans trois ans, 404 & *suiv.* Lettres Patentes de Louis XI qui prorogent ce terme, 536 & *suiv.* Traité de treve entre Edouard & ce Prince durant leur vie, & cent ans après la mort de l'un & de l'autre, 560 & *suiv.* Maximilien d'Autriche veut engager Edouard à rompre la treve qu'il avoit faite avec le Roi, 571 & *suiv.* Convention pour la solde de 1500 Archers & de 30 Hommes d'armes que le Roi d'Angleterre envoyoit aux Pays-bas au service de Maximilien, 587 & *suiv.* Lettre de ce Prince au Duc, par laquelle il approuve la conférence & l'entrevûe qu'il devoit avoir avec Louis XI, 609 & *suiv.* Autre par laquelle il mande à ce Prince le départ d'Angleterre de la Douairiere de Bourgogne sa sœur, 610 & *suiv.* Autre par laquelle il lui permet de donner audience au Légat, & le prie de ne rien conclure avec lui sans l'en avoir averti, 616. Conseil qu'il lui donne de faire une Treve de dix ans avec Louis XI, *ibid.* & *suiv.*

Eglise Gallicane. Avis sur l'Assemblée de l'Eglise Gallicane tenue à Orléans, 555 & *suiv.*

Escluse (Hector de l'). Extrait de sa déposition dans le procés du Duc de Nemours, 529.

Espinay (Eustache d'), Ambassadeur du Duc de Bretagne vers Louis XI, 132 & *suiv.* 134 & *suiv.*

Essarts (Philippe des). Treve d'un mois & demi qu'il conclut entre Louis XI & le Duc de Bretagne, 228 & *suiv.*

F

Faure (Garien), Premier-Président du Parlement de Toulouse. Pouvoir qu'il reçoit de Louis XI pour faire alliance avec ceux de Berne, 337 & *suiv.*

Fauveau (Geoffroy). Instruction qui lui est donnée par Louis XI de ce qu'il doit traiter avec le Roi René de Sicile, 388 & *suiv.* Pouvoir qu'il lui donne de transiger avec ce Prince, 393 & *suiv.*

Ferdinand & *Isabelle*, Rois d'Espagne. Traité d'alliance entre ces Princes & Louis XI, avec promesse de marier Charles, Dauphin de France, avec l'Infante de Castille, 362 & *suiv.*

Flandres. Ce qu'on doit entendre par les quatre Loix du Pays de Flandres, 49. Exemption qui leur est accordée par Louis XI, du Ressort du Parlement de Paris, *ibid.* & *suiv.* Consentement de ce Prince, que pour leurs Appellations il en soit fait selon le droit & coutume du Pays, 53 & *suiv.* Extrait d'un ancien Manuscrit contenant les guerres du Comté de Flandres, 295 & *suiv.*

Florence. Lettres de Louis XI en faveur de la République de Florence, dont il veut pacifier les différends, 552 & *suiv.*

Fontenailles (le Sieur de). Secours qu'il amene

TABLE DES MATIERES. 641

amene à la ville de Beauvais assiégée, 207.

Fourques (Jeanne). Grande prouesse de cette fille à un assaut donné à la Ville de Beauvais par les Bourguignons, 208. Reconnoissance que les Bourgeois lui en ont témoignée, *Ibid.* N. 16.

France (Anne de), fille de Louis XI. mariée avec Pierre de Bourbon, Seigneur de Beaujeu, 345. *& suiv.*

François. Ils ont commencé de bonne heure à travailler aux mines, 151. *n.* Les Etrangers ont été beaucoup plus loin qu'eux dans ce travail, *Ibid.*

Frederic III. (L'Empereur). Relation de son entrevûe avec le Duc Charles de Bourgogne, 258. *& suiv.* Il lui donne l'investiture des Duché de Gueldres & Comté de Zutphen, 296. Déclare ces mêmes pays dévolus à l'Empire, & les consisque au profit de Maximilien son fils, *Ibid. & suiv.* Pouvoirs de Louis XI. pour traiter d'alliance avec ce Prince contre le Duc de Bourgogne, 371. *& suiv.* Traité de paix entre l'Empereur & ce Duc, 446. *& suiv.* Traité d'Andernach, ou alliance faite entre ce Prince, les Electeurs & Louis XI. contre le Duc 459. *& suiv.* Autre traité d'alliance entre Frederic & le Roy, portant confirmation des anciennes alliances d'entre les Empereurs & les Rois de France depuis Charlemagne, 462. *& suiv.* Déclaration de l'Empereur touchant l'alliance d'entre Louis XI. & les Suisses, contre le Duc de Bourgogne, 464. *& suiv.* Autre alliance faite à Cologne entre Frederic, les Electeurs & le Roy, contre le Duc, *Ibid. & suiv.* Confédération entre ce Prince & Louis XI. à cause de l'Empire & du Royaume, 465. *& suiv.* Alliance de ces deux Princes contre l'Electeur Palatin, 369. *& suiv.*

G

Gand. La porte de Saint Lievin, & deux autres portes de la Ville de Gand sont fermées, 85. *& suiv.* Renonciation faite par les Echevins & Doyens des métiers de cette Ville à leurs bannieres, à l'ouverture de trois de leurs portes, au privilege qui leur avoit été accordé par le Roi Philippe le Bel, pour l'Election de leurs Echevins, &c. 87. *& suiv.*

Godefroy (M.) Ses remarques sur le Traité de Peronne, 46. *& suiv.* Observations de cet Auteur sur les differentes

Tome III.

propositions de mariage pour Mademoiselle de Bourgogne, 169. *& suiv.* Autres sur la mort du Duc de Berry, frere de Louis XI. 187. *& suiv.* Autres sur la mort de Louis, Duc d'Orleans, tué à Paris, 321. *& suiv.* Autres sur les Testament & Codicilles de Charles d'Anjou, Comte du Maine, 336. Autres sur Olivier le Dain, 342. *& suiv.* Autres sur les intrigues de Maximilien d'Autriche en Angleterre, 620. *& suiv.*

Goix (Jean le) Lieutenant de la ville de Beauvais. Sa vaillance pendant le siége de cette ville, 108.

Gruel (Pierre) premier Président du Parlement de Dauphiné. Instruction de Louis XI. à ce Magistrat député vers le Duc de Bretagne, pour travailler au Procés des accusés de la mort du Duc de Berry frere du Roi, 279. *& suiv.* Autre sur le même sujet, 281. *& suiv.* Lettres closes du Roi au même, sur la procédure à faire à ce sujet, 288.

Gueldres (Adolphe Duc de) Il arrête prisonnier le Duc Arnoul son pere, & usurpe ce Duché, 295. Le Duc de Bourgogne l'engage à lui amener le Duc son pere, *Ibid.* s'enfuit de la Cour du Duc, qui le fait arrêter & l'envoye prisonnier à Courtray, *Ibid.* Est mis en liberté par la Princesse Marie, heritiere de Bourgogne, & tué devant Tournay, 296.

Gueldres (Arnoul Duc de) Il est arrêté prisonnier par son fils Adolphe, 295. vend, transporte, & légue ses Etats au Duc de Bourgogne, 296.

Guyenne. Echange de l'appanage de Guyenne pour celui de Normandie, 93. *& suiv.* Ratification de cet apanage, 97. Commission donnée par le Roy, pour faire vérifier cet apanage au Parlement & à la Chambre des Comptes, 98. *& suiv.* Traité de Coulanges entre ce Prince & le Duc, pour regler les limites de cet apanage, 108. *& suiv.* Lettres de Louis XI. portant révocation de tous priviléges accordés dans ledit apanage depuis la mort du Roy Charles VII. 110. *& suiv.*

H

Hannequys (Conrart) Imprimeur à Mayence. Mandement de Louis XI. en forme de Commission aux Généraux des Finances, pour faire toucher à cet Imprimeur huit cent livres par an jusqu'à parfait

M m m m

TABLE DES MATIERES.

payement de la somme de 2425. écus d'or, 382. & *suiv.*

Haftings (Le Sieur de) Chambellan du Roi d'Angleterre. Le Duc Charles de Bourgogne lui donne une penſion de 1000 écus, 617. & *suiv.* Deux quittances du même pour deux années de cette penſion , 619. & *suiv.*

Haye (Guillaume de la) Préſident aux Requêtes du Palais , arrêté à Bruges par ordre du Duc de Bourgogne , à quel ſujet, 66. & 77. & *suiv.*

Henry IV. Roi de Caſtille. Lettre de Louis XI. à ce Prince au ſujet du mariage projetté entre le Duc de Berry ſon frere & Jeanne de Caſtille , fille de Henry , 156.

Hugonet (Guillaume) Chancelier de Bourgogne. Lettres de Lonis XI. en faveur de ce Magiſtrat mis à mort par les Gantois , 512. & *suiv.*

I

Jacquelin (Jean) Préſident de Bourgogne. Sa dépoſition au ſujet du ſauf-conduit donné à Louis XI. par le Duc de Bourgogne , pour aller à Peronne , 19.

Jarretiere (l'Ordre de la). Acte de la nomination du Duc de Bourgogne pour Chevalier de cet Ordre , 99. & *suiv.* En quel tems il le reçut , *Ibid.* n. 1.

Jeanne de France , fille de Louis XI. Contrat de mariage de cette Princeſſe avec Louis Duc d'Orleans , 270. & *suiv.* Ratification de ce Traité , 275. & *suiv.*

Irlain (Guillaume de la Baume Seigneur d') envoyé en Angleterre par Maximilien d'Autriche en qualité d'Ambaſſadeur , 573. Inſtruction qu'il reçoit de ce Prince conjointement avec la Ducheſſe de Bourgogne, 577. & *suiv.* Inſtruction ticuliere pour ce Seigneur, 583.

K

Kermeno (Nicolas de) Sénéchal de Rennes. Inſtruction du Duc de Bretagne à ce Seigneur envoyé vers Louis XI. 534. & *suiv.*

L

Langres (L'Eveſque Duc de) député à l'Aſſemblée de Cambray par Louis XI. 7. & *suiv.* Député vers le Duc de Bourgogne par les Etats tenus à Tours , à quel ſujet, 64. & 72. & *suiv.*

Lauret , liſez *Louvet* (Bernard) Préſident au Parlement de Thoulouſe. Inſtruction de Louis XI. pour ce Magiſtrat député vers le Duc de Bretagne , pour travailler au procès des accuſés de la mort du Duc de Berry , frere du Roy , 279. & *suiv.* Autre ſur le même ſujet , 281. & *suiv.* Lettres cloſes de ce Prince au même ſur la procédure à faire contre eux , 288.

Lauſane. Lettre écrite à Louis XI. par le Canton de Berne, pour obtenir ſa recommandation en Cour de Rome , pour la nomination à l'Evêché de Lauſane , 531. & *suiv.*

Leon (L'Eveſque de) Lettre de Louis XI. à ce Prelat , Envoyé du Duc de Bretagne vers le Duc de Bourgogne , pour la Tréve , 184. Autre du Chancelier de France , pour le même ſujet , *Ibid* & *suiv.* Autre du Connétable de Saint Paul ſur la même matiere , 185. & *suiv.* Plein pouvoir du Duc de Bretagne à ce Prelat , pour faire & prolonger une Treve entre le Roy & le Duc de Bourgogne , 246. & *suiv.*

Leſcun (Le Sieur de) *Voyez* Odet Daydie.

Liege. Lettre de M. de Reilhac ſur le départ du Roi pour Liege , 81. & *suiv.* Autre d'Antoine de Loiſey contenant la relation de la priſe de cette ville par le Duc de Bourgogne , 82. & *suiv.*

Loiſey (Antoine de) Lettre qu'il écrivit au Préſident de Bourgogne , contenant la Relation de la priſe de Liege par le Duc de Bourgogne , 82. & *suiv.*

Lombez (Jean de la Grolaye Villiers , Evêque de) Inſtruction donnée par Louis XI. à ce Prelat député vers le Duc de Bretagne pour travailler au procès des accuſés de la mort du Duc de Berry , frere du Roi, 279. & *ſ.* Autre ſur même le ſujet 281. & *ſ.*

Lorraine (René Duc de) Il hérite du Duché de Bar du Roi René de Sicile , 332. De lui deſcend toute la Maiſon de Lorraine , *ibid.* n. 10. Forces & ordonnance de ſon armée à la Bataille de Nancy , 491. & *suiv.* Victoire qu'il y remporte ſur le Duc de Bourgogne , 494. & *suiv.*

Louis XI. (Le Roi) Treve de trente-ſix jours entre ce Prince & le Duc de Bretagne , 1. *suiv.* Autre Treve entre ces deux Princes , 2. & *suiv.* Pouvoir de Louis XI. pour arrêter les Duc & Ducheſſe de Bourbon , 4. & *suiv.* Extrait des Etats aſſemblés à Tours par ce Prince en 1467. 5. & *suiv.* Ce qui ſe paſſa à l'Aſſemblée de Cambray tenue entre les Députés de ce Prince & ceux du Duc de Bourgogne, 6. Pouvoirs qu'il donna à ſes Députés à cette Aſſem-

TABLE DES MATIERES.

blée, 7. & suiv. Treve de douze jours entre lui & le Duc de Bretagne, 8. & suiv. Traité de paix d'Ancenis entre ces deux Princes, 9. & suiv. Déclaration de Louis XI. au sujet du Procès-criminel de Charles de Melun, 17. Son départ de Noyon pour se rendre à Peronne, ibid. Princes, Seigneurs & Prelats qui l'y accompagnerent, ibid. & 21. Comment il y fut reçu par le Duc de Bourgogne, ibid. Copie d'une Lettre qu'il envoya à ce sujet ès bonnes villes de son Royaume, 18. Comment il fut traité dans Peronne par le Duc, & ce qui y donna occasion, 21. & suiv. & 65. 74. Son départ pour Liege, 22. Traité de Peronne entre lui & le Duc, contenant les griefs du dernier, & ce qui lui fut accordé par le Roi, ibid. & suiv. Ratification de ce Traité par ce Prince, 44. & suiv. Permission qu'il accorde au Duc d'établir des greniers à sel à Mâcon & dans le Mâconnois, 47. & suiv. Exemption qu'il accorde aux quatre Loix de Flandres du Ressort du Parlement de Paris, 49. & suiv. 53. &c. Surséance qu'il accorde au Duc de tous les procès pendans au Parlement de Paris, au sujet des limites de Flandre & d'Artois, 52. & suiv. Concession qu'il fait au Duc, au sujet des appellations des pays de Lille, Douay & Orchies, 54. & suiv. Main-levée qu'il accorde de la saisie des biens des vassaux du Duc, 56. & suiv. Défenses qu'il fait à son Bailly de Sens d'accorder des mandemens en cas d'appel aux habitans du Duché de Bourgogne, 58. & suiv. Autres adressées aux Baillifs de Sens & de Villeneuve-le-Roi, de prendre connoissance des procès des Habitans du Duché, quoique Bourgeois de ces deux villes, 60. & suiv. Est forcé dans Peronne d'accorder au Duc de Bourgogne tout ce qu'il veut, 65. & 74. Ce Duc conspire de l'arrêter, dans l'espérance de se faire Roi, ibid. & 76. Déclaration de Louis XI. contre le Duc, donnée de l'avis des Princes & Notables assemblés à Tours, 68. & suiv. Lettre de M. de Reilhac sur le départ du Roi pour Liege, 81. & suiv. Pélerinage qu'il fait en chemin à Nostre-Dame de Halle, 84. Fondation faite par ce Prince aux Augustins de Tournay, ibid. & suiv. Traité de l'échange de l'appanage de Guyenne pour celui de Normandie, fait entre Louis XI. & le Duc de Berry son frere, 93. & suiv. Lettres par lesquelles le Roi confirme & ratifie cet échange, 97. Commission qu'il donne pour le faire vétifier au Parlement & à la Chambre des Comptes, 98. & suiv. Abolition accordée par ce Prince à tous ceux qui avoient suivi le Parti du Duc son frere, 103. & suiv. Acte du serment fait au Roi par le Duc, pour le Duché de Guyenne, 106. & suiv. Extrait sur la paix faite entre ces deux Princes, & sur leur entrevüe 107. & suiv. Traité de Coulanges fait entr'eux, sur les limites de l'appanage de Guyenne, 108. & suiv. Lettres de Louis XI. portant révocation de tous privilèges accordés dans ledit appanage depuis la mort du Roi Charles VII. 110. & suiv. Extrait d'un accord fait entre lui & le Duc de Nemours, 118. Instructions qu'il donne à ses Députés, sur l'arrivée du Duc de Clarence & du Comte de Warwich, 124. & suiv. Confirme le Traité d'Ancenis, 126. & suiv. Réponse qu'il fait aux Ambassadeurs du Duc de Bretagne, sur quelques sujets de plaintes, 132. & suiv. Autre réponse plus étenduë, sur le même sujet, 134. & suiv. Alliance de ce Prince avec les Suisses, 139. & suiv. Ratification de cette alliance par le Roi, 140. & suiv. Extrait de la réponse faite à ses Ambassadeurs par le Duc de Bourgogne, sur la validité des Traités de Conflans & de Peronne, 145. & suiv. Ce Prince accusé par le Duc, de contravention à ces Traités, 148. & suiv. Edit de Louis XI. touchant les mines & minieres du Royaume, 151. & suiv. Ordonnance du même sur la guerre avec le Duc de Bourgogne, & sur les sommes nécessaires pour la soutenir, 154. & suiv. Lettre par laquelle il ordonne au Comte de Dammartin de commencer la guerre contre le Duc, 155. & suiv. Autre du même à Henri, Roy de Castille, au sujet du mariage projetté entre le Duc de Berry son frere & Jeanne de Castille, fille de Henry, 156. Extrait des Lettres de ce dernier, qui presse le Roi d'accelerer le départ du Duc, 157. Extrait des remontrances du Marquis de Villena à Louis XI. pour l'engager à soutenir Alphonse V. Roi de Portugal dans ses prétentions sur la Castille, ibid. & suiv. Propositions de mariage qui lui sont faites, du Duc son frere avec l'Infante de Castille, 158. & suiv. Instructions données par ce Prince à M. du Bouchage, pour détourner le Duc du mariage avec Mademoiselle de Bourgogne, 160. &

MMmm 2

TABLE DES MATIERES.

suiv. Traité du Crotoy entre le Roy & le Duc de Bourgogne, par lequel ils confirment les Traités d'Arras, de Conflans & de Peronne, 171. *& suiv.* Lettre de Louis XI. au Comte de Dammartin, au sujet du Comte d'Armagnac, 176. *& suiv.* Il se fait nommer par le Pape Chanoine de Clery, 177. *& suiv.* Lettres Patentes de ce Prince en faveur des filles de l'Ave-Maria, 178. Instruction dont il charge le Héraut Normandie, en l'envoyant vers le Duc de Bretagne, avec les réponses du Duc, 181. *& suiv.* Lettre de ce Prince à l'Evêque de Leon, Envoyé du Duc de Bretagne vers le Duc de Bourgogne, pour la Treve, 184. Autre au Vicomte de la Belliere, sur les opérations de la guerre, 186. *& suiv.* Autre au même, & au sieur de Crussol sur le même sujet, 187. Justifié de la mort du Duc de Berry son frere, 188. *& suiv.* Nouvelle abolition accordée par Louis XI. à ceux qui avoient adhéré à ce Prince, 195. *& suiv.* Lettre de ce Prince sur le secours qu'il envoye à Beauvais, 201. Lettres Patentes par lesquelles il permet aux habitans de cette Ville de tenir fiefs nobles, & les exempte de l'arriereban, 218. *& suiv.* Autres, par lesquelles il leur permet de choisir un Maire & des Echevins, 220. *& suiv.* Autres, par lesquelles il les exempte de droits & impositions, 222. *& suiv.* Procession instituée par ce Prince dans cette ville, en mémoire de la levée du siége, & permission aux femmes & filles d'y précéder les hommes, 223. *& suiv.* Lettre qu'il écrit au Comte de Dammartin, pour faire la guerre au Duc de Bourgogne, 225. Treve d'un mois & demi qu'il accorde au Duc de Bretagne, 228. *& suiv.* Autre Treve de cinq mois entre lui & le Duc de Bourgogne, 231. *& suiv.* Lettre de ce Prince au Vicomte de la Belliere sur sa Treve avec le Duc de Bretagne, 233. *& suiv.* Autre Treve d'un an entre ces deux Princes, 234. *& suiv.* Lettres par lesquelles le Roi promet & jure de ne faire aucun Traité avec le Duc de Bourgogne, que du consentement du Duc de Bretagne, 246. Treve entre ce Prince & le Duc de Bourgogne, 247. *& suiv.* Extrait des instructions données par Louis XI. à ses Députés vers le Duc de Bretagne, pour travailler au procès des accusés de la mort du Duc de Berry son frere, 279. *& suiv.* Autres sur le même sujet, 281. *& suiv.* Lettres closes de ce Prince au Duc, sur la procédure à faire contre ces accusés, 283. Autres au Chancelier de Bretagne, à M. de Lescun, à l'Archevesque de Tours, à Jean de Popaincourt, à Bernard Lauret, à Pierre Gruel, à l'Archevêque de Bourdeaux & à Jean de Chassaignes, sur le même sujet, 284. *& suiv.* Autre instruction particuliere de ce Prince sur ce sujet, 291. *& suiv.* Treve entre lui & le Duc de Bourgogne, 293. *& suiv.* Promesse de mariage du Roi, pour le Dauphin son fils, avec Mademoiselle de Bourgogne, 300. *& suiv.* Extrait de la conduite tenue par ses gens en la prise de Lectoure, & la mort du Comte d'Armagnac, 301. *& suiv.* Ratification de ce Prince de la Treve faite avec le Duc de Bourgogne, 302. *& suiv.* Autre prorogation de Treve entre ces deux Princes, 306. *& suiv.* Traité fait par son entremise entre le Duc Sigismond d'Autriche & les Suisses, 312. *& suiv.* Treve entre ce Prince & le Duc de Bourgogne, 315. *& suiv.* Extrait sommaire de toutes les Treves & ruptures entre ces deux Princes, 319. *& suiv.* Extrait du Testament & de deux Codicilles de Charles d'Anjou, dernier Comte du Maine, faits en faveur de Louis XI. 334. *& suiv.* Pouvoir de ce Prince à ses députés, pour faire alliance avec ceux du Canton de Berne, & de la grande & petite Ligue d'Allemagne, 337. *& suiv.* Alliance de Louis XI. avec les Suisses, 338. *& suiv.* Lettres Patentes, par lesquelles il annoblit Olivier le Dain, 341. *& suiv.* Traité d'alliance de ce Prince avec les Rois d'Espagne Ferdinand & Isabelle, avec promesse de marier Charles, Dauphin de France, avec l'Infante de Castille, 362. *& suiv.* Ratification de Louis XI. du Traité d'alliance du Roi Charles VII. avec les Suisses, 367. *& suiv.* Accord entre ce Prince & les Cantons contre le Duc de Bourgogne, 368. Alliance plus étroite entre le Roi & eux, 369. *& suiv.* Pouvoirs de ce Prince pour traiter une alliance avec l'Empereur Frederic contre le Duc de Bourgogne, 371. *& suiv.* Instruction du même à M. du Bouchage, sur son voyage en Roussillon, 372. *& suiv.* Lettres de ce Prince, confirmatives du Traité fait avec les Suisses, 376. *& suiv.* Commission au Général Briçonnet, pour faire payer annuellement aux Suisses 20000 liv. par forme de pension, 378. Rolle arrêté à Berne, de la distribution de cette somme, 379 *& suiv.* Lettre de Louis XI. à M. du

TABLE DES MATIERES.

Bouchage, sur les affaires de Roussillon, 381. *& suiv.* Mandement de ce Prince en forme de commission aux Généraux des Finances, au profit de Conrart Hannequys, & Pierre Scheffer, Imprimeurs à Mayence, pour toucher huit cens livres par an, jusqu'à parfait payement de la somme de deux mille quatre cens vingt-cinq écus d'or, 382. *& suiv.* Ses prétentions sur le Comté de Provence, & autres Terres possedées par le Roi de Sicile, 385. Mémoire des choses à faire sur les ouvertures faites à ce Prince par Monsieur de Prully, *ibid. & suiv.* Instruction du Roi à ses Députés, sur ce qu'ils doivent traiter avec le Roi René de Sicile, 388. *& suiv.* Pouvoir qu'il leur donne de transiger avec ce Prince 393. *& suiv.* Traité de treve pour sept ans entre Louis XI. & ses alliés d'une part, & Edouard, Roi d'Angleterre, & ses alliés, d'autre, 397. *& suiv.* Qualifié seulement par le Roi d'Angleterre, de Louis de France, dans ce Traité, *ibid.* Obligation de ce Prince, de payer 50000 écus d'or par an au Roy Edouard, 401. *& s.* Traité de confédération entre ces deux Princes, 402. *& suiv.* Traité en forme de compromis entre eux, par lequel ils nomment des Arbitres pour terminer tous leurs differends dans trois ans, 404. *& suiv.* Traité de treve renouvellé par Louis XI. avec le Roi & le Royaume d'Arragon, 405. *& suiv.* Traité de ligue offensive & défensive entre ce Prince, & Alphonse V. Roi de Castille & de Portugal, contre le Roi d'Arragon, 406. *& suiv.* Lettre d'Alphonse à ce Prince, touchant la succession au Royaume de Castille, 408. *& suiv.* Treve marchande pour neuf ans entre le Roi & le Duc de Bourgogne, 409. *& suiv.* Article séparé de ce Traité, touchant la Cerdagne, le Roussillon & le Comté de Ferrette, 419. *& suiv.* Autre touchant les Alliés nommés dans ce Traité, 421. *& suiv.* Confirmation de cette Treve par le Duc, 426. *& suiv.* Ratification du même par Louis XI. 429. Traité de paix entre ce prince & le Duc de Bretagne, 430. *& suiv.* Confirmation de ce Traité par le Roi, 433. *& suiv.* Explication du Traité par le même, 434. Lettres de ce Prince, qui déclarent certaines personnes comprises dans la Treve entre lui & le Duc de Bourgogne, 436. Acte de la remise de l'original du Traité de Treve ès mains des Députés du Roi par les gens du Duc, *ibid. &* *suiv.* Traité de paix entre Louis XI. & le Duc de Bretagne, 437. *& suiv.* Lettres, par lesquelles le Duc s'oblige de fournir au Roi la confirmation de ce Traité, 440. *& suiv.* Acte du serment prêté en consequence par ce Prince, en présence des Ambassadeurs du Roi, 441. *& suiv.* Lettres de Louis XI. par lesquelles il fait le Duc Lieutenant Général du Royaume, 442. Autres, par lesquelles il consent que le Duc de Bourgogne punisse les habitans de Nancy, au cas qu'ils ayent assisté contre lui ceux de Ferrette, 443. *& suiv.* Lettres que le Chancelier du Duc voulut avoir de ce Prince, avant que de livrer le Connétable de Saint Paul à ses envoyés, 444. *& suiv.* Promesse de Louis XI. de ne point faire de querelle au Duc, pour la restitution des places qu'il avoit prises en Lorraine, en consideration de sa renonciation à la confiscation des biens du Connétable, 448 *& suiv.* Double de deux articles dont le Duc voulut avoir Lettres du Roi avant que de livrer ce Seigneur, 449. *& suiv.* Traité d'Andernach, ou alliance faite entre l'Empereur Frédéric & ce Prince, portant confirmation des anciennes alliances d'entre les Empereurs & les Rois de France, depuis Charlemagne, 462. *& suiv.* Autre alliance conclue à Cologne entre le même, l'Empereur & les Electeurs, contre le Duc de Bourgogne, 464. *& suiv.* Confédération entre Frederic & Louis XI. à cause de l'Empire & du Royaume, 465. *& suiv.* Lettres reversales du Roi, confirmatives du Traité d'Andernach, 467. *& suiv.* Alliance entre ce Prince & l'Empereur, contre l'Electeur Palatin, 469. *& suiv.* Don fait par le même au Duc de Bourgogne des biens du Connétable de Saint Pol, 471. *& suiv.* Don fait à Louis XI. par Marguerite d'Anjou, Reine d'Angleterre, de ses droits ès Duchés d'Anjou, de Lorraine & de Bar, & au Comté de Provence, 473. *& suiv.* Seconde cession faite au Roi par cette Princesse de tous ses droits successifs, 479. *& suiv.* Lettre de ce Prince au Comte de Dunois, au sujet du Comte de Campobasse, 484. Instruction pour les Députés à l'Assemblée de Noyon, tenue avec ceux du Duc de Bourgogne, *ibid.* Traité de paix entre le Roi & le Duc de Bretagne, 485. *& suiv.* Lettre de ce Prince à M. de Saint Pierre, sur la conduite qu'il doit tenir à l'égard du Duc de Nemours, dont il avoit la garde,

490. & *suiv.* Extrait de ses Lettres aux villes de Bourgogne, pour les porter à rentrer dans l'obéissance qui lui est due, 496. & *suiv.* Extrait de l'amnistie accordée par le même à ceux qui avoient suivi le parti du Duc de Bourgogne, 498. Lettres Patentes de ce Prince adressées à ses Députés aux Etats de Languedoc, pour leur demander un subside de 187975. liv. 499. & *suiv.* Alliance du mesme avec les Suisses, 502. & *suiv.* Composition accordée par ce Prince aux habitans d'Arras, après avoir pris possession de cette Ville, 505. & *suiv.* Amnistie qu'il leur accorde après leur rebellion, 510. & *suiv.* Lettre de Louis XI. en faveur des héritiers de Guillaume Hugonet, Chancelier de Bourgogne, mis à mort par les Gantois, 512. & *suiv.* Instruction de ce Prince à ses Ambassadeurs touchant le mariage du Dauphin avec Mademoiselle de Bourgogne, 515. & *suiv.* Derniers articles accordés entre ses Ambassadeurs & ceux du Duc de Bretagne, 516. & *suiv.* Serment de ce Prince au sujet de la paix faite avec le Duc, 518. Réponse du même aux Lettres de Maximilien, Duc d'Autriche, sur les terres occupées par le Roi après la mort du Duc de Bourgogne, 530. & *suiv.* Lettres qui lui sont adressées par le Canton de Berne, pour obtenir sa recommandation en Cour de Rome, pour la nomination à l'Evêché de Lausane, 531. & *suiv.* Ordonnance de ce Prince contre ceux qui manqueront à révéler les conspirations contre le Roi, la Reine & les enfans de France, venues à leur connoissance, 532. & *suiv.* Lettres Patentes du même, qui prorogent le terme convenu entre lui & le Roi d'Angleterre, pour l'ajustement de leurs différends par Arbitres, 536. & *suiv.* Treve de huit jours entre lui & Maximilien, 539. & *suiv.* Autre Treve d'un an entr'eux & la Princesse de Bourgogne, 540. & *suiv.* Lettres de Louis XI. en execution de ce Traité, portant nomination des Arbitres de la part du Roi, avec pouvoir de juger & décider, 546. & *suiv.* Plein pouvoir de ce Prince à l'Evêque de Perpignan son Ambassadeur en Angleterre, de proroger jusqu'à cent ans la Treve conclue avec Edouard, 549. & *suiv.* Lettres du même en faveur de la République de Florence, dont il veut pacifier les différends, 552. & *suiv.* Lettres d'abolition accordées par ce Prince aux Habitans de Tournay, pour avoir traité pendant la Treve avec Maximilien, sans sa permission, 557. & *suiv.* Traité de Treve conclu entre ce Prince & Edouard, Roi d'Angleterre, pendant leur vie, & cent ans après la mort de l'un ou de l'autre, 560. & *suiv.* Obligation de Louis XI. pour lui & ses successeurs, de payer à Edouard & à ses successeurs Rois d'Angleterre, 50000 écus, pendant les cent années que doit durer la Treve, 564. & *suiv.* Lettre de ce Prince au Chancelier, pour faire punir par des Commissaires délégués les revoltés de la Marche, 570. Lettres du même au Parlement de Paris, au sujet de trois Conseillers de cette Cour, cassés & revoqués par ce Prince, *ibid.* & *suiv.* Négociation de Maximilien avec le Roi, pour en obtenir une Treve, 571. & *suiv.* Déclaration de Louis XI. en faveur du Legat, Cardinal de Saint Pierre aux liens, 574. & *suiv.* Lettre de ce Prince, au même, par laquelle il lui fait connoître qu'il est trahi, 623. & *suiv.* Autre à MM. du Bouchage & de Solliers, sur la maniere dont ils doivent traiter avec les Ambassadeurs de Maximilien, 626. & *suiv.* Autre aux mêmes, sur les difficultés faites par ces Ambassadeurs de rendre Lille, Douay & Orchies, 629. Lettres de ce Prince, aux mêmes, 631. & *suiv.*

Louvet (Bernard), premier Président au Parlement de Toulouse. Instruction qui lui est donnée par Louis XI. de ce qu'il doit traiter avec le Roi René de Sicile, 388. & *suiv.* Pouvoir qu'il lui accorde de transiger avec ce Prince, 393. & *suiv.*

Lyon (Gaston du), Sénéchal de Xaintonge. Pouvoir qui lui est adressé par Louis XI. pour arrêter les Duc & Duchesse de Bourbon, 4. & *suiv.*

M

Mâcon. Permission accordée par Louis XI. au Duc de Bourgogne, d'établir des greniers à sel à Mâcon & dans le Mâconnois, 47. & *suiv.*

Maine (Le Comte du). *Voyez* Charles d'Anjou.

Marche (La). Lettre de Louis XI. au Chancelier, pour faire punir les revoltés de cette Province, 570.

Martigny (Charles de), *Voyez* Perpignan.

Martin (Philippe). Sa déposition au su-

TABLE DES MATIERES. 647

jet du sauf-conduit donné à Louis XI. par le Duc de Bourgogne pour aller à Peronne, 19.

Mejerus. Ce que cet Auteur rapporte des amours de Louis, Duc d'Orleans, avec Marguerite de Baviere, femme de Jean Duc de Bourgogne, 323.

Melun (Charles de). Extrait de son procès criminel, 14. & *suiv*. De quoi il étoit accusé, *ibid*. Son interrogatoire & ses réponses, 15. & *suiv*. Il a la tête tranchée à Andely, 17. Déposition de Louis XI. à son sujet, *ibid*.

Mines. Edit de Louis XI. touchant les mines & miniéres du Royaume, 151. & *suiv*. Dans le travail des mines les étrangers ont été beaucoup plus loin que les François, *ibid*.

Montjeu (Antoine de), Chambellan du Duc de Bourgogne. Extrait des instructions qui lui sont données par ce Prince, touchant ce qu'il doit négocier avec le Duc de Calabre, 257.

Mouet (Antoine de). Pouvoir qui lui est donné par Louis XI. pour faire alliance avec ceux de Berne, 337. & *suiv*.

N

Nancy. Lettres de Louis XI. par lesquelles il consent que le Duc de Bourgogne punisse les habitans de cette ville, au cas qu'ils ayent assisté contre lui ceux de Ferrette, 443. & *suiv*. Relation de la bataille de Nancy, 491. & *suiv*. Forces & ordonnance de l'armée du Duc René, *ibid*. & *suiv*. Milliaire de cette journée, 493. Commencement du combat, 494. Défaite & déroute des Bourguignons *ibid*. & *suiv*. Liste des morts & des prisonniers faits à cette action, 496.

Nemours (Jacques d'Armagnac, Duc de). Extrait d'un accord fait entre Louis XI. & ce Duc, 118. Serment qu'il fit au Roi à ce sujet, *ibid*. n. 1. Lettre de Louis XI. à M. de Saint-Pierre, sur la conduite qu'il doit tenir à l'égard du Duc, dont il a la garde à la Bastille, 490. & *suiv*. Extrait de procès de ce Duc, 518. & *suiv*. Autre extrait de son récollement, 528. & *suiv*. Autre de ce qu'il dit pour la décharge de sa conscience, après que l'Arrêt lui eut été prononcé, 529. Autre de son dernier interrogatoire, *ibid*. & *suiv*. Arrêt de mort prononcé contre lui, 530.

Noyon. Instruction de Louis XI. pour ses Députés à l'Assemblée tenue à Noyon avec ceux du Duc de Bourgogne, 484.

O

Olivier le Dain est anobli & change de nom 341. & *suiv*. Observations de M. Godefroy sur ce personnage, 342. & *suiv*. Son origine & sa fortune, *ibid*. Se fait mépriser des Gantois ses Compatriotes, *ibid*. Sa fin tragique, 343. & *suiv*. Son épitaphe. 344.

Orange. Acte de dépôt des titres de la Principauté d'Orange à la Chambre des Comptes de Paris, 396. & *suiv*.

Orleans. Avis sur l'Assemblée de l'Eglise Gallicane tenue dans cette ville, 555. & *suiv*.

Orleans (Louis Duc d'). Observations de M. Godefroy sur la mort de ce Prince tué à Paris en 1407. 321. & *suiv*. Cause de sa mort, selon Brantôme, 322. Ce que dit Mejerus de ses amours avec Marguerite de Baviere, Duchesse de Bourgogne, 323.

Orleans (Louis Duc d'), depuis Roi sous le nom de Louis XI. Contrat de mariage de ce Prince avec Jeanne de France, fille de Louis XI. 270. & *suiv*. Ratification de ce Traité, 275. & *suiv*.

P

Paris. (Le Parlement de). Lettres écrites à cette Cour par le Duc de Bourgogne, au sujet de l'arrivée des Duc de Clarence & Comte de Warwic en France, 120. & *suiv*. Arrêt non signé de cette Cour, qui déclare Jean, Comte d'Armagnac, criminel de leze-Majesté, 141. & *suiv*. Lettres closes qui lui sont adressées par le Duc de Bourgogne, touchant un exploit fait par le Président de Corbie en ses pays, 146. & *suiv*. Lettres de Louis XI. à cette Cour au sujet de trois de ses Conseillers cassés & revoqués par ce Prince, 570. & *suiv*.

Parthenay (Michel de), Seigneur de Pétigny. Pouvoir qui lui est donné par le Duc de Bretagne, pour conclure le Traité de paix d'Ancenis, 10. & *suiv*.

Patay, village de Beausse. Victoire mémorable remportée en ce lieu par les François sur les Anglois, 217. n. 51.

Paul (Le Comte de Saint), Connétable de France, député par Louis XI. à l'Assemblée de Cambray, & *suiv*. Lettre de ce Seigneur au Gouverneur de Champagne fut la treve avec le Duc de Bourgogne, 185. Autre à l'Evêque de Leon, Envoyé du Duc de Bretagne vers le Duc de Bourgogne, sur le même sujet, *ibid. & suiv.* Lettres par lesquelles le Duc de Bourgogne le déclare son ennemi, & l'exclut de la treve faite avec le Roi, 422. *& suiv. &* 424. *& suiv.* Testament & Codicille de ce Seigneur, 450. *& suiv.* Procès criminel qui lui fut fait, 452. *& suiv.* Est condamné à être décapité en Place de Greve, & son corps porté au gibet, 455. Extrait de son procès & de sa condamnation, 456. *& suiv.* Complainte de ce Seigneur en vers, 458. *& suiv.* Don fait de ses biens par Louis XI. au Duc de Bourgogne, 471. *& suiv.*

Perigny (le Seigneur de). *Voyez* Michel de Parthenay.

Peronne. Extrait de la vie manuscrite du Duc de Bourgogne sur le Traité de Peronne, 17. *& suiv.* Extrait d'une Lettre envoyée par Louis XI. aux bonnes villes de son Royaume, au sujet de ce Traité, 18. Minute de l'examen du sauf-conduit donné à ce Prince par le Duc, pour aller à Peronne, *ibid. & suiv.* Lettre de sauf-conduit du Duc, 19. Déposition des Témoins à ce sujet, *ibid. & suiv.* D'où ces pièces ont été tirées, 20. n. 2. Regardées comme suspectes, *ibid.* Conjectures à ce sujet, *ibid.* Traité de Peronne entre Louis XI. & le Duc de Bourgogne, contenant les griefs de ce dernier, & ce qui lui fut accordé par le Roi, 22. *& suiv.* Ratification de ce Traité par ces deux Princes, avec sa vérification au Parlement, Chambre des Comptes & Cour des Aydes de Paris, 43. *& suiv.* Remarques de M. Godefroy sur ce Traité, 46. *& suiv.* Observations sur le même sujet, 64. *& suiv.* Autres remarques touchant le même Traité, 72. *& suiv.* Extrait de la réponse faite par le Duc de Bourgogne aux Ambassadeurs de Louis XI. sur sa validité, 145. *& suiv.* Le Roi accusé par le Duc de contravention à cet engagement, 148. *& suiv.*

Perpignan (Charles de Martigny, Evêque de). Plein pouvoir de Louis XI. à ce Prélat son Ambassadeur en Angleterre, pour proroger jusqu'à cent ans la treve conclue avec Edouard, 549. *& suiv.*

Philippe le Bel (le Roi). Renonciation des Gantois au privilége qui leur avoit été accordé par ce Prince, pour l'Election de leurs Echevins, 87. *& suiv.* Copie de ce privilége & de l'acte de sa cassation par ordre du Duc de Bourgogne, 61. *& suiv.*

Pierre (M. de Saint). Lettre qui lui est adressée par Louis XI. sur la conduite qu'il doit tenir à l'égard du Duc de Nemours, dont il avoit la garde à la Bastille, 490. *& suiv.*

Pimpeau (le Seigneur de). *Voyez* Antoine de Beauveau.

Popaincourt (Jean de), Président à la Chambre des Comptes. Commission qui lui est donnée par Louis XI. pour faire vérifier au Parlement & à la Chambre des Comptes l'apanage de Guyenne cédé par le Roi au Duc de Berry son frere, 98. *& suiv.* Instruction donnée par ce Prince à ce Magistrat député vers le Duc de Bretagne, pour travailler au procès des accusés de la mort de sondit frere, 279. *& suiv.* Autre sur le même sujet, 281. *& suiv.* Lettres closes du Roi au même sur la procédure à faire à ce sujet, 286. *& suiv.*

Priet (Louis de Saint). Pouvoir qui lui est donné par Louis XI. pour faire alliance avec ceux de Berne, 337. *& suiv.*

Prully (M. de). Mémoire des choses à faire sur les ouvertures faites au Roi par ce Seigneur, 386. *& suiv.*

Q

Querdes (le Seigneur des). *Voyez* Philippe de Crevecœur.

Quien (Pierron le), décapité à Valenciennes par ordre du Duc de Bourgogne, pour quel sujet, 66. *& 78.*

R

Reilhac (M. de). Lettre qu'il écrit au sujet du Traité de Peronne, & du départ du Roi pour Liege, 81. *& suiv.*

René, Roi de Sicile. Lettres du Duc de Bourgogne à ce Prince, par lesquelles il accuse Louis XI. de contravention aux Traités de Conflans & de Peronne, 148. *& suiv.* Testament de ce Prince 324. *& suiv.* Prétentions de Louis XI. sur la Provence & autres terres possédées par ce Roi, 358. Instruction de Louis XI. à ses Députés, de ce qu'ils doivent négocier auprès de ce Prince, 388. *& suiv.* Pouvoir qu'il leur donne de transiger avec lui, 393. *& suiv.* Lettre du Roi René à M. du Bouchage, pour le prier de faire expédier les Députés qu'il envoyoit vers Louis XI. 571.

René.

René, Duc de Lorraine, *Voyez* Lorraine.

Roche (Henri de la), Accusé d'avoir empoisonné le Duc de Berry frere de Louis XI. est arrêté pour ce sujet, 188. Incertitude du genre de sa mort, *ibid*. Extrait des instructions données par le Roi à ses Députés vers le Duc de Bretagne, pour travailler à son procès, 279. *& suiv*. Autres piéces sur le même sujet, 281. *& suiv*.

Roche-Tesson (le Sieur de la). Secours qu'il amene à la Ville de Beauvais, assiégée par le Duc de Bourgogne, 207. Reconnoissance que les Bourgeois lui en marquerent après sa mort, *ibid. n.* 11.

Romoni (M. de). Il est chargé par Maximilien d'Autriche de négocier une treve avec Louis XI. 572. Instruction qu'il reçoit de ce Prince à ce sujet, 589. *& suiv*. Pouvoirs que Maximilien lui donne, pour faire la paix avec le Roi, 592. *& suiv*.

Rouault (Joachim), Maréchal de France, Secours qu'il amene à la ville de Beauvais assiégée par le Duc de Bourgogne, 209. Ce que l'inventaire des Maréchaux de France dit de lui, *ibid. n.* 19. Lettre qu'il écrit au Comte de Dammartin sur la levée du siége 218. Sentence de condamnation portée contre lui, pour raison de plusieurs concussions, en plusieurs sommes, & au bannissement perpetuel, 482. *& suiv*.

Rouere (Jule de la), Cardinal de Saint Pierre aux liens, & Légat en France. Proposition qu'il étoit chargé de faire à Marguerite d'Yorck, Douairiere de Bourgogne, de la part de Louis XI. 572. Déclaration de ce Prince en sa faveur, 574. *& suiv*. Promesse d'opposition de la part des Gens du Roi à la vérification de ses pouvoirs de Legat, 595. *& suiv*. Leur opposition donnée par écrit, 596. Lettre par laquelle il donne avis à Maximilien d'Autriche, de son arrivée en France, & du dessein où il est de l'aller trouver, *ibid. & suiv*. Réponse de ce Prince, 597. Autre Lettre du Légat, par laquelle il prie le Duc de ne pas le laisser davantage en suspens sur son voyage aux Pays-bas, 599. Lettre de créance du Cardinal pour deux personnes qu'il envoye à ce Prince, pour sçavoir sa volonté sur ce voyage, 600. Lettre par laquelle il se plaint au Duc du refus qu'il fait de le recevoir, & le prie de lui faire connoître sa volonté, *ibid. & suiv*. Autre de Louis XI. au Legat, auquel il fait connoistre qu'il

Tome III.

est trahi, 623. *& suiv*. Réponse du Cardinal au Roi, 624. *& suiv*. Lettre qu'il écrit à Maximilien, par laquelle il le prie de lui permettre de se rendre auprès de lui, au moins dans un lieu neutre, & sans aucunes conditions, 630. *& suiv*.

S

Sanat (Jean), Avocat du Roi au Parlement de Toulouse. Instruction qu'il reçoit de Louis XI de ce qu'il doit traiter avec le Roi René de Sicile, 388. *& suiv*. Pouvoir qui lui est donné pour transiger avec ce Prince, 393. *& suiv*.

Scheffer (Pierre), Imprimeur à Mayence. Mandement de Louis XI. en forme de Commission aux Généraux des Finances, pour lui faire toucher 800. liv. par an, jusqu'à parfait payement de la somme de 2415. écus d'or, 381. *& suiv*.

Sforce (Galeas Marie), Duc de Milan. Traité de Ligue entre ce Prince & le Duc de Bourgogne, 356. *& suiv*.

Sixte IV. (le Pape). Acte d'appel du Duc de Bourgogne, d'une Bulle d'excommunication de ce Pape, obtenue par Louis XI. & fulminée à Clery, 162. *& suiv*. Bref adressé par ce Pape à Maximilien d'Autriche, pour le prier de reconnoître & de recevoir le Cardinal de la Rouete comme Légat, 598. *& suiv*.

Solliers (le Sieur de). Lettre que Louis XI. lui écrit sur la maniere de traiter avec les Ambassadeurs de Maximilien d'Autriche, 626. *& suiv*. Autre au même sur les difficultés faites par ces Ambassadeurs, de rendre Lille, Douay & Orchies, 627. *& suiv*. Autre Lettre du Roi au même, 631. *& suiv*.

Souplainville (Guillaume de). Treve d'un mois & demi qu'il conclut entre Louis XI. & le Duc de Bretagne, 228. *& suiv*.

Suisses. Alliance de Louis XI. avec les Suisses, 139. *& suiv*. Ratification de cette alliance par ce Prince, 140. *& suiv*. Traité fait par son entremise entre eux & le Duc Sigismond d'Autriche, 312. *& suiv*. Autre alliance de Louis XI. avec les Cantons, 338. *& suiv*. Négociation des Envoyés du Duc de Bourgogne vers les Suisses, 347. *& suiv*. Leurs réponses, 349. *& suiv*. Leur premiere alliance avec la France sous Charles VII. 366. *& suiv*. Ratification de ce premier Traité par Louis XI. 367. *& suiv*. Accord entre eux & ce

TABLE DES MATIERES.

Prince contre le Duc de Bourgogne, 368. Alliance plus étroite entre Louis XI. & les Cantons, 369. & suiv. Déclaration plus ample faite par le Canton de Berne du contenu en cette alliance, 370. & suiv. & 375. & suiv. Lettres de Louis XI. confirmatives de ce Traité, 376. & suiv. Autres de ce Prince en forme de commission du grand sceau, pour faire payer annuellement aux Cantons 20000. livres par forme de pension, 378. Rôlle arrêté à Berne, de la distribution de cette somme, 379. & suiv. Nouvelle alliance de Louis XI. avec les Suisses, 502. & suiv.

T

Tancarville (le Comte de), Député à l'Assemblée de Cambray par Louis XI. 7. & suiv.

Toison d'Or (l'Ordre de la) Projet des Lettres du Duc de Bourgogne, par lesquelles il nomme Edouard Roi d'Angleterre, Chevalier de cet Ordre, 101. & suiv.

Tournay. Fondation faite par Louis XI. aux Augustins de cette ville, 84. & suiv. Lettres d'abolition accordées par ce Prince aux habitans de Tournay, pour avoir traité pendant la treve avec Maximilien d'Autriche, sans sa permission, 557. & suiv.

Tours. Extrait des Etats tenus à Tours en 1467. 5. & suiv. Comment ils furent assemblés par Louis XI. ibid. Princes & Seigneurs qui y assisterent, 6. Sujet de cette Assemblée, ibid. Ce qui y fut résolu, ibid. Députation & remontrances qu'elle fit au Duc de Bourgogne, & comment il y répondit, 64. & 72. & suiv. Déclaration du Roi contre ce Duc donnée de l'avis des Princes & Notables de cette Assemblée, 68. & suiv.

Tours (Elie de Bourdeille Archevêque de). Instruction donnée par Louis XI. à ce Prelat député vers le Duc de Bretagne, pour travailler au procès des accusés de la mort du Duc de Berry, frere du Roi, 279. & suiv. Autre sur le même sujet, 281. & suiv. Lettres closes de ce Prince au même, sur la procédure à faire à ce sujet, 285. & suiv.

V

Varillas, Accusé d'avoir calomnié Philippe de Comines, au sujet du Traité de Peronne, 46. & suiv. Sa prétendue découverte de vingt-deux Traités faits dans cette ville, ibid.

Villena (le Marquis de). Extrait des remontrances de ce Seigneur à Louis XI. pour engager ce Prince à soutenir Alphonse V. Roi de Portugal dans ses prétentions sur la Castille, 157.

Warwic (le Comte de). Lettre adressée par le Duc de Bourgogne au Parlement de Paris, au sujet de l'arrivée du Comte dans le Royaume, 220. & suiv. Autre écrite au Roi par le Duc pour le même sujet, 122. & suiv. Instructions données par Louis XI. à ses Députés à cette occasion, 124. & suiv.

Y

Yorck (Marguerite d'), sœur d'Edouard Roi d'Angleterre, & veuve du Duc Charles de Bourgogne, négocie avec le Roi son frere, pour le détacher de Louis XI. 572. Succès de son voyage en Angleterre, 573. Lettre de cette Princesse à Maximilien, par laquelle elle l'informe de ce qu'elle avoit négocié pour lui avec Edouard, 576. & suiv. Instruction que lui donne ce Prince, en l'envoyant en Angleterre, 577. & suiv. Lettre par laquelle elle lui donne avis des suites de sa négociation, 603. & suiv. Autre qu'elle lui écrit, sur sa conférence avec Louis XI. & sur ses affaires avec le Légat, 614. & suiv.

Fin de la Table des Matieres du Tome troisième.

www.ingramcontent.com/pod-product-compliance
Lightning Source LLC
Chambersburg PA
CBHW060513230426
43665CB00013B/1503